Bob Woodward

Der Angriff

Plan of Attack

BOB WOODWARD

Der Angriff

Plan of Attack

Aus dem Englischen von
Hans Freundl, Thomas Pfeiffer
und Reiner Pfleiderer

Deutsche Verlags-Anstalt
München

Die Originalausgabe erschien 2004 unter dem Titel „Plan of Attack“
im Verlag Simon & Schuster, New York.

Die Zeichensetzung des Originals bei der Wiedergabe von
wörtlicher Rede wurde beibehalten.

Bibliografische Information Der Deutschen Bibliothek
Die Deutsche Bibliothek verzeichnet diese Publikation
in der Deutschen Nationalbibliografie; detaillierte
bibliografische Daten sind im Internet über
<http://dnb.ddb.de> abrufbar.

In Kooperation mit dem SPIEGEL-Buchverlag, Hamburg
Gestaltung und Satz: DVA/Brigitte Müller
Druck und Bindearbeiten: Friedrich Pustet, Regensburg
Printed in Germany

ISBN 3-421-05787-7

Bildnachweis für den Tafelteil
Shawn Thew (Agence France-Presse): 1; Rich Lipski (*The Washington Post*): 2, 17, 20, 25; Associated Press: 3; Ray Lustig (*The Washington Post*): 4, 7, 12, 13, 14; Eric Draper (The White House): 5, 9, 10, 23, 24, 26, 28, 30, 31; Dayna Smith (*The Washington Post*): 6; Jeff Mitchell (Reuters): 8; Mark Humphrey (Associated Press): 11; James A. Parcells (*The Washington Post*): 15; Kevin Lamarque (Reuters): 16; Frank Johnston (*The Washington Post*): 18; Remy de la Mauviniere (Associated Press): 19; Mike Segar (Reuters): 21; Richard Drew (Associated Press): 22; Todd Cross (*The Washington Post*): 27; Tina Hager (The White House): 29.

Karte auf Seite 512: Peter Palm, Berlin

Für Elsa

Vorbemerkung des Verfassers

MARK MALSEED, der 1997 an der Lehigh-Universität sein Architekturstudium abschloss und mir als Assistent bei *Bush at War* behilflich war, unterstützte mich auch bei diesem Buch, dem zweiten Band der Bush-Saga. Ich bin froh, dass er mir wiederum beim Schreiben, Redigieren, Recherchieren und bei der Konzeption des Buchs ganztägig zur Verfügung stand. Mark glänzte in jeder Hinsicht, insbesondere als Redakteur, der weiß, wie man Sachverhalte komprimiert, verdeutlicht und die richtigen Worte sowie den Rhythmus für eine Geschichte findet. Er besitzt ein umfassendes, breitgefächertes Wissen, von Literatur über Geografie bis zu aktuellen Ereignissen. Er ist ein Computer- und Internet-Experte, ein Angehöriger der jüngeren Generation, dessen technisches Verständnis einem sechsten Sinn gleichkommt. Obwohl ihn ein natürlicher Pragmatismus auszeichnet, sind seine wichtigsten Eigenschaften ein aufrichtiges Verlangen nach Fairness und das Beharren darauf, dass wir uns präzise damit auseinander setzten, was Menschen sagten, meinten und taten. Uns verbindet eine allmählich gewachsene Freundschaft, die ich sehr zu schätzen weiß. Bei meinem letzten Buch war er ein Mitarbeiter, bei diesem ein Partner.

Ein Hinweis an die Leser

DIESES BUCH soll die erste detaillierte, auf Hintergrundmaterial gestützte Darstellung darüber liefern, wie und weshalb Präsident George W. Bush, seine Militärberater und Verbündeten den Entschluss fassten, einen Präventivkrieg gegen den Irak zu führen, um Saddam Hussein zu stürzen.

Die Informationen, auf die sich dieses Buch stützt, stammen von mehr als 75 Personen, die an diesem Entscheidungsprozess unmittelbar beteiligt waren, darunter Mitgliedern des Kriegskabinetts, des Stabs des Weißen Hauses sowie Beamten aus unterschiedlichen Abteilungen des Außen- und des Verteidigungsministeriums und der CIA. Bei den Interviews handelte es sich um Hintergrundgespräche, das heißt, ich durfte zwar die dabei erhaltenen Informationen in diesem Buch verwenden, nicht jedoch die konkreten Quellen nennen. Die wichtigsten Informanten wurden mehrmals interviewt, häufig mit langen zeitlichen Abständen zwischen den Gesprächen, so dass sie auf neue Informationen eingehen konnten, die ich mittlerweile erhalten hatte. Darüber hinaus führte ich mit Präsident Bush an zwei Tagen, dem 9. und 10. Dezember 2003, ein insgesamt mehr als dreieinhalbstündiges Interview zu diesem Thema. Auch mit Verteidigungsminister Donald Rumsfeld sprach ich im Herbst 2003 mehr als drei Stunden lang.

Viele der wörtlichen Gesprächszitate sowie Datums- und Zeitangaben und weitere Einzelheiten stammen aus amtlichen Dokumenten, auch aus persönlichen Notizen, Kalendereintragen, Chronologien, Schriftverkehr, Telefonaufzeichnungen und Memos.

Gedanken, Einschätzungen oder Empfindungen, die bestimmten Beteiligten zugeschrieben werden, stammen entweder von den betreffenden Personen selbst beziehungsweise von Personen, die darüber aus erster Hand informiert waren, oder wurden aus schriftlichen Berichten entnommen.

Die Recherchen und Interviews nahmen mehr als ein Jahr in Anspruch. Die Materialsuche begann am Anfang der Informationskette, bei zahlreichen Quellen, die im Buch nicht erwähnt werden, jedoch bereit waren, Auskünfte über diese geheimen Abläufe zu erteilen.

Der Entscheidungsprozess, der zum Irakkrieg führte – und sich auf die 16 Monate zwischen November 2001 und März 2003 verdichtete –, bietet wahrscheinlich die beste Möglichkeit zu verstehen, wer George W. Bush ist, wie er arbeitet und was ihn umtreibt.

Ich habe mich nach besten Kräften bemüht herauszufinden, was wirklich geschah, und liefere dazu bisweilen auch Interpretationen und Analysen. Ich möchte den Lesern den Entscheidungsprozess, der in den Krieg mündete, so plastisch wie möglich nahe bringen.

Meine Zielsetzung besteht darin, all die vorgelegten Strategiekonzepte, die Besprechungen, Telefonate und Planungssitzungen, die Motivationen, Zwangslagen, Konflikte, Zweifel und Emotionen der Beteiligten getreu wiederzugeben. Die am schwierigsten fassbaren Teile der geschichtlichen Entwicklung sind meist die kritischen Situationen in Debatten und die entscheidenden Wende- oder Angelpunkte, die oft jahrelang verborgen bleiben und erst publik werden, wenn Präsidenten und andere Entscheidungsträger aus ihren Ämtern scheiden. Diese Geschichte enthält viele solcher entscheidenden Augenblicke, aber ich bin mir bewusst, dass ich keineswegs alle ermitteln konnte.

Bob Woodward
1. März 2004
Washington, D.C.

Prolog

PRÄSIDENT GEORGE W. BUSH packte seinen Verteidigungsminister Rumsfeld freundschaftlich am Arm, als eine Sitzung des Nationalen Sicherheitsrats im Lageraum des Weißen Hauses gerade zu Ende gegangen war. Es war Mittwoch, der 21. November 2001, der Tag vor Thanksgiving, 72 Tage nach den Terroranschlägen vom 11. September. Bush war seit elf Monaten im Amt.

„Ich muss mit Ihnen reden", sagte der Präsident zu Rumsfeld. Die vertrauliche Geste signalisierte, dass der Präsident eine wichtige Angelegenheit unter vier Augen zu besprechen wünschte. Bush wusste, dass er sich dringend mit dem Verteidigungsminister austauschen musste. Die beiden Männer zogen sich in eines der kleinen, kammerähnlichen Büros zurück, die an den Lageraum angrenzen, schlossen die Tür und setzten sich.

„Ich möchte, dass Sie ...", begann der Präsident und fing dann, was er häufig tut, den Satz wieder von vorn an. „Was für einen Kriegsplan haben Sie für den Irak? Was halten Sie von ihm?"

Rumsfeld antwortete, er glaube nicht, dass die Kriegsplanung gegen den Irak auf dem neuesten Stand sei. Sie decke sich weder mit den Einschätzungen von General Tommy Franks, des verantwortlichen Oberkommandeurs für die Region, noch mit seinen eigenen Überlegungen. Dieser Plan sei im Grunde nicht viel mehr als „Desert Storm II plus", erklärte Rumsfeld, was bedeutete, dass es sich um eine etwas weiterentwickelte Version des Invasionsplans handele, den Bush senior im Golfkrieg von 1991 umgesetzt hatte. „Ich mache mir Sorgen um all unsere Kriegsplanungen", fügte der Verteidigungsminister hinzu. Dann machte er seinen aufgestauten Frustrationen Luft. Er unterzog seit Monaten alle 68 geheimen Kriegs- und Eventualfallpläne des Ministeriums für die Krisenherde der Welt einer Prüfung.

Bush und Rumsfeld sind ein ungleiches Paar. Der groß gewachsene, körperbetonte 55-jährige Bush, der sein Gegenüber aus kleinen braunen Augen intensiv mustert, hat eine flinke, scherzhafte Art, die häufig die Grenze zum Impulsiven streift. Er ist konzentriert, praktisch veranlagt, direkt, aber nicht von Natur aus redegewandt und war erst vor neun Jahren als Gouverneur von Texas in sein erstes politisches Amt gewählt worden – ein Novize, der als Präsident ins kalte Wasser geworfen wurde. Der 69-jährige Rumsfeld war vor 39 Jahren in sein erstes politisches Amt gelangt, als Kongressabgeordneter für den 13. Distrikt von Illinois, einen Vorort von Chicago. Der schmächtige, fast jungenhaft wirkende Rumsfeld mit seinen schütteren, nach hinten gekämmten Haaren machte einen ebenso ernsthaften wie konzentrierten Eindruck, als er durch seine Trifokalgläser blinzelte. Er ist zu einem breiten, ansteckenden Lächeln im Stande, das sein ganzes Gesicht überwältigen, aber auch Ungeduld oder gar Herablassung ausdrücken kann, wenngleich er dem Präsidenten stets ehrerbietig und respektvoll begegnet.

In seiner halbprofessoralen Art erklärte Rumsfeld, dass die Erstellung von Kriegsplänen mehrere Jahre in Anspruch nehme, weil sie so vielschichtig sei. Die vorliegenden Pläne, erzählte er dem Präsidenten, beruhten auf überholten Annahmen und stellten bedauerlicherweise nicht in Rechnung, dass in Washington mittlerweile eine neue Regierung mit anderen Zielen am Ruder sei. Der ganze Planungsprozess funktioniere furchtbar schlecht. Er bemühe sich, die Mängel zu beheben.

„Dann lassen Sie uns gleich damit anfangen", habe er darauf gesagt, erinnerte sich Bush im Nachhinein. „Und beauftragen Sie Tommy Franks damit herauszufinden, was erforderlich ist, um Amerika zu schützen, indem wir, falls nötig, Saddam Hussein aus dem Weg räumen." Außerdem fragte er: Kann die Planung so vonstatten gehen, dass es nicht sonderlich auffällt?

„Selbstverständlich", antwortete Rumsfeld, „weil ich gerade alles überarbeite." Seine Revision sämtlicher Kriegspläne würde dafür eine perfekte Tarnung abgeben. „Es gibt keinen Feldkommandeur, der nicht weiß, wie ich denke, und dass ich sie erneuern will." Rumsfeld hatte mit allen wichtigen Regionalkommandeuren gesprochen, den Vier-Sterne-Generälen für den pazifischen Raum, Europa und Lateinamerika, ebenso mit Franks' Central Command (CENTCOM), das für den Nahen Osten, Süd- und Zentralasien sowie das Horn von Afrika zuständig ist.

Der Präsident hatte noch ein weiteres Anliegen: Bewahren Sie Stillschweigen darüber, woran Sie hier arbeiten.

Ja, Sir, antwortete Rumsfeld. Aber es wäre hilfreich zu wissen, mit wem er darüber sprechen könne, sobald der Präsident weitere Personen ins Vertrauen gezogen habe. „Besonders wichtig ist, dass ich mit George Tenet darüber rede", sagte der Minister. CIA-Direktor Tenet müsse in die Planungen einbezogen werden, weil er Geheimdienstinformationen beschaffen und eventuelle verdeckte Operationen im Irak koordinieren müsse.

„Gut", erwiderte der Präsident und ließ damit durchblicken, dass zu einem späteren Zeitpunkt Tenet und andere eingeweiht werden würden. Aber jetzt noch nicht.

Zwei Jahre später erklärte Bush im Interview, er habe damals noch niemand in sein Vorhaben einweihen wollen, weil ein Durchsickern dieser Überlegungen „international große Befürchtungen und im Inland allerlei Spekulationen ausgelöst hätte. Ich wusste, was passieren würde, sollten die Leute glauben, wir würden einen Angriffsplan für den Irak entwickeln."

Die Arbeit von Bush, Rumsfeld und Franks blieb mehrere Monate lang unbemerkt, und als im folgenden Jahr erste Berichte in den Medien auftauchten, bemühten sich der Präsident, Rumsfeld und andere Mitglieder der Administration, dem Eindruck entgegenzutreten, es handele sich um eine vordringliche Angelegenheit, sprachen von Eventualfallplanungen und beharrten darauf, dass der Präsident keine konkreten Angriffspläne hege.

Ein Bekanntwerden dieser Planungen hätte einen Sturm der Entrüstung ausgelöst, das wusste der Präsident. „Es war ein sehr kritischer Moment, und wenn die Menschen den Eindruck gewonnen hätten, dass so kurz nach der Afghanistan-Entscheidung [dem Entschluss der Regierung Bush, als Reaktion auf die Anschläge vom 11. September 2001 militärische Operationen in Afghanistan durchzuführen] ein weiterer Krieg folgen sollte, hätte es so ausgesehen, als wäre ich erpicht darauf, Krieg zu führen. Ich bin nicht erpicht darauf, Krieg zu führen", beharrte er. „Krieg ist für mich die letzte Option."

Zugleich jedoch erkannte der Präsident, dass der Auftrag an Rumsfeld, sich um den Irak zu kümmern, möglicherweise bereits der erste

Schritt war, um die Nation in einen Krieg gegen Saddam Hussein zu führen. „Zweifellos", erinnerte sich Bush.

Was er wahrscheinlich nicht bedachte, war die Tatsache, dass allein schon die Ausarbeitung von Angriffsplänen eine eigene Dynamik gewinnt, insbesondere da sowohl der Verteidigungsminister als auch der Präsident hinter diesen Überlegungen standen.

Die Reihe der Entscheidungen, die schließlich zum Angriff auf den Irak führten, war durch ein grundsätzliches Dilemma gekennzeichnet, da der Präsident gleichzeitig zwei politische Ziele verfolgte. Einerseits plante er den Angriff, andererseits ergriff er diplomatische Maßnahmen, die den Krieg vermeiden sollten. Bisweilen unterstützte die Kriegsplanung die Diplomatie, häufig jedoch widersprach sie ihr.

BEI DEM GESPRÄCH in dem kleinen Büro neben dem Lageraum erkannte Rumsfeld, wie sehr sich Bush auf den Irak konzentrierte. „Das war auch beabsichtigt", erinnerte sich Bush. „Er wusste, wie ernst es mir war."

Rumsfeld blieb in dem Glauben, dass Bush mit niemandem sonst über das Thema gesprochen hatte. Doch dem war nicht so. Am selben Morgen hatte Bush Condoleezza Rice, seine Sicherheitsberaterin, über seine Absicht informiert, Rumsfeld auf den Irak anzusetzen. Für Rice war der Irak durch den 11. September in den Hintergrund getreten. Der Präsident erklärte ihr nicht, weshalb er jetzt wieder darauf zurückkam oder worauf sich seine Anweisung an Rumsfeld stützte.

In meinen Interviews erklärte Bush, er könne sich nicht erinnern, ob er mit Vizepräsident Cheney gesprochen habe, bevor er Rumsfeld zur Seite nahm. Aber er kannte natürlich Cheneys Position. „Der Vizepräsident betrachtete nach dem 11. September Saddam Hussein eindeutig als eine Gefahr für den Frieden", sagte er. „Und er war unerschütterlich der Auffassung, dass Saddam eine echte Bedrohung darstellte. Und wissen Sie – ich sehe Dick sehr oft, wir haben ein enges Verhältnis – er führt keinen Wahlkampf oder bemüht sich um seine Zukunft, er ist meist hier. Ich sehe ihn also häufig. Wir treffen uns ständig. Und deshalb kann ich mich nicht mehr genau erinnern, wann ich über ein bestimmtes Thema mit ihm gesprochen habe."

In der langen Planungs- und Vorbereitungsphase des Irakkriegs war Dick Cheney ein entschiedener Befürworter, der die Entwicklung mit der Kraft einer Dampfwalze vorantrieb. Seit den Terroranschlägen hatte er sich intensiv mit den Gefahren beschäftigt, die von Saddam und von Osama Bin Ladens Terrornetzwerk al-Qaida ausgingen, das für den 11. September verantwortlich war. Manche Kollegen sprachen von einem „Fieber", sogar von einer Besorgnis erregenden Obsession. Für Cheney war die Beseitigung von Saddam Hussein eine unverzichtbare Notwendigkeit.

IM NOVEMBER 2001 herrschte in der Bevölkerung nervöse Spannung, denn der Schock über die Anschläge vom 11. September wirkte noch nach, und die Menschen wurden immer wieder mit Warnungen vor weiteren Terrorangriffen bombardiert. Mit Milzbranderregern verseuchte Briefe hatten in Florida, New York und Washington insgesamt fünf Todesopfer gefordert. Doch die gemeinsam von regulären Soldaten und paramilitärischen Einheiten der CIA durchgeführten Operationen gegen das in Afghanistan herrschende Taliban-Regime und die Stützpunkte von al-Qaida verliefen außerordentlich und in gewisser Weise auch unerwartet erfolgreich. Mittlerweile kontrollierten die von den USA unterstützten Truppen der Nordallianz bereits die Hälfte Afghanistans, und Tausende von Taliban- und Qaida-Kämpfern hatten die Hauptstadt verlassen und sich nach Süden zur pakistanischen Grenze abgesetzt. Dank der überlegenen amerikanischen Militärtechnologie, der durch die CIA in jahrelanger verdeckter Arbeit und mit Hilfe von mit vielen Millionen Dollar aufgebauten Kontakten zu afghanischen Stammesführern und der Einsatzkommandos der amerikanischen Special Forces, die die Ziele für die Präzisionsbomber markierten, schien sich das Kriegsglück im Laufe weniger Wochen zu wenden. Dies war eine gefahrenreiche, aber auch beflügelnde Zeit für Bush, sein Kriegskabinett, seine Generäle und das Land.

Als er in das Pentagon zurückgekehrt war, gut drei Kilometer vom Weißen Haus entfernt am Potomac River in Virginia, beauftragte Rumsfeld unverzüglich seinen Stab, eine vertrauliche Botschaft an General Franks zu entwerfen, in der dieser um eine „Kommandeurseinschätzung“ gebeten wurde, um eine Stellungnahme zum aktuellen Status des Irak-Kriegsplans und um Vorschläge dazu, wie sich dieser verbessern ließe. Der General erhielt eine Woche Zeit, um Rumsfeld seinen Bericht vorzulegen.

DER 56-JÄHRIGE FRANKS gehörte seit seinem 20. Lebensjahr der Armee an und war ein Veteran des Vietnam- wie auch des Golfkriegs von 1991. Der 1,90 Meter große Mann mit leichtem texanischem Zungenschlag war leicht erregbar und galt als ein Offizier, der gern seine Untergebenen anbrüllte. Zugleich aber war er ein unabhängig denkender Reformer, der häufig die erstarrten, phantasielosen Abläufe im Militär beklagte.

Franks hatte seit dem 11. September 1972 sehr harte Tage hinter sich gebracht. Für Afghanistan hatte nicht einmal ein grober Entwurf eines Kriegsplans existiert, doch der Präsident hatte rasches militärisches Handeln gefordert. Rumsfeld hatte sich am entschiedensten für den Einsatz amerikanischer Bodentruppen ausgesprochen. Doch die ersten Bodentruppen waren Angehörige eines paramilitärischen CIA-Teams, das am 27. September – nur 16 Tage nach den Anschlägen – auf afghanisches Territorium vordrang. Das wurmte Rumsfeld. Es dauerte weitere 22 Tage, bis der erste Kommandotrupp der Special Forces in Afghanistan eintraf. Rumsfeld war jeder Tag wie ein Monat, fast wie ein Jahr vorgekommen. Als Entschuldigungen wurden defekte Hubschrauber, nicht funktionierende Kommunikationseinrichtungen und schlechtes Wetter angeführt. Er hatte Franks mit wachsender Erbitterung zur Eile angetrieben.

Ich verstehe das nicht, hatte Rumsfeld gesagt. Warum schaffen wir das nicht? Bald mischte sich der Verteidigungsminister in operative Entscheidungen auf unteren Ebenen ein, wollte über Einzelheiten informiert werden und verlangte ständig weitere Erklärungen.

Nach Erinnerung anderer Beteiligter hatte Franks damals zu Rumsfeld gesagt: „Mr. Secretary, bitte. So geht es nicht. Sie können mich feuern, wenn Sie wollen. Entweder bin ich der Kommandeur oder ich bin es nicht, entweder vertrauen Sie mir oder Sie vertrauen mir nicht. Wenn Sie’s nicht tun, muss ich künftig was anderes machen. Sagen Sie mir bitte, woran ich bin, Mr. Secretary.“

Rumsfelds Version: „Zweifellos mussten wir am Anfang erst unseren Weg finden.“

Die beiden Männer führten eine sehr emotionale Diskussion, die zu einem Wendepunkt in ihrem Verhältnis wurde. Beide verzichteten auf eine offene Konfrontation. Rumsfeld, dem früheren College-Ringer, imponierte es, dass sich hier ein Untergebener zur Wehr setzte, ihm Widerworte gab und ihn vielleicht sogar für einen kurzen Augenblick auf die Matte warf. Sie verständigten sich darauf, dass sie versuchen würden, künftig als Team zusammenzuarbeiten. Rumsfeld brauchte Franks, selbst wenn er dessen Ablösung erwogen hatte. Den verantwortlichen General zu entlassen am Anfang eines Kriegs gegen den Terrorismus von ungewisser Dauer und Vielschichtigkeit und mitten im Erfolg versprechenden, aber gleichwohl noch unsicheren Feldzug in Afghanistan und zu Beginn eines wie auch immer gearteten Kriegs gegen den Irak – das hätte in jeder Hinsicht Schwierigkeiten bereitet.

Nachdem sich der Feldzug der CIA und der Armee in Afghanistan so erfreulich entwickelte, sprach Rumsfeld Franks sein Vertrauen aus. Militärführer wissen, dass sie sich ihren Vorgesetzten anpassen müssen, wobei Anpassungsfähigkeit ebenso viel zu tun hat mit Unterwürfigkeit wie mit Überleben. Franks würde also wieder lernen, sich anzupassen. Rumsfeld konnte hart, unangenehm und unerbittlich sein, aber Franks entschloss sich, dies alles nicht persönlich zu nehmen. Es gab auch viel zu bewundern an Rumsfeld. Das Militär musste modernisiert werden, und Rumsfelds Gedanken über die „Transformation“, die das Militär ins 21. Jahrhundert führen sollte, erschienen Franks durchaus sinnvoll. Ja, Rumsfeld war starrsinnig. Und seit wahrscheinlich zehn Jahren hatten es die hochrangigen Generäle und Admirale – wie auch Franks einer war – nicht mehr mit einem Minister zu tun gehabt, der ihnen derart auf die Pelle rückte oder gar mit ihnen stritt. Wenn also Rumsfeld sagte: Damit bin ich nicht einverstanden! Warum machen Sie das? Bringen Sie das in Ordnung!, dann fühlten sich manche Leute persönlich angegriffen und wurden nervös. Anders Franks. Er arrangierte sich. Vielleicht wurde etwas nicht so gemacht, wie er es sich vorstellte, aber intellektuell war es fesselnd, und er entschloss sich, Rumsfelds Anstöße und Fragen als notwendige Stimuli zu betrachten. Die Aufgaben, die vor ihnen lagen, waren gewaltig, und sie erschienen Franks als eine nationale Pflicht. Zu Berichten über ständige Spannungen zwischen den beiden bemerkte Franks lange Zeit später: „Unsinn. Er war ein Antreiber, und das gefiel mir sehr gut!"

AM SELBEN MITTWOCH vor Thanksgiving, an dem Bush Rumsfeld mit dem Kriegsplan gegen den Irak beauftragte, war Major General Victor E. „Gene" Renuart jr., der im Central Command als Operationsleiter für Tommy Franks tätig war und in Tampa in Florida saß, voll damit beschäftigt, die militärischen Bewegungen und Angriffe in Afghanistan zu organisieren und zu überwachen, 13 000 Kilometer und neuneinhalb Zeitzonen entfernt. Der 51-jährige Renuart, ein gescheiter, ehemaliger Kampfpilot mit einem Masters-Abschluss in Psychologie, war der Mann, der für Franks alle Fäden zusammenführte. Er hatte seit dem 11. September keinen einzigen Tag mehr frei gehabt, und die Zahl der dicken Kladden, in die er Aufzeichnungen über endlose Besprechungen und Listen von noch zu erledigenden Aufgaben eintrug, wuchs stetig. Renuarts Assistent bezeichnete den jeweils jüngsten Band als „Das Schwarze Buch des Todes", weil die ständig zunehmende Arbeit sie schier umzubringen drohte.

Renuart nahm auf einer abhörsicheren Leitung einen Anruf von seinem Ansprechpartner im Pentagon entgegen, dem Lieutenant General der Marines Gregory S. Newbold, der Operationsleiter bei den Joint Chiefs of Staff (JCS), den Vereinigten Stabschefs, war. Newbold war im Pentagon zuständig für die Abwicklung der Operationen, er hielt die Verbindung zur kämpfenden Truppe und war eine zuverlässige Quelle für alles, was gerade so lief.

„Hallo", sagte Newbold ernst. „Ich habe hier ein echtes Problem für Sie. Der Minister möchte, dass Sie anfangen, sich detailliert mit Ihrer Irak-Planung zu befassen – und ihm eine neue Kommandeurseinschätzung übermitteln."

„Wollen Sie mich veräppeln?", fragte Renuart. „Wir haben alle Hände voll zu tun mit anderen Dingen. Das ist doch nicht Ihr Ernst?"

„Doch, durchaus. Das kommt demnächst auf Sie zu. Stellen Sie sich darauf ein."

Der aktuelle Kriegsplan für den Irak, „Op Plan 1003", umfasste 200 Seiten und über 20 Anhänge mit weiteren 600 Seiten über logistische Fragen, Geheimdiensteinsätze sowie Luft-, Land- und Seeoperationen. Diesem Plan zufolge würden die Vereinigten Staaten rund sieben Monate benötigen, um eine Streitmacht von 500 000 Mann in den Nahen Osten zu verlegen, bevor sie mit militärischen Operationen beginnen könnten. Renuart begab sich zu General Franks, der bislang nur vage Andeutungen darüber erhalten hatte, dass man in Washington über den Irak-Kriegsplan nachdachte. Renuart wusste nun Näheres.

„Hallo, Chef", sagte Renuart und berichtete seinem Vorgesetzten, dass eine formelle Anfrage nach einer Kommandeurseinschätzung zu erwarten sei. „Wir sollten uns also an die Arbeit machen."

Franks wollte es nicht glauben. Sie befanden sich gerade mitten in einem Krieg, im Afghanistan-Feldzug, und sollten nun schon eine detaillierte Planung für den nächsten Krieg liefern, einen Krieg gegen den Irak? „Verdammt", sagte Franks, „wovon zum Teufel reden die eigentlich?"

1 ANFANG JANUAR 2001, vor der Amtseinführung von George W. Bush, schickte der künftige Vizepräsident Dick Cheney eine Nachricht an den scheidenden Verteidigungsminister William S. Cohen, einen gemäßigten Republikaner, der dem Kabinett des demokratischen Präsidenten Clinton angehört hatte.

„Wir müssen den designierten Präsidenten über einige Dinge sehr gründlich informieren", schrieb Cheney und fügte hinzu, er wünsche „eine ernsthafte Diskussion über den Irak und die verschiedenen Optionen". Der künftige Präsident solle nicht wie üblich mit einem relativ groben Bild der Gesamtlage und einem Schnelldurchgang durch alle weltpolitischen Problembereiche versorgt werden. Den wichtigsten Punkt auf der Tagesordnung solle der Irak bilden. Cheney war unter Präsident George Bush senior und damit zur Zeit des Golfkriegs von 1991 Verteidigungsminister gewesen und war fest davon überzeugt, dass die Sache mit dem Irak noch nicht erledigt war. Zudem war der Irak gegenwärtig das einzige Land, das die USA immer wieder, wenn auch unregelmäßig, bombardierten.

Das amerikanische Militär befand sich in einem unerklärten und frustrierenden Kleinkrieg mit dem Irak, seit Bushs Vater mit einer von den Vereinten Nationen unterstützten Koalition Saddams Truppen aus dem von den Irakern besetzten Scheichtum Kuweit vertrieben hatte. Die UNO hatte über dem irakischen Territorium zwei Flugverbotszonen eingerichtet, in denen die Iraker weder mit Flugzeugen noch mit Hubschraubern fliegen durften und die ungefähr 60 Prozent der Landesfläche umfassten. Cheney wollte, dass Bush über die militärischen und sonstigen Probleme in diesem Pulverfass ausführlich informiert wurde.

Ein weiterer Punkt war die bisher geltende Irak-Politik, die unter der Clinton-Regierung formuliert worden war. Sie zielte eindeutig auf einen „Regimewechsel", auch wenn dies nicht allgemein bekannt war. Durch ein 1998 vom Kongress verabschiedetes Gesetz, das Präsident Clinton unterzeichnet hatte, waren bis zu 97 Millionen Dollar für die militärische Unterstützung irakischer Oppositionsgruppen bewilligt worden, um „das von Saddam Hussein geführte Regime zu beseitigen" und „die Entstehung einer demokratischen Regierung zu fördern".

Am Mittwoch, dem 10. Januar, zehn Tage vor der Amtseinführung, begaben sich Bush, Rumsfeld, Rice und der designierte Außenminister Colin L. Powell zu einem Treffen mit Cohen ins Pentagon. Anschließend gingen Bush und seine Mannschaft hinunter in den „Tank", den abhörsicheren Besprechungsraum der Vereinigten Stabschefs.

Bush schlenderte lässig in den Raum, leicht mit den Armen wedelnd, selbstsicher, schien sich aber doch nicht ganz wohl zu fühlen.

Zwei Generäle informierten die Besucher über die Durchsetzung der Flugverbotszonen. Durch die Operation „Northern Watch" wurde das Flugverbot über den nördlichen zehn Prozent des irakischen Territoriums überwacht, wo die Kurden geschützt werden sollten. Im Vorjahr hatten rund 50 US-amerikanische und britische Überwachungsflugzeuge an 164 Tagen Kontrollflüge in diesem gesperrten Luftraum unternommen. Bei nahezu jedem Einsatz waren sie von der irakischen Luftabwehr beschossen wurden, unter anderem auch mit Boden-Luft-Raketen. Die US-Flugzeuge hatten zurückgeschossen und insbesondere die irakischen Luftabwehrstellungen mit Raketen und Bomben unter Feuer genommen.

In der Operation „Southern Watch", die wesentlich größer angelegt war, kontrollierten US-Flugzeuge fast die gesamte südliche Hälfte des Irak bis zu den Vororten Bagdads. Die Piloten, die in dieser Region patrouillierten, waren im Laufe der vergangenen zehn Jahre 150 000-mal in den irakischen Luftraum eingeflogen, davon im Vorjahr fast 10 000-mal. Bei Hunderten von irakischen Angriffen war kein einziger US-Pilot abgeschossen worden.

Dem Pentagon standen fünf abgestufte Handlungsoptionen zur Verfügung, wenn die Iraker US-Flugzeuge angriffen. Gegenschläge aus der Luft erfolgten automatisch; größere Angriffe, die auch mehrfache Schläge gegen wichtigere Ziele außerhalb der Flugverbotszonen beinhalteten, mussten dem Präsidenten gemeldet oder von diesem sogar gebilligt werden. Die Durchsetzung der Flugverbotszonen war ein gefährliches und kostspieliges Unternehmen. Mehrere Millionen Dollar teure Kampfjets wurden aufs Spiel gesetzt, um Flugabwehrstellungen mit 57-Millimeter-Geschützen zu bombardieren. Saddam besaß ganze Lagerhäuser davon. Sollte die Bush-Regierung mit dieser Politik der Nadelstiche gegen Saddam fortfahren? Stand dahinter eine nationale Strategie, oder war dies im Grunde nichts weiter als ein statisches „Wie du mir, so ich dir"?

Sollte ein amerikanischer Pilot abgeschossen werden, würde ein Operationsplan namens „Desert Badger" in Kraft treten. Die Iraker sollten daran gehindert werden, diesen Piloten gefangen zu nehmen, indem man Saddams Kommando- und Überwachungszentrale in Bagdad angriff. Diese Angriffe sollten gesteigert werden, falls ein US-Pilot den Irakern in die Hände fallen würde. Ein weiterer Operationsplan mit der Bezeichnung „Desert Thunder" würde ausgelöst werden, sollten die Iraker die Kurden im Norden angreifen.

Unzählige Abkürzungen und Namen für Programme schwirrten durch die Luft – die meisten davon waren Cheney, Rumsfeld und auch Powell vertraut, der 35 Jahre im Militär verbracht hatte und von 1989 bis 1993 Vorsitzender der Joint Chiefs of Staff gewesen war.

Der designierte Präsident Bush stellte einige praktische Fragen zu den Abläufen, äußerte jedoch keine Wünsche oder Anregungen.

Die JCS-Mitarbeiter hatten ein Pfefferminzbonbon an jeden Platz gelegt. Bush wickelte seines aus dem Papier und schob es sich in den Mund. Später sah er, dass Cohen sein Bonbon noch nicht angerührt hatte, blickte ihn fragend an und machte eine entsprechende Geste: Wollen Sie Ihres nicht? Cohen signalisierte Nein, daher griff Bush hinüber und nahm es. Gegen Ende des Briefings, das ungefähr eine und eine viertel Stunde dauerte, bemerkte der Vorsitzende der Vereinigten Stabschefs, Armeegeneral Henry „Hugh" Shelton, dass Bush nun auf sein Pfefferminzbonbon schielte, und schob es ihm hinüber.

Cheney hörte zu, schien aber müde zu sein, er schloss die Augen und nickte offensichtlich mehrmals kurz ein. Rumsfeld, der am langen Ende des Tisches saß, passte zwar genau auf, bat die Redner aber ständig darum, lauter zu sprechen.

„Das fängt ja gut an", bemerkte einer der anwesenden Stabschefs nach der Sitzung gegenüber einem Kollegen. „Der Vizepräsident schläft ein, und der Verteidigungsminister ist schwerhörig."

Cohen, der in zehn Tagen aus dem Verteidigungsministerium ausscheiden sollte, glaubte, die neue Administration würde in Bezug auf den Irak sehr schnell die Realitäten erkennen. Sie würde bei anderen Ländern der Region oder in der Welt nur sehr wenig Unterstützung, falls überhaupt, für ein hartes Vorgehen gegen Saddam finden, was bedeutete, dass sie bei einem groß angelegten Angriff wohl auf sich allein gestellt wäre. Was würde sie durch Luftschläge erreichen? Nicht viel, glaubte er. Der Irak war tückisch. Wenn die neue Regierungsmannschaft die Situation überprüft und alle Möglichkeiten erwogen habe, so dachte Cohen, würde sie wohl schnell einen Rückzieher machen und sich mit Saddam „abfinden", der seiner Ansicht nach wirksam eingedämmt und isoliert worden war.

Mehr als drei Jahre später sagte Bush in Interviews über die Lage vor dem 11. September: „Ich war nicht sehr glücklich mit unserer Politik." Sie hatte nicht viel dazu beigetragen, Saddam zu einem anderen Verhalten zu zwingen oder ihn zu stürzen. „Bis zum 11. September konnte ein Präsident auf eine Bedrohung in vielfältiger Weise reagieren und sie einzudämmen versuchen, ohne befürchten zu müssen, dass sich diese Bedrohung auf unserem Boden materialisieren würde." Saddam genoss noch nicht höchste Priorität.

EINIGE TAGE SPÄTER erhielt Bush eine weitere wichtige Unterrichtung zu Fragen der nationalen Sicherheit. CIA-Direktor George Tenet und James L. Pavitt, sein Stellvertreter, der für den operativen Bereich zuständig war, gaben Bush, Cheney und Rice das so genannte Secrets Briefing. Zweieinhalb Stunden lang referierten die beiden über die Vor- und Nachteile sowie die Probleme verdeckter Operationen, über die neuesten Überwachungs- und Abhörtechniken und das „Wer" und „Wie" der Mitarbeiter der Geheimdienste.

Nachdem alle geheimdienstlichen Belange sortiert, erwogen und analysiert waren, kamen Tenet und Pavitt auf die drei gegenwärtig größten Bedrohungen der nationalen Sicherheit der USA zu sprechen. Das sei zum einen Osama Bin Laden mit seinem Terrornetzwerk al-Qaida, das aus seinem Rückzugsgebiet in Afghanistan heraus operiere. Bin Ladens Terrorismus stelle eine „enorme Gefahr" dar, derer man sich „unverzüglich" annehmen müsse, sagten sie. Es bestehe kein Zweifel, dass Bin Laden in irgendeiner Form gegen die Interessen der USA losschlagen wolle. Man habe jedoch keine klaren Erkenntnisse darüber, wann, wie und mit welchen Mitteln dies geschehen solle. Präsident Clinton habe die CIA in fünf einzelnen Anweisungen ermächtigt, Maßnahmen zur Bekämpfung und Vernichtung von al-Qaida zu ergreifen.

Die zweite ernsthafte Bedrohung sei die Verbreitung von chemischen, biologischen und atomaren Massenvernichtungswaffen. Auch dies sei außerordentlich Besorgnis erregend, sagten die Geheimdienstler. Die dritte Bedrohung sei der Aufstieg Chinas, insbesondere dessen wachsende militärische Stärke, doch dieses Problem werde sich erst in fünf bis fünfzehn Jahren oder noch später stellen.

Der Irak wurde kaum erwähnt. Tenet sah für den Irak noch keinen Handlungsbedarf.

Am 17. Tag nach der Amtsübernahme von Bush, am Montag, dem 5. Februar, leitete Rice eine Sitzung der Ministerrunde, an der die Chefs der im Sicherheitsrat vertretenen Ministerien und Behörden teilnahmen. Cheney, Powell und Rumsfeld waren anwesend, der stellvertretende CIA-Direktor John E. McLaughlin war für Tenet gekommen. Bei diesem Treffen sollte es um eine Bestandsaufnahme der Irak-Politik gehen und um eine Einschätzung der diplomatischen, militärischen und geheimdienstlichen Optionen. Jeder Teilnehmer, so wurde beschlossen, sollte in seinem Ministerium beziehungsweise seiner Behörde untersuchen, wie sich die nachrichtendienstliche Aufklärung über die vermuteten Massenvernichtungswaffen des Irak verbessern ließe.

Die Vereinten Nationen hatten zumindest auf dem Papier Wirtschaftssanktionen gegen das Regime von Saddam Hussein verhängt. Die Chefs waren sich einig darüber, dass es Saddam gelungen war, die öffentliche Meinung für sich einzunehmen durch die Behauptung, dass diese Sanktionen zu einer Verarmung der irakischen Bevölkerung führten, und sie räumten ein, dass sie ihn nicht davon abhielten, weiterhin viel Geld für seinen Machterhalt auszugeben.

Powell warf ein, man müsse versuchen, die UNO dazu zu bringen, die Sanktionen zu verschärfen und auf Material auszuweiten, das Saddam für seine Rüstungsprogramme brauche. Dann könnten die Sanktionen für zivile Güter gelockert werden.

Ein weiteres Thema waren die Waffeninspektionen im Irak, die von der UNO nach dem Golfkrieg von 1991 beschlossen worden waren, um sicherzustellen, dass Saddam keine Massenvernichtungswaffen mehr besaß. Diese Inspektionen hatten zwar dazu beigetragen, die chemischen, biologischen und bereits überraschend weit gediehenen atomaren Programme des Irak weitgehend zu unterbinden, aber weil die zerstörte Munition nicht zweifelsfrei erfasst werden konnte und die Iraker einige ihrer Projekte sehr geschickt zu verbergen verstanden, blieben viele Fragen offen. Im Jahr 1998 hatte Saddam die Inspektoren ausgewiesen, und nun stellte sich die Frage, was man tun könnte, um sie wieder ins Land zu bekommen. Niemand hatte darauf eine befriedigende Antwort.

Wie sollte man mit den irakischen Oppositionsgruppen innerhalb und außerhalb des Landes umgehen? Wann sollte man ihnen Waffen und andere militärische Unterstützung zur Verfügung stellen? Wer sollte diese Hilfe bereitstellen – die CIA oder das Verteidigungsministerium? Wiederum wusste niemand eine erschöpfende Antwort.

Rice bat um Einschätzungen zu den Flugverbotszonen. Worin bestand ihr Zweck? Wie verhielt es sich mit den Kosten und den Risiken? Was brachten sie?

Auch Bush sorgte sich um die Durchsetzung der Flugverbotszonen. Immerhin bestand die Gefahr, dass die Iraker durch Glück irgendwann einen Piloten abschossen und gefangen nahmen. Später erinnerte er sich: „Ich wies den Verteidigungsminister an, eine robustere Option für den Fall auszuarbeiten, dass wir ernsthaft Waffen im Irak einsetzen mussten, um einen Piloten zu befreien."

Es wurde schließlich beschlossen, künftig weniger und unregelmäßigere Einsätze zu fliegen, um die Sicherheit der Piloten zu verbessern. Wenn ein Aufklärungsflugzeug beschossen würde, würde man strategischer darauf reagieren und zentrale militärische Einrichtungen des Irak angreifen.

AM FREITAG, dem 20. Januar, bombardierten zwei Dutzend US-amerikanische und britische Bomber rund zwanzig Radarstellungen und Kommandozentren im Irak, von denen einige nur wenige Kilometer von den Vororten Bagdads entfernt lagen. Ein General hatte Rice vorher davon in Kenntnis gesetzt, und sie hatte den Präsidenten informiert und ihn darauf hingewiesen, dass Saddam begonnen habe, einige seiner wichtigsten Kommando- und Überwachungseinrichtungen durch schwer anzugreifende unterirdische Glasfaserkabel zu vernetzen. Diese Kabel würden vor der Fertigstellung zerstört werden. Die Angriffe sollten im Rahmen der routinemäßigen Durchsetzung der Flugverbotszonen erfolgen. Es war der größte Militärschlag gegen den Irak seit zwei Jahren.

Irgendwie hatte man es im Pentagon und im Weißen Haus versäumt, dafür zu sorgen, dass Rumsfeld über alles informiert wurde. Im ersten Monat war das Büro seines Ministeriums noch ziemlich schlecht organisiert – „es herrschte ein völliges Durcheinander", wie es ein Beamter des Weißen Hauses ausdrückte. Der Posten seines Stellvertreters sowie mehrere zivile Leitungspositionen waren noch nicht besetzt oder bestätigt. Zudem kannte man im Pentagon die genaue Lage einer der betreffenden Militäreinrichtungen in der Nähe von Bagdad nicht. Saddam oder sein Sicherheitsapparat waren in Panik geraten und dachten, die USA hätten einen größeren Angriff gestartet. In Bagdad heulten die Luftschutzsirenen auf, was Saddam einen kurzen Auftritt auf CNN einbrachte und das Weiße Haus und das Pentagon daran erinnerte, dass auch Saddam in dieser Auseinandersetzung ein Wörtchen mitzureden hatte: Er konnte auf ihre Aktionen reagieren oder den Konflikt anheizen.

Rumsfeld erklärte wütend, die Befehlskette sei untergraben worden. Laut Gesetz verlief die Befehlskette vom Präsidenten über ihn, den Verteidigungsminister, zu General Franks bei CENTCOM. Die Aufgabe der Vereinigten Stabschefs beschränkte sich, wie ebenfalls gesetzlich festgelegt, auf Beratung, Kommunikation und Überwachung. Er war also eigentlich derjenige, der mit dem Weißen Haus und dem Präsidenten über operative Maßnahmen sprach. „Ich bin der Verteidigungsminister", erklärte Rumsfeld einem Offizier. „Ich bin ein Glied der Befehlskette."

AM 1. MÄRZ traf sich die Runde der Chefs abermals, und Powell erhielt den Auftrag, einen Plan auszuarbeiten, um die Wirtschaftssanktionen der UNO neu auszurichten auf die Waffenkontrolle. Powell wusste, dass die Franzosen und die Russen, die starke Wirtschaftsinteressen im Irak besaßen, alles unternahmen, um die Sanktionen kritisch auseinander zu nehmen, und dass sie versuchten, eine Erklärung zu erreichen, wonach sich der Irak an die Auflagen hielt, und die Sanktionen daher gelockert werden könnten. Das Pentagon andererseits wollte überhaupt keine Veränderung und keine Lockerung der Sanktionen. Rumsfeld und andere Mitarbeiter des Verteidigungsministeriums äußerten wiederholt ihre Besorgnis darüber, dass manche Güter sowohl zivil als auch militärisch genutzt werden könnten – dass Maschinen, die auf den ersten Blick harmlos wirkten, von den Irakern auch für Rüstungsprogramme eingesetzt oder entsprechend umgebaut werden konnten.

Sehen Sie sich an, was sie einkaufen, beklagte sich Rumsfeld gegenüber Powell einmal. Sie kaufen diese Kipper. Sie können die hydraulischen Zylinder abmontieren, die die Ladefläche des Kippers hochfahren, und sie zum Bau von Raketenabschussrampen verwenden. Wollen Sie ihnen die Mittel verkaufen, die sie brauchen, um Raketen gegen uns oder gegen Israel abzufeuern?

Meine Güte, entgegnete Powell, wenn sich jemand einen hydraulischen Zylinder für eine Startvorrichtung beschaffen will, muss er doch nicht einen 200 000 Dollar teuren Kipper kaufen, um ihn zu kriegen!

Ein weiteres Problem sah Rumsfeld in den so genannten Heavy Equipment Transporters (HET), die ebenfalls von den Irakern erworben wurden. Das sind Anhänger, die schwer genug sind, um einen Panzer zu transportieren. Die Geheimdienste waren im Besitz von Luftaufnahmen, die zeigten, dass die Iraker einige dieser Transporter verstärkten, was zu der Schlussfolgerung führte, dass eine Abänderung der Sanktionen die heimliche Entwicklung einer Flotte von Panzertransportern ermöglichen würde. Powell hatte den Eindruck, dass Rumsfeld suggerierte, der Nahe Osten könne von irakischen Panzern überrollt werden.

„Ach, kommen Sie!“, sagte Powell, der zunehmend skeptischer geworden war. Es entspann sich ein hitziger Wortwechsel, der zu einer der bizarrsten Debatten führte, die er in der Regierung erlebte.

Rumsfeld klagte auch über die Flugverbotszonen. Die Iraker würden regelmäßig unsere Flugzeuge beschießen. Wann in unserer Geschichte, wollte er wissen, haben wir es zugelassen, dass andere Leute uns auf diese Weise beschießen?

Was ist die Alternative?, fragte Powell. Was wolle er eigentlich? Niemand habe bisher eine praktikable Alternative vorgeschlagen. Rumsfeld äußerte weiter seine Unzufriedenheit und sagte schließlich, die Regierung beschäftige sich hier mit „Kleinkram".

Okay, erwiderte Powell, und was schlagen Sie stattdessen vor? Dann begann man über die Forderung des Präsidenten zu diskutieren, einen besseren Militärplan auszuarbeiten für den Fall, dass ein amerikanischer Pilot abgeschossen werde. Gab es einen „Big Bang", der den Irak davon abhalten würde, unsere Piloten zu beschießen? Gab es eine Maßnahme mit strategischer Bedeutung, die gleichzeitig das Regime schwächte und Saddam eine ernste Warnung zukommen ließ?

Man fand keine überzeugende Alternative.

DASS JEMAND, der schon einmal Verteidigungsminister gewesen war – oder eine andere Spitzenposition in der Regierung bekleidet hatte –, nach 25 Jahren wieder in dasselbe Amt zurückkehrte, hatte es in den USA noch nie gegeben. Es war ein Chance, die Karten noch einmal neu zu mischen. Rumsfeld war entschlossen, sie diesmal besser auszuspielen.

Aus einer Reihe von Gründen – von denen manche Jahrzehnte zurücklagen, andere nur wenige Monate – wollte Rumsfeld Druck machen. Aber „Druck machen" war vermutlich eine Untertreibung. Rumsfeld bevorzugte Klarheit und Ordnung, er beharrte förmlich darauf. Das bedeutete, dass er persönlich die Dinge in die Hand nahm, sich um alle Einzelheiten kümmerte, immer wieder Fragen stellte, die Briefings für den Präsidenten vorbereitete und die Diskussionsergebnisse vorformulierte. Folgende Fragen hatte er ständig im Kopf: Wie viel musste der Präsident wissen, und welches Wissen konnte der Präsident beim Verteidigungsminister voraussetzen und erwarten? Mit anderen Worten: Rumsfeld strebte eine nahezu vollständige Kontrolle an.

Dieses Bestreben rührte teilweise von seinen schlechten Erfahrungen in den Jahren 1975/76 her, als er unter Präsident Gerald Ford Verteidigungsminister gewesen war. Rumsfeld hatte dieses Amt nur 14 Monate innegehabt, weil Ford 1976 die Präsidentschaftswahl verlor. Der damals 44-jährige Rumsfeld hatte das Pentagon als ein schwieriges und nahezu unbeherrschbares Ministerium empfunden.

Im Jahr 1989, zwölf Jahre nach seinem Ausscheiden aus dem Pentagon, sprach Rumsfeld während eines Essens bei mir zu Hause über die Zwänge und Schwierigkeiten dieses Jobs. Ich schrieb damals ein Buch über das Pentagon und interviewte dazu alle ehemaligen Verteidigungsminister und andere hoch gestellte Persönlichkeiten aus dem Militär. Der Ringer aus Princeton war nicht abgeklärter geworden. In zehn Tagen sollte die Amtseinführung seines langjährigen politischen Rivalen George H. W. Bush stattfinden. In den sechziger und siebziger Jahren war Rumsfeld eine einflussreiche Figur in der Republikanischen Partei gewesen, und viele Parteimitglieder, auch Rumsfeld selbst, glaubten, er könne eines Tages Präsident werden. Rumsfeld hielt Bush senior für schwach, für ein politisches Leichtgewicht und für jemanden, der es allen recht machen wollte. An diesem Abend, als wir in meiner Küche saßen, ließ er keine Bitterkeit erkennen, nur leise Wehmut über eine entgangene Chance. Sein Geschäft war das Pentagon, und dabei blieb er auch.

Der Job des Verteidigungsministers sei „zwiespältig“, sagte Rumsfeld, denn es gebe nur „eine dünne Schicht ziviler Kontrolle“. Er erklärte, es sei ungefähr so, „als wenn man ein elektrisches Gerät in der einen Hand hält und den Stecker in der anderen und umherläuft, um eine Steckdose zu finden, an die man es anschließen kann“. Er fügte hinzu: „Man kann keine dauerhaften Arrangements treffen. Keiner kann mehr beitragen als seine jeweils aktuelle Sichtweise.“ Auch nicht der Minister.

Es gebe nie genügend Zeit, sich mit den großen Problemen vertraut zu machen, sagte er und fügte hinzu, das Pentagon sei dafür geschaffen, Angelegenheiten in Friedenszeiten zu regeln, wie beispielsweise die politische Entscheidung über die Verlegung eines Flugzeugträgers zu fällen. In einem wirklichen Krieg würden dies militärische Fragen sein, und er behauptete sogar, dass das Land im Kriegsfall eigentlich eine andere Organisation als das Pentagon benötige.

Rumsfeld erinnerte sich, wie eines Abends gegen 18.30 Uhr die fünfzehn wichtigsten zivilen und militärischen Abteilungsleiter des Pentagons zu ihm ins Büro kamen. Sie verlangten eine Entscheidung darüber, welcher Panzer gekauft werden solle. Zur Wahl standen ein

Modell mit einem Motor von Chrysler und eines mit einem Motor von General Motors. Sie müssen eine Entscheidung treffen, sagten sie, wir können das nicht. Eine Presseerklärung, mit der diese Entscheidung verkündet werden sollte, war bereits fertig formuliert, nur der Name des Modells musste noch eingesetzt werden. Laut seiner eigenen Darstellung begann Rumsfeld im Büro hin und her zu laufen und beschimpfte seine Mitarbeiter als „Idioten" und „Trottel", die allesamt „zum Teufel gejagt" gehörten. Sie hätten allesamt nicht nachgedacht – sie würden überhaupt keinen Panzer vom Kongress bewilligt bekommen, weil „das Haus gespalten" sei. Der Kongress würde bestimmt von dieser Spaltung Wind bekommen. Daher weigerte er sich, eine Entscheidung zu fällen, und die Presseerklärung wurde zurückgezogen. Es dauerte weitere drei Monate, bis er seine Mitarbeiter dazu gebracht hatte, eine „einmütige" Entscheidung zu treffen.

„Wenn man nicht weiß, wie man zu kämpfen hat, wird man verletzt werden. Wenn man nicht weiß, wie man sich bewegen muss, kriegt man ein blaues Auge. Genauso ist es im Verteidigungsministerium", sagte er.

RUMSFELD HATTE SICH im Jahr 2000 im Hintergrund intensiv für Bushs Wahlkampf engagiert und liebäugelte zunächst mit dem Posten des CIA-Direktors, da die Arbeit des Geheimdienstes seiner Meinung nach stark verbesserungsbedürftig war. Er hatte sich darüber mit seinem einstigen Mitarbeiter und Freund Ken Adelman unterhalten, der in der Reagan-Administration Leiter der Abrüstungsbehörde gewesen war. Adelman erklärte Rumsfeld unverblümt, dass die CIA der falsche Job für ihn sei. „Das ist eine Wolfsgrube, da geht jeder auf jeden los", sagte er. „Und außerdem, glaube ich, wäre das völlig unrealistisch. Lassen Sie mich das näher erläutern. Sie sitzen im Lageraum und verkünden, unsere Aufklärung hat dieses und jenes ergeben, aber ich werde daraus keine politischen Empfehlungen ableiten." Der CIA-Direktor soll sich aus der Politik heraushalten. „Sie sind außen vor. Sie könnten zwar den anderen etwas vorzugaukeln versuchen, aber das passt nicht zu Ihnen, das würde nicht klappen." Rumsfeld würde sich genötigt fühlen, eigene Empfehlungen abzugeben. „Sie sollten keinen Job übernehmen, in dem Sie eine Rolle spielen müssen, die Ihnen überhaupt nicht liegt."

Als die Top-Aspiranten für den Posten des Verteidigungsministers ihre Vorstellungsgespräche vermasselten oder absagten, brachten Bush und Cheney – der Rumsfeld als Stellvertreter gedient hatte, als dieser unter Präsident Ford Stabschef des Weißen Hauses gewesen war – Rumsfeld als Überraschungskandidaten ins Gespräch.

Das ist ein Beispiel dafür, wie der politische Prozess in Washington funktioniert: Als Rumsfeld von Bush junior als Verteidigungsminister ins Auge gefasst wurde, holte der künftige Vizepräsident – der das Übergangsteam leitete – dazu eine vertrauliche Einschätzung von Brent Scowcroft ein, der als Sicherheitsberater für Ford (1974 bis 1977) und Bush senior (1989 bis 1993) gearbeitet hatte.

Wie Cheney wisse, sagte Scowcroft, sei Rumsfeld ein eher verschlossener Typ. Das sei nicht unbedingt ein Nachteil, aber es sei daher schwierig, wenn nicht gar unmöglich, zu erkennen, woran man bei ihm sei. Er sende keine Signale aus. Er stelle Fragen und äußere Zweifel, sage aber nur selten: „Ich glaube, wir sollten das machen."

Diese Beschreibung traf natürlich genauso auf Cheney zu, der seinen früheren Chef als Verteidigungsminister wollte.

Bevor Rumsfeld George W. Bushs Verteidigungsminister wurde, hatte er ein Gespräch mit dem künftigen Präsidenten. Das war eine Art Test. Im Laufe der achtjährigen Clinton-Präsidentschaft hatte sich bei Herausforderungen oder Angriffen ein bestimmtes Reaktionsmuster herausgebildet, das Rumsfeld als „Rückzugsreflex" bezeichnete. Demgegenüber halte er es für erforderlich, sagte er, dass die neue Bush-Regierung eine druckvollere Politik verfolgen solle, und Bush stimmte ihm zu.

Zwei Monate nach seinem Amtsantritt verfasste Rumsfeld ein dreiseitiges Memo mit dem Titel: „Richtlinien für die Entsendung von US-Truppen". Die vierte überarbeitete Fassung legte er dem Präsidenten vor und erläuterte sie ihm detailliert. Das Papier enthielt eine Reihe von Fragen, denen man sich stellen müsse: „Ist eine vorgeschlagene Aktion wirklich notwendig?" „Ist die vorgeschlagene Aktion durchführbar?" „Lohnt sich der Aufwand?"

Rumsfeld plädierte für eine realistische Haltung. In einer Passage, die, wie es im Nachhinein erscheinen mochte, bereits auf künftige

Probleme anspielte, hieß es: „In Erklärungen zur Rechtfertigung einer Aktion sind reine Zweckdienlichkeitsüberlegungen zu vermeiden. Diese können zwar zunächst hilfreich sein, um Unterstützung zu gewinnen, werden sich jedoch später als tödlich erweisen." Ferner schrieb er: „Die amerikanische Führung muss absolut ehrlich sein gegenüber sich selbst, dem Kongress, der Öffentlichkeit und ihren Koalitionspartnern." Er fügte hinzu: „Es ist wesentlich einfacher, in etwas hineinzugeraten, als sich aus etwas zurückzuziehen!"

Rumsfeld traf auf einen aufgeschlossenen Präsidenten, aber in den ersten fünf Monaten seines zweiten Engagements im Pentagon wurde ihm klar, dass das Ministerium noch kaputter war, als er erwartet hatte.

ALS DIE DISKUSSION über den Irak im Kabinett und auf der zweiten Ebene, dem so genannten Deputies Committee, einer Runde der stellvertretenden Minister und Behördenchefs, fortgeführt wurde, rückte die Unterstützung der Oppositionskräfte in den Vordergrund – sowohl der im Ausland ansässigen Organisationen, wie des Irakischen Nationalkongresses (INC) des umstrittenen Ahmed Tschalabi, als auch der im Irak tätigen Gruppen. Tschalabi, ein in den USA ausgebildeter Mathematiker, der 1958 im Alter von 13 Jahren aus dem Irak geflohen war, war der Liebling vieler leitender Beamter des Pentagons geworden, die ihn und seine in London beheimatete Exilorganisation als Träger eines möglichen bewaffneten Aufstands im Irak sahen. Doch das Außenministerium und die CIA betrachteten Tschalabi mit Skepsis – er sei zu undurchsichtig, glaubte man dort, trage eher zur Spaltung des Widerstands bei und kenne die Schrecken des Alltagslebens unter Saddam nicht. Außerdem war er in Jordanien in Abwesenheit wegen Unterschlagung verurteilt worden.

Im Ausschuss der Stellvertreter, dem auch der stellvertretende Verteidigungsminister Paul D. Wolfowitz sowie Richard L. Armitage, die Nummer zwei im Außenministerium, angehörten, wurde eine hitzige Debatte darüber geführt, wie weit man bei der Unterstützung der Opposition gehen und wie schnell dies erfolgen solle. Ab wann sollten die USA Waffenhilfe leisten? Ab wann sollten sie Militäraktionen im Irak unterstützen, falls die Oppositionskräfte dort Operationen durchführen wollten? Sollte die Ausbildung der Oppositionstruppen vom Verteidigungsministerium oder von der CIA übernommen werden? Armitage hatte seinerzeit zwar vorgeschlagen, die oppositionellen Kräfte in Afghanistan zu bewaffnen, aber er war nicht begeistert über Tschalabi.

Der 56-jährige Armitage ist Powells bester Freund, Berater und entschiedenster Fürsprecher. Er absolvierte 1967 die Marineakademie, nahm an vier Einsätzen in Vietnam teil und schied 1973 aus der Marine aus, nachdem er eine Weile als Ausbilder im Bereich Aufstandsbekämpfung gearbeitet hatte. In den achtziger Jahren hatten er und Powell für den damaligen Verteidigungsminister Caspar Weinberger gearbeitet, Armitage als Staatssekretär im Verteidigungsministerium mit Zuständigkeit für Fragen der internationalen Sicherheit – gewissermaßen das Mini-Außenministerium des Pentagons – und Powell als Weinbergers leitender militärischer Berater. Die beiden telefonieren täglich so häufig miteinander, dass sie manchen Mitarbeitern wie Teenager vorkommen, die ständig zusammenstecken und wirklich alles miteinander teilen.

Einig waren sich die Stellvertreter darüber, dass der Druck auf Saddam erhöht werden sollte und man versuchen müsste, innerhalb des Regimes Risse zu provozieren und Zwietracht zu schüren. Aber dann erhob sich die Frage, wie und in welchem Ausmaß solche eventuellen Konflikte ausgenutzt werden sollten. Die Stellvertreter konnten sich auf keine gemeinsame Linie einigen. Am 1. Juni forderte die Runde der Chefs den Nationalen Sicherheitsrat auf, eine Politik zu entwickeln, die den Irakern helfen sollte, sich selbst zu helfen. „Den Topf umrühren und sehen, was passiert", wie es einer der Sitzungsteilnehmer umschrieb.

Doch ein derartiges Vorgehen barg die Gefahr, dass Saddam dadurch zu Gegenmaßnahmen veranlasst werden konnte. Er konnte beispielsweise die Kurden im Norden angreifen oder über die Schiiten im Süden des Landes herfallen. Er konnte ein Nachbarland attackieren – Israel oder vielleicht abermals Kuweit. Oder er konnte Scud-Raketen auf Israel, Saudi-Arabien oder Kuweit abfeuern. Es gab keine einfachen Antworten.

ZWISCHEN DEM 31. MAI und dem 26. Juli 2001 rief Stephen J. Hadley, der stellvertretende Nationale Sicherheitsberater, die Stellvertreter der Behördenchefs viermal zusammen, um über die Irak-Politik zu diskutieren. Der 54-jährige Hadley war ein smarter Anwalt, hatte für Cheney im Verteidigungsministerium gearbeitet und war als Workaholic bekannt. Als Stellvertreter von Rice leitete er das Deputies Committee. Am 1. August legte die Gruppe den Chefs ein als hoch geheim eingestuftes Papier vor, das den Titel „Eine Befreiungsstrategie“ trug. Darin wurde eine in mehrere Phasen unterteilte Strategie vorgeschlagen, mittels derer Druck auf Saddam ausgeübt werden sollte; das Papier benannte auch die Mittel, durch die dieser Druck gesteigert werden sollte, und erklärte, wie die sich bietenden Chancen genutzt werden könnten. Es stützte sich stark auf die irakische Opposition.

Das Papier besaß einige als vertraulich klassifizierte Anhänge, in denen detailliert aufgeführt wurde, was man auf diplomatischer Ebene unternehmen konnte – Wirtschaftssanktionen und Waffeninspektionen durch die UNO –, was militärisch im Hinblick auf die Flugverbotszonen und für den Fall, dass ein US-Pilot abgeschossen wurde, erforderlich war und was die CIA oder andere Einrichtungen tun konnten, um die irakische Opposition zu unterstützen und zu stärken.

Der Austausch- und Diskussionsprozess zwischen den Behörden hatte eine Vielzahl von Sitzungen und Papieren hervorgebracht, aber keinen konkreten Aktionsplan für einen Regimewechsel. Dies führte zu Diskussionen zwischen den Chefs und ihren Stellvertretern darüber, unter welchen Umständen das amerikanische Militär direkt eingesetzt werden könnte. Powell bezeichnete dies als „Gehen wir einmal davon aus, wir müssen es machen“-Angriff auf den Irak mit dem Ziel, Saddam zu stürzen. Obwohl im Pentagon vieles diskutiert wurde, was nie bis zu den Chefs vordrang, bekam Powell offiziell und inoffiziell doch einiges mit durch seine alten Kontakte in den Streitkräften.

Der geistige Wegbereiter und entschiedenste Verfechter eines Plans zum Sturz von Saddam war Paul Wolfowitz, der stellvertretende Verteidigungsminister. Der 58-jährige promovierte Politikwissenschaftler, ein Mann mit fülligem, leicht ergrautem Haar und dem leisen Auftreten eines Gelehrten, war ein erklärter Falke. Seine Begründung dafür, weshalb Saddam beseitigt werden müsse, lautete: Es war notwendig und würde relativ leicht zu bewerkstelligen sein.

Wolfowitz hielt es für möglich, die Ölfelder im Süden des Irak im Handstreich zu besetzen – rund 1000 Ölquellen, auf die ungefähr zwei Drittel der gesamten irakischen Ölförderung entfielen – und dort einen Brückenkopf zu errichten. Sämtliche Ölfelder waren nicht weiter als hundert Kilometer von der kuweitischen Grenze entfernt. „Nichts würde uns daran hindern, sie zu besetzen", erklärte er. Dieser Vorschlag erhielt die Bezeichnung „Enklaven-Strategie". Aus dieser Enklave heraus sollte die irakische Opposition unterstützt werden, die den Rest des Landes hinter sich versammeln und den Diktator stürzen würde.

Powell hatte den Eindruck, Wolfowitz glaube ernsthaft, die 25 Millionen Iraker würden sich mit fliegenden Fahnen auf die Seite der von den USA unterstützten Opposition schlagen. Seiner Ansicht nach war dies einer der absurdesten, strategisch unvernünftigsten Vorschläge, die ihm je unterbreitet worden waren.

Aber Wolfowitz ließ sich nicht mehr bremsen. Er und die Neokonservativen, denen er angehörte, berauschten sich an ihren Ideen, die sie als „Planentwurf" präsentierten.

Powell sagte immer wieder kopfschüttelnd: „Das ist verrückt." Es war nicht klar, wo der Schalter lag, mit dem man dies abstellen konnte, und ob es überhaupt einen solchen Schalter gab. Daher suchte der Außenminister nach Gelegenheiten, direkt mit dem Präsidenten zu sprechen.

„Lassen Sie sich nicht in irgendetwas hineintreiben, bevor Sie nicht dazu bereit sind", bat Powell Bush, „oder bevor Sie überzeugt sind, dass es einen wirklichen Grund dafür gibt. Das ist nicht so leicht, wie es dargestellt wird. Nehmen Sie sich Zeit. Lassen Sie sich von niemandem drängen."

„Machen Sie sich keine Sorgen", erwiderte der Präsident. „Das ist eine gute Eventualfallplanung, und ich weiß, was sie tun und bin nicht scharf darauf, mich in Schwierigkeiten zu bringen."

Da Powell aber nach wie vor befürchtete, dass diese Vorstellungen sich durchsetzen könnten, brachte er gegenüber dem Präsidenten erneut die Idee eines schnellen Militärschlags oder eines Vorstoßes in den Irak zur Sprache. Er sagte: „Lassen Sie sich nicht unter Druck setzen", und bat den Präsidenten, die Sache langsam anzugehen.

„Ich hab's verstanden", erwiderte der Präsident. „Alles klar."

Bush wurde nie ein formeller Plan für einen schnellen Militärschlag vorgelegt, wie er sich im Nachhinein erinnerte. „Die Idee kursierte wohl wie ein verlockendes Häppchen, in das man gern hineingebissen hätte", sagte er. Doch der Plan und die lockere Art des Denkens, die dahinter stand, bildeten für Powell eine Quelle wachsender Besorgnis.

Am 10. August bombardierten amerikanische und britische Flugzeuge drei irakische Luftabwehrstellungen. Das waren die heftigsten Angriffe seit Februar, aber sie schafften es nicht auf die Titelseiten der Zeitungen. Die *Washington Post* sprach am folgenden Tag auf Seite A 18 von einem „relativ begrenzten" Angriff und von business as usual. „Mit den gestrigen Angriffen scheint sich die Praxis der Clinton-Ära fortzusetzen, die darin bestand, ungefähr alle halbe Jahre irakische Luftabwehrstellungen zu bombardieren."

Die Irak-Planungen kamen im August größtenteils zum Erliegen, als Bush und seine wichtigsten Berater Urlaub machten. Eine Empfehlung zur Irak-Politik wurde dem Präsidenten nicht vorgelegt.

Die tiefe Kluft und die Spannungen im Kriegskabinett zwischen Powell, dem moderaten Unterhändler, und Rumsfeld, dem Aktivisten, der eine harte Haltung vertrat, hatten zur Folge, dass keine einheitliche Linie gefunden werden konnte, solange der Präsident nicht eingriff oder die Ereignisse ein bestimmtes Handeln erzwangen.

Niemandem war dies bewusster als Condoleezza Rice. Die 46-jährige promovierte Politikwissenschaftlerin hatte in Stanford gelehrt, wo sie es bis zum Dekan brachte. Als Russland-Expertin hatte sie unter George Bush senior dem Mitarbeiterstab des Nationalen Sicherheitsrats angehört. Die graziöse, groß gewachsene Frau mit dem gewinnenden Lächeln hatte enge Bande mit George Bush junior geknüpft, als sie diesem im Wahlkampf des Jahres 2000 als außenpolitische Chefberaterin zur Seite stand. Sie ist nicht verheiratet und hat keine unmittelbaren Angehörigen. Es hatte den Anschein, als stünde sie täglich rund um die Uhr für den Präsidenten abrufbereit, in ihrem Büro im Westflügel des Weißen Hauses, wenn sie ihn auf Auslandsreisen begleitete, am Wochenende in Camp David oder auf seiner Ranch in Texas. Sie bildete das Bindeglied zu den Chefs der Ministerien und Sicherheitsbehörden. Sich für den Präsidenten und dessen Prioritäten einzusetzen, war ihr Hauptanliegen.

2 DIE TERRORANSCHLÄGE vom 11. September 2001, bei denen fast 3000 Menschen ums Leben kamen, veränderten und prägten die Präsidentschaft von George W. Bush. Es war keine Übertreibung, wenn Bush an diesem Abend in sein Tagebuch diktierte, dass „heute das Pearl Harbor des 21. Jahrhunderts stattgefunden hat". In mancherlei Hinsicht waren diese Anschläge sogar noch verheerender. Damals, 1941, war Hawaii das Ziel gewesen, das zu dieser Zeit noch kein US-Bundesstaat war, diesmal waren es die Machtzentren des Kernlandes. Damals waren die Japaner die Angreifer, diesmal ein Feind aus dem Dunkeln, der keinem Land zuzuordnen war und keine sichtbare Armee besaß. Dass CIA-Direktor Tenet den Präsidenten explizit davor gewarnt hatte, dass von Bin Laden eine unmittelbare und ernste Gefahr ausging, machte es für Bush nur noch schlimmer. Er hatte sich auf die Innenpolitik und auf eine gewaltige Steuersenkung konzentriert und das Problem des Terrorismus weitgehend vernachlässigt. „Ich konnte die Dringlichkeit nicht erkennen", gab der Präsident später in einem Interview zu. „Mein Blut kochte noch nicht."

DIE TERRORISTEN, die das Pentagon angriffen, ließen ihr Flugzeug in jene Seite des Gebäudes krachen, die gegenüber von Rumsfelds Büro liegt, rissen ein klaffendes Loch in die Fassade und töteten 184 Menschen. Als sich Rumsfeld an diesem Tag gegen 14.40 Uhr in dem von Trümmerstaub und beißendem Rauch vernebelten Lagezentrum einen Überblick darüber zu verschaffen versuchte, was geschehen war, erörterte er laut den Aufzeichnungen eines Beamten mit seinem Stab bereits, den Irak anzugreifen als Vergeltung für diese Terroranschläge. Saddam Hussein wird in diesem Protokoll mit S.H. abgekürzt, UBL steht für Usama (Osama) bin Laden. Aus den Aufzeichnungen geht hervor, dass Rumsfeld überlegte, „to hit S.H. @ same time – not only UBL", und dass er den Anwalt des Pentagons beauftragte, wegen der „Verbindungen“ des Irak zu Osama Bin Laden mit Wolfowitz zu sprechen. Am nächsten Tag fragte Rumsfeld im inneren Zirkel des Kriegskabinetts, ob die Terroranschläge nicht eine „günstige Gelegenheit“ böten, etwas gegen den Irak zu unternehmen.

Bei einer ausführlichen Debatte in Camp David vier Tage später sprach sich jedoch keiner der Spitzenberater des Präsidenten dafür aus, als ersten Schritt im Krieg gegen den Terrorismus den Irak anzugreifen – nicht einmal Vizepräsident Cheney, der wahrscheinlich erkannt hatte, was Bush im Kopf umging, und sagte: „Wenn wir jetzt gegen Saddam losschlagen, schaden wir unserem Ansehen als die Guten.“ Dennoch äußerte Cheney tiefe Besorgnis über Saddam und schloss nicht aus, dass man zu einem späteren Zeitpunkt etwas gegen ihn tun müsse. Colin Powell lehnte es eindeutig ab, als Reaktion auf den 11. September den Irak anzugreifen. Er sah keine Verbindung zwischen Saddam und den Anschlägen. Dadurch würden viele Mitglieder einer sich rasch formierenden internationalen Koalition wieder abspringen, erklärte Powell. „Sie würden sich überrumpelt und hintergangen fühlen, denn dazu haben sie sich nicht bereit erklärt“, sagte der Außenminister unverblümt. Er stand voll auf der Bremse.

Der Stabschef des Weißen Hauses, Andrew H. Card, meinte, der Irak solle nicht das vordringliche Ziel sein. Auch Tenet sprach sich dafür aus, dass sich das Militär bei der Bekämpfung des Terrorismus zunächst gegen Afghanistan, nicht gegen den Irak wenden solle.

Bei einer Stimmenzählung wäre es ein Verhältnis von vier zu null gegen einen Angriff auf den Irak gewesen, wobei Rumsfeld sich enthalten hätte. Powell fand Rumsfelds Haltung höchst interessant. Was bedeutete das?, fragte er sich. Rumsfeld hatte eine eigentümliche Art, Fragen zu stellen – Fragen, immer wieder Fragen! –, ohne seine eigene Meinung kundzutun.

Nach einem Treffen des Nationalen Sicherheitsrats unterhielt sich Powell, der früher einige Zeit Vorsitzender der Vereinigten Stabschefs gewesen war, offen mit einem seiner Nachfolger, dem Armeegeneral Hugh Shelton. Powell hatte Shelton einen viel sagenden Blick zugeworfen, als Rumsfeld in Bezug auf den Irak von einer „günstigen Gelegenheit“ gesprochen hatte.

„Was zum Teufel denken sich diese Leute eigentlich?“, fragte Powell Shelton. „Können Sie diese Kerle wieder zur Vernunft bringen?“

Shelton versprach, sein Möglichstes zu tun. Der einzige eindeutige Befürworter eines Angriffs auf den Irak war zu diesem Zeitpunkt Paul Wolfowitz, der glaubte, dass der Krieg in Afghanistan riskant und sein Ausgang ungewiss sein würde. Wolfowitz erfüllte es mit Sorge, wenn er daran dachte, dass sich demnächst 100 000 amerikanische Soldaten in diesem tückischen Bergland in einen monatelangen Kampf verzetteln würden. Demgegenüber hatte man es im Irak mit einem geschwächten Unterdrücker-Regime zu tun, das schnell zusammenbrechen würde, und mit einer Opposition, die danach dürstete, Saddam zu stürzen. Seiner Einschätzung nach betrug die Wahrscheinlichkeit, dass Saddam Hussein in die Anschläge vom 11. September verwickelt war, zwischen zehn und fünfzig Prozent – eine eigenartige Schlussfolgerung, die sich auf tiefen Argwohn, nicht aber auf echte Beweise stützte.

Am nächsten Tag, am Sonntag, dem 16. September, teilte Bush Rice mit, dass Afghanistan das erste Ziel im Kampf gegen den Terrorismus sein werde. „Wir werden uns jetzt nicht mit dem Irak befassen", sagte der Präsident, „wir stellen den Irak nach hinten. Aber irgendwann werden wir wahrscheinlich darauf zurückkommen müssen."

Am 17. September unterzeichnete Bush den „Top Secret/Pearl"-Befehl, durch den die CIA und das Militär ermächtigt wurden, weltweit Operationen gegen Terroristen zu unternehmen. Afghanistan hatte Vorrang. Rumsfeld sollte zwar weiter an einer Kriegsplanung für den Irak arbeiten, doch wurde diesem Projekt momentan keine vordringliche Bedeutung beigemessen.

Ein knappes Jahr später sagte Bush in einem Interview, unmittelbar nach dem 11. September habe es „einige Leute gegeben, die über den Irak diskutierten. Das kam aber zu diesem Zeitpunkt nicht in Frage. Ich meine, ich brauchte dazu keine Briefings". Er fuhr fort: „Don suchte klugerweise – und ich sah das genauso – nach anderen Plätzen, an denen wir zeigen konnten, dass der Krieg gegen den Terrorismus eine globale Bedeutung hatte." Rumsfeld wollte auch Bodentruppen nach Afghanistan schicken, nicht nur mit Cruise Missiles und Kampfbombern angreifen, die von sicheren Stützpunkten aufstiegen. „Er war derjenige, der darauf beharrte, Bodentruppen zu entsenden, um die psychologische Haltung der Amerikaner zum Krieg zu ändern", sagte er.

Bush war überzeugt, Clinton habe zu wenig Risikobereitschaft gezeigt. Er hatte 1998 Bin Laden in Afghanistan mit Marschflugkörpern angegriffen, nachdem al-Qaida Bombenanschläge auf zwei US-Botschaften in Ostafrika verübt hatte. Im Kosovokrieg hatte Clinton das amerikanische Engagement auf Luftangriffe beschränkt, weil er noch unter dem Eindruck der gescheiterten Mission in Somalia stand, die er beendet hatte, nachdem 18 US-Soldaten bei erbitterten Gefechten in der Hauptstadt getötet worden waren.

Präsident Bush sagte: „Rumsfeld wollte, dass das Militär auch in anderen Regionen tätig wurde. Mir ging es darum, den Grad der Komplikationen möglichst gering zu halten, um sicherzustellen, dass wir in der ersten Schlacht erfolgreich waren."

ZWEI JAHRE nach dem 11. September sagte Bush bei einem Interview im Weißen Haus: „Der 11. September veränderte eindeutig meine Haltung gegenüber meiner Verantwortung als Präsident. Weil durch den 11. September die Sicherheit des amerikanischen Volkes Vorrang bekam, zu einer heiligen Pflicht des Präsidenten wurde. Sie ist die wichtigste Aufgabe des Präsidenten, denn wenn sich der Präsident dieser Verantwortung nicht stellt, wer soll es dann tun?"

Dadurch habe sich auch seine Einstellung verändert zu „Saddam Husseins Fähigkeit, Schaden zu verursachen", und dadurch seien, fügte er hinzu, „seine schrecklichen Eigenschaften wesentlich bedrohlicher geworden. Saddam lediglich in Schach zu halten, erschien mir immer schwieriger". Saddam sei ein „Verrückter", sagte der Präsident. „Er hatte in der Vergangenheit Massenvernichtungswaffen eingesetzt. Er hat eine unglaubliche Instabilität in der Region verursacht." Saddam hatte 1980 den Iran angegriffen und war 1990 in Kuweit einmarschiert.

Bush fuhr fort: „Die Optionen gegenüber dem Irak waren relativ begrenzt, was die Möglichkeiten der Eindämmung betraf."

CHENEY, der 61-jährige konservative Hardliner, hatte sich mittlerweile eine besondere Position in der Regierung erarbeitet und besaß großen Einfluss auf den Präsidenten. Das Amt des Vizepräsidenten war die Krönung seiner Laufbahn: Im Alter von 34 Jahren hatte er Präsident Ford als Stabschef des Weißen Hauses gedient; dann hatte er zehn Jahre lang als einziger Kongressabgeordneter seinen Heimatstaat Wyoming vertreten; für kurze Zeit war er stellvertretender Vorsitzender der Republikaner im Repräsentantenhaus gewesen, bevor ihn Präsident George Bush senior 1998 zum Verteidigungsminister berief. Da viele führende Republikaner ihn auch für das Präsidentenamt für qualifiziert hielten, erwog er eine Kandidatur bei der Wahl 1996. Aber das Spendensammeln und die unerbittliche Überprüfung durch die Medien schreckten ihn ab, und er ließ sich 1995 zum Vorstandschef von Halliburton bestellen, eines großen Energie- und Ölserviceunternehmens in Texas. Diesen Job nahm er wahr, bis ihm Bush im Sommer 2000 die Kandidatur als Vizepräsident antrug, und zwar mit folgenden Worten: „In guten Zeiten werde ich Ihren Rat brauchen, aber in schlechten noch viel mehr."

Zunächst erschien es fraglich, inwieweit sich eine solch machtbewusste Führungspersönlichkeit, die es gewohnt war, Befehle zu erteilen, in die neue Bush-Administration würde einfügen können, zumal Cheney als Vizepräsident keine praktische Regierungsverantwortung besitzen und über keinen politischen Apparat verfügen würde. Doch schon bald begannen sich für ihn zwei Rollen herauszuschälen.

Nach dem äußerst knappen Wahlausgang, den Bush und Cheney erst nach einer 36 Tage dauernden Nachzählung in Florida und einem Spruch des Obersten Gerichtshofs für sich entscheiden konnten, war die landläufige Meinung – was Cheney als den „gesammelten Sachverstand Washingtons" bezeichnete –, dass Bush vorsichtig werde agieren müssen. Streng genommen war er ein Minderheitspräsident, denn Al Gore hatte bundesweit 500 000 Stimmen mehr erhalten. Doch Bush erklärte Cheney gleich am Anfang, dass er nicht mit gebremstem Schaum an seine Aufgabe heranzugehen und sich nicht wie ein Minderheitspräsident zu verhalten gedenke. „Als wir zum ersten Mal dieses Gebäude betraten", erzählte Cheney einmal privat, „hatten wir das Gefühl einer irgendwie eingeschränkten Präsidentschaft, weil der Wahlausgang so knapp gewesen war, aber dieses Gefühl hielt nur ungefähr dreißig Sekunden lang an. Wir dachten nicht lange darüber nach. Wir hatten eine Agenda, wir waren für diese Agenda angetreten, und wir hatten die Wahl gewonnen – also volle Kraft voraus.“ Cheney war höchsterfreut über diese Herangehensweise. Es entsprach nicht seinem Naturell, bei Dingen, von denen er überzeugt war, lange zu schwanken oder zu zaudern.

Der erste Programmpunkt der neuen Regierung war eine massive Steuersenkung. Als Vizepräsident war Cheney Präsident des Senats und besaß damit verfassungsrechtlich die Möglichkeit, durch seine Stimme ein Patt bei Abstimmungen aufzulösen. Da zu diesem Zeitpunkt Demokraten und Republikaner im Senat jeweils 50 Sitze hatten, wurde er gewissermaßen zum Zünglein an der Waage. Daher war Cheney eng eingebunden in die hinter den Kulissen geführten Verhandlungen über die erste Steuersenkung der Bush-Administration. Bei einem Treffen hinter verschlossenen Türen am Morgen des 4. April 2001 schnappte er sich eine der kleinen hellgelben Servietten aus dem Büro von Senator Trent Lott, auf denen das Wort „Mehrheitsführer“ aufgedruckt war, und schrieb drei Zahlen darauf:

1,6
1,425
1,25

Bushs gesamtes Steuersenkungspaket belief sich auf ein Volumen von 1,6 Milliarden Dollar; die Zahl, die einige Demokraten im Senat ins Gespräch gebracht hatten, lautete 1,25 Milliarden Dollar. Mit einem blauen Füller zog Cheney einen großen Kreis um die Zahl 1,425 – einen Kompromiss, der ein erstes Entgegenkommen der Regierung signalisierte. Bush wurden schließlich 1,35 Milliarden bewilligt.

Cheney war maßgeblich beteiligt an den langwierigen, geheimen Verhandlungen mit dem republikanischen Senator James Jefford aus Vermont über dessen Zustimmung zu den Steuersenkungen. Der Regierung blieb aber schließlich nicht nur Jeffords Stimme versagt, er trat sogar aus der Republikanischen Partei aus, wurde ein Unabhängiger und verhalf den Demokraten zeitweise zur Mehrheit im Senat. Kompromisse im Gesetzgebungsverfahren zu finden, gehörte nicht zu Cheneys Stärken.

Bush und Cheney verständigten sich auf eine weitere Rolle für den Vizepräsidenten. Wegen Cheneys Erfahrung in Fragen der nationalen Sicherheit, die er in den Jahren der Ford-Regierung, während seiner Tätigkeit im Geheimdienstausschuss des Repräsentantenhauses und als Verteidigungsminister gesammelt hatte, erklärte Bush, er wolle, dass sich Cheney zuallererst mit der Arbeit der Geheimdienste befasse. In den ersten Monaten nach dem Amtsantritt der neuen Regierung besuchte Cheney nacheinander die verschiedenen Geheimdienste – die CIA, die National Security Agency, die für die Telekommunikationsüberwachung zuständig ist, und die Defense Intelligence Agency des Pentagons. Er war entschlossen, sich ein umfassendes Bild davon zu verschaffen, was sich in den acht Jahren, in denen er kein Regierungsamt bekleidet hatte, im Geheimdienstbereich getan hatte. Bush hatte Cheney ferner gebeten, sich mit der Frage zu beschäftigen, inwieweit die Nation durch Terrorismus verwundbar war, insbesondere durch biologische und chemische Bedrohungen. Im Sommer 2001 betraute Cheney den pensionierten Admiral Steve Abbott mit der Durchführung eines Programms zur Verbesserung des Heimatschutzes.

Mit Wissen und Unterstützung des Präsidenten wurde Cheney zum selbst ernannten Experten für Worst-Case-Szenarien. Obwohl es nicht förmlich verabredet war, würde er sich mit den wirklich schlimmen, Schrecken erregenden Szenarien beschäftigen. Auf Grund seiner Erfahrungen und seines Temperaments war dies ein idealer Job für Cheney. Er war überzeugt, dass man stets auf das Undenkbare vorbereitet sein musste. Dies war eine Möglichkeit, auch als zweiter Mann eine wirksame Rolle zu spielen – man legte sich ein paar Themengebiete zurecht, wurde darin zum Experten und brachte dann die Nummer eins dazu, sich die eigenen Lösungsvorschläge zu Eigen zu machen.

Nach Cheneys Meinung hatte die Clinton-Regierung bei der Bekämpfung des Terrorismus versagt, angefangen beim ersten Anschlag auf das World Trade Center im Jahr 1993, und daran hatte sich eine Kette schwächlicher Reaktionen angeschlossen: Es war keine wirkungsvolle Reaktion erfolgt auf den Bombenanschlag auf Khobar Towers 1996, eine US-Militäreinrichtung in Saudi-Arabien, eine nur ungenügende auf die Bombenanschläge auf die Botschaften in Ostafrika 1998 und überhaupt keine auf den Anschlag auf den Flugzeugträger USS „Cole" im Jahr 2000.

Nach dem 11. September 2001 war für Cheney klar, dass sich die Bedrohung durch den Terrorismus gewandelt hatte und enorm gewachsen war. Daher musste sich seiner Auffassung nach zweierlei ändern. Zum einen mussten die Kriterien für die Beweisführung geändert werden – die Vereinigten Staaten sollten keine „rauchende Pistole" und keine unwiderlegbaren Beweise mehr benötigen, um sich selbst zu verteidigen. Zum anderen genügte Verteidigung allein nicht mehr. Man musste in die Offensive gehen.

Die größte Bedrohung für die USA waren nun atomare Waffen oder biologische beziehungsweise chemische Kampfstoffe in den Händen von Terroristen, die innerhalb des Landes agierten. Seiner Ansicht nach musste alles getan werden, um das zu verhindern.

AN JENEM 21. NOVEMBER, an dem er Rumsfeld beiseite zog, war Bush bereits der Auffassung, dass es nun an der Zeit sei, sich um den Irak zu kümmern. „Ich will immer wissen, welche Optionen wir haben", erinnerte sich Bush. „Als Präsident kann ich keine rationalen Entscheidungen treffen, wenn ich nicht weiß, ob es auch machbar ist, was wir möglicherweise tun müssen. Daher wollte ich von Don Rumsfeld in Bezug auf diese Angelegenheit eine Auskunft darüber, welche Vorkehrungen er getroffen hatte, falls irgendetwas passieren würde. Und diese Übung hatten wir ja bereits einmal durchexerziert [in Afghanistan]."

Bush sagte, er habe gewusst, dass dies ein großer Schritt sei und dass er es erforderte, die Nation und die Welt auf einen Krieg vorzubereiten. „Ich habe keine Ahnung, was notwendig ist, um das Pentagon zu veranlassen, auf eine Bitte zu reagieren, weil ich noch nie dort gewesen bin. Ich nahm an, Don Rumsfeld ... würde schon dafür sorgen, dass die Arbeit erledigt und der Prozess nicht behindert wurde." Der Präsident kannte seinen Verteidigungsminister.

3

NACH FRANKS' KLEINEM GEFÜHLSAUSBRUCH am 21. November, als er erfahren hatte, dass Rumsfeld von ihm eine Kommandeurseinschätzung zum Irak-Kriegsplan wollte, beruhigte sich der General rasch wieder. „Wir werden unser Bestes versuchen", sagte er zu seinem Operationsleiter Renuart. Er wusste, dass sein Stab unter enormem Druck stand und die Arbeitsbelastung wegen des Kriegs in Afghanistan riesig war. „Machen Sie sich keine allzu großen Sorgen. Wir werden halt tun, was wir können." Beschwichtigend fügte Franks hinzu: „Mann, ich kann mir gar nicht vorstellen, dass wir das in nächster Zeit machen werden."

Aber Rumsfeld hatte seine Anweisungen und wollte keine Zeit verlieren. Der Präsident konzentrierte sich nun auf den Kriegsplan für den Irak, und wenn sich der Präsident auf etwas konzentrierte, dann tat es auch Rumsfeld. Den größten Teil des Jahres hatte er hier und dort nachgehakt (manchen kam das kopflos vor) und die Frage zu klären versucht, wie der nächste Krieg zu führen sei. Sein neues, 71 Seiten umfassendes Papier über die Verteidigungsstrategie, das in diesem Herbst veröffentlicht worden war, hatte diese Frage nur unzureichend beantwortet. Doch Rumsfelds Methode – das ständige Fragenstellen, das unablässige Einholen von Meinungen und die endlosen Neueinschätzungen von Neueinschätzungen – hatte bereits beträchtliche Probleme zu Tage gefördert. Er hatte einen Volltreffer gelandet, als er nach den aktuellen Kriegs- und Eventualfallplänen und nach Einzelheiten für bestimmte Kriegseinsätze gefragt hatte.

„Ich möchte den Kriegsplan für Korea sehen", hatte Rumsfeld gleich nach seinem Amtsantritt verlangt. Das isolierte, grausame Militärregime Nordkoreas unter seinem Führer Kim Jong Il wurde von vielen Fachleuten als nächster potenzieller Krisenherd und als die größte Bedrohung der USA betrachtet. Kim stand kurz davor, Atomwaffen zu bauen, oder hatte sie bereits gebaut.

Daher gaben die Planer Rumsfeld einen Überblick über „Op Plan

5027", den als top secret eingestuften Eventualfallplan für eine Auseinandersetzung mit Nordkorea.

„Ich war konsterniert", erinnerte sich Rumsfeld später in einem Interview. Der Plan war hoffnungslos veraltet und konzentrierte sich auf die logistische Bewältigung des Transports großer Truppenverbände in die Region. Darüber hinaus stellte der Plan nicht in Rechnung, dass die Vereinigten Staaten mittlerweile einen neuen Präsidenten, Bush, und einen neuen Verteidigungsminister hatten. Diese verfolgten andere Ziele und Strategien. Er war entsetzt.

Besaß Nordkorea nun Atomwaffen oder nicht?, wollte Rumsfeld wissen. Das würde einen riesigen Unterschied bedeuten, sollte es tatsächlich zu einem Krieg kommen. Gingen sie von einem Einsatz von Atomwaffen aus oder nicht? Die Kriegsplaner des Pentagons wussten keine Antwort. Würden die Nordkoreaner noch ein Jahr brauchen, bis sie über Atomwaffen verfügten? Zwei Jahre? Wieder kamen keine befriedigenden Antworten.

Rumsfeld hatte noch weitere Fragen, wie er sich erinnerte. „Was ist mit ihren militärischen Fähigkeiten? Haben diese sich in der Zwischenzeit verbessert oder verschlechtert?"

Vice Admiral Edmund P. Giambastiani, Kommandant eines Atom-U-Boots und damaliger leitender militärischer Berater Rumsfelds, wurde klar, dass der Plan keine Optionen und auch keine Zwischenlösungen enthielt. Es habe, wie er es formulierte, nur folgende Alternative bestanden: „Möchten Sie lieber reden und verhandeln oder möchten Sie mit 75 Vorschlaghämmern anrücken und diese Stechmücke platt hauen?" Also entweder Diplomatie oder totaler Krieg.

„Das möchte ich am kommenden Samstag machen", verkündete Rumsfeld – er liebte es, Mitarbeiter am Wochenende ins Büro zu bestellen – „ich möchte, dass die Kriegs- und die Eventualfallplaner hereinkommen und mir die Grundannahmen *aller* wichtigen Eventualfallpläne darlegen. Nicht über die Pläne, sondern über die Annahmen, auf denen sie beruhen, möchte ich informiert werden."

Und so fanden sich an einem Samstag Anfang August 2001 der Vorsitzende der Vereinigten Stabschefs, der Leiter des operativen Planungsstabs und alle Abteilungsleiter des Pentagons in Rumsfelds Büro ein.

Von den 68 Kriegsplänen waren weniger als zehn voll ausgearbeitete Operationspläne, darunter die Planungen für Korea, den Irak und einige andere potenzielle Krisenherde. Bei den Übrigen handelte es sich um kleinere Eventualfallpläne für die Evakuierung von Zivilisten oder den Schutz wichtiger Gebiete wie des Panamakanals. Nachdem vier oder fünf Pläne besprochen worden waren, sagte Admiral Giambastiani, der dafür sorgen sollte, dass Rumsfeld im Zeitplan blieb: „Wenn wir in diesem Tempo weitermachen, sitzen wir in einer Woche immer noch hier. Wir müssen das Ganze beschleunigen."

Das tat Rumsfeld dann auch. Die meisten Pläne liefen im Kern darauf hinaus, große Teile der amerikanischen Militärmaschinerie, in einigen Fällen auch amerikanische Transportinfrastruktur sowie umfangreiche logistische Kapazitäten im Laufe von mehreren Monaten in die betreffende Region zu verlegen, sei es Asien oder der Nahe Osten.

„Nun, mit diesen Richtlinien bin ich nicht einverstanden", sagte er einmal, als jemand eine bestimmte Planung zu rechtfertigen suchte.

Zwei Jahre später erinnerte sich Rumsfeld an diese Zusammenkunft. „Ich saß dort in diesem Raum" – er deutete durch sein großes Pentagon-Büro zum Konferenzraum – „ich saß also da, und diese Leute konnten es nicht fassen. Es dauerte fast den ganzen Tag. Ein Colonel stand auf, legte die Grundannahmen eines Plans dar, und ich diskutierte dann mit ihnen darüber." Andere Teilnehmer des Treffens sagten, es habe sich eher um eine peinliche Befragung gehandelt, bei der Rumsfeld den Offizieren und anderen vorwarf, sie hätten die Grundannahmen der Planungen nicht überdacht und wüssten nicht, was die neue Regierung wolle. „Dann stand der Nächste auf, und wir gingen einen Plan nach dem anderen durch."

„Sie referierten einfach nur, was sie in den Schubladen hatten." Und diese Dokumente waren schon ziemlich verstaubt, waren teilweise vier oder fünf Jahre alt. Die formalen Richtlinien für operative Planungen reichten häufig bis in die Mitte der neunziger Jahre zurück. „Doch darüber war hier noch nie diskutiert worden", erinnerte sich Rumsfeld mit Verachtung und zeigte auf das Büro des Verteidigungsministers.

„Außerdem hatten wir mittlerweile eine neue Verteidigungsstrategie", sagte Rumsfeld, womit er sich auf sein Konzept bezog, dem zufolge ein Angriff auf US-Interessen dadurch verhindert werden sollte, dass man die Fähigkeit zu einem unverzüglichen vernichtenden Gegenschlag demonstrierte. „Natürlich wurden die alten Pläne noch nicht in diesem neuen Kontext betrachtet. Wir mussten sie also alle anpassen."

„Ich sagte: ‚Wir müssen zweierlei machen. Wir schulden dem Land und dem Präsidenten Kriegs- und Eventualfallplanungen, die auf den neuesten Stand gebracht sind, und ein militärisches Denken auf der Höhe der Zeit. Und das können wir nur erreichen, wenn wir diesen Prozess, der mehrere Jahre in Anspruch nehmen kann, auf einen so kurzen Zeitraum komprimieren, dass aktuelle Annahmen eingearbeitet werden können.'"

Die Lektionen des 11. September 2001 unterstützten nach Ansicht Rumsfelds sein Drängen zur Eile. In einem Interview vier Monate nach den Anschlägen sagte er: „Der Grundgedanke besteht darin, dass man sich gegen Terrorismus nicht schützen kann." Das hatte er bereits gelernt, als er 1983/84 ein halbes Jahr für Präsident Reagan als Gesandter für den Nahen Osten tätig gewesen war. „Man kann sich nicht jederzeit und an jedem Ort gegen jede Art von Anschlag schützen. Das geht nicht, weil sie ihre Methoden und Zeiten immer wieder ändern. Man muss hinter ihnen her sein. Man muss den Kampf zu ihnen bringen, und das bedeutet, man muss präventiv handeln."

Das war viereinhalb Monate, bevor Bush seine Präventiv-Doktrin offiziell verkündete. Rumsfeld schwebte eine Zukunft vor, in der die USA bereit und in der Lage sein würden, den Erstschlag zu führen.

RUMSFELD machte sich daran, die Kriegsmaschinerie überall an die neuen Erfordernisse anzupassen. „Ich suchte buchstäblich alle Regionalkommandeure auf und sagte zu ihnen: ‚Holt eure Pläne raus, lasst uns darüber diskutieren und Prioritäten festlegen, und dann lasst uns versuchen, diesen Prozess so weit zu komprimieren, dass alles in viel kürzerer Zeit durchgeführt werden kann.'" Das bedeutete, dass man sich zunächst die Grundannahmen vornehmen musste, „was die wenigsten Leute tun", bemerkte er, „meistens nimmt man einen bestehenden Plan und bastelt dann daran herum".

Nun, künftig würde es kein Herumbasteln mehr geben, keine Veränderungen in winzigen Schritten. „Ich sagte, wir fangen mit den Grundannahmen an und legen dann Prioritäten fest. Anschließend arbeiten die Regionalkommandeure ihre jeweiligen Pläne aus. Und während dieser Arbeit sollen sie mir alle sechs oder acht Wochen ihre Zwischenergebnisse vorlegen." Er wollte überprüfen, ob die Kommandeure ihre Hausaufgaben gemacht hatten.

„So wird die ganze Kleinarbeit, die sehr anstrengend und zeitaufwendig ist, erst angepackt, wenn wir eine klare Marschrichtung haben", sagte Rumsfeld. Bei der Kleinarbeit handelte es sich um die Erstellung detaillierter Karten, Listen und Zeitpläne für den Transport von Truppen sowie den Aufbau logistischer Kapazitäten und Kommunikationseinrichtungen, die erforderlich sind, um viele Tausende von Kilometern entfernt eine Streitmacht zusammenzuziehen.

„Ich weiß nicht mehr, wer es war", sagte Rumsfeld. „[George] Marshall oder jemand anderes meinte, wenn die Strategie grundsätzlich geklärt ist, kann auch ein Lieutenant den Plan aufstellen. Wenn man weiß, was man tut und worauf man hinaus will." Nun, er wusste es, und er wollte damit andeuten, dass er damit allein auf weiter Flur stand.

„Man kann Truppen über weite Entfernungen verlegen, ohne die Leute herumzuscheuchen oder ihnen die Zeit zu stehlen. Und es bricht mir das Herz, wenn ich sehe, wie gute, begabte Leute sich in etwas hineinhängen, über das man später, wenn man es sich genauer ansieht, sagt, meine Güte, so hätten wir das gar nicht machen dürfen."

Rumsfelds Absicht war klar, und er ließ auch keinen Zweifel daran. „Diese Dinge kann man nur erledigen, wenn man *das Risiko erhöht,* es klar benennt und darüber diskutiert, anstatt es auf eine Ebene herunterzuspielen, auf der man nicht mehr die Möglichkeit hat, mit dem Risiko umzugehen oder es irgendwie auszugleichen." Er war bereit, Risiken einzugehen, indem er weniger Soldaten einsetzte, oder er wollte zumindest wissen, welche Risiken man sich dadurch einhandelte.

In den unteren Rängen, bei den Colonels, war niemand besonders risikofreudig. Sie stockten eine Planung lieber noch um eine weitere Division, also weitere 20 000 Soldaten auf, um sicherzugehen. „So geht man auf einer unteren Ebene an die Sache heran. Auf einer höheren Ebene wird das völlig anders gehandhabt."

Nach der Samstagssitzung verkündete Rumsfeld sein Verdikt: „Das ist verrückt, völlig wahnsinnig." Die Kriegspläne waren allesamt unbrauchbar. „Entweder es herrscht Weltfrieden oder es bricht der dritte Weltkrieg aus. Es gibt nur ‚ein' oder ‚aus'." Seine Anweisungen waren eindeutig. „So läuft es nicht."

Obwohl Rumsfeld alle wichtigen Kriegs- und Eventualfallplanungen auf den neuesten Stand bringen wollte, entfaltete er höchste Aktivität, nachdem sich der Präsident nach dem Irak-Plan erkundigt hatte. „Ab einem gewissen Punkt wurde alles wesentlich intensiver", erinnerte er sich, „und er bekam höchste Priorität."

AM MORGEN des 26. November, dem Tag nach Thanksgiving, empfing der Präsident zwei Mitarbeiterinnen einer humanitären Hilfsorganisation im Rosengarten des Weißen Hauses. Heather Mercer und Dayna Curry waren von amerikanischen Soldaten in Afghanistan befreit worden. Im Verlauf einer langen Fragestunde fragten die Reporter nach dem Irak und Saddam Hussein.

„Um zu beweisen, dass er keine Massenvernichtungswaffen entwickelt, sollte er die Inspektoren zurückkehren lassen", sagte Bush.

„Und was wären die Konsequenzen, falls er das nicht tut?"

„Das ist –", antwortete der Präsident, „das wird er dann schon sehen."

„Lasst die Inspektoren zurückkehren, verlangt der Präsident vom Irak. Was ‚anderenfalls' geschieht, bleibt unausgesprochen", lautete die Schlagzeile der *New York Times* am nächsten Tag.

An diesem Morgen, sechs Tage nachdem sich der Präsident nach dem Irak-Plan erkundigt hatte, flog Rumsfeld nach Tampa in Florida, um General Franks im Hauptquartier von CENTCOM aufzusuchen. Nach der Begrüßung schickte er sowohl den Stab von Franks als auch die eigenen Mitarbeiter aus dem Raum und bat sogar seinen Militärberater Vizeadmiral Giambastiani: „Ed, ich möchte, dass auch Sie kurz hinausgehen."

Als sie allein waren, wandte sich Rumsfeld an Franks. „Holen Sie die Irak-Planung, und berichten Sie mir, wo wir im Moment stehen."

Im gegenwärtigen Kriegsplan für den Irak, dem umfangreichen Geheimdokument „Op Plan 1003“, war ein Einmarsch in das Land zum Sturz des Regimes von Saddam Hussein vorgesehen. „Werfen wir zunächst einen Blick auf die Annahmen, von denen der Plan ausgeht“, ordnete er an, „denn wir müssen alles hinterfragen, was in dieser Hinsicht bislang gemacht worden ist.“ Ein Aspekt, den es zusätzlich zu berücksichtigen galt, war die Frage, wie viel man über den gegenwärtigen Zustand der irakischen Armee wusste. Wozu ist sie im Stande? Wie gut ist sie ausgebildet? Wie hoch ist ihre Bereitschaft, für Saddam zu kämpfen?

Rumsfeld sagte, seines Wissens beabsichtige der Präsident nicht, sofort etwas zu unternehmen, aber es sei klug, mit den Vorbereitungen zu beginnen.

Der vorhandene Plan war ein ziemliches Durcheinander. Rumsfeld erschien er viel zu umständlich; er lief auf eine Neuauflage des Kriegs von 1991 hinaus. Er sah den Einsatz von 500 000 Soldaten am Boden vor, einschließlich sechs Armee- und Marineinfanteriedivisionen, und entwarf nur ein einziges Szenario: eine Aktion Saddam Husseins vergleichbar der Besetzung Kuweits 1990. Sie würde einen massiven Gegenschlag erfordern, ließe aber genügend Zeit, um bis zum Beginn des Angriffs eine große Streitmacht aufzubauen. Die ausgeklügelte Zeitplanung ging davon aus, dass man rund sieben Monate brauchen würde, bis man in der Region genügend Truppen zusammengezogen hätte, um den Irak anzugreifen. Das entsprach, wie Franks erkannte, der klassischen, schwerfälligen Methode eines massiven militärischen Vorgehens, das hauptsächlich auf Panzer und schwere Bomber setzt und aus einer anderen Zeit stammt. Genau das, was Rumsfeld zum Wahnsinn trieb.

Der „Op Plan 1003“ war zuletzt 1996 vollständig genehmigt worden, und eine 1998 vorgenommene Aktualisierung hatte zwar alle zuständigen Instanzen im Pentagon passiert, war aber nicht vom damaligen Verteidigungsminister William Cohen abgesegnet worden.

Rumsfeld und Franks befassten sich eine Stunde lang mit dem Plan, dem Planungsprozess, den Annahmen und dem überholten Denken, das dahinter stand.

„Stellen wir eine kleine Gruppe zusammen, die außerhalb der eingefahrenen Schablonen denken kann“, ordnete Rumsfeld an.

„Natürlich betreiben wir weiterhin traditionelle militärische Planung, aber denken wir auch einmal etwas über die Grenzen hinaus, und überlegen wir, auf welche Weise wir das Problem lösen könnten."

Nach ihrer Besprechung traten Rumsfeld und Franks vor die Medien und berichteten über den Krieg in Afghanistan, der unter der Bezeichnung „Operation Enduring Freedom" lief. Franks, der einen Kopf größer ist als Rumsfeld, überragte den Minister körperlich, aber es gab keinen Zweifel, wer von beiden der Chef war. Der Krieg in Afghanistan war so gut wie gewonnen, zumindest die erste Phase. Häufig geäußerte Vorhersagen, er werde in einen ähnlichen Sumpf führen wie in Vietnam, waren widerlegt worden, jedenfalls fürs Erste, und Rumsfeld war in aufgeräumter Stimmung.

„Das ist ja phantastisch! Ich habe einen Laserzeiger!", sagte Rumsfeld unter Gelächter, nachdem man ihm das neueste technische Hilfsmittel für Briefings in die Hand gedrückt hatte. „Heiliger Bimbam!" Er hatte nicht nur die Taliban und al-Qaida in die Flucht geschlagen, sondern hielt in gewissem Maß auch die Medien auf Trab, was er ganz besonders genoss.

„Inwieweit ist diese Entwicklung überraschend?", fragte ein Reporter unter Bezug auf die Ereignisse in Afghanistan.

„Ich glaube, die Anfangsphase verlief genau nach Plan", antwortete Rumsfeld. „Zunächst sah es aus, als würde überhaupt nichts passieren. In der Tat, es hatte fast den Anschein, als würden wir in einem" – er forderte die Anwesenden auf, gemeinsam den Satz weiterzuführen – „alle zusammen bitte – in einem SUMPF landen!"

Einige im Raum lachten.

Dann wandte sich Rumsfeld einem seiner Lieblingsthemen zu: Erscheinungen sind trügerisch. „Im Moment sieht es so aus, als würden sich die Dinge sehr gut entwickeln, oberflächlich betrachtet", sagte er, „genau wie es in der ersten Phase oberflächlich betrachtet aussah, als würde alles schief gehen. Aber ich glaube, was wir am Anfang gesagt haben, war richtig, nämlich dass es eine sehr schwere Zeit werden würde." Die afghanischen Städte waren noch nicht gesichert. „Es ist noch nicht vorbei. Es wird noch eine Weile dauern." Afghanistan war instabil. Bin Laden und Mullah Omar, der Führer der Taliban, befanden sich noch auf freiem Fuß. „Es werden noch

Menschen sterben müssen wegen der Risiken und der Gefahren, die dort existieren."

Rumsfeld wusste, dass sie keinen Plan für Afghanistan gehabt hatten und ihn nach dem 11. September unter großem Zeitdruck und in großer Unsicherheit hatten erstellen müssen. Beim Irak würde es anders sein. Er würde sich nicht noch einmal auf dem falschen Fuß erwischen lassen, unvorbereitet und ohne in die Planungen einbezogen zu sein.

Vier Tage später, am 1. Dezember, einem Samstag, übermittelte Rumsfeld über den Vorsitzenden des Vereinigten Generalstabs General Franks einen geheimen Planungsauftrag und bat ihn um eine Kommandeurseinschätzung, die die Grundlage für einen neuen Irak-Kriegsplan werden solle. In seiner zweiseitigen Anweisung schrieb Rumsfeld, er wolle wissen, wie Franks militärische Operationen zur Beseitigung Saddam Husseins anlegen, wie er die Bedrohung durch möglicherweise vorhandene Massenvernichtungswaffen ausschalten und wie er die vermutete Unterstützung von Terroristen durch Saddam unterbinden würde. Dies war eine formelle Anweisung, außerhalb der etablierten Schablonen zu denken.

Das Pentagon hatte Franks eigentlich 30 Tage Zeit geben wollen für seine Einschätzung, die einen Überblick und ein Rohkonzept für eine neue Vorgehensweise enthalten sollte. „Er hatte einen Monat, aber wir haben ihm davon 27 Tage weggenommen", erinnerte sich der General der Marineinfanterie Pete Pace, stellvertretender Vorsitzender der Vereinigten Stabschefs und Schützling von Rumsfeld. Franks sollte schon drei Tage später persönlich zum Rapport antreten.

IM AUSSENMINISTERIUM hatte Powells Stellvertreter Richard Armitage davon Wind bekommen, dass die *New York Times* am Samstag, dem 1. Dezember, einen Artikel bringen werde, in dem stehen solle, dass Powell gegenüber dem Irak eine weiche und Rumsfeld eine extrem harte Haltung einnähmen. Vermutlich handelte es sich um eine jener Geschichten, die auf Erklärungen, Lecks und Schlussfolgerungen ungenannter „höherer Regierungsbeamter" beruhen.

Ein solcher Artikel besitzt häufig halboffiziellen Charakter. Er kann sich zwar nicht auf offizielle Äußerungen berufen, aber man geht davon aus, dass er den Interessen des Präsidenten nicht zuwiderläuft. Solche Artikel können aber auch sehr ärgerlich sein, weil sich nicht immer eindeutig erkennen lässt, ob sie sich auf eine Quelle aus dem Weißen Haus stützen oder auf einen Mitarbeiter aus einem Ministerium oder einer Bundesbehörde, und weil oft nicht klar ist, welche Position unter „höher" genau zu verstehen ist.

Armitage entschloss sich jedenfalls, sich in diese Geschichte einzuschalten und Powells Interessen zu schützen, indem er sich offiziell dazu äußerte. Dadurch bekam diese Angelegenheit zusätzlich an Gewicht, nicht so sehr, weil der Name dieses höheren Regierungsmitglieds genannt wurde, sondern weil es sich dabei um die Nummer zwei des Außenministeriums und den besten Freund der Nummer eins handelte. Armitage erzählte der *New York Times*, dass Präsident Bush beabsichtige, die aktuelle günstige Entwicklung – den „Lauf in Afghanistan" – zu nutzen, um Saddam zu zwingen, die UN-Waffeninspektoren wieder ins Land zu lassen. Die Inspektoren, die auf Grund des nach dem Golfkrieg von 1991 geschlossenen Abkommens die Rüstungsprogramme des Irak überprüft hatten, waren 1998 von Saddam ausgewiesen worden. Da Powells Außenministerium stets subversiver Tendenzen verdächtigt wurde, weil es bei jeglichem Säbelrasseln eher auf der moderaten Seite stand, wollte Armitage deutlich machen, dass das Außenministerium die Botschaft verstanden hatte. „Der Präsident hat es so gesagt, damit ist es beschlossen – sie sollen zurückkehren", wurde Armitage zitiert. „Es steht außer Zweifel, dass ein Irak, der über Massenvernichtungswaffen verfügt, eine Bedrohung für seine Nachbarn und auch für uns ist, und daher werden wir alles tun, was erforderlich ist, um eine solche Bedrohung abzuwenden."

Die Bemerkungen von Armitage flossen zusammen mit einigen offiziellen Aussagen von Rice in den Aufmacher der *New York Times* vom 1. Dezember ein, der die zurückhaltende Überschrift erhielt: „USA üben Druck auf Irak aus, um UNO nach verbotenen Waffen suchen zu lassen". Für Armitage war es eine großartige Geschichte, die zumindest vorübergehend die Unterstellung erstickte, Powell sei weich und nachgiebig. Armitage, der mit seinem kahlen Schädel und seiner gewölbten Brust wie eine Mischung aus Daddy Warbucks und einem Champion der World Wrestling Federation aussieht, bevorzugt ansonsten deutlichere Worte. Diese Geschichte, so bemerkte er später privat, habe folgende Botschaft vermittelt: „Aha, auch das Außenministerium zieht mit. Sie wollen diese Arschlöcher zur Strecke bringen." Das stimmte zwar grundsätzlich, aber Powell und Armitage wollten die Sache zu einem späteren Zeitpunkt angehen und auf eine Art und Weise, die sicherstellte, dass die internationale Anti-Saddam-Koalition, die den Golfkrieg von 1991 unterstützt hatte, bestehen blieb. Das Außenministerium versucht, Probleme wie den Irak traditionell durch Diplomatie, Verhandlungen und Gespräche zu lösen, nicht durch Krieg.

EIN UNGEDULDIGER RUMSFELD erwartete die erste formelle Darlegung des Kriegsplans für den Irak durch General Franks drei Tage später am 4. Dezember im Pentagon. Dies sollte unter höchster Geheimhaltung geschehen. Franks fragte, wen er zu dem Treffen mitbringen könne. Rumsfeld antwortete, Major General Gene Renuart, Franks' Operationsleiter, könne dabei sein und sie sogar ins Weiße Haus zur Sitzung des Nationalen Sicherheitsrats mit dem Präsidenten begleiten. Renuart hatte im Golfkrieg eine Fliegerstaffel befehligt und selbst 34 Kampfeinsätze geflogen. Bevor er Franks' Mitarbeiter geworden war, hatte er ein Jahr in Saudi-Arabien verbracht, wo er für die Überwachung der südlichen Flugverbotszone im Irak zuständig gewesen war. Er kannte daher die Region aus eigener Anschauung und wusste sehr gut Bescheid über die Geheimdiensterkenntnisse über den Irak.

„Wenn Gene zur Hand ist, können Sie ihn meinetwegen überallhin mitnehmen", sagte Rumsfeld.

Also fanden sich Franks und Renuart am 4. Dezember in Rumsfelds Büro ein. Franks sagte gleich zu Beginn, dass er in der kurzen Zeit nur ein wenig an „Op Plan 1003" habe herumbasteln können. Er habe ihn auf 400 000 Soldaten und eine Aufmarschzeit von sechs Monaten reduziert und damit 100 000 Mann und einen Monat aus der ursprünglichen Planung gestrichen.

„Das ist der gegenwärtige Stand der Planung“, erklärte Franks Rumsfeld und dessen Mitarbeitern. Er hatte den Plan zwar in der vorhergehenden Woche bereits in Tampa mit Rumsfeld besprochen, aber dies war die erste formelle Präsentation vor anderen Personen. „Uns allen wird dieser Plan noch viele Probleme bereiten.“

Am meisten wohl Rumsfeld, hätte er hinzufügen können.

Der Plan sei deshalb wichtig, erklärte Franks, weil er das Einzige sei, was sie hätten. Wie allgemein bekannt, dauere die Ausarbeitung eines Kriegsplans zwei oder gar drei Jahre. Daher müssten sie wohl oder übel mit einem marginal revidierten „Op Plan 1003“ arbeiten, weil sie ihn vielleicht kurzfristig würden umsetzen müssen. „Es lässt sich nicht absehen, wann im Rahmen der Operation ‚Southern Watch‘ ein Kampfjet abgeschossen wird“, sagte er. „Es ist auch nicht absehbar, wann wir eine Verbindung zwischen al-Qaida und dem irakischen Regime nachweisen können.“ Man könne „Op Plan 1003“ nicht schlicht verwerfen und für untauglich erklären. Wenn der Präsident eines Tages – vielleicht schon morgen – entscheiden sollte, Krieg gegen den Irak zu führen, aus welchem Grund auch immer, dann würde er sich auf diesen Plan stützen müssen. „Mir gefällt das auch nicht. Aber darum geht es nicht. Es geht darum, dass wir nichts anderes haben.“

Franks und Rumsfeld sahen sich an. Sie hatten sich bereits darüber verständigt, dass sie dabei letztlich nicht stehen bleiben konnten.

„Ich habe den Eindruck, dass das eine recht langwierige Sache werden wird“, meinte Rumsfeld.

„Das ist richtig, Mr. Secretary“, erwiderte Franks. „Es wird lange dauern, einen neuen Plan zu erarbeiten.“

„Ich bin mir nicht sicher, ob wir wirklich so viele Soldaten brauchen, angesichts dessen, was wir aus Afghanistan gelernt haben“, meinte Rumsfeld und spielte damit auf die Erkenntnisse an, die sich aus dem Einsatz neuer lasergesteuerter Präzisionswaffen und den Verbesserungen der geheimdienstlichen Aufklärungs- und Überwachungsarbeit ergeben hatten. Die kleinen, unbemannten Predator-Drohnen, die Videobilder in Echtzeit lieferten, konnten 24 Stunden in der Luft bleiben und zwei Hellfire-Raketen abfeuern. Er blickte in seine Unterlagen. „Ich bin mir nicht sicher, ob es unbedingt so laufen muss.“

„Da möchte ich Ihnen nicht widersprechen“, sagte Franks. „Auch ich glaube nicht, dass es unbedingt so gemacht werden muss, aber wir haben nun mal nichts anderes“, wiederholte er.

Sie wussten nicht, wie viel Zeit ihnen blieb, Truppen zusammenzuziehen, erinnerte sie Rumsfeld. Sie konnten auch nicht wissen, was den Präsidenten zu einer Entscheidung veranlassen würde. Der vorliegende Plan ging davon aus, dass sie sechs Monate Zeit haben würden. Rumsfeld verlangte nach Alternativen und anderen Optionen, insbesondere nach jenen unkonventionellen Denkansätzen, zu denen er Franks ermutigt hatte. Wie konnten sie die Zeitspanne vermindern zwischen jenem Augenblick, in dem der Präsident sich zu einer Kriegsentscheidung gezwungen sehen würde, und dem Beginn der militärischen Operationen? Angenommen, es bliebe nicht genügend Zeit für große Truppenverlegungen? In welchem Zeitraum könnte man genügend Truppen zusammenziehen, um die gesetzten Ziele zu erreichen?

Franks wusste darauf keine Antworten. Er hatte mittlerweile natürlich gelernt, wie wichtig es war, über Grundannahmen zu sprechen. Er war dabei, sie zu einzukreisen, und würde sie bald umfassend darlegen können.

Der Auftrag in einem eventuellen Irakkrieg war klar: Das Regime wechseln, Saddam stürzen und alle Bedrohungen beseitigen, die von ihm ausgingen – die Massenvernichtungswaffen, die Verbindungen zu Terroristen, die Gefahr, die er für seine Nachbarn darstellte, insbesondere für Israel. Das war eine gewaltige Aufgabe. Demgegenüber war das gegenwärtige militärische Potenzial der USA in der Region sehr begrenzt. Es bestand aus einem 500 Mann starken Kampfbataillon in Kuweit. Für weitere 1000 Soldaten stand in der Region Ausrüstung bereit. Das war alles. Normalerweise waren rund 200 Flugzeuge in der Region stationiert – etwa 100 Flugzeuge, die von der Prince Sultan Air Base in Saudi-Arabien aus bei der Operation „Southern Watch“ beziehungsweise von der Türkei aus für „Northern Watch“ eingesetzt wurden. Weitere knapp 100 Flugzeuge standen auf einem Flugzeugträger in der Region.

Rumsfeld verlangte die bestmögliche Aufklärung über das irakische Militär. Die Truppenstärke war nach dem Golfkrieg von 1991 stark reduziert worden. Wie weit war sie vermindert worden? Und was bedeutete das?

Diesmal erhielt Franks acht Tage Zeit, um die Fragen zu beantworten, und am 12. Dezember erschienen er und Renuart abermals im Pentagon, um Rumsfeld ihre neuen Erkenntnisse zu präsentieren. Dieser Vortrag, die so genannte zweite Vorlage der Kommandeurseinschätzung, wurde streng abgeschirmt, da Präsident Bush größten Wert darauf legte, dass nichts durchsickerte. Franks sprach zwei Kernfragen an: Konnte man den Aufbau einer schlagkräftigeren Truppe in kürzerer Zeit bewerkstelligen? Konnte man mit weniger Soldaten auskommen?

Rumsfeld glaubte, beide Überlegungen seien mit Ja zu beantworten, hatte aber dennoch weitere Fragen.

„Würde das alles sichtbar sein?", erkundigte er sich. Welche Teile eines beschleunigten Truppenaufbaus im Nahen Osten könnte man im Verborgenen durchführen? Ließen sich bestimmte Dinge, etwa der Transport von Ausrüstung und Soldaten, so anstellen, dass die Öffentlichkeit davon nichts mitbekäme?

Natürlich war einiges möglich, wie sowohl Rumsfeld als auch Franks wussten.

Was könnte man tun, um die unsichtbare Komponente zu erhöhen?, fragte Rumsfeld. Was könnte man machen, ohne dass Saddam davon erfuhr?

Franks äußerte Bedenken hinsichtlich der größeren Aktionen. Umfangreiche Truppenverlegungen oder die Entsendung von Flugzeugträgern würden sich nicht verheimlichen lassen, und die Zeitungen würden darüber berichten.

Welche Aktionen würden am meisten kosten?, erkundigte sich Rumsfeld. Er bedachte stets die Kosten. Gab es Aktionen, die weniger kostenaufwendig sein würden?

Dann brachte er einen weiteren Gedanken zur Sprache. „Überlegen Sie, welche Aktionen bis April oder Mai durchführbar wären." Das war in fünf oder sechs Monaten.

Diese Bemerkung machte Renuart sprachlos. Zuerst hatte Rumsfeld den Anschein erweckt, als bestünde keine Eile, und dann gab er zu verstehen, es sei alles ganz dringend. Die Vorstellung, bereits im Frühjahr einen Krieg gegen den Irak beginnen zu müssen, war niederschmetternd.

„Ja, Sir", sagte Franks, „wir werden uns darum kümmern." Er

war frustriert. Eigentlich wollte er in jedem Briefing mit einer hundertprozentigen Lösung aufwarten. Er wusste, dass es nicht machbar war, aber dennoch setzte er Renuart und seinen Planungsstab unter Druck. Er wollte, dass sie seinem Denkprozess voraus waren – dass sie Fragen artikulierten und beantworteten, bevor Rumsfeld ihn damit überfiel.

Franks steht üblicherweise schon um drei oder vier Uhr früh auf, kommt aber erst um sieben Uhr zur Arbeit. Als er eines Morgens besonders ungeduldig war, versuchte Renuart seinen Vorgesetzten durch einen Witz zu beruhigen und zu bremsen. „Chef, wir kommen um sechs in die Arbeit und fangen dann an zu denken, während Sie schon ein paar Stunden vorgedacht haben."

FRANKS BLIEB NUR eine Woche Zeit, bevor Rumsfeld ihn zur dritten Vorlage seines Berichts ins Pentagon zitierte. Abermals ließ Rumsfeld erkennen, dass er noch nicht zufrieden war – „noch nicht befriedigt", wie er seine Unzufriedenheit gelegentlich ausdrückte.

Später erinnerte sich Rumsfeld in einem Interview in seinem Büro im Pentagon: „Ich stelle meinen Mitarbeitern gern eine Menge Fragen und erteile nur sehr wenige Anweisungen. Dieses Ministerium ist so groß und so unübersichtlich, und es gibt so vieles, was ich nicht weiß, dass ich ständig nachforsche und nachbohre und mich erkundige: Nun, warum wurde dies nicht gemacht oder sollten wir nicht jenes tun, aber in der Regel steht ein Fragezeichen am Ende des Satzes."

Rumsfeld wusste natürlich, dass es stets die Bedeutung einer Anweisung oder eines Befehls bekommt, wenn der Verteidigungsminister sagt „Warum wurde dies nicht gemacht?" oder „Sollten wir nicht jenes tun?" oder auch nur andeutungsweise seine Unzufriedenheit erkennen lässt, selbst wenn er dies in die Form einer Frage kleidet. Rumsfelds Fragen sind keine Grübeleien, die in einem abstrakten Kontext oder aus reiner Wissbegier angestellt werden. Es ist unwahrscheinlich, dass er sich seiner Autorität im Ministerium nicht bewusst ist; der Minister ist der Chef, Punkt. Oder dass er nicht erkennen würde, welche Kraft seine dominierende Persönlichkeit ausstrahlt. Die Steuerung müsse eindeutig von oben erfolgen, erklärte er, denn auf den unteren Ebenen würden die Planer die Probleme lösen, indem sie noch mehr Truppen und noch mehr Zeit zugaben. Er war bereit, ein höheres Risiko in Kauf zu nehmen, um schneller voranzukommen, und als Minister war er schließlich in der Lage, die Verantwortung für ein höheres Risiko auf sich zu nehmen und dies gegenüber dem Präsidenten zu vertreten. „Der Präsident möchte, dass Sie nach Crawford kommen", informierte Rumsfeld Franks nach dem letzten Briefing. Bush verbrachte die Weihnachtsfeiertage auf seiner 650 Hektar großen Ranch in Crawford in Texas.

„Ich gehe nur hin, wenn auch Sie dabei sind", sagte Franks leicht ironisch, denn er wusste, dass Rumsfeld großen Wert auf eine ordentliche Befehlskette legte.

„Wir werden sehen", erwiderte Rumsfeld.

Im Nachhinein erklärte Rumsfeld, dies alles habe einem bestimmten Zweck gedient. „Ich habe mich in meinem Leben viel mit Geschichte beschäftigt und habe sehr früh erkannt, ich weiß nicht, ob das auch eine Lektion der Geschichte ist, aber ich habe jedenfalls erkannt, dass ich nur dann ein wirksames Bindeglied zwischen dem Präsidenten der Vereinigten Staaten und einem Feldkommandeur sein kann, wenn ich mein Verhältnis zum Präsidenten richtig einordnen kann, wenn ich seine Interessen und seine Gefühle kenne und seine Körpersprache deuten kann, und wenn ich dies dann Tommy Franks und über ihn auch seinen Leuten vermitteln kann. Deshalb begann ich also, viel Zeit mit Tom Franks zu verbringen, wir aßen zusammen und ich weiß nicht was und telefonierten häufig. Wir sprachen bei vielen Gelegenheiten miteinander, und ich wusste, das war von grundlegender Bedeutung, wenn wir das Leben so vieler Menschen aufs Spiel setzten. Dass ein funktionierender Kanal entsteht vom Präsidenten zu mir und zu ihm und von ihm über mich zum Präsidenten. Ich bemühte mich auch, ihm sooft es ging den direkten Kontakt mit dem Präsidenten zu ermöglichen, auch bei einigen Gelegenheiten, bei denen ich nicht dabei war."

Rumsfeld sprach mit dem Präsidenten und meldete sich dann mit einer überraschenden Anweisung wieder bei Franks. „Der Präsident möchte, dass Sie allein kommen."

4 ENDE NOVEMBER übermittelte der britische Auslandsgeheimdienst MI6 Washington die Ergebnisse einer umfangreichen Aufklärungsoperation, die er unter falscher Flagge in Pakistan durchgeführt hatte. Für diese Aktion, die Teil einer verdeckten Operation zur Verhinderung der Verbreitung von Nukleartechnologie und Atomwaffen war, gaben sich britische Agenten als Mitglieder extremistischer Organisationen oder Vertreter radikaler islamischer Länder aus, um Kontakte zu Anbietern von nuklearem Material herzustellen. Pakistan, das über Atomwaffen und ein relativ fortgeschrittenes Forschungsprogramm verfügte, bot Anlass zur Sorge, es könnte nukleares Material an andere islamische Staaten oder vielleicht sogar an Osama Bin Ladens Terrornetzwerk weitergeben.

Ein pakistanischer Atomwaffenentwickler hatte einem Agenten des britischen Secret Intelligence Service (SIS) den Entwurf eines Konstruktionsplans für eine Bombe zum Kauf angeboten. Unter Ausnutzung ihrer falschen Identität gelang es den Briten, von diesem Wissenschaftler weitere Informationen zu erhalten. Im Laufe der Verhandlungen legte der Wissenschaftler einen wesentlich ausgefeilteren Konstruktionsplan vor, der nach Aussage der Briten auch maßstabsgerecht war. Er zeugte von profundem Wissen über die Zusammenhänge der nuklearen Waffentechnologie. Darüber hinaus lieferte er Informationen über den Bau einer so genannten schmutzigen Bombe. Diese gefürchtete, aber verhältnismäßig einfache Waffe lässt sich herstellen, indem man radioaktives Material wie etwa gebrauchte Reaktorbrennstäbe mit konventionellem Sprengstoff verbindet. Bei der Detonation können ganze Stadtviertel radioaktiv verseucht und dadurch verheerende psychologische Auswirkungen hervorgerufen werden.

Zur Krönung hieß es in einem anderen Geheimdienstbericht, Bin Laden sei bei einem Treffen anwesend gewesen, bei dem einer seiner engsten Mitarbeiter einen Kanister, der angeblich radioaktives Material enthielt, drohend in der Luft geschwenkt habe, um zu beweisen, dass al-Qaida ernsthaft darum bemüht sei, sich atomare Waffen zu beschaffen. Als paramilitärische Einheiten der CIA in Afghanistan vorstießen, Bin Ladens Rückzugsraum, fanden sie eine Skizze für den Bau einer schmutzigen Bombe sowie weitere Dokumente über Nuklearwaffen. Obwohl diese Dokumente lediglich Skizzen darstellten und nicht dazu taugten, tatsächlich eine Waffe zu bauen, belegten sie eine bestimmte Absicht. Erst vor kurzem hatte Bin Laden gegenüber einem pakistanischen Journalisten erklärt, er wolle chemische und nukleare Waffen zur „Abschreckung" einsetzen.

Der Präsident war elektrisiert, als man ihm all diese Informationen vorlegte.

„George", sagte Bush zu Tenet, „ich möchte, dass Sie hinüberfliegen und sich alles beschaffen, was Sie brauchen." Steigen Sie in Ihr Flugzeug und fliegen Sie sofort nach Pakistan. Verlieren Sie keine Zeit.

Schon nach wenigen Stunden war Tenet unterwegs. Der groß gewachsene, massige Mann mit der intensiven, kratzigen, mitreißenden Stimme hat eine raumfüllende Präsenz. Er wollte den Leiter des pakistanischen Geheimdienstes aufsuchen, um Krach zu schlagen. Nach dem 16-stündigen Flug war Tenet ziemlich geladen. Ohnehin nicht zu Understatement neigend, arbeitete er mit Zuckerbrot und Peitsche.

„Ich kann meinem Präsidenten nicht sagen", erklärte er dem pakistanischen Geheimdienstchef, „dass es keine Nuklearwaffen [in der Hand von Terroristen, Anm. d. Ü.] in den Vereinigten Staaten gibt! Wenn es doch welche gibt und sie hochgehen, ist das Ihre Schuld!"

Tenet traf sich auch mit dem pakistanischen Präsidenten General Pervez Musharraf, um ihm dieselbe Botschaft zu überbringen, und heizte dabei dem spröden, prowestlichen General gehörig ein. Die pakistanischen Behörden hatten mehrere Atomwissenschaftler des Landes verhaftet und durch Verhöre herausbekommen, dass sich zumindest einer von ihnen mit Mitgliedern von al-Qaida getroffen hatte.

Tenet verlangte, dass die Pakistaner den Fall rund um die Uhr untersuchen, jeden Winkel ausleuchten, jeden Stein umdrehen und sämtliche Wissenschaftler verhören sollten.

Am Abend des 1. Dezember flog der CIA-Chef nach Washington zurück. Fünf ausländische Geheimdienste, auch der saudische, waren davon in Kenntnis gesetzt worden, dass sich möglicherweise irgendwo eine Atomwaffe, entweder eine schmutzige Bombe oder ein voll entwickelter atomarer Sprengkopf, im Umlauf befand. Die Saudis verschärften daraufhin die Kontrollen an ihren Grenzen drastisch und setzten vermehrt Instrumente zum Aufspüren radioaktiven Materials ein.

Diese nachrichtendienstlichen Informationen beeindruckten Bush enorm. Er wollte keinesfalls zu schwach darauf reagieren. Für den Montag wurde eine neue nationale Terrorwarnung vorbereitet, in der unbestimmt darauf hingewiesen werden sollte, dass „das Ausmaß der Bedrohung über der Norm" liege und „in den nächsten Wochen" ein Anschlag erfolgen könne. Vizepräsident Cheney begab sich zu einem sicheren Ort außerhalb Washingtons und musste Besprechungen mit hochrangigen ausländischen Besuchern über eine abgeschirmte Videoleitung abwickeln.

Zwei Reporter der *Washington Post* hatten Wind bekommen von der potenziellen Bedrohung durch eine schmutzige Bombe oder einen Nuklearsprengkopf und wollten dazu am 2. Dezember einen Artikel mit einer Reihe von Einzelheiten veröffentlichen. Da Tenet außer Landes war, rief mich ein sehr hochrangiger CIA-Mitarbeiter einige Stunden vor dem Erscheinen der Ausgabe an und verlangte, den Artikel zu verschieben.

Über Musharraf sagte der Anrufer, „wir haben ihn sehr bedrängt", und sie seien dabei, „die Schrauben weiter anzuziehen". Weiter führte er aus: „Wir sind jetzt an einem Punkt angelangt, an dem wir sie [die Pakistaner] so weit haben, dass sie mit uns zusammenarbeiten. Wenn jetzt darüber berichtet wird, werden sie vielleicht dichtmachen und das Ganze als einen Versuch auffassen, sie unter Druck zu setzen." Die Informationen seien nur bruchstückhaft, sagte er. „Was wir bis jetzt haben, sind lediglich Hinweise, noch keine schlüssigen Erkenntnisse."

Len Downie, der Executive Editor der *Washington Post,* sprach mit dem CIA-Vertreter und entschloss sich, die Geschichte zunächst zurückzuhalten.

Einige Tage später brachte die *Post* den Artikel ohne Hinweis auf Tenets Reise. Es war der Aufmacher am Dienstag, dem 4. Dezember, und er hatte die Überschrift: „USA befürchten, Bin Laden könnte sich Nuklearwaffen beschaffen. Sorge über ‚schmutzige Bombe' wirkt sich auf Sicherheitsmaßnahmen aus". Vier Monate später erklärte derselbe hochrangige CIA-Beamte, der Geheimdienst habe „in Afghanistan nicht gefunden, was wir befürchteten, aber könnte es nicht auch irgendwo anders sein? Ich glaube, wir haben noch keine vollständige Klarheit".*

Doch die Befürchtungen schwanden nicht, und der Präsident und der Nationale Sicherheitsrat hatten sich mit der Möglichkeit auseinander zu setzen, dass es zu einem Anschlag gigantischen Ausmaßes kommen könnte, der den 11. September weit in den Schatten stellen würde. In diesem Kontext war es schwierig zu entscheiden, an welchem Punkt man überreagierte. Dass Passagierflugzeuge entführt und wie Raketen in Gebäude geflogen wurden, um Tausende Menschen zu töten, hatte sich bis zum 11. September auch niemand vorstellen können. Tenet erklärte, die Waffeninspektoren hätten nach dem Golfkrieg von 1991 herausgefunden, dass Saddam über acht verschiedene Möglichkeiten verfügte, sich Nuklearwaffen zu beschaffen – Nuklearwaffen, die zwar primitiv und unausgereift, aber dennoch bedrohlich waren.

IN DEN TAGEN vor Weihnachten, wenn das politische Geschäft in Washington normalerweise auf Sparflamme läuft, absolvierte ein 51-jähriger Anwalt lange, aufreibende Arbeitsstunden in Zimmer 276 des Old Executive Office Building in der Nähe des Weißen Hauses. Das ist ein dunkler, schlicht eingerichteter Raum mit einem offenen Kamin, der schon viele historische Augenblicke erlebt hat und in dem einst Theodore Roosevelt arbeitete, als er stellvertretender Marineminister war, und später Franklin Roosevelt, als er dasselbe Amt bekleidete. Der Mann, der gegenwärtig in diesem Büro saß, hielt seine Akten und seine Unterlagen stets in säuberlicher Ordnung. Man konnte ihn einer kleinen, elitären Gruppe innerhalb der Wa-

* Damit begann eine Operation, durch die im Jahr 2004 aufgedeckt werden konnte, dass der Leiter des pakistanischen Atomprogramms, Abd-al Qadir Khan, heimlich Atomtechnologie verkauft und, wie er später zugab, Iran, Nordkorea und Libyen auf diesem Gebiet geholfen hatte.

shingtoner Beamtenschaft zuordnen, jenen unauffälligen Machern im Hintergrund, die in entscheidenden Situationen immer zur Stelle sind. Er war eines der wichtigsten Mitglieder im Sicherheitsapparat der Bush-Regierung – I. Lewis Libby jr. Dieser etwas steife, würdevolle Mann hatte eigenartigerweise den Spitznamen „Scooter", den auch jeder verwendete.

Libby besaß drei formelle Titel. Er war Stabschef und Sicherheitsberater von Vizepräsident Cheney und darüber hinaus Assistent von Präsident Bush. Dies war eine Kombination von Posten, die wahrscheinlich noch nie jemand innegehabt hatte. Libby selbst ist ein Energiebündel und fungierte gewissermaßen als Verstärker für Cheneys Ziele und Ansichten.

Libby war ein Schützling von Paul Wolfowitz und hatte in den achtziger Jahren für ihn gearbeitet, als Wolfowitz Assistant Secretary of State war, und in den Neunzigern, als dieser für Cheney als Policy Undersecretary im Pentagon tätig gewesen war. Im Verteidigungsministerium war Libby für die chemischen und biologischen Waffen Saddam Husseins zuständig gewesen.

In seiner gegenwärtigen Funktion war Libby eins von nur zwei Mitgliedern des Nationalen Sicherheitsrats, die keine Ministeriums- oder Behördenleiter waren und die auch an den separaten Treffen der Chefs teilnahmen, die von Rice geleitet wurden. (Der andere war Stephen Hadley, der Stellvertreter von Rice.)

Von seiner einzigartigen Position aus verfolgte und beeinflusste Libby die Diskussionen und die Entwicklung der Sicherheitspolitik des Präsidenten. Da Cheney keine unmittelbare operative Verantwortung für das Militär, den diplomatischen Dienst oder die Geheimdienste besaß, waren weder der Vizepräsident noch Libby in die täglichen Problemlösungs- und Krisenbewältigungsversuche eingebunden, es sei denn, sie schalteten sich selbst in sie ein. Beide konnten versuchen, auf die Grundlinien der politischen Entscheidungsprozesse Einfluss zu nehmen. Doch am Ende, das war Libby klar, konnte der Vizepräsident nur Empfehlungen geben – dem Nationalen Sicherheitsrat und, was noch wichtiger war, dem Präsidenten.

Als guter Anwalt wusste Libby, wie wichtig Behutsamkeit, Geduld und Verschwiegenheit sind. Sowohl Cheney wie auch Libby beherrschten es nahezu perfekt, sich auszuschweigen, in Diskussionen oder Interviews zu mauern. Das brachte manche Kollegen aus der Fassung und gegen sie auf. Libby verstand es zudem meisterhaft, Fragen nach seinen Ansichten mit Gegenfragen zu beantworten: Was bedeutet das? Was verstehen Sie in diesem Zusammenhang unter „Entscheidung"?

Er hatte 1972 sein Studium in Yale abgeschlossen – vier Jahre nach Bush und neun Jahre, nachdem Cheney seinen Yale-Abschluss gemacht hätte, wäre er nicht vorzeitig von der Universität abgegangen. Im Unterschied zu seinen Chefs hatte Libby sein Studium mit der Auszeichnung „magna cum laude" abgeschlossen. Im Jahr 1996 hatte er einen kaum beachteten Roman mit dem Titel *The Apprentice* veröffentlicht, eine Abenteuergeschichte mit erotischem Einschlag, die in Japan zu Beginn des 20. Jahrhunderts spielt und von der *New York Times Book Review* gelobt worden war wegen ihrer „gefühlvollen Prosa und ihrer bewegenden deskriptiven Passagen".

Libby vergrub sich gern in Einzelheiten – etwa die Besonderheiten verschiedener Stammesgruppen im Irak oder Fragen der militärischen Taktik. Während der Golfkrise von 1990 hatten Wolfowitz und Libby vorgeschlagen, Spezialeinheiten in den Westen des Irak zu schicken, um Israel zu schützen und es aus dem Krieg herauszuhalten. Cheney, dem damaligen Verteidigungsminister, gefiel diese Idee, doch General Norman Schwarzkopf, der CENTCOM-Kommandeur, war nicht daran interessiert gewesen. Libby wies immer wieder gern darauf hin, dass Schwarzkopf während des Krieges bis zu einem Viertel seiner Flugzeuge hatte dazu einsetzen müssen, den Westen des Irak zu sichern. Der General hätte besser auf ihn hören sollen.

In den ersten Tagen nach dem 11. September brachte die *New York Times* auf der Titelseite einen Artikel über die Diskussion in der Bush-Regierung über die Frage, ob man in der ersten Welle des Kriegs gegen den Terrorismus auch den Irak angreifen solle. In dem Artikel, der unter der Überschrift „Bushs Berater uneins über Ausmaß der Vergeltungsmaßnahmen" lief, wurde berichtet, Powell sei dagegen, während Wolfowitz und Libby zu den Befürwortern eines Vorgehens gegen den Irak zählten. Dass sein Name in der Zeitung erschien, war ungewöhnlich und verärgerte Libby zutiefst. Die Reporter hätten ihn nicht nach seinen Ansichten gefragt, und dass dies durchgesickert sei, halte er für „skandalös". Er beteuerte, die Geschichte sei „unwahr“. Auf die Frage, ob sie „völlig unwahr“ sei, reagierte er mit einer feinsinnigen juristischen Unterscheidung: „Sie ist nicht völlig unwahr, aber unwahr.“ Er habe sich in der Sitzung des Nationalen Sicherheitsrats nicht über den Irak geäußert, aber es habe, wie er sich ausdrückte, „kleinere Besprechungen am Rande“ gegeben.

Libby suchte Armitage auf. „Ich bin es durchaus gewohnt, Powells Namen in den Zeitungen zu lesen“, sagte er. „Aber ich war nicht erfreut, als ich meinen Namen neben dem seinen fand, insbesondere in diesem Zusammenhang. Und dabei stehe ich gar nicht im Ring.“

„Möchten Sie, dass ich dem Außenminister dies übermittle?“, fragte Armitage.

„Bitte.“

„Ich werde es tun“, erwiderte Armitage. „Ich werde es ihm sagen, aber das ist keine persönliche Sache. Hier geht es ums Geschäft. Und darum, wie wir die Interessen dieses Landes schützen, Scooter.“

„Es ist nicht die Frage, wer eine Zuneigung für den Irak hegt und wer nicht“, entgegnete Libby. „Es hat vielmehr damit zu tun, was machbar ist und was nicht.“

Libby war der Ansicht, dass es klug gewesen war, sich zunächst auf Afghanistan zu konzentrieren, aber nun, da sich die Dinge dort so erfreulich entwickelten, glaubte er, dass man sich auch den Irak vornehmen müsse, wenn man den Krieg gegen den Terrorismus richtig und weit gefasst definierte. Seiner Meinung nach war es unmöglich, den Terrorismus entschlossen zu bekämpfen, wenn man sich nicht, wie er es einmal privat ausdrückte, „auch der irakischen Frage“ stellte. Insofern war er durchaus ein Schwergewicht im Ring.

Wie es seine verschiedenen Posten verlangten und auch seinem Eigeninteresse entsprach, beobachtete er den Präsidenten genau, studierte seine Körpersprache und seine verbalen Aussagen, als er die Kriegsplanung für den Irak in Auftrag gab, registrierte seine Fragen, seine Einstellungen und seinen Tonfall. Vielleicht war dies noch keine Entscheidung für den Krieg, dachte Libby, aber der Präsident hatte beschlossen, dass das Irak-Problem auf die eine oder andere Weise gelöst werden müsse. Er wusste, nun waren militärische Planungen in die Wege geleitet worden. Stärker als Cheney hatte er das Gefühl, dass der Präsident jetzt dazu bereit war, Saddam Hussein zu beseitigen. Das war ein wichtiger Wendepunkt.

5 AM FREITAGMORGEN, dem 28. Dezember, stand der Präsident auf seiner Ranch in Crawford in Texas um fünf Uhr auf. Bei diesem Anwesen handelt es sich um ein eher kleines, sehr modernes, recht sparsam eingerichtetes Haus im Ranch-Stil, das an einem künstlich geschaffenen See liegt. Sieht man von einigen Äußerlichkeiten ab, die mit dem Amt des Präsidenten verbunden sind – Sicherheitsmaßnahmen sowie Bedienstete, die das Essen zubereiten und servieren –, könnte man es für das geschmackvoll eingerichtete Wochenendhaus eines wohlhabenden Ehepaares halten. Bush hatte gerade das Buch *Theodore Rex* von Edmund Morris gelesen, ein bewunderndes Porträt von Präsident Theodore Roosevelt und dessen „Big Stick"-Diplomatie zu Anfang des 20. Jahrhunderts. Auch einem flüchtigen Leser dieses 555 Seiten umfassenden Wälzers, der nicht allzu viel Zeit für die Lektüre aufwenden kann, was vermutlich auch für Bush galt, dürfte die Botschaft des Werkes nicht entgehen: Teddy Roosevelt beherrschte und prägte seine Ära, indem er die Macht des Präsidenten entschlossen und aktiv wahrnahm, ergebnisorientiert handelte und in einer optimistischen, kraftstrotzenden Art auftrat, die bisweilen die Grenze zur Anmaßung und zur Arroganz streifte. Normalerweise wäre der Präsident fünf oder sechs Kilometer joggen gegangen, aber heute kam ein Besucher früh zu ihm heraus.

Der Präsident ging zu einem freistehenden Gebäude auf seiner Ranch, das als Sensitive Compartmented Information Facility (SCIF) bezeichnet wird, einem abhörsicheren Lagezentrum, in dem er sensible Briefings persönlich oder über eine abgeschirmte Videoverbindung entgegennehmen kann. Das Geheimdienst-Briefing an diesem Tag zwischen Weihnachten und Neujahr enthielt die hochgeheime Threat Matrix, den jüngsten Bericht über terroristische Bedrohungen und Gefahren. Unter Punkt 8 in dem 19 Punkte umfassenden 14-seitigen Papier wurde ein abgehörtes Gespräch aus einem Gebiet Afghanistans wiedergegeben, in dem sich offensichtlich noch Mitglieder von Osama Bin Ladens Terrornetzwerk al-Qaida aufhielten. Eine nicht identifizierte Person sagte, „in geraumer Zeit werden gute Nachrichten kommen", und deutete an, dass neue Attentatspläne vorlagen. Dies waren genau jene unbestimmten, aber Besorgnis erregenden Geheimdienstwarnungen, die auch in den Monaten vor dem 11. September eingetroffen waren. Was immer diese Information bedeuten mochte, sie war erschreckend und sollte die Atmosphäre des bevorstehenden Gesprächs beeinflussen.

General Tommy Franks und Major General Renuart gesellten sich im abgeschirmten Videokonferenzraum zum Präsidenten. Auf den Bildschirmen waren Cheney von seinem Urlaubsort in Wyoming, Rumsfeld aus Taos in New Mexico sowie Powell und Rice aus Washington zugeschaltet.

Der Präsident freute sich, die Gesichter seines Kriegskabinetts zu sehen.

Franks, der vor kurzem in Afghanistan gewesen war, gab einen kurzen Überblick über die dortigen Operationen. Da die erste Phase des Afghanistan-Feldzuges erfolgreich beendet worden war, begrüßten ihn die Mitglieder des Kriegskabinetts als siegreichen General. Vermutlich versprengte Angehörige von Bin Ladens Terrornetzwerk oder des gestürzten Taliban-Regimes hatten seinen Hubschrauber mit einer Boden-Luft-Rakete beschossen, ihn jedoch verfehlt.

„Franks", sagte Bush, „das Letzte, was ich jetzt brauchen kann, ist, dass Sie sich umbringen."

Powell bemerkte ironisch, dass man von Captains, Majors und den Angehörigen niedrigerer Dienstgrade erwarte, dass sie persönliche Risiken auf sich nähmen, nicht aber von Vier-Sterne-Generälen.

Franks kam auf den Hauptgrund der Zusammenkunft zu sprechen, die Kriegsplanung für den Irak.

„Mr. President", sagte Franks, „wir haben hier noch viel Arbeit vor uns, aber lassen Sie mich zunächst darstellen, wo wir gegenwärtig stehen." Er reichte dem Präsidenten eine 26 Seiten umfassende Papierkopie von Briefing-Schaubildern. Alle Seiten trugen in greller roter Farbe die Aufschrift „Top Secret/Polo Step", was bedeutete, dass sie aus der speziellen Abteilung für militärische Operationsplanungen kamen. Der Zugang zu diesen Informationen ist auf einen exklusiven Kreis von Entscheidungsträgern beschränkt. In mancher Hinsicht handelt es sich dabei um die sensibelste Abteilung des

Regierungsapparats, und die 26 Seiten verkörperten mit die wichtigsten Geheimplanungen, die in der Regierung gegenwärtig angestellt wurden. Über gesicherte Computerleitungen waren Kopien an Cheney, Powell, Rice und Tenet geschickt worden. Als solle die Bedeutung dieser Papiere noch zusätzlich hervorgehoben werden, stand oben auf der ersten Seite in Großbuchstaben: HÖCHST VERTRAULICHE PLANUNGEN.

Der Plan brachte die neuen Überlegungen zum Ausdruck, mit denen Rumsfeld Franks beauftragt hatte. Es war nichts weniger als ein neues Konzept für einen Krieg gegen den Irak, der in Form eines Präventivschlags geführt werden sollte. Das an die Operation Desert Storm angelehnte Konzept lief immer noch unter der Bezeichnung „Op Plan 1003", sah jetzt aber nur noch den Einsatz von 400 000 Soldaten und eine Aufmarschzeit von weniger als sechs Monaten vor. Von Überraschung konnte allerdings nicht die Rede sein.

Franks legte dar, dass er im Afghanistankrieg versucht habe, vom klassischen militärischen Schema abzuweichen, demzufolge zunächst massive Luftschläge erfolgen sollen, denen sich dann Bodenoperationen anschließen. Stattdessen hatte er, wie er es bezeichnete, „Operationslinien" entwickelt – Aktionen, die unabhängig voneinander und häufig auch gleichzeitig ausgeführt werden können. Da es keine Basen in oder in der Nähe von Afghanistan gab, hatte er sich weitgehend auf Special Operations Forces stützen müssen, kleine Einsatztrupps aus Elitesoldaten. Der Afghanistan-Feldzug zeige, dass diese Spezialeinheiten von großem Nutzen waren, wenn man sie beispielsweise mit Lasermarkierern ausstattete, mit denen sie Bomben der Luftwaffe oder der Marine präzise ins Ziel lenken konnten. Die Integration von Luft- und Bodenoperationen ging weit über die herkömmliche militärische Praxis hinaus.

Damit hatte sich die Vorstellung erledigt, dass es zunächst eine Luft- und dann eine Bodenoffensive geben müsse. Man würde mit einer einzigen Offensive auskommen.

Anhand seiner Schaubilder erklärte Franks, dass er die Ergebnisse seiner Kommandeurseinschätzung, die Verteidigungsminister Rumsfeld am 1. Dezember angefordert hatte, dem Minister in drei Vorträgen am 4., 12. und 19. Dezember dargelegt habe. Die Richtlinie, die ihm der Minister dabei mit auf den Weg gegeben hatte, war,

Möglichkeiten jenseits der konventionellen Kriegsplanung zu erkunden.

Die Operationslinien sollten den Kern bilden. Mit Hilfe dieser Komponenten könnten das Militär, die CIA und auch die Diplomatie Druck auf den Irak ausüben. Sie versuchten ein Konzept zu entwickeln, das nicht ausschließlich eine Militäroperation war, sondern sich auf alle Elemente nationaler Machtausübung stützte. Jeder Operationsstrang würde für sich allein stehen, zusammen jedoch würden sie eine kritische Masse erzeugen, durch die man den nötigen Umfang konventioneller Kampfkraft vermindern könne. Diese Operationselemente besäßen nicht alle denselben Stellenwert, doch sie ermöglichten es, die Fähigkeiten der USA konkret zu definieren. Dann legte er seine Operationslinien im Einzelnen dar:

1. Bewegungsoperationen oder „operatives Feuer", worunter sowohl konventionelle Luftangriffe zu verstehen seien als auch beispielsweise der Abschuss von Tomahawk-Marschflugkörpern von Schiffen oder Flugzeugträgern sowie der Einsatz von Boden-Boden-Systemen wie des Tactical Missile System (TACMS) der Army, dessen semiballistische Raketen eine Reichweite von 160 bis 290 Kilometern besitzen. Insgesamt gehe es hier darum, mit Präzisionswaffen tief in feindlichem Gebiet zuzuschlagen.
2. Nichtkonventionelle Kriegsführung unter Einsatz von Special Operations Forces, die tief in irakisches Gebiet vorstoßen und spezielle Aufträge ausführen könnten – wie etwa den Abschuss von Scud-Raketen auf Israel oder Saudi-Arabien zu verhindern. Afghanistan habe gezeigt, welche nahezu unerschöpflichen Möglichkeiten schnelle und im Verborgenen operierende Einsatzkommandos boten.
3. Traditionelle Bodenoperationen konventioneller Streitkräfte, die von Armee- oder Marineinfanteriedivisionen durchgeführt werden sollten.
4. Beeinflussungsoperationen – die gezielte Verbreitung von Informationen sowie breit gefächerte psychologische Operationen und Täuschungsmanöver.
5. Unterstützung oppositioneller Gruppen im Irak, einschließlich der Kurden im Norden des Landes und unzufriedener schiitischer Gruppen im Süden oder vielleicht sogar von Gruppen innerhalb des irakischen Militärs. Dies solle in enger Abstimmung mit der

CIA erfolgen. Die Unterstützung könne die Belieferung mit Waffen umfassen wie auch Hilfe beim Aufbau von Aufklärungskapazitäten, bei der Durchführung von Aufklärungseinsätzen und von Sabotageakten.
6. Die politisch-militärischen Aspekte der Diplomatie, wie etwa zivil-militärische Operationen, um mit der Bevölkerung nach größeren Kampfhandlungen zusammenzuarbeiten.
7. Humanitäre Hilfe für die irakische Zivilbevölkerung.

All diese Möglichkeiten stünden zur Verfügung, erklärte Franks, wobei er betonte, dass es sich hierbei lediglich um einen ersten Entwurf handele und die Operationslinien noch erweitert und verfeinert werden könnten.

Doch nun kam das, was er als den eigentlichen Durchbruch betrachtete. Mit diesen Operationslinien wollte er gegen die „Schichten", wie er es nannte, des irakischen Regimes vorgehen, die seine Macht wie seine Verwundbarkeit ausmachten. Sie bildeten die Gravitationszentren des Saddam-Regimes.

Franks sah zu diesem Zeitpunkt neun Ansatzpunkte:

1. Die Führung, Saddams inneren Machtzirkel mit seinen Söhnen Udai und Kussei,
2. den Sicherheits- und Geheimdienstapparat des Regimes, einschließlich von Saddams Leibwächtern, sowie die Kommando-, Überwachungs- und Kommunikationseinrichtungen,
3. die Infrastruktur der Massenvernichtungswaffen,
4. die Einrichtungen zur Produktion, Wartung und Bereitstellung von Raketen,
5. die Divisionen der Republikanischen Garde und die Spezielle Republikanische Garde, die für den Schutz Bagdads zuständig war,
6. Gebiete innerhalb des Irak, über die Druck ausgeübt werden konnte, wie etwa die weitgehend autonomen Kurdengebiete im Norden,
7. die reguläre irakische Armee,
8. die wirtschaftliche Infrastruktur des Irak sowie die diplomatischen Vertretungen im Ausland, zu denen auch irakische Geheimdienstagenten gehörten, die aus ihren Botschaften heraus arbeiteten,
9. die Zivilbevölkerung.

Dann präsentierte Franks ein Schaubild in Form einer Matrix, auf dem oben beziehungsweise auf der horizontalen Achse die verschiedenen „Schichten" des Regimes und an der Seite oder auf der vertikalen Achse die „Operationslinien" aufgeführt waren. Insgesamt gab es 63 Kästchen in der Matrix – sieben Operationslinien multipliziert mit den neun Schichten des Regimes.

Kleine Bildchen mit Explosionen oder berstenden Sternen verdeutlichten, wo bestimmte „Operationslinien" gegen einzelne „Schichten" des Regimes eingesetzt werden könnten, um dessen Schwachstellen zu treffen.

Bombardierungen könnten beispielsweise sehr wirksam sein gegen die Führung, den Sicherheitsapparat, die Divisionen der Republikanischen Garde, die reguläre irakische Armee, aber offensichtlich nicht gegen die Zivilbevölkerung. Beeinflussungsoperationen erschienen dagegen Erfolg versprechend bei der wirtschaftlichen und der diplomatischen Infrastruktur. Vielleicht könne man sie sogar gegen die Führung einsetzen und bestimmt auch gegen die reguläre Armee, die sich Saddam gegenüber nicht so loyal verhielt wie die Republikanische Garde.

Wenn man den Sturz des Regimes herbeiführen wolle, würden Bombardierungen nicht ausreichen, sagte Franks. Man müsse vielmehr in der Bevölkerung das Verlangen schüren, Saddam loszuwerden. Beeinflussungs- und Informationsoperationen würde daher eine entscheidende Bedeutung zukommen.

Special Operations Forces könnten die Ölfelder im Süden mit verhältnismäßig geringem personellem Aufwand besetzen sowie einige nur schwach geschützte Gebiete im Westen des Landes unter ihre Kontrolle bringen, um den Abschuss von Scud-Raketen zu verhindern. Special Operations Forces könnten in den Norden zu den Kurden und mit Unterstützung der CIA auch zu den Oppositionsgruppen und vielleicht sogar zu unzufriedenen Armeebefehlshabern entsandt werden, um die innerirakische Opposition bei Aktionen gegen das Regime zu unterstützen.

Franks erklärte, er müsse das Verhältnis zwischen den verschiedenen Operationslinien und den Schwachstellen des Regimes noch genauer untersuchen. Das Konzept befinde sich noch in der Entwicklung.

Der Präsident war sehr angetan von der Idee, die Streitkräfte selektiver einzusetzen und gegen bestimmte wunde Punkte des Regimes zu richten. Er begriff, dass man sich die Verwundbarkeiten der Iraker besser zu Nutze machen könnte, wenn die militärischen und sonstigen Möglichkeiten in der richtigen Weise miteinander verbunden wurden.

In einem Interview zwei Jahre später erinnerte sich Bush zwar noch an die „kleinen Sternenexplosionen“ auf der Matrix, aber nicht mehr an Einzelheiten.

Franks kam auf die für den Krieg erforderliche Unterstützung aus anderen Ländern bei Bereitstellungsräumen und Stützpunkten zu sprechen. Was könne man realistischerweise erwarten? Dazu stellte er drei Optionen vor – eine robuste, eine reduzierte und eine unilaterale.

Die erste Option setzte die Unterstützung der drei südlichen und westlichen Nachbarländer des Irak voraus – Kuweit, Saudi-Arabien und Jordanien – sowie der Türkei im Norden, die eine 160 Kilometer lange gemeinsame Grenze mit dem Irak besitzt. Auch die Unterstützung der vier kleinen Golfstaaten Bahrein, Katar, Vereinigte Arabische Emirate und Oman sowie von Großbritannien würde dafür nötig sein. Das Einverständnis all dieser Länder zu gewinnen war eine schwere Aufgabe und erforderte umsichtiges diplomatisches Vorgehen. Doch wenn diese umfangreiche ausländische Unterstützung gegeben war, würde man die verschiedenen Operationslinien gleichzeitig durchführen können.

Bei diesem Umfang an ausländischer Hilfe, sagte Franks, würde er zu Beginn des Krieges lediglich 105 000 Mann benötigen. Im Rahmen dieses Konzepts könnten die Truppen im Laufe der folgenden 60 bis 90 Tage schrittweise auf 230 000 Soldaten aufgestockt werden.

Geringere ausländische Unterstützung würde bedeuten, dass einige Bereiche des Regimes erst später angegriffen werden könnten, wodurch sich das Risiko und der Zeitbedarf erhöhen würden. Ohne die Türkei und Saudi-Arabien beispielsweise könnte es große Schwierigkeiten geben.

Franks führte weiter aus, dass bei einem bilateralen Vorgehen mit Beteiligung Großbritanniens mindestens vier weitere Länder benötigt werden würden, die Stützpunkt- und Überflugrechte gewährten – Kuweit, Bahrein, Katar und Oman.

Bei einer unilateralen Operation ohne britische Truppen, erklärte Franks, würden mindestens noch Kuweit, Katar und Oman gebraucht werden – lediglich auf Bahrein könne man notfalls verzichten.

„Mr. President, wenn wir so etwas durchführen wollen, dann müssen wir bald damit anfangen, Vorbereitungen zu treffen und die Truppen aufzubauen“, sagte Franks. Rumsfeld und er hätten sich im Laufe des vergangenen Monats darauf verständigt, „schrittweise unsere Position zu verbessern“, wie er es vorsichtig umschrieb. Die USA hatten Tausende Soldaten im Nahen Osten, aber sie waren durch andere Aufträge gebunden.

Zur Unterstützung der Operationen von „Southern Watch“ in der südlichen Flugverbotszone habe er, erklärte Franks, eine kleine Truppe von 500 Mann in Kuweit stationiert. Dieses Bataillon solle Kuweit schützen, falls Saddam einen neuen Invasionsversuch unternehmen sollte. Es solle vor allem auch eine Art Stolperdraht sein und dafür sorgen, dass Saddam es bei einem Angriff sofort mit US-Truppen zu tun bekäme. Die Angehörigen dieses Bataillons sowie weitere 500 Nachschubsoldaten bildeten auch kuweitische Soldaten aus.

Entweder sofort oder sehr bald müssen wir dreimal so viele Leute in Kuweit haben, also rund 3000, sagte Franks. Verteidigungsminister Rumsfeld habe diesem Vorschlag schon zugestimmt, und sie seien bereits dabei, ihn umzusetzen.

Einverstanden, sagte der Präsident. Das würde nicht als Provokation oder als Kriegsentscheidung der Regierung aufgefasst werden, sondern als normale Rotation im Rahmen von Ausbildungsmaßnahmen.

„Wir werden vorsichtig sein“, sagte Franks. Weil die USA bereits in Afghanistan militärisch engagiert waren, würde Saddam einen Truppenaufbau vielleicht falsch deuten oder nicht sofort bemerken. Um noch etwas zu unternehmen, ohne damit gleich Hinweise auf eine Kriegsentscheidung zu liefern, sagte Franks, wolle er einen Teil der Waffen und Geräte, die die Armee rund 500 Kilometer weiter südlich in Katar bereitgestellt hatte, nach Kuweit verlagern. Zum einen würde das Material dann sofort zur Verfügung stehen; Soldaten könnten rasch eingeflogen werden, aber der Transport von Ausrüstung nehme viel Zeit in Anspruch. Auch die Marines verfügten über bereitgestelltes Material, erklärte Franks, das man in Richtung Kuweit verlagern könnte. Es wäre dann aus dem Blickfeld verschwunden. Den Bewegungen von Schiffen und Lastwagen würde niemand große politische Bedeutung beimessen.

Zum anderen, sagte Franks, „möchte ich gern ein paar hundert Millionen Dollar in den Stützpunkt in Katar stecken, um ihn in ein militärisches Führungs- und Kontrollzentrum zu verwandeln, das außen wie ein Lagerhaus aussieht, innen jedoch völlig anders."

Franks betonte, dass wegen der hohen Kosten noch keine Entscheidungen in dieser Hinsicht getroffen worden seien, dass er aber mit Rumsfeld darüber gesprochen habe.

Der Präsident schien empfänglich für die Idee.

„Überlegungen zum Timing", lautete die Überschrift des nächsten Schaubildes.

Mr. President, sagte Franks, wir wissen nicht, ob und wann Sie die Entscheidung treffen, aber wenn Sie es tun, müssen einige Dinge vordringlich angepackt werden.

Die CIA müsse in die Lage versetzt werden, ihre Leute in den Irak einzuschleusen. In Afghanistan hatte sich die Zusammenarbeit zwischen den paramilitärischen Teams der CIA und den Special Operations Forces als entscheidend erwiesen. Anfänglich hatten in Afghanistan lediglich 115 CIA-Paramilitärs und 300 Mitglieder von Spezialeinheiten operiert. Im Irak, sagte Franks, würde die CIA etwa 120 bis 180 Tage brauchen, um dort aktiv zu werden.

Wenn wir wirksame Beeinflussungsoperationen unternehmen wollen, müssen wir damit sofort anfangen, erklärte Franks. Wir brauchen nicht gleich verkünden, dass wir in den Irak einmarschieren wollen, aber wir müssen uns erste Teile des irakischen Regimes vorknöpfen, etwa den Geheimdienstapparat oder die Botschaftsangehörigen im Ausland.

Auf der diplomatischen Ebene müsse man ungefähr einen Monat veranschlagen, um an die Staatsoberhäupter oder Regierungschefs von Kuweit, der Türkei und all der anderen Länder heranzutreten und ihnen die Frage zu stellen: „Seid ihr für uns oder gegen uns?" Damit spielte er auf den berühmten Satz an, mit dem der Präsident nach dem 11. September die übrigen Nationen aufgefordert hatte, sich auf die Seite der USA zu stellen.

Die Truppenverstärkungen und die Verlagerung des Materials nach Kuweit würden 60 Tage in Anspruch nehmen. Auch der Aufbau des Hauptquartiers in Katar würde zwei Monate dauern.

Für die Verlegung der gesamten 3. Infanteriedivision – das war die Einheit, die teilweise schon vor Ort war – und ihres Materials nach Kuweit sowie die Herstellung ihrer Einsatzbereitschaft müsse man mindestens 90 Tage veranschlagen. Der Aufbau der Logistik zur Unterstützung der Kampftruppen würde 60 bis 90 Tage in Anspruch nehmen, wenn man diese Maßnahmen weitgehend unverdeckt durchführen würde; sollten sie dagegen in kleinen, unauffälligen Schritten erfolgen, würde es länger dauern.

Auf Grund der Zeitangaben von Franks konnte ein Angriff daher frühestens in vier bis sechs Monaten beginnen, also im Zeitraum zwischen April und Juni 2002.

Mr. President, sagte Franks, uns ist bewusst, dass Sie eine Kriegsentscheidung erst im letzten Augenblick treffen können. Aber, fuhr er fort, es gibt einige andere Entscheidungen, um die wir Sie bitten würden, damit wir damit anfangen können, die Truppen einsatzfähig zu machen. Er hatte ein Dutzend dieser Punkte aufgelistet.

1. Aufbau gemeinsamer Aufklärungskapazitäten der Nachrichtendienste,
2. Beginn der Beeinflussungsoperationen,
3. Sicherstellung der Unterstützung durch andere Länder,
4. Verlagerung des bereitgestellten Materials und des CENTCOM-Hauptquartiers,
5. Verlegung der Führungsdivision,
6. Aufbau der Nachschubkette,
7. Verlegung des alternativen Führungs- und Kontrollzentrums der Luftwaffe nach Katar, damit man nicht auf das Hauptzentrum auf der Prince Sultan Air Base in Saudi-Arabien angewiesen sein würde,
8. Stationierung der Marine Expeditionary Brigade (MEB), die den Kern der Marineinfanterie-Streitkräfte bilden sollte,
9. Aufbau der erforderlichen Kapazitäten für Combat Search and Rescue (CSAR, Suchen und Retten im Gefecht) sowie für Intelligence, Surveillance and Reconnaissance (ISR, Überwachung und Aufklärung) in der Region,

10. Entsendung einer dritten Flugzeugträgerkampfgruppe der Navy,
11. Bereitstellung der übrigen Ausrüstung für die Marineinfanterie, damit auch andere Einheiten außer der MEB darauf zugreifen konnten,
12. Bereitstellung von Transportflugzeugen in verschiedenen Teilen der Welt, damit die so genannte Luftbrücke zum Transport von Truppen und Material aufgebaut werden konnte.

Jeweils für sich genommen, waren das wohl überlegte Einzelschritte. Zusammen bildeten sie die Vorarbeit für einen Feldzug.

Mr. President, wir gehen von folgenden Annahmen aus, sagte Franks und erfüllte damit Rumsfelds Forderung, die Grundannahmen im Vorhinein auf den Tisch zu legen. Er hatte sich bemüht, alle Faktoren zu ermitteln, die sich entweder der Kontrolle entzogen oder die das Pentagon, die CIA oder das Außenministerium zu kontrollieren versuchen sollten. Beim Irak, erklärte Franks, gehe man von folgenden Annahmen aus:

1. Es würde sich die Unterstützung einiger Länder in der Region gewinnen lassen, so dass sich zumindest eine unilaterale Operation durchführen ließe.
2. Der Irak verfüge über Massenvernichtungswaffen, daher müssten sich die USA darauf vorbereiten, diese auszuschalten und auf einem potenziell kontaminierten Schlachtfeld zu kämpfen.
3. Ein Krieg im Irak würde das Hauptengagement der USA bilden, so dass hierfür bevorzugt Ressourcen, auch Cruise Missiles aus anderen Konfliktregionen, bereitgestellt werden müssten. Was die anderen Krisenherde betraf, so könne man mit ihnen fertig werden, würde sie jedoch lieber „einfrieren".
4. Einige irakische Oppositionsgruppen würden das US-Militär innerhalb des Irak unterstützen oder zumindest mit ihm kooperieren.
5. Der Irak könnte Israel angreifen, daher müsse man entsprechende Vorkehrungen treffen.
6. Die Afghanistan-Operation „Enduring Freedom" und der internationale Kampf gegen den Terrorismus würden eine Geräuschkulisse schaffen, unter deren Schutz man mit dem Truppenaufbau beginnen könne; diese Operationen würden nicht eingeschränkt werden.

7. CENTCOM würde bis zum Beginn der Kampfhandlungen über mindestens 105 000 Soldaten in der Region verfügen.
8. Das Außenministerium würde sich um die Bildung einer glaubwürdigen, auf einer breiten Basis stehenden Übergangsregierung bemühen, wie im Falle Afghanistans durch die Konferenz von Bonn zu Beginn dieses Monats geschehen. Das Außenministerium müsse die Vereinten Nationen oder andere Länder für diese Aufgabe gewinnen. Das Militär sei für die Aufgabe des „nation building“ wenig geeignet, sagte Franks.
9. Andere Staaten aus der Region würden sich nicht einmischen.
10. CENTCOM würde über ausreichend Waffen und Munition verfügen.
11. Die NATO-Mitglieder würden die erforderlichen Stützpunkt- und Überflugrechte einräumen, wenngleich Befürchtungen bestünden, dass sich Frankreich, Italien, Deutschland oder Belgien verweigern könnten.
12. Die zivile Reserveflotte könne beim Transport von Truppen und Material mitwirken.

Durch diese sinnreiche Liste erfuhren der Präsident und die übrigen Teilnehmer des Treffens, was von der Region, dem Außenministerium, der CIA, Europa und dem Präsidenten selbst benötigt oder erwartet werden würde. In einem Interview knapp zwei Jahre später wurde Rumsfeld eine Liste mit diesen Annahmen vorgelegt. Er stimmte den meisten zu und sagte, er habe nur einige wenige davon nicht mehr im Gedächtnis; einige erläuterte er freundlicherweise und bei einigen war er natürlich mit der Formulierung nicht einverstanden.

„Man muss beim Aufstellen von Voraussetzungen jene Dinge berücksichtigen, die man nicht kontrollieren kann oder die sich nicht kontrollieren lassen“, bemerkte er. „Anders gesagt, einige davon liegen außerhalb des Ministeriums, und das müssen andere Leute wissen, wenn sie sich damit beschäftigen, damit sie verstehen, dass man darauf keinen Einfluss hat.“

Rumsfeld wollte, dass alle Beteiligten mit möglichst wenig Illusionen an die Kriegsplanung und, wenn es dann so weit kam, an den Krieg selbst herangingen. Diese Liste setzte den Präsidenten davon in Kenntnis, dass das Militär bestimmte Dinge erwartete und dass der

Erfolg jeder Unternehmung davon abhing, dass die übrigen Beteiligten die genannten Bedingungen erfüllten. Zugleich konnte man diese Aufstellung auch als eine Forderungsliste betrachten.

Auf Seite 26 fragte Franks schließlich: Wie gehen wir jetzt weiter vor?

Wenn Sie an den Punkt gelangen, Mr. President, an dem Sie ernsthaft erwägen, dies zu tun, oder es wirklich wollen, formulierte Franks vorsichtig, dann müssen Sie uns gestatten, die HUMINT-Aktivitäten (Human Intelligence, Informationen abschöpfen durch Agenten) im Land zu erhöhen. Zum Schluss ging Franks die Aufstellung der vor einem Krieg zu treffenden Maßnahmen noch einmal kurz durch: Wir müssen die oppositionellen Kräfte im Irak stärken und unterstützen, sagte er. Wir müssen mit den Beeinflussungsoperationen beginnen, und wir müssen möglichst unauffällig sowohl unsere Bodentruppen verstärken wie auch die Zahl unserer Kampfflugzeuge erhöhen, indem wir uns die Afghanistan-Operation und die Durchsetzung der Flugverbotszonen zu Nutze machen. Und schließlich sollten wir jetzt schon damit anfangen, das bereitgestellte Material aus Katar zu verlagern, um dort Platz zu schaffen für die Einrichtung des CENTCOM-Hauptquartiers.

Don, sagte der Präsident, lassen Sie uns mit einigen dieser Dinge beginnen. An Franks gewandt, sagte er: „Gute Arbeit. Machen Sie weiter so."

Rumsfeld schien während des Vortrags von Franks zwei- oder dreimal eingreifen zu wollen, aber die Technik degradierte ihn zu einer weit entfernten Figur, die ebenso wie die anderen nur über einen Bildschirm präsent war. „Ja, Sir, Mr. President", sagte Rumsfeld. „Tom und ich werden alles Nötige besprechen." Natürlich, fuhr er fort, wollten sie damit keine Termine für den Beginn von Operationen vorschlagen.

„Tom und ich werden darüber sprechen, dann werde ich Ihnen einige konkrete Empfehlungen vorlegen", fügte er hinzu. Franks führte das Briefing durch, aber Rumsfeld war die Stimme des Verteidigungsministeriums.

Der Präsident sagte, er könne einige Bereiche erkennen, in denen sie gute Fortschritte machen könnten, ohne dabei allzu viele Menschen in Kampfhandlungen schicken müssten. Das sei der Vorteil bei kleineren Größenordnungen, fuhr er fort. Ihm sei auch klar, dass man jetzt mit bestimmten Dingen beginnen müsse. Besonders angetan schien er von dem Part, den die CIA spielen sollte, da er verfolgt hatte, wie durch die verdeckten Kontakte des Geheimdienstes zu oppositionellen Kräften und politischen Führern in Afghanistan, vor allem zur Nordallianz, der Krieg wesentlich beschleunigt worden war.

Aber Tenet trat auf die Bremse. Beim Irak sei es anders, sagte er. Die CIA habe viele Jahre lang Kontakte zu unterschiedlichen Oppositionskräften im Lande unterhalten – zu den Kurden im Norden und den Schiiten im Süden –, und dies sei auch allgemein bekannt gewesen. Doch die Konsequenzen seien verheerend gewesen, weil man diese Gruppen und Einzelpersonen schließlich im Stich gelassen habe. Das sei so oft geschehen, erklärte er, dass die Menschen im Irak jetzt skeptisch seien. Bevor sie nicht die Überzeugung gewonnen hätten, dass die Vereinigten Staaten ihnen diesmal ernsthaft beistehen, würden sie sich wohl kaum aus der Deckung wagen. Man könne zwar alle diese Gedanken weiterverfolgen, sagte er, aber sie würden fruchtlos bleiben, solange man den Menschen nicht ein klares, überzeugendes Bekenntnis bieten könne. Das könne in Form von Waffen erfolgen, in Form von militärischer Ausbildung oder massiver amerikanischer Militärpräsenz, aber man müsse dafür etwas tun.

Bush beauftragte Powell und Rumsfeld, sich um die politischen Fragen zu kümmern. „Wir müssen die Länder in der Region überzeugen“, sagte der Präsident. „Entwickeln Sie für mich eine Strategie, wie man das am besten erreichen kann.“

Rice hatte eine Frage: Was würde geschehen, wenn Saddam seine Truppen nach Bagdad zurückzöge, um die Hauptstadt zu einer Festung auszubauen, gegen die wir dann anrennen müssten?

Das ist etwas, womit wir uns in unseren Planungen noch genauer befassen müssen, um es ausschließen zu können, erwiderte Franks.

Cheney äußerte eine andere Befürchtung. „Wir werden uns genau überlegen müssen, wie wir uns gegen den Einsatz von Massenvernichtungswaffen schützen können, sowohl im Feld als auch in den besetzten Gebieten.“

Ja, Sir, pflichtete ihm Franks bei. Dann wandte er sich an den Präsidenten: „Wir werden uns in der nächsten Zeit noch damit beschäftigen müssen, wie wir diesen Plan weiterentwickeln können und wie er sich mit dem verbinden lässt, was Sie als ‚Desert Badger' kennen, Mr. President." Bush war bereits über „Desert Badger" unterrichtet worden, einen Plan, der es ihm erlaubte, einen kleineren Angriff innerhalb von vier Stunden anzuordnen – entweder mit US-Kampfflugzeugen oder mit 50 Tomahawk Cruise Missiles, die von Schiffen im Persischen Golf abgefeuert werden konnten. Dazu standen ihm verschiedene Module zur Verfügung, aus denen er auswählen konnte, darunter substanzielle, vernichtende Schläge gegen wichtige militärische Ziele im Irak oder auch gegen mutmaßliche Raketenproduktionsstätten.

Kurz vor zehn Uhr vormittags traten Bush, der legere Freizeitkleidung trug, und Franks in seiner Kampfuniform vor die Presse.

„Wir hatten gerade eine Videokonferenz mit den Mitgliedern des Nationalen Sicherheitsrats", sagte der Präsident, „in der über seine [Franks'] Reise und über die Entwicklung in Afghanistan gesprochen wurde." Das zentrale Thema der Videokonferenz – den Irak – erwähnte er nicht. Und es fragte auch niemand danach. Alle Fragen drehten sich um Bin Laden, Afghanistan und den kürzlich erfolgten Zusammenbruch des in Texas ansässigen Energiekonzerns Enron.

Auf die Frage danach, was das neue Jahr bringen werde, antwortete Bush: „Ich hoffe, dass 2002 ein friedliches Jahr wird. Aber ich bin auch Realist."

Bush und Franks gingen hinüber zum Governor's House, dem kleinen Gästehaus auf der Ranch, wo der Präsident ein Gesetz über die Bereitstellung von Mitteln für das Verteidigungsministerium unterzeichnete und seine wöchentliche Radioansprache aufnahm.

„Kommen Sie, Tommy", sagte Bush, „springen Sie mit in den Pickup und drehen wir ein paar Runden über die Ranch." Darauf unternahm Bush mit Franks einen langen Ausflug auf das Gelände der Ranch.

Anschließend begaben sie sich zum Haupthaus, um Laura Bush einen Besuch abzustatten. Franks stammt wie Laura Bush aus Midland in Texas. Er hatte dieselbe Highschool besucht, aber die beiden hatten sich dort nie kennen gelernt. Der Präsident bat Franks und Renuart, zum Mittagessen zu bleiben.

Nein, Mr. President, sagte Franks, ich muss zurück. Er war der

Befehlshaber eines zu Ende gehenden Krieges in Afghanistan und eines weiteren Krieges, der sich bereits am Horizont abzeichnete.

Auf dem Rückflug nach Tampa beklagte sich Renuart darüber, dass Franks die Einladung zum Essen ausgeschlagen hatte. Er hatte Hunger, es gab nichts zu essen an Bord, und er hätte gern mit dem Präsidenten gespeist. „Chef", sagte Renuart, „Sie lassen mich hier verhungern."

Also nahmen sie einige Softdrinks und aßen Erdnüsse, während sie ihre Eindrücke vom Meeting austauschten. Sie waren erfreut darüber, dass der Präsident offensichtlich verstand, wie komplex diese Planung war, dass man vor allem die zeitlichen Probleme in den Griff kriegen musste – und dass das Ganze nicht gleich morgen losgehen konnte.

„Ich glaube, er hat's begriffen", sagte Renuart.

„Wir haben einen Anfang gemacht", erwiderte Franks.

„ICH MÖCHTE WISSEN, welche Optionen ich als Präsident habe", sagte mir Bush in einem Interview zwei Jahre später, als er mir erklärte, mit welchen Erwartungen er an das erste Briefing über die Kriegsplanungen für den Irak herangegangen war. Er kannte seinen Verteidigungsminister sehr gut und wusste, dass Rumsfeld die Planungen nicht vorgestellt hätte, wenn er mit den erzielten Fortschritten nicht zufrieden gewesen wäre. „Sie waren an einem Punkt angekommen, an dem er glaubte, es sei vertretbar, Franks nach vorn zu schicken", erinnerte sich Bush. Daher war er sehr interessiert daran gewesen, sich Franks anzuschauen.

„Ich versuche herauszufinden, welche intelligenten Fragen ich einem Kommandeur stellen kann, der mich in Afghanistan gerade beeindruckt hat. Ich prüfe die Logik. Ich beobachte sorgfältig seine Körpersprache", erinnerte sich Bush. Er wies vor allem auf die Körpersprache hin, auf die Augen, auf das Verhalten. Das war ihm wichtiger als einiges von dem, was er vortrug. Und deshalb wollte er auch, dass Franks persönlich nach Crawford kam und nicht nur als Gesicht auf einem Bildschirm zugeschaltet war.

„Ist das gut genug, um zu gewinnen?", habe er Franks gefragt, wie er sich im Nachhinein erinnerte. Er beugte sich dabei im Sessel vor und ließ seine Hand nach vorn schnellen, um diese Szene zu demonstrieren.

Absolut, hatte Franks geantwortet, aber der Plan würde sich noch verbessern lassen.

„Wir waren damals noch nicht so weit, ihn durchzuführen“, sagte der Präsident. „Ich meine, wir waren noch ein gutes Stück davon entfernt.“ Aber er nahm zwei grundlegende Gedanken mit aus diesem Briefing: „Saddam ist eine Bedrohung. Und das ist eine Option.“

6 ANFANG 2002 stand CIA-Direktor George Tenet in der Gunst des Präsidenten weit oben. Die von ihm nach Afghanistan entsandten paramilitärischen Spezialeinheiten der CIA hatten maßgeblich die Strategie mit entwickelt, die schließlich zur Vertreibung der Taliban geführt hatte. Tenet hatte die Arbeit des Geheimdienstes entscheidend verbessert und zehnmal so viele Einsatzoffiziere ausbilden lassen wie früher, wodurch solche verdeckten Operationen erst möglich geworden waren.

Der 48-jährige Tenet war der einzige hochrangige Beamte aus der Clinton-Ära, der in das Sicherheitsteam der Bush-Regierung übernommen worden war. Er hatte seine Karriere als ständiger Mitarbeiter des Geheimdienstausschusses des Senats begonnen und war dann als Mitglied von Clintons Nationalem Sicherheitsrat für Geheimdienstfragen zuständig gewesen. Clinton hatte ihn 1995 zum stellvertretenden Direktor der CIA und 1997 zum Direktor ernannt.

Der nervös-konzentrierte Tenet, Sohn griechischer Einwanderer und ein außerordentlich begabter Informationsvermittler, wusste, wie wichtig persönliche Beziehungen sein konnten, und nahm sich viel Zeit für jene Menschen, die für sein berufliches und privates Fortkommen wichtig waren. „Eine Hand wäscht die andere, darum geht es doch letztlich immer“, sagte er einmal. Er kannte die Leiter wichtiger ausländischer Geheimdienste, deren Familien und private Hintergründe, und erkundigte sich regelmäßig nach ihrem Befinden. Gelegentlich frühstückte er im Weißen Haus mit Karl Rove, dem wichtigsten politischen Berater des Präsidenten, und scherzte bisweilen, er tausche Geheimnisse mit Rove aus, die nicht einmal Rice erfahren dürfe.

Vor allem aber hatte er enge Bindungen zu Präsident Bush aufgebaut, den er fast jeden Tag um acht Uhr früh im Oval Office persönlich unterrichtete. „Ich mag ihn“, sagte Bush, „und ich vertraue ihm, was noch wichtiger ist.“ Tenet sagte oft, er fühle sich zwei Herren verpflichtet: „erstens dem Präsidenten und zweitens den 17 000 Leuten, die in der CIA arbeiten“.

Schon vor dem 11. September 2001 hatte Tenet erkannt, dass der Irak zu einem bedeutenden Problem für die Bush-Regierung heranwachsen würde. Eine der Schlüsselpositionen, die es in diesem Zusammenhang in der CIA zu besetzen galt, war jene des Leiters der Iraqi Operations Group (IOG), die die verdeckten Operationen gegen Saddam organisieren sollte. Tenet machte gegenüber den höheren Rängen des Dienstes deutlich, dass er sich dafür einen entschlossenen, zupackenden Mann wünschte.

Saul* war ein echter Star im Directorate of Operations (DO) der CIA, das die verdeckten Operationen leitete. Der stämmige 43-jährige mit schütterem Haar und kurzem, gepflegtem Bart hatte viele Jahre als Einsatzoffizier bei heiklen verdeckten Operationen mitgearbeitet und war als Senior Operator in CIA-Büros in verschiedenen Teilen der Welt tätig gewesen. Er war in einer Kleinstadt auf Kuba aufgewachsen, und sein Vater hatte an einer der wohl spektakulärsten gescheiterten Aktionen der CIA teilgenommen – der Invasion in der Schweinebucht von 1961, bei der 1200 Exilkubaner von ihren CIA-Partnern am Strand im Stich gelassen worden waren. Seinen Kollegen erzählte er: „Wegen dieser gescheiterten CIA-Operation bin ich heute hier."

Im Zuge einer vermehrten Ausbildung von Einsatzoffizieren und einer Verschärfung der Aufnahmekriterien hatte Tenet Ende der neunziger Jahre entschieden, dem geheimen Ausbildungslager der CIA in Williamsburg in Virginia, das als die „Farm" bekannt ist, auch Nachwuchsoffiziere zuzuordnen, die ihre Ausbildung im beschleunigten Verfahren absolviert hatten. Saul wurde zum Ausbildungsleiter ernannt und bildete insgesamt rund 250 Agenten aus. Zur Jahreswende 2000/01 erhielt er einen Bombenjob als Assistent von Tenets Stellvertreter John McLaughlin. In dieser Position bekam er Kenntnis von allen wichtigen Verschlusssachen der CIA und konnte die politischen Entscheidungsprozesse des Geheimdienstes hautnah mitverfolgen.

Nachdem er ein Jahr im Büro des Stellvertreters Dienst getan hatte, bemühte sich Saul um einen Job in der CIA-Zentrale in Langley. Aus

* Ein Deckname. Die Klarnamen von Undercover-Agenten der CIA werden nicht verwendet und auch nicht bekannt gegeben.

familiären Gründen, weil eines seiner Kinder hier die Highschool besuchte, musste er in der Nähe von Washington bleiben. In der Near East Division der CIA, die für den Nahen Osten, Israel, Afghanistan, Iran und Irak zuständig war – einige der schwierigsten, von Gewalt erschütterten Länder –, wurde auch die Iraqi Operations Group angesiedelt. Niemand riss sich um die Mitarbeit. Ein Job in dieser Gruppe galt als Karrierekiller. In der Abteilung nannte man Iraqi Operations das „Haus der kaputten Spielzeuge". Bei den Mitgliedern der Gruppe handelte es sich hauptsächlich um junge, unerfahrene Agenten aus dem Directorate of Operations und Offiziere, die mit irgendwelchen Problemen zu kämpfen hatten, sowie um ältere CIA-Mitarbeiter, die auf ihre Pensionierung warteten.

Saul bewarb sich um den Job. Er glaubte, dass die Bush-Regierung mit dem Irak Ernst machen würde. Er hatte verschiedene Gerüchte gehört. Am 4. August 2001 trat er seinen Posten als IOG-Leiter an.

Der Nationale Sicherheitsrat hatte sich bei der CIA erkundigt, was man in Sachen Irak unternehmen könne. Die Frage lautete nicht: Könnt ihr Saddam stürzen? oder: Könnt ihr einen Einmarsch vorbereiten? Sie lautete vielmehr: Wie schätzt ihr den Irak ein? Was könnt ihr tun? Was haltet ihr von verdeckten Operationen im Irak?

Saul hielt es daher für angebracht, sich zunächst ausführlich mit der Vergangenheit zu beschäftigen. Zu seinem Stellvertreter berief er einen seiner früheren Ausbildungsleiter-Kollegen auf der „Farm", der sich seit dem Golfkrieg von 1991 im DO mit Irak-Fragen befasste.

Das „Haus der kaputten Spielzeuge" hatte nicht nur ein Personalproblem, wie Saul schnell erkannte. Die Liste der Unternehmungen in der Vergangenheit las sich beinahe wie ein Handbuch für gescheiterte und sinnlose Undercover-Operationen. Sie summierten sich zu einem Katalog von Fehlern – zu klein, zu spät, zu zögerlich, zu wenig Planung, zu wenig Realismus. In die Komik mischte sich Erschrecken.

Unter der Nixon-Administration war der Irak zu einer Schachfigur im Kalten Krieg geworden. Im Jahr 1972 hatte Saddam Hussein, der starke Mann des Irak, der damals aber noch nicht Staatspräsident war, einen Freundschaftsvertrag mit der Sowjetunion unterzeichnet. Um dem dadurch gewachsenen Einfluss der Sowjets im Nahen Osten entgegenzuwirken, wies Nixon die CIA an, über geheime Kanäle die Kurden mit fünf Millionen Dollar zu unterstützen – ein Volk mit 25 Millionen Menschen, das sich in 40 Bergstämme gliedert und über fünf Staaten verteilt ist: Iran, die Türkei, Syrien, die damalige Sowjetunion und die nordöstliche Spitze des Irak.

Die irakischen Kurden sollten fünf Millionen Dollar für Waffen und Ausrüstung erhalten. Israel, Großbritannien und Iran (das damals noch von Schah Mohammed Reza Pahlewi regiert wurde, einem Freund der USA) steuerten verdeckte Hilfe in Höhe von weiteren sieben Millionen Dollar bei. Im folgenden Jahr, 1973, sprach sich US-Außenminister Henry Kissinger dafür aus, diese verdeckte Hilfe zu erhöhen, weil sich der Irak zum wichtigsten Verbündeten der UdSSR im Nahen Osten entwickelt habe und das von Saddam geführte Baath-Regime, wie Kissinger es in seinen Memoiren ausdrückte, „weiter terroristische Organisationen selbst in so weit entfernten Regionen wie Pakistan finanziere" und einen Friedensschluss zwischen Israel und den Arabern zu untergraben versuche. Der Schah von Persien erhöhte daraufhin seine Finanzhilfe auf 30 Millionen Dollar und sagte für das folgende Jahr sogar 75 Millionen zu.

In vielerlei Hinsicht war die Unterstützung der Kurden durch die CIA eine Gefälligkeit für den Schah. Die CIA berichtete, die Kurden hätten eine 100 000 Mann starke Streitmacht aufgebaut, die ein Drittel der irakischen Armee binden könne – eine erstaunliche Leistung, selbst wenn die Zahl nicht ganz stimmte. Das entscheidende Element war die schwere Artillerie, die der Schah den Kurden zur Verfügung gestellt hatte. Doch 1975 schloss der Schah ein Abkommen mit Saddam, stellte seine Hilfe für die Kurden ein und beendete die Waffenlieferungen durch die CIA. Auf die flehentlichen Appelle der Kurden an die CIA und Kissinger erfolgte keine Antwort. Die Undercover-Operationen brachen zusammen, und Saddam ließ eine große Zahl von Kurden niedermetzeln.

Nach dem Golfkrieg von 1991 ermächtigte Präsident George Bush senior die CIA, den Sturz Saddams zu planen. Die CIA hatte mittlerweile nahezu alle oppositionellen Gruppen, die gegen Saddam arbeiteten, mit Geld unterstützt, darunter auch irakische Exilanten in Europa und selbst irakische Soldaten, die im Golfkrieg gefangen genommen worden waren und nicht mehr in den Irak zurückkehren wollten. Außerdem hatte der Präsident die Iraker öffentlich dazu aufgerufen, „die Dinge selbst in die Hand zu nehmen“ und Saddam zu beseitigen. Doch als sich die Kurden im Norden und die Schiiten im Süden des Landes gegen Saddam Hussein erhoben, versagte ihnen Bush militärische Hilfe durch die USA. Das Ergebnis war ein erneutes Blutbad.

In der Zeit der Clinton-Administration unterstützte die CIA weiter verschiedene gegen Saddam gerichtete Aktionen. Bei einer eher absurden Operation wurden einmal an Saddams Geburtstag Flugblätter über Bagdad abgeworfen, in denen der Diktator lächerlich gemacht wurde. Im Jahr 1996 unterwanderte Saddams Sicherheitsapparat eine Gruppe ehemaliger irakischer Offiziere, die mit Unterstützung der CIA einen Umsturz planten, worauf rund 120 Offiziere hingerichtet wurden. Als die CIA 1998 einen neuen Plan für verdeckte Operationen vorlegte, verweigerte der Kongress die Zustimmung und bewilligte stattdessen 97 Millionen Dollar für offene Hilfsleistungen an irakische Oppositionsgruppen.

Saul stellte ein kleines Team erfahrener Agenten und Analysten aus dem Directorate of Intelligence (DI), der für die Analyse und Bewertung von Nachrichten zuständigen Abteilung, zusammen, um die Fehler der Vergangenheit zu untersuchen. Einige dieser Spezialisten beschäftigten sich seit zwölf oder sogar fünfzehn Jahren mit dem Irak, andere hatten bei verdeckten Programmen auf dem Balkan mitgewirkt. Die zentrale Frage lautete: Wie stellen wir uns zu verdeckten Operationen im Irak?

In Filmen und in der modernen Mythologie besteht die CIA aus fanatischen Kriegern, die es stets nach neuen Risiken und nach unerfüllbaren Aufträgen gelüstet. Saul hingegen gelangte zu einer Schlussfolgerung, die solchen Stereotypen völlig zuwiderlief. „Durch verdeckte Operationen ist Saddam nicht zu stürzen“, stellte er fest. Die CIA müsse zur Kenntnis nehmen, dass Saddam, der seit 1979 an der Macht war, einen nahezu perfekten Sicherheitsapparat aufgebaut hatte, um sich zu schützen und Umsturzversuche zu vereiteln. Die Spezielle Sicherheitsorganisation war für seine persönliche Sicherheit verantwortlich, er bekam Geleitschutz von der Präsidentengarde, und die Spezielle Republikanische Garde schützte die Präsidentenpaläste und andere wichtige öffentliche Gebäude in der Hauptstadt. Vier Geheimdienste unterstützten sie bei dieser Arbeit. Zudem konnten Dutzende Armeedivisionen jeden Putsch zum Scheitern bringen.

Die irakische Regierung diente in erster Linie dem Zweck, Saddams Leben zu schützen und ihn an der Macht zu halten. Durch lückenlose Überwachung im Inneren, ausgeprägten Argwohn, sich überschneidende Posten und Befugnisse und geteilte Verantwortung schaffte es Saddam, alle Fäden in der Hand zu behalten.

Es würde einer immensen Kraftanstrengung der gesamten amerikanischen Regierung bedürfen, um ihn zu beseitigen, folgerte Saul. In der allgemeinen US-Politik erkannte er einen großen Widerspruch. Über die Vereinten Nationen bemühte sie sich, Saddam durch Wirtschaftssanktionen im Zaum zu halten, während sie mit Hilfe der CIA versuchte, ihn zu stürzen. „Bullshit!“, dachte sich Saul. Diese zweigleisige Taktik würde nicht aufgehen. Aussichtsreich schien allein die Unterstützung einer offenen militärischen Invasion durch die CIA. Nur auf diesem Weg würde man möglicherweise Erfolge erzielen können. In Afghanistan hatte der Geheimdienst die Führungsrolle übernommen. Im Irak würde er eine unterstützende Rolle spielen müssen. Der Auftrag und das Ziel waren zu schwierig. Die Schutzmauer um Saddam zu durchbrechen erschien ohne militärische Operationen und eine Invasion schier unmöglich.

Am Morgen des 11. September 2001 war Saul mit einigen Mitgliedern seines Teams auf dem Weg ins Old Executive Office Building neben dem Weißen Haus, um hochrangigen Mitarbeitern des Nationalen Sicherheitsrats seine Erkenntnisse darzulegen. Als sie eine Brücke zwischen Virginia und dem District of Columbia überquerten, hörten sie im Radio von den Terroranschlägen und davon, dass der gesamte Gebäudekomplex des Weißen Hauses evakuiert werde. „Oh, Scheiße“, sagte Saul, „lass uns umdrehen, fahren wir zurück.“ Dabei hätten sie CIA-Direktor Tenet begegnen können, der aus der Stadtmitte von Washington, wo er gefrühstückt hatte, zum CIA-Hauptquartier raste.

In den ersten Monaten nach dem 11. September trat der Irak in den Hintergrund, wenngleich Vizepräsident Cheney die CIA bat, ihn über denkbare Aktionen zu unterrichten. Am 3. Januar 2002 suchten Saul, Tenet, der stellvertretende Leiter der Near East Division sowie zwei Agenten, die an Irak-Planungen mitgearbeitet hatten, den Vizepräsidenten und „Scooter“ Libby auf.

Saul hielt mit seinen Ansichten nicht hinter dem Berg. Er erklärte

Cheney, dass man mit verdeckten Operationen Saddam nicht werde beseitigen können. Die CIA würde nicht die Lösung sein. Das Regime des Diktators sei organisatorisch geradezu darauf ausgelegt, Umsturzversuche zu unterbinden, sagte er. Saddam ist durch einen Putsch an die Macht gelangt. Er hat Umsturzversuche niedergeschlagen. Der Hurensohn weiß, was ein Putsch ist. Eine irakische Militäreinheit, die zwar über die Waffen verfügt, um einen Umsturz durchzuführen, hat nicht genügend Treibstoff für ihre Panzer. Und wer Treibstoff hat, besitzt keine Panzer. Niemand kann sich lange genug in einer Machtposition halten, um einen Putsch vorzubereiten und durchzuführen.

Wenn wir auf einen Umsturz setzen, gehen wir dem Regime auf den Leim, erklärte er. Saddam würde die Verschwörer ausmerzen – und ihnen notfalls einzeln die Gliedmaßen abhacken lassen. Nur durch eine militärische Invasion, die von der CIA unterstützt werden könnte, habe man eine Chance, Saddam zu beseitigen, erklärte Saul. Der Geheimdienst habe die verdeckten Operationen in der Vergangenheit im Irak studiert, sagte er, und ehrlich gesagt stehe die CIA nicht gut da. „Wir haben ein Glaubwürdigkeitsproblem." Die Kurden, die Schiiten, ehemalige Offiziere und vermutlich auch die meisten informierten Menschen im Irak wüssten Bescheid über die unrühmliche Rolle, die die CIA in der Vergangenheit gespielt habe. Um ihre Glaubwürdigkeit wiederzuerlangen, müssten die USA die potenziellen Anti-Saddam-Kräfte im Irak davon überzeugen, dass sie es ernst meinten. Nur Vorbereitungen für eine massive militärische Invasion könnten ein solches Signal aussenden, nichts anderes.

Saul legte Cheney dar, dass es problematisch sei, wenn die USA einerseits über die Vereinten Nationen auf Verhandlungen und Eindämmung setzten, andererseits aber gegenüber den Saudis und Jordanien ihre Absicht bekundeten, das Regime durch verdeckte Maßnahmen zu stürzen. Es bedürfe einer einheitlichen nationalen Politik, die allgemein unterstützt und auch mit einheitlichen Argumenten erklärt werde.

„Sie werden sich darauf einstellen müssen, dass wir Opfer zu beklagen haben werden", erklärte Saul.

Cheney gab zu erkennen, dass ihm dies bewusst sei.

Darüber hinaus, fuhr Saul fort, habe man in der Vergangenheit auch Fehler im Umgang mit den Agenten gemacht. Die Regularien – der Schutz von Quellen, die Kommunikation, die Bezahlung – müssten verbessert werden.

Ferner habe man erkannt, dass die CIA verdeckte Operationen nicht über lange Zeit durchführen könne. Das Regime würde einer Reihe von Kollaborateuren früher oder später auf die Schliche kommen und sie ausschalten. Man müsse also schnell handeln.

Cheney war es gewohnt, dass Leute, die er zu Unterrichtungen in seinem Büro empfing, hinsichtlich der Leistungsfähigkeit ihres Ministeriums oder ihrer Behörde vollmundige Erklärungen und Versprechungen abgaben. Mit der Botschaft der CIA verhielt es sich jedoch ganz anders. Sie war ernüchternd und äußerst ungewöhnlich, denn der Geheimdienst gestand ein, die Aufgabe nicht erfüllen zu können.

Anschließend unterrichteten die CIA-Repräsentanten auch den Präsidenten.

„Können wir das mit verdeckten Mitteln machen?“, erkundigte sich der Präsident.

Die Antwort lautete Nein.

„Verdammt!“, dachte der Präsident, wie er sich später erinnerte. Ein überraschender K.-o.-Schlag schien da nicht drin.

Zum Widerstand des Geheimdienstes gegen eine zweigleisige Politik, die einerseits auf den Krieg zusteuerte, während sie andererseits weiterhin auf den diplomatischen Weg über die UNO setzte, sagte der Präsident, dass sich daran nichts ändern werde.

„Ich weiß, dass ich Sie in eine schwierige Lage bringe“, erklärte Bush. „Ich weiß, es ist schwer, aber das ist der Kurs, den wir verfolgen. Wir müssen weiterhin alle diese Elemente gleichzeitig nutzen.“

Für Condoleezza Rice stellte es ein großes Dilemma dar, dass man auf zwei Schienen agierte und sie beide Ansätze gleichermaßen überzeugend vertreten musste. Diplomatie, die mit Zwang und Gewaltandrohungen arbeitete, bedeutete, dass man mit Dissonanzen und Widersprüchen leben musste. Die CIA hatte klar gemacht, dass die USA, wenn sie im Irak Ansprechpartner und Verbündete gewinnen wollten, deutlich zeigen mussten, dass sie es ernst meinten und militärisch intervenieren würden. Die Körpersprache des Präsidenten schien anzudeuten, dass er diese Botschaft verstanden hatte, aber er gab keine Zusagen ab.

ALS POWELL von diesem Gespräch erfuhr, zog er daraus den Schluss, dass die CIA schlicht kein neues Desaster mehr erleben wollte. Tenet beschönigte die Position des Geheimdienstes bei einer Gelegenheit ein wenig, als er sagte, dass verdeckte Aktionen allein bestenfalls eine Erfolgschance von 10 bis 20 Prozent besäßen. In Wirklichkeit meinte er wohl null Prozent. Die CIA konnte sich auf keine echten Helfer im Land stützen, und es gab auch keine Möglichkeit, unmittelbar an Saddam heranzukommen, es sei denn durch eine militärische Operation. Powell war klar, dass die Aussage, man könne selbst nichts tun, aber durchaus andere bei ihren Aktionen unterstützen, ein weiteres wirkungsvolles Druckmittel war, um einen Waffengang vorzubereiten.

7

NACH dem Präsidenten-Briefing am 28. Dezember in Crawford beauftragte Rumsfeld Franks, binnen zehn Tagen einen praktisch umsetzbaren Plan vorzulegen. Für den 9. Januar wurde ein Treffen angesetzt, das jedoch abgesagt werden musste. Stattdessen unterhielten sich Rumsfeld und Franks über eine abhörsichere Telefonverbindung.

Franks hatte die Freisprechanlage eingeschaltet, so dass einer seiner wichtigsten Mitarbeiter, ein Marinekapitän, das Gespräch mithören und sich Notizen machen konnte, um ein Memo über die Besprechung zu erstellen. Aus den Aufzeichnungen geht hervor, dass Rumsfeld folgende Fragen stellte, die er beim nächsten Treffen beantwortet haben wollte:

– Was könnte man tun, wenn der Irak Massenvernichtungswaffen einsetzte?

– Wie stark war das irakische Militär seit dem Golfkrieg von 1991 geschwächt?

– Welche konkreten Aufgaben sollten die Nachbarländer übernehmen, die Franks in die Vorbereitungen einbinden wollte?

– Worin bestanden zum gegenwärtigen Zeitpunkt die genauen Ziele, sowohl strategisch als auch taktisch?

– Beziehen Sie die Matrix der Operationslinien auf die verschiedenen verwundbaren Bereiche des Regimes, so wie sie dem Präsidenten dargestellt wurden, und erarbeiten Sie Zielprioritäten. Worin bestanden die wichtigsten Ziele? Wie viel Zeit würde man brauchen, um bei diesen Zielen die gewünschten Wirkungen zu erreichen?

– Würde sich der Zeitbedarf verändern, wenn durch nichtkonventionelle Kriegsführung und Einsatz von Agenten die Ziele konkret markiert werden könnten?

– Wenn man Dutzende von Hauptzielen gleichzeitig zerstören könnte, würde dies den Druck auf das Regime erhöhen und es zum Zusammenbruch bringen? Würde dadurch ein längerer Krieg überflüssig werden, der mehr Truppen erforderte? Ließen sich die entscheidenden Ziele benennen, die einen Sturz Saddams beschleunigten, wenn man über entsprechende nachrichtendienstliche Erkenntnisse verfügte?

Franks gab diese Liste an seine wichtigsten Mitarbeiter weiter. „Verdammt, Chef", stöhnte Renuart. Das war eine Riesenarbeit und in der kurzen Zeit nicht zu schaffen.

„Okay, Jungs", sagte Franks zu Renuart und den anderen, „wir müssen uns klarmachen, worum's hier geht, damit wir uns nicht verrennen. Wir sind die Guten, also lasst uns gemeinsam in die richtige Richtung marschieren." Anders ausgedrückt: Betrachtet Rumsfeld nicht als den Bösewicht, nur weil er eine ganze Reihe von Fragen aufwirft. Franks machte deutlich, dass er an Rumsfeld vorbeipowern müsse, und sie müssten es auch. Sie würden sich einfach Rumsfelds Stil anpassen und ihn übernehmen müssen. Jedes Mal wenn Franks zur Berichterstattung beim Minister erschien, fand der neue Probleme. Das würde auch weiterhin so bleiben.

In einem Interview legte ich Rumsfeld die Liste der Fragen vor, die er damals gestellt hatte. Er kicherte und meinte, diese Liste sei unvollständig. Sie umfasse „nicht einmal die Hälfte der Fragen", die er zu diesem Zeitpunkt gehabt habe, erklärte er.

Da Rumsfeld, wie er es bezeichnete, einen „iterativen" Planungsprozess verfolgte, was in praktischer Hinsicht bedeutete, dass es keine endgültigen Festlegungen gab, entwickelte Franks ein ähnliches Verfahren. In seinem Hauptquartier in Tampa veranstaltete er mit Renuart und ungefähr 15 weiteren wichtigen Mitarbeitern regelmäßige Zusammenkünfte. Zusätzlich konnte er auf eine Gruppe von Militärplanern zurückgreifen, die Renuart als die „50-Pfund-Gehirne" bezeichnete, junge Majors, Lieutenant Colonels und Colonels sowie Kommandeure der Navy und Kapitäne, die in strategischer Planung ausgebildet waren.

Operative Experten und Spezialisten aus dem Bereich Aufklärung wurden zu einer Arbeitsgruppe von so genannten Zielermittlern zusammengezogen. Sie untersuchten mögliche Ziele und legten Prioritäten fest. Man schickte sie in einen abgeschlossenen Raum, aus dem sie vermutlich erst wieder auftauchten, wenn sie Rumsfelds Fragen beantworten konnten.

Einmal warf Franks' Stab die Frage auf, was man mit der Hälfte der vorgesehenen Truppen in der Hälfte der Zeit erreichen könne. Diese Frage wurde erweitert, indem man zu kalkulieren versuchte, mit welchen Fähigkeiten man die zeitliche Reduzierung und die verminderte Truppenstärke kompensieren könne. Was konnte man damit bewirken? Vorgeschlagen wurden eine bessere Aufklärung, Präzisionswaffen, gleichzeitige Angriffe an mehreren Fronten, der Einsatz von Special Operations Forces und Informationsoperationen.

Aber was würde man mit Informationskampagnen tatsächlich erreichen können? Konnte man durch effektive Propaganda wirklich Truppen ersetzen? Alle waren unsicher.

Wie konnte man den oppositionellen Kräften mehr Gewicht verleihen, vor allem den Kurden im Norden? Was konnten die Kurden wirklich zu einem Kriegsplan beisteuern? Und welche politischen Folgen würden sich daraus für die Türkei mit ihrem hohen Anteil an unzufriedener kurdischer Bevölkerung ergeben, da die Regierung in Ankara die Entstehung einer starken kurdischen Kraft im Irak, ganz zu schweigen von einem Kurdenstaat, zweifellos als Bedrohung betrachten würde?

Schließlich verständigten sich die Planer zögernd darauf, dass Special Operations Forces im Nordirak abgesetzt werden sollten, einer Region, die von Bagdad weitgehend unabhängig war, um dort eine Streitmacht aus 10 000 kurdischen Kämpfern aufzustellen. Dies erschien durchführbar, und durch die Beschränkung auf diese eher niedrige Zahl glaubte man auch, genügend Rücksicht auf die politischen Empfindlichkeiten der Türkei zu nehmen.

Franks veranstaltete mit seinen Planern mehrere Tage hintereinander Brainstorming-Sitzungen, jedoch jeweils auf einige Stunden begrenzt, weil seinen Mitarbeitern nach einer Weile der Kopf brummte. Er wollte, dass nur möglichst wenige Leute über die einzelnen Operationslinien Bescheid wussten. Eine kleine Gruppe wurde mit Informationsoperationen beauftragt, eine andere mit operativem Feuer, weitere Gruppen mit den übrigen Elementen des Plans. Er befahl, dass die Gruppen nicht miteinander sprachen. Jeder Gruppe wurde ein streng geheimer Bereich zugewiesen mit einem eigenen Codewort. Nur Renuart, einige weitere Mitarbeiter und er kannten alle Bereiche und besaßen den Überblick.

Im Laufe der Arbeit erkannten Franks und Renuart, wo sich die verschiedenen Operationslinien überschnitten und gegenseitig verstärkten – wenn etwa die Special Operations Forces und die Luftwaffe dasselbe Ziel attackierten.

POWELL, den stolzen Ex-General und Chef-Diplomaten, beunruhigte, was er hier sah und hörte. Als junger Offizier hatte er zweimal in Vietnam gekämpft und dort Versagen und Scheitern hautnah miterlebt. Die Generäle hatten der politischen Führung damals nicht die Wahrheit gesagt, die ihrerseits nicht genügend Skepsis gegenüber den Militärs hegte. Als Vorsitzender der Joint Chiefs of Staff hatte er am Vorabend des Golfkriegs von 1991 allein in seinem Büro gesessen, dem Raum 2E878 im Pentagon, und an die berühmte Aussage von Robert E. Lee gedacht: „Es ist gut, dass der Krieg so furchtbar ist, sonst würden wir zu sehr Gefallen an ihm finden." Der General der Konföderierten kannte die Gräuel des Kriegs zur Genüge. Und heute, im Jahr 2001, schienen manche Leute in Washington und dem Pentagon, im Weißen Haus und sogar in seinem Außenministerium der Vorstellung nachzuhängen, dass der Krieg keimfrei sei, bisweilen hielten sie ihn wohl gar nur für ein aufregendes Spiel.

Powell war sich vollkommen bewusst, dass der Konflikt von jungen Leuten ausgefochten wurde, teilweise von Teenagern, die auf Grund von Entscheidungen, die in Washington getroffen wurden, sterben könnten. In der Führungselite der Bush-Regierung gab es außer ihm aber niemanden, der Krieg aus eigener Anschauung kannte. Bush hatte in der Nationalgarde von Texas Dienst getan, war aber nie an Kampfhandlungen beteiligt gewesen. Cheney war zwar während des Golfkriegs von 1991 Verteidigungsminister gewesen, hatte aber selbst nie gedient. Rumsfeld war in den fünfziger Jahren Kampfflieger der Navy gewesen, aber nicht während des Kriegs. Auch Rice und Tenet hatten nie dem Militär angehört. Nur er selbst hatte Fronterfahrung gesammelt.

Während seiner Amtszeit als Vorsitzender der Vereinigten Stabschefs hatte er Ansätze seiner Powell-Doktrin formuliert. Diese wurde im Allgemeinen so verstanden, dass er für den Einsatz überwältigender Kräfte eintrat, um zu gewährleisten, dass jegliche Art militärischer Operationen erfolgreich war. Er glaubte jedoch, seine Ansichten würden verzerrt dargestellt und er werde zu Unrecht als „widerwilliger Krieger“ gezeichnet, der davor zurückschrecke, Gelegenheiten zu ergreifen, und begrenzte militärische Engagements möglichst zu vermeiden trachte. In Wirklichkeit war seine Doktrin etwas differenzierter: Das Militär solle entscheidende Gewalt anwenden, um politische Ziele zu erreichen. Dennoch hatte er in seinen 1995 erschienen Memoiren *My American Journey* (*Mein Weg*, 1996), die zum Bestseller wurden, bekannt, ein „widerwilliger Krieger“ zu sein. Er war zu der Erkenntnis gelangt, dass allzu viele Strategen bereit seien loszuschlagen, ohne vorher sicherzustellen, dass dies auch mit der nötigen Stärke geschah und im Dienste eines politischen Ziels erfolgte, das unverzichtbar war und das vom Kongress und der Öffentlichkeit unterstützt wurde.

Powell hatte noch mit einem weiteren Problem zu kämpfen: Er war jetzt seit fast einem Jahr im Amt, hatte aber noch keinen persönlichen Draht zu Präsident Bush gefunden. Ihr Verhältnis war unterkühlt. Eine Rivalität bestimmte ihre Beziehung, eine leichte Spannung, die fast immer spürbar war. Powell hatte 1996 eine Präsidentschaftskandidatur erwogen. Er hatte damals phantastische Umfragewerte erzielt und rangierte in der Beliebtheitsskala ganz oben. Aus persönlichen Gründen und nachdem er zu der Überzeugung gelangt war, dass es in der amerikanischen Politik keine Garantien gab, hatte er schließlich von einer Kandidatur Abstand genommen. Seither galt er als Politiker im Wartestand, der ehemalige General und Kriegsheld, ein Gemäßigter, der im Jahr 2000 wiederum auf eine Kandidatur verzichtete, als George W. Bush antrat.

Als Außenminister musste er häufig feststellen, dass ihn das Weiße Haus ins Abseits stellte – ihn gewissermaßen in den „Kühlschrank“ steckte, wie Armitage und er oft scherzhaft bemerkten. In der Woche vor dem 11. September 2001 hatte *Time* eine Titelgeschichte gebracht, die sich anscheinend auf Zuträger aus dem Weißen Haus stützte und Powell indirekt beschädigen sollte. Unter der Überschrift: „Wo stecken Sie, Colin Powell?“ wurde behauptet, Powell sei isoliert und könne nichts ausrichten gegen die Hardliner in der Regierung, die in der Außenpolitik den Ton angaben.

Powell fragte Richard N. Haass, einen gemäßigten Republikaner und Außenpolitikexperten, der in seinem Ministerium als Direktor für Politische Planung arbeitete, was er von dem *Time*-Artikel halte.

„Er ist ätzend", antwortete Haass. „Schlimmer wäre nur noch gewesen, wenn er bewiesen hätte, dass Sie der große Boss sind. Dann wären Sie wirklich erledigt gewesen."

Powell musste laut lachen.

Bis zum 11. September hatte in der Außenpolitik der Bush-Regierung ein ziemliches Durcheinander geherrscht. Der Präsident konzentrierte sich auf innenpolitische Fragen und die Steuersenkungen, und es fehlte eine klare Linie.

Powell registrierte auch, dass Bush beim Briefing in Crawford zwar aufmerksam zugehört und einige allgemeine Fragen gestellt hatte, aber er hatte nicht nachgebohrt. Er war nicht allzu sehr an Details interessiert, wie es ihm vorkam.

Besorgt über die Planungen, wandte sich Powell an General Franks. Er hatte Franks in der Army zwar nicht kennen gelernt, da er fast zehn Jahre älter war, aber beide gehörten zu dem informellen Netzwerk ehemaliger und aktiver Generäle. Powell telefonierte mehrmals mit Franks. Derlei direkter Kontakt außerhalb der militärischen Befehlskette bedeutete ein Risiko für beide, vor allem für Franks, der eigentlich Rumsfeld informieren musste, um sich selbst abzusichern. Powell, der Vorsitzender der Vereinigten Stabschefs gewesen war, als der ursprüngliche „Op Plan 1003" entwickelt worden war, äußerte große Bedenken, dass sich das Militär dazu überreden lassen könnte, weniger Truppen einzusetzen, als nötig sein würden. Lass nicht zu, dass du zu verwundbar wirst, weil gerade eine neue Theorie die Runde macht, warnte er Franks. Veränderung – Rumsfelds „Transformation" – war nicht schlecht, aber Realismus zeichnete seit jeher einen guten militärischen Plan aus. Mit einer nur 105 000 Soldaten umfassenden Bodenstreitmacht operieren zu wollen, einem Fünftel der Truppenstärke des alten „Op Plan 1003", war grotesk und indiskutabel. Nach Powells Verständnis lautete der Auftrag an Franks, er solle die Truppe so klein wie möglich halten.

Franks machte deutlich, dass er in erster Linie Offizier sei und nicht die Absicht habe, einen Krieg zu verlieren, in dem er die Verantwortung trage.

AM 17. JANUAR erschienen Franks und Renuart bei Rumsfeld, um ihm die vierte Fassung ihres Plans vorzulegen.

Gleich zu Beginn erklärte Franks, dass sie zusammen mit Leuten vom Geheimdienst untersucht hätten, wie sich die militärische Stärke des Irak seit dem zwölf Jahre zurückliegenden Golfkrieg verändert habe. Die Wirtschaftssanktionen hätten es Saddam erschwert, die Ausrüstung seines Militärs in Stand zu halten, berichtete Franks, und seine Streitkräfte zu modernisieren, wodurch sich deren offensive Schlagkraft deutlich vermindert habe.

Franks nannte Zahlen: Vor „Desert Storm" hatte es sieben Divisionen der Republikanischen Garde gegeben, jetzt waren es nur noch sechs – eine Reduzierung um 15 Prozent. Die reguläre Armee umfasste vorher 27 Divisionen, nun nur noch 17 – eine Verminderung um 35 Prozent. Die Zahl der taktischen Flugzeuge war von 820 auf 310 gesunken – 60 Prozent weniger. Viele irakische Kampfflugzeuge waren lahm gelegt, denn es fehlte an Ersatzteilen. Die Zahl der Boden-Luft-Raketen war von 100 auf 60 gesunken. Die irakische Marine war mit 15 bis 20 Schiffen ohnehin nie sonderlich ernst zu nehmen gewesen. Jetzt bestand sie nur noch aus zwei oder drei Schiffen.

Wie viel Unterstützung Saddams Regime in der Bevölkerung erhalte, erklärte Franks, hänge unmittelbar davon ab, wie glaubwürdig dem irakischen Volk die Zusicherung der USA erscheine, zu helfen. Je mehr sich die USA einmischten, desto geringer würde Saddams Rückhalt in der Bevölkerung. Diese wichtige Aussage leitete sich aber nicht aus konkreten nachrichtendienstlichen Erkenntnissen ab, sondern aus Annahmen darüber, wie sich ein Volk gegenüber einem skrupellosen Diktator idealerweise verhalten *sollte*. Auf Grund des Mangels an unmittelbaren Informationsquellen innerhalb des Irak standen Annahmen über die öffentliche Meinung im Irak und mögliche Reaktionen der Iraker auf amerikanische Invasionstruppen jedoch auf tönernen Füßen. Man ging schlicht davon aus, dass sich die Bevölkerung erheben werde, wenn sich ein Einmarsch der Amerikaner abzeichnete. Gleichwohl beschleunigten diese Überlegungen die Entwicklung hin zu einem Krieg, denn ihnen lag die Vermutung zu Grunde, dass die ersten Schritte zum Krieg und die Demonstration von Entschlossenheit den Sieg erleichtern würden. Und jeder wusste, dass nichts verlockender war für Präsident Bush, als Entschlossenheit zu demonstrieren.

Mit Hinweis auf die Erkenntnis der CIA, dass es unmöglich sei, Saddam durch verdeckte Operationen zu beseitigen, erklärte Franks, dass keine innerirakische Oppositionsgruppe stark genug sei, um das Regime allein zu stürzen. Das amerikanische Militär würde eingreifen müssen, wenn man Saddam aus dem Weg räumen wolle.

Weiter erklärte Franks – er war nun bei Schaubild 13 –, wenn man davon ausgehe, dass die irakischen Streitkräfte deutlich geschwächt seien, und man zugleich die Transportkapazitäten der USA berücksichtige, so lasse sich auf der Grundlage des von ihm entwickelten neuen Plans die für eine Invasion erforderliche Zeit wesentlich reduzieren. Sobald der Präsident grünes Licht gebe, sagte Franks, würde er nur 45 Tage benötigen, um den ersten Teil der Invasionsstreitmacht zusammenzuziehen. Anschließend würde er 45 Tage lang Luftschläge durchführen. Etwa ab dem 90. Tag wäre man bereit für den Beginn der Bodenoffensive. Man würde bis zu 150 Tage benötigen, bis das Regime beseitigt sei. In dieser Zeit könnten weitere Truppen eingeflogen werden, so dass sich schließlich rund 245 000 Soldaten im Land befinden würden.

Im neuen Konzept, führte er aus, würde man sich auf die Kernbereiche des Regimes konzentrieren – die Führung, die Massenvernichtungswaffen, die Republikanische Garde, die Spezielle Republikanische Garde, den Sicherheitsapparat.

Nach der bedächtigen früheren Option, die auf dem alten „Op Plan 1003" beruhte, nahm der Truppenaufbau bis zu sechs Monate in Anspruch. Dies würde gleichzeitige Luft- und Bodenoperationen ermöglichen. Anschließend würde man nur 90 Tage benötigen, um das Regime anzugreifen, zu isolieren und zu beseitigen.

Auf Schaubild 23 seines Briefings betonte Franks, dass man bei beiden Optionen darauf angewiesen sei, in Kuweit, Katar und Großbritannien Stützpunkte zu nutzen, und dass mehrere weitere Länder in der Region Überflugrechte gewährten.

Was werden wir jetzt weiter unternehmen? So lautete die Frage auf dem letzten, 24. Schaubild. Franks sagte, er wolle die beiden Möglichkeiten durchspielen, um sicherzugehen, dass er Rumsfeld keine leeren Versprechungen gebe. Durch ein Planspiel könne man die Umsetzbarkeit der Optionen überprüfen. Zudem sollten auch die übrigen Institutionen – das Außenministerium, die CIA und andere

Behörden – in den Prozess einbezogen werden, um besondere Aufgaben zu formulieren und die Planung auf der Grundlage der verschiedenen Möglichkeiten zu verfeinern.

Rumsfeld beauftragte Franks, binnen etwa drei Wochen den Präsidenten über die vorbereitenden Aktionen zu unterrichten.

Paul Wolfowitz, der in die Einzelheiten der Briefings eingeweiht war, meinte, es sei vielleicht möglich, das Saddam-Regime bereits vor dem Beginn von Bodenoperationen in zentralen Bereichen zu zerschlagen.

Franks und seine Planer waren skeptisch. Durch Bombardierungen habe man dem Diktator in der Vergangenheit nicht beikommen können, und Saddam scheine zu glauben, er könne jeden Bombenkrieg überstehen.

Ich möchte, dass Sie sich einige dieser Konzepte ansehen, sagte Rumsfeld. Der Verteidigungsminister akzeptierte offenbar, dass eine starke Invasionstruppe erforderlich war. Aber wie verhielt es sich mit der strategischen Verwundbarkeit während einer langen, ausgedehnten, auf Bodenkämpfe konzentrierten Auseinandersetzung? Brauchten sie nicht Kräfte, die im Stande waren, wichtige Ziele in relativ kurzer Zeit entscheidend zu treffen? Wenn das nicht gelang, könnten sie in langwierige Kampfhandlungen verwickelt werden, während die internationale Unterstützung weiter abbröckelte.

Die Vorbereitungsdauer von 90 Tagen ist zu lang, sagte Franks. Und die Truppenstärke, von der ich eben gesprochen habe, ist zu hoch. Er werde die Operationslinien überarbeiten, um eine bessere Lösung zu finden. Dieser Plan sei auf einen Alleingang der USA ausgelegt. Sie seien noch nicht dazu gekommen, sich einen Überblick darüber zu verschaffen, welche Truppen andere Länder beisteuern könnten. Sie wüssten noch nicht einmal, was man vernünftigerweise von ihnen erwarten könne.

Der Plan sah nur eine einzige Front vor, einen Vorstoß von Kuweit aus in den Süden des Irak und anschließend nordwärts nach Bagdad. Franks wies darauf hin, dass man zusätzlich eine zweite Front im Norden eröffnen und von der Türkei aus angreifen könne.

Rumsfeld bat sie, weiter den Plan mit der Südfront zu verfolgen, sich aber auch Gedanken darüber zu machen, wie ein Angriff von Norden her erfolgen könnte.

Franks hatte auch eine Antwort parat auf die erstaunliche Frage, die Rumsfeld im vergangenen Monat gestellt hatte, als er sich erkundigte, was kurzfristig, also bis April oder Mai, getan werden könne. Für den Beginn der Bodenoperationen würde man weiterhin mindestens 105 000 Soldaten benötigen, sagte Franks. Es würde 30 bis 45 Tage dauern, um diese Truppen in die Region zu verlegen. Wenn Sie also im April anfangen wollen, muss ich mit der Truppenverlegung Mitte Februar beginnen. Das war in vier Wochen.

ZURÜCK IN SEINEM HAUPTQUARTIER in Tampa, wurde Franks klar, dass die Zeitfrage, ob man nun sechs oder nur drei Monate für den Truppenaufmarsch im Nahen Osten brauchen würde, eine enorme Hürde darstellte. Einige Zivilisten im Pentagon glaubten, man könne die Verlegung der Truppen unauffällig bewerkstelligen. Franks hielt das allenfalls für möglich, wenn man fünf Jahre dafür Zeit hätte. Er wusste nicht genau, wie viel Zeit ihnen für die Vorbereitungen bleiben würde, aber bestimmt nicht Jahre. Derart große Bewegungen von Divisionen und Flugzeugträgern – die für einen Krieg unverzichtbar waren – würden keinesfalls unsichtbar bleiben. Im Rahmen der psychologischen Kriegsführung, entschied er, würden sie auch mit gezielten Täuschungsmanövern arbeiten. Er sprach in diesem Zusammenhang von „spikes" [was sowohl Nadelstiche wie Aktivitätsspitzen bedeuten kann, Anm. d. Ü.]. Sie konnten beispielsweise weitere Truppen entsenden, begleitet von ausführlicher Berichterstattung in den Medien; anschließend würde aber nichts passieren, alles wäre wieder normal, und das öffentliche Interesse würde wieder sinken.

Die Idee bestand darin, mit Saddam ein Katz-und-Maus-Spiel zu veranstalten – die Erwartung eines Angriffs abwechselnd zu steigern und zu drosseln. Im Rahmen von „Southern Watch" konnten groß angelegte Operationen geflogen werden. Man würde sich sehr „kinetisch" verhalten, wie Franks es gern formulierte, ohne dann wirklich anzugreifen. „Ich wollte, dass Johnny möglichst lange blinden Alarm schlug", sagte Franks später. Johnny stand für den Irak, für die Welt, die Medien und die Öffentlichkeit.

Rumsfeld zeigte sich angetan von dieser Idee.

Franks war überzeugt, dass solche Spitzen unvermeidbar waren, und wollte sie daher optimal nutzen. Er wollte die Vorbereitungen so weit wie möglich beschleunigen, damit sie schneller zu mehr Spitzen kämen. Sie könnten beispielsweise einen zweiten Flugzeugträger für fünf oder zehn Tage in den Persischen Golf entsenden, „Southern-Watch"-Einsätze von beiden Flugzeugträgern aus fliegen, dadurch eine Spitze schaffen und anschließend einen der Träger wieder abziehen. Diesen Aktionen würde kein Krieg folgen, was Saddam, wie man hoffte, gehörig verwirren würde.

8

IM WESTFLÜGEL des Weißen Hauses saß Michael Gerson, der Redenschreiber des Präsidenten, in seinem kleinen Büro, in dessen Mitte ein Stützträger stand. Er brütete über dem acht Seiten langen Entwurf der anstehenden Rede zur Nation, den er dem Präsidenten kurz vor Weihnachten gegeben hatte.

Nach dem 11. September verfügte die Regierung nach Gersons Überzeugung über einen, wie er es formulierte, „plastischen, formbaren Moment" – eine Chance, zu belehren und zu erklären. Der Präsident musste dem Land und der Welt verkünden, was vor sich ging und was er zu tun gedachte. Es war der perfekte Zeitpunkt, um die öffentliche Meinung zu gestalten und hinter sich zu bringen, einmal mehr zu beweisen, dass Amerika die Absichten des Feindes durchschaut hatte und dass der Terrorismus die größte Bedrohung für das nächste halbe Jahrhundert darstellte. Hauptsächlich aber ging es in der Rede um konkrete Anliegen.

Der Präsident hatte eine ehrgeizige Rede gefordert. Er wollte die neuen Spielregeln und die Richtung seiner Außenpolitik festlegen. Bush spürte intuitiv, dass der 11. September kein isoliertes Ereignis war. Die Flut der Warnungen und der „Threat Matrix Report", der streng geheime, tägliche Bedrohungsbericht, deuteten auf einen unmittelbar bevorstehenden weiteren Anschlag hin.

Gerson war zwar nicht in alle sensiblen Geheimdienstinformationen eingeweiht, aber er hatte in den Monaten seit dem 11. September genug Zeit mit dem Präsidenten verbracht, um seine Stimmung und Einstellung abschätzen zu können. Der Präsident sprach nicht nur davon, sich der Bedrohung zu widersetzen, er sprach von einer Neuausrichtung der amerikanischen Außen- und Verteidigungspolitik. Die Situation war, dachte Gerson, eindeutig nicht mit der vor dem Zweiten Weltkrieg zu vergleichen , als der amerikanische Präsident mit seiner Antwort warten konnte, bis der Feind angriff. Gerson ging davon aus, dass sie diesen Standpunkt in der bevorstehenden Rede zur Lage der Nation zum ersten Mal explizit darlegen würden.

Die umgängliche Art Gersons, der ein wenig wie ein nervöser, zerstreuter Professor wirkt, täuscht hinweg über einen messerscharfen Verstand, Zielstrebigkeit und ein ausgeprägtes Gefühl für Sätze, die im Gedächtnis haften bleiben. Er hatte Theologie am Wheaton College in Illinois studiert, der Alma Mater des Predigers Billy Graham. Später hatte er als Journalist für *U. S. News & World Report* über Politik berichtet, als Bush, damals noch Gouverneur, ihn im April 1999 – noch vor seiner Kür zum Präsidentschaftskandidaten – persönlich als Redenschreiber rekrutierte. „Ich möchte, dass Sie meine Ankündigungsrede, meine Rede vor der Versammlung und meine Antrittsrede schreiben", hatte Bush zu ihm gesagt. Gerson nahm das Angebot an, weil er mit dazu beitragen wollte, der Republikanischen Partei ein innenpolitisches Profil zu geben. Dass er nun Kriegsreden für einen Kriegspräsidenten schrieb, entbehrte also nicht einer gewissen Ironie.

Gerson, wie Bush ein selbst ernannter evangelikaler Christ und „mitfühlender Konservativer", bewunderte an Bush, dass er nicht davor zurückschreckte, seine religiösen Überzeugungen und moralischen Schlussfolgerungen in seine Reden einfließen zu lassen. Gerson hatte in den zahllosen von ihm für Bush verfassten Reden zum 11. September einen Stil entwickelt, in dem hehre biblische Gesinnung und Volkstümelei miteinander verschmolzen.

Er hatte viel Arbeit in seinen Entwurf von Bushs Rede zur Nation gesteckt und intensiv recherchiert. Er hatte sich ausführlich mit Rice und ihrem Stellvertreter Hadley unterhalten, einen Teil der Arbeiten an andere Redenschreiber im Stab des Weißen Hauses delegiert und David Frum, einen angesehenen konservativen Autor in seinem Stab, gebeten, in ein, zwei Sätzen die Argumente für einen Krieg gegen den Irak auf den Punkt zu bringen.

Frum war der Ansicht, dass die Beziehung, die Bush zwischen Saddam Husseins Regime und dem 11. September herzustellen versuchte, auf die Verbindung abzielte zwischen Staaten, die den Terrorismus unterstützten, und jenen Terroristen, die an keinen Staat gebunden waren. Frum sprach in diesem Zusammenhang von einer „Achse des Hasses" – eine griffige Formulierung, die an die Achsenmächte des Zweiten Weltkriegs gemahnte – und stellte in seinem Entwurf den Irak heraus, den er auch namentlich nannte.

Nachdem Cheney sich im Sommer 2000 Bushs Kandidatur angeschlossen hatte, hatte er, erinnerte sich Gerson, in internen Wahlkampfdiskussionen die Verbindung zwischen Massenvernichtungswaffen und Terrorismus thematisiert. Da dies Gersons Überzeugung zufolge die wahre Achse war, mit der sie es zu tun hatten, wandelte er Frums „Achse des Hasses" zur „Achse des Bösen" ab, womit er den Begriff erweiterte, zuspitzte und noch unheilvoller klingen ließ, fast so, als wäre Saddam ein Agent des Teufels. Die Verbindung zwischen seinem Regime, das über Massenvernichtungswaffen verfügte, und dem internationalen Terrorismus besaß das Potenzial, die Welt ins Armageddon zu stürzen.

Rice, die einen frühen Entwurf der Rede las, vernahm erfreut, dass der Präsident die Absicht hatte, auf die Verbindung zwischen Massenvernichtungswaffen und Terrorismus einzugehen. In seiner Rede an den Kongress am 20. September hatte er dieses Thema nicht angesprochen, da er das sowieso schon traumatisierte Land nicht noch mehr in Angst und Schrecken stürzen wollte. Die Verbindung als „Achse" zu bezeichnen, war in ihren Augen ein cleverer Schachzug, und sie eine „Achse des Bösen" zu nennen, war noch viel cleverer.

Rice und Hadley waren in die geheimen Kriegspläne gegen den Irak eingeweiht und fürchteten, eine Hervorhebung des Irak als Verkörperung der „Achse des Bösen" zwischen Massenvernichtungswaffen und dem internationalen Terrorismus könnte als Kriegserklärung an Bagdad aufgefasst werden.

Rice verfolgte sehr aufmerksam die Diskussion über die zu diesem Zeitpunkt beliebteste Frage in Washingtoner Kreisen: Wann bricht der Irakkrieg aus? Einerseits wollte sie die Planungen für die „Operation Polo Step", für einen Waffengang gegen den Irak, schützen, andererseits wollte sie die Debatte um die von Terroristen mit Zugang zu Massenvernichtungswaffen ausgehende Bedrohung nicht abwürgen. Also regten sie und Hadley an, weitere Länder ins Gespräch zu bringen. Die auf der Hand liegenden Kandidaten dafür waren Nordkorea und Iran, da beide Länder den Terrorismus unterstützten und an der Entwicklung von Massenvernichtungswaffen arbeiteten.

Dem Präsidenten gefiel die Idee, die Diskussion auf drei Länder – den Irak, Iran und Nordkorea – auszuweiten.

Hadley hatte Vorbehalte dagegen, Iran mit hineinzuziehen. Das Land zeichnete sich durch eine komplizierte politische Struktur aus; der Präsident war zwar demokratisch gewählt, doch die eigentliche Macht lag in den Händen der religiösen Extremisten und Ajatollahs. Anfangs stimmte Rice Hadleys Einwand zu. Sie fürchtete, der Präsident könnte dafür kritisiert werden, nicht zu verstehen, dass Iran anders war, dass er eine junge demokratische Bewegung besaß.

Aus diesen Gründen schlugen Rice und Hadley vor, den Iran von der Liste zu streichen. Ein solcher Schritt, sagte Hadley, würde eine unnötige Provokation darstellen.

„Nein", widersprach der Präsident, „ich will ihn drinhaben." Damit war die Entscheidung getroffen. Später, in einem Interview, erinnerte sich der Präsident, dass er konkrete Gründe für seine Entscheidung gehabt hatte. „An diesem Punkt der Geschichte ist es sehr wichtig, dass der amerikanische Präsident sehr deutlich über die bösen Mächte spricht, denen die Welt gegenübersteht", erklärte er. „Es steht außer Frage, dass Nordkorea, Iran und der Irak derzeit die größte Bedrohung für den Frieden darstellen." Iran sei insofern ein Sonderfall, fuhr er fort, als es „in Iran eine Freiheitsbewegung gibt und Iran wegen des Internets und der iranischen Diaspora in den Vereinigten Staaten im Vergleich zu anderen Ländern, die von theokratischen Leuten geführt werden, relativ offen ist."

„Und die Tatsache, dass der Präsident der Vereinigten Staaten sich hinstellt und sagt, dass Iran genauso ist wie der Irak und Nordkorea – mit anderen Worten sagt, ihr Iraner, ihr habt ein Problem, wir wissen, dass ihr ein Problem habt, wir hören, dass ihr ein Problem habt –, und dass der Präsident willens ist, das zu sagen, ist Teil dessen, wie man mit Iran umgeht. Und es soll auch diejenigen in dem Land inspirieren, die die Freiheit lieben."

Auf die Frage, wie seiner Meinung nach die Iraner darauf reagieren würden, zur „Achse des Bösen" gezählt zu werden, erklärte Bush: „Ich glaube kaum, dass die Studenten und die Reformer und die Freiheitsaktivisten in Iran darüber verärgert waren. Ich ging davon aus, dass es sie freuen würde. Hier oben spricht der Präsident so laut und deutlich über die Natur des Regimes und die Gewalt und die Repressionen, unter denen sie zu leiden haben. Ich bin mir ganz sicher, dass ihren Führern das nicht gefiel."

„Ich will ganz sicher gehen, dass Sie verstehen, was ich gerade über die Rolle der Vereinigten Staaten gesagt habe. Ich glaube daran, dass die Vereinigten Staaten *das* Leuchtfeuer der Freiheit in der Welt sind. Und ich glaube, dass wir eine Verantwortung haben, die Freiheit zu schützen, die so heilig ist wie die Verantwortung, das amerikanische Volk zu schützen, denn die beiden gehen Hand in Hand. Nun, es ist sehr wichtig für Sie, dass Sie das über meine Präsidentschaft verstehen."

Ich erinnerte ihn daran, dass er, als wir im Sommer 2002, vor dem Irakkrieg, über diese Frage diskutiert hatten, Folgendes gesagt hatte: „Ich werde die Gelegenheit ergreifen, große Ziele zu erreichen."

„Verstehen Sie mich nicht falsch, ich will Sie hier nicht belehren", sagte er. „Ich sage nicht, dass die Freiheit Amerikas Geschenk an die Welt ist. Die Freiheit ist Gottes Geschenk an alle Menschen dieser Welt. Daran glaube ich. Um genau zu sein, ich war derjenige, der diesen Satz geschrieben, nein, gesagt hat. Ich habe ihn nicht geschrieben, ich habe ihn in einer Rede gesagt. Und danach wurde der Satz zum Bestandteil des politischen Vokabulars. Und ich glaube daran. Und ich glaube, dass wir eine Pflicht haben, die Menschheit zu befreien. Ich hoffe nur, dass wir das nicht mit militärischen Mitteln tun müssen, aber wir haben diese Pflicht."

Ob eine solche Überzeugung, fragte ich ihn, nicht in eine Politik münden könnte, die auf Menschen in anderen Ländern „gefährlich bevormundend" wirken könnte?

„Ja, aber nur, wenn Sie nicht derjenige sind, der befreit wird", erklärte er und fügte hinzu, dass er an dieser Befreiungsstrategie gemeinsam mit anderen Führern der Welt wie den Regierungschefs Großbritanniens, Spaniens und Australiens arbeiten wolle. „Tony Blair, José María Aznar und John Howard teilen dieselbe Begeisterung für die Freiheit. Diese Politik mag manchen Eliten bevormundend erscheinen, ganz bestimmt aber nicht den Menschen, die wir befreien. Diejenigen, die wir befreien, würdigen diese Begeisterung. Und sie würdigen diese Leidenschaft."

GERSON, der weiter an Entwürfen der Rede zur Lage der Nation arbeitete, war froh, dass sie sich auf eine starke Sprache verständigt hatten. Traditionell waren gefährliche Länder als „Schurkenstaaten" oder „Schurkenländer“ bezeichnet worden. Gersons Überzeugung nach war das viel zu gutmütig und stellte das Problem untertrieben dar, so, als würden sie zu viel trinken. „Achse des Bösen“ klang wie ein Echo auf Ronald Reagans provokative Erklärung von 1983, die Sowjetunion sei ein „Reich des Bösen“, ein Begriff, der den Ton für den Showdown des Kalten Kriegs in den achtziger Jahren vorgegeben hatte. Reagan hatte damit unmissverständlich zum Ausdruck gebracht, dass es keine moralische Gleichwertigkeit zwischen dem totalitären Sowjetrussland und den Vereinigten Staaten gab.

Bush wusste immer noch nicht, wie er mit Ländern umgehen sollte, die Ideologien und Menschen hervorbrachten, deren erklärtes Ziel es war, Amerikaner durch Terrorangriffe zu ermorden. Er fragte sich, wie die Vereinigten Staaten solche Gesellschaften reformieren könnten, und wollte zur demokratischen Entwicklung und Gleichberechtigung der Frauen in der islamischen Welt beitragen. In diesen Zielen – Zielen, wie sie kein amerikanischer Präsident vor ihm formuliert hatte – drückte sich der Wandel im Denken des Präsidenten und der Wandel der Welt aus, den Gerson seit den Anschlägen vom 11. September miterlebt hatte. Da er diesen Wandel für ebenso fundamental hielt wie den Beginn des Kalten Kriegs, nahm er in die Rede auch Sätze über die Förderung der Demokratie und anderer menschlicher Werte auf.

In der Suite des Vizepräsidenten im ersten Stock des Old Executive Building hatte auch Libby derweil die ersten Redeentwürfe durchgearbeitet. In einer Version wurde der Irak zwar erwähnt, dort tauchte aber weder eine „Achse des Hasses“ noch eine „Achse des Bösen“ auf. In einer anderen Version war zwar von der „Achse des Bösen“ die Rede, wurde aber allein der Irak erwähnt. Libby war gleichfalls besorgt, dass dies als Kriegserklärung aufgefasst werden könnte, und sprach sich dafür aus, andere Länder wie beispielsweise Nordkorea mit aufzunehmen. Libby schlug Syrien vor, ein Land mit dem die Vereinigten Staaten diplomatische Beziehungen unterhielten, stieß damit aber bei Rice und Hadley auf Granit.

Es blieb Gerson und Hadley überlassen, eine Formulierung für Iran zu finden. Iran würde zwar als Bestandteil der Achse bezeichnet werden, musste aber vom Irak unterschieden werden. Sie einigten sich auf den Satz: „Iran, ein Land, in dem eine kleine, nicht gewählte Machtelite die Hoffnungen der Menschen auf Freiheit unterdrückt, betreibt aggressiv den Erwerb solcher Waffen und exportiert Terrorismus.“ Hadley hielt dies für konsistent mit der amerikanischen Politik der ausgestreckten Hand gegenüber den Reformern in Iran.

Karl Rove, Bushs wichtigster Berater und politischer Stratege, war an den Entscheidungen über die Kriegsplanung nicht unmittelbar beteiligt, nahm aber an den Sitzungen zur Vorbereitung der Rede zusammen mit dem Präsidenten teil. Seiner Meinung nach war „die Achse des Bösen“ ein Schlagwort, eine Ankündigung, dass die amerikanische Außenpolitik sich gewandelt hatte und die Nation nun vor einer großen Mission stand – einer, wie Rove überzeugt war, großen, neuen und fundamental anderen Mission. Der Krieg gegen den Terror würde auf die Schurkennationen ausgeweitet werden und die Liste dieser Nationen das dominante außenpolitische Thema bleiben, solange Bush im Amt war. Der 52 Jahre alte Rove, selbstbewusst bis hin zur Anmaßung, war überzeugt, dass die „Achse“ mit zu dem Vermächtnis gehören würde, das Bush seinem Amtsnachfolger hinterlassen würde. Wer dieser Nachfolger sein würde, konnte natürlich niemand wissen, doch Rove war sich sicher, dass Bush erst am 20. Januar 2009 nach zwei Amtszeiten den Präsidentenstuhl räumen würde.

Politisch gesehen musste diese Entwicklung das Leben des Präsidenten – und das Roves – erschweren. Wir sind im Krieg, okay, also warum wollen Sie schon wieder die Steuern kürzen? Bis dahin hatten Präsident und Kongress noch in jedem Krieg die Steuern erhöht. Bush strebte Vergünstigungen im Rahmen der Medicare-Krankenversicherung für ältere Menschen an. Wie könnten sie das – und das normale politische Alltagsgeschäft – in Kriegszeiten vorantreiben? Roves Antwort lautete: mit großem Aufwand. Seine andere Antwort lautete, dass der 11. September Bush die Macht verliehen hatte, auf die er im amerikanischen politischen System angewiesen war.

Kurz nach dem 11. September hatte Bush zu Rove gesagt: Unsere Generation wird nun ebenso in die Pflicht genommen, wie die meines Vaters im Zweiten Weltkrieg in die Pflicht genommen wurde. „Dass ich hier bin, hat einen Grund, und davon wird abhängen, wie über uns gerichtet wird.“

Rund zwei Drittel der amerikanischen Bevölkerung hielten Bush für einen starken Führer. Sie mochten seine Leistung als Präsident kritisieren und seine Politik oder ihn als Person ablehnen, aber normalerweise konnte ein starker Führer seine Agenda durchsetzen, wenn er aufstand und Druck machte – mit anderen Worten, wenn er das politische Spiel betrieb. Dazu gehörten Kampagnen, die Medien, der Kongress und Kommunikation.

Mit der Erklärung zur „Achse des Bösen" teilte Bush nach Roves Ansicht dem Land mit: „Wir dürfen nie mehr schlafen."

DREI ODER VIER TAGE vor dem Zeitpunkt, an dem der Präsident die Rede halten sollte, schickte das Weiße Haus den Redeentwurf zur Überprüfung ans Außenministerium. Powell und Armitage hielten den Text für zu pessimistisch. So fand sich darin unter anderem die Behauptung, dass weltweit 100 000 ausgebildete Terroristen auf freiem Fuß waren. Powell rief Rice an und sagte ihr, diese Zahl sei unhaltbar. Die Zahl wurde durch „Zehntausende" ersetzt.

Powell, der überzeugt war, dass Reagan seinen Erfolg vor allem seinem Optimismus und dem positiven, nach vorn gerichteten Schwung seiner Reden verdankte, sprach Bush am Abend des 26. Januar bei dem jährlichen Dinner im Alfalfa Club auf den pessimistischen Grundton der Rede an. Bush ließ danach am Ende der Rede einige positive Absätze einfügen.

In den Entwürfen, die Powell und Armitage zur Überprüfung vorlagen, enthielt der Abschnitt über die „Achse des Bösen" die drei erwähnten Länder. Powell sagte zu Armitage, dass sie das zwar erklären müssten, aber keiner von beiden sah darin ein Problem. Powell hielt den Ausdruck zwar für sehr wirksam, wenn auch nicht gerade für einen „Ich bin ein Berliner". Widersprach es dem, was er Bush hatte sagen hören? Nein. Da es sich nur um eine Rede zur Lage der Nation handelte und der Ausdruck tief im Text vergraben war, brachte Powell keine weiteren Änderungsvorschläge vor.

Nahezu zwei Jahre später erklärte Rumsfeld in einem Interview, dass er die Rede höchstwahrscheinlich nicht vorab zu Gesicht bekommen hatte. „Ich vermute, ich habe sie nicht gesehen, aber ich bin mir nicht sicher", sagte er und verwies darauf, dass er erst zu einem späteren Zeitpunkt die Reden des Präsidenten zeitig genug vorgelegt bekam, um sie zu kommentieren oder vorab darauf reagieren zu können. „Es gibt zwei Möglichkeiten, vorab über eine Rede oder Erklärung informiert zu werden", merkte Rumsfeld an. „Entweder bekommt man einen Text, der bereits fertig ist und praktisch schon auf dem Teleprompter steht und zu dem man sich dann einen Kommentar überlegen muss. Oder man erhält den fünften oder sechsten von insgesamt vielleicht 15 Entwürfen und hat die Chance, etwas beizusteuern." Was die „Achse des Bösen"-Rede anging, konnte er sich nach eigener Aussage an keine Details erinnern und erklärte das seltsamerweise mit dem Zusatz, dass „die Rede genau genommen nicht in meinen Bereich fiel".

DIE REDE zur Lage der Nation vor dem Kongress ist ein alljährliches, landesweit im Fernsehen ausgestrahltes Ritual und zieht ein gigantisches Publikum an. Nahezu 52 Millionen Amerikaner sahen die am Dienstag, dem 29. Januar 2002, zur besten Sendezeit ausgestrahlte Rede. Das war die höchste Einschaltquote bei einer Rede zur Lage der Nation seit Präsident Clintons Ansprache 1998 auf dem Höhepunkt der Monica-Lewinsky-Affäre. Wie es Brauch ist, lud Präsident Bush einige prominente Gäste ein, die bei der First Lady Laura Bush in der oberen Galerie saßen, darunter auch Hamid Karsai, der neue afghanische Übergangspräsident, der fünf Wochen zuvor ins Amt berufen worden war.

Bush begrüßte zunächst Karsai und sprach über den erfolgreichen von den USA geführten Feldzug, mit dem die Taliban besiegt worden waren. Hauptsächlich aber ging es ihm darum, die Zukunft zu entwerfen. Sein eigentliches Ziel, erklärte er, sei es, die Bedrohung zu eliminieren, die vom Terrorismus und von Regimen ausgehe, die Zugang zu Massenvernichtungswaffen suchten. Er ging mit einem Satz auf Nordkorea und Iran und mit fünf Sätzen auf den Irak ein.

„Solche Staaten und ihre terroristischen Verbündeten bilden eine Achse des Bösen", sagte Bush, „und sie rüsten sich, den Frieden der Welt zu gefährden. Indem sie den Besitz von Massenvernichtungswaffen anstreben, stellen diese Regime eine ernsthafte und wachsende Gefahr dar."

„Ich werde", gelobte er „nicht warten, bis etwas passiert, während die Bedrohung immer mehr zunimmt."

Der Tenor dieser Sätze war, dass der Irak, Iran und Nordkorea irgendwie unter einer Decke steckten und wie die deutsch-italienisch-japanische Achse im Zweiten Weltkrieg als Trio zusammenarbeiteten. Gerson hatte das Gefühl, dass er sich die Verantwortung für diesen Mangel an Klarheit zuschreiben musste.

In der Schlussversion der Rede waren Themen wie die Förderung der Demokratie, der Rechtsstaatlichkeit, der freien Meinungsäußerung, der religiösen Toleranz und der Rechte der Frau in islamischen Gesellschaften zwar abgeschwächt worden, obwohl Bush sich hierüber optimistisch äußerte: „Amerika", erklärte er, „wird immer fest für die unveräußerlichen Rechte der Menschenwürde eintreten."

Er schloss die Rede mit den Sätzen: „Unerschütterlich in unserem Anliegen werden wir unseren Weg weitergehen. Wir kennen den Preis der Freiheit. Wir haben die Macht der Freiheit bewiesen. Und, meine amerikanischen Mitbürger, in diesem großen Konflikt werden wir den Triumph der Freiheit erleben."

Nach 48 Minuten und 63 langen Absätzen beendete der Präsident die Rede zur Lage der Nation. Rice war sich sicher, dass die Medien Bushs Wunsch nach Demokratisierung und politischem Wandel im Nahen Osten herausstellen würden – einen Punkt, der ihrer Überzeugung nach noch nie zuvor von einem amerikanischen Präsidenten so deutlich betont worden war.

DIE NACHRICHTENMEDIEN stürzten sich jedoch auf das Schlagwort von der „Achse des Bösen". Das war ein neues Konzept, offen für Interpretationen. Waren die drei Länder auf eine bislang noch nicht bekannte Weise miteinander verbunden? War das hier Bushs Kriegsliste? Er hatte den Einsatz erhöht. Mit seiner „Los, Cowboy, hol sie dir"-Mentalität hatte er drei Länder ins Visier genommen, darunter, was am provokantesten war, den Erzfeind seines Vaters, den Irak Saddam Husseins. Das Weiße Haus ließ postwendend verlautbaren, dass kein Krieg vor der Tür stehe und verwies etwas halbherzig darauf, dass mit „Achse" die Verbindung zwischen Waffen und Terrorismus gemeint sei, nicht die zwischen den drei genannten Ländern.

Doch die Wucht des an den Zweiten Weltkrieg und Ronald Reagan angelehnten Ausdrucks überrollte alle anderen Interpretationen.

George Tenet las nicht viel Neues aus Bushs Worten heraus. Redenschreiber schreiben Reden, das ist ihr Job. Tenet sah keine wirkliche Verschiebung der Prioritäten, und die Agency konzentrierte sich weiter auf den Krieg gegen den Terrorismus – in Afghanistan und anderen Teilen der Welt.

Rumsfelds Stellvertreter Wolfowitz, der die Rede vorab nicht gelesen hatte, war zwar überrascht von ihrem Wortlaut, zugleich aber auch der Auffassung, dass Bush mit der Rede ein unmissverständliches Signal gegeben habe. Die Rede belegte, dass der Präsident einige der Dinge vernommen hatte, die Rumsfeld und er selbst über die Verbindung zwischen Massenvernichtungswaffen und Terrorismus gesagt hatten. Er hatte sich anfangs gefragt, ob es sinnvoll wäre, die drei Länder in einem Atemzug zu nennen, aber ohne eine eingängige Metapher hätte niemand der Sache große Aufmerksamkeit geschenkt. Wolfowitz sah einmal mehr, wie wichtig es war, die Schlagzeilen zu erobern – und dass die Akademiker das einfach nicht verstanden. In einer Kultur der mundgerecht aufbereiteten Nachrichtenhäppchen musste man eben zum Mittel der extremen Vereinfachung greifen. Bushs „Achse des Bösen"-Rede markierte, wie Wolfowitz bald erkannte, eine Wasserscheide. Der Präsident hatte das Problem in bildlichen, biblischen Begriffen definiert, ohne sich dabei öffentlich auf eine bestimmte Lösung festzulegen.

Dan Bartlett, der Direktor der Kommunikationsabteilung des Weißen Hauses, war begeistert. Was für eine Formulierung! Gerade einmal fünf Silben! Der 30-jährige Bartlett war 1994 direkt aus dem College zu Bushs Wahlkampfteam gestoßen, als dieser sich um das Amt des Gouverneurs von Texas bewarb. Seitdem arbeitete er ohne Unterbrechung für ihn. Bush hatte mit der Faust auf den Tisch gehauen und mit dieser kühnen Wendung Klarheit in das Durcheinander gebracht. Die außenpolitische Elite argumentierte gern, dass Diplomatie und Politik eine Sache der Nuancen sei – mit anderen Worten, Durcheinander. Bartlett lachte spöttisch. So ein Unsinn. Gut gegen Böse funktionierte.

Powell war überrascht von der heftigen Resonanz auf die Zeile und erkannte bald, dass aus der Sache eine Aufgabenliste mit langer

Laufzeit werden könnte. In diplomatischen Kreisen wurde viel Unmut laut; Bushs Worte ließen auf der ganzen Welt die Alarmglocken schrillen. Was der Präsident sagte, war Politik, erklärte Powell in einer Sitzung seiner hochrangigen Mitarbeiter zwei Tage später. „Das ist es, wir haben es gehört. Es gibt nichts mehr zu diskutieren." Er wollte nicht, dass irgendjemand mit einer eigenen Interpretation oder Einschränkung oder mit den Worten „Was der Präsident sagen wollte ..." an die Öffentlichkeit ging.

ALLE DREI LÄNDER gaben Dementis heraus. „Präsident Bushs Erklärung ist dumm", sagte der irakische Vizepräsident. Bush las einen Bericht über das Treffen hochrangiger Mitarbeiter Powells, in dem indirekt angedeutet wurde, dass der Präsident möglicherweise einen Schritt zurückgehen müsste. Er sprach darüber mit Rice, die am Freitag derselben Woche eine Rede halten sollte.

Gehen Sie hinaus, und wiederholen Sie die Botschaft, sagte er zu ihr. Wir meinen es ernst. Wir rücken nicht ab von unserer Position, wir gehen keinen Schritt zurück.

DA RICE' REDE vor der Conservative Political Action Conference (CPAC), einem wichtigen jährlichen Treffen konservativer Politiker und Vordenker, bereits geschrieben war, rief sie – ihr blieben nur noch ein paar Stunden Zeit – ihre Redenschreiber an und wies sie an, überzeugendes Material zu allen drei Ländern in die Rede einzufügen.

Die Sache musste absolut klar sein, gab sie ihnen zu verstehen, und umriss am Telefon kurz, was sie haben wollte. Die Schreiber machten sich sofort daran, die Rede umzuändern und so nah wie möglich an dem zu bleiben, was Bush am Dienstagabend über die „Achsenländer" gesagt hatte.

Rice schnappte sich den überarbeiteten Entwurf, als sie ins Auto stieg, und las ihn auf der kurzen Fahrt nach Arlington, Virginia.

„Unser Land wird alles in seiner Macht Stehende tun, um den gefährlichsten Mächten der Welt die gefährlichsten Waffen der Welt vorzuenthalten", sagte Rice. Sie veränderte die Reihenfolge der

Länder, während sie die ihrer Überzeugung nach von jedem Land ausgehende Bedrohung einzeln darlegte, und nannte zuerst Nordkorea, gefolgt vom Irak und dann von Iran.

„Wie der Präsident gesagt hat, dürfen und werden wir nicht darauf warten, dass etwas passiert, während die Gefahr wächst", erklärte sie.

CHARLES KRAUTHAMMER, ein konservativer Kolumnist der *Washington Post*, stieß zum Wesentlichen vor, als er Bushs Rede eine „erstaunlich kühne Ansprache" nannte und hinzufügte: „Diese Rede handelt vom Irak. Sollte innerhalb der Regierung eine ernsthafte Debatte über die Irak-Frage geführt worden sein, so ist diese Debatte vorbei. Es fehlte nicht viel, und die Rede wäre einer Kriegserklärung gleichgekommen."

Der Präsident war, wie er später sagte, von der Wirkung der Formel „Achse des Bösen" sehr angetan. „Sie hallt wider wie ein Echo." Die Reaktion übertraf bei weitem den üblichen Geräuschpegel. „Ich erinnere mich nicht, dass, als ich die Rede überarbeitete, oder später, als ich sie vom Prompter ablas, jemand gesagt hätte, ‚Übrigens, Mr. President, wenn Sie Achse des Bösen sagen, machen Sie Schlagzeilen'. Es war einfach eine Formel, die verfing."

Sie leistete zweierlei für Bush. Einerseits klang sie hart. Seit Reagan hatte kein Präsident so offen mit dem Säbel gerasselt. Andererseits lenkte die Rede, da sie auch Nordkorea und Iran an den Pranger stellte, von Bushs eigentlichem Anliegen ab und bot den geheimen Planungen für verdeckte Aktionen und einen Krieg gegen den Irak zusätzliche Deckung.

9 RUMSFELD verlor keine Zeit. Am Freitag, dem 1. Februar, drei Tage nach Bushs Rede zur Lage der Nation, von der Rumsfeld später meinte, sie läge „genau genommen nicht in meinem Bereich", zitierte er Franks zur Vorstellung der fünften Fassung der Kommandeurseinschätzung ins Pentagon. Der Oberbefehlshaber des Central Command erklärte dem Verteidigungsminister, dass er nun über einen Kriegsplan für den Irak verfüge, der als unilaterale Invasion der USA ohne Beteiligung anderer Nationen durchgeführt werden könnte. „Operationsplan 1003" hieß nun „Generated Start Plan" – die Invasionstruppen sollten vollständig „generiert" und in der Region stationiert sein, bevor sie in den Krieg zogen.

Der Zeitplan, fuhr der General fort, sehe 30 Tage für die Vorbereitung der Start- und Landebahnen und der Vorausstationierung der Ausrüstung vor. Im Laufe der folgenden 60 Tage würden sie die Bodentruppen in die Region verlegen. Nach diesen 90 Tagen würde die Truppenstärke rund 160 000 Mann betragen. Nach Abschluss der Verlegung würden 20 Tage lang intensive Luftoperationen durchgeführt, bevor der Angriff am Boden erfolgte. Bis zum Ende der Kampfoperationen und dem Beginn der Phase vier – der Stabilisierung des besetzten Irak – würden demnach rund 135 Tagen vergehen. In dieser Phase würde der Rest der Truppen in die Region verlegt und die Truppenstärke auf rund 300 000 Mann ansteigen.

Das war ein massiver Aufmarsch, von den Zahlen her zwar kleiner als die Truppenstärke bei der Operation „Desert Storm", aber doch eine sehr beachtliche Streitmacht. Dennoch hatte Franks es geschafft, die Zeit bis zum Beginn der Kampfhandlungen von 180 auf 90 Tage zu halbieren, ein großer Fortschritt.

„Das ist weder das Problem noch die Frage", erklärte Franks. Die wichtigere Frage lautete, an welchem Punkt während des Truppenaufmarschs sie bereit sein würden, den Krieg anzufangen. Seine Antwort lautete nun, rund 45 Tage nach Beginn von Phase zwei, der auf 60 Tage angelegten Phase der Truppenverlegung. Zu diesem

Zeitpunkt würden sie 105 000 der insgesamt 160 000 Soldaten vor Ort haben.

Die Mathematik sei ihm klar, meinte Rumsfeld. Wann wollen Sie loslegen?

Loslegen?, fragte Franks. Er hatte seine Lektion vom Meister der Fragen gelernt und drehte den Spieß um. Wie meinen Sie das?

Nun, die Bodentruppen, erwiderte der Verteidigungsminister.

„Ich will nicht, dass die Bodentruppen als Erste hineingehen", antwortete Franks.

Nein, natürlich nicht, meinte Rumsfeld, wir setzen zuerst unsere Luftstreitmacht ein.

Nein, Sir, entgegnete der General, das geht ebenfalls nicht. Franks wollte alle Operationen simultan ausführen – oder zumindest annähernd simultan. Das führte zu einer Diskussion darüber, wer oder was als Erster oder Zweiter losschlagen würde, unabhängig davon, dass sie ein möglichst gleichzeitiges Vorgehen anstrebten.

Sie diskutierten auch darüber, wie sie mit Hilfe der laufenden verdeckten Operationen den Zeitraum für den anfänglichen Truppenaufbau verkürzen und so einen „fliegenden Start" ermöglichen könnten.

Danach kamen die Was-wenn zur Sprache – etwas konnte immer schief gehen. Besonders schlimm wäre es, wenn es ihnen nicht gelänge, die Gebiete im westlichen Irak unter Kontrolle zu bringen, wo, wie sie annahmen, Saddam seine Scud-Raketen stationiert hatte. Der Irak hatte während des Golfkriegs 1991 Scud-Raketen auf Israel und Saudi-Arabien abgefeuert. Das würde, meinte Franks, die „strategische Lage massiv verändern" und könnte ihre gesamte Strategie und Zeitplanung über den Haufen werfen. Wie sich das vermeiden ließ? Eine Möglichkeit wäre, die Kontrolle über den westlichen Irak, rund 25 Prozent der Landesfläche, zu übernehmen. Eine Variante sehe vor, erklärte Franks, ein Panzerregiment mit 6000 bis 7000 Mann über die knapp 500 Kilometer von der irakischen Südwestecke entfernt gelegene jordanische Hafenstadt Akaba in das Gebiet zu bringen.

Von einem der, wie Franks sie nannte, „hochgerüsteten" Kommandos der Special Operations Forces (SOF) war folgender Vorschlag gekommen: Nutzen wir doch das, was wir in Afghanistan gelernt haben. Was, wenn wir SOF in den Westirak schicken, bevor wir Saddam wissen lassen, dass der Krieg begonnen hat? Saddam wird vermutlich erst dann glauben, dass der Krieg ausgebrochen ist, wenn, wie 1991 geschehen, die ersten Tomahawk-Marschflugkörper in der Innenstadt von Bagdad einschlagen.

Rumsfeld verfügte über eine direkte abhörsichere Leitung zu Franks. Sie sprachen regelmäßig miteinander, oft täglich oder sogar mehrmals täglich. Der Verteidigungsminister drängte weiter, deckte den General mit Fragen ein und schraubte die Erwartungen ständig höher. Franks sagte häufig, er wisse das nicht oder er müsse das überdenken. Oder er sagte, dass er es *noch* nicht wüsste, und deutete damit an, dass er es irgendwann, wenn nicht sogar schon bald, wissen würde. Rumsfeld war wie ein Zahnarzt, der den Bohrer angesetzt hatte und nicht mehr aufhörte.

UM 8.45 UHR AM DIENSTAG, dem 7. Februar 2002, hielt der Präsident eine Ansprache beim National Prayer Breakfast im International Ballroom des Washingtoner Hilton Hotel. Der 11. September bestimmte an diesem Tag sein Denken. „Keiner von uns wünscht einem anderen das, was uns an diesem Tag widerfahren ist“, sagte Bush. „Doch wie im Leben eines jeden Menschen, kann ein Leid, das wir nicht wünschten, uns Weisheit und Stärke verleihen, die wir auf andere Weise niemals erfahren hätten. Diese Erkenntnis ist ein zentraler Aspekt vieler Glaubensgemeinschaften und ganz bestimmt jenes Glaubens, der unter dem Kreuz Trost und Hoffnung findet.“ In gewisser Hinsicht verdankte er dem 11. September seine Präsidentschaft, und er schien zu argumentieren, dass extreme Not am Ende allen neue Stärke verleihen könnte.

„Gewaltige Herausforderungen und neues Leid erwarten diese Nation“, sagte er.

Später an diesem Tag traf der Präsident im Situation Room, dem Lageraum im Weißen Haus, mit seinem Nationalen Sicherheitsteam zusammen.

Franks stellte das verbesserte Konzept für den Krieg gegen den Irak vor. Es war das erste Mal, dass der Präsident einen konkreten Plan zu Gesicht bekam, dessen Umsetzung er befehlen konnte.

Franks hatte den Plan gegenüber dem, den er eine Woche zuvor

Rumsfeld präsentiert hatte, zwar leicht abgeändert, doch auch diesem Szenario zufolge würde der Krieg gegen den Irak immer noch 225 Tage dauern. Frank benutzte den Ausdruck „90-45-90“, also 90 Tage, bis die Vorbereitungen und Truppenstationierungen so weit abgeschlossen waren, dass der Krieg beginnen konnte, gefolgt von 45 Tagen massiver Luftangriffe und anschließend dem Beginn der großen Bodenoperationen. Er bezeichnete diesen mittleren Zeitraum als eine „Hinhaltephase“, eine Zeit, in der sie Saddam und seine Truppen mit Luftschlägen in Schach halten würden, während sie parallel dazu den Truppenausbau am Boden bis zur Erreichung der erforderlichen Stärke weiter vorantrieben. In der „45-Tage“-Phase waren zudem Einsätze der Special Operations Forces vorgesehen. Die Spezialeinheiten sollten über dem Südirak abspringen und die Iraker daran hindern, die Ölfelder in der Region in Brand zu stecken, wie sie es schon 1991 in Kuweit getan hatten. Nach diesen 45 Tagen hätten sie dann die volle Truppenstärke – rund 300 000 Soldaten – vor Ort stationiert und würden dann nochmals 90 Tage benötigen, um die entscheidenden Kampfoperationen abzuschließen und das Regime zu beseitigen.

In der letzten 90-Tage-Phase sollten zwei komplette Verbände am Boden – vielleicht sechs Divisionen – zum Einsatz kommen, ergänzt durch einen zusätzlichen Verband im Norden, der, falls sich das arrangieren ließ, durch die Türkei an die Front gebracht werden sollte.

Nach diesen Ausführungen präsentierte Franks ein Schaubild mit der Aufschrift „Zeitplan“, das nach Monaten unterteilt war – März, April, Mai, Juni, Juli, August, September und Oktober. Im Oktober könnte er, was die technischen und sonstigen Voraussetzungen betraf, frühestens kampfbereit sein. Mit dieser Aussage wurde der Zeitplan der vorbereitenden Maßnahmen, den er sechs Wochen zuvor auf Bushs Ranch in Crawford umrissen hatte, konkreter. Auf der oberen Hälfte des Schaubilds standen die auf der strategischen Ebene zu berücksichtigenden Themen: die Sitzungen der Vereinten Nationen und andere diplomatische Aufgaben, die voraussichtlichen Sitzungen des Kongresses und die in Afghanistan, Franks' anderem aktiven Operationsfeld, für diesen Zeitraum erwarteten Vorgänge. Dies alles fällt, sagte er zu Rumsfeld und Powell gewandt, in Ihren Aufgabenbereich.

Unterhalb der strategischen Ebene hatte Franks einen eigenen Zeitplan erstellt – wann er einen Flugzeugträger in Bewegung setzen, wann er Geräte und Waffen aus Katar heranschaffen oder wann er sein Hauptquartier näher an den Kriegsschauplatz verlegen müsste.

Ein dritter Balken ganz unten auf dem Schaubild bildete die normalen Ausbildungszyklen des irakischen Militärs ab, unterlegt mit den Farben einer Verkehrsampel. Franks hatte dieselbe Art der Darstellung für die Operationen in Afghanistan verwendet, und dem Präsidenten hatte dies gefallen. Grün bedeutete einen günstigen Zeitpunkt für die US-Streitkräfte, Gelb einen neutralen und Rot einen schlechten Zeitpunkt.

Im Zeitraum von Mai bis September befanden sich die Iraker in erhöhter Kampfbereitschaft, da sie in diesen Monaten große Verbände im Manöver hatten. Dieser Zeitraum war in dem Schaubild rot unterlegt. Oktober und November waren gelb, und Dezember bis Februar grün markiert, da die irakische Armee in diesen Monaten nur kleine Einheiten trainierte oder Einzelausbildungen durchführte und nicht in großen, zusammenhängenden Verbänden operierte.

Ein weiterer Balken auf dem Schaubild zeigte das Wetter, Grün in den Wintermonaten Dezember bis März, gefolgt von Gelb im April und Rot ab Mai, wenn die Sommerhitze einsetzte. Außerdem waren die durchschnittlichen Sichtverhältnisse für jeden Monat angegeben.

Obwohl sich auch Oktober und November anböten, sei vom militärischen Standpunkt aus betrachtet der Zeitraum von Anfang Dezember bis Ende Februar 2003 eindeutig der beste, sagte Franks.

Bush war derselben Meinung, wollte aber wissen, ob in der heißen Jahreszeit generell keine Kampfhandlungen durchgeführt werden könnten.

„Doch, natürlich können wir das", erwiderte Franks. „Wir können diese Operationen auch im Sommer durchführen. Aber wenn Sie mich fragen, dann würde ich es eher in einer Zeit machen, in der das Wetter für uns günstig ist, als in einer, in der es weniger günstig ist." So wollte er, wenn möglich, den Stürmen aus dem Weg gehen, mit denen man im März und April rechnen musste.

Wir können nicht immer das Timing vorhersagen, sagte der Präsident, ob die Dinge dann passieren, wenn sie passieren sollten. Aber ich verstehe, worauf wir unsere Aufmerksamkeit richten müssen, wenn wir schon den Luxus eines von uns bestimmten Zeitplans haben.

Wie lange können Sie diese Sache höchstens hinausschieben?, wollte Rumsfeld von Franks wissen.

„Das ist eine verdammt elegante Frage", erwiderte Franks, „aber die Antwort ist alles andere als elegant. Ich meine, es hängt von den ganzen Annahmen ab, über die Sie und ich so gern debattieren. Wenn Sie davon ausgehen, dass wir im Vorfeld deutlich mehr Täuschungsmanöver – ‚spikes' – durchführen, jetzt mehr Geld ausgeben und die Nation schneller auf einen Krieg einschwören können, dann könnten wir den Zeitplan ändern." Er habe auch Annahmen darüber berücksichtigt, wie lange das State Department aller Wahrscheinlichkeit nach brauchen würde, um von den Ländern in der Region sowie mehreren Ländern in Osteuropa Stationierungs-, Aufmarsch- und Überflugrechte zu erhalten. Auch dieser Faktor konnte sich auf den Zeitplan auswirken.

Auf der jetzt vorhandenen Grundlage wäre die beste Zeit ab November, Dezember und spätestens bis Ende Februar, sagte Franks, also in ungefähr einem Jahr.

Können Sie auch danach losschlagen?, hakte Rumsfeld nach.

„Wir können losschlagen, wann immer der Präsident der Vereinigten Staaten den Befehl dazu gibt", gab Franks zurück.

Aber können Sie früher losschlagen?, drängte Rumsfeld weiter.

„Wir können losschlagen, wann immer der Präsident das möchte", erwiderte der General.

„Wenn wir das müssten", schaltete sich Bush ein, „könnten wir dann auch früher losschlagen?"

„Mr. President, wir können auch früher losschlagen", antwortete Franks.

Was würde das bedeuten?

„Das würde bedeuten, dass es hässlich wird", meinte Franks.

Bush lachte. Nun, und was würde das bedeuten?

Wenn wir unseren Truppenaufbau mit der momentanen Geschwindigkeit weiter vorantreiben, erklärte Franks, und dafür sorgen, dass unsere Tarnung so gut ist, wie wir sie haben wollen, dann ist der Zeitraum von November bis Februar optimal. Ja, wir können jederzeit zwischen heute und November losschlagen, aber wenn wir früher gehen, werden eine oder mehrere dieser Operationslinien nicht robust genug sein. Wir werden mit anderen Worten in irgendeinem Bereich nicht optimal vorbereitet sein.

„Hässlich“, wurde ihnen klar, bedeutete also zweierlei: Der Krieg könnte länger dauern, und er könnte mehr amerikanische Opfer fordern.

Aber auch ein späterer Zeitpunkt könnte Probleme aufwerfen. Das Wetter zum Beispiel.

Rumsfeld sagte, dass sie noch an einem weiteren Szenario arbeiteten. Er hatte, berichtete er, General Franks gebeten zu prüfen, ob sie durch den gleichzeitigen Einsatz einer überwältigenden Streitmacht so viel Druck auf das Regime erzeugen könnten, dass es bereits zu einem sehr frühen Zeitpunkt in die Knie ginge. Ein solcher massiver Schlag könnte einen unerträglichen Druck erzeugen und bereits kurz nach Kriegsbeginn zu einem Sturz des Regimes führen.

Die unmittelbare Reaktion der Anwesenden im Situation Room grenzte an ein kollektives „Wow!“. War es möglich, die Sache mit deutlich weniger Truppen durchzuziehen und einen 225 Tage langen Krieg zu vermeiden?

Franks beeilte sich, die Begeisterung zu dämpfen. Sie müssten vorsichtig sein, die Erfordernisse seien ernst zu nehmen. Auch würde der Feind ein Wörtchen mitzureden haben, warnte er, und Saddam könnte sich länger halten, als wir das vorhersehen. Außerdem dürften sie mit einer kleineren Streitmacht keine Risiken eingehen. Dieser Einwand stammte von Powell, was Franks aber verschwieg.

Es gebe, fuhr Franks fort, noch viel zu tun. Die Stabilisierungsoperationen in Phase vier nach Ende der Kampfhandlungen erforderten umfangreiche behördenübergreifende Vorbereitungen. Sollte der Angriff als Koalition mehrerer Länder erfolgen, dann, fügte er hinzu, müsste sie auch in diesem Bereich mit der Arbeit beginnen.

Darüber hinaus galt es, die Flugprofile für die Flugverbotszonen im Süden und Norden festzulegen. Das wäre eine Gelegenheit, einige wichtige Ziele zu eliminieren und ihre Position vor dem Krieg beträchtlich zu verbessern. Wie massiv sollten sie an dieser Front zuschlagen?, fragte er. Überdies müsse er noch an den Ziellisten im Irak arbeiten. Er müsse die Ziele nicht nur genau bestimmen, sondern auch für jedes die Priorität und die einzusetzende Waffenart bestimmen.

Vor allem aber, sagte Franks, müssten sie sich auf die Vorbereitungen konzentrieren, auf die, wie er es formulierte, „Phase null“ – mindestens ein, vielleicht sogar bis zu drei Monate –, um die Flugfelder und Häfen vorzubereiten und Gerät, Waffen, Treibstoff und andere Vorräte vor Ort bereitzustellen. In diesem Zusammenhang erklärte er auch, was es mit dem Konzept der Spitzen auf sich hatte – eine zweite Flugzeugträger-Gruppe in Stellung bringen, die Bombenangriffe in den Flugverbotszonen im Norden und Süden verstärken oder Saddam mit einem Manöver in Kuweit provozieren und vielleicht zu der Annahme bewegen, dass der Krieg losgehe, und sich dann wieder zurückziehen. Franks plante viele Spitzen – sprich, auf Täuschung abzielende Finten.

Bush gefiel die Sache mit den Spitzen, er fragte sich aber, ob in diesem Fall nicht weniger, dafür aber größere Spitzen effektiver seien. Zudem äußerte sich der Präsident besorgt über mögliche militärische Reaktionen seitens Saddam Husseins, die einen Casus Belli darstellen und eine Antwort der USA erfordern könnten. Zum Beispiel könnte er die Kurden angreifen oder Kuweit überfallen. Welche Reaktion wäre dann denkbar, die sie dann auch auf Dauer aufrechterhalten könnten?

Ihre Fähigkeit zu reagieren, erklärte Franks, würde während der gesamten, auf den Ausbau der amerikanischen Position ausgerichteten Phase null kontinuierlich zunehmen.

An diesem Punkt brachte Rumsfeld zum ersten Mal überhaupt das „Shock and Awe“-Konzept zur Sprache, ein Konzept, das zu diesem Zeitpunkt den Aufbau einer so drückend überlegenen Streitmacht im Verein mit verschiedenen Täuschungsmanövern und Bombenangriffen vorsah, dass dies allein einen Regimewechsel bewirken könnte.

Der Präsident gluckste vor sich hin. „Shock and Awe“, merkte er an, sei eine griffige Formulierung. Handelte es sich dabei um einen Reklamegag?, wollte er wissen.

Franks zeigte bei dem Briefing an die 30 Folien. Unter dem Strich sei, sagte er, klar geworden, dass die Vorbereitungsmaßnahmen fortgesetzt werden müssten. Es sei nötig, die Länder in der Region anzusprechen, um sich deren Unterstützung zu sichern. Wir müssen anfangen, Nägel mit Köpfen zu machen, sagte der General. Was wir

Ihnen gegeben haben, Mr. President, sind Konzepte. Wir müssen noch Zeit und Arbeit investieren, um etwas Besseres auf die Beine zu stellen.

Der Präsident gab sich neutral. Er sagte nicht: Nein, so lange kann ich nicht warten; er sagte aber auch nicht: Okay, das ist gut, wir werden abwarten.

Nach einer Stunde und zehn Minuten war die Sitzung vorüber.

Franks war einmal mehr sehr zufrieden mit dem Verlauf des Briefings. Ihm blieb noch Zeit bis zum Krieg. Er hatte auf realistischen Zeitplänen und Truppenzahlen beharrt und dadurch vermieden, auf Rumsfelds Frage, ob sie bereits im April oder Mai losschlagen könnten, auch nur eingehen zu müssen. Bush hatte eindeutig die Bedeutung des Problems und die Notwendigkeit für eine starke Streitmacht erkannt. Auf abgespeckte Weise ließ sich das hier nicht durchziehen.

AUCH POWELL WAR mit dem Briefing zufrieden. Niemand schien begierig darauf zu sein, den Abzug zu betätigen. Ein weiterer, schwacher Trost war, dass sie nicht länger über die wahnsinnige Idee diskutierten, mit einer Streitmacht von weniger als 10 000 Mann die Ölfelder im Süden zu besetzen und einen Brückenkopf oder eine Enklave im Irak zu errichten.

In seiner Aussage vor dem Haushaltsausschuss des Senats am 12. Februar fuhr Powell einen harten Kurs gegen Saddam und wies darauf hin, dass die Politik der USA seit 1998 einen „Regimewechsel" im Irak anstrebe. „Wir untersuchen eine Reihe von Optionen, wie sich das bewerkstelligen ließe", erklärte er, bevor er, in dem Bemühen, die Wogen wieder zu glätten, hinzufügte, dass Präsident Bush „zurzeit keinen Plan auf seinem Tisch liegen hat, gegen irgendein Land Krieg zu führen". Mit anderen Worten, es bestand keine unmittelbare Kriegsgefahr.

Am nächsten Tag erklärte Bush auf einer Pressekonferenz: „Ich werde alle mir verfügbaren Optionen offen halten und sie immer greifbar haben." Mit diesen sorgfältig gewählten Worten hatte er nichts gesagt, hatte auf seine Optionen hingewiesen, ohne dabei etwas Irreführendes zu sagen – eine Zurückhaltung, die er später ablegen sollte.

Nach Cheneys Geschmack zog sich die Kriegsplanung zu sehr in die Länge. Jeder Tag, den sie Saddam gaben, war ein Tag, an dem er die Ölfelder verminen oder Massenvernichtungswaffen einsetzen konnte – sprich, amerikanische Truppen mit Chemiewaffen angreifen oder sogar seine eigenen Truppen, um dann den Amerikanern die Schuld dafür in die Schuhe zu schieben. Oder er hielt seine nichtkonventionellen Waffen für einen späteren Einsatz zurück. So oder so, Saddam musste so schnell wie möglich gestürzt oder zumindest unschädlich gemacht werden.

Andy Card, der als Stabschef des Präsidenten ebenfalls in das Briefing eingeweiht war, kam zu dem Schluss, dass das Militär noch nicht einsatzbereit sei. Franks sprach über Zeitpläne und Ideen, mehr nicht. Das war der überzeugendste Beweis für die Notwendigkeit, das Militär zu reformieren, und zwar so, dass es einsatzbereit war. Card hegte zudem die Befürchtung, dass der Feldzug gegen den Irak genau das sei, was sich jeder General von einem Krieg erträumte: ein traditionelles Schlachtfeld, große, komplizierte Pläne mit Divisionen, die über weite Strecken verlegt wurden, mit Tausenden Luftangriffen und ganzen Panzerbataillonen, die durch die Wüste vorstießen. Wie General Patton einmal während der Besichtigung eines Schlachtfelds gesagt hatte: „Ich liebe es. Möge Gott mir verzeihen, aber ich liebe es."

Der 54-jährige Card spielte eine wichtige Rolle als Bushs stets gegenwärtiger Ausputzer. Sein Ticket zurück ins Weiße Haus hatte er sich beim Vater des Präsidenten gelöst. 1987, während Reagans Amtszeit, hatte der damalige Vizepräsident George H. W. Bush ihn vom Stab des Weißen Hauses abgeworben, um seinen Präsidentschaftswahlkampf in New Hampshire zu managen. Bushs Unterstützer in New Hampshire, dem Bundesstaat, in dem traditionell die ersten Vorwahlen stattfinden, waren in drei untereinander zerstrittene Fraktionen zersplittert. Card, der aus dem benachbarten Massachusetts stammte, zog für ein Jahr nach New Hampshire, traf sich jeden Morgen getrennt mit den Führern der drei Fraktionen und verbrachte den Rest des Tages damit, mit viel Sorgfalt eine Kampagne an der Basis zu organisieren. Als Bush Senator Bob Dole aus Kansas in der wichtigen Vorwahl schlug, machten die meisten Reporter und Politikberater die Wahlkampfspots im Fernsehen dafür verantwortlich. Bush senior aber wusste, dass er den Sieg Card zu verdanken hatte, und holte ihn später als Stellvertretenden Stabschef ins Weiße Haus, bevor er ihn anschließend zum Verkehrsminister berief.

In den Clinton-Jahren war Card der Washingtoner Cheflobbyist der amerikanischen Automobilhersteller und später von General Motors. Es gebe, sagte Bush seinem Sohn, keinen loyaleren und aufrichtigeren Menschen als Andy Card. Card, gelernter Bauingenieur und verheiratet mit einer methodistischen Pfarrerin, betrachtete sich selbst als einen Stabsmitarbeiter, dessen Aufgabe es war, sicherzustellen, dass der Präsident mit den Informationen, die er erhielt, und den Entscheidungen, die er traf, zufrieden war.

IN DER ANFANGSPHASE von Bushs Regierungszeit, lange vor dem 11. September und dem ganzen Kriegsgeschrei, hatte Card ein langes Gespräch mit Bush darüber geführt, welche Rolle dem Präsidenten als Oberbefehlshaber der Streitkräfte bei Kriegsentscheidungen zukomme und was das bedeute.

„Mr. President", sagte Card, „nur Sie allein werden die Entscheidung darüber treffen können, junge Männer und Frauen in den Krieg zu schicken." Als Präsident konnte und würde Bush Ratschläge bis hin zu dringenden Empfehlungen bekommen. Gut möglich, dass es eine Kriegsfraktion im Land, im Kongress, in den Medien oder sogar in seinem Kabinett geben würde und gleichfalls eine Friedensfraktion. Was es aber nicht geben würde, sei eine Abstimmung im Nationalen Sicherheitsrat.

Card erzählte dem Präsidenten von damals, von 1989, als er Stellvertretender Stabschef im Weißen Haus war und Bushs Vater grünes Licht für die Operation „Just Cause" gab und damit für den Einmarsch in Panama und den gewaltsamen Sturz des panamaischen Präsidenten Manuel Noriega. „Ich war dabei, im Oval Office", erzählte Card. Er sei für den Kartenständer zuständig gewesen, auf dem die Briefing-Karten aufgehängt wurden.

Anwesend im Oval Office waren Außenminister James A. Baker III., Verteidigungsminister Dick Cheney, der Stabschef des Weißen Hauses John Sununu und der Vorsitzende der Vereinigten Stabschefs, General Colin Powell. Es entspann sich eine heftige Diskussion über die möglichen Folgen auf allen Ebenen, von der militärischen bis hin zur diplomatischen, erinnerte sich Card. „Der Präsident stellte knallharte Fragen, und ich weiß noch, dass es am Ende auf die Frage hinauslief, ob wir losschlagen sollten oder nicht.“ Es war nicht absehbar gewesen, wofür sich die einzelnen Anwesenden aussprechen würden, aber ausnahmslos alle, auch Jim Baker, rieten zu einem Krieg. Bushs Vater und Baker waren enge Freunde, hatten viel zusammen durchgemacht, entstammten derselben Generation und waren Veteranen zahlloser politischer Schlachten während Reagans achtjähriger Amtszeit. Baker stand vor dem Schreibtisch des Präsidenten und sagte: „Diese Entscheidung können nur Sie allein fällen, Mr. President.“

Dann gingen alle hinaus und ließen Ihren Vater alleine zurück, erzählte Card dem jüngeren Bush. „Ich war gerade dabei, den Kartenständer abzubauen, als der Präsident aufsah. Ich stand in seinem Blickfeld, aber ich bin mir sicher, dass er mich nicht sah. Und ich weiß nicht, aber ich glaube, er saß da und betete. Er wirkte ruhig und in sich versunken. Und dann sah er wieder auf und sagte: ‚Ich treffe eine Entscheidung, die viele junge Männer ihr Leben kosten wird.‘ Er sprach es aus. Und dann stand er auf und ging zur Tür hinaus. Das hat mich schwer beeindruckt.“ So sah sie aus, die Einsamkeit des Befehlshabers.

„Ich weiß“, antwortete der Präsident.

10 DER TERRORISMUS, insbesondere al-Qaida, war immer das Thema, das Tenets Universum beherrschte – genauer gesagt, Thema eins, zwei, drei, vier und fünf. Der Irak schaffte es gerade einmal auf Rang sechs. Das bedeutete, dass Saul, der als Leiter der irakischen Operationen für den Irak zuständig war, in dieser Sache mit seinem alten Chef zusammenarbeitete, dem Stellvertretenden Director of Central Intelligence John McLaughlin. McLaughlin war ein sanfter und altgedienter Geheimdienstanalyst, der zur Nummer zwei in der Agency aufgestiegen war.

Saul traf sich darüber hinaus auch der Reihe nach mit den Chefs. Am 1. Februar hatte er Rumsfeld getroffen und ihm in groben Zügen einen Plan für verdeckte Operationen zur Unterstützung des US-Militärs bei seinen Operationen im Irak vorgestellt. Das Directorate of Operations (DO), die Operationsabteilung der CIA, begann, wöchentliche Sitzungen zum Thema Irak abzuhalten.

Saul hatte festgestellt, dass die CIA nur über sehr wenige Quellen, sprich Informanten, verfügte, die aus dem Irak berichteten.

Wie wenig?

„Ich kann sie an einer Hand abzählen", sagte Saul und legte eine Kunstpause ein, „und mir immer noch in der Nase bohren."

Vier also. Und diese Quellen saßen in irakischen Ministerien wie dem Außen- und dem Ölministerium, die – wenn überhaupt – den inneren Zirkel um Saddam nur an der Peripherie berührten. Die CIA hatte massive Probleme, ins Militär, die Republikanische Garde oder in den Sicherheitsdienst einzudringen.

„Warum stammen alle guten Berichte, die ich erhalte, vom SIS?", fragte Tenet, der sich damit auf Secret Intelligence Service, den britischen Geheimdienst, bezog.

„Sorry, wir werden uns darum kümmern", sagte Saul.

Iraker zu rekrutieren war, wie Saul feststellen musste, ein mühseliges Geschäft. Die CIA bot ihren Kandidaten zwischen 5000 und 10 000 Dollar pro Monat – einen Haufen Geld also –, wenn sie sich verpflichteten, für die USA zu spionieren. Das Risiko, sollten sie enttarnt werden, war groß: Ihnen drohte Verhaftung, sie würden wahrscheinlich mit ansehen müssen, dass man ihre Frauen und Töchter vor ihren Augen vergewaltigte und ihre Söhne ermordete, ihr Haus dem Erdboden gleichmachte, sie erwartete andere unvorstellbare Folterqualen. Was waren da schon 10 000 Dollar pro Monat? Die wenigen Quellen, die sie hatten, mussten ihre Berichte über streng geheime, verdeckte Kommunikationspfade nach außen bringen. Da die USA keine Botschaft in Bagdad hatten, mussten die Quellen ihre Berichte per Computer über eine kurzfristige Direktverbindung zu einem Satelliten hochladen, von dem sie sofort ans CIA-Hauptquartier weitergeleitet wurden. Auch wenn es funktionierte – es war eine haarsträubende Methode.

Saul wiederholte: Mit verdeckten Aktionen könne Saddam Hussein nicht ausgeschaltet werden. Das zu erreichen, setzte eine volle militärische Invasion mit massiver CIA-Unterstützung voraus. Die einzige Möglichkeit, neue Quellen im Irak zu rekrutieren, sei eine unmissverständliche Demonstration der USA, dass sie es absolut ernst meinten und mit ihrer gesamten Macht in den Irak kommen und das Land ein für alle Mal von Saddam befreien würden.

MIT TENETS GENEHMIGUNG arbeiteten Saul, McLaughlin und der Stellvertretende Operationsleiter Jim Pavitt eine neue, streng geheime Geheimdienstanweisung für einen Regimewechsel im Irak aus, die Präsident Bush am 16. Februar 2002 unterzeichnete. Sie enthielt den Auftrag an die CIA, das US-Militär beim Sturz Saddams zu unterstützen, und gestand dem Geheimdienst ausdrücklich sieben neue Kompetenzen zu:

1. Die Unterstützung von Oppositionsgruppen und Individuen, die Saddams Sturz anstreben,
2. die Durchführung von Sabotageoperationen im Irak,
3. die Kooperation mit Drittländern – wie Jordanien und Saudi-Arabien – und die Unterstützung ihrer verdeckten Geheimdienstoperationen,
4. die Durchführung von Informationsoperationen zur Aufklärung der irakischen Bevölkerung über das Regime,

5. die Durchführung von Desinformations- und Täuschungsoperationen zur Irreführung von Saddam Hussein sowie der politischen und militärischen Führung und der Geheimdienste und Sicherheitsorgane,
6. die staatlichen Einnahmequellen und die Bank- und Finanzeinrichtungen des Regimes zu attackieren und zu unterbrechen,
7. die unerlaubte Beschaffung von militärisch relevanten Gütern zu unterbinden, insbesondere solchen für die irakischen Massenvernichtungswaffenprogramme.

Die Kosten wurden auf jährlich 200 Millionen Dollar für einen Zeitraum von zwei Jahren festgesetzt. Die Vorsitzenden der Geheimdienstausschüsse des Senats sowie des Repräsentantenhauses wurden unter Wahrung der Geheimhaltung informiert, und nach einigen Disputen im Kongress wurde das Budget auf 189 Millionen Dollar für das erste Jahr gekürzt.

Damit würde Saul, wie er sie nannte, „offensive Gegenspionageoperationen" durchführen und Saddams Sicherheitsdienste daran hindern können, CIA-Quellen zu identifizieren. Vor allem aber durfte die CIA nun aktiv mit den gegen Saddam gerichteten Oppositionskräften innerhalb des Irak zusammenarbeiten und paramilitärische Operationen im Land selbst durchführen.

Die explosionsartig gestiegene Zahl an Antiterror-Operationen, die inzwischen 60 Länder unter Einschluss von Afghanistan umfassten, bedeutete nicht nur, dass die CIA-Operationsabteilung über ihre Kapazitäten hinaus belastet war, sondern auch, dass nur noch wenige qualifizierte Agenten für Feldeinsätze verfügbar waren.

Saul, der sofort 50 Agenten benötigte und schätzte, dass diese Zahl innerhalb des nächsten halben Jahres auf 150 und bis zum Ausbruch der Feindseligkeiten sogar auf bis zu 360 im Feld und im Hauptquartier tätige Agenten steigen würde, warb in intern verschickten Mitteilungen um Freiwillige für Einsätze im Irak. Mindestens eine gesamte Dienststelle, vom Chef abwärts, meldete sich freiwillig. Die CIA trat im Irak seit Jahren auf der Stelle, und viele Agenten – wenn auch beileibe nicht alle – waren begierig darauf, das zu ändern.

Das Beispiel Afghanistan hatte bewiesen, wie wichtig es war, paramilitärische Teams im Zielland zu haben. Solide Geheimdienstarbeit vor Ort und wirksame tödliche Operationen konnten nicht von außen durchgeführt werden. Mit anderen Worten, auch wenn die CIA entlang der gesamten irakischen Grenze aktiv war, die Agency musste auch im Land selbst präsent sein.

Am 20. Februar, vier Tage, nachdem Bush die Order unterzeichnet hatte, drang ein CIA-Aufklärungsteam heimlich in das kurdische Gebiet im Nordirak ein. Aufgabe des Teams war es, dort alles für die Entsendung der als Northern Iraq Liasion Elements (NILE) bezeichneten paramilitärischen CIA-Teams vorzubereiten.

AM DONNERSTAG, dem 28. Februar, betrat Franks das Büro von Rumsfeld im Pentagon. Bei sich trug er zwei als streng geheim gekennzeichnete Ordner – jeder so dick wie das Telefonbuch von Manhattan –, die annähernd 4000 mögliche Ziele im Irak enthielten. Die nahezu ausnahmslos auf der Grundlage der neuesten Satellitenaufnahmen ausgewählten Ziele reichten von zentralen Führungs-, Sicherheits- und Militäreinrichtungen bis hinunter zu Infanterie- und Panzerkompanien und Luftabwehrstellungen im Feld.

Die Auswahl der Ziele für amerikanische Luftangriffe bedeutete einen großen Schritt vorwärts gegenüber den abstrakten Kriegsplanspielen der vergangenen Monate. Die Ordner enthielten die Einzelheiten zu den von Franks identifizierten besonders verwundbaren Schichten des Regimes.

Rumsfeld zeigte sich überrascht und erfreut über die große Anzahl an Zielen. Noch ein paar Monate zuvor, vor und während der Bombenangriffe auf Afghanistan, hatte er bei den Sitzungen des Nationalen Sicherheitsrats regelmäßig über den Mangel an Angriffsobjekten in dem primitiven Land geklagt. Oft waren es nur drei oder vier Dutzend gewesen. Am dritten Tag der Bombenangriffe auf Afghanistan hatte Rumsfeld bei einem Pressebriefing folgende denkwürdige Aussage getroffen: „Nicht uns gehen die Ziele aus, sondern Afghanistan.“

Der Irak dagegen war, was potenzielle Angriffsziele betraf, eine wahre Fundgrube. Rumsfeld wollte, dass sie nach Priorität geordnet wurden. Welche Angriffe würden die größten Auswirkungen auf das Regime haben? Was könnte mit dazu beitragen, das Regime möglichst schnell in die Knie zu zwingen? Sie diskutierten über die Ziellisten – Kommando- und Kontrollziele, Kommunikationsziele, Knotenpunkte der Macht wie Saddams mehr als 50 Paläste, die zentralen paramilitärischen Einheiten des Regimes einschließlich des Sicherheitsdienstes und der Speziellen Republikanischen Garde. An welcher Stelle sollten sie möglichst früh möglichst heftigen Druck ausüben, um einen baldigen Sturz des Regimes auszulösen? Dem Verteidigungsminister wurde schnell klar, dass das alles Zeit benötigen würde; er wollte die Abläufe durchsprechen und abwarten, bis Franks und sein Stab die Ziele bewertet und sie in verfeinerte Kategorien und Listen eingeteilt hatten.

Als Nächstes kamen die Vorbereitungen zur Verbesserung der militärischen Einrichtungen in der Region zur Sprache. Rumsfeld wollte wissen, welche Schritte sie im Rahmen der bestehenden Abkommen mit den verschiedenen Gastländern unternehmen könnten, die nach Routine aussähen und nicht als Kriegsvorbereitung ausgelegt werden würden. Darüber hinaus wollte er von Franks eine Wunschliste aller Projekte, die der General für erforderlich hielt.

Sie diskutierten einige Zeit über das Potenzial für Informationsoperationen, zum Beispiel darüber, wie sie der regulären irakischen Armee die Botschaft überbringen könnten, nicht zu kämpfen, die Ölfelder nicht zu zerstören und keine Raketen abzuschießen.

Franks sagte, dass die Vereinigten Stabschefs und der Nationale Sicherheitsrat in den Prozess mit einbezogen werden müssten. Jemand aus der Führungsriege des Weißen Hauses müsse überdies für sämtliche Informationsoperationen verantwortlich zeichnen, da sie politische Aussagen enthielten und die Gründe für den Krieg darlegten. Die taktischen Informationsoperationen müssten übereinstimmen mit dem, was Regierungsmitglieder bis hin zum Präsidenten hierzu öffentlich äußern würden.

Rumsfeld stimmte Franks zu, dass alle Botschaften koordiniert werden müssten, und versprach, mit Rice und den anderen zu reden. Sollte der Nationale Sicherheitsrat oder das Pentagon sich darum kümmern?

VIZEPRÄSIDENT CHENEY teilte Franks mit, dass er für März eine Reise in den Nahen Osten plane, und wollte wissen, welche Länder er besuchen sollte. Welche Regierungen könnten gebeten oder mit Druck dazu bewegt werden, den USA in einem Krieg gegen den Irak zu helfen? Sie einigten sich auf wenigstens zehn mögliche Kandidaten – Ägypten, Oman, die Vereinigten Arabischen Emirate, Saudi-Arabien, der Jemen, Bahrein, Katar, Jordanien, Israel und die Türkei.

Am 6. März gab Franks in Washington ein Briefing für Cheney, für das er zusammen mit Rumsfeld eine streng geheime Aufstellung darüber ausgearbeitet hatte, was sie von jedem Land benötigten. In manchen Fällen bedeutete das aktive Hilfe, möglicherweise sogar Truppen, Flugzeuge und Geheimdienstagenten. In anderen Fällen beschränkten sich die Anforderungen auf Stationierungs-, Aufmarsch-, Transit- und Überflugrechte für das US-Militär. Obwohl praktisch alle diese arabischen oder islamischen Länder insgeheim Saddams Sturz herbeisehnten, würden sie sich öffentlich gegen den Krieg aussprechen. Das hieß, dass sie ihre Hilfsleistungen mehr oder weniger unter dem Deckmantel der Geheimhaltung bereitstellen müssten. Franks überreichte Cheney ein Profil aller betroffenen Regierungschefs sowie der nationalen Geheimdienstchefs. So hatten in Jordanien, zu dem Tenet außergewöhnlich gute Beziehungen unterhielt, sowohl Franks als auch Tenet Saad Chair, den Chef des jordanischen Geheimdienstes GID, bearbeitet. Darüber hinaus hatten Franks und Tenet auch auf den jemenitischen Präsidenten Ali Abdullah Salih Einfluss ausgeübt.

Cheneys Auftrag lautete, den Druck auf die zehn Länder zu erhöhen und auszuloten, wie ihre Führer über den Irak dachten, nicht notwendigerweise aber, sie zu einer Kooperation zu verpflichten oder Einzelheiten über Militärbasen, Truppen, Flugzeuge, Schiffe oder was auch immer auszuhandeln. Sollten die USA beschließen, einen Militärschlag zu führen, so lautete Cheneys Botschaft an die Führer in der Region, dann würden sie das mit aller Macht und Entschlossenheit tun.

In Jordanien, dessen Geheimdienst Tenet praktisch gekauft hatte, war Cheney erfolgreich, im Gegensatz zu Ägypten, dessen Präsident Hosni Mubarak sich wenig kooperativ zeigte. Am 15. März traf Cheney auf der USS „John C. Stennis“ ein, einem im Arabischen Meer stationierten Flugzeugträger mit einer Besatzung von 5000 Mann, von dessen gigantischem Flugdeck noch immer Flugzeuge zu Einsätzen in Afghanistan starteten.

In einer Ansprache vor den mehreren tausend Frauen und Männern, die zu seiner Ankunft Aufstellung bezogen hatten, informierte der Vizepräsident sie über ihre Mission. „Unser nächstes Ziel lautet, die Terroristen und Regime, die den Terrorismus unterstützen, davon abzuhalten, Amerika oder unsere Freunde und Alliierten mit Massenvernichtungswaffen zu bedrohen. Wir nehmen diese Bedrohung sehr ernst. Das ist unsere Pflicht als verantwortungsbewusste Amtsträger der amerikanischen Regierung. Die Vereinigten Staaten werden nicht zulassen, dass die Mächte des Terrors in den Besitz der Instrumente des Völkermords gelangen."

Eine Etappe seiner Reise führte Cheney an einem Tag in drei Länder, darunter Katar, ein wichtiger Alliierter, der als Aufmarschgebiet dienen würde und auf dessen Boden man ein Air Command Center einrichten wollte. Wie anstrengend die Reise und wie dicht gepackt der Terminkalender war, zeigte sich auch bei dem zweistündigen Lunch, zu dem sich Lynne Cheney, die Frau des Vizepräsidenten, mit der Lieblingsfrau des Emirs von Katar traf.

In welchem Alter werden die Kinder hier in Bahrein eingeschult, erkundigte sich Mrs. Cheney.

Das hier ist nicht Bahrein, erwiderte die Lieblingsfrau des Emirs.

DIE REISE wurde zu einem Warnsignal für den Vizepräsidenten. Die Regierungschefs, mit denen er sich traf, waren weniger am Irak und der von Saddam Hussein oder dem Terrorismus ausgehenden Bedrohung interessiert, sondern vielmehr an dem Friedensprozess im Nahen Osten. Der US-Präsident, drangte ihn einer nach dem anderen, wäre gut beraten, sich ins Zeug zu legen und sein Gewicht dafür einzusetzen, die Region auf einen Prozess zur Lösung des israelisch-palästinensischen Konflikts zu verpflichten – dieselbe Botschaft, die Powell ohne Unterlass an das Weiße Haus gesendet hatte. Franks war derselben Ansicht. Cheneys zweite Erkenntnis lautete, dass die Entwicklung im Nahen Osten definitiv in die falsche Richtung laufe. Solange Jassir Arafat Führer der Palästinenser bleibe, bestehe keine Aussicht auf einen dauerhaften Frieden in der Region.

Früh am Morgen des 21. März frühstückte der Vizepräsident mit dem Präsidenten. Gegen 8.15 Uhr stellten sie sich im Oval Office den Fragen der dort versammelten Journalisten. Was die arabischen Führer, wollte einer der Journalisten wissen, über die Unterstützung massiver Aktionen gegen den Irak gesagt hätten?

Cheney hielt sich an die vereinbarte Story. „Zweck meiner Reise war, sie zu konsultieren, sie um ihren Rat und Empfehlungen zu ersuchen und darüber dem Präsidenten Bericht zu erstatten."

„Ich denke", schaltete Bush sich ein, „der Vizepräsident hat einen weiteren und wichtigen Punkt angesprochen, und zwar, dass dies eine Regierung ist, die, wenn sie sagt, dass sie etwas tut, dies auch ernst meint: dass wir entschlossen sind, in den Krieg gegen den Terror zu ziehen, dass dies für uns keine Strategie auf kurze Sicht ist, dass wir verstehen, dass die Geschichte uns zum Handeln aufgerufen hat und wir diese Chance, der Welt mehr Frieden und Freiheit zu geben, nicht ungenutzt verstreichen lassen. Und diese Botschaft hat der Vizepräsident übermittelt, und ich bin dankbar, dass er in der Lage war, das zu tun. Es ist sehr wichtig, dass diese Führer den Charakter dieser Regierung verstehen und bei ihnen kein Zweifel zurückbleibt, dass wir, wenn wir etwas sagen, auch meinen, was wir sagen, dass wir ihnen nichts vorspielen. Wir brauchen keine Umfragen, die uns sagen, was wir in der Welt tun sollten oder wie."

An diesem Tag, dem 21. März, und dem nächsten Tag versammelte Franks die Kommandeure der einzelnen Waffengattungen – Armee, Marine, Luftwaffe und Marineinfanterie – auf der Ramstein Air Base in Deutschland, einem großen, von den USA und der NATO benutzten Luftwaffenstützpunkt. Dies waren die Kommandeure, die später vor Ort den Krieg leiten würden. Zu ihnen gehörte auch der Kommandeur der Special Operations, Brigadier General Gary Harrell. Darüber hinaus war eine spezielle, verdeckt operierende Task Force 20 unter das Kommando von Major General Del Dailey gestellt worden.

Franks war ganz auf Krieg eingestellt. Er war überzeugt, dass sie das machen würden. Mit „das machen" meinte er, dass entweder Saddam Hussein samt seiner Familie den Irak verlassen und die Herrschaft abgeben oder aber Bush in den Krieg ziehen würde. Würde Saddam mit seiner Familie das Land verlassen? Betrachtete man die Sache realistisch, dann lautete die Antwort nein.

„Meine Herrschaften, wir haben einen Einbrecher im Haus", teilte Franks seinen Kommandeuren in einer Sitzung hinter verschlossenen Türen mit. Das war ein Ausdruck aus dem Bereich der Special Operations. Für die Leute von der Luftwaffe bedeutete das, dass sie sich nochmals davon überzeugen mussten, dass sie persönlich die Ziellisten und ihr Timing im Kopf hatten. Für Leute auf dem Boden hieß es, dass sie, wenn sie sagen, sie werden an dem und dem Tag so und so viel Truppen und Feuerkraft an dem und dem Ort haben, absolut sicher sein müssen, dass ihre Transportkapazitäten das auch erlauben und dass die Termine, die sie nach außen weitergeben, auch wirklich realistische Termine sind. Mit anderen Worten, bei dieser Sache handelte sich um keine abstrakte Planübung. Franks vermittelte den Eindruck von Dringlichkeit. Sie sollten keine Versprechungen machen, die sie nicht halten könnten. „Machen Sie sich an die Arbeit!" So oder so, es würde gemacht werden. „Lassen Sie sich nicht zu dem Irrglauben verleiten, dass dies nicht passieren wird."

Franks erklärte ihnen auch, wie er sich die Operation im Idealfall vorstellte – kleiner, leichter, schneller. Er hoffe, sagte er, auf einen „90-45-90-Plan", einen 225 Tage langen Krieg, und umriss die sieben Operationslinien und die neun Schichten der Regimemacht.

Franks hielt es nicht für notwendig, seine Kommandeure über den vollen Umfang seiner Kontakte zu Rumsfeld zu informieren. Was er dagegen klar machen wollte, war, dass er mit dem Präsidenten arbeitete und alles, was auf dem Tisch lag, vom Oberbefehlshaber abgesegnet und die Sache daher wirklich ernst war. Deshalb beschrieb Franks im Detail alle Briefings, die er mit Bush gehabt hatte, auch die nachweihnachtliche Sitzung in Crawford und das 70-minütige Briefing vom vorangegangenen Monat. Mit anderen Worten, der Oberbefehlshaber stand hinter der Planung und war in die Einzelheiten eingeweiht.

EINEN TAG SPÄTER, am 23. März, starteten die Vereinigten Stabschefs eine „Prominent Hammer" genannte Übung, eine Art Schreibtischmanöver ohne tatsächliche Truppenbewegungen. Ziel der Übung war, die Durchführbarkeit des umfassenden „Operationsplans 1003" zu überprüfen. Würde, im Falle eines Falles, der Transportplan funktionieren? Wie würde sich das auf die weltweit stationierten US-Truppen auswirken? Was würde das für Südkorea bedeuten, wo die USA eine Streitmacht von rund 37 000 Mann stationiert hatten? Wie würde sich das auf den Krieg gegen den Terrorismus auswirken? Und wie auf die Sicherheit zu Hause?

Eine ganze Zeit lang drang nichts über die Übung nach außen, doch dann, zwei Monate später, brachte die *New York Times* einen Bericht über die Ergebnisse der Übung, in dem es hieß, dass ein Krieg gegen den Irak „massive personelle Belastungen bedeuten“ und „eine ernsthafte Verknappung bei bestimmten kritischen Waffen nach sich ziehen“ würde.

IN DIESER ZEIT kam Saul nach Tampa, um Franks über die verdeckten Operationen zu informieren, die die CIA im Irak plante.

„Wissen Sie“, sagte Franks, „ich habe gegen diese Leute schon einmal gekämpft.“ Als Brigadier General hatte er als Stellvertretender Divisionskommandeur der 1. Infanteriedivision im Golfkrieg von 1991 gedient. „Ich habe sie mir angesehen und mache mir keine Sorgen.“

„Okay“, antwortete Saul, „Sie kennen Ihr Geschäft. Dafür werden Sie bezahlt.“

Bei einem weiteren Treffen mit den Kommandeuren der Truppenteile wurde Franks noch deutlicher. „Das hier ist verdammt ernst“, sagte er. „Meine Herren, falls Sie glauben sollten, dass es dazu nicht kommen wird, sind Sie schief gewickelt. Sie müssen Ihren Hintern in Bewegung setzen.“

11

IM MÄRZ 2002 traf sich Tenet in aller Heimlichkeit mit zwei Personen, die eine entscheidende Rolle für die verdeckten Operationen im Irak spielen sollten: Massud Barsani und Dschalal Talabani, die Führer der beiden wichtigsten Kurdengruppen im Nordirak. Jeder der beiden kontrollierte in der Kurdenregion ein Gebiet, das ungefähr so groß war wie der US-Bundesstaat Maine. Obwohl die Gebiete faktisch autonom von dem Regime im Bagdad waren, hatte Saddam unweit der kurdischen Hochburgen Einheiten des irakischen Militärs stationiert, die er ohne weiteres zu blutigen Strafexpeditionen in die Kurdengebiete schicken konnte, wie er es bereits nach dem ersten Golfkrieg getan hatte, als sich die Kurden in Erwartung amerikanischer Unterstützung gegen den Despoten erhoben hatten. Saddam hatte den Aufstand brutal niederschlagen lassen; Tausende Kurden waren ermordet worden und über eine Million über die Grenzen nach Iran oder in die Türkei geflohen. Die Kurden standen der türkischen Regierung, die sich seit jeher weigerte, ihren Status als große Minderheitengruppe oder ihre Sprache anzuerkennen, traditionell extrem feindselig gegenüber.

Tenet hatte eine Botschaft für Barsani und Talabani: Den Vereinigten Staaten war es ernst, das Militär und die CIA waren auf dem Weg. Dieses Mal war es anders. Die CIA würde nicht auf sich allein gestellt handeln. Das Militär würde angreifen. Präsident Bush stand zu dem, was er sagte. Das hier war ein neues Zeitalter. Saddam war praktisch schon Geschichte. Naturlich wusste Tenet nicht, ob das, was er sagte, der Wahrheit entsprach, ob es tatsächlich zu einem Krieg kommen würde. Aber er musste den Kurden etwas anbieten, um ihre Kooperation und Beteiligung zu gewinnen. Er stand unmittelbar davor, Paramilitärs und CIA-Agenten in eine sehr gefährliche Gegend zu entsenden. Seine Einstellung als CIA-Direktor war einfach: Er würde, wenn nötig, Chinesen Tee verkaufen, um seinen Agenten den bestmöglichen Schutz bieten zu können.

Es war, insbesondere für traditionelle Stammesführer, praktisch unmöglich, nicht mit Tenet aneinander zu geraten, einem Mann mit einer leidenschaftlichen, leicht erregbaren und stolzen Persönlichkeit, die ihn selbst schon fast wie einen Stammesführer wirken ließ. Tenet, der keine Angst hat, sich mit Leuten anzulegen, wusste, dass in diesem Teil der Welt jeder mit jedem Handel trieb und maßlose Übertreibungen an der Tagesordnung waren. Er brauchte Schutz, Garantien und Zusagen, und im Austausch dafür bot er dasselbe an. Es war eine Frage des Überlebens – und ein weiteres Dilemma, mit dem er klarkommen musste: Versprechen zu geben, die möglicherweise nicht eingehalten werden konnten. Die Agency spielte nicht, wie einige seiner Vorgänger gelernt und auch häufig gesagt hatten, nach den Regel des Marquess von Queensberry, der im 19. Jahrhundert Handschuhe und Zeitbegrenzungen im Boxsport eingeführt hatte. Bei verdeckten CIA-Aktionen wurde mit schmutzigen Tricks gearbeitet.

Allerdings verfügte Tenet über einen äußerst wirksamen Hebel: Geld. Er konnte Millionen, viele Millionen Dollar in 100-Dollar-Scheinen bezahlen. Wenn zivile oder militärische Mitarbeiter des Verteidigungsministeriums oder Diplomaten des Außenministeriums jemandem Geld gaben, um etwas für sie zu tun oder eine politische Veränderung zu bewirken, dann war das illegale Bestechung. Die CIA war die einzige Behörde der US-Regierung, die die Erlaubnis hatte, Leute zu bestechen.

Tenet hatte Bush informiert, dass sie eine gewisse Summe vorab investieren mussten, um Beziehungen knüpfen und beweisen zu können, dass es ihnen ernst war. Und dass sich bei einem Teil der Ausgaben der Eindruck aufdrängen würde, es wäre zum Fenster hinausgeschmissenes Geld. Vom Prinzip machten sie es wie Angler, die kleine Fische ins Wasser werfen, um die dicken Brocken anzulocken. In der Welt der Spionage musste man seine Köder oft in Massen und großflächig auslegen. Das war eine weitere Sache, in der der Präsident und Tenet übereinstimmten. Bush, in der amerikanischen Politik einer der erfolgreichsten Spendenbeschaffer aller Zeiten, und Tenet, der Mann der US-Regierung für verdeckte Zahlungen, wussten, was man mit Geld bewirken konnte. Und so forderte Tenet viel und bot viel an. Wartet ab, sagte er zu den Kurdenführern, *es* wird kommen – das Militär, die CIA und das Geld.

AM 29. MÄRZ betrat General Franks feindliches Gelände – den so genannten Tank, den abhörsicheren Konferenzraum der Vereinigten Stabschefs, der Leiter der vier Waffengattungen. Die Vereinigten Stabschefs waren in vielerlei Hinsicht ein Anachronismus. Laut „Title X", also Artikel 10 des U.S. Code, der sich mit dem Militär befasst, fällt den vier Stabschefs – dem Stabschef der Army, dem Stabschef der Navy, dem Stabschef der Air Force und dem Kommandeur des Marine Corps, der Marineinfanteristen – zwar die Zuständigkeit für die Rekrutierung, Ausbildung und Ausrüstung ihrer jeweiligen Waffengattung zu. Sie befehligen jedoch keine Truppen im Kampf. Im Kriegsfall unterstehen die Truppen Kampfkommandeuren, wie Franks einer war.

Da Franks direkt dem Verteidigungsminister unterstand, war der Vorsitzende der Vereinigten Stabschefs nicht sein Chef, von den Stabschefs der einzelnen Waffengattungen ganz zu schweigen – auch wenn jeder von ihnen vom Rang her über ihm stand. Tatsächlich betrachtete er sich kaum noch als Angehöriger der Army, sondern vielmehr als ein Krieger aller Klassen. „Ich bin reinstes Purpur", sagte er einmal über sich selbst, die Farbe, die die Uniformfarben aller vier Waffengattungen zusammengenommen ergeben.

Die Spannung zwischen Franks und den Stabschefs war fast mit Händen greifbar. Im letzten Jahr, auf dem Höhepunkt des Afghanistanfeldzugs, hatten die Stabschefs, wie es ihre Neigung ist, auf eine stärkere Rolle ihrer Waffengattung bei dem Krieg gedrängt – die Navy hatte noch einen Flugzeugträger verlangt, die Army eine zusätzliche Brigade und die Air Force eine weitere Staffel.

„You Title X Motherfuckers!", hatte Franks die Stabschefs eines Tages halb im Scherz angeschnauzt. „Ich werde Ihnen mal was sagen. Wenn der Tag vorbei ist, werden die Kämpfer, und das bin entweder ich oder der Boss, für den ich arbeite [Rumsfeld], eine gemeinsame, kooperative Operation auf die Beine stellen, und ich garantiere Ihnen, dass wir dabei nicht einer Waffengattung den Bauch pinseln werden."

Die Stabschefs hatten Franks' Ausbruch weniger konfrontativ als vielmehr humoristisch angehaucht in Erinnerung, auch wenn sie sich noch sehr lebhaft daran erinnerten, als „Title X Motherfuckers" bezeichnet worden zu sein.

Franks musste sie nun auf den aktuellen Stand der Irakpläne bringen. Es war ein langes Briefing mit über 70 Vorlagen. Er präsentierte seinen Plan hauptsächlich als Operationskonzept, als die aktuellste Version des „Generated Start Plan" – mit wahrscheinlich 180 000 bis 200 000 Soldaten, der Hälfte der bei der Operation „Desert Storm" eingesetzten Streitmacht.

Franks sagte, dass er sechs Monate habe, um bis zum 1. Oktober einsatzbereit zu sein, wenn der Präsident das befahl. Auf keinen Fall aber vor dem 1. Oktober.

Einer der Stabschefs meinte, es sei schwer abzuschätzen, wie ernst die ganze Sache war. Zum Teil kam es ihm vor wie ein Manöver, mit dem Saddam Angst eingejagt werden sollte. Er und seine Kollegen stellten endlos Fragen.

Franks hatte zu einem bestimmten Zeitpunkt des Afghanistankriegs fünf Flugzeugträger der Navy im Einsatz. Wie viele würde er für den Irak benötigen? Wie wollte er die Truppen in einem langen Krieg ersetzen oder auswechseln? Was war mit den angeblichen Massenvernichtungswaffen? Wie würden die Iraker auf eine Invasion reagieren? Was würde Israel tun, sollte es angegriffen werden? Wie wollten sie Bagdad einnehmen, die irakische Hauptstadt, in der fünf Millionen Menschen lebten?

Der Chef der Army, General Eric K. Shinseki, äußerte Bedenken hinsichtlich der logistischen Unterstützung, die eine groß angelegte Invasion in einem Land von der Größe des Irak erforderte. Wie würden sie die Versorgung der Bodentruppen aufrechterhalten? Wie viele Truppen würden sie benötigen, um erfolgreich zu sein?

Wolfowitz und die ganze Politikmeute waren der Meinung, ein Krieg gegen den Irak sei vergleichsweise einfach. Stimmte Franks dieser Einschätzung zu?

Eine andere Frage: Was gedachte er mit den Truppen bis zum Beginn der Invasion zu tun?

Franks versuchte alle Fragen zu beantworten, aber die Stabschefs wirkten alles andere als zufrieden. Die „Title X Motherfuckers" standen seit der Gesetzreform von Goldwater-Nichols im Jahr 1986, die dem Vorsitzenden der Vereinigten Stabschefs den Großteil der wichtigen Beratungskompetenzen zugewiesen hatte, weitgehend im Abseits.

ÜBER DAS WOCHENENDE vom 6. und 7. April empfing Bush Tony Blair und seine Familie auf seiner Ranch in Crawford. In einem Interview mit dem britischen Nachrichtensender ITV Television Network fragte der Reporter Trevor McDonald den Präsidenten nach seinen Irakplänen. „Ich bin zu dem Entschluss gelangt, dass Saddam gehen muss“, sagte Bush. „Und das ist alles, was ich Ihnen mitzuteilen bereit bin.“

„Also muss Saddam gehen?“, hakte McDonald nach.

„Das habe ich doch gerade gesagt“, erwiderte Bush gereizt. „Die Politik meiner Regierung ist, dass er geht.“

„Viele Leute sind der Ansicht, dass zwischen Saddam Hussein und dem Qaida-Netzwerk keine Verbindungen bestehen, und ich frage mich, warum Sie –“

„Das Schlimmste“, fiel Bush ihm ins Wort, „was uns passieren kann, wäre zuzulassen, dass ein Land wie der Irak, geführt von Saddam Hussein, Massenvernichtungswaffen entwickelt und dann mit Terrororganisationen gemeinsame Sache macht, um die Welt zu erpressen. Ich werde nicht zulassen, dass so etwas geschieht.“

„Und wie wollen Sie dieses Ziel erreichen, Mr. President?“

„Das werden Sie schon noch sehen.“

Auf McDonalds Frage nach den Waffeninspektoren erklärte Bush, dass er für ihre Rückkehr in den Irak war. „Aber hier geht es nicht um Inspektoren. Hier geht es darum, dass er [Saddam] sein Wort einhält, keine Massenvernichtungswaffen zu entwickeln.“

„Mit anderen Worten, Saddam steht auf der Abschussliste, egal, ob er die Inspektoren ins Land lässt oder nicht?“, fragte McDonald. „Er ist das nächste Ziel?“

„Sie versuchen mir Worte in –“, sagte Bush und setzte dann nochmals neu an. „Sie sind einer dieser schlauen Reporter, die versuchen, mir Worte in den Mund zu legen.“

„Nicht im Entferntesten, Mr. President.“

„Nun, Sir, ich fürchte, das tun Sie. Aber nichtsdestotrotz, Sie haben meine Antwort in dieser Sache gehört.“ Die Sticheleien lockten Bush auf gefährliches Territorium, als er hinzufügte: „Und ich habe keine Angriffspläne auf meinem Tisch liegen.“ Rein formal betrachtet traf das zwar zu, verschleierte aber die direkte und persönliche Art seiner Beteiligung an der Kriegsplanung.

AM 11. APRIL brachte Franks Rumsfeld über eine sichere Videoschaltung auf den Stand der Dinge, wobei er sich auf konkrete Kriegsvorbereitungen konzentrierte, die sie unternehmen konnten, ohne allzu viel öffentliche Aufmerksamkeit zu erregen. Da der Plan einen unilateralen Angriff der USA vom Süden durch Kuweit vorsah, mussten sie die verfügbaren Flugfelder in den Golfanrainerstaaten wie Oman, den Vereinigten Arabischen Emiraten und in Kuweit selbst ausbauen. Und da mehr und mehr Ausrüstung und Vorräte vorab stationiert wurden, mussten sie weitere Lagerflächen betonieren.

Darüber hinaus benötigten sie zur Versorgung der später von Kuweit in den Irak vorrückenden Einheiten Zugang zu gewaltigen Mengen an Treibstoff. Wie konnten sie mit Unterstützung der Kuweiter bestehende Treibstoffleitungen anzapfen, ohne dass es anderen Ländern auffiel?

Für diese ersten Vorbereitungen – wohlgemerkt, das war nur der Anfang – veranschlagte Franks Kosten in Höhe von 300 bis 400 Millionen Dollar. Rumsfeld, von der Summe leicht geschockt, fragte laut, ob es irgendeine Möglichkeit gab, anderen Ländern einen Teil der Rechnung aufs Auge zu drücken?

Er wolle, sagte der Verteidigungsminister, nach vorn blicken. Wie würden sie, griff er eine frühere Frage des Präsidenten auf, reagieren, sollte Saddam etwas unternehmen, was ihnen einen Strich durch die Rechnung machen würde?

Daraus entspann sich eine Diskussion über die Operation „Southern Watch“, die mit dem Beginn der Bombenangriffe auf Afghanistan sechs Monate zuvor gewissermaßen auf Eis gelegt worden war. Vorgeblich dazu da, auf Provokationen zu reagieren, bestand die eigentliche Zielrichtung der Operation in der Nachrichtenbeschaffung und der Überwachung der Flugverbotszonen. Bestand die Möglichkeit, jetzt zum Zwecke der Nachrichtenbeschaffung wieder aggressiver vorzugehen? Sollten sie die Zahl der Überwachungsflüge erhöhen? Konnten sie mit solchen Operationen schrittweise die amerikanische Position vor Ausbruch eines Kriegs verbessern?

EINE GUTE WOCHE SPÄTER, am 20. April, gab Franks dem Präsidenten während einer Samstagssitzung in Camp David ein Briefing.

Ich habe langsam ein etwas besseres Gefühl bei dem kleineren, leichteren und beschleunigten Konzept, sagte Franks. Die Teile fingen an, sich zu einem Ganzen zusammenzufügen. Mr. President, ich bin wahrscheinlich in der Lage, die Zeit um rund ein Drittel gegenüber dem, was ich ursprünglich veranschlagt habe, zu verkürzen. Gegen Ende dieses Zeitraums würden sie rund 180 000 Mann vor Ort haben. Sollten sie damit keinen unmittelbaren Erfolg erzielen, würde die Truppenstärke bis zum Ende von Phase drei, der Phase der entscheidenden Kampfhandlungen, bis auf rund 250 000 steigen.

„Allerdings bin ich damit noch nicht ganz zufrieden", sagte Franks. Sie waren noch dabei, mit Hilfe von Kriegsplanspielen die zeitlichen und die Entfernungsprobleme zu klären. „Mr. President, gehen Sie nicht davon aus, dass dies die Zahlen sind, mit denen wir ins Feld ziehen. Diese Zahlen spiegeln lediglich wider, wo wir uns im Moment befinden."

„Es ist wirklich wichtig für uns, dass wir uns in der Region keine Blöße geben", sagte Bush und merkte an, dass die USA umso anfälliger für die politische Dynamik in der Region würden, je länger die Kämpfe sich hinzogen. Er wollte, dass die Sache so effizient und in so kurzer Zeit wie nur möglich durchgezogen wurde. Zugleich solle er sich aber, sagte der Präsident zu Franks, von den Diskussionen oder seinem Interesse an Möglichkeiten, den Zeitplan und die Kampfoperationen zu komprimieren, nicht zu dem Glauben verleiten lassen, dass irgendjemand diese Sache mit weniger Einsatz machen würde, als dafür erforderlich war.

„Tommy, Sie sagen mir, was wir dafür brauchen", sagte der Präsident. „Natürlich will ich sichergehen, dass wir dies richtig und schnell erledigen."

Franks sah das Problem. Natürlich mussten „richtig" und „schnell" nicht unbedingt dasselbe bedeuten. Es schnell zu machen, könnte sogar falsch sein. Er nahm das als einen, wie er dazu sagte, „Wink des Präsidenten" und einen sehr lockeren noch dazu.

„Ich werde", sagte der General, „die Risiken gegeneinander abwägen müssen, bevor ich Ihnen sagen kann, dass ich einen zur Durchführung bereiten Plan habe." Die Schlüsselfragen, fuhr er fort, lauteten: „Welche Truppenstärke müssen wir über welchen Zeitraum hinweg aufbauen, damit sich die Operation, wenn sie erst einmal beginnt, nicht zu lange hinzieht?" Und: „Wie lange muss die Operation laufen, bevor Sie für sich entscheiden, sie zu einem Ende zu bringen?"

„Ja", sagte der Präsident, „ganz genau. Tommy, Sie sind mein Experte. Sie müssen mir sagen, was wir für die Sache brauchen. Was es auch ist, Sie bekommen es."

An einer anderen Stelle merkte Bush an: „Wenn sich das lange hinzieht, sagt Dick Cheney, dass die Region – dann wird es problematisch." Eine nette Umschreibung für katastrophal. Ein weiterer Wink des Präsidenten. „Es wird", setzte der Präsident noch hinzu, „so lange dauern müssen, so lange es eben dauern wird, aber ich dachte nur, ich sollte das noch sagen."

SPÄTER ERINNERTE SICH BUSH, dass er in der Tat versucht hatte, Hinweise zu geben. „Es ist sehr wichtig für einen Präsidenten, einen Kriegsplan nicht bis ins letzte Detail zu managen, damit er erstens zur Innenpolitik, zweitens zur Außenpolitik passt. Andererseits wollte ich, dass Tommy während der Planung einige der Nuancen verstand, oder die Themen auf eine nuancierte Weise verstand. Das Schlimmste, was ein Präsident tun kann, ist zu sagen: Oh nein, der Kriegsplan muss einem politischen Terminkalender untergeordnet werden."

„Der Präsident muss mit seinen Generälen sehr feinfühlig umgehen. Er muss sehr vorsichtig sein. Sie nehmen alles –", sagte der Präsident und setzte dann neu an. „Wir haben hier eine Kommandostruktur, in der, wenn der Präsident etwas sagt, es von allen die ganze Befehlskette rauf und runter extrem ernst genommen wird. Und das versuche ich zu berücksichtigen." Mit anderen Worten, er gebe Franks Hinweise, ohne damit das zu „gefährden", was Franks tun wolle. „Vergessen Sie nicht: Wenn ein Präsident versucht, einen Kriegsplan zu entwerfen, bringt er seine Soldaten in Gefahr. Ich bin nämlich ein lausiger Kriegsplaner."

AM 24. APRIL traf sich Franks ein weiteres Mal mit seinen wichtigsten Kommandeuren, und zwar in Doha, der Hauptstadt von Katar. Vor ihnen türmte sich ein unübersehbarer Berg an Aufgaben, zahllose scheinbar kleine Details, die, wenn sie unerledigt blieben, einen Teil oder sogar die ganze Operation verzögern oder zum Scheitern verurteilen konnten. Franks war zu dem Schluss gekommen, dass es zwei Möglichkeiten gab, als Kampfkommandeur zu erreichen, dass die Dinge erledigt wurden: Erstens, er konnte Washington bitten, es zu tun, beziehungsweise ihm die Erlaubnis zu geben, es selbst zu tun, oder, zweitens, es einfach tun. Bush hatte ihm ganz unmissverständlich eine außergewöhnlich große Handlungsfreiheit zugestanden, als er erklärt hatte, dass die Kosten eben das sein würden, was es kosten würde.

Franks wies seine Kommandeure an, ihn darüber zu informieren, was sie benötigten. Von nun an nämlich würden sie keine finanziellen Forderungen mehr an Washington stellen. Wenn sie in Kuweit eine Rampe für Kampffahrzeuge bauen mussten, die mehrere Millionen Dollar kostete, dann sollten sie sie einfach bauen. Dasselbe galt für die Verlängerung einer Startpiste in Oman. Oder für Baumaßnahmen in Jordanien. Machen Sie's einfach.

Später meldete Franks an Rumsfeld: Die Rechnungen kommen. Der Rechnungsprüfer des Pentagons hat das Geld, sagte Rumsfeld, also legen wir los.

AM 9. MAI forderte Franks seine Kommandeure offiziell auf, einen Plan für eine zweite oder nördliche Front für einen Vorstoß in den Irak von türkischem Territorium aus zu entwickeln. Angesichts der ungewissen Haltung der Türkei hatte sich die gesamte Planungsarbeit bisher auf den Süden, sprich einen alleinigen Angriff von Kuweit aus konzentriert. Weil er eine türkische Kooperation aber auch nicht ganz ausschließen konnte, wollte er die Option zumindest prüfen lassen. Falls die Türken mitspielten, könnten sie über die 160 Kilometer lange türkisch-irakische Grenze mit einer Streitmacht in Divisionsstärke, also 15 000 bis 20 000 Mann, in den Irak vorstoßen. Rechnete man das gesamte Hilfspersonal hinzu, dann, so kalkulierte Franks anfangs, würden sie zwischen 25 000 bis 30 000 Soldaten in der Türkei stationieren müssen, eine Zahl, die Ankara mit Sicherheit Kopfschmerzen bereiten würde. Trotzdem hielt er die Sache für einen Versuch wert.

AM NÄCHSTEN TAG, dem 10. Mai, gab Franks Rumsfeld eine Zusammenfassung seiner Diskussion mit den Kommandeuren. Der Minister war auf der Suche nach einer klaren Formulierung. Welche Aspekte mussten sie beachten? Was könnte sie überraschen? Was hatten sie übersehen, was nicht vorhergesehen? Es gab so viele Variablen und Unbekannte. Gab es etwas, das sie nicht sahen, obwohl es direkt vor ihrer Nase lag? Saddams Neigung und Fähigkeit zu massiven Provokationen war eine „bekannte Unbekannte". Mehr Sorgen bereiteten Rumsfeld die „unbekannten Unbekannten", von denen er so häufig sprach, die Dinge, denen gegenüber sie vollkommen blind waren.

Die große Frage, die sie alle beschäftigte, war: Was, wenn Saddam den USA einen Krieg aufzwang, bevor sie bereit waren?

Alles, was sie im Moment hatten, um darauf zu antworten, waren die bereits in der Region stationierten Flugzeuge der Air Force und der Navy. Zu der routinemäßigen Überwachung der Flugverbotszonen gehörten eine Flugzeugträger-Kampfgruppe mit rund 70 Flugzeugen sowie 120 an Land stationierte Flugzeuge der Air Force, insgesamt also knapp 200 Flugzeuge. Sie nannten das Plan Blau – das, was sie ohne weitere Vorbereitung binnen vier bis sechs Stunden in die Schlacht werfen konnten, um Zeit zu schinden.

Wie konnten sie diese Luftkomponente so weit ausbauen, dass sie mit gestaffelten Lufteinsätzen genügend Zeit für die Verlegung von Bodentruppen für einen Angriff zu Lande herausschlagen konnten?

Erste Berechnungen ergaben, dass sie binnen sieben Tagen nach einer Provokation ihre Luftstreitmacht vor Ort auf Plan Weiß – etwa 450 Flugzeuge – erhöhen konnten. Zwei weitere Wochen würde es dauern, ehe sie in der Region eine Plan Rot genannte Präsenz – 750 bis 800 Flugzeuge – erreichten.

Das war ungefähr die Hälfte der Luftstreitmacht, die sie 1991 bei „Desert Storm" im Einsatz gehabt hatten.

Später an diesem Tag trug Franks sein Briefing zur aktuellen Version des „Generated Start Plan" den im Weißen Haus versammelten Mitgliedern des Nationalen Sicherheitsrats vor. In diesem Briefing, das ohne den Präsidenten stattfand, präsentierte Franks eine Landkarte, auf der der Irak sowie seine Nachbarländer abgebildet waren. Er gab einen Überblick, wie weit sie mit den Stationierungs- und

Überflugsrechten in den einzelnen Ländern waren – von welchen Ländern er annahm, dass sie ihnen Zugang gewähren oder Hilfe leisten würden, und bei welchen Ländern er sich da nicht so sicher war.

Angesichts eines Zeitraums von 225 Tagen für den Truppenaufbau und die Kampfhandlungen, wie sie der aktuelle „90-45-90-Plan" vorsah, wollte Rice wissen, ob es nicht eine Möglichkeit gab, das schneller zu machen und insbesondere die Vorlaufzeit zu verkürzen. Die Zeit war ihre verwundbare Stelle.

Franks erwiderte, dass sie daran arbeiteten. Er stellte ihnen die drei Lufteinsatzpläne – Blau, Weiß und Rot – für den Fall vor, dass Saddam ihnen vorzeitig einen Krieg aufzwang.

Powell stellte zahlreiche Fragen zur Unterstützung, die sie, realistisch betrachtet, von denjenigen Ländern erwarten konnten, die ein doppeltes Spiel spielten – ein öffentliches und ein geheimes. Angesichts der unabsehbaren Folgen für die Region zögerten diese Länder, sich festzulegen. Darüber hinaus wollte Powell noch über eine Reihe weiterer Punkte reden. Mit Blick auf die Landkarte merkte er an, dass Kuweit nur über einen einzigen Seehafen verfügte, über den alle Kampftruppen und der gesamte Nachschub ins Land gebracht werden mussten. Bei „Desert Storm" hatten sie mehrere Seehäfen nutzen können.

„Tommy", sagte er, „Sie sind in dieser Sache der Experte, nicht ich, aber soweit ich das verstehe ..." Powell lobte die Planungen und die möglichen taktischen Finten. „Aber haben Sie über die Logistik nachgedacht? Kann der Durchsatz" – ein Begriff aus der Logistik für den Transitpunkt, den Powell an dieser Stelle bewusst verwendete – „ein solches Aufkommen handhaben? Und haben Sie, was Sie brauchen, und können Sie das, was Sie brauchen, durch diesen einen Hafen anlanden?"

Franks sah Powell „ein bisschen als einen Freund", und der kommandierende General erkannte, dass der ehemalige General Samthandschuhe übergezogen hatte. Es war eine berechtigte Frage, und Powell verfolgte damit offenkundig zwei Ziele: Erstens wollte er die Sache vor den anderen im Raum und schließlich auch vor dem Präsidenten zur Sprache bringen, und zweitens wollte er Franks sozusagen hinter vorgehaltener Hand sagen, dass er auf die Logistik Acht geben sollte.

Franks gab eine selbstsichere Antwort, beharrte aber, wie in allem anderen auch, darauf, dass sie hart daran arbeiteten, aber eben noch nicht alle Antworten hätten, nicht einmal annähernd, dass sie noch nicht einmal alle Fragen kannten.

Darüber hinaus vermutete Franks, dass Powell weitere Sorgen hegte, die aber unausgesprochen blieben. Franks stellte keine überwältigende Streitmacht der Art auf, wie Powell sie im Golfkrieg eingesetzt hatte, sondern strebte einen leichteren und schnelleren, dafür aber komplexeren Plan mit zahlreichen beweglichen Elementen an. Vielleicht war Powell der Meinung, Franks gehe damit ein zu hohes Risiko ein.

Powell glaubte an die maximale militärische Macht im Moment der Entscheidung, und er würde Fragen stellen und Kommentare beisteuern, ob er nun darum gebeten wurde oder nicht. Halten Sie die vorgesehene Truppenstärke für ausreichend?, fragte er.

Franks erwiderte, dass er auf die richtige Zahl hinarbeite.

Was war mit den Kosten?

Die Gesamtkosten der Operationen, sagte Franks, waren an diesem Punkt eine Unbekannte, da die Größe und Zusammensetzung der Streitmacht immer noch Gegenstand von Überlegungen, Anpassungen und Umstellungen war.

Am Samstag, dem 11. Mai, begab sich Franks mit seiner Landkarte und seinen Briefings im Gepäck zu einem langen Treffen mit dem Präsidenten nach Camp David. Er präsentierte den Angriffsplan auf eine andere Weise und erklärte, die Offensive würde aus fünf Fronten bestehen. Erstens die Westfront, wo er Einheiten der Special Operations Forces einsetzen würde, die den Abschuss irakischer Scud-Raketen verhindern sollten. Zweitens die Front im Süden – über die die Hauptangriffswelle von Kuweit aus erfolgen würde. Sie würde getragen von zwei oder mehr Armeedivisionen und rund zwei Divisionen der Marines. Die dritte Front umfasste sämtliche Informationsoperationen. Die vierte Front wäre der Angriff aus der Luft auf Bagdad, und die fünfte Front würde von der Türkei aus eröffnet werden, das heißt, falls sie zu einer Vereinbarung mit Ankara gelangten.

Franks beschrieb die Stärke der feindlichen Streitmacht. Im Norden hatte Saddam elf reguläre Armeedivisionen und zwei Divisionen der Republikanischen Garde stehen. Im Süden verfügte er über fünf reguläre Armeedivisionen, und um Bagdad herum standen die restlichen Divisionen der Republikanischen Garde sowie der Speziellen Republikanischen Garde.

Rice und Card äußerten sich besorgt über ein „Festung Bagdad"-Szenario, sollte Saddam sich in der irakischen Hauptstadt verschanzen und ihnen einen blutigen Häuserkampf aufzwingen, der sich ewig hinziehen konnte.

Der Präsident stellte ebenfalls Fragen zu einer möglichen „Festung Bagdad". Franks hatte den Eindruck, dass der Präsident eine von den anderen empfundene Sorge zur Sprache brachte, dass er fast dazu gedrängt worden war, danach zu fragen.

Angesichts der 450 Kilometer, die Bagdad von den Grenzen zu Kuweit, der Türkei und Jordanien entfernt lag, antwortete Franks, gab es keine Möglichkeit, Saddam daran zu hindern, seine Truppen um Bagdad herum zusammenzuziehen, sollte er sich dazu entscheiden. Insbesondere, fügte er hinzu, wenn die USA beschlossen, mit einer kleineren Streitmacht anzugreifen und das sehr schnell zu tun. So oder so, Saddam würde auf jeden Fall ausreichend Zeit haben, sich nach Bagdad zurückzuziehen. „Falls er sich dazu entschließt, wird das unsere Sache erschweren. Aber am Ende werden wir siegen."

12

„LASSEN SIE MICH IN RUHE!“, sagte der Präsident an diesem Samstag zu Karl Rove. Es war der 11. Mai. Rove hatte ihn darauf hingewiesen, dass die *New York Times* an einem Bericht über Roves zunehmende Beteiligung an außenpolitischen Entscheidungen arbeite. Es war immer das Beste, dafür zu sorgen, dass Bush nicht von irgendwelchen Medienberichten über interne Machtkämpfe überrascht wurde. Rove beharrte darauf, dass er weder den Anstoß zu der Story gegeben, noch mit den Reportern zusammengearbeitet habe, die in der Sache recherchierten. „Machen Sie sich keine Sorgen“, sagte der Präsident. „Condi verteidigt ihr Revier“, scherzte er. „Sie ist eine Frau.“

„Mr. President“, gab Rove scherzhaft zurück, „das war eine sexistische Bemerkung.“

Statt mit Rice war Rove in letzter Zeit mehr mit Powell aneinander geraten, der mit am stärksten unter den Kabinettsministern darauf achtete, dass niemand in seinem Zuständigkeitsbereich wilderte. Roves Büro überprüfte alle Kandidaten für Regierungsämter, und das State Department hatte unlängst in drei Fällen versucht, Karrierebeamte auf politische Posten zu hieven. Die Ernennung politischer Beamter fiel jedoch in Roves Zuständigkeitsbereich und sicherte ihm seinen Einfluss in die Ministerien hinein. Entsprechend eifersüchtig hütete Rove dieses Privileg. Powell hatte versucht, dieses System zu umgehen und eine nicht zum Karrieresystem gehörende Stelle in der US-Entwicklungshilfeorganisation USAID sowie eine volle Botschafterstelle mit Karrierebeamten zu besetzen. Außerdem hatte er einen Demokraten als Planer in Armitages Büro zu platzieren versucht. Rove hatte ihm darauf folgende Nachricht zukommen lassen: „Wir werden niemals Nein zu Ihnen sagen … Was werden Sie für uns tun?“

Aber dahinter war die *Times* nicht her. Rove hatte sich geweigert, ein Interview zu geben, stattdessen per E-Mail geantwortet: „Die Aussage, ich würde mich massiv in die Außenpolitik einmischen, ist unzutreffend!“

Am Sonntag rief der Präsident Rove an, um ihn damit aufzuziehen. „Ich habe keine Story über Sie gesehen." Die Geschichte kam am nächsten Tag, am Montag, dem 13. Mai, und zwar auf der Titelseite. Unter der Schlagzeile „Unmut bei Teilen der Regierung über wachsenden Einfluss von Berater" stand zu lesen, Powell sei „ungehalten" über Roves Forderung, aus dem Krieg in Afghanistan politisches Kapital für Bush zu schlagen. Allerdings enthielt der Beitrag wenig Konkretes und keinerlei Andeutungen auf einen Konflikt zwischen Rove und Rice.

Rove war an diesem Montag in seinem Büro im zweiten Stock des Westflügels, als gegen 6.30 Uhr Powell anrief.

„Das ist ein Haufen Mist", sagte der Außenminister. „Wir sind Freunde. Und ich bin seit jeher der Meinung, dass wir eine gute Beziehung zueinander haben." Wenn sich jemand der politischen Verästelungen bewusst war, die bei allem, was man tat, berücksichtigt werden mussten, dann Powell. „Sie sind der politische Berater des Präsidenten, und es ist Ihr Job, ihn zu beraten."

„Vielen Dank", erwiderte Rove. „Ich weiß das zu schätzen, Mr. Secretary."

Rove hatte sich ausgerechnet, dass das Außenministerium – oder Powell – gegen das Weiße Haus zurückschießen wollte, und der beste Weg, das zu tun, war, alles zu einer Sache der Politik zu erklären und zu versuchen, jede harte Linie aufzuweichen. Er selbst war, wie er es sah, nur ein Kollateralschaden, auch wenn er darauf bestand, den Grund für die Story nicht zu verstehen und sich offen gesagt auch gar nicht darum zu scheren.

Als der Präsident, der über die Spannungen im Bilde war, Rove später an diesem Tag sah, sagte er genüsslich zu ihm: „Und, Mr. Secretary, wie geht es Ihnen heute?"

VIZEPRÄSIDENT CHENEY für seinen Teil wusste, dass der eigentliche außenpolitische Machtkampf innerhalb der Administration nicht Rove, sondern Powell betraf. Eines Abends erwähnte Cheney in privater Runde die heftige Diskussion innerhalb der Bush-Regierung über die beiden Seiten der iranischen Regierung: die des demokratisch gewählten Präsidenten Mohammed Chatami und die des mächtigen theokratischen Religionsführers Ajatollah Ali Chamenei. „Die Debatte dreht sich darum, ob wir es mit zwei Seiten ein und derselben Regierung oder mit zwei separaten Regierungen zu tun haben", sagte Cheney über Iran und fügte scherzhaft hinzu: „Dieselbe Frage stellt sich bei Don Rumsfeld und Colin Powell."

Einer der zentralen Streitpunkte zwischen Rumsfeld und Powell betraf das Thema präventiver Angriffe. Seit dem 11. September vertrat Rumsfeld kategorisch die Ansicht, dass Verteidigung allein nicht ausreiche und dass die USA angreifen müssten. Der Krieg müsse zu den Terroristen getragen, sie müssten angegriffen, präventiv ausgeschaltet werden. Powell dagegen reagierte äußerst nervös auf alle Überlegungen, das Militär nach Maßgabe irgendeiner Theorie und nicht nur zur Abwehr einer unmittelbaren Bedrohung der amerikanischen nationalen Sicherheit einzusetzen.

Am 29. Mai hielt der ehemalige Außenminister der Regierung Reagan, George P. Shultz, anlässlich der Einweihungsfeier des nach ihm benannten National Foreign Affairs Training Center vor den Toren Washingtons eine aggressive Rede. Shultz, der inzwischen an der Hoover Institution tätig war, einem von Falken dominierten und mit üppigen Mitteln ausgestatteten Think-Tank an der Stanford University, pries die jüngsten Bemerkungen Rumsfelds, dass der Krieg zu den Terroristen getragen werden müsse, und erklärte, dass sich das Recht, Terroranschläge zu verhindern, auch auf vom Boden anderer Länder ausgehende Gefahren bezöge. Das liefe, meinte er, nicht nur auf „erbitterte Verfolgung", sondern, wie er es nannte, auf „erbitterte Prävention" hinaus.

Das sei, sagte Cheney zu seiner Frau, Shultz „in Hoch- und Bestform".

UNTERDESSEN war Präsident Bush in dieser Woche nach Europa geflogen, wo er am 23. Mai mit Bundeskanzler Gerhard Schröder und am 26. Mai mit Präsident Jacques Chirac zusammentraf. Auf Pressekonferenzen in Berlin und Paris versicherte der Präsident den beiden wichtigen europäischen Alliierten: „Auf meinem Tisch liegen keine Kriegspläne." Bush hatte diese Formulierung nun dreimal in der Öffentlichkeit verwendet. Er unterlag keiner Verpflichtung, die in Angriff genommenen, weit reichenden Kriegsplanungen zu enthüllen, und es wäre auch unklug gewesen, das zu tun, da dies nur einen Sturm von Spekulationen ausgelöst und die Medien zu Nachforschungen angetrieben hätte. Im Nachhinein betrachtet, wäre Bush jedoch zweifellos besser beraten gewesen, einfach das zu wiederholen, was er drei Monate zuvor bereits gesagt hatte: „Ich werde alle mir verfügbaren Optionen offen halten und sie immer greifbar haben."

In derselben Woche ging General Franks in einer irreführenden öffentlichen Erklärung noch weiter. Am 21. Mai antwortete der CENTCOM-Kommandeur auf einer Pressekonferenz in Tampa auf die Frage, wie viele Truppen für eine Invasion im Irak erforderlich seien: „Das ist eine gute Frage und eine, auf die ich keine Antwort habe, weil mein Boss mich noch nicht aufgefordert hat, einen Plan für eine Invasion zu erstellen. Aber", fügte er hinzu, „abgesehen von den Spekulationen, über die ich in der Presse so viel lese, meine Bosse haben mich noch nicht gebeten, irgendwelche Pläne zu erstellen, folglich haben sie mich auch nicht um solche Zahlen gebeten."

Gut informierte Pentagon-Reporter wussten zwar, dass in Sachen Irak in irgendeiner Form an Kriegsplänen gearbeitet wurde, aber die Quellen im Pentagon, insbesondere diejenigen, die nicht in die Rumsfeld/Franks-Sitzungen eingeweiht waren, sagten den Reportern, dass das, woran Franks arbeitete, nicht mehr als ein „Konzept für Operationen" war und keinen „Plan" darstellte. Die *New York Times* verfolgte die Story über die Kriegsvorbereitungen mit Nachdruck. In einem Beitrag auf der Titelseite in diesem Frühjahr, am Sonntag, dem 28. April, hieß es unter der weit blickenden Schlagzeile „US-Regierung entwickelt Blaupause für Irak einschließlich großer Invasion im nächsten Jahr", dass die Pläne vorläufiger Natur seien und dass Bush „dem Pentagon noch keinen Befehl erteilt hat, Truppen zu mobilisieren, und es bis heute keinen offiziellen ‚Kriegsplan' gibt".

Zur gleichen Zeit arbeitete Franks im Hintergrund an seinem Vorhaben und näherte sich dem Punkt, an dem er in Kuweit zwei Brigaden und Ausrüstung für weitere vier Brigaden vor Ort haben würde. Was die Reporter nicht wussten, war, dass Franks den Präsidenten bereits informiert hatte, dass der große Plan, „Op Plan 1003", jederzeit ausgeführt werden konnte, womit er wahrscheinlich zum „offiziellen“ Plan geworden war, auch wenn Franks noch neue Ideen durchspielte und mit einer Vielzahl unterschiedlicher Truppenstärken experimentierte und in keiner Weise forderte oder empfahl, den Plan zu genehmigen oder umzusetzen.

AM FRÜHEN MORGEN des 1. Juni, eines Samstags, saß Chefredenschreiber Michael Gerson mit dem Präsidenten an Bord des Marine-One-Helikopters, der den Hudson River hinauf nach West Point, New York, flog, wo Bush an der dortigen Militärakademie die Rede zum Schuljahresabschluss halten sollte. Normalerweise begleitete Gerson den Präsidenten nicht zu seinen Reden, sondern zog es vor, sie zu Hause vor dem Fernseher zu verfolgen. Das war, wo sie ihre eigentliche Wirkung entfalteten, wo die meisten Menschen Bush sahen und hörten. Diese Rede aber hielt Gerson für die wichtigste, die er je geschrieben hatte, und deshalb wollte er live dabei sein.

Gerson hatte außergewöhnlich lange an der Rede gearbeitet, unter anderem auf einem Langstreckenflug mit dem Präsidenten an Bord der Air Force One. Sie entwarfen die Rede als eine Fortsetzung des Themas aus Bushs „Achse des Bösen“-Rede vom Januar: dass die USA darauf hinarbeiteten, eine bessere Welt zu erschaffen, sie, wie Rice es formuliert hatte, „sicherer und besser“ zu machen. Sie entsprang dem Gefühl einer fast schon überwältigenden Bestimmung, die Bush seit dem 11. September in seiner Präsidentschaft gefunden hatte. Gerson betrachtete es als seine Aufgabe, dieses Gefühl einer Bestimmung in eine klare Vision zu übersetzen.

Gerson war sich der tief verwurzelten amerikanischen Bedenken, um nicht zu sagen des extremen Widerwillens, sich in der Welt einzumischen, bewusst. Diese Haltung zu überwinden verlangte, das Land davon zu überzeugen, dass sowohl seine Sicherheitsinteressen als auch seine Ideale in Gefahr waren. Die ewige Debatte in der amerikanischen Außenpolitik über Teddy Roosevelts „Big Stick“-Realismus und Woodrow Wilsons idealistisches Ziel, die „Welt sicher für die Demokratie zu machen“, führte in Gersons Augen nirgendwohin. Ein Präsident brauchte Realismus *und* Idealismus, und Gerson war überzeugt, dass Bush beides wollte und dass Bush gerne sagen wollte, dass wir, wenn wir unsere Macht ernst nehmen, auch unsere Ideale ernst nehmen.

Zur Vorbereitung der Rede hatte sich Gerson mit Präsident Trumans Rede von 1947 befasst, in der er zur Unterstützung der freien Völker Griechenlands und der Türkei in ihrem Kampf gegen den Kommunismus die Truman-Doktrin verkündet hatte. Zu seiner Überraschung hatte Gerson entdeckt, dass Truman kein sonderlich guter Rhetoriker war. Die 18 Minuten lange Rede war schlicht langweilig. Gersons Überzeugung zufolge waren es weder Truman noch Eisenhower gewesen, die die Notwendigkeit erklärt hatten, den Kommunismus zu bekämpfen. Das hatte John F. Kennedy als Demokrat des Kalten Kriegs in seiner Antrittsrede von 1961 getan, als er von der „Last eines langes Ringens im Dämmerlicht“ gesprochen hatte. Bush schien über scharfe Instinkte zu verfügen, und Gerson wollte diesen Instinkten eine Struktur geben, die ihre historische Bedeutung erklärte. Das Ziel war, einen Wandel im amerikanischen Denken zu bewirken, der nicht weniger grundlegend war als der zu Beginn des Kalten Kriegs.

Die Achsen-Rede hatte die möglichen Zielländer identifiziert. Nun würde Bush das Mittel – „Prävention“ – benennen. Das Argument lautete wie folgt: Wenn die Vereinigten Staaten sich zurückhielten, wenn sie mit dem Schlag gegen diejenigen zögerten, die sie bedrohten, dann würde das möglicherweise keine unmittelbaren Konsequenzen haben. Aber allein der Gedanke daran, die Hälfte der Bevölkerung einer amerikanischen Stadt zu verlieren, war so erschreckend, dass aus ihm eine dringende Pflicht erwuchs.

Cheney hatte, wie Gerson wusste, seit dem Wahlkampf 2000 immer wieder die Frage nach der Bedrohung durch Terroristen aufgeworfen, die über Zugang zu Massenvernichtungswaffen verfügten. Seit dem 11. September war Cheney regelrecht besessen davon. Das sei, argumentierte Cheney, die primäre Gefahr für die nationale Sicherheit Amerikas während der nächsten Jahrzehnte, wenn nicht sogar auf Generationen hinaus. Der Irak sei dabei lediglich das Land, das die wahrscheinlichste Verbindung zwischen solchen Waffen und dem Terrorismus darstellte.

Sich dieser Herausforderung zu stellen, setzte die explizite Verkündung einer umfassenden und kühnen neuen Doktrin des amerikanischen Handelns in der Welt voraus. Der Präsident hatte Gerson gesagt, dass er keine Absicht hatte, wie er es nannte, „kleine Bälle“ zu spielen. Statt auf Eindämmung oder Abschreckung zu setzen, würden die USA, hatte Bush beschlossen, in Zukunft mit Präventivschlägen auf Bedrohungen reagieren.

„Der Krieg gegen den Terror wird nicht in der Defensive gewonnen“, erklärte Bush vor den nahezu tausend Absolventen und ihren Angehörigen im Michie Stadium der Militärakademie West Point. „Wir müssen den Krieg zum Feind tragen, seine Pläne durchkreuzen und uns den schlimmsten Bedrohungen stellen, bevor sie Realität werden.“

Der einzige Weg zur Sicherheit bestehe im Handeln, sagte er, „und diese Nation wird handeln“. Er umrahmte seine aggressive Wortwahl mit dem Aufruf, die amerikanischen Werte hochzuhalten und zu verbreiten. „Die Sache unserer Nation war schon immer größer als die Armee unserer Nation“, verkündete er. „Wir haben die großartige Möglichkeit, einen gerechten Frieden zu schaffen, indem wir weltweit der Armut, Unterdrückung und Unzufriedenheit die Hoffnung auf ein besseres Morgen entgegensetzen.“ Das Ziel lautete nicht einfach Abwesenheit von Krieg, sondern „ein gerechter Frieden“, der moralische Werte, Demokratie, die freie Marktwirtschaft und die Rechte der Frau umfasste.

Hinterher sagte Gerson zu einem Reporter: „Wissen Sie, diese Rede wird auf lange Zeit hinaus zitiert werden. Sie sollten dem hier große Aufmerksamkeit schenken.“

„Die Rede enthält nichts Neues“, erwiderte der Reporter. „Sie haben das Wort Irak nicht benutzt.“

Gerson war fassungslos. Bush hatte in der Rede die Grundlagen seiner gesamten außenpolitischen und nationalen Sicherheitsstrategie umrissen.

Die *New York Times* und die *Washington Post* machten am nächsten Tag zwar mit Bushs Rede auf, darüber hinaus jedoch erregte die Rede zunächst nicht viel Aufmerksamkeit. Die *Times* schrieb in einem Leitartikel, dass Bushs Präventivdoktrin eine „Gewichtsverlagerung mit tief greifenden Implikationen“ darstelle und dass die USA darauf achten müssten, kein gefährliches Beispiel zu geben oder sich „darauf zu verlegen, unilateral in andere Länder einzumarschieren oder andere Regierungen zu stürzen“.

Auch Rumsfeld konnte der Rede nicht viel Neues abgewinnen. Er hatte seit dem 11. September öffentlich über die Notwendigkeit präventiver Aktionen gesprochen, und der Krieg in Afghanistan wie auch der weltweite verdeckte Krieg gegen den Terror waren zweifelsohne mehr oder weniger präventiver Natur. Die Doktrin der Prävention, erinnerte ihn ein Freund, reichte Jahrhunderte zurück. Im 16. Jahrhundert diskutierte Sir Thomas Morus die Idee der Prävention in seinem Buch *Utopia:* den Gedanken, dass man, wenn man weiß, dass ein Nachbar einen Angriff gegen einen führen wird, nicht einfach auf den Angriff wartet, sondern dass man ihm zuvorkommen sollte. Außerdem erschien das schlicht als ein Gebot des gesunden Menschenverstands. Die nachrichtendienstlichen Erkenntnisse über die von einem anderen Land ausgehende Bedrohung, der Einfluss und die Qualität von Informationen, das war der Punkt, den es nach Rumsfelds Meinung zu diskutieren galt. Welche Informationen benötigte man und wie zuverlässig mussten diese sein, bevor man einen Präventivschlag führen durfte?

FRANKS WURDE VOM PENTAGON mit Befehlen zum Irak überschwemmt. Am 20. Mai hatte Rumsfeld Franks einen Planungsbefehl mit der Bezeichnung „Befreiung Bagdads“ erteilt. Das bedeutete, dass er konkrete Pläne erstellen musste für den Fall, dass Saddam Hussein Bagdad zu einer Festung machen würde – ein Szenario, das dem Weißen Haus und vor allem Rice und Card nach wie vor große Sorgen bereitete. Vier Tage später befahl Rumsfeld über die Vereinigten Stabschefs die Planung der für die Phase vier vorgesehenen Stabilitätsoperationen im Irak nach Abschluss der Kampfhandlungen.

In ihrem pausenlosen Dialog kehrten Rumsfeld und Franks immer wieder zur Idee des „kleiner und schneller“ zurück. Sie hatten den großen „90-45-90 Generated Start Plan“ in petto, aber keiner von beiden war damit sonderlich zufrieden. Der Plan war ein Platzhalter. Vielleicht sollten sie, statt, wie sie es seit einem halben Jahr taten, weiter zu hobeln, zu schneiden und zu komprimieren, etwas völlig Neues probieren, nochmals von vorn beginnen, unbelastet von dem, was sie hatten. Rumsfeld liebte es, Probleme neu zu überdenken, liebte es, ein leeres Blatt Papier oder sein Diktiergerät zur Hand zu nehmen und nochmals bei Null zu beginnen.

Sie müssten nicht nur die Möglichkeit berücksichtigen, dass Saddam unter Umständen versuchen würde, sie zu provozieren. Was, wenn der Präsident, aus welchem Grund auch immer, den Irak davon abhalten wollte, etwas zu unternehmen? Was, wenn er seine Präventivdoktrin in die Praxis umsetzen wollte und eine schnelle Option bräuchte? Sagen wir morgen? Oder nächsten Monat? Rumsfeld war sich bewusst, dass Bushs Reden Politik waren. Angenommen, sie müssten Lufteinsätze fliegen – Angriffe nach den Plänen Blau, Weiß oder Rot – und gleichzeitig versuchen, so schnell wie möglich Bodentruppen auf das Schlachtfeld zu bringen, um auf welche Situation auch immer zu reagieren?

Am 3. Juni präsentierte Franks Rumsfeld über eine sichere Videoschaltung ein Szenario, das er „Running Start", fliegender Start, nannte – die Aufnahme von Kampfhandlungen, bevor alle US-Truppen vor Ort und bereit waren. Als zentrales Element war der Einsatz der Blau/Weiß/Rot-Luftkampagne vorgesehen, um die Zeit bis zur Verlegung der Bodentruppen zu überbrücken. Die relevanten Fragen waren Umfang, Timing, Mittel und Zusammensetzung des Transports der Bodentruppen.

Sie kehrten wieder zu der Frage zurück, was einen Krieg auslösen könnte. Sie hatten keine Ahnung, was in Saddams Kopf vor sich ging. Das war die oberste „bekannte Unbekannte", und die einzige Antwort darauf war, vorbereitet zu sein.

Rumsfeld gefiel die Vorstellung eines fliegenden Starts, und er gab Anordnung, die Option weiterzuverfolgen. Vom Stil her wäre diese Option klassischer mit ihren aufeinander folgenden Aktionen – zuerst Luft, dann Boden –, aber möglicherweise würden sie so vorgehen müssen. „Fliegend" brachte die ständig in Bewegung befindliche Welt auf den Punkt, in der sie arbeiteten, eine Welt voller möglicher Überraschungen und, wie er es sah, mit der Notwendigkeit, auf alle Eventualitäten vorbereitet zu sein.

Auf der sicheren Videoverbindung präsentierte Franks ein neues Konzept für den Umgang mit einer möglichen Festung Bagdad. Er nannte es „von innen nach außen", womit er meinte, dass seine Truppen Saddams Kommando- und Kontrollzentren gezielt angreifen und eliminieren und zugleich einen Angriff auf die der Hauptstadt am nächsten stationierten irakischen Divisionen führen würden. Damit wollte er verhindern, dass sich starke irakische Einheiten gleich zu Kriegsbeginn im Zentrum von Bagdad verschanzten. Anschließend würden Franks' Truppen sich von innen heraus in den Rest des Landes vorarbeiten und dadurch die an der Peripherie liegenden Divisionen der regulären irakischen Armee oder Republikanischen Garde davon abhalten, in die Hauptstadt zurückzukehren.

Am Mittwoch, dem 19. Juni, präsentierte Franks Bush die neuesten Entwicklungen und brachte ihn kurz auf den Stand der Dinge beim „Generated Start Plan". Der General sagte, wenn der Präsident ihm zu diesem Zeitpunkt sagen würde, okay, Sie haben 90 Tage, dann hätte er keine Probleme, den großen Kriegsplan in Gang zu setzen. Wenn Sie Zeit haben, Mr. President, und wir diese Zeit zu unserem Vorteil nutzen, dann könnten wir uns einen eigenen Fahrplan mit einer weitgehend gleichzeitigen, groß angelegten Luft- und Bodeninvasion aufstellen – den „90-45-90-Plan", der einen Krieg von 225 Tagen zur Beseitigung des Regimes bedeutete.

Er versicherte dem Präsidenten, dass sie mit diesem Plan den Krieg gewinnen würden.

Wichtiger aber sei, so Franks, dass Rumsfeld und er sich mit ein paar Was-wenn befasst und danach eine neue, flexible Antwort, eine Art fliegender Start entwickelt hatten – die kurzfristige Option, an die sie sich herangetastet hatten, die Option, bei der die Zeit zwischen dem Befehl des Präsidenten zum Angriff und dem Angriff selbst, die Spanne zwischen Entscheidung und Handlung reduziert würde. Man könnte mit Lufteinsätzen nach den Plänen Blau, Weiß oder Rot beginnen. Mit diesen Angriffen, die im Laufe der Zeit an Intensität zunehmen würden, sagte Franks, würden sie sich Zeit erkaufen, einen Teil von Saddams militärischer Schlagkraft in und um Bagdad substanziell schwächen und die Iraker in Schach halten.

Franks hatte jetzt zwei Brigaden in Kuweit stehen. Sie würden rund drei Wochen brauchen, um zwei weitere Brigaden dorthin zu verlegen. Mit insgesamt vier Brigaden (etwas mehr als einer Division) und der benachbarten Einheit der Marines würden sie über eine Bodenstreitmacht von 50 000 Mann verfügen – das absolute Minimum, um als Invasionsheer über die irakische Grenze vorzurücken.

Da er in dem Moment, in dem der Präsident den Befehl zu Luftoperationen erteilte, mit der Entsendung zusätzlicher Truppen beginnen würde, könnte er binnen zwei bis drei Wochen zwei weitere Divisionen nach Kuweit verlegen.

Anders ausgedrückt, Franks war in der Lage, innerhalb von 30 Tagen knapp über 100 000 Soldaten für einen Bodenangriff zu mobilisieren.

Bushs Reaktion fiel unbestimmt aus. Er schien die Logik einer weiteren Option zu akzeptieren. Er forderte Franks auf, intensiv an Plänen für den Fall zu arbeiten, dass Saddam Massenvernichtungswaffen entweder gegen seine Nachbarländer oder die US-Truppen einsetzen würde. Inwieweit wären sie dafür ausgerüstet, einen solchen Angriff zu verhindern, beziehungsweise sich dagegen zu verteidigen, oder, im schlimmsten Fall, in einer kontaminierten Umgebung zu operieren? Der Präsident bestand darauf, dass Rumsfeld und Franks weiter an der behördenübergreifenden Unterstützung arbeiteten, um sicherzustellen, dass sie die Vorbereitungsarbeiten für den Nachschub, die Stationierung und die Treibstoffversorgung in der Region abschlossen. Der Präsident vermittelte ein Gefühl der Dringlichkeit.

FRANKS TRAF am 27. und 28. Juni erneut mit seinen Truppenkommandeuren in Ramstein zusammen. Er wies sie an, ihre Planungsprioritäten vom „Generated Start Plan“ auf das Konzept eines „Running Start“ zu verlagern.

Am 17. Juli brachte er Rumsfeld auf den neuesten Stand der Vorbereitungsmaßnahmen in der Region. Akribisch listete er die Kosten jeder Maßnahme und die Risiken für die Mission auf, sollten sie nicht dem Zeitplan folgen, der den Abschluss der Arbeiten bis zum 1. Dezember vorsah. Gesamtkosten: rund 700 Millionen Dollar.

Der Löwenanteil der Arbeiten betraf die Flugplätze und die Treibstoffversorgung in Kuweit, wo bereits ein gewaltiges geheimes Arbeitsprogramm im Gange war. Jahrelang hatte das US-Militär gemeinsam mit Kuweit ein Programm zum Ausbau der Flugplätze betrieben. Anfangs hatte Kuweit zugesagt, diese Projekte zu finanzieren, die Zahlungen dann aber zurückgestellt. Franks konnte also auf die bestehenden Verträge und Baupläne zurückgreifen und sie mit amerikanischen Mitteln finanzieren, so dass der Eindruck entstand, als wäre nichts wirklich Neues in Arbeit und man hätte nur beschlossen, die alten Pläne nun schneller voranzutreiben. Auf den Luftwaffenstützpunkten Al Jaber und Ali Al Salem in Kuweit wurden große Vorfelder für die Nutzung durch Flugzeuge, für Parkplätze und für die Einlagerung von Munition betoniert.

Eine anfängliche Sorge betraf das logistische Problem des Treibstofftransports von den Raffinerien in Kuweit an die irakische Grenze, um einen ausreichenden Vorrat für die riesige Invasionsarmee sicherzustellen. Franks' Kommandeure vor Ort schlossen mehrere Kontrakte mit dem kuweitischen Ölministerium zur Säuberung einiger bestehender Pipelines und der Errichtung neuer Verteilungskapazitäten in der Nähe der Lager, mit deren Bau sie beginnen wollten.

All dies geschah so im Verborgenen, dass weder die Kuweiter, geschweige denn die Iraker, davon Notiz zu nehmen schienen.

Später lobte der Präsident Rumsfeld und Franks für die Strategie, im Voraus Truppen in die Region zu verlegen und die Infrastruktur auszubauen. „Meiner Meinung nach", sagte Bush, „war es eine sehr kluge Empfehlung von Don und Tommy, bestimmte Elemente vorab in Stellung zu bringen, die problemlos abgezogen werden konnten, und dass dies auf eine ruhige Weise getan werden konnte, so dass wir nicht zu viel Lärm und Ängste erzeugten. Und die ohne Frage wichtig waren, egal wie sich der Kriegsplan später entwickelte." Mit Bedacht fügte er hinzu: „Die Vorausstationierung von Truppen sollte nicht als Verpflichtung meinerseits zum Einsatz des Militärs betrachtet werden." Mit einem knappen „Ja, richtig" bestätigte er, dass der Afghanistankrieg und der Krieg gegen den Terror den Vorwand dafür abgaben, dass die Sache verdeckt durchgezogen wurde und dass sie kostspielig war.

Ein Teil der Mittel würde aus dem Nachtragshaushalt kommen, der gerade im Kongress für den Afghanistankrieg und den allgemeinen Krieg gegen den Terrorismus ausgearbeitet wurde, der Rest aus existierenden Budgets.

Bis Ende Juli hatte Bush rund 30 Projekte genehmigt, die am Ende mit insgesamt 700 Millionen Dollar zu Buche schlagen sollten. Er besprach das mit Nicholas E. Calio, dem Leiter des Office of Congressional Relations, des Verbindungsbüros für Kongressangelegenheiten im Weißen Haus. Der Kongress, in dessen Zuständigkeit es fiel, die Ausgaben zu kontrollieren, war noch nicht einmal darüber informiert worden, dass das Pentagon Gelder umleiten wollte.

AM 28. UND 29. JULI hatten die *Washington Post* und die *New York Times* auf den Titelseiten über die Planungen für einen Irakkrieg berichtet. Der *Post* zufolge favorisierten viele hohe Militärs eine Eindämmung, und die *Times* meldete, dass eine der geprüften Optionen vorsah, den Krieg mit einem „von innen nach außen" geführten Angriff auf Bagdad zu beginnen. Da dies eine unvollständige Version der von Franks im Juni präsentierten Strategie war, das Zustandekommen einer „Festung Bagdad" zu vermeiden, konnte Bush Einwendungen gegen die Berichte machen, als er am 31. Juli bei einer Kabinettssitzung darauf angesprochen wurde.

„Die erklärte Mission ist ein Regimewechsel", sagte der Präsident. „Aber dieses ganze Gerede der Akademiker ... [sie] reden über Dinge, über die sie nichts wissen. Unsere Absicht ist ernsthaft. Auf meinem Tisch liegen keine Kriegspläne. Ich glaube, wir haben einen Casus Belli und dass die Doktrin der Prävention Anwendung findet. Wir werden militärisch nichts unternehmen, bevor wir nicht sicher sind, dass wir Erfolg haben werden. Erfolg heißt die Absetzung von Saddam."

Rumsfeld erklärte gegenüber dem Kabinett: „Wenn das in der Presse wie ein Durcheinander aussieht, dann weil es das ist. Prävention ist eine wichtige Diskussion, die geführt werden muss. Das Problem ist, dass sie auf den Irak zugespitzt wird."

In einer privaten Unterhaltung mit dem Präsidenten äußerte Rice die Ansicht, dass die Lecks in den Medien – die nahezu jeden Tag einen neuen Plan präsentierten – so „absurd" geworden seien, dass sie ihnen schon wieder nützlich seien.

„Nun", sagte sie, „eine gute Sache daran ist, dass Saddam inzwischen auf jeden Fall absolut verwirrt ist."

13

NACHDEM DER PRÄSIDENT nun die Durchführung verdeckter Aktionen und die Zuteilung von Geldern bewilligt hatte, war Tenet bereit, zwei kleine paramilitärische CIA-Teams in den Nordirak zu entsenden. Er fühlte sich ermutigt durch den Erfolg der Agency im Afghanistankrieg, auch wenn der Irak, wie er immer und immer wieder ermahnt wurde, nicht Afghanistan war. Seine Teams würden durch die Türkei reisen und verdeckt in das von den Kurden kontrollierte Berggebiet im Nordirak vordringen müssen. Sowohl die Türken als auch die Kurden stellten eine ernsthafte Gefahr für seine Männer dar, von Saddam ganz zu schweigen.

Dennoch hatte ein Aufklärungsteam, das im Februar mit dem Auftrag in den Irak geschickt worden war, die Sicherheitslage zu überprüfen, gemeldet, dass sie tragbar sei. Und Tenet verfügte über die notwendigen Mittel, mindestens 189 Millionen Dollar. Das war ein gewaltiger Fortschritt gegenüber seiner Zeit als CIA-Chef in der Clinton-Administration. Wenn es um Geld ging, hatte Clinton in Tenets Augen die CIA immer „beschissen", hatte der Dienst anscheinend immer ganz unten auf der Liste gestanden. Einmal hatte er persönlich bei Clintons Haushaltsbüro vorsprechen müssen, um für seine Leute draußen im Feld 20 000 Dollar für dringend benötigte Kommunikationsgeräte zu bekommen.

Neu war jetzt, dass in der Führungsspitze keine Zweifel herrschten. Bush zögerte nicht und zeigte keinerlei Unsicherheit. Manchmal mochte es klüger sein, eine bereits gefällte Entscheidung zurückzunehmen, einen Schritt zurückzugehen und ihren Sinn zu diskutieren, aber so funktionierte Bush nicht. Tenet war dabei zu entdecken, dass der, der zweifelte, den höchsten Preis bezahlte. Dafür, etwas nicht zu tun, gab es häufig Hunderte Gründe. Manche Leute ließen sich von Problemen überwältigen und überlegten x-mal hin und her, warum etwas nicht möglich sei, und gelangten am Ende nirgendwohin. Wenn man aber keine Angst vor dem hatte, was man zu tun hatte, dann konnte man sich seinen Weg durch die Probleme hindurcharbeiten.

Wenn er mit Problemen zu Bush ging, dann fragte der Präsident: Okay, und wie sieht die Lösung aus? Wie bringen Sie das in Ordnung? Was werden Sie als Nächstes unternehmen? Wie kommen Sie um das herum? Das waren neue Sitten für das Geheimdienstgeschäft. Mit einem Mal schien es keine Strafen mehr dafür zu geben, Risiken einzugehen und Fehler zu machen.

Also würde er es probieren.

DAS HIER IST der Wilde Westen, war Tims* erster Gedanke, als er zusammen mit sieben anderen CIA-Agenten in der zweiten Juliwoche in einem Konvoi aus Land Cruisern, Jeeps und einem Lastwagen die zehnstündige Fahrt von der Türkei in den Irak antrat. Tim ging stark auf die vierzig zu, war 1,85 groß, hatte dichtes, schwarzes Haar und ein jungenhaftes und strahlendes Lächeln, das auch einem Filmstar stehen würde. Er war der stellvertretende Leiter der Gruppe und designierter Chef der CIA-Basis in Suleimanija in der gebirgigen Region ungefähr in der Mitte zwischen Bagdad und der türkischen Grenze im Norden. Seine Basis im Irak lag rund 200 Kilometer südlich der türkischen Grenze und etwa 50 Kilometer westlich der iranischen Grenze. Das CIA-Hauptquartier hatte ihn für diese Mission von einer Dienststelle in der Region abgezogen. Tim, ein ehemaliger Navy-SEAL, sprach fließend Arabisch. Seine Vorfahren hatten über mehrere Generation hinweg als Admirale in der Marine gedient, aber Tim hatte die Navy verlassen, um als CIA-Einsatzoffizier, dessen Hauptaufgabe es war, Spione zu rekrutieren, das zu erleben, was er für echte Action hielt. Insgesamt drangen bei dieser Mission acht CIA-Agenten in den Irak vor, vier in Tims Team und vier, die unterwegs waren zu einer näher an der türkischen Grenze gelegenen Basis.

Um die Erlaubnis der Türken zu erhalten, hatten sie zu einer halben Lüge greifen müssen. Der Auftrag der Teams, so hatte die CIA den Türken gesagt, sei die Terrorbekämpfung, wobei ihr Hauptziel die Ansar al-Islam sei, eine radikale Terrorgruppe mit Verbindungen zu al-Qaida, die in erbitterter Feindschaft zu den säkularen kurdi-

* Ein Deckname

schen Parteien stand und Berichten zufolge in einem irakischen Dorf unweit der Grenze zum Iran ein Giftgaslabor betrieb.

Tims Team schlug sein Basislager in der Nähe auf – 45 Sekunden mit dem Helikopter von den vordersten Linien der in Kirkuk stationierten irakischen Militäreinheiten.

Die Bedingungen, unter denen die Gruppe lebte, waren hart. Sie verfügten weder über Luftunterstützung noch über die Möglichkeit, medizinische Notfälle zu evakuieren. Sollte einer der Männer herausgeholt werden, müssten sie das 24 Stunden vorher anmelden. Tim hatte eine Frau und kleine Kinder, und niemand konnte wissen, ob das Team ein paar Wochen, ein paar Monate oder noch länger im Irak würde bleiben müssen.

Die vermutete Anlage des Ansar al-Islam befand sich in Sargat, gut 40 Kilometer von Tims Basis entfernt. Das US-Militär nannte die Anlage nach der nächstgelegenen größeren Stadt Khurmal. Die CIA verfügte über lange, wenn auch gespannte Beziehungen zur Patriotischen Union Kurdistan (PUK), der Kurdengruppe, die das Gebiet kontrollierte. Der Chef der PUK, Jalal Talabani, war der Anführer von 1,2 Millionen Kurden, die verarmt, aber gebildet waren und Saddams Sturz herbeisehnten. Die andere Kurdengruppe im Irak, die Demokratische Partei Kurdistans (KDP), kontrollierte den Lastwagenverkehr vom Irak in die Türkei. Da die KDP damit einen Haufen Geld verdiente, war sie nicht unbedingt ebenso erpicht auf einen Regimewechsel in Bagdad wie die PUK.

Talabanis PUK hatte zehn Gefangene aus Sargat, die Tims Gruppe vernehmen konnte. Bei den Verhören machten drei der Gefangenen dem Vernehmen nach glaubwürdige Angaben, die auf Verbindungen zu Bin Ladens Qaida-Netzwerk hindeuteten. Darüber hinaus konnte verifiziert werden, dass die drei in Lagern in Afghanistan ausgebildet worden waren, was eine ziemlich eindeutige Verbindung zu al-Qaida herstellte.

Als Tim die Nachricht verbreiten ließ, dass sein Team für Giftproben aus Sargat 200 US-Dollar auf den Tisch legen würde, wurden sie geradezu von Einheimischen überrannt, die Flaschen, Feldflaschen, Krüge und Teströhrchen in den Händen hielten. Ein Bursche präsentierte eine klare Flüssigkeit, von der er behauptete, sie sei hochgiftig, aber als er sie versehentlich über sich selbst schüttete, lachten die anderen Dorfbewohner bloß. Mach, dass du wegkommst, sagte Tim. Sein Team erhielt nicht eine einzige echte Giftprobe.

Tim rekrutierte den Koch der Anlage in Sargat und dessen ebenfalls dort beschäftigten Bruder. Die beiden bezahlten Spione lieferten ihm Lagepläne aller Gebäude der Anlage, die später durch Satellitenaufnahmen bestätigt wurden.

Tims Hauptaufgabe lautete, mit dem Aufbau einer Operationsbasis für verdeckte Aktionen zum Sturz Saddams zu beginnen. Saul, der Leiter der irakischen Operationen, hatte ihm folgende mündliche Anweisungen erteilt: Ich will, dass ihr Saddams Militär unterwandert. Ich will, dass ihr den Geheimdienst unterwandert. Ich will, dass ihr den Sicherheitsapparat unterwandert. Ich will Stammesnetzwerke innerhalb des Iraks haben, die Aktionen für uns ausführen – paramilitärische Einsätze, Sabotageaktionen, Bodenaufklärung. Pflegt und nutzt die Beziehungen zu den Kurden. Findet heraus, ob es möglich ist, die Kurden zu trainieren und zu bewaffnen, damit sie später Saddams Kräfte im Norden binden können.

Das Team hatte im Irak mit ernsthaften Hindernissen zu kämpfen. Die Türken hatten darauf bestanden, jedem aus der Gruppe einen ihrer Leute als Eskorte zur Seite zu stellen – also mussten Tim und die anderen drei CIA-Agenten ihr kleines Haus mit vier türkischen Aufpassern teilen, die darauf bestanden, ebenfalls dort zu wohnen. Andernfalls würden sie Tim mitsamt seinem Team aus dem Land eskortieren. Erschwert wurde das Ganze noch dadurch, dass die Türken und Kurden sich gegenseitig hassten. An einem Tag zogen die Türken über die Kurden her, bezeichneten sie als Untermenschen und sagten, ein Menschenleben gelte ihnen nichts. Am nächsten Tag sagten die Kurden dieselben Dinge über die Türken. Beim geringsten Anlass kam es zu Streitereien. Tim sagte, dass sie die von der PUK gemachten Gefangenen sofort nach ihrer Festnahme vernehmen wollten. Nein, auf gar keinen Fall. Ja, kein Problem. Nein, später. Nein, überhaupt nicht. Okay. Alles musste in zähen Verhandlungen geklärt werden. Außerdem spionierten die türkischen Begleiter Tim und seine Kollegen aus, die 18 Stunden täglich arbeiteten. Wenn die Türken sie nicht bei der Arbeit behinderten, rauchten sie und sahen sich in ihren überfüllten Zimmern türkische Pornovideos an. Die ganze Sache wirkte zur Hälfte wie der Film *Animal House* und zur

Hälfte wie etwas, von dem Tim hoffte, dass es ein ernsthafter *James Bond* war.

Nach mehreren Wochen dieser Tortur erhielten die Türken eine Nachricht von ihrem Boss: Die Amerikaner hätten die Absicht, Sargat zu bombardieren! Die Kurden würden durchdrehen, und die Türken würden als Mittäter dastehen und weltweit Prügel beziehen! Die wild gewordenen Amerikaner seien drauf und dran, einen Krieg vom Zaun zu brechen! Alle Mann raus! Nachdem ihre Aufpasser endlich verschwunden waren, konnten sich Tim und sein Team endlich an ihre eigentliche Aufgabe machen, den Regimewechsel, und sie fingen an, Flüchtlinge und Überläufer von Saddams Regime zu interviewen, die in das Kurdengebiet geflohen waren.

Zwei dieser Überläufer waren besonders interessant. Der eine war ein aus seiner Einheit desertierter irakischer Militäroffizier, der französische Mirage-Jets geflogen hatte, der zweite ein Mechaniker, der MIG-29-Flugzeuge gewartet hatte. Aus seinen ausführlichen Angaben zum Zustand der irakischen Luftwaffe ging hervor, dass sie im Prinzip nur noch zu Kamikazeaktionen in der Lage war. Aus Angst, mit den mangelhaft gewarteten Flugzeugen abzustürzen, meldeten sich die irakischen Piloten an den Tagen, an denen sie fliegen sollten, haufenweise krank.

Tims einzige Kommunikationsmöglichkeit nach außen war eine sichere Verbindung zu Saul im Hauptquartier. Könnte sein, sagte Saul, dass ihr sechs Monate vor Ort bleiben müsst. Jetzt, da wir euch drin haben, wäre es Unsinn, euch wieder herauszuholen. Die Bedingungen waren hart, immer wieder fiel der Strom aus oder gaben die Leitungen kein Wasser mehr her, zudem weigerten sich die Türken, ihnen Nachschub zu liefern. Das Haus lag in 2000 Meter Höhe im kurdischen Bergland, wo es im Winter bitterkalt wurde, und das in einer Gegend, in der es so gut wie keine Freunde, dafür aber umso mehr Feinde gab – Türken, Kurden, Iraner und Iraker.

Unermüdlich sprach Tim mit Überläufern, Flüchtlingen und der PUK-Führung, um Informationen zu sammeln und festzustellen, von wem sie welche Hilfe erhoffen konnten. Die PUK war eine Brutstätte von Eifersüchteleien und ein Bazar der Loyalitäten. Sie arbeitete mit den Vereinigten Staaten zusammen und verkaufte an die Iraner. Wer am meisten bot, bekam den Zuschlag. Tim hatte viel Geld zu verteilen, und so kamen sie von allen Seiten auf ihn zu. Ein Bursche behauptete, er gehöre zu Saddams Sicherheitsdienst, was sich aber als Lüge herausstellte. Der Vetter meines Bruders, sagte ein anderer angeblicher Überläufer, hat einen Berg gesehen, unter dem die ganzen Massenvernichtungswaffen versteckt liegen.

Tim erfuhr, dass die Iraker Agenten mit dem Auftrag in das kurdische Gebiet ausgesandt hatten, die CIA-Agenten aufzuspüren und umzubringen. Eine seiner Quellen bei Ansar al-Islam meldete, dass die Gruppe die gesamte Region nach Amerikanern durchkämme, die sie auf den Straßen überfallen könnte.

Tim tobte, drohte, fragte, bettelte, schmeichelte, log, drängte und versuchte, Wahrheit und Lüge auseinander zu halten. Unterdessen stellte das Team auf der Grundlage der von ihm als zuverlässig bestimmten Erkenntnisse Dutzende und Aberdutzende Berichte zusammen, die es zu Saul ins Hauptquartier schickte. Tim musste einen Arbeitsplan aufstellen. Mit wem sollte er reden? Worauf seine Zeit verwenden? Wem Geld geben? Wie könnte er die Quellen auf ihre Zuverlässigkeit testen? Er rekrutierte einige Kurden als Helfer und schickte sie hinaus, um sich mit potenziellen Quellen zu treffen.

Eines Tages gegen Ende August kam einer der Kurden, der über erwiesenermaßen beste Beziehungen zum inneren Zirkel der PUK verfügte, auf Tim zu. „Die PUK behandelt mich nicht so gut, wie sie das sollte", sagte er. „Ich will euch Leuten wirklich helfen."

Wegen der Position des Mannes investierte Tim persönlich einige Zeit. Was der Mann über seine Verbindungen durch Familie und Heirat erzählte, erwies sich als schlüssig und ergab ein ziemlich vollständiges Bild. Tim beschloss, intensiver mit dem Mann zu arbeiten, stellte Fragen und hörte zu.

„Hören Sie, es gibt da diese große religiöse Gruppe", sagte der Mann, „und sie ist bereit zu helfen." Es handelte sich um eine Gruppe, die von Saddam im gesamten Irak – im Norden, im Süden, im Westen, in den Grenzgebieten und in Bagdad – besonders hart unterdrückt und verfolgt worden war. Die Gruppe war sonderbar, fanatisch sogar. Aber sie war machthungrig. Saddam hatte zwar einige ihrer wichtigsten Mitglieder inhaftiert, doch gab es da einen Führer, der enorme Macht und einen fast schon unglaublichen Einfluss auf Tausende Mitglieder der Gruppe hatte, die Posten im Militär und in den Sicherheitsdiensten innehatten. Diese Leute wollen abrechnen, richtig abrechnen, sagte der Mann. Aber sie brauchen Garantien. Sie wollen Garantien.

Was der Mann da sagte, kam Tim fast schon absurd vor. Einerseits sah es ganz nach einer klassischen Falle aus, andererseits war es der wahr gewordene Traum eines Geheimdienstagenten, der ganz große Coup. So riskant die Sache auch war, er musste den nächsten Schritt wagen. „Okay", meinte Tim, „wir werden folgendermaßen vorgehen. Bevor ich mich mit diesen Leuten treffe, müssen Sie mir sagen, was sie tun können. Ich will eine Liste mit den Namen ihrer Anhänger und ich will wissen, wo sie sich befinden."

Der Mann versprach, das Gewünschte zu besorgen. Tim musste nur noch warten. Doch ein paar Tage später, Ende August, hauten die Türken mächtig auf den Tisch. Tims Team und das andere CIA-Team mussten sofort abziehen.

Als Tim in seinem Geländewagen auf den tückischen Wegen, die dort als Straßen gelten, durch die Berge fuhr, konnte er nicht ahnen, dass er bald wieder zurückkehren würde und bereits eine Kettenreaktion in Gang gesetzt hatte, an deren Ende ebenso beispiellose wie kontroverse Geheimdienstberichte standen, die bis zu George W. Bush ins Oval Office gelangen sollten. Und dass die mit dem CIA-Kürzel „DB/Rockstars" gekennzeichneten Agentenberichte der Auslöser für Bush waren, den Krieg zu beginnen.

14 UM 16.30 UHR am Montag, dem 5. August, trafen Franks, der 110 streng geheime Präsentationsfolien der „Operation Polo Step" bei sich trug, und Renuart mit seinem „Schwarzen Buch des Todes" im Schlepptau zu einem Briefing des Präsidenten und des Nationalen Sicherheitsrats im Lageraum des Weißen Hauses ein.

Die Agenda: 1. Ein kurzer Überblick über den „Generated Start Plan", 2. Aktualisierung zum Stand des „Running Start Plan", 3. Einführung eines neuen Konzepts namens „Hybrid", einer Mischung aus dem „Generated Start" und dem „Running Start Plan", 4. Management der strategischen Risiken, 5. der Zielplaner Irak.

Der „Generated Start Plan" folge, erläuterte Franks, nach wie vor dem 90-45-90-Schema, sprich, sie planten immer noch mit 90 Tagen zur Verlegung der Truppen, bevor die offensiven Kampfhandlungen beginnen würden. Sie hätten sich zwar größtenteils über dieses an den Golfkrieg 1991 angelehnte Konzept hinausentwickelt, aber es sei bislang der einzige durchführbare Plan, den er habe.

Mit dem alternativen „Running Start Plan" jedoch könnten sie, sagte Franks, eine neue, vorsichtigere Variante in Erwägung ziehen, die er als 45-90-90 bezeichnete. Möglich sei das weitgehend deshalb, weil die bereits in Angriff genommenen militärischen Vorbereitungen Zeitersparnis bringen würden. Die Verlegung von Truppen und die Bombardierungen würden sofort und gleichzeitig zu Beginn der ersten, 45 Tage langen Phase zur Vorbereitung des Schlachtfelds beginnen. Anschließend würden sie 90 Tage für die „entscheidenden Offensivoperationen" und nochmals 90 Tage für die „vollständige Beseitigung des Regimes" benötigen.

Im Notfall würde der „Running Start", der fliegende Start, ohne Vorwarnzeit mit Lufteinsätzen entsprechend den Blau/Weiß/Rot-Plänen einsetzen und dabei binnen eineinhalb Wochen die Luftstreitmacht vor Ort schrittweise auf 800 Kampflugzeuge aufgestockt werden. Mit dieser Aufstellung seiner Streitkräfte hatte Franks die Reaktionszeit gegenüber seiner ersten Präsentation vor Rumsfeld im

Mai um die Hälfte verkürzt. Nach 20 bis 25 Tagen könnten zwei Brigaden die Erdölfelder im Süden besetzen.

Franks kam zu Folie 16, seinem neuen „Hybrid-Konzept“, einem Ansatz, der die besten Elemente aus dem „Generated Start“ und dem „Running Start Plan“ zusammenfasste und gleichzeitig die Vorbereitungsmaßnahmen berücksichtigte, die sie bis zu diesem Punkt durchgeführt hatten. Der neue Plan reduzierte die Vorlaufzeit drastisch, die Zeit also, die zur Verlegung von Truppen vorgesehen war, bevor sie mit offensiven Militäroperationen loslegten.

Der „Hybrid“-Plan bestand aus vier Phasen:

Phase eins: Fünf Tage zur Einrichtung einer Luftbrücke, für die sie, sollte sich das als notwendig erweisen, auch zivile US-Flugzeuge für Militärtransporte in die Kampfregion zwangsrekrutieren würden. Anschließend elf Tage zur Verlegung der ersten Truppen in die Region.

Phase zwei: 16 Tage Luftangriffe und Operationen der Special Forces.

Phase drei: 125 Tage entscheidender Kampfoperationen. Gleich zu Beginn der Phase würden sie versuchen, mit einer Division in den Irak vorzustoßen, um dann innerhalb einer Woche mit einer zweiten Division Bodentruppen nachzurücken.

Phase vier: Stabilisierungsoperationen unbekannter Zeitdauer.

Rumsfeld und Franks stellten klar, dass der Beginn der elftägigen Truppenverlegung keinen Punkt markiere, ab dem eine Umkehr nicht mehr möglich sei – dass aber die Iraker diese Bewegungen sehen und daraus Schlüsse ziehen könnten. Saddam würde möglicherweise zu einer Reaktion provoziert.

Anhand einer weiteren Folie erläuterte Franks die Vorteile des „Hybrid“-Konzepts: Der Zeitaufwand könne optimiert werden, die schnellere Positionierung der Streitkräfte verbessere die Fähigkeit, in kürzerer Zeit in der Region zu handeln, und der steigende Druck auf das irakische Regime könne ihre diplomatische Verhandlungsposition verbessern.

Mit anderen Worten, der „Hybrid“-Plan war ein 5-11-16-125-Tage-Plan. Renuart entging nicht, dass Bushs Körpersprache, das häufige Nicken und seine nach vorn gebeugte, aufmerksame Haltung, darauf hindeuteten, dass er angetan war.

„Mir gefällt das Konzept“, sagte Bush.

„Bestseller“, schrieb Renuart in das „Schwarze Buch des Todes“.

Wir müssen vom ersten Tag an humanitären Beistand auf dem Schlachtfeld haben, sagte der Präsident.

Folie 35 war mit „Dinge, die schief gehen können: Strategische Risiken“ überschrieben. Eines der Risiken war ein frühzeitiger irakischer Raketenangriff auf Kuweit. Zur Minimierung dieses Risikos sollte sichergestellt werden, dass Kuweit über gewisse Raketenabwehrkapazitäten wie Patriot-Flugabwehrraketen verfügte. Auch zum Schutz Israels müsse noch mehr unternommen werden.

Als weiteres mögliches Risiko führte Franks einen sehr frühen Sieg an. Angenommen, Saddam träte ab oder flöhe, während mehrere hunderttausend amerikanische Soldaten in die Region strömten. Hätten sie dann noch einen legalen Grund, das Land zu besetzen? Was, wenn Saddam sie einfach gewähren ließe und sich mit seinen Republikanischen Garden nach Bagdad zurückzöge, um sich dort in einer „Wagenburg“ zu verschanzen?

Einmal mehr brachte Bush seine besondere Besorgnis über dieses Szenario zum Ausdruck. In Bagdad lebten über fünf Millionen Menschen.

Franks erinnerte sie daran, dass er dem Präsidenten bereits drei Briefings zu der Sache gegeben hatte und er immer noch an dem Problem arbeitete.

Yeah, sagte der Präsident, ich weiß, aber ein paar unserer Jungs sind immer noch besorgt.

Ebenfalls unter die Überschrift „Strategische Risiken“ gehörte folgende Frage: Mit welchen Mitteln könnte Saddam ihre Vorbereitungen sabotieren? Eine Möglichkeit war, die Erdölversorgung der an den Irak angrenzenden Länder zu unterbrechen, insbesondere der Türkei, Syriens und Jordaniens.

Powell sagte zu, sich darum zu kümmern und mit den Saudis über die Lieferung von Erdöl insbesondere an Jordanien zu sprechen.

Weitere noch nicht beantwortete Fragen waren: Was, wenn Syrien Israel angreift? Was, wenn der Irak sozusagen einfach implodierte und Saddam ermordet würde? Wie würden die USA darauf reagieren?

Die Anwesenden stimmten weitgehend darin überein, dass die USA trotzdem in den Irak würden einmarschieren müssen, da sie nicht wissen könnten, wer der neue irakische Führer sein würde. Könnten sie einem neuen Präsidenten vertrauen? Wahrscheinlich nicht. Wollten sie sich mit diesem Chaos befassen? Sie würden die Truppenverlegung fortführen und eine militärische Streitmacht im Irak stationieren müssen, um die Stabilität zu garantieren.

Eine weitere Frage kam auf den Tisch: Wann sollten sie auf die Türken zugehen und sich in Ankara um eine klare Zusage für Durchmarschrechte für ein Kontingent amerikanischer Truppen bemühen?

Wir sind bereits spät dran, warnte Franks. Wir brauchten eine klare Zusage der Türkei, aber angesichts der anstehenden Parlamentswahlen würde Ankara keine Entscheidung fällen. Sollten wir trotzdem hingehen und sie fragen und ein Nein riskieren? Die Entscheidung wurde vertagt.

Sie kamen auf die Stabilitätsoperationen in Phase Vier nach Abschluss der Kampfhandlungen zu sprechen, wobei sich die Diskussion aber nicht um die Strategie oder Philosophie der Besetzung eines Irak nach dem Sturz Saddams drehte, sondern um die Truppenstärke, die sie dafür benötigten. Franks wies darauf hin, dass sie im Falle eines militärischen Angriffs bis zu 265 000 Soldaten im Irak stehen haben würden. Im Laufe der Zeit beabsichtige er diese Zahl auf rund 50 000 zu reduzieren. Wie schnell das vonstatten gehen könne, hinge von den Ereignissen im Irak ab, aber er rechne damit, dass sich der Truppenabbau über eineinhalb Jahre nach Ende der Kampfhandlungen hinziehen würde.

Zuletzt präsentierte Franks einen „Zielplaner Irak", der folgende Vorgaben umfasste: 1. Die Bedeutung des Ziels, 2. eine Beschreibung des Ziels sowie aller kritischen Elemente, 3. ob die Gefahr von Kollateralschäden mit möglichen zivilen Opfern bestand und 4. welche Art von Waffen eingesetzt werden könnten.

Franks spielte die Punkte anhand einer Satellitenaufnahme des Hauptquartiers der Baath-Partei in Bagdad durch: 1. Bedeutung: Hauptquartier der Partei, die Saddam zu einem seiner Herrschaftsinstrumente umfunktioniert hat. 2. Das Hauptquartier ist ein mehrstöckiges Gebäude mit umfangreichen Kommunikations- und Sicherheitseinrichtungen. 3. In unmittelbarer Nachbarschaft liegt ein Wohnkomplex, der in Mitleidenschaft gezogen werden könnte. 4. Das Ziel kann mit einer ganzen Palette von Waffen angegriffen werden, darunter auch Marschflugkörper und lasergesteuerte Bomben.

POWELL war sehr beunruhigt. Die Diskussionen konzentrierten sich immer mehr auf die militärische Planung, eine fortlaufende und eskalierende Serie von Ideen, Konzepten, detaillierten Abläufen, Szenarien und Problemen. Die Pakete mit den streng geheimen Präsentationsfolien wurden mit jedem der Briefings von Rumsfeld und Franks dicker. Wie der Lehrer an einer Jungenschule teilte Rumsfeld zu Beginn der Sitzungen die Pakete mit den Folien oder bunten Kopien aus und sammelte sie hinterher wieder ein, wobei das Paket des Präsidenten häufig zusätzliches Hintergrundmaterial enthielt. Auf Anweisung Rumsfelds durfte keiner der Anwesenden Notizen machen. Er nahm alle Folien und Kopien mit zurück ins Pentagon, wo sein Militärassistent sie in einem Safe im Bürotrakt des Verteidigungsministers einschloss.

Powell hatte die ersten 16 Monate seiner Amtszeit im, wie er und Armitage seine häufige Isolation nannten, „Kühlschrank", wenn nicht gar im Gefrierschrank, verbracht. Berichte in der Presse, in denen über seine Rücktrittsabsichten spekuliert wurde, nagten an ihm. Armitage hatte ihn heftig bedrängt, private Unterredungen mit dem Präsidenten zu fordern, um eine persönliche Beziehung zu Bush aufzubauen. Rumsfeld traf sich regelmäßig mit Bush zu solchen Gesprächen.

Mehrere Monate zuvor hatte Powell um private Unterredungen mit Bush gebeten und sie auch bekommen, auch wenn Rice bei den zwischen 20 und 30 Minuten langen Sitzungen im Oval Office anwesend gewesen war. Einmal hatte der Präsident Powell alleine eingeladen. „Ich denke, wir sind in unserer Beziehung wirklich ein Stück vorangekommen", sagte Powell nach der rund halbstündigen Sitzung zu Armitage. „Ich weiß, dass wir uns verstehen."

In den Tagen, bevor Franks sein neues „Hybrid"-Konzept vorgestellt hatte, hatte Powell eine Runde durch Asien gedreht und dort fast schon die Kriegstrommeln von der anderen Seite des Ozeans hören können. Die Sache war dabei, eine gewaltige Dynamik zu entwickeln. Auf dem langen Flug zurück nach Hause hatte er angefangen, seine Gedanken zum Irak zu sammeln. Bei einer der Sonntagmorgen-Talkshows im Fernsehen hatte Brent Scowcroft, der während des Golfkriegs 1991 Nationaler Sicherheitsberater von Bushs Vater gewesen war, erklärt, dass ein Angriff auf den Irak den gesamten

Nahen Osten in einen „Hexenkessel verwandeln und damit alle Erfolge im Krieg gegen den Terrorismus zunichte machen" könnte.

Powell, der im Prinzip mit Scowcrofts unverblümter Warnung übereinstimmte, erkannte, dass er es versäumt hatte, dem Präsidenten seine eigene Analyse direkt und mit Nachdruck zu unterbreiten. Und das Mindeste, was er Bush schuldete, war, ihm sein Verständnis und seine Sichtweise aller möglichen Konsequenzen des Kriegs nahe zu bringen.

Powell sprach mit Rice. Es sei unmöglich, eine umfassende Diskussion der Irakpolitik in einem Meeting zu führen, das unter dem Strich ein militärisches Briefing sei, sagte er. „Ich benötige unbedingt etwas Zeit mit ihm allein, um über einige Punkte zu sprechen, über die er meiner Meinung nach noch mit niemandem gesprochen hat", drängte Powell.

Bush lud Powell und Rice für den Abend des 5. August, des Tages, an dem Franks sein „Hybrid"-Briefing gab, in seine Privaträume ein. Das Meeting zog sich in die Länge und wurde nach dem Dinner im privaten Speisezimmer im Büro des Präsidenten fortgesetzt.

Powells Aufzeichnungen umfassten drei bis vier Seiten. Ein Krieg könnte befreundete Regime in Saudi-Arabien, Ägypten und Jordanien destabilisieren, sagte er. Er könnte Energie von fast allen anderen Aufgaben abziehen, nicht allein vom Krieg gegen den Terrorismus, und dramatische Auswirkungen auf die Erdölversorgung und die Erdölpreise haben.

Wie sähe das aus, ein amerikanischer General, der ein arabisches Land regiert, ein General MacArthur in Bagdad?, fragte Powell den Präsidenten. Wie lang würde sich das hinziehen? Niemand könne das wissen. Wie sollten sie Erfolg definieren? Mit dem Krieg könnte Saddam gestürzt werden, aber „Sie werden die Regierung sein, bis Sie eine neue Regierung bekommen".

Zu dem Zeitpunkt, als sie sich in Bushs Büro begaben, hatte Powell sich so richtig in Fahrt geredet.

„Sie werden der stolze Herrscher über 25 Millionen Menschen werden", sagte er zum Präsidenten. „All ihre Hoffnungen, Wünsche und ihre Probleme werden Ihnen gehören. Alles wird Ihnen gehören." Unter vier Augen bezeichneten Powell und Armitage das als die Porzellanladen-Regel: Du zerbrichst es, dir gehört es.

„Die Sache wird aus allem den Sauerstoff abziehen", fuhr der Außenminister fort. Um die politische Dimension des Ganzen zu unterstreichen, setzte er noch hinzu: *„Das wird Ihre erste Amtszeit sein."* Die unausgesprochene Implikation lautete: Wollte der Präsident auf diese Weise definiert werden? Wollte er mit einem Irakkrieg zur Wiederwahl antreten?

Powell fand, dass er Fortschritte erzielte. Der Irak habe eine sehr komplexe Geschichte, sagte er. Die Iraker hätten keine Erfahrungen mit einer Demokratie. „Sie müssen verstehen, dass dies kein Spaziergang durch den Wald wird."

„Es ist einfach zu behaupten, dass wir das allein durchziehen können, nur leider ist das unmöglich", fuhr er fort. Die Geografie stelle eine gewaltige Herausforderung dar. General Franks hatte betont, dass sie unbedingt auf Zugang zu den Stützpunkten und Einrichtungen ihrer Alliierten in der Region und darüber hinaus angewiesen waren. Powell war ungewöhnlich offen. „Wenn Sie meinen, es wäre damit getan, den Telefonhörer in die Hand zu nehmen und einmal kräftig zu pfeifen, und damit hätte es sich – nein, Sie brauchen Alliierte, Sie brauchen Zugang, Sie brauchen weiß Gott noch was alles. Es reicht nicht, nur die militärischen Zeitabläufe zu verstehen, Sie müssen auch die anderen Dinge verstehen, die auf Sie zukommen werden." Powell war der Ansicht, dass dem Präsidenten die Risiken noch nicht ausreichend und drastisch genug geschildert worden waren.

Saddam sei verrückt; in die Enge gedrängt, könnte er vielleicht Massenvernichtungswaffen einsetzen. Schlimmer noch, obwohl die USA die größte Menschenjagd aller Zeiten inszeniert hatten, hatten sie Osama Bin Laden noch immer nicht dingfest gemacht. Saddam verfüge über weitaus mehr Möglichkeiten, er verfüge über einen ganzen Staat. Sie könnten sich jetzt keine weitere und möglicherweise ebenso erfolglose Menschenjagd leisten. Zudem, sagte Powell, würde ein solcher Krieg den Großteil der amerikanischen Streitkräfte binden.

Der Präsident hörte zu und stellte einige Fragen, ohne aber ernsthaft Kontra zu geben. Schließlich sah er Powell an. „Was soll ich tun? Was kann ich sonst tun?"

Powell erkannte, dass er eine Lösung anbieten musste. „Sie können sich immer noch um ein Bündnis oder ein Eingreifen der Vereinten Nationen bemühen, damit das getan wird, was getan werden muss", sagte er. Die Vereinten Nationen waren nur eine Möglichkeit, aber irgendeinen Weg mussten sie finden, um Verbündete zu gewinnen und das Problem auf eine internationale Ebene zu heben.

Es habe ihm, sagte Bush, sehr gefallen, eine internationale Koalition für den Afghanistankrieg zu schmieden. Wie würden die Russen oder die Franzosen reagieren?

Powell sagte, er sei überzeugt, dass die Vereinigten Staaten die meisten Länder mit an Bord holen könnten. Allerdings gab es dabei noch etwas zu bedenken. „Wenn Sie zu den Vereinten Nationen gehen, müssen Sie sich im Klaren darüber sein, dass sie das Problem möglicherweise lösen können. In diesem Falle gibt es keinen Krieg. Das könnte eine Lösung bedeuten, die nicht so sauber ist, wie einfach reingehen und den Kerl ausschalten." Wenn sie internationale Rückendeckung brauchten und suchten, dann, sagte Powell, könnte das auch zu einem anderen Ergebnis führen. Auch wenn das Gespräch hin und wieder angespannt verlaufen war, Powell hatte das Gefühl, nichts ungesagt gelassen und jeden Anschein von Theatralik vermieden zu haben. Der Präsident bedankte sich bei Powell. Das Gespräch hatte zwei Stunden gedauert, was für Powell eine außerordentlich lange Zeit allein mit dem Präsidenten ohne störende Einwürfe von Cheney und Rumsfeld war.

Rice formulierte für sich die Schlagzeile des Abends: „Powell plädiert für ein Bündnis als einzigen Weg zu einem sicheren Erfolg".

Tatsächlich hatte Powell versucht, mehr zu sagen, den Präsidenten zu warnen, dass zu viel schief gehen könnte. Der widerwillige Krieger mahnte zur Vorsicht, aber hatte nicht wirklich sein Innerstes nach außen gekehrt. Er hatte nicht gesagt: Tun Sie es nicht! Zusammengenommen hätten die von ihm vorgetragenen Punkte ausgereicht, diese Schlussfolgerung zu ziehen. Powell war sich dessen halb bewusst, aber er hatte in seinen 35 Jahren in der Armee und in anderen Regierungsdiensten gelernt, dass er dem Boss zuspielen und über Verfahrensweisen diskutieren musste. Es war von allergrößter Bedeutung, nur innerhalb der Grenzen der vom Boss vorgegebenen vorläufigen Ziele zu reden. Aber vielleicht war er an diesem Abend zu zaghaft gewesen.

„Das war hervorragend", sagte Rice am nächsten Tag am Telefon zu Powell. „Wir sollten so etwas öfters machen."

Andy Card rief ihn an und bat ihn, zu ihm herüberzukommen und die ganze Sache, sämtliche Notizen und alles, mit ihm durchzugehen.

Powell hatte das Gefühl, einen Homerun geschlagen zu haben. Aber er war sich nicht ganz sicher, ob der Präsident die Bedeutung seiner Ausführungen, die Konsequenzen eines Kriegs voll und ganz erfasst hatte. Sechzehn Monate später fragte ich den Präsidenten in demselben Büro, in dem Powell seine Argumente vorgetragen hatte, nach Powells Einwand, dass eine militärische Lösung bedeutete, ihm würde der Irak gehören.

„Sicher hat er das", erwiderte Bush, „er hat das gesagt."

„Ihre Reaktion?", fragte ich in der Erwartung, dass er Verständnis für die gegen einen Krieg sprechenden Gründe äußern würde.

„Meine Reaktion darauf ist, dass es mein Job ist, Amerika zu schützen", erklärte der Präsident. „Und dass ich auch daran glaube, dass Freiheit etwas ist, wonach die Menschen sich sehnen. Und dass, gibt man ihnen die Chance, die Iraker mit der Zeit diese Chance ergreifen werden. Mein Denken konzentriert sich auf das, was ich Ihnen gesagt habe – auf die heilige Pflicht, Amerika zu beschützen."

Etwas verblüfft saß ich da und hörte zu, wie der Präsident über Freiheit und Sicherheit referierte, zwei Themen, die so gut wie nichts mit den von Powell vorgebrachten Punkten zu tun hatten. „Aber er spricht doch auch über Taktik", warf ich ein.

„Das ist sein Job", antwortete Bush, „taktisch zu denken. Mein Job ist es, strategisch zu denken. Was er im Prinzip gesagt hat, war, dass, wenn Saddam tatsächlich militärisch [durch eine Invasion] gestürzt wird, wir gut beraten sind, ein klares Verständnis darüber zu haben, was es braucht, den Irak wiederaufzubauen."

Das stimmte zweifelsohne und war Teil von Powells Botschaft gewesen, aber während ich zuhörte, erhielt ich einen flüchtigen Blick auf das, was Powell offenbar gesehen hatte – die Ungewissheit, ob der Präsident die möglichen Konsequenzen voll erfasste. Zum Zeitpunkt des Interviews, im Dezember 2003, hatten die Ereignisse einige von Powells Bedenken als unbegründet enthüllt – Ägypten, Jordanien und Saudi-Arabien wirkten stabil, der Ölpreis war nicht die Höhe geschossen, und die USA hatten Alliierte für Stützpunkte in der Region gefunden. Doch Powell hatte richtig vorhergesagt, dass der Krieg Bushs Präsidentschaft dominieren würde, und ob im Irak eine stabile Demokratie entstehen würde und die amerikanischen Truppen nach Hause zurückkehren könnten, stand noch in den Sternen. Sechzehn Monate nachdem Powell diese Punkte zur Sprache gebracht hatte, machten sie einen großen Teil des Alltags des Präsidenten aus.

Über diese Zeit im August 2002 sagte der Präsident weiter: „Wir mussten erst noch unsere diplomatische Strategie entwickeln. Es gab bestimmte Leute in der Regierung, die hofften, wir könnten die Sache auf diplomatischem Wege lösen. Und es gab einige, die im Prinzip sagten, dass wir das nicht diplomatisch lösen könnten. Seien wir also realistisch."

„Colin war absolut überzeugt davon, dass die Vereinten Nationen der Weg waren, den wir beschreiten sollten. Und einige in der Administration hatten gesehen, wie unzuverlässig die Vereinten Nationen in diesem Punkt gewesen waren, und waren sich nicht sicher, ob die Vereinten Nationen in der Lage wären, das auf die Reihe zu bekommen." Er bestätigte, dass einer davon Vizepräsident Cheney war.

AM 6. AUGUST, einen Tag nach Bushs Dinner mit Powell und Rice, befahl Franks seinen Kommandeuren, vom „Running Start Plan" auf den neuen Bestseller – das „Hybrid"-Konzept – und damit auf einen schnelleren und schlankeren Krieg umzuschalten.

Am Nachmittag dieses Tages reiste Bush zu einem fast einen Monat langen Urlaub auf seiner Ranch in Crawford ab.

15 AM MITTWOCH, dem 14. August, führte Rice den Vorsitz über ein Treffen der Chefs, das ohne den Präsidenten stattfand, der nach Crawford abgereist war. Den Chefs lag der Arbeitsentwurf einer von den Stellvertretern freigegebenen Nationalen Sicherheitsdirektive, kurz NSPD, vor. Die Direktive trug den Titel: „Irak: Ziele, Absichten und Strategie".

Nun, da der Präsident im Urlaub weilte, war es an der Zeit für die Chefs, die Direktive Zeile für Zeile durchzugehen und so lange daran zu feilen, bis sie sich auf einen Konsens einigten, den sie dem Präsidenten zur Unterschrift vorlegen konnten. Eine NSPD entspricht zwar nicht gerade den Zehn Geboten, doch Rice hielt es für eine gute Möglichkeit, sicherzustellen, dass alle mit denselben Vorgaben arbeiteten.

Sie kamen um acht Uhr morgens zusammen. Nachdem sie einige Zeit an der Direktive gearbeitet hatten und sie Zeile für Zeile durchgegangen waren, einigten sie sich auf ein streng geheimes Dokument folgenden Wortlauts:

„US-Ziel: Irak befreien, um irakische Massenvernichtungswaffen, ihre Trägersysteme sowie alle damit zusammenhängenden Programme zu eliminieren; den Irak daran hindern, aus der Eindämmung auszubrechen und eine noch größere Gefahr für die Region und darüber hinaus zu werden.

Die Bedrohung der Nachbarländer durch den Irak beenden; die irakische Regierung daran hindern, die eigene Bevölkerung zu tyrannisieren; die irakischen Verbindungen zum internationalen Terrorismus zerschlagen und die irakische Unterstützung des internationalen Terrorismus unterbinden; die Einheit und territoriale Integrität des Irak bewahren. Das irakische Volk aus der Tyrannei befreien und ihm dabei helfen, eine auf Ausgleich, Pluralismus und Demokratie basierende Gesellschaft aufzubauen."

Im nächsten Absatz des Dokuments stand: „Zielsetzungen: Eine Politik verfolgen, die geeignet ist, die Gefahr eines Angriffs mit Massenvernichtungswaffen auf die Vereinigten Staaten, US-Truppen im Feld und unsere Alliierten und Freunde zu minimieren. Die Gefahr regionaler Instabilitäten minimieren. Iran und Syrien davon abhalten, dem Irak Hilfe zu leisten. Die Auswirkungen auf die internationalen Erdölmärkte minimieren."

Dabei, so das Dokument, sah die Strategie „zur Befreiung des Irak [den Einsatz] aller Instrumente nationaler Macht" einschließlich der Diplomatie, des Militärs, der CIA und wirtschaftlicher Sanktionen vor.

Zur Durchsetzung eines Regimewechsels würden die USA ihre „Ziele und Interessen wenn möglich mit einer Koalition von engagierten Ländern verfolgen, wenn nötig aber auch allein handeln".

Seit Jahrzehnten hatten sich amerikanische Präsidenten routinemäßig eines solchen Ansatzes zum Schutz der nationalen Sicherheitsinteressen bedient, einer Art „Koalition wenn möglich, allein wenn nötig"-Strategie. Nur selten jedoch hatte es innerhalb des nationalen Sicherheitsteams so tiefe Gräben gegeben wie in diesem Fall zwischen Cheney und Powell, die das, was möglich, und das, was nötig war, grundsätzlich völlig verschieden definierten.

Ein weiteres Element der Strategie war „die Zusammenarbeit mit der irakischen Opposition, um zu demonstrieren, dass wir den Irak befreien, nicht besetzen wollen, und die aktive Beteiligung der Opposition beim Aufbau eines pluralistischen und demokratischen Irak einschließlich der Vorbereitung einer neuen Verfassung". Ein weiteres Ziel war die „Errichtung einer demokratischen Regierung mit breitem Rückhalt in der Bevölkerung, die sich an das internationale Recht hält und internationale Normen achtet, ihre Nachbarn nicht bedroht, die Grundrechte aller Iraker respektiert, auch der von Frauen und Minderheiten, und sich der Rechtsstaatlichkeit verpflichtet einschließlich der Rede- und der Religionsfreiheit".

Schließlich, so das abschließende Element der Strategie, sollten die Vereinigten Staaten „demonstrieren, dass [sie] bereit sind, mit Hilfe und unter Partizipation der internationalen Gemeinschaft eine nachhaltige Rolle beim Aufbau eines Irak nach dem Sturz Saddams zu spielen und dadurch sicherzustellen, dass der Aufbau des Landes, bei dem die existierende irakische Bürokratie erhalten, aber reformiert wird und die irakischen Militär- und Sicherheitsinstitutionen reformiert werden, schnellstmöglich in Angriff genommen wird".

Eine Sache erhalten und eine Sache reformieren können zwei sehr unterschiedliche Dinge sein. Was soll man bewahren? Und was verändern? Sie hegten große Hoffnungen, dass die Iraker Demokratie und Wandel wünschten. Aber da keiner wusste, was sie im Irak nach Saddam vorfinden würden, bereiteten sie sich auf beides vor.

Powell sagte, sie müssten sich damit befassen, wie sie eine Koalition aufbauen oder sich zumindest ein Mindestmaß an internationaler Rückendeckung sichern könnten. Die Briten würden an ihrer Seite stehen, sagte er, aber ob das auch ohne eine internationale oder von den Vereinten Nationen sanktionierte Koalition so bleiben würde, sei fraglich. Der Rest der europäischen Länder gehörte, ebenso wie die mit den USA befreundeten Länder im Nahen Osten, zu den unsicheren Kantonisten.

Die erste Gelegenheit für den Präsidenten, die Irak-Frage offiziell auf der großen internationalen Bühne anzusprechen, bot sich in weniger als einem Monat bei der für den 12. September angesetzten Rede Bushs vor der UN-Generalversammlung. Gerson hatte für den Präsidenten eine Rede über amerikanische Werte, Demokratie und humanitäre Hilfsprogramme entworfen – eine Rede also über die weiche Seite der Bush-Agenda. Aber seitdem war der Irak zum Thema Nummer eins in Washington und im gesamten Land aufgestiegen. Jeder noch lebende ehemalige Nationale Sicherheitsberater oder Außenminister, der noch einen Stift halten oder auf einer Tastatur tippen konnte, hatte sich mit Anregungen und Verbesserungsvorschlägen zu Wort gemeldet.

Powell war der Ansicht, dass der Präsident vor den Vereinten Nationen über den Irak reden müsse. „Ich kann mir nicht vorstellen, dass er dort hingeht und nicht darüber spricht", sagte er.

Rice, die sich zunächst gegen eine aggressive Irak-Rede vor den Vereinten Nationen gewandt hatte, war inzwischen derselben Meinung. Sich in einer Zeit, in der in der Öffentlichkeit und den Medien ohne Unterlass über das Thema debattiert und spekuliert wurde, nicht über den Irak zu äußern, könne den Verdacht erregen, dass der Präsident die Bedrohung entweder nicht ernst nehme oder aber unter absoluter Geheimhaltung operiere. Dazu kam, dass Bush der Öffentlichkeit gern zumindest die generelle Richtung seiner Politik erklärte und die Nachrichten bestimmen wollte.

Powell glaubte, Cheney, und in geringerem Maße auch Rumsfeld, in die Schranken verwiesen zu haben. Selbst wenn jemand, argumentierte er, der Ansicht sei, ein Krieg sei die einzig mögliche Lösung, könnten sie unmöglich in den Krieg ziehen, ohne nicht zuvor eine Lösung am Verhandlungstisch versucht zu haben. Das sei der absolut unerlässliche erste Schritt. Ohne diesen Versuch würde niemand mit ihnen gehen – also keine Briten, keine Stützpunkte, kein Zugang, keine Überflugrechte, alle ihre Alliierten in Europa und im Nahen Osten stünden auf der anderen Seite. Powell meinte sie überzeugt zu haben, auch wenn er spürte, dass Cheney „entsetzt" war, weil der diplomatische Weg, war er erst einmal beschritten, durchaus funktionieren konnte. Doch die Logik hinter seiner Argumentation, zumindest einen Versuch unternehmen zu müssen, war, glaubte Powell, unangreifbar. *Aus einer Möglichkeit war eine Notwendigkeit geworden.*

Cheney zog über die Vereinten Nationen vom Leder. Wenn sie zu den Vereinten Nationen gingen, würden sie sich auf einen endlosen Prozess von Debatten, Kompromissen und Verzögerungen einlassen. Worte, keine Taten.

Powell hörte zu und gluckste fast schon vor Vergnügen. Cheney wollte diesen Weg so sehr vermeiden, wünschte so sehr, ihn zu versperren, aber er konnte es einfach nicht.

„Ich denke, in der Rede vor den Vereinten Nationen sollte es um den Irak gehen", sagte der Vizepräsident, aber nicht nur um den Irak. Die Vereinten Nationen selbst sollten an den Pranger gestellt werden. Immerhin hatten sie über ein Jahrzehnt hinweg versagt, waren unfähig und unwillig gewesen, ihre eigenen Resolutionen durchzusetzen, die Saddam befahlen, seine Massenvernichtungswaffen zu zerstören und Waffeninspektionen im Irak zuzulassen. Die Vereinten Nationen selbst müssten herausgefordert werden. „Gehen wir hin, und sagen wir ihnen, dass es nicht um uns geht. Es geht um euch. Ihr seid bedeutungslos." Die Vereinten Nationen liefen Gefahr, irrelevant und zum Gespött der Welt zu werden, sagte er.

Rice gefiel das. Den Vereinten Nationen den Schwarzen Peter zuzuschieben. Die Organisation glich zu sehr dem Völkerbund nach dem Ersten Weltkrieg – ein zahnloser Debattierklub.

Die Runde der Chefs einigte sich darauf, dem Präsidenten zu empfehlen, vor den Vereinten Nationen über den Irak zu sprechen. Auf keinen Fall aber sollte er eine Kriegserklärung verlangen. Das war schnell vom Tisch. Aber darüber, was er sagen sollte, gelangten sie zu keiner Einigung.

SPÄTER AN DIESEM TAG folgten Franks und Renuart dem ihnen inzwischen bestens vertrauten Weg zu Rumsfelds Büro. Eigentlicher Zweck des Treffens war, den Verteidigungsminister auf den neuesten Stand der Planungen zur „Hybrid"-Option zu bringen, aber Rumsfeld drängte darauf, auch über die Zielauswahl zu sprechen. Er war fasziniert von dem Ablauf und begierig darauf, die entscheidende Verbindung zu begreifen zwischen dem militärischen Wert eines Ziels und der Bereitschaft beziehungsweise der Nichtbereitschaft, zivile Kollateralschäden in Kauf zu nehmen.

Als Experte für den Luftkrieg übernahm Renuart den Großteil der Ausführungen. Grob gesagt, erklärte er, werde auf der Grundlage der nachrichtendienstlichen Erkenntnisse der operative Wert der potenziellen Ziele bewertet. Eine irakische Kommunikationseinrichtung beispielsweise erfülle drei Aufgaben: als Zentrale für die Weitergabe von Informationen an die irakischen Truppen im Feld, für die Ausstrahlung von Propaganda und Informationen an die Außenwelt und für die Verbindung zu den irakischen Botschaften, von denen aus die irakischen Geheimdienstagenten operierten. Damit wäre die Kommunikationseinrichtung ein auf der Hand liegendes Ziel. Bei der Bewertung der Kosten eines Angriffs auf das Ziel jedoch müsste auch die Zahl der dort beschäftigten irakischen Zivilisten berücksichtigt werden. Handelte es sich bei ihnen wirklich um Zivilisten oder sind sie Teil des Regimes? Was war mit dem täglichen Arbeitsablauf? Bei Nacht würden weniger Zivilisten in dem Gebäude sein.

Schön und gut, sagte Rumsfeld, aber woher wissen Sie, wie viele Leute in dem Gebäude sind?

Franks und Renuart entwarfen einen hypothetischen Fall, bei dem sie über eine Satellitenaufnahme von einem zehnstöckigen Gebäude und dem dazugehörigen Parkplatz verfügten. Laut Analyse gab es pro Stockwerk rund zehn Büros, in denen je drei Personen arbeiteten, also würden sich an einem normalen Werktag zu Bürozeiten rund 300 Menschen in dem Gebäude aufhalten. Bei Nacht, wenn nur noch die Hausmeister und das Wachpersonal anwesend waren, würde diese Zahl bei 50 oder darunter liegen, was einen Angriff bei Nacht nahe legen würde, vorausgesetzt natürlich, der Angriff gälte der Einrichtung und nicht dem Personal.

Insgesamt hatten sie zu diesem Zeitpunkt um die 130 mögliche Ziele mit einem potenziell hohen Kollateralschaden identifiziert, worunter sie 30 oder mehr zivile Todesopfer verstanden.

Wie zuverlässig sind die Informationen und die Analysen?, wollte Rumsfeld wissen.

Das hänge, lautete die Antwort, von den Umständen ab.

Gehen Sie das alles nochmals durch und bewerten Sie es neu, befahl Rumsfeld. Er wollte die Kollateralschäden minimieren. Wenn sie schon unvermeidbar waren, dann sollten sie wenigstens wissen, was auf sie zukam.

Franks versuchte darzulegen, dass es sich dabei um einen Prozess der fortlaufenden Verbesserung handele und sie die Zahl der mit hohen Kollateralschäden einhergehenden Ziele reduzieren würden.

Rumsfeld beharrte auf einer umfassenden Überprüfung – legt alles nochmals unter das Mikroskop – er wollte eine, wie er es nannte, „Auffrischung“.

Die Zerstörung der 4000 möglichen Ziele, erklärte der General, würde rund 12 000 bis 13 000 einzelne Waffen voraussetzen. Ein großes Bauwerk oder ein Gebäudekomplex könne vier bis zwölf „Zielpunkte“ für individuelle Waffen – Bomben oder Raketen – haben.

Rumsfeld wollte, dass sie mit den Geheimdienstleuten daran arbeiteten, die Zielsammlung und -analyse unablässig weiter zu verbessern. Hinter dieser Forderung stand die Katastrophe von 1999 im Kosovokrieg, als die chinesische Botschaft in Belgrad bombardiert wurde, weil die CIA eine veraltete Karte benutzt hatte. Das Briefing zog sich noch mehrere Stunden hin.

IN SEINEM BÜRO in der 17. Straße in Washington, drei Blocks vom Weißen Haus entfernt, erhielt Brent Scowcroft, George H. W. Bushs Nationaler Sicherheitsberater und Rice' Boss während ihrer Zeit im Stab des Nationalen Sicherheitsrats, geheime Informationen über die Debatte innerhalb der Administration. Obwohl er als privater Berater arbeitete, gab es wenige Außenseiter, die den wichtigsten Akteuren der neuen Bush-Administration näher standen als Scowcroft.

Scowcroft war besorgt, weil die eigentliche Gefahr für die Vereinigten Staaten seiner Ansicht nach nicht von Saddam, sondern von al-Qaida ausging. Es war ihm ein Rätsel, warum Cheney und Rumsfeld sich so ausschließlich auf Saddam konzentrierten, und er hatte dazu angemerkt: „Das Einzige, was Osama und Saddam Hussein gemeinsam haben, ist ihr Hass auf die Vereinigten Staaten. Saddam ist ein antiklerikaler Sozialist. So viel Saddam auf dem Kerbholz haben mag, es gibt nur wenige Hinweise auf Verbindungen zum Terrorismus." Einer seiner Partner schlug ihm vor, einen Meinungsartikel zu schreiben.

Saddams Traum, die Region unter seine Vorherrschaft zu bringen, schrieb Scowcroft, widerspreche zwar den US-Interessen, aber „es gibt kaum Hinweise für Verbindungen zwischen Saddam und Terrororganisationen und noch weniger zu den Anschlägen vom 11. September. Tatsächlich weisen Saddams Ziele und die der uns bedrohenden Terroristen kaum Gemeinsamkeiten auf, und es gibt so gut wie keinen Anreiz für Saddam, mit ihnen gemeinsame Sache zu machen."

„Weltweit besteht praktisch ein Konsens gegen einen Angriff auf den Irak zu diesem Zeitpunkt", warnte er. „Sollte diese Einstellung andauern, müssten die USA im Grunde eine „Wir machen es allein"-Strategie gegenüber dem Irak verfolgen, was jede militärische Operation entsprechend schwieriger und kostspieliger macht." Scowcroft riet Bush, sich für eine Rückkehr der UN-Inspektionsteams und strenge, unangemeldete Inspektionen im Irak einzusetzen.

Niemand stand dem älteren Bush näher – als Weggefährte, Loyalist und außenpolitischer Seelenverwandter – als Scowcroft. Er war Mitautor der Memoiren des früheren Präsidenten. Er schickte ihm eine Vorabkopie des Artikels und erhielt darauf keine Reaktion, was bedeutete, dass der Beitrag in Ordnung ging.

Am 15. August druckte das *Wall Street Journal* den Artikel unter der provokativen Schlagzeile „Kein Angriff auf Saddam" ab.

Scowcroft erhielt zwei wichtige Anrufe.

„Danke", sagte Powell, „Sie haben mir ein bisschen Spielraum verschafft." Scowcroft wusste, dass Powell sehr darauf bedacht war, sich nicht mit den republikanischen Rechten anzulegen, die sowieso der Meinung waren, er sei kein echter Republikaner. Das zwang Powell dazu, Front gegen den Irak zu machen, ohne damit aber einen Krieg zu unterstützen. Nun hatte er die Chance, einen Zug zu machen, der, wie er hoffte, vorsichtig und überzeugend zugleich war. „Das ist meine Chance“, vertraute der Außenminister Scowcroft an, „und ich muss vorbereitet sein.“

Auch Rice rief Scowcroft an, und zwischen beiden kam es zu einem heftigen Wortwechsel. Scowcrofts Artikel erwecke den Eindruck, als habe sich der Vater des Präsidenten in die Diskussion eingeschaltet. Es sei eine Ohrfeige für den Präsidenten.

Scowcroft erwiderte, er habe in seinem Beitrag dasselbe gesagt wie in dem Fernsehinterview, das er zehn Tage zuvor gegeben hatte, und da habe sich niemand beschwert. „Ich will keinen Bruch mit der Regierung“, sagte er und entschuldigte sich dafür, sollte sein Artikel die von Rice beschriebene Wirkung gehabt haben.

Das Problem reichte aber noch tiefer. Scowcroft erkannte, dass Bush senior der Öffentlichkeit oder seinem Sohn nicht den Eindruck vermitteln wollte, er würde ihm über die Schulter schauen. Das könnte seinen Sohn erniedrigen, seinem Ansehen und seiner Unterstützung in der Öffentlichkeit schaden, ja sogar seine Präsidentschaft untergraben.

Da weder Scowcroft noch Bush senior darauf aus waren, das Selbstvertrauen des Präsidenten zu schwächen, hielt sich Scowcroft von nun an in seinen öffentlichen Äußerungen stark zurück, auch wenn er seine Ansichten nicht änderte.

AM 16. AUGUST, dem zweiten Freitag seines Urlaubs in Crawford, nahm der Präsident über eine sichere Videoleitung an einer Sitzung des Nationalen Sicherheitsrats teil. Einziger Zweck des Treffens war, Powell Gelegenheit zu geben, sich für eine Beteiligung der Vereinten Nationen einzusetzen. Powell wiederholte seine Argumente.

Der Präsident fragte die anderen nach ihrer Meinung, und alle, selbst Cheney, sprachen sich dafür aus, den Vereinten Nationen zumindest in der anstehenden Rede eine Chance zu geben.

Gut, sagte Bush schließlich, und sprach sich prinzipiell für eine

Irak-Rede vor den Vereinten Nationen aus. Die Rede dürfe aber, ermahnte er sie, nicht zu schrill klingen oder vom Irak so viel verlangen, dass der Eindruck entstehe, es sei ihnen nicht ernst mit dem Versuch.

Kurz vor Mittag erschien der Präsident im Gemeindezentrum von Crawford und beantwortete mehrere Fragen von Reportern. Er sei, sagte er, sich bewusst, „dass einige sehr intelligente Leute ihre Ansichten über Saddam Hussein und den Irak kundtun. Ich höre aufmerksam zu, was sie zu sagen haben". Sehr zurückhaltend fügte er hinzu, dass Saddam „Massenvernichtungswaffen will", und vermied damit jeden Hinweis darauf, dass er solche Waffen besitze.

Der Präsident rief Gerson an, um mit ihm über die UN-Rede zu sprechen. Rice hörte mit. „Wir werden die Sache ein bisschen anders angehen", wies Bush Gerson an. „Wir werden den Vereinten Nationen sagen, dass sie sich entweder um dieses Problem kümmern oder sich selbst zur Bedeutungslosigkeit verurteilen, okay?"

Gerson machte sich an die Arbeit.

POWELL hatte das Videomeeting des Nationalen Sicherheitsrats mit dem Präsidenten mit dem Gefühl verlassen, dass sie eine Übereinkunft erzielt hatten. Er hatte sie auf seiner Seite – Cheney und Rumsfeld auf jeden Fall, vielleicht sogar den Präsidenten. Zufrieden fuhr er in den Urlaub in die Hamptons auf Long Island, wo er sich privat mit dem britischen Außenminister Jack Straw traf, der angesichts der zunehmenden Brisanz der Irak-Frage den Wunsch nach einem eintägigen Besuch geäußert hatte. In seinen Gesprächen mit Bush war dem britischen Premier zusehends klarer geworden, wie entschlossen der amerikanische Präsident war, etwas zu unternehmen. Straw teilte manche von Powells Sorgen, und was er unter dem Strich sagte, war: Wenn Sie wirklich an einen Krieg denken und uns Briten mit dabeihaben möchten, dann klappt das nur, wenn Sie vorher zu den Vereinten Nationen gehen.

Powell wusste, dass Straws Äußerungen den Druck auf Bush, der Blair unbedingt mit an Bord haben wollte, verstärken musste.

AM 20. AUGUST führte ich in Crawford für mein Buch *Bush at War – Amerika im Krieg* ein knapp zweieinhalb Stunden langes Interview mit dem Präsidenten über die Reaktion auf den 11. September und den Krieg in Afghanistan. Er sprach in großen, ja grandiosen Worten über die Neugestaltung der Welt. „Ich werde die Chance ergreifen, Großes zu verwirklichen“, sagte er. Jeder einzelne Schritt, fuhr er fort, müsse dem übergreifenden Ziel dienen, eine bessere, eine friedlichere Welt zu erschaffen. „Sehen Sie, das ist wie im Irak“, fügte er von sich aus hinzu. „Nur nebenbei bemerkt – und wir werden sehen, ob es sich bewahrheitet –, natürlich wird ein Regimewechsel im Irak, wenn wir denn entsprechende Maßnahmen ergreifen, strategische Implikationen haben. Aber es gibt noch etwas, das in meinen Augen darunter liegt, und das ist, dass es dort enormes Leid gibt.“ Saddam lasse, sagte er, die Bevölkerung in den abgelegenen schiitischen Gebieten verhungern. „Es gibt dort humanitäre Bedingungen, mit denen wir uns befassen müssen. Da wir uns mit der Irak-Frage befassen – vielleicht greifen wir an, vielleicht nicht. Ich weiß es noch nicht. Aber wenn wir kämpfen, dann wird es darum gehen, die Welt friedlicher zu machen.“ Er ging mit keinem Wort auf Massenvernichtungswaffen oder eine mögliche Bedrohung ein, die Saddam für die Vereinigten Staaten bedeutete.

„Nun, wir werden in der Frage der Gewalt und der Anwendung von Gewalt niemals Übereinstimmung mit allen herstellen können“, erklärte er und lieferte damit einen deutlichen Hinweis, dass ein internationales Bündnis und die Vereinten Nationen möglicherweise nicht die richtigen Mittel seien, mit gefährlichen Schurkenstaaten fertig zu werden. „Aber Handeln, selbstbewusstes Handeln, das positive Resultate erzielt, führt zu einer Art Windschatten, in den zögernde Nationen und Staatsmänner hineingehen können und sich selbst zeigen können, dass, wissen Sie, in Richtung Frieden etwas Positives geschehen wird.“

Der Präsident lud mich zu einer Tour über seine Ranch in seinem Geländewagen ein. Bei einem gemeinsamen Spaziergang brachte er den Irak zur Sprache. Ich hatte zu dem Zeitpunkt keine Ahnung über das Ausmaß der geheimen militärischen Planungen, der Briefings und der verschiedenen Optionen – „Generated Start“, „Running Start“, „Hybrid“ –, aber er versicherte mir, er hätte noch keinen

Erfolg versprechenden militärischen Plan für den Irak gesehen, was uns zu einer Diskussion darüber brachte, wie wichtig es ist, sich in Geduld üben zu können. Am nächsten Tag bezeichnete er sich gegenüber Reportern als einen „geduldigen Mann“, der sehr sorgsam die Optionen für einen Regimewechsel im Irak prüfen werde.

CHENEY ERKANNTE, dass er rapide an Boden verlor. Dieses ganze Gerede über die Vereinten Nationen, Diplomatie und nun über Geduld war in seinen Augen falsch. Nichts konnte sie auf dem Weg zum Krieg wirksamer ausbremsen – zu einem Krieg, den er für unbedingt notwendig und für den einzig gangbaren Weg hielt. Seine hochrangigen Kollegen aus den früheren Regierungen Ford und Bush meldeten sich mit einer Flut von Kommentaren zu Wort – Scowcroft mit seiner warnenden Antikriegsbotschaft, der vormalige Außenminister James Baker, der drängte, sie sollten unilaterale Aktionen vermeiden. Henry Kissinger, der Doyen der internationalen Realpolitik, hatte am 12. August in einem langen, etwas gewundenen Beitrag in der *Washington Post* zwar Bush darin unterstützt, das Problem Saddam zu einem Ende zu bringen, zugleich aber warnend darauf hingewiesen, dass sie dafür unbedingt um die Unterstützung der amerikanischen und der weltweiten Öffentlichkeit werben müssten.

Die *New York Times* hatte Scowcrofts und Kissingers Positionen zum Gegenstand des Leitartikels auf der Titelseite ihrer Ausgabe vom 16. August gemacht: „Führende Republikaner uneins mit Bush über Irak-Strategie“. Das war eine falsche Auslegung von Kissingers Beitrag, der Bush mehr oder weniger unterstützte, und die *Times* brachte später auch eine Berichtigung, doch Cheney und sein Stellvertreter, Scooter Libby, waren sehr verärgert über den Beitrag. Die Berichtigung konnte die Schlagzeile auf der Titelseite nicht mehr aus der Welt schaffen, und Scowcrofts Kritik blieb bestehen und fiel weitaus stärker ins Gewicht. Es sah so aus, als sei der Abmarsch zum Krieg verschoben worden.

Cheney gewann den Eindruck, als würde jeder seine Meinung beisteuern, nur die Regierung nicht. Die Regierung hatte keine offizielle Position publik gemacht, ein Mangel, den er zu korrigieren gedachte, wenn nötig mit einer großen Rede. Dass der Vizepräsident sich zu einem so wichtigen Thema vor dem Präsidenten äußerte, der am 12. September vor den Vereinten Nationen über den Irak sprechen sollte, war zwar höchst ungewöhnlich, doch Cheney konnte nicht länger warten. Die Natur und die Washingtoner politische Debatte verabscheuen das Vakuum. Er war nicht willens, Scowcroft, Baker und einem fehlinterpretierten Kissinger das Feld zu überlassen – geschweige denn Powell. Er führte ein vertrauliches Gespräch mit dem Präsidenten, der sein Okay gab, ohne sich im Detail damit zu befassen, was Cheney sagen wollte.

Bei einem Treffen des Nationalen Sicherheitsrats sagte Cheney zu Bush: „Nun, ich werde diese Rede halten."

„Machen Sie mir die Pferde nicht scheu", antwortete Bush halb im Scherz.

Aber genau das wollte Cheney, die Pferde scheu machen.

„Cheney sagt, Gefahr eines nuklearen Irak rechtfertigt Angriff", lautete die Schlagzeile der *New York Times* am Morgen des 27. August. Powell verschlug es die Sprache. Der Vizepräsident hatte vor der Versammlung der Veterans of Foreign Wars in Nashville eine Hardliner-Rede gehalten und im Prinzip Waffeninspektionen als eine nutzlose Übung abgetan. „Eine Rückkehr der Waffeninspektoren bietet uns keinerlei Garantie einer Einhaltung der UN-Resolutionen", hatte Cheney über Saddam gesagt. „Im Gegenteil, es besteht die ernsthafte Gefahr, dass dadurch ein falsches Gefühl der Sicherheit ausgelöst wird, dass Saddam irgendwie bezähmt sei."

Der Vizepräsident lieferte zudem eine persönliche Geheimdienstanalyse über Saddams Waffenarsenal: „Einfach gesagt, es besteht kein Zweifel, dass Saddam Hussein jetzt über Massenvernichtungswaffen verfügt, [und] es besteht kein Zweifel, dass er sie anhäuft, um sie gegen unsere Freunde, unsere Alliierten und gegen uns einzusetzen." Zehn Tage zuvor noch hatte der Präsident selbst nur davon gesprochen, dass Saddam solche Waffen „wolle". Weder Bush noch die CIA hatten eine mit Cheneys Behauptung vergleichbare Äußerung von sich gegeben.

Cheney sagte auch, in den Händen eines „mörderischen Diktators" seien diese Waffen „die schwerste Bedrohung, die man sich vorstellen kann. Die Risiken, die mit Untätigkeit verbunden sind, sind viel größer als die Risiken des Handelns".

Cheneys Rede, die nur knapp vor einer Kriegserklärung Halt machte, wurde weithin als Ausdruck der Regierungspolitik interpretiert. Powell war erstaunt. Cheneys Worte waren ein Präventivschlag gegen das, worauf sie sich zehn Tage zuvor mit dem Präsidenten verständigt hatten. Cheneys Rede ließ all das zu Makulatur werden, und nun fühlte Powell sich in die Schranken verwiesen. Verschärft wurde sein Problem noch, als die BBC Auszüge aus einem Interview veröffentlichte, das Powell vor Cheneys Rede gegeben hatte. „Der Präsident“, hatte Powell unter anderem gesagt, „hat deutlich seine Überzeugung zum Ausdruck gebracht, dass die Waffeninspektoren zurückkehren sollten.“ Nun machten Geschichten die Runde, in denen Powell vorgehalten wurde, Cheney zu widersprechen. Dem Außenminister wurde mangelnde Loyalität vorgeworfen, und er zählte nicht weniger als sieben Leitartikel, in denen direkt oder indirekt sein Rücktritt gefordert wurde. Wie kann ich illoyal sein, fragte er sich, wenn ich die vom Präsidenten formulierte Position wiedergebe?

Ken Adelman, ein Freund Cheneys und früherer Assistent Rumsfelds im Verteidigungsministerium in den siebziger Jahren, war der Meinung, dass Bush die Entmachtung Saddams zu lange hinauszögere. Zwei Tage nach Cheneys Rede meldete sich Adelman mit einem bissigen Meinungsbeitrag im *Wall Street Journal* zu Wort. Saddam sei, schrieb er, eine größere Gefahr als al-Qaida, weil er ein Land habe, Ölmilliarden, eine Armee und „zahlreiche wissenschaftliche Laboratorien und unzählige Industrieanlagen, die Massenvernichtungswaffen ausstoßen“.

Das Problem, schrieb Adelman, lasse sich nicht mit neuen UN-Inspektionen aus der Welt schaffen. „Jeder Tag, den Mr. Bush damit wartet, den Irak zu befreien, ist ein weiterer Tag der Gefahr für Amerika. Indem er sich als ‚geduldiger Mann‘ gibt, riskiert er einen katastrophalen Angriff. Sollte dieser Angriff erfolgen und auf eine irakische Anlage für Massenvernichtungswaffen zurückgeführt werden, dann wird dieser Präsident auf den Aschenhaufen der Geschichte verbannt.“

Das waren starke Worte. Cheney kommunizierte nicht direkt mit Adelman über solche Dinge, aber er sprach mit einem gemeinsamen Freund, der Adelman unmittelbar nach Erscheinen des Artikels anrief und ihn über die Reaktion des Vizepräsidenten informierte. „Ken ist in dieser Sache äußerst hilfreich gewesen", soll Cheney nach Auskunft dieses gemeinsamen Freundes gesagt haben, „und ich weiß zu würdigen, was er getan hat. Das war wirklich großartig."

Einen Tag später, am 29. August, sprach Cheney vor den Veteranen des Koreakriegs in San Antonio. Es war dieselbe Rede, aber mit einigen bezeichnenden Änderungen. Cheney ließ den Vorwurf fallen, Waffeninspektionen könnten ein „falsches Gefühl der Sicherheit" vermitteln, und beschränkte seine Kritik auf den Hinweis, dass „Inspektionen kein Ziel an sich sind".

Statt, wie noch in der ursprünglichen Version der Rede, zu behaupten, dass „wir wissen, dass Saddam seine Anstrengungen zum Erwerb von Atomwaffen wieder aufgenommen hat", erklärte er nun, dass Saddam ein „aggressives Atomwaffenprogramm" verfolge. Auch an anderen Stellen wurde die Sprache entschärft, zum Beispiel wurden ein „sehr" und darüber hinaus acht Absätze komplett gestrichen.

Über ein Jahr später bezeichnete Präsident Bush diese Zeit als den „elenden Monat August". „Ich erinnere mich noch, wie ich aus dem August 2002 herauskam", erklärte er. „Es war der ‚Marsch in den Krieg'. Alle von uns – wir waren wirklich in der Defensive. Weil wir uns nicht zusammengesetzt haben." Er war in Texas gewesen und die anderen Chefs verstreut auf ihre jeweiligen Urlaubsorte. „Jedes Wort wurde auseinander genommen. Cheney hielt eine Rede vor den Kriegsveteranen. Ich denke, wenn man darauf zurückblickt, wenn die Historiker darauf zurückblicken werden, werden sie sich fragen, was daran so wichtig gewesen sein soll. Aber sie hat einen gewaltigen Aufruhr ausgelöst."

„Powell war aufgebracht", sagte ich.

„Nein", sagte der Präsident. „Davon weiß ich nichts. Woher sollte ich von [Powells] Verärgerung wissen? Ich war in Crawford."

16 AM SONNTAG, dem 1. September, kehrte der Präsident von Crawford ins Weiße Haus zurück. Ein alles andere als glücklicher Powell hatte ein vertrauliches Gespräch mit Bush verlangt, und am nächsten Tag, es war Labor Day, kam er zum Lunch mit dem Präsidenten ins Weiße Haus. Wie üblich gesellte Rice sich dazu.

War es nicht die Position des Präsidenten, dass die Waffeninspektoren in den Irak zurückkehren sollten?, fragte der Außenminister.

Das sei sie, bestätigte Bush. Obwohl er die Erfolgsaussichten der Inspektionen skeptisch beurteilte, bekräftigte er seinen Entschluss, die Vereinten Nationen um ihre Unterstützung zu bitten, was praktisch bedeutete, eine neue Resolution zu verlangen. Powell war zufrieden und flog am nächsten Tag zur einer Konferenz nach Südafrika. Cheneys Intervention in Form der zwei Reden vor den Kriegsveteranen schien zumindest für den Augenblick neutralisiert worden zu sein.

Der Präsident unterrichtete die Runde der Chefs von seiner Absicht, vor den Kongress zu treten und ihn um eine Resolution zur Unterstützung militärischer Schritte gegen Saddam zu ersuchen. Obwohl die Rechtsexperten des Weißen Hauses ihn darauf hingewiesen hatten, dass er als Oberbefehlshaber über die verfassungsmäßige Stellung verfüge, allein zu handeln, wollte Bush die Vollmacht durch den Kongress.

Nachdem Bushs Team über zwei Wochen daran gearbeitet hatte, die internationalen und mit den Vereinten Nationen zusammenhängenden Probleme zu klären, ohne dabei zu einer Einigung zu gelangen, reichte ein einziges Treffen der Chefs aus, die innenpolitische Strategie zu klären. Die Meinung Cheneys, der als Abgeordneter im Kongress gesessen hatte und nun Senatspräsident war, hatte dabei in der Diskussion einiges Gewicht.

Vor dem Golfkrieg von 1991 war Bushs Vater zuerst zu den Vereinten Nationen gegangen, um sich durch eine Resolution den Waffengang autorisieren zu lassen. Gerade einmal 45 Tage vor Ausbruch des Kriegs hatte der UN-Sicherheitsrat die Resolution mit zwölf zu zwei Stimmen angenommen. Der Jemen und Kuba hatten dagegengestimmt, China sich der Stimme enthalten. Dann, nur drei Tage vor dem Krieg, hatte der Kongress mit einer vergleichsweise knappen Entscheidung – 52 zu 47 Stimmen im Senat und 250 zu 183 Stimmen im Repräsentantenhaus – eine eigene Resolution verabschiedet.

Da es dieses Mal unklar war, welche Rolle die Vereinten Nationen spielen würden, schlug Cheney vor, die Sache zuerst vor den Kongress zu bringen. In einem Wahljahr, in dem über alle Sitze im Repräsentantenhaus und ein Drittel der Sitze im Senat abgestimmt wurde, sollte das, meinte Cheney, kein Problem sein. Der Präsident solle die zügige Verabschiedung einer Resolution im Kongress verlangen, damit die Bürger vor den anstehenden Wahlen wüssten, welche Haltung die einzelnen Repräsentanten und Senatoren im Hinblick auf Saddam Hussein und sein gefährliches Regime verträten.

Rice stimmte dem nachdrücklich zu. So kurz vor den Kongresswahlen war der Capitol Hill reif, und die gemäßigten Demokraten, die sie kannte, schienen bereit, eine Resolution zu unterstützen, was bedeutete, dass der Präsident seinen Einfluss voll zur Geltung bringen könne. Eine Resolution des Kongresses würde ihre Position vor den Vereinten Nationen stärken und den Eindruck unterstreichen, dass die USA mit einer Stimme sprächen. Alles, sagte sie, spreche dafür, zuerst zum Kongress zu gehen. „Wie lange“, fügte sie hinzu, „müssen wir darüber debattieren?“

UM DIE MITTAGSZEIT des 3. September, des Dienstags nach dem Labor Day, an dem das offizielle Washington seine Geschäfte wieder aufnimmt, versammelte Card im Lageraum mehrere hochrangige Regierungsmitarbeiter, darunter Rice, Hadley, Scooter Libby und Dan Bartlett. Zugegen bei dem so genannten Koordinationstreffen Irak im Weißen Haus, aus dem die Arbeitsgruppe Irak im Weißen Haus, kurz WHIG, hervorging, war auch der Leiter des Verbindungsbüros zum Kongress im Weißen Haus, Nicholas Calio, ein elegant gekleideter, leicht ergrauter 49 Jahre alter Anwalt und Lobbyist, der ungeachtet seines ernsten Gesichts ein sehr gewandter Verkäufer war. Calio war auf demselben Posten – im Prinzip der persönliche Lobbyist des Präsidenten auf dem Capitol Hill – bereits 1992 und 1993 für Bushs Vater tätig gewesen. Das Treffen markierte den Beginn der Bemühungen, den Regimewechsel im Irak zu verkaufen.

Sie planten, erklärte Card, den Kongress zu bitten, noch vor den Zwischenwahlen über eine offizielle Resolution zur Autorisierung eines militärischen Eingreifens im Irak abzustimmen. Nachdem die Administration den August weitgehend ungenutzt hatte verstreichen lassen, müssten sie, betonte Card, im September und Oktober umso organisierter, koordinierter und konzentrierter vorgehen.

„Der Präsident ist sich der Tragweite dieser sehr großen Entscheidung bewusst", sagte Card über die Aussicht, einen Regimewechsel im Irak zu erzwingen und möglicherweise gegen den Irak in den Krieg zu ziehen. „Er möchte den Kongress mit ins Boot holen und sich so die moralische Autorität für das weitere Vorgehen sichern."

Calio hatte davon zum ersten Mal Ende Mai oder Anfang Juni gehört. Damals hatte Rice ihn gebeten, bei einigen wichtigen Mitgliedern des Kongresses vorsichtig vorzufühlen und auszuloten, wie sie in Sachen Irak standen. Calio hatte das Wahlverhalten der Kongressabgeordneten bei allen den Irak betreffenden Abstimmungen bis zurück zur Golfkriegsresolution von 1991 recherchiert. Nun, im Herbst, waren die Anweisungen des Präsidenten direkter: „Nicky, besorgen Sie uns die Stimmen."

Aus Bushs Nebenbemerkungen und Körpersprache schloss Calio, dass die Frage nicht lautete, ob, sondern wann es einen Krieg gegen den Irak geben würde.

Am nächsten Morgen, dem 4. September, lud Bush 18 wichtige Abgeordnete des Senats und des Repräsentantenhauses ins Weiße Haus ein.

„Der Irak beherrscht die Gedanken vieler Menschen", sagte der Präsident, „weil [Saddam] eine ernste Gefahr für die Vereinigten Staaten und seine Nachbarn und seine eigenes Volk darstellt." Er rief den Abgeordneten ins Gedächtnis, dass der Kongress 1998 mit überwältigender Mehrheit beschlossen hatte, dass ein Regimewechsel im Irak unerlässlich sei. „In Anbetracht des 11. September verfolgt meine Regierung diese Politik umso entschlossener. Also möchte ich eine Diskussion, möchte ich eine durch den Kongress angeregte Debatte in Amerika“, erklärte er und fügte, mit Cheneys Worten, hinzu: „Nichts tun ist keine Option.“

„Natürlich gibt es noch Meinungsverschiedenheiten. Wenn die Entscheidung getroffen ist, werden wir den Kongress um eine Resolution bitten. Ich gehe davon aus, dass sich der Kongress an jeder Entscheidung beteiligt.“ Er sagte, er wolle ihre Vorschläge und Meinungen hören, und äußerte sich zuversichtlich, alle eventuell noch vorhandenen Vorbehalte ausräumen zu können.

Tom Daschle, der demokratische Mehrheitsführer im Senat, auf Grund seiner Position am ehesten der zentrale Gegenspieler des Präsidenten, stellte mehrere Fragen zu Bushs Argumenten für einen Krieg. Was ist neu? Wo sind die greifbaren Beweise? Auf wessen logistische Hilfe können wir ohne Unterstützung in der Region bauen? „Wenn wir all diese Fragen diskutieren könnten, würde uns das weiterhelfen“, sagte Daschle.

Der Führer der Minderheit im Repräsentantenhaus, der Demokrat Dick Gephardt aus Missouri, sagte: „Ich schätze Ihre Ausführungen und teile Ihre Sorge über Saddam Hussein.“ Das amerikanische Volk, fuhr er fort, müsse über die ihm drohende Gefahr unterrichtet werden. „Es geht um Massenvernichtungswaffen, die in die falschen Hände geraten können. Unsere Bürger sehen das aber nicht. Wir müssen alles in unserer Macht Stehende tun, um den Einsatz von Massenvernichtungswaffen zu verhindern. Wir müssen das ganz klar machen.“

Gephardt sagte, dass er und Daschle darüber gesprochen hätten und dass der Präsident sich offensiv engagieren müsse, wenn er eine Resolution durchbringen wolle.

„Wollen Sie damit andeuten, Nick Calio sei in seinem Job überfordert?“, scherzte Bush.

Die Diskussion wandte sich der vom Kongress auf Betreiben des ersten Präsidenten Bush verabschiedeten Resolution vor dem ersten Golfkrieg 1991 zu. Calio hoffte, die Resolution von 1991 als Modell verwenden zu können.

„Mr. President“, meldete sich Senator Don Nickles, „Whip“ [Einpeitscher] der Republikaner, zu Wort, „bevor wir in diesem Jahr am 11. Oktober in die Sitzungspause gehen, bleiben uns noch fünf Wochen – möchten Sie, dass wir noch vorher abstimmen?“

„Ja!“, erwiderte Bush. „Ich will, dass Sie darüber debattieren. Das Thema bleibt auf der Agenda, Sie dürfen es nicht vertrödeln.“

Ob es nicht möglich sei, wollte der Vorsitzende des Streitkräfteausschusses, der demokratische Senator Carl Levin aus Michigan, wissen, Saddam Hussein abzuschrecken oder einzudämmen? „Das Militär ist sehr besorgt“, sagte er und deutete an, dass viele hohe Offiziere Bedenken gegen einen Waffengang hegten.

„Es wäre nett, wenn diese Offiziere ihre Bedenken auch dem Präsidenten mitteilten und nicht nur jemandem im Senat“, erwiderte Bush, offensichtlich verärgert.

An diesem Nachmittag gab Rumsfeld im Senat in einer der Geheimhaltung unterliegenden Sitzung hinter verschlossenen Türen ein Irak-Briefing, zu dem zwei Drittel der Senatoren erschienen – eine ungewöhnlich hohe Anwesenheitsquote. Bereits kurz nach Ende des Briefings erfuhr Calio, dass die Präsentation nicht gut gelaufen war und der Führer der Republikaner im Senat, Trent Lott, ganz und gar nicht glücklich war.

Calio hatte seine 25-köpfige Abteilung teilweise wie einen Geheimdienst organisiert. Sein Leitender Assistent fasste jeden Tag in einem langen „Abendmemo“ die im Laufe des Tages von den Mitarbeitern erstellten Berichte zusammen. Diese überwachten alles, was auf dem Capitol Hill vor sich ging, auch Briefings hinter verschlossenen Türen.

Das „Abendmemo für den 4. September“ enthielt den Bericht von Christine M. Ciccione, einer jungen Anwältin, die für Calio aus dem Senat berichtete, über Rumsfelds eineinhalb Stunden langes Briefing. „Sie haben bereits gehört, dass es ein Desaster war und Lott der Ansicht ist, dass Rumsfeld den ganzen Goodwill und die Vorarbeit zunichte gemacht hat, die der Präsident bei dem Meeting heute Morgen geleistet hat. Selbst ich musste gelegentlich ein Lachen unterdrücken, vor allem als Minister Rumsfeld eine Karikatur seiner selbst gab mit seinem ‚Wir wissen, was wir wissen, wir wissen, dass es Dinge gibt, die wir nicht wissen, und wir wissen, dass es Dinge gibt, von denen wir wissen, dass wir nicht wissen, dass wir nichts über sie wissen‘.“

Die Senatoren hatten erwartet, dass Rumsfeld bei dem Briefing, das ja unmittelbar auf das Meeting mit dem Präsidenten an diesem Morgen folgte, die Argumente der Administration präsentierte, berichtete Ciccione. „Aber Minister Rumsfeld war nicht darauf vorbereitet, Fragen zum Thema Irak zu diskutieren. Er war nicht willens, auch nur die grundlegendsten Geheimdienstinformationen herauszurücken, und hatte insgesamt keinen guten Tag ... Hier muss viel Aufräumarbeit geleistet werden."

Die kalifornische Senatorin Dianne Feinstein, die im Geheimdienstausschuss des Senats saß, äußerte bei der Sitzung, dass sie sich in der Sommerpause des Kongresses mit den Erkenntnissen der Geheimdienste befasst und zahlreiche Briefings erhalten habe. „Auf Grund dieser Briefings ist sie", schrieb Ciccione, „fest überzeugt, dass keine neuen Hinweise dafür vorliegen, dass Saddam nukleare Waffen besitzt, und sie zieht den Schluss, dass keine unmittelbare Bedrohung besteht." Weiter sagt der Bericht, dass Feinstein „nicht glaubt, dass wir bereit dazu sind, unschuldige Menschen zu töten, was unmöglich vermieden werden kann, weil wir auf der Suche nach Terroristen usw. eine Moschee nach der anderen durchsuchen werden".

Die negativen Auswirkungen waren aber möglicherweise noch verheerender. Ciccione meldete, dass die Senatorinnen Patty Murray, eine Demokratin aus Washington, und Kay Bailey Hutchison, eine Republikanerin aus Texas, an der Tür auf Feinstein gewartet hatten und zusammen mit ihr gegangen waren und dass Kent Conrad, ein Demokrat aus North Dakota, sich erhoben und Feinsteins Ausführungen in allen Punkten zugestimmt hatte. Der demokratische Senator Bob Graham aus Florida, der dem Geheimdienstausschuss vorsaß, sagte zur *Washington Post*: „Ich habe nichts Neues erfahren." Und Nickles, der republikanische „Whip", der in Sachen Irak nicht zu den Falken zählte, nutzte bei einem Empfang im Weißen Haus an diesem Abend die Gelegenheit, sich direkt bei Vizepräsident Cheney und dem Präsidenten zu beschweren.

AM DONNERSTAG UND FREITAG dieser Woche, dem 5. und 6. September, traf Cards Team erneut im Lageraum des Weißen Hauses zusammen. Die Arbeitsgruppe Irak im Weißen Haus koordinierte die tägliche Botschaft zum Thema Irak und auch das „Echo", das heißt, die Bemühungen, die vom Präsidenten gesetzten Themen und seine Argumente durch Aussagen und Medienauftritte von Regierungsbeamten und Kongressmitgliedern, die der Regierung gewogen waren, zu verstärken.

Als Stabschef des Weißen Hauses hatte Card seiner Meinung nach drei Aufgaben zu erfüllen. Einmal das, was er als die „Hege und Pflege des Präsidenten" und als seine schwierigste Aufgabe bezeichnete. Dazu gehörte, Bushs Bedürfnisse und Wünsche zu erfüllen, seine Zeit auf eine Weise einzuteilen, die seine Prioritäten widerspiegelte, sachkundige Antworten zu beschaffen und die richtigen Leute ins Weiße Haus einzuladen und die falschen außen vor zu halten. Seine zweite Aufgabe war die „Formulierung der politischen Ziele" und die dritte „Verkauf und Marketing".

In einem Interview mit Elisabeth Bumiller, einer *New-York-Times*-Korrespondentin für das Weiße Haus, erklärte Card, das Weiße Haus habe nichts gegen das Durcheinander im August unternommen, weil man, „von einem Marketingstandpunkt aus betrachtet im August keine neuen Produkte einführt".

Die Story stand am nächsten Tag unter der Überschrift „Bush-Mitarbeiter formulieren Verkaufsstrategie für Irak-Politik" auf der Titelseite der *Times.* Cards der Werbewelt entlehnte Äußerung über „Marketing" und „neue Produkte" löste eine Flut an Vorwürfen aus, das Weiße Haus verkaufe Kriege wie Seifenpulver und habe bis zum Beginn der Wahlkämpfe für die Zwischenwahlen gewartet, um dann mit der Irak-Gefahr zu wedeln in der Hoffnung, die Bedrohung für die nationale Sicherheit würde den Republikanern zugute kommen.

AM FREITAG, dem 6. September, brachten Franks und Rumsfeld den Präsidenten und den Nationalen Sicherheitsrat in einem Briefing auf den neuesten Stand der Kriegsplanungen. Mit zu der Präsentation gehörte eine kurze Aktualisierung des „Hybrid"-Plans. Darüber hinaus erklärte Franks, mit welchen Maßnahmen sie den Irak am Abschuss von eventuell noch vorhandenen Scud-Raketen hindern wollten. Dazu gehörte die Entsendung von Special-Operations-Einheiten in jene irakischen Gebiete, wo sie Scud-Raketen vermuteten – hauptsächlich im Süden in der Nähe von Kuweit und dem Israel am nächsten gelegenen westlichen Landesteil, den Gebieten also, von denen der Irak im ersten Golfkrieg 1991 Raketen abgefeuert hatte.

Aber General Franks hatte noch etwas Wichtiges hinzuzufügen. „Mr. President“, sagte er, „wir suchen seit zehn Jahren nach Scud-Raketen und anderen Massenvernichtungswaffen, haben bislang aber noch nichts gefunden. Ich kann Ihnen also nicht sagen, dass ich von irgendwelchen konkreten Waffen irgendwo im Irak weiß. Ich habe nicht eine Scud gesehen.“

Einige der bei dem Treffen Anwesenden glaubten, Franks habe damit zum Ausdruck bringen wollen, dass ihm keine adäquaten Zielinformationen vorlägen – dass er keine konkreten Koordinaten von Waffensystemen oder Scuds habe und deshalb auch keine konkreten Standorte angreifen oder bombardieren lassen könne. Sie glaubten, Franks habe damit sagen wollen, dass er zuverlässige Informationen über Standorte benötige, diese aber noch nicht habe. Dass er nicht auf Verdacht bomben könne und würde.

Aber es hätte eine Warnung sein können – und sollen –, dass nachrichtendienstliche Erkenntnisse, die nicht gut genug waren, um auf ihrer Grundlage Bombenziele zu identifizieren, wahrscheinlich auch nicht gut genug waren, um auf ihrer Grundlage die prinzipielle Feststellung zu treffen – ob nun vor der Öffentlichkeit oder in offiziellen Geheimdienstunterlagen –, dass Saddam „ohne jeden Zweifel“ Massenvernichtungswaffen besitze. Wenn tatsächlich kein Zweifel daran bestand, wo genau dann befanden sich diese Waffen?

Franks war überzeugt, dass Saddam über Massenvernichtungswaffen verfügte, konkret: über chemische Kampfstoffe. Geheimdienstler befreundeter Länder hatten ihm gesagt, dass Saddam ihrer Überzeugung nach beschränkte Mengen an biologischen Kampfstoffen habe. Im Laufe der Jahre hatte Franks Tausende Hinweise aus Geheimdienstkreisen gesehen, die nahe legten, dass der Irak ein gewaltiges Arsenal an Massenvernichtungswaffen besitze. Da er überzeugt war, dass Saddam diese Waffen einsetzen würde, sollte die amerikanische Armee im Irak einmarschieren, ließ er in Erwartung des schlimmsten Falles Pläne ausarbeiten und Schutzanzüge gegen Angriffe mit biologischen oder chemischen Waffen für seine Truppen herstellen. Aber das ist, was man als kommandierender General macht, sagte er. Es gebe viele vermutete Standorte von Massenvernichtungswaffen, die eindeutig militärische Einrichtungen seien und die er ins Visier nehmen würde. Aber vermuten ist nicht das Gleiche wie wissen.

Was die Geheimdienste anging, war Rumsfeld seit jeher skeptisch. Seiner Erfahrung nach neigten sie im Allgemeinen dazu, Probleme unterzubewerten und bedrohliche Entwicklungen zu oft jahrelang zu übersehen. Später sagte der Verteidigungsminister in einem Interview, dass seine Generäle „erkannt hatten, dass die Kapazitäten der Nachrichtenbeschaffung durch Agenten, über die wir verfügten, beschränkt waren, und dass die technische Nachrichtenbeschaffung es mit einem sehr schwierigen Ziel mit vielen unterirdischen Anlagen und einem Meister der Täuschung mit sehr großer Erfahrung in der Irreführung zu tun hatte. Es gab", fügte er hinzu, „einige Dinge, über die wir recht viel wussten, und einen Haufen Dinge, über die wir verteufelt wenig wussten." Er war zufrieden mit ihren Kenntnissen über die Gebiete des Irak, die im Rahmen der Flugverbotszonen im Norden und Süden des Landes überwacht wurden, viel mehr war es aber auch nicht. Bei der Überwachung der Flugverbotszonen waren keinerlei konkrete Standorte von Massenvernichtungswaffen identifiziert worden.

Der zweite Tagesordnungspunkt an diesem Morgen war die „Festung Bagdad" und Franks' noch in Arbeit befindlicher Plan, einem Rückzug von Saddams Truppen auf die irakische Hauptstadt zuvorzukommen beziehungsweise einem solchen Rückzug, wenn nötig, entgegenzutreten. Rice und Card waren nach wie vor sehr besorgt über ein solches Szenario. Das wäre eine militärische Katastrophe, die einen langen Krieg mit hohen Verlusten nach sich ziehen könnte. Rumsfeld sagte später, dass es nicht der Präsident gewesen sei, der auf diesem Thema beharrte. „Der Präsident, er war interessiert, aber nicht hartnäckig", erinnerte sich Rumsfeld. „Er hatte es nach dem zweiten oder dritten Mal intus. Aber andere waren, wissen Sie, denke ich, verständlicherweise besorgt. Also schickte ich", fuhr er fort, „Mitarbeiter aus, um die Leute zu informieren, und jeder, der das Briefing wollte, bekam es auch. Ich kümmerte mich nicht einmal darum, so oft hatte ich es schon gehört."

AN DIESEM ABEND trafen sich die Chefs ohne den Präsidenten in Camp David, um vor dem auf Sonntagmorgen angesetzten Treffen des Nationalen Sicherheitsrats mit dem Präsidenten und dem Gipfeltreffen mit dem britischen Premierminister Tony Blair am Nachmittag desselben Tages nochmals die UN-Frage durchzugehen.

Cheney warnte, dass sie sich mit dem Antrag auf eine neue Resolution wieder in das ausweglose Dickicht des UN-Verfahrensprozesses begäben. Alles, was der Präsident in seiner Rede sagen sollte, sei, dass Saddam in böser Absicht und vorsätzlich eine UN-Resolution nach der anderen missachtet habe und dass er, Bush, sich das Recht vorbehalte, unilateral gegen ihn vorzugehen.

Aber das wäre doch, wandte Powell ein, keine Bitte an die Vereinten Nationen um Unterstützung. Die Vereinten Nationen würden doch nicht einfach eine Kehrtwende vollziehen, Saddam zum Bösewicht erklären und einen Krieg autorisieren. Diesen Ansatz könnten sie unmöglich verkaufen. Der Präsident hatte entschieden, den Vereinten Nationen eine Chance einzuräumen, und der einzig gangbare Weg sei, eine neue Resolution zu verlangen.

Cheney erschien Powell wie von einem Fieber erfasst. Er war nicht der ruhige, emotionslose Fels, als den er ihn vor einem Dutzend Jahren im Vorfeld des ersten Golfkriegs erlebt hatte. Der Vizepräsident war völlig fixiert auf ein militärisches Vorgehen gegen Saddam, fast so, als gäbe es keinerlei Alternativen. Powell unternahm einen Versuch, die Konsequenzen eines unilateralen Vorgehens zusammenzufassen, und warnte, dass die internationale Reaktion so negativ ausfallen würde, dass er gezwungen sein könnte, rund um die Welt amerikanische Botschaften zu schließen, sollten die USA tatsächlich auf eigene Faust in den Krieg ziehen.

Das ist nicht das Thema, sagte Cheney. Saddam und die von ihm ausgehende klare Bedrohung sind das Thema.

Vielleicht würde das Ergebnis anders aussehen, als der Vizepräsident das erwartete, sagte Powell. Ein Krieg könnte vielerlei unerwartete und unbeabsichtigte Konsequenzen haben – darunter auch solche, die sich keiner von ihnen, er eingeschlossen, hätten träumen lassen.

Das ist nicht das Thema, sagte Cheney.

Das Gespräch geriet explosionsartig zu einer heftigen Auseinandersetzung zwischen den beiden Ministern, die haarscharf am Rande der Höflichkeit entlangwandelten, ohne dabei auf den förmlichen Respekt zu verzichten, den sie sich im Umgang miteinander normalerweise zollten. Das Wortgefecht wurde mit Schärfe und Biss geführt, und beide wussten, wie man rhetorisch punktete, obwohl es auf Kosten der letzten, arg strapazierten Fasern einer langjährigen Verbindung ging. Obwohl Powell dieses Mal die Oberhand behielt, schien ihn ein tief sitzender Groll umzutreiben. Er hatte in der Hackordnung immer eine Ebene unter Cheney gestanden. Über drei Jahrzehnte hinweg hatte er seinen Weg ganz nach oben zum höchsten Uniformträger gemacht, zum Vorsitzenden der Vereinigten Stabschefs – und als solcher an Cheney berichten müssen, der wider Erwarten von Bush senior zum Verteidigungsminister berufen worden war, nachdem der eigentlich für diesen Posten nominierte Senator John Tower von seinen Senatskollegen abgelehnt worden war. Dann, nach seiner Berufung zum Außenminister und damit auf den höchsten Kabinettsposten, war Powell erneut Cheney unterstellt, als der von Bush junior völlig überraschend zu seinem Vizepräsidenten berufen wurde. Bei den Meetings des Nationalen Sicherheitsrats saß Cheney rechts von Bush, Powell zu seiner Linken.

Powell wurde aus Cheney nie ganz schlau. Jahre zuvor hatte er in seinen Memoiren versucht, die Distanziertheit Cheneys zu fassen. Bei der Arbeit an dem Buch hatte er die Absätze über Cheney wieder und wieder überarbeitet und Armitage zur Durchsicht vorgelegt. Fast, aber nicht ganz, hatte Armitage immer wieder entgegnet. Am Ende hatte Powell Armitage gesagt, er habe einen Weg gefunden, „relativ wahrheitsgetreu und dabei nicht allzu abträglich“ zu sein. In der schließlich 1995 erschienenen Version von *My American Journey (Mein Weg)* schrieb Powell über Cheney: „In nahezu vier Jahren haben er und ich nicht eine einzige gesellige Stunde miteinander verbracht.“ Er berichtete über Cheneys letzten Tag im Amt des Verteidigungsministers, als er dessen Bürosuite im Pentagon aufsuchte und auf seine Frage, wo der Minister sei, erfuhr, dass er schon vor Stunden gegangen war. „Ich war enttäuscht, sogar verletzt“, schrieb Powell, „aber nicht überrascht. Der einsame Cowboy war ohne ein letztes ‚Bis dann‘ in den Sonnenuntergang geritten.“

Am nächsten Morgen, Samstag, dem 7. September, fand eine Sitzung des Nationalen Sicherheitsrats mit Präsident Bush statt, auf der die Debatte weitergeführt wurde. Allein schon aus Gründen der Glaubwürdigkeit, sagte Powell, müssten die USA, wollten sie ein neuerliches Engagement der Vereinten Nationen in der Irak-Frage erreichen, einen Plan zur Rückkehr der Waffeninspektoren vorlegen, und der vom Verfahren her einzig mögliche Weg dafür sei, eine neue Resolution zu beantragen.

Anschließend listete Cheney alle Gründe auf, warum eine Wiederaufnahme der Waffeninspektionen im Irak sie in einen ausweglosen Sumpf hineinziehen könnte. Erstens würden die Inspektoren keine Amerikaner sein, sondern Anwälte und Experten aus allen Teilen der Welt, die weniger besorgt waren wegen Saddam und demnach auch weniger skeptisch hinschauen würden. Zweitens würden diese Inspektoren, ähnlich wie jene in der Vergangenheit, eher geneigt sein, die Angaben der irakischen Behörden zu akzeptieren beziehungsweise sie nicht zu hinterfragen, und sich deshalb leichter aufs Glatteis führen lassen. Am Ende, warnte Cheney, würden die Inspektoren nichts sagende Berichte vorlegen oder sich auf langwierige Verhandlungen einlassen. Waffeninspektionen würden es weitaus schwieriger machen, eine Entscheidung zur tatsächlichen Entmachtung Saddams zu treffen.

Der Präsident dankte für die Ausführungen und versprach, sich darüber Gedanken zu machen.

AN DIESEM MORGEN bestieg Tony Blair in London eine Maschine nach Washington, um sich mit Bush in Camp David zu treffen. Der amerikanische Präsident hatte ihn zu einem dreistündigen Gespräch über den Irak samt anschließendem Dinner eingeladen. Laut Protokoll sollte Blair insgesamt sechs Stunden auf amerikanischem Boden verbringen – ein ungewöhnlich kurzer Aufenthalt.

Der britische Premierminister hatte die Angewohnheit, laufend mit sich selbst und seinem kleinen Beraterzirkel Diskussionen zu führen und dabei zu prüfen, zu suchen und, wie einer seiner Berater sagte, die „Dinge zu gewichten“. Was den Irak anging, hatte Blair mehrere Ansätze verfolgt. „Wissen Sie, wenn Bush nach dem 11. September über diese Themen, die ich bereits vor dem 11. September ihm gegenüber angesprochen habe, nicht beunruhigt gewesen wäre“, hatte er seinen Beratern mehrfach gesagt, „dann hätte ich mir um sie Sorgen gemacht.“ Die Themen waren Terrorismus, Massenvernichtungswaffen und der Irak. Seit Jahren hatte Blair immer wieder auf die von Saddam ausgehende Bedrohung hingewiesen.

Mit der Rede über die „Achse des Bösen“ Ende Januar 2002 hatte Bush, sehr zur Freude Blairs, deutlich gemacht, dass der amerikanische Präsident Ernst machte mit dem Problem der Schurkenstaaten, auch wenn Blair, wie dieser ihm nahe stehende Berater sagte, niemals das Etikett „Achse des Bösen“ verwendet hätte. Am meisten Sorgen von den drei Achsenländern bereitete Blair Nordkorea, und was Iran anging, so war er überzeugt, dass das Land kurz davor stand, ein gefährliches Arsenal an Massenvernichtungswaffen zu entwickeln. Der Irak rangierte für Blair ganz unten auf der Bedrohungsliste, behauptete der Berater und deutete damit an, dass Blair zu diesem Zeitpunkt nicht ebenso fixiert war auf Saddam wie Bush.

„Der Irak ist eine amerikanische Angelegenheit “, fügte der Berater hinzu, „keine britische. Außerdem könnte sich niemand anderes damit befassen, weil niemand sonst die Fähigkeit dazu besitzt.“ Überflüssig zu sagen, dass Blair keinerlei Absichten hegte, die militärische Agenda vorzugeben. Es stand für Großbritannien völlig außer Frage, die Sache allein in Angriff zu nehmen. „Wir wären niemals dazu in der Lage gewesen, im Irak einzumarschieren.“

Nun drängte Bush mit aller Macht auf eine Lösung. Die für Blair nächstliegende Frage lautete: Würden die Vereinten Nationen mit einbezogen werden? Er war sich völlig im Klaren darüber, dass in Großbritannien die Frage lautete, ob er, Blair, an die Vereinten Nationen glaube. Innenpolitisch war es für den Premierminister von entscheidender Bedeutung, der Labour Party, einer zutiefst pazifistischen Partei, die prinzipiell gegen den Krieg war, zeigen zu können, dass er den Weg über die Vereinten Nationen gegangen war. Die öffentliche Meinung in Großbritannien favorisierte den Einsatz internationaler Institutionen als Mittel zur Konfliktlösung, bevor man an einen Waffengang dachte. Eine Lösung mit Hilfe der Vereinten Nationen zu versuchen, wäre für Blair ein gewichtiges und dringend benötigtes Plus.

NACH IHRER UNTERREDUNG stellten sich Blair und Bush den Fragen der Reporter. Sie sagten, sie seien fest entschlossen, die Bedrohung durch Saddam ein für alle Mal aus der Welt zu schaffen. Die Frage nach dem Wie oder Wann blieb unbeantwortet. Bush erklärte unmissverständlich: „Saddam Hussein besitzt Massenvernichtungswaffen."

Anschließend setzten sich die beiden zu einem privaten Gespräch mit Cheney zusammen, bei dem es allerdings nicht um konkrete Kriegsplanungen ging, sondern um die politische Strategie.

Blair sagte, dass er zu Hause beweisen können müsse, dass er den Weg über die Vereinten Nationen versuchte habe. „Er war gekommen, um sich für eine Resolution einzusetzen", erinnerte sich Bush später. Er sagte zu Blair, dass er beschlossen habe, zu den Vereinten Nationen zu gehen, und es sah so aus, als würde er eine neue Resolution anstreben.

Blair war erleichtert.

Bush sah Blair direkt in die Augen. „Saddam Hussein ist eine Bedrohung. Und wir müssen Hand in Hand arbeiten, um gegen diese Bedrohung vorzugehen, und der Welt wird es besser gehen ohne ihn." Bush erinnerte sich, dass er den Premierminister „sondierte" und „drängte". Er sagte, dass dies wahrscheinlich einen Krieg bedeuten würde und Blair möglicherweise britische Truppen entsenden müsste.

„Ich stehe an Ihrer Seite", erwiderte der Premierminister, hielt Bushs Blick stand, und versprach ohne Wenn und Aber, im Falle eines Falles britische Streitkräfte zu entsenden. Das war das entscheidende Versprechen, das Bush hatte hören wollen.

„Wir wollen, dass Sie dazugehören", sagte er zu dem Premierminister. Blairs Zusicherung hatte ihn, wie er später berichtete, sehr beeindruckt.

Nach dem Meeting ging Bush in den Konferenzraum, in dem Alastair Campbell, der Kommunikationsdirektor des Premierministers, und mehrere andere Mitarbeiter Blairs warteten.

„Ihr Mann hat cojones", sagte der Präsident zu Campbell und den anderen, wobei er das spanische Wort für Eier benutzte.

„Und natürlich", erinnerte sich Bush später, „haben die Brits keine Ahnung, was cojones sind." Er sagte, er werde das Treffen mit Blair in Camp David das „Cojones-Meeting" nennen.

Bush hatte dadurch, dass er Blairs und Powells Drängen nachgegeben hatte, die Vereinten Nationen um eine neue Resolution zu ersuchen, seine Position gewaltig verbessert. Es bedeutete, dass er, egal, was kommen würde, nicht allein gegen den Irak ins Feld ziehen müsste, solange Blair sein Wort hielt.

AM NÄCHSTEN TAG, am Sonntag, dem 8. September, stand auf der Titelseite der *New York Times* ein Beitrag mit der Überschrift: „USA sagt, Hussein verstärkt Suche nach Teilen für A-Bombe". In dem Artikel hieß es, laut Erkenntnissen der US-Regierung habe der Irak versucht, mehrere tausend spezielle Aluminiumrohre zu beschaffen, wie sie in Gaszentrifugen zur Uran-Anreicherung für Atombomben zum Einsatz kommen, eine Anschuldigung, die mit der Zeit immer umstrittener werden sollte. An diesem Tag beschickte die Administration die Sonntagmorgen-Talkshows der großen Fernsehsender mit Cheney, Powell, Rumsfeld und Rice. Sie alle unterstrichen die von Saddam ausgehende Gefahr, wobei Cheney die härteste Linie vertrat.

Nach all den Jahren, die Rice Geheimdienstinformationen gelesen und durchsiebt hatte, war sie zu derselben Schlussfolgerung wie Rumsfeld gelangt: Im Allgemeinen unterschätzten die Geheimdienste Bedrohungen, nur in den seltensten Fällen überschätzten sie diese. Gegenüber CNN sagte Rice: „Wir wollen nicht, dass der rauchende Colt ein Atompilz ist."

ROVE SPRACH mit Bush über den Gang zu den Vereinten Nationen. Die konservative Basis der Republikanischen Partei hielt nicht viel von den Vereinten Nationen, aber Rove stimmte ihm zu, dass sie es probieren müssten. Sie dürften nicht den Eindruck erwecken, möglichst schnell in den Krieg ziehen zu wollen. Das realpolitische Problem waren die negativen Auswirkungen des Kriegsgeredes auf die Wirtschaft. Sie hatten sich mehrfach mit Gruppen von Unternehmern im Roosevelt Room, dem großen Konferenzraum des Präsidenten neben dem Oval Office, getroffen, und die Botschaft, die sie zu hören bekommen hatten, war schlicht: Die Geschäfte liefen schlecht, weil die Leute sich zu Tode fürchteten wegen der Aussicht auf einen Krieg, eine Sorge, die Rove auf seinen Fahrten durch das Land meinte fast mit den Händen greifen zu können.

17 REDENSCHREIBER MIKE GERSON versuchte herauszufinden, was genau der Präsident vor den Vereinten Nationen sagen wollte. Bush teilte nicht Cheneys zynische Ansicht, dass Waffeninspektionen nutzlos seien. Ebensowenig stand er Powells Position nahe, der für den Weg über die Vereinten Nationen plädierte. Bush sagte, er wolle Resultate – den Sturz Saddams und die Zerstörung der Massenvernichtungswaffen. Das sei das Ziel, dafür setze man sich ein. Man setze sich nicht für einen UN-Prozess ein. Die Freunde der Vereinten Nationen glaubten, alles sei in Ordnung, wenn ein Prozess in Gang komme. Nein, sagte der Präsident, er brauche die gewünschten Resultate.

Rice schilderte dem Präsidenten, wie Südafrika seine Atomwaffen vernichtet und sich strengen Inspektionen unterworfen habe. Es habe zu einer gründlichen Untersuchung seiner Einrichtungen eingeladen, Material auf Parkplätze gekippt, Labors geöffnet und detaillierte Berichte vorgelegt. Nach diesem Modell könne Abrüstung funktionieren.

Schön, sagte Bush. Das sei eine Möglichkeit. Er sei zwar nicht davon überzeugt und rücke von seinem Ziel eines Regimewechsels nicht ab, aber er wolle es versuchen.

Während an der Rede gefeilt wurde, verstärkten Cheney und Rumsfeld den Druck. Sie setzten auf Bushs tiefe Abneigung gegen eine Lösung auf dem Verfahrensweg und bekräftigten ihre Auffassung, dass die Forderung nach einer neuen Resolution die Vereinigten Staaten in einen Sumpf endloser und fruchtloser Debatten und Beratungen bei den Vereinten Nationen hineinziehen würde – mit anderen Worten, in ein Verfahren. Dies würde Saddam die Möglichkeit eröffnen, mit den Vereinten Nationen zu verhandeln. Wenn es dazu komme, seien sie erledigt. Saddam würde alles versprechen, um den Anschein zu erwecken, dass das Verfahren funktioniere, und wenn den Worten dann Taten folgen und die Inspektionen beginnen sollten, würde er alle übers Ohr hauen.

Über ein Jahr später fragte ich Rumsfeld nach seiner Haltung zum

Thema Vereinte Nationen. „Wir stimmen im Nationalen Sicherheitsrat nicht ab", antwortete er und schilderte, wie sich die Debatten innerhalb der Regierung für ihn darstellen: „Es wird diskutiert, das Für und Wider wird abgewogen, und daran beteiligen wir uns. Dann beginnt der Präsident, in eine Richtung zu tendieren. Und die Leute sagen, gut, wenn das der Kurs ist, müssen Sie verstehen, dass der alternative Kurs diese Vor- und Nachteile hat und dass der, zu dem Sie tendieren, jene Vor- und Nachteile hat. Und Sie müssen sich auf die Probleme einstellen, die daraus erwachsen können."

Noch einmal nach seiner persönlichen Meinung gefragt, antwortete Rumsfeld: „Mein Gedächtnis lässt mich in solchen Dingen manchmal im Stich, und ich weiß nicht mehr, ob ich Memos dazu geschrieben oder mich bei Sitzungen besonders eingemischt habe. Natürlich gab es Vorteile und mögliche Nachteile. Rückblickend habe ich persönlich den Eindruck, dass wir das Richtige getan haben. Wir haben die Vorteile weitgehend genutzt und die Nachteile größtenteils vermieden."

Bush wollte die Vereinten Nationen vor die Alternative stellen: Entweder löst ihr das Problem Saddam, oder wir tun es. Deshalb fragte ich Rumsfeld: „Damit wurde doch die Schwelle überschritten, oder nicht?"

„Durchaus", antwortete Rumsfeld, fügte jedoch hinzu: „Nur war das nicht die eigentliche Schwelle. Für mich war die eigentliche Schwelle, wenn Leute – oder Länder – anfingen, unsertwegen ein Risiko auf sich zu nehmen."

EINE OPTION für die UN-Rede, die nach Ansicht von Rice in Betracht gezogen werden sollte, war, wie der Präsident sich später erinnerte, ein Ultimatum: Saddam sollte binnen 30 Tagen abrüsten, sonst würden die Vereinigten Staaten angreifen. Das wäre einer Kriegserklärung gleichgekommen. Doch Bush tendierte stark dazu, eine UN-Resolution zu verlangen. Gleichwohl diskutierte man noch tagelang in Sitzungen über die Rede. Irgendwann strich man die Forderung nach neuen Resolutionen. In der Rede wurden die Vereinten Nationen angegriffen, weil sie die früheren Resolutionen im Irak nicht durchgesetzt hatten, insbesondere in den vier Jahren, seit Saddam die Waffeninspektoren vor die Tür gesetzt hatte.

„Sie können das nicht alles sagen“, argumentierte Powell, „ohne von den Vereinten Nationen zu verlangen, dass sie etwas unternehmen. In dieser Rede muss von Taten gesprochen werden.“ Er wusste, dass die Forderung nach Taten bei Bush großen Anklang finden würde. „In der Rede heißt es, das hat er falsch gemacht und das muss er tun, um die Sache in Ordnung zu bringen, und dann soll Ende der Durchsage sein?“, fragte Powell verwundert. „Sie müssen eine Forderung stellen.“

Darauf entbrannte zwischen den Chefs ein Streit. Was sollte man fordern? Wie sollte die „Forderung“ aussehen? Am Ende einigte man sich darauf, dass man die Vereinten Nationen zum Handeln auffordern sollte.

Powell, mittlerweile leicht konfus und erschöpft, gab sich damit zufrieden. Er wusste, dass Resolutionen des Sicherheitsrats das einzige Handlungsinstrument der Vereinten Nationen waren. Mit der ausdrücklichen Forderung nach einer neuen Resolution hätte man sie festnageln können, doch die Aufforderung zum „Handeln“ war in seinen Augen immer noch viel besser als ein 30-Tage-Ultimatum unter Androhung eines Krieges.

Am 10. September, zwei Tage vor dem Termin, landete der 21. Entwurf der Rede, durchgängig mit „vertraulich“ und „dringend“ gestempelt, auf Powells Schreibtisch. Eine Aufforderung an die Vereinten Nationen, etwas zu unternehmen, fehlte. Die Chefs kamen zu einer Sitzung zusammen. Cheney sprach sich abermals gegen die Forderung nach einer neuen Resolution aus. Es sei eine Frage der Taktik, argumentierte der Vizepräsident, die Glaubwürdigkeit des Präsidenten stehe auf dem Spiel. Angenommen, der Präsident verlangte vom Sicherheitsrat eine neue Resolution und der Sicherheitsrat lehnte ab? Wie stünden sie dann da? Falls Saddam seine Massenvernichtungswaffen jemals einsetzen sollte – und das in großem Ausmaß –, dann würde die Welt den Amerikanern ihre Untätig-keit und ihre plötzliche Anwandlung, sich auf spitzfindige Debatten über UN-Resolutionen einzulassen, niemals verzeihen.

Rumsfeld sagte, sie müssten aus Prinzip hart bleiben, stellte dann aber eine Reihe rhetorischer Fragen, ohne Klartext zu reden.

Powell hatte von Rumsfelds Redestil, den er im vertrauten Kreis als „dritte Person Passiv ersten Grades“ bezeichnete, die Nase gestrichen voll. Rumsfeld benutzte ohne Unterlass Formulierungen wie „man würde meinen", „man könnte sich vorstellen", „man könnte erwarten" oder „man würde sagen". Aber niemand sprach ihn darauf an, auch Powell nicht. Sie schafften es einfach nicht, im Gespräch zu klären, was Rumsfeld wirklich wollte. Und das State Department sank in Rumsfelds Achtung noch tiefer. Powell kam es fast so vor, als trüge Rumsfeld Gummihandschuhe, nur um auf politischen Empfehlungen keine Fingerabdrücke zu hinterlassen.

So lieferten sich wieder Powell und Cheney ein heftiges Wortgefecht.

„Ich bin mir nicht sicher, ob wir uns durchgesetzt haben", sagte Powell später zu Armitage bezüglich der Forderung an die Vereinten Nationen, etwas zu unternehmen.

Am Abend vor der Rede sprach Bush mit Powell und Rice. Er hatte sich dafür entschieden, eine neue Resolution zu verlangen. Es gefiel ihm, wenn er persönlich die politischen Schlagzeilen beherrschte, deshalb ordnete er an, oben auf Seite acht des letzten und endgültigen Entwurfs – Nummer 24 –, einen Satz einzufügen, in dem von den Vereinten Nationen die notwendigen „Resolutionen" verlangt wurden.

„Ich entschied mich für den Weg über eine Resolution", erinnerte sich der Präsident später und räumte ein: „Blair hatte eine Menge damit zu tun." Außerdem habe er vor seiner Rede mit dem australischen Premierminister John Howard gesprochen, und der habe gesagt: „Ich stehe auf Ihrer Seite. Wir brauchen eine Resolution." Dieselbe Empfehlung habe er vom spanischen Ministerpräsidenten José María Aznar erhalten.

AUF DER REDNERTRIBÜNE im Plenarsaal des UN-Gebäudes gelangte Bush am 12. September an die Stelle der Rede, wo er neue Resolutionen verlangen sollte. Aber die Änderung war nicht in die Kopie für den Teleprompter gelangt. Daher verlas er die alte Zeile: „Meine Nation wird mit dem Sicherheitsrat der Vereinten Nationen daran arbeiten, *dieser gemeinsamen Herausforderung zu begegnen.*"

Powell las Entwurf Nr. 24 parallel mit und fügte alle Änderungen ein, die der Präsident spontan vornahm. Ihm blieb fast das Herz stehen. Der Satz über die Resolutionen fehlte! Der Präsident hatte ihn nicht gesagt! Das war doch die Pointe!

Doch als Bush den alten Satz vorlas, merkte er, dass die Frucht der hitzigen Debatte in seinem Kriegskabinett fehlte. Mit nur leichter Unbeholfenheit fügte er zwei Sätze später ein: „Wir werden mit dem Sicherheitsrat der Vereinten Nationen wegen der notwendigen Resolutionen zusammenarbeiten."

Powell konnte wieder durchatmen.

„Es war eine große Rede", entsann sich der Präsident 15 Monate später. „Ich kam gerade von der Gedenkveranstaltung zum Jahrestag [des 11. September]" am Tag davor. „Wir waren in der Defensive. Aber diese Rede hat einen Anfang gemacht, dem amerikanischen Volk, ihm vor allem, das zu erklären, was es die ganze Zeit in der Zeitung las" über Planungen des Militärs und andere Strategien gegen den Irak. Zuvor sei es ihm und der Administration nicht gelungen, „Klarheit" über ihre Ziele zu schaffen. „Aber eins muss man dieser Regierung lassen: Wir sind in der Lage gewesen, eine Agenda zu definieren. Sie gefällt vielleicht nicht allen, aber es ist unsere Stärke, Agendas so zu definieren, dass die Menschen sie verstehen. Diese Rede hat das geschafft. Und sie hatte in Amerika eine große Wirkung."

„Als ich da raufging", fuhr Bush fort, „und vor der Versammlung stand, und nebenbei bemerkt, es gab keinen Beifall." Die Delegierten saßen so stumm da, dass es fast an Unhöflichkeit grenzte. „Es war totenstill. Und ich kann mich erinnern, je ernster sie mich ansahen, desto emotionaler trug ich die Sache vor. Nicht offen emotional, aber desto entschiedener trug ich die Sache vor. Es war eine Rede, die ich wirklich gern gehalten habe." Dass er die Vereinten Nationen überhaupt vor die Alternative, „wenn ihr es nicht tut, tun wir es", stellen konnte, sei nur den von Franks und Rumsfeld erarbeiteten Kriegsplänen zu verdanken gewesen. „Hätten wir das nicht getan, hätten wir nicht geplant, hätte ich diese Option nicht gehabt und die Rede nicht halten können." Nach seiner Überzeugung war die militärische Drohung eine notwendige Voraussetzung für den diplomatischen Weg.

Die Rede war alles in allem ein großer Erfolg. „Sie fand auch weltweit ein großes Echo." Den Gemäßigten gefiel sie, weil der Präsident die Unterstützung der Vereinten Nationen und der Staatengemeinschaft anstrebte. Die Hardliner lobten sie für ihre Härte.

Powell blieb in New York und warb um Unterstützung, insbesondere bei Russland und Frankreich, die als ständige Mitglieder des Sicherheitsrats gegen jede Resolution ein Veto einlegen konnten.

„Und ich will Ihnen gestehen“, sagte Bush später, „es gab Zeiten, da war ich mir nicht sicher, ob wir überhaupt eine Resolution bekommen würden.“ Er hatte versprochen, dass die Vereinigten Staaten handeln würden, wenn die Vereinten Nationen es nicht täten. „Also habe ich da gesessen und mich gefragt, bist du zum Losschlagen bereit?“

ROVE TRAF SICH mit Bush normalerweise am Morgen nach dessen Geheimdienst-Briefing, der Sitzung des Sicherheitsrats oder Telefonaten mit ausländischen Regierungschefs. Gewöhnlich waren auch Card, Bartlett, der Pressesprecher und einige andere zugegen. Ab und zu sprach er auch ein paar Minuten allein mit dem Präsidenten, der dann vielleicht etwas Dampf abließ. Er erinnerte den Präsidenten daran, dass das ganze Kriegsgerede andere Themen in den Hintergrund dränge, was politisch für sie nicht unbedingt von Vorteil sei.

Als die Zwischenwahlen für den Kongress näher rückten, sagte er zu Bush, man müsse im Wahlkampf auf die Homeland Security Bill setzen, jenes Gesetzespaket zum Thema innere Sicherheit, das den Aufbau eines neuen Heimatschutz-Ministeriums im Rahmen der umfassendsten Umstrukturierung der Bundesregierung seit Schaffung des Verteidigungsministeriums vorsah. Die Demokraten blockierten die Gesetzesvorlage, denn sie wollten gewährleisten, dass Regierungsangestellte sich gewerkschaftlich organisieren könnten. Der Präsident bat um die Vollmacht, im Interesse der nationalen Sicherheit Ausnahmen zu machen, eine Vollmacht, die, wie er sagte, jedem Präsidenten seit John F. Kennedy gewährt worden sei. Er führte draußen im Land einen engagierten Wahlkampf. Er wolle das Land verteidigen, sagte er, und die Demokraten wollten die Gewerkschaftsbosse verteidigen. Rove war überzeugt, dass die Diskussion um das Heimatschutzgesetz und die Hinhaltetaktik des Senats, der die Bestätigung der von Bush nominierten Bundesrichter verzögerte, den Republikanern bei den Wahlen zugute kommen würden.

MEHRMALS IN DER WOCHE organisierte Nick Calio für Abgeordnete des Repräsentantenhauses oder Senatoren nachrichtendienstliche Briefings oder kleine Ad-hoc-Arbeitsgruppen auf dem Capitol Hill oder im Weißen Haus, sogar in der intimen Atmosphäre des Lageraums. In kleiner Runde ließ sich die Politik der Regierung besser verkaufen als bei großen Sitzungen. Für den Fall, dass jemand nach einem Fingerzeig suchte, war eine der drei roten Digitaluhren, die die Zeit in aller Welt anzeigten, auf „Irak" eingestellt.

Eines der ersten Briefings hielt der stellvertretende CIA-Direktor John McLaughlin, Tenets Nummer zwei. Hinterher drängte Calio Tenet, die Besprechungen persönlich zu leiten. „John kann den Leuten ja fast Angst machen, so ausgeglichen ist er", sagte Calio. Sie hätten etwas zu verkaufen. McLaughlin sei zu zurückhaltend. Sie bräuchten einen, der sich richtig ins Zeug lege, und so nahm Tenet immer häufiger an den Briefings teil.

Unterdessen wurde die Verabschiedung der Homeland Security Bill im Senat mittels Filibuster, also einer Verschleppungstaktik durch Marathonreden, blockiert. Calio sagte zum Präsidenten, man sei dabei, etwas gegen das Filibuster zu unternehmen. Er benutzte das Verb „vitiate".

„Nicky, was zum Teufel meinen Sie denn mit ‚vitiate'?", wollte Bush wissen. Auch Cheney sann laut darüber nach, was „vitiate" wohl bedeutete.

Am nächsten Tag verteilte Calio ein zweiseitiges Hand-out mit Definitionen aus dem *Webster's Dictionary* und dem *American Heritage Dictionary,* wonach „vitiate" so viel wie „unwirksam machen" bedeutet. Später tat das Weiße Haus genau das und sicherte sich die 60 Stimmen, die es benötigte, um die Debatte zu beenden und die Vorlage durchzubringen.

Am 19. September traf sich der Präsident mit elf Abgeordneten des Repräsentantenhauses im Kabinettszimmer.

„Der Krieg gegen den Terror läuft gut", begann Bush. „Wir bringen ein Qaida-Mitglied nach dem anderen zur Strecke. Aber die größte Bedrohung geht von Saddam Hussein und seinen Massenvernichtungswaffen aus. Er kann Israel in die Luft jagen, und das würde einen internationalen Konflikt auslösen."

Dann ging Bush näher auf die Kriegspläne ein: „Wir werden frühzeitig die Ölfelder einnehmen – und den Ölschock mildern." Er unterbrach sich und warnte eindringlich: „Darüber dürfen Sie mit niemandem sprechen."

Bush verriet auch ein Detail, das er entweder im President's Daily Brief (PDB), dem täglichen Kurzbericht über die wichtigsten nachrichtendienstlichen Erkenntnisse, gelesen oder beim täglichen Briefing mündlich von Tenet erfahren hatte. „Heute Morgen habe ich bei meinem Geheimdienst-Briefing Kenntnis davon erhalten, dass der CIA eine Umfrage vorliegt, wonach 71 Prozent der Franzosen in Saddam Hussein die eigentliche Bedrohung des Weltfriedens sehen."

Niemand fragte, wieso die CIA den Präsidenten über französische Umfragen informierte. Gewiss war es von Interesse, was man in Frankreich von einer neuen UN-Resolution zu Waffeninspektionen im Irak hielt, während der Präsident um internationale Unterstützung warb. Doch dazu bedurfte es wahrscheinlich keiner Geheimdienstanstrengungen. Eine französische Zeitung hatte jüngst eine Meinungsumfrage durchgeführt, und danach lehnten 65 Prozent der Franzosen einen Krieg gegen den Irak ab, selbst mit UN-Mandat.

Richard Burr, Republikaner aus North Carolina, empfahl dem Präsidenten, er solle in seinen Reden weiter darauf hinweisen, dass Saddam gegen seine eigenen Leute Giftgas einsetze.

„Das ist mir nur zu bewusst", erwiderte Bush und fügte hinzu: „Er hat versucht, meinen Dad umzubringen." Er bezog sich auf einen Geheimdienstbericht, wonach irakische Agenten zu Beginn der Clinton-Ära versucht hatten, Bush senior 1993 während einer Reise in den Nahen Osten zu ermorden. Als Vergeltung hatte Clinton einen Cruise-Missile-Angriff auf Bagdad angeordnet.

„Unsere Informationsbeschaffung ist gut", fuhr Bush fort. „Wir müssen mit Saddam Husseins Leibwächtern reden. Unruhen im Irak werden einer Veränderung förderlich sein. Aufdringliche Inspektionen könnten dem irakischen Volk Hoffnung machen."

Bush verabschiedete sich und überließ es Calio, die Sitzung zu Ende zu führen. „Wir werden mit beiden Parteien zusammenarbeiten, aber wir wollen ein Höchstmaß an Flexibilität und erhoffen uns Unterstützung von Ihnen allen", drängte er. „Und vergessen Sie nicht, Ihre Meinung zu sagen, wenn andere schwarz malen."

Ein paar Stunden später legte der Präsident den Entwurf für eine Kongressresolution vor, die ihn ermächtigte, „von allen Mitteln, die ihm angemessen erscheinen, einschließlich Gewalt, Gebrauch zu machen", um der Bedrohung durch den Irak entgegenzuwirken. Tags darauf hieß es in einem Artikel auf der ersten Seite der *Washington Post,* mit der Einbringung der Resolution sei Präsident Bushs „Sieg über die Demokraten im Kongress praktisch perfekt".

Am selben Tag, dem 20. September, sprach sich Außenminister Powell vor dem Ausschuss für internationale Beziehungen des Repräsentantenhauses für die Resolution aus. „Ich bin als widerwilliger Krieger bekannt. Das stört mich nicht. Aber die Drohung mit Krieg muss es geben." Dieses Argument sollten viele Demokraten übernehmen, die eher dazu tendierten, gegen eine Resolution des Kongresses zu stimmen. Abschreckung und Eindämmung der Sowjetunion während des Kalten Kriegs hatten sich auf die Androhung massiver konventioneller und atomarer Vergeltung gestützt. Diese Politik war erfolgreich gewesen, ein Modellfall für die Vermeidung von Kriegen. Bush verlangte nicht unbedingt einen Krieg gegen den Irak. Er verlangte nur Rückendeckung vom Kongress, für den Fall, dass er mit Krieg drohte. Das war Rice' Variante von Zwangsdiplomatie.

AM SAMSTAG, dem 21. September, berichtete die *New York Times* im Aufmacher, Bush habe unlängst von General Franks eine Reihe sehr detaillierter Pläne für einen Krieg gegen den Irak erhalten. Bei einer Pressekonferenz in Kuweit, wo Franks sich mit seinen Feldkommandeuren traf, räumte der General ein: „Wir sind auf alle Maßnahmen und Einsätze vorbereitet, die uns von unserem Land befohlen werden könnten", und fügte hinzu: „Unser Präsident hat keine Entscheidung für den Krieg gefällt."

In einem Interview für den Artikel in der *New York Times* rückte der Pressesprecher des Präsidenten, Ari Fleischer, deutlich von früheren, im Frühjahr und Sommer abgegebenen Erklärungen ab, wonach der Präsident keine fertigen Kriegspläne habe.

„Ich sage nicht, dass er keinen Plan auf seinem Schreibtisch hat."

AM DONNERSTAG, dem 26. September, empfing Bush weitere 18 Abgeordnete des Repräsentantenhauses im Kabinettszimmer. Er eröffnete die Sitzung mit der Bemerkung, dass er die Truppen auf keinen Fall in Gefahr bringen wolle. „Glauben Sie mir, ich habe es nicht gern, wenn ich die Witwen umarmen muss."

Dann attackierte er in gewohnter Manier den irakischen Führer: „Saddam Hussein ist ein Schurke und macht mit al-Qaida gemeinsame Sache. Er foltert die eigenen Leute und hasst Israel."

Der Aufmacher in den nationalen Medien an jenem Tag war ein verbaler Schlagabtausch zwischen Bush und dem Mehrheitsführer im Senat, Daschle. Beide warfen sich gegenseitig vor, das Thema Irak und nationale Sicherheitsfragen parteipolitisch auszuschlachten.

„Washington ist eine furchtbare Stadt", sagte Bush zu der Gruppe. „Ich bin mir darüber vollkommen im Klaren. Trotzdem ist das unsere Pflicht."

„Wenn wir Gewalt anwenden", fuhr er fort, „dann heftig und schnell und unerwartet. Erstens, ich verspreche einen guten Plan. Ich habe jedem General in die Augen gesehen und ihn gefragt, ob er in Bezug auf einen Regimewechsel irgendwelche Probleme sehe. Sie sehen keine."

Nichts könnte schlimmer sein als die augenblickliche Situation. Saddam, so behauptete er, habe zwei seiner eigenen Wachleute umbringen lassen, um seinen inneren Machtzirkel zu warnen. Dann erklärte er, indem er die nachrichtendienstlichen Erkenntnisse ins düsterste Licht rückte: „Es ist klar, dass er Massenvernichtungswaffen besitzt – Anthrax, VX-Nervengas. Er braucht noch Plutonium, und er hat den Versuch nicht gescheut, sich welches zu beschaffen. Der Zeitrahmen wäre sechs Monate." Dann hätte der Irak eine Bombe, vorausgesetzt, es gelänge ihm, eine ausreichende Menge Plutonium oder angereichertes Uran zu bekommen – eine der schwierigsten Aufgaben.

„Die Menschen freuen sich immer über einen Streit, besonders in Washington", fuhr Bush fort: „In ihrem gestrigen Artikel hat die *Washington Post* falsch zitiert." Auf der ersten Seite hatte gestanden: „Viermal in den vergangenen zwei Tagen hat Bush behauptet, dass die Demokraten sich nicht um die nationale Sicherheit kümmerten."

„Ich habe in keiner Rede, die ich je gehalten habe, von ‚Demokraten‘ gesprochen“, sagte Bush.

Bob Clement, Demokrat aus Tennessee, fragte: „Haben Sie die Vereinten Nationen abgeschrieben?“ Und wie beiläufig fügte er hinzu: „Auch die Wirtschaft kommt nicht auf die Beine – an der Börse haben wir ein Sechs-Jahres-Tief.“

„Es sind vier Jahre!“, konterte Bush und erntete Gelächter.

„Ich habe die Vereinten Nationen nicht abgeschrieben, aber manchmal sind sie ein diplomatischer Sumpf. Ich kenne die Diplomatie“, sagte er und versicherte, er werde sich nicht in eine Auseinandersetzung um die UN-Resolution verwickeln lassen.

Chris Shays, Republikaner aus Connecticut und in der achten Amtszeit, sagte: „Nach gewissen Briefings bin ich da nicht mehr so zuversichtlich.“

Die Gruppe begab sich hinaus in den Rosengarten, wo Bush, die Abgeordneten hinter ihm aufgereiht, eine kurze Erklärung verlas – ein vorher abgesprochener Auftritt, der überparteiliche Solidarität demonstrieren sollte.

„Die Sicherheit unseres Landes ist beiden politischen Parteien wichtig und liegt in der Verantwortung von Regierung und Parlament“, sagte Bush und entschärfte damit den Konflikt mit Daschle, ohne freilich einen Rückzieher zu machen.

Dann wiederholte er den neuen, erstmals drei Wochen zuvor in dieser Eindeutigkeit erhobenen Vorwurf in Bezug auf die Rüstungsprogramme des Irak: „Das irakische Regime besitzt biologische und chemische Waffen. Das irakische Regime baut an den notwendigen Einrichtungen, um mehr zu produzieren.“ Und er ging noch einen Schritt weiter: „Nach Auskunft der britischen Regierung könnte das irakische Regime binnen 45 Minuten nach Erteilung des Befehls einen Angriff mit biologischen oder chemischen Waffen starten.“

Tenet und die CIA hatten die Briten davor gewarnt, diese Behauptung aufzustellen, denn sie stützte sich auf fragwürdige Quellen und bezog sich fast sicher auf Gefechtsfeldwaffen – Waffen, mit denen der Irak kein Nachbarland bedrohen konnte, geschweige denn amerikanische Großstädte. Inoffiziell bezeichnete Tenet die Behauptung als den „Sie könnten binnen 45 Minuten angreifen“-Blödsinn.

AM DIENSTAG, dem 1. Oktober, trafen sich Bush und Cheney mit einem Dutzend Mitgliedern des Ausschusses für Internationale Beziehungen des Repräsentantenhauses im Kabinettszimmer des Weißen Hauses. „Wir können nicht zulassen", sagte Bush, um seinen Willen zum Handeln zu bekräftigen, „dass die Geschichte über uns urteilt und fragt, wo waren George W. Bush und Dick Cheney?"

„Der springende Punkt ist", sagte Cheney, „dass wir diesen Kerl immer unterschätzt haben. Er hat riesige Einkünfte aus Ölreserven."

Shelley Berkley, Demokratin aus Nevada, fragte, wie sie Israel vor einem Angriff Saddam Husseins schützen wollten.

„Super-Patriot-Raketen sind eine Möglichkeit", antwortete Bush. „Wir haben hochmoderne Waffen." Er wandte sich an Cheney. „Wie viel darf ich sagen?"

„Nicht zu viel", erwiderte Cheney. „Im Irak gibt es Abschusseinrichtungen. Wir können Predator-Drohnen losschicken und Präventivschläge durchführen."

Dann wetterte der Präsident gegen Saddam. „Der Kerl ist ein Lügner. Er hält die Staatengemeinschaft zum Narren. Das ist wie ein internationales Verwirrspiel. Australien, die Slowakei, die Tschechische Republik, England – diese Länder stehen alle auf unserer Seite. Darüber liest man nichts. Man liest nur über Deutschland und diesen Typ, der mich zum Buhmann gemacht und so eine Wahl gewonnen hat." Gemeint war Bundeskanzler Gerhard Schröders Antikriegs-Rhetorik während seiner Wiederwahlkampagne.

Bush berichtete der Gruppe von seiner Rede vor den Vereinten Nationen im September. „Die verzogen keine Miene. Es war wie in einem Woody-Allen-Film." Es wurde gelacht.

„Es gibt Leute da draußen, die sagen", fuhr Bush fort, „man kann nicht in Afghanistan kämpfen und gleichzeitig im Irak gewinnen. Zwei Feinde zu besiegen ist sehr schwierig, aber wir werden es schaffen."

18

SECHS MONATE ZUVOR, am 9. Mai 2002, aß ich mit Senator Bob Graham, Demokrat aus Florida und Vorsitzender des Geheimdienstausschusses des Senats, in dessen Stadthaus auf dem Capitol Hill zu Abend. Ich brachte das Essen mit, er steuerte Besteck und Teller bei. Es war unser zweites gemeinsames Abendessen seit dem 11. September.

In der Welt der CIA, der geheimen Informationen und verdeckten Aktionen, waren die Geheimdienstausschüsse des Kongresses die einzigen unabhängigen Kontrollorgane. Ihre Aufsichtsfunktion war gesetzlich verankert, und die Vorsitzenden und führenden Mitglieder der Minderheitspartei sollten über jede größere geheimdienstliche Maßnahme, Panne oder verdeckte Aktion informiert werden. Mal passten die Ausschüsse auf wie Schießhunde, mal waren sie brave Schoßhündchen. In Senator Barry Goldwater, dem verstorbenen Republikaner aus Arizona und Vorsitzenden des Senatsausschusses in einer kritischen Phase unter CIA-Direktor William J. Casey in den achtziger Jahren, hatte ich eine gute und zuverlässige Informationsquelle gefunden.

Der 65-jährige Graham, ein kleiner, freundlicher, aber ernster Mann, war acht Jahre lang Gouverneur von Florida gewesen und absolvierte seine dritte sechsjährige Amtszeit im Senat. Er hatte verwandtschaftliche Beziehungen zur *Washington Post,* für die ich arbeitete. Sein Halbbruder war der verstorbene Philip Graham, Herausgeber der *Post* bis 1963 und Ehemann von Katharine Graham. Philip Grahams Sohn, Don Graham, ist derzeit Präsident der Post Company, deshalb hielt es Senator Graham für ratsamer, ein offizielles Interview zu geben, und nur für das Buch, nicht für die Zeitung. Mit seiner Erlaubnis habe ich unser ziemlich langes Gespräch auf Tonband aufgenommen.

Graham wollte über den Irak reden, denn er war in tiefer Sorge. Er sagte, er sei über den geheimen CIA-Plan informiert worden, wolle aber nicht in die Einzelheiten gehen. Die Umstände der Briefings – sie fanden in Cheneys Büro statt – stimmten ihn besonders bedenklich. Gemäß einer seit langem zwischen dem Weißen Haus und dem Kongress bestehenden Übereinkunft wurden in die sensibelsten verdeckten Operationen nur acht Mitglieder des Kongresses eingeweiht, die so genannte Achterbande: der Mehrheits- und der Minderheitsführer des Senats, der Speaker und der Minderheitsführer des Repräsentantenhauses sowie die Vorsitzenden der Geheimdienstausschüsse von Senat und Repräsentantenhaus und ihre Stellvertreter.

„Dieser neue Plan", sagte Graham, „ging von der Überlegung aus, dass wir unser Ziel, einen Regimewechsel herbeizuführen, nicht erreicht haben und dass wir es hauptsächlich deshalb nicht erreicht haben, weil wir uns ganz auf Geheimdiensterkenntnisse verlassen haben und Geheimdiensterkenntnisse allein dazu nicht ausreichen. Er wird auch ein wenig Diplomatie erfordern, ein wenig ökonomischen Druck und vielleicht auch viel Militär."

Seine Meinung dazu?

„Nun", sagte er, „ich bin nicht davon überzeugt, dass ein Einmarsch im Irak in naher Zukunft ein geeignetes Mittel ist. Und mit naher Zukunft meine ich die nächsten zwei bis drei Jahre. Ich halte es für sehr wichtig, dass wir den Krieg gegen den Terror fortsetzen, und im Irak könnten wir uns so verzetteln, dass wir dieses Ziel nicht erreichen.

Laut Definition ist ein Terrorist ersten Ranges jemand, der entweder in die Ereignisse vom 11. September verwickelt war oder Mittätern Unterschlupf und Zuflucht gewährte. Und es gibt keinen Beweis dafür, dass der Irak unter eine dieser beiden Kategorien fällt. Deshalb geht es meines Erachtens zu weit, wenn man behauptet, ein Krieg gegen den Irak sei ein weiteres Kapitel im Krieg gegen den Terrorismus."

„Ist der Irak", fragte er, „ein Land, das in naher Zukunft über militärisch nutzbare Massenvernichtungswaffen verfügen wird? Auch hier würde die Antwort der meisten Experten lauten, dass es noch einige Zeit dauert, etwa fünf Jahre, bis er so weit ist, es sei denn, er bekommt kräftige Unterstützung von außen."

Graham meinte, wir sollten den Irak überwachen. „Wenn sich abzeichnet, dass er es erheblich schneller schafft, dann könnten wir – dann würde der Irak auf der Liste zu Recht nach oben rutschen."

Mit Bush selbst habe er über den Irak nicht gesprochen, dafür aber mit Cheney. „Er übergeht die Terrorismus-Frage gewissermaßen und verknüpft sie mit Massenvernichtungswaffen. Er sagt ständig, dass der Krieg, den wir momentan führen, nicht nur ein Krieg gegen den Terror sei, sondern ein Krieg gegen den Terror und die Staaten, die über die Mittel verfügen, Terroristen Waffen zu liefern, mit denen sie eine Eskalation ihrer Art von Gewalt herbeiführen könnten."

Da keine Mitarbeiter zugelassen seien, so Graham, „ist jeder einzelne dieser Befunde vertraulicher als ein Befund der Achterbande. Alle Briefings dazu finden im Weißen Haus statt, und die, an denen ich teilgenommen habe, fanden überwiegend in Cheneys Büro statt."

Auch Tenet sei anwesend gewesen, aber die meiste Zeit habe Cheney geredet. Der Vizepräsident sei auf den Irak fixiert gewesen. „Wir müssen es tun", habe er gesagt, „denn hier kommt beides zusammen, Terrorismus und Massenvernichtungswaffen."

Graham zufolge hatte die Bush-Administration, oder zumindest Cheney, den Krieg gegen den Terrorismus neu definiert. „Jetzt verstehen wir unter einem terroristischen Staat jene Staaten, die in der Lage sein könnten, Massenvernichtungswaffen zu liefern, auch wenn sie selbst nicht in terroristische Aktivitäten verstrickt sind oder Unterschlupf gewähren."

DIE CIA HATTE NIEMALS kategorisch erklärt, dass Saddam Hussein ihres Erachtens Massenvernichtungswaffen besitze. Im offiziellen National Intelligence Estimate (NIE) für 2000, dem geheimen Bericht der Nachrichtendienste, kam sie zu dem Schluss, dass Saddam noch „Restmengen" an chemischen Kampfstoffen – aber keine Sprengköpfe – besitze, möglicherweise bis zu 100 Tonnen, und dass er Ausgangsstoffe für weitere 200 Tonnen „haben könnte". Diese Schätzung stützte sich hauptsächlich auf zahlenmäßige Diskrepanzen zwischen den Mengen, die der Irak nach eigenen Angaben gegenüber den UN-Waffeninspektoren besessen hatte, und den Mengen, die den Unterlagen zufolge vernichtet worden waren.

Im geheimen Bericht der Nachrichtendienste vom Dezember 2000 über biologische Waffen kam man zu dem Schluss, dass der Irak

„weiter“ an der Entwicklung solcher Waffen arbeite und kurz vor dem Ziel stehe, aber noch keine besitze.

Bezeichnenderweise hatte Tenet am 6. Februar 2002 bei einer öffentlichen Anhörung vor Grahams Ausschuss zur globalen Bedrohungslage den Irak erst auf Seite 10 seiner 18 Seiten füllenden Aussage erwähnt und ihm lediglich drei Absätze gewidmet. „Der Irak“, so erklärte er, „arbeitet weiter am Ausbau einer Infrastruktur, die ihn zur Produktion von Massenvernichtungswaffen befähigt.“ Die chemische Industrie des Landes expandiere in einer Weise, „die eine rasche Umstellung auf die Produktion von Massenvernichtungswaffen ermöglicht. Außerdem glauben wir, dass er ein aktives und funktionsfähiges Programm für biologische Waffen unterhält“.

„Wir glauben“, fuhr Tenet fort, „dass Saddam sein Atomwaffenprogramm niemals aufgegeben hat.“ Doch er behauptete weder, dass Saddam eine Bombe besitze, noch dass er nahe daran sei, eine zu bauen. „Unsere Hauptsorge auf kurze Sicht ist, dass Saddam Zugang zu spaltbarem Material bekommen könnte.“

Nach meinem Treffen mit ihm forderten Graham und andere demokratische Senatoren die Administration dringend auf, einen neuen, umfassenden Geheimdienstbericht über den Irak oder eine Lagebeurteilung vorzulegen. Graham wollte vor allem wissen, wie der Geheimplan der CIA auf die militärische Planung, die diplomatischen Schritte und den globalen Krieg gegen den Terrorismus abgestimmt sei. Worin genau bestand die Bedrohung durch den Irak? Wie unmittelbar war diese Bedrohung? Welche Folgen hätte ein Krieg für die Region, und wie würde die politische Landschaft nach einem Krieg aussehen? Diese Fragen wurden am 11. September 2002, am Tag vor Bushs UN-Rede, in einem geheimen Schreiben an Tenet formuliert.

Tenet lehnte die Anfrage mit der Begründung ab, Graham verlange eine Beurteilung der amerikanischen Strategie und Politik. Und das falle nicht unter seine Zuständigkeit. Die CIA erstelle Analysen und offizielle Geheimdienstberichte über ausländische Regierungen, nicht über die eigene. Gleichwohl erklärte er sich widerstrebend bereit, eilends ein Dossier über das irakische Potenzial an Massenvernichtungswaffen zusammenzustellen. Diese nachrichtendienstliche Arbeit wurde nach den viel beachteten Verlautbarungen Bushs und Cheneys zu diesem Thema durchgeführt. Der Vizepräsident hatte am 26. August erklärt: „Einfach gesagt: Es besteht kein Zweifel, dass Saddam Hussein jetzt über Massenvernichtungswaffen verfügt." Und der Präsident einen Monat darauf: „Das irakische Regime verfügt über biologische und chemische Waffen."

Der National Intelligence Council, bestehend aus Vertretern der wichtigsten Nachrichtendienste, machte sich daran, die Rohinformationen durchzugehen, zu sichten und auszuwerten. In dieser Kommission vertreten sind die CIA, die National Security Agency, die mit der Überwachung der Telekommunikation befasst ist, die Defense Intelligence Agency des Pentagons, die Nachrichtendienste von Außen- und Energieministerium sowie die für die Satelliten- und andere Luftaufklärung zuständige National Imagery and Mapping Agency.

Die Gruppe hatte Berge von Material, aber ein Großteil davon war alt und nicht sehr zuverlässig. Der Irak zählte immer noch zu den schwierigsten Geheimdienstzielen. Saddam hatte seine Methoden der Täuschung und der Verschleierung seiner Waffenprogramme – worin die auch bestehen mochten – verbessert. Die CIA hatte nach wie vor nur sehr wenige Quellen im Irak, und paramilitärische Gruppen wie die von Tim geleitete im Norden des Landes hatten nichts gefunden.

Das National Intelligence Estimate ist, wie der Name schon sagt, eine Einschätzung. Im Kalten Krieg wurde es zu einem begehrten Dokument, denn es sollte dem Präsidenten und seinem nationalen Sicherheitsteam eine umfassende Beurteilung der Fähigkeiten und Absichten von Staaten wie der Sowjetunion und China, die eine reale Bedrohung darstellten, an die Hand geben. NIEs enthalten oft politische Einschätzungen zu Fragen wie: Wie lange wird sich Oberst Gaddafi in Libyen halten, wohin steuert die Entwicklung auf dem Balkan, droht in Afrika eine Hungersnot, wie groß ist die Gefahr eines Kriegs auf der koreanischen Halbinsel oder eines atomaren Schlagabtauschs zwischen Indien und Pakistan?

Der Umfang ist auf viel beschäftige Politiker zugeschnitten. Deshalb ist einem 50 bis 100 Seiten starken NIE eine Art Zusammenfassung für Führungskräfte vorangestellt, die so genannten Kernaussagen, in denen sich Geheimdienstanalytiker um eine abschließende Antwort bemühen. Würde Castro gestürzt werden? Würde Syrien Israel angreifen? Würden die Kommunisten in Nicaragua siegen? Im

Verlauf der Jahrzehnte übten Politiker – und Präsidenten – häufig Kritik an diesen NIEs, weil die Verfasser sich nicht festlegten und ihre „Einerseits-andererseits-Berichte“ mit enervierenden Vorbehalten gespickt waren. Egal was passierte, man fand darin immer einen Satz oder Halbsatz, der diese Möglichkeit abgedeckt hatte.

Stu Cohen, Geheimdienstprofi seit 30 Jahren, saß dem National Intelligence Council vor, als das NIE über die irakischen Massenvernichtungswaffen erstellt wurde. Einem Kollegen vertraute er an, dass er Ausflüchte nach Möglichkeit vermeiden wolle. Das NIE sei „hohles Geschwafel“, wenn man in den Kernaussagen Wörter wie „vielleicht“, „wahrscheinlich“ oder „möglicherweise“ verwende. Hieb- und stichfeste Beweise seien im Geheimdienstgeschäft selten, deshalb müssten Analytiker in der Lage sein, auch ohne etwas Hieb- und Stichfestes ein Urteil abzugeben. Die vorliegenden Fakten seien schlüssig, aber eben nur Indizien; niemand könne ein Fläschchen mit biologischen Agenzien oder Biowaffen oder ein rauchendes Fass mit chemischen Kampfstoffen als Beweis vorlegen. Doch in Verbindung mit der unbestreitbaren Tatsache, dass Saddam in der Vergangenheit Massenvernichtungswaffen besessen hatte – UN-Inspektoren hatten sie in den neunziger Jahren gefunden, untersucht und vernichtet –, schienen die Hinweise nur einen Schluss zuzulassen.

Die andere Möglichkeit war, dass Saddam gar keine Massenvernichtungswaffen besaß. Aber das wollte niemand sagen – man hätte zu viele nachrichtendienstliche Erkenntnisse außer Acht lassen müssen. Die richtige und beste Antwort war, dass er *wahrscheinlich* Massenvernichtungswaffen besitze, dass es aber keinen Beweis gebe, nur Indizien, die darauf hindeuteten. In Anbetracht des Spielraums, den eine „Einschätzung“ ließ, die ja per definitionem nur eine „Meinung“ ist, strebte die Kommission eine klare Aussage an, die kein „hohles Geschwafel“ war.

Analytiker der CIA hatten lange darüber diskutiert, wie sich Ausflüchte vermeiden ließen. In gewissen Zeiten, so glaubten viele, darunter auch John McLaughlin, müssten sie ein klareres Urteil abgeben, auch auf die Gefahr hin, dass sie sich irrten. In jenem Sommer hatte McLaughlin zu den Chefs im Nationalen Sicherheitsrat gesagt, die CIA habe triftigen Grund zu der Annahme, dass Saddam über Massenvernichtungswaffen verfüge. Andere würden jedoch konkretere Beweise verlangen, und mit einer Anthrax-Probe oder der Probe eines chemischen Kampfstoffs könne die CIA nun mal nicht dienen.

Drei Wochen lang arbeiteten Geheimdienstanalytiker und -beamte an dem National Intelligence Estimate. Am 1. Oktober tagte das National Foreign Intelligence Board unter dem Vorsitz Tenets. Dieses Gremium, das aus den Direktoren aller Nachrichtendienste besteht, gibt den geheimen Berichten sein Plazet. Keiner der Anwesenden stellte die Kernaussagen in Frage. Nach Tenets Gefühl saßen intelligente Leute am Tisch, die wussten, wie man eine Lagebeurteilung richtig formulierte.

In den Kernaussagen des streng geheimen, 92-seitigen Dossiers, das freigegeben wurde, hieß es ohne jede Einschränkung: „Bagdad besitzt chemische und biologische Waffen." Von dieser Aufmerksamkeit heischenden Behauptung rückte das Dossier in der Folge langsam, aber sicher ab, ohne dass es deutlich ausgesprochen wurde. Bereits der zweite Absatz der Kernaussagen verriet eine gewisse Unsicherheit: „Wir vermuten, dass wir nur einen Teil der irakischen Bemühungen um Massenvernichtungswaffen erfassen." Ein solcher Satz könnte in jedem Geheimdienstbericht stehen – man sieht von allem immer nur einen Teil. Am Ende signalisierten die ausweichenden Formulierungen und Rückzieher doch erhebliche Zweifel.

In dem NIE hieß es, nach Auffassung der Dienste habe „Bagdad die Produktion von Senfgas, Sarin, Zyklosarin und VX wieder aufgenommen", aber es wurde nicht behauptet, dass der Irak tatsächlich solche Kampfstoffe besitze oder dass man Quellen habe, die welche gesehen hätten. Und die Belege waren dürftig. Man hatte Geheimberichte, wonach der Irak „sich heimlich die Arten und Mengen von Chemikalien und Apparaturen beschafft hat, die für eine begrenzte Chemiewaffenproduktion ausreichen". In Anbetracht der doppelten Verwendbarkeit vieler solcher Chemikalien – für legitime nichtmilitärische Zwecke oder für Kampfstoffe – war die Schlussfolgerung spekulativ.

Obwohl die Verfasser einräumten, „dass uns wenig konkrete Informationen über das chemische Waffenarsenal des Irak vorliegen", was darauf hindeutete, dass sie Probleme hatten, Zahlen vorzulegen, behaupteten sie, „dass Saddam wahrscheinlich mindestens 100 Tonnen und möglicherweise sogar 500 Tonnen chemische Kampfstoffe lagert – von denen ein großer Teil im vergangenen Jahr hinzugekommen ist".

Dasselbe galt für Biowaffen. Einige nachrichtendienstliche Erkenntnisse und Schlussfolgerungen standen beinahe in einem direkten Widerspruch zu den Behauptungen in den Kernaussagen. So hieß es im NIE: „Wir vermuten, dass alle Schlüsselelemente – Forschung und Entwicklung, Produktion und Nutzbarmachung für militärische Zwecke – des offensiven irakischen Biowaffen-Programms aktiv sind." Dass Elemente eines Programms aktiv sind, bedeutet nicht zwangsläufig, dass tatsächlich Waffen hergestellt worden sind, auch wenn die Vermutung nahe liegt. Es mochte schlüssige und beunruhigende Indizien geben, doch sie bewiesen nicht, dass Saddam die Waffen tatsächlich besaß. „Wir nehmen an, dass der Irak einige tödliche und handlungsunfähig machende biologische Agenzien besitzt und in der Lage ist, rasch verschiedene solcher Agenzien zu produzieren und waffentauglich zu machen." Abermals wurde nicht behauptet, dass der Irak tatsächlich solche Waffen besitze.

In mancher Hinsicht klang das NIE wie ein Wetterbericht. „Die Chancen, dass zum offensiven Biowaffen-Programm des Irak auch Pocken gehören, stehen fünfzig zu fünfzig."

Weiter hinten wird das Papier immer vorsichtiger. „Es wäre vermessen, beurteilen zu wollen, wann Saddam Massenvernichtungswaffen einsetzen würde." Mit einer Reihe abschwächender Ausdrücke – könnte, möglicherweise, wahrscheinlich, wahrscheinlicher und noch einmal wahrscheinlich – werden Szenarien von Angriffen mit chemischen oder biologischen Waffen auf US-Truppen, Freunde und Verbündete durchgespielt.

Nach einer Dreiergruppe abschwächender Ausdrücke ging das NIE auf den Alptraum Cheneys ein, nämlich, dass der Irak al-Qaida bei einem Anschlag mit Massenvernichtungswaffen unterstützen könnte.

„Wenn Saddams Verzweiflung groß genug ist, könnte er zu dem Schluss gelangen, dass nur eine Organisation wie al-Qaida – die über eine ausgedehnte, weltumspannende terroristische Infrastruktur verfügt und mit den Vereinigten Staaten bereits einen Kampf auf Leben und Tod führt – einen Terroranschlag verüben könnte, wie er ihn gern durchführen würde. Unter solchen Umständen könnte er zu dem Schluss gelangen, dass der extreme Schritt, die islamistischen

Terroristen bei einem Angriff auf die Vereinigten Staaten mit chemischen oder biologischen Waffen zu unterstützen, seine letzte Chance ist, Rache zu üben und eine große Zahl von Opfern mitzunehmen."

Noch weiter hinten im NIE ist die Bemerkung versteckt, dass diese Einschätzung „wenig gesichert" sei. Ihr folgt die Feststellung: „Uns liegen keine konkreten nachrichtendienstlichen Informationen vor, dass Saddams Regime Angriffe auf US-Gebiet angeordnet hat."

Zur Atomwaffen-Frage stellte das NIE „mäßig überzeugt" fest, dass „der Irak noch keine Atomwaffe und noch nicht genügend Material besitzt, um eine zu bauen, dass er aber wahrscheinlich zwischen 2007 und 2009 eine solche Waffe haben wird".

Der Geheimdienst des Außenministeriums fügte einen elfseitigen Anhang an, in dem er seine Einwände gegen das NIE und seine abweichenden Meinungen darlegte, insbesondere in der Atomwaffen-Frage. Darin hieß es, die Hinweise seien kein zwingender Beweis „für integrierte und umfassende Bemühungen" des Irak, „in den Besitz von Atomwaffen zu gelangen".

Als das NIE am Dienstag, dem 2. Oktober, dem Geheimdienstausschuss des Senats vorgelegt wurde, konzentrierten sich einige Senatoren auf die allgemeineren Fragen, die von der CIA nicht angesprochen wurden. Sie wollten wissen, in welchem Zusammenhang die verdeckten Aktionen im Irak mit den militärischen Planungen und diplomatischen Bemühungen stünden und inwieweit dabei berücksichtigt worden sei, dass ein Angriff auf den Irak zu terroristischen Vergeltungsmaßnahmen gegen die Vereinigten Staaten oder zu Problemen im Nahen Osten führen könnte. Kein Senator war gut genug informiert – das Kapitol erfuhr keine Einzelheiten über die militärische Planung, und die CIA-Pläne waren streng geheim –, um fundierte Kritik zu üben. Und die beinahe täglichen Medienberichte über Powells Bemühungen, dem Sicherheitsrat der Vereinten Nationen eine neue Resolution abzuringen, hatten Bushs diplomatische Initiative in den Mittelpunkt des Interesses gerückt.

In derselben Woche legten einige Senatoren Alternativvorschläge für eine Resolution des Kongresses vor, die keine Blankovollmacht für Bush vorsahen. Mitte der Woche ließ Calio auf dem Kapitolshügel wissen: „Heute ist der Tag – entweder wir legen unsere Differenzen bei, oder wir handeln ohne Sie." Dies tat der Cheflobbyist des Präsidenten erst, als er eine komfortable Mehrheit hatte. An diesem Nachmittag und Abend arbeiteten Bush und Calio mehrere Stunden an einer endgültigen Kompromissformel. Der Präsident telefonierte mit Dick Gephardt, der zwar ein paar Änderungen verlangte, grundsätzlich aber seinen Kurs unterstützte. Es war wichtig, den Fraktionsführer der Demokraten im Repräsentantenhaus im Boot zu haben.

Bei den Bemühungen, den Kongress für die Resolution zu gewinnen, übernahm Rove mehrere Aufgaben. Er redete mit einigen Republikanern aus dem Abgeordnetenhaus und fungierte als Sprachrohr für andere, die Bush eine Botschaft zukommen lassen wollten. Eine seiner Aufgaben bestand darin, mit Senator Chuck Hagel zu sprechen, dem eigenwilligen Republikaner aus Nebraska, der Bush häufig kritisierte. Rove führte ihm gegenüber ins Feld, dass der Irak eine wichtige Front im Krieg gegen den Terror sei. Der Präsident brauche diese Resolution, damit er mit einem Höchstmaß an Druck eine friedliche Lösung erzwingen könne oder, wenn das nicht gelinge, die notwendige Unterstützung für einen Militärschlag habe.

Am 2. Oktober erschien Bush um 13.15 Uhr mit Dutzenden Parlamentariern, darunter auch Gephardt, nicht aber Daschle, im Rosengarten des Weißen Hauses und gab bekannt, dass die beiden Parteien sich geeinigt hätten. An seiner Seite standen auch zwei Hauptakteure des Präsidentschaftswahlkampfs 2000: der republikanische Senator John McCain, der politische Freigeist aus Arizona und Bushs Hauptkontrahent bei den Vorwahlen, und Senator Joseph Lieberman, Demokrat aus Connecticut und Al Gores Kandidat für die Vizepräsidentschaft im Wahlkampf gegen Bush.

Der Präsident sagte, die Unterstützung durch den Kongress werde „Freund wie Feind die Entschlossenheit der Vereinigten Staaten zeigen". Er verkündete, dass „das irakische Regime auf seinem derzeitigen Kurs eine unmittelbare und einzigartige Bedrohung" sei und „der Diktator ein Schüler Stalins".

„Jetzt muss der Kongress der Vereinigten Staaten entscheiden. Das amerikanische Volk wird die Debatte genau verfolgen, und diese Debatte wird in die Geschichte eingehen.

Ich ersuche alle Mitglieder des Kongresses dringend, sehr gründlich über diese Resolution nachzudenken. Die Entscheidung, die sie zu treffen haben, könnte nicht folgenreicher sein."

UM DIE UNTERSTÜTZUNG von Kongress und Öffentlichkeit zu gewinnen, beschloss der Präsident zudem, seine Vorwürfe gegen Saddam in einer Rede zur Hauptsendezeit vorzutragen. Er sollte die Rede am 7. Oktober in der Grand Rotunda des Museums am Union Terminal in Cincinnati halten.

Entwürfe gingen hin und her. Zwei Tage vor dem Termin schickte die CIA Steve Hadley und Mike Gerson ein dreieinhalbseitiges Memo mit 22 Änderungsvorschlägen zum sechsten Entwurf. Einige Passagen, so die Empfehlung, könnten verstärkt, andere wiederum sollten gekürzt oder ganz gestrichen werden.

So hieß es in dem Entwurf, der Irak habe nach 1995 zugegeben, dass er 25 000 Liter Anthrax und andere tödliche biologische Kampfstoffe produziert habe. Die CIA sagte, die Zahl könne auf 30 000 Liter erhöht werden – eine Zahl, die der Präsident dann auch nannte.

Ferner hieß es in dem Entwurf, vor dem Golfkrieg 1991 hätten nachrichtendienstliche Erkenntnisse ergeben, dass es noch fünf bis sechs Jahre dauern würde, bis der Irak eine Atomwaffe entwickeln könne. Die CIA empfahl, diese Zahlen zu präzisieren und durch acht bis zehn Jahre zu ersetzen – was Bush in der Rede dann auch tat. Weiter hieß es in Entwurf Nummer sechs, nach dem Golfkrieg hätten internationale Waffeninspektoren entdeckt, dass der Irak in seinem Atomwaffenprogramm sehr viel weiter gewesen sei als angenommen. Wahrscheinlich hätte es nur 18 Monate gedauert, bis er über eine Atomwaffe verfügt hätte. Die CIA schlug in ihrem Memo vor, den Zeitraum zu ändern und von zwei bis drei Jahren zu sprechen. Bush entschied sich für die Formulierung „es hätte wahrscheinlich nur bis 1993 gedauert“, was ungefähr zwei Jahre nach der Entdeckung gewesen wäre.

Der sechste Entwurf enthielt außerdem den Satz: „Und das Regime ist bei dem Versuch ertappt worden, aus afrikanischen Quellen bis zu 500 Tonnen Uranoxid zu kaufen, ein wichtiges Ausgangsmaterial für den Anreicherungsprozess.“

Diese Behauptung stützte sich auf einen unbestätigten Bericht des britischen Geheimdienstes, wonach der Irak unlängst versucht habe, im Niger Uranoxid, bekannt unter dem Namen „Yellowcake“, zu erwerben. Die CIA war aus verschiedenen Gründen skeptisch und hatte ihre Bedenken den Briten mitgeteilt. Joseph Wilson IV., ein ehemaliger Botschafter, war in den Niger entsandt worden, um den Bericht zu überprüfen, hatte aber keinerlei Bestätigung gefunden. Daher empfahl die CIA in ihrem Memo, den Passus ganz aus der Rede in Cincinnati zu streichen, was dann auch geschah.

Im Entwurf hieß es: „Auf Saddam Husseins Befehl hin wurden Oppositionelle enthauptet." Die CIA monierte, nach vorliegenden Erkenntnissen seien die Oppositionellen hingerichtet, aber nicht geköpft worden. Dennoch blieb „enthauptet" stehen.

Die 26-minütige Rede in Cincinnati wurde von den drei großen TV-Sendern nicht übertragen, dennoch sahen sie nahezu 17 Millionen Zuschauer bei FOX und auf den Nachrichtenkabelkanälen CNN, MSNBC und FOX News.

Im Irak, so Bushs Hauptargument, seien „die ernstesten Gefahren unserer Zeit an einem Ort vereint. Die Gefahr ist bereits erheblich und wird mit der Zeit nur noch schlimmer".

Dass schlüssige Beweise fehlten, wurde nicht zugegeben. Stattdessen sprach Bush lediglich von einem wachsenden Risiko, ein Risiko, das Rice einen Monat zuvor öffentlich beschworen hatte. „Angesichts eindeutiger Gefahr", sagte er, „können wir nicht auf den endgültigen Beweis warten, sozusagen die ‚rauchende Pistole', die die Form eines Atompilzes haben könnte."

Zur Verdeutlichung erinnerte Bush an die Kuba-Krise im Oktober 1962, als die Sowjetunion auf Kuba offensive Mittelstreckenraketen stationiert hatte, und zitierte Präsident Kennedy mit den Worten: „Weder die Vereinigten Staaten von Amerika noch die Länder der Weltgemeinschaft können vorsätzliche Täuschung und offensive Bedrohungen durch irgendeine Nation tolerieren, sei sie groß oder klein. Wir leben nicht länger in einer Welt, in der nur das tatsächliche Abfeuern von Waffen eine ausreichende Bedrohung für die Sicherheit einer Nation darstellt und maximale Gefahr bedeutet."

AM NÄCHSTEN TAG, dem 8. Oktober, wurden mindestens 47 Senatoren über das National Intelligence Estimate informiert oder mit seinem vollen Wortlaut bekannt gemacht, nach dessen Kernaussage der Irak „chemische und biologische Waffen besitzt". Powell sprach 15 Minuten lang mit der gemäßigten republikanischen Senatorin

Susan Collins aus Maine, und wie diese später der *Los Angeles Times* mitteilte, machte er ihr eindringlich klar, „dass der Nationale Sicherheitsrat einen Weg finden werde, die Frage zu umgehen, wenn der Kongress die Vollmacht zur Anwendung von Gewalt verweigere". Und sie fügte hinzu: „Meines Erachtens ist das ein sehr stichhaltiges Argument."

Am 10. Oktober beauftragte Calio seinen Stab, eine Liste aller Kongressmitglieder zu erstellen, die zum Thema Irak unterrichtet worden waren. Er wollte sie vor der Abstimmung haben, mit der noch an diesem Tag zu rechnen war. Eine detaillierte elfseitige Liste der Einladungen und Treffen wurde vorgelegt, aus der hervorging, dass 195 Abgeordnete des Repräsentantenhauses und alle 100 Senatoren zu einem oder mehreren Briefings zum Thema Irak unter Leitung des Weißen Hauses eingeladen worden waren. Calios Stab dokumentierte, dass 71 Senatoren und 161 Abgeordnete des Repräsentantenhauses die Einladung angenommen hatten.

Am selben Nachmittag verabschiedete das Repräsentantenhaus nach zweitägiger Debatte eine Resolution, die den Präsidenten ermächtigte, die Streitkräfte im Irak so einzusetzen, „wie er es für notwendig und angemessen erachtet". Mit 296 zu 133 Stimmen erhielt der Präsident eine überwältigende Mehrheit – 46 Stimmen mehr als sein Vater 1991.

Im Senat rief der Demokrat Edward M. Kennedy aus Massachusetts leidenschaftlich dazu auf, die Resolution abzulehnen.

„Die Administration hat keinen überzeugenden Beweis vorgelegt für eine so unmittelbare Bedrohung unserer nationalen Sicherheit, dass sie einen unilateralen amerikanischen Präventivschlag und einen sofortigen Krieg notwendig macht. Noch hat die Administration dargelegt, wie viel Blut und Geld uns diese Operation kosten wird", sagte Kennedy. Später fügte er hinzu, Bushs Doktrin der Prävention komme „einem Aufruf zu einem amerikanischen Imperialismus des 21. Jahrhunderts gleich, den kein anderes Land akzeptieren kann oder sollte".

Der demokratische Senator John F. Kerry aus Massachusetts, der spätere Präsidentschaftskandidat, sagte in einer Rede vor dem Senat, er werde für die Resolution über den Einsatz von Gewalt zur Entwaffnung Saddams stimmen, weil „ein tödliches Arsenal an Massenvernichtungswaffen in seinen Händen eine Gefahr darstellt und eine ernste Bedrohung für unsere Sicherheit". Gleichzeitig drückte er die Erwartung aus, dass der Präsident „die Versprechen einhält, die er dem amerikanischen Volk in den letzten Tagen gegeben hat, nämlich zusammen mit dem Sicherheitsrat der Vereinten Nationen auf die Verabschiedung einer neuen Resolution hinzuarbeiten ... und gemeinsam mit unseren Verbündeten zu handeln, falls wir Saddam Hussein mit Gewalt entwaffnen müssen".

Aber kein Demokrat oder anderer Kritiker vermochte viel auszurichten angesichts der wiederholten Erklärungen des Präsidenten, dass Saddam eine Bedrohung darstelle, und der Einschätzungen der CIA, dass Saddam Massenvernichtungswaffen besitze und der Irak möglicherweise an der Schwelle zur Atommacht stehe.

Am 11. Oktober verabschiedete der Senat die Resolution mit 77 gegen 23 Stimmen. Senator Graham aus Florida stimmte gegen die Resolution mit der Begründung, sie gehe „nicht weit genug". Er wollte den Präsidenten nicht nur ermächtigen, den Irak anzugreifen, sondern auch „Gewalt gegen alle internationalen Terrorgruppen anzuwenden, die wahrscheinlich die Vereinigten Staaten angreifen werden, wenn das Regime Saddam Husseins zusammenbricht".

Die Senatoren Daschle und Feinstein, die zwischenzeitlich lautstark Kritik geübt hatten, stimmten am Ende für die Resolution, die dem Präsidenten grünes Licht gab, das Militär in „angemessener und notwendiger" Form einzusetzen, um sich gegen „die anhaltende Bedrohung, die der Irak darstellt", zu verteidigen. Es war eine Blankovollmacht.

19

RUMSFELD FEILTE WEITER an den Einzelheiten des Kriegsplans und brachte den „Hybrid"-Plan langsam in eine Form, in der er durchführbar war und die alle grundlegenden Aspekte berücksichtigte. Er exerzierte alles gründlich durch und stellte sicher, dass Bush über Details ins Bild gesetzt wurde.

Am 4. Oktober präsentierte Franks dem Präsidenten eine Zusammenfassung der Zielkonzepte, informierte ihn umfassender über die Gefahr einer „Festung Bagdad" und legte einen endgültigen Plan zur Ausschaltung der Scud-Raketen vor. Zudem unterbreitete er einige Vorschläge, wie man Special Operations Forces zur Unterstützung oppositioneller Gruppen innerhalb des Irak einsetzen könnte. Es gab Briefings für den Präsidenten über die Sicherung und Instandsetzung der irakischen Erdöl-Infrastruktur, über mögliche Kollateralschäden bei Angriffen auf befestigte und unterirdische Einrichtungen im Irak sowie über die Frage, wie Saddam Dämme dazu benutzen könnte, wichtige Landesteile zu überfluten und dadurch den Vormarsch von US-Truppen zu behindern.

Bei einer Sitzung des Sicherheitsrats in dieser Zeit sann Rumsfeld darüber nach, was schief gehen könnte. Er kritzelte eine Liste, die auf etwa 15 Punkte anwuchs.

„Hören Sie", sagte er zu den anderen, darunter der Präsident, „das hier sollten wir im Auge behalten." Dann zählte er alle 15 Punkte auf.

Nach seiner Rückkehr ins Pentagon formulierte er sie aus und verteilte sie an seine vier wichtigsten Berater, von denen jeder noch ein paar hinzufügte.

Am 15. Oktober fasste Rumsfeld alle in einem streng geheimen, dreiseitigen Memo zusammen. „So etwas ist eine schwierige Entscheidung", erinnerte er sich später. „Man fängt nicht leichtfertig einen Krieg an, und man denkt immer wieder und immer wieder darüber nach. Und ab einem bestimmten Punkt, wenn du weißt, es ist nicht deine Entscheidung, nicht einmal deine Empfehlung, beschäftigst du dich gar nicht mehr so sehr damit, sondern richtest deine ganze Konzentration darauf, sicherzustellen, dass alles Menschenmögliche getan wird, um ihn auf das, was schief gehen könnte, vorzubereiten und dafür zu sorgen, dass alles klappt."

Rumsfeld schickte das Memo an den Präsidenten und ging es später mit ihm durch. „Die folgende Liste", hieß es in der Einleitung, „soll verdeutlichen, welche Probleme sich aus einem Konflikt mit dem Irak ergeben könnten. Sie ist einfach als Checkliste gedacht, die wir in unsere Überlegungen einbeziehen sollten."

Darunter waren folgende Punkte:

- Ein anderer Staat könnte versuchen, aus dem Engagement der Vereinigten Staaten im Irak einen Vorteil zu ziehen.
- Störungen der Ölversorgung könnten internationale Schockwellen auslösen.
- Irakische Geheimdienste, die weltweit präsent sind, auch in den Vereinigten Staaten, könnten nichtkonventionelle Angriffe gegen die USA, unsere Verbündeten oder andere eingesetzte Truppen durchführen.
- Es könnte größere Kollateralschäden geben als erwartet.
- Die Einnahme der „Festung Bagdad" könnte sich für alle als langwierig und unangenehm erweisen.
- Im Irak könnte es zu ethnischen Auseinandersetzungen zwischen Sunniten, Schiiten und Kurden kommen, wie zuvor schon geschehen.
- Der Irak könnte chemische Waffen gegen die Schiiten einsetzen und die Vereinigten Staaten dafür verantwortlich machen.
- Der Irak könnte die Vereinigten Staaten auf dem Feld der Propaganda schlagen und die Welt davon überzeugen, dass sich der Krieg gegen Muslime richte.

Die Liste war auf 29 Punkte angewachsen. Das Memo endete mit der Bemerkung: „Natürlich könnte man in ähnlich veranschaulichender Weise alle potenziellen Probleme auflisten, die in Betracht gezogen werden müssen, falls kein Regimewechsel im Irak stattfindet." Das war Cheneys wiederholt geäußertes Argument, dass Untätigkeit mit einem Risiko behaftet sei.

ALS DEM PRÄSIDENTEN und Rumsfeld zu Ohren kam, dass einige hohe Offiziere mit dem Kriegsplan unzufrieden waren oder sogar grundsätzliche Bedenken gegen einen Krieg mit dem Irak hatten, beschlossen sie, die Vereinigten Stabschefs einzubeziehen.

Man hatte sie bei den Irak-Planungen bewusst auf Distanz gehalten. Erst zwei Wochen zuvor waren sie endlich unterrichtet worden. Im Oktober lud Bush sie ins Weiße Haus ein.

Rumsfeld wollte, dass sie sich nur mit dem Präsidenten trafen, ohne General Franks. Wolfowitz, Hadley und Libby durften ebenfalls nicht teilnehmen, dafür aber Cheney, Rice und Card.

Der Präsident fragte die vier Kommandeure der Teilstreitkräfte nach ihrer ehrlichen Meinung. Was hielten sie von dem Plan? Konnten alle Teilstreitkräfte tun, was von ihnen verlangt wurde?

General John P. Jumper, Chef der US-Luftwaffe, sagte, der Plan für den Luftkrieg sei vertretbar. Saddams Luftverteidigungssystem könne ausgeschaltet werden, allerdings fürchte er, die Iraker könnten das Global Positioning System (GPS) stören, auf das die Vereinigten Staaten beim Aufspüren der Ziele, bei der Zielerfassung und Präzisionsbombardierung angewiesen seien. Das Lufttransportsystem, mit dem man Truppen, Gerät und Nachschub in die Region schaffe, werde zwar voll ausgelastet sein, sei der Aufgabe seiner Überzeugung nach jedoch gewachsen. General Jumper äußerte Bedenken hinsichtlich des Vorrats an präzisionsgelenkter Munition; die industrielle Produktionskapazität müsste nachhaltig erhöht werden, und die intelligenten Bomben werde man nur für ausgewählte Ziele einsetzen können.

Auch Marinebefehlshaber Admiral Vern Clark fragte sich, ob genügend Waffensysteme produziert werden könnten. Zudem bereite ihm der Einsatz von Marineflugzeugen und Flugzeugträgern Sorge, denn angesichts der laufenden Operationen in Afghanistan werde der Irak eine zweite Front bilden. Allerdings sehe er darin keinen Hinderungsgrund.

General Eric Shinseki, Stabschef der Army, gab als Erster zu bedenken, dass die Zahl der angreifenden Bodentruppen zu klein sein könnte. Der Plan verlange ein rasches Vorrücken auf Bagdad, und er frage sich, ob das Nachschubsystem für den raschen Vormarsch beweglich und schnell genug sei. Die Truppen würden über mehrere hundert Kilometer verstreut sein. Die Sicherung der Nachschublinien könne schwierig werden. Dennoch, so Shinseki, befürworte er den Plan.

Der Kommandeur der Marineinfanterie, General James L. Jones, sagte, die Marines seien in guter Verfassung, doch er habe zwei Bedenken. Die Marines seien es nicht gewohnt, in kontaminierter Umgebung zu kämpfen, falls die Iraker chemische oder biologische Waffen einsetzen sollten. Sie hätten zwar genug ABC-Schutzanzüge für sich selbst, aber nicht genug für etwaige irakische Zivilisten, und das könnte problematisch werden. Zweitens, sagte er, sei der Häuserkampf hart. Saddam werde die Wüste sicherlich den US-Truppen überlassen, und die könnten mit allem fertig werden, womit er sie beschieße. Aber in den Städten, speziell in Bagdad, liege der Fall anders.

„Was halten Sie von den Plänen für Bagdad?“, fragte der Präsident.

Jones kannte die Pläne nicht, deshalb wich er aus.

„Was halten Sie von den Plänen für Bagdad?“, hakte Bush nach.

„Mir sind keine Einzelheiten bekannt“, antwortete Jones, „aber wie ich höre, wird daran gearbeitet.“

Nach der Sitzung ging Rice verstärkt den Fragen Lieferbarkeit von Munition, Nachschublinien, Kontaminierungsschutz für Zivilisten und Häuserkampf nach.

Am 29. Oktober erstattete Franks dem Präsidenten erneut Bericht. Themen der Sitzung waren ein weiterer aktualisierter Bericht über Gegenmaßnahmen beim Einsatz von Massenvernichtungswaffen durch Saddam während einer Invasion, die Unterstützung ziviler Militäroperationen und das Krisenmanagement nach einem möglichen Angriff auf Nachbarländer mit Massenvernichtungswaffen.

DEN GANZEN HERBST ÜBER hatte die türkische Regierung die Bitte der CIA abgelehnt. Nein, paramilitärische Teams würden nicht ein zweites Mal die Erlaubnis erhalten, durch die Türkei in den Nordirak vorzustoßen. Man verstärkte den Druck und machte Zusicherungen, bis die Türken schließlich ihr Ja gaben. Allerdings bestanden sie auch diesmal auf türkischen Eskorten. Saul meldete einem erfreuten Tim, dass sie grünes Licht hatten. Tim stellte sorgfältig ein zehnköpfiges Team zusammen, bestehend aus sechs Einsatzoffizieren, die zu den besten Arabisch-Kennern der CIA gehörten, drei erfahrenen Paramilitärs und einem Fernmeldetechniker. Es war die Crème de la Crème. Drei Senior Sergeants von der 10. Special Forces

Group aus Fort Carson wurden dazu abkommandiert, Tims NILE-Team zu begleiten und mit der PUK zusammenzuarbeiten. Ein zweites Team wurde der anderen kurdischen Partei, der KDP, zugewiesen.

Saul wies Tim an, Informationen zu sammeln und Agenten aus den Reihen des Regimes zu rekrutieren, Oppositionsgruppen zu unterstützen und Sabotageakte vorzubereiten, aber noch nicht durchzuführen. Und, wenn möglich, Informationen über Massenvernichtungswaffen zu sammeln, Schwachstellen im Regime zu finden und hineinzustoßen. Der Krieg stehe vor der Tür.

Tim und der andere Teamleiter flogen in die türkische Hauptstadt Ankara und meldeten sich beim türkischen Generalstab. Wir schwören, sagte Tim den Offizieren, dass wir alles in unserer Macht Stehende tun werden, um Sie auf dem Laufenden zu halten. Sie werden jede kleinste Information erhalten, die wir sammeln. Sie sind ein vollwertiger Partner bei dieser Sache – einem Auftrag zur Informationsbeschaffung, einem Auftrag zur Terrorbekämpfung. Hier geht es nicht um geheime Vorbereitungen für einen Regimewechsel. An diesem Punkt dürfe er es mit der Wahrheit nicht zu genau nehmen, wie Tim fand. Einem Einsatzoffizier wie ihm, darauf getrimmt, Agenten anzuwerben und gegen ihr Land aufzuwiegeln, fiel es leicht, die Generäle zu belügen. Groß gewachsen, selbstbewusst und Amerikaner durch und durch, zweifelten Tim und der andere Teamleiter, den seine Kollegen im Directorate of Operations zur Führungskraft des Jahres gekürt hatten, nicht daran, dass sie die Generäle von ihrer Aufrichtigkeit überzeugt hatten.

Tim und sein dreizehnköpfiges Team flogen nach Diyarbakir im Südosten der Türkei, einer türkischen Operationsbasis im Kampf gegen die Kurden, etwa fünf Autostunden von der irakischen Nordgrenze entfernt. Sie stiegen in Landcruiser und Cherokee-Jeeps um, ein Lastwagen folgte mit dem Gros der Ausrüstung. Der Konvoi fuhr über die Grenze nach Kalachualan, einer Kleinstadt, die PUK-Führer Dschalal Talabani während der Kriege mit dem Irak als Zufluchtsort gedient hatte. Sie lag nördlich der Provinzhauptstadt Suleimanija.

Im Gepäck hatten sie Zigmillionen Dollar in 100-Dollar-Scheinen, verstaut in stabilen schwarzen Peli-Koffern aus Kunststoff. Tim musste für seinen Anteil gegenzeichnen. Am Ende sollte er insgesamt 32 Millionen Dollar bekommen, und er wusste, dass er für seine

Ausgaben Quittungen würde vorlegen müssen. Gelbe Haftnotizzettel, 7,5 mal 7,5 Zentimeter, mit der Unterschrift des bezahlten Agenten, so hoffte er, würden genügen. Als sein Fahrzeug einmal den Blicken entschwand, witzelten die anderen, wahrscheinlich setze er sich an die Riviera ab. Tim hatte festgestellt, dass 1 Million Dollar in Hunderterscheinen 44 Pfund wog und genau in einen Tagesrucksack passte.

In Kalachualan angekommen, überredete Tim die Türken, sich ein eigenes Quartier zu suchen. Er durfte auf keinen Fall zulassen, dass sie oder jemand anderes Kontakt zu den Agenten aufnahmen, die er anzuwerben hoffte. Er und sein Team bezogen ein lindgrün gestrichenes Haus, das sie „Pistazie“ tauften.

Tim nahm umgehend Kontakt zu dem Mann aus der PUK-Führung auf, der Ende August gesagt hatte, dass Angehörige einer unterdrückten religiösen Gruppe sich erboten hätten, der CIA und den Vereinigten Staaten zu helfen. Dieser Mann machte Tim mit zwei Brüdern bekannt, deren Vater die Gruppe führte und in ihr fast denselben Status genoss wie der Papst in der katholischen Kirche. Bei einer Reihe von Treffen warb Tim die beiden Brüder an. Er war immer noch skeptisch. Die Brüder wollten eine verbindliche Zusicherung, dass Präsident Bush ernst machen und das US-Militär schicken würde, um Saddam abzusetzen. „Wenn George Bush beschließt, es nicht zu tun“, sagte einer der Brüder, „sind wir verloren, und alle unsere Verwandten und Anhänger werden umgebracht. Wenn herauskommt, dass wir Ihnen helfen, wird unsere gesamte Anhängerschaft massakriert.“ Sie seien keine Gruppe, die im Verborgenen arbeite. Saddams Sicherheitskräfte wüssten, wer und wo sie seien.

„Ich werde Ihnen helfen“, sagte Tim. „Ich werde alles für Sie tun, was in meiner Macht steht, aber Sie müssen mir irakische Offiziere bringen, die im aktiven Dienst bei der Armee sind, dann werde ich entscheiden, ob *Sie* es ehrlich meinen.“ Aufrichtigkeit müsse auf Gegenseitigkeit beruhen. „Dann werde ich entscheiden, ob wir Sie unterstützen sollten.“

Okay, sagten die Brüder. Eines Tages brachten sie um zwei Uhr morgens einen Mann, der eigens für ein Treffen mit Tim ins PUK-Gebiet geschleust worden war. Er war Brigadegeneral und Chef einer irakischen Heeresfliegereinheit auf einem wichtigen Luftstützpunkt. Tim und ein Kollege befragten den General mitten in der Nacht einige

Zeit lang, dann wurde er wieder aus dem Kurdengebiet weggebracht. Sie verstanden nichts von Hubschraubern, dennoch fragten sie ihn nach Ersatzteilen, Standorten, Aufstellung, Gefechtsbereitschaft, Treibstoff, Ausbildung, Fernmeldeeinrichtungen und anderem mehr. Sie schrieben alles auf und schickten es ans CIA-Hauptquartier, wo es auf seinen Wahrheitsgehalt hin überprüft werden konnte.

Nach einer bestimmten heiklen Frage blickte der General zu dem älteren Bruder und fragte: „Muss ich das sagen?"

„Raus damit", befahl der Bruder.

Der General gehorchte.

„Das lässt sich doch gut an, nicht wahr?", sagte Tim.

Nach fast drei Stunden erklärten die Brüder, sie müssten den General jetzt zu seinem Stützpunkt bei Bagdad zurückbringen.

„Gut", sagte Tim, „aber ich bin noch nicht ganz überzeugt. Bringen Sie mir mehr."

Einige Nächte später brachten die Brüder den Chef einer Flugabwehr-Batterie mit französische Roland-Raketen, der einer Einheit der Republikanischen Garde zugeteilt war. Auf Drängen der Brüder gab er die Aufstellung der Einheit, die Namen der Offiziere und andere Details preis.

Tim konnte es nicht glauben. Bislang war die beste irakische Quelle der CIA vielleicht ein Mann gewesen, der in einem südamerikanischen Land in die US-Botschaft spaziert war und erklärt hatte, er habe einen Onkel, der als General in der irakischen Armee diene und unzufrieden sei. Direkte Kontakte zu Offizieren im aktiven Dienst, so etwas hatte es praktisch noch nie gegeben. Die Brüder schmuggelten die Offiziere unter Teppichen versteckt auf Lastwagen durch die Wüste und über die Gebirgspässe. Sie sagten, sie wüssten nie im Voraus, wer komme. Sie hätten vertrauenswürdigen Mitgliedern der religiösen Gruppe lediglich mitgeteilt, sie sollten aktive Offiziere der Armee schicken. Und den Offizieren selbst wurde nicht genau gesagt, was sie erwartete, bis sie von Tim und seinem Team befragt wurden.

Der nächste irakische Offizier, den die Brüder anschleppten, hatte für die nördlich von Bagdad stationierten Einheiten der Republikanischen Garde Kriegspläne ausgearbeitet, die 103 Seiten umfassten. Der Offizier berichtete von einem geheimen Planspiel unter der Führung von Saddams Sohn Udai, an dem er teilgenommen habe. Aus den Plänen ging hervor, wo im Fall eines amerikanischen Luftlandeunternehmens Einheiten eingesetzt werden sollten.

Das Team hatte unter Kälte und Schmutz zu leiden. Doch die Kurden und die Iraker legten größten Wert auf Äußerlichkeiten, und so zog Tim jedes Mal einen Blazer über seine lange Unterwäsche, wenn er sich nachts um zwei wegen einer Sitzung aus dem Bett quälte. Er ließ sich keinen Bart stehen, sondern rasierte sich regelmäßig, aber überall war grober Sand und seine Stiefel waren dreckverkrustet.

Die Brüder und ihr Vater, der „Papst", ließen sich nicht für jede einzelne Befragung bezahlen, aber sie verlangten jeden Monat Fahrzeuge und eine Menge Geld. In Tims Augen wurde der Begriff Habgier durch sie neu definiert.

Saul meldete aus der Zentrale, Geld spiele keine Rolle. Sorgen Sie dafür, dass die Quelle weiter sprudelt, und gewährleisten Sie, dass diese Leute zu ihnen gebracht werden. Sie können ihnen das sagen, was nötig ist, damit die Zusammenarbeit fortgesetzt werden kann.

Zu Anfang erklärte sich Tim bereit, den Brüdern und ihrem Vater 135 000 Dollar pro Monat zu zahlen. Und obwohl sie ihre Forderungen höher schraubten und immer mehr Geld verlangten, fragte Tim: Worauf sind Sie eigentlich aus? Was wollen Sie wirklich?

Einen Sitz in der neuen irakischen Regierung, die nach Saddam gebildet werde, erklärten sie.

Den Sitz sollen Sie bekommen, versprach Tim. Was und wen haben Sie noch?

Die Brüder überreichten ihm eine Liste mit Personen und deren Positionen, und Tim leitete sie an die CIA weiter. Saul, der im fünften Stock seines Büros im Directorate of Operations saß, war sprachlos, als er sie las. Die Liste enthielt nicht nur die Namen vieler weiterer Militärs, die bei der Republikanischen Garde und anderswo wichtige Posten bekleideten. Darüber hinaus behauptete die Gruppe, sie habe auch Leute bei der Fedajin Saddam, der brutalen, von Saddams Sohn Udai befehligten Miliz, beim Irakischen Nachrichtendienst (IND) und bei der Speziellen Sicherheitsorganisation (SSO), also im Herzen des Machtapparats, der Saddams Herrschaft sicherte und in den man bislang nicht hatte eindringen können.

„Heiliger Strohsack!", murmelte Saul. „Wenn nur die Hälfte davon stimmt, sind wir auf eine Goldader gestoßen."

20

IN DER ECKE des Fernsehbildschirms leuchtete eine kleine, aber höchst ungewöhnliche Warnung: TOP SECRET.

Der Mann, der an diesem 18. Oktober an einem Tisch im Studio saß und in ein altmodisches Mikrofon à la Larry King sprach, war klein, hatte schütteres Haar, einen großen Kopf und trug eine Brille mit dickem Gestell. Er entsprach nicht gerade dem, was man sich unter einem gefragten Talkshow-Gast oder einem Bilderbuch-General vorstellte. Doch er trug drei Sterne, die ihn als Lieutenant General auswiesen, und sprach mit hoher, eindringlicher Stimme, die ebenso intelligent wie selbstbewusst klang. Hinter ihm war ein großes Transparent mit der Aufschrift „Talk NSA" gespannt. NSA stand für National Security Agency, den geheimsten aller Geheimdienste, der den elektronischen Nachrichtenverkehr im Ausland überwacht und gleichzeitig versucht, amerikanische Codes zu schützen und ausländische zu knacken.

Die NSA ist nicht nur die verschwiegenste Behörde im riesigen amerikanischen Spionageapparat, sie hat mit rund 6 Milliarden Dollar des jährlichen Gesamtbudgets der US-Geheimdienste von 30 Milliarden Dollar auch den größten Etat. Sie erfasst Telefongespräche, Funksprüche, Computerkommunikation, Banktransaktionen und nahezu jedes Elektron, das sich bewegt. Ihr Ziel ist es, den wichtigsten Nachrichtenverkehr im Ausland abzuhören, ohne Wissen derer, die den Äther, Telefonleitungen, Mikrowellensender, Satelliten, Tiefseekabel, Computer-Netzwerke oder andere Kommunikationsmittel oder -formen benutzen. In der Welt der Spionage fasst man all das unter dem Begriff „Signals Intelligence", kurz SIGINT, zusammen.

Was Außenstehende nicht wissen: Die NSA hat eine eigene Talkshow. „Talk NSA" wird über eine gesicherte und streng geheime interne Fernsehanlage ausgestrahlt und kann nur von den 32 000 Beschäftigten der NSA gesehen werden und von niemandem sonst.

An diesem Tag sprach Luftwaffengeneral Michael V. Hayden, Direktor der NSA und seit 32 Jahren Nachrichtendienstoffizier mit

Auslandseinsätzen in Europa, Asien und im gesamten pazifischen Raum. Die moderne Technologie, so sagte er in die Kamera, habe den Krieg an der SIGINT-Front verändert. Heutzutage benutze alle Welt das Internet und Mobiltelefone, angefangen von ausländischen Geheimdiensten über Drogenschmuggler bis zu Terroristen. Wie viel, so fragte er sich, durfte er den 32 000 Mitarbeitern über die phantastischen Operationen der NSA und ihre Fähigkeiten, Personen aufzuspüren, verraten? Die Behörde war streng untergliedert, und nur wenige Geheimnisse verbreiteten sich über die kleinen Einheiten und Abteilungen hinaus. Um zu veranschaulichen, wie mathematische Theorie, Physik, Miniaturisierung, Hochgeschwindigkeitscomputer, linguistische Findigkeit und Wagemut zusammenwirkten, nannte er ein paar Beispiele der modernsten Methoden und Technologien.

Danach kam Hayden auf den möglichen Krieg mit dem Irak zu sprechen, und er vertraute seinen Mitarbeitern etwas an, was öffentlich nie geäußert werden durfte. „Eine Behörde, die elektronische Aufklärung betreibt“, sagte er, „kann nicht auf die politische Entscheidung warten.“ Offiziell war der Krieg noch keine beschlossene Sache, aber seine Nase und seine Erfahrung sagten ihm, dass er kommen würde. Er musste intern Mittel umschichten. Damit konnte er nicht warten, bis Präsident Bush eine Entscheidung traf. Es gab zu viel zu tun. Untätiges Abwarten war undenkbar. Er musste die Behörde vorbereiten, und das tat er seit Monaten in aller Stille. In Anbetracht der klimatischen Verhältnisse im Irak und in Anbetracht der Tatsache, dass die amerikanischen Soldaten ABC-Schutzanzüge würden tragen müssen, war für ihn klar: „Einen Krieg im Irak muss man spätestens im März beginnen.“ Bis dahin waren es nur noch knapp sechs Monate. „Man muss das im Januar, Februar oder März durchziehen.“

Haydens Äußerung hätte wie eine Bombe eingeschlagen, wenn sie an die Medien durchgesickert wäre. Doch wie fast alle NSA-Geheimnisse sickerte sie nicht durch.

HAYDEN wollte nicht noch einmal auf dem falschen Fuß erwischt werden wie vor dem 11. September. Überhaupt war es ein miserables Jahr für die NSA gewesen. In den Vereinigten Staaten herrschte die vom Kongress und den Medien, selbst von der Film- und Fernsehkultur geschürte Erwartung, dass das Land auf Grund seiner Spitzenstellung im Bereich der Hochtechnologie und seiner Rekordausgaben für seine Geheimdienste doch in der Lage sein müsste, einen geplanten Angriff oder gar einen Terroranschlag wie den vom 11. September rechtzeitig aufzudecken.

Am Tag vor seinem Auftritt in der intern ausgestrahlten Talkshow hatte Hayden in einer Anhörung vor dem gemeinsamen Kongressausschuss, der die Nachrichtenlage vor dem 11. September untersuchte, dem Kongress und der Öffentlichkeit ein ernüchterndes Bild der Realität gezeichnet.

„Bedauerlicherweise hatte die NSA keine elektronisch gesammelten Erkenntnisse, die darauf hindeuteten, dass al-Qaida besonders New York und Washington ins Visier nahm oder überhaupt einen Anschlag auf amerikanischem Boden plante", sagte er. „Tatsächlich war der NSA vor dem 11. September nicht bekannt, dass sich einer der Täter in den Vereinigten Staaten aufhielt."

Wie sich herausstellte, hatte die NSA bei der nachträglichen Durchforstung ihrer riesigen Datenbestände zwei in einer Fremdsprache geführte Gespräche entdeckt, die sie am 10. September 2001 abgefangen hatte. Darin sagten zwei mutmaßliche Terroristen: „Das Spiel beginnt." Und: „Morgen ist die Stunde Null."

Diese Gespräche wurden erst am 12. September übersetzt. Obwohl sie sich im Nachhinein als äußerst wichtig entpuppten, gab Hayden zu Protokoll: „Diese Information war kein eindeutiger Hinweis, dass an diesem Tag ein Anschlag stattfinden würde. Sie enthielt keine genauen Angaben zu Zeitpunkt, Ort oder Art des möglichen Geschehens. Sie lieferte auch keinen Hinweis darauf, dass Flugzeuge als Waffen eingesetzt werden sollten." Zudem habe man in den Monaten vor dem 11. September über 30 ähnlich geheimnisvolle oder verdächtige Gespräche abgehört, ohne dass ein Terroranschlag erfolgt sei.

Nach Haydens Aussage war die Hand voll NSA-Mitarbeiter, die am 11. September in der Bin-Laden-Gruppe der Anti-Terror-Abteilung Dienst gehabt hatte, „am Boden zerstört". Dass viele glaubten, sie hätten ihr Land enttäuscht, und weinten, sagte er in der Öffentlichkeit nicht. Ebenso verschwieg er, dass mittlerweile fast zehnmal so viele Leute in der Bin-Laden-Gruppe arbeiteten wie vor den Anschlägen.

Die NSA soll eigentlich als Frühwarnsystem fungieren. Das National Security Operations Center (NSOC) ist die ganze Woche rund um die Uhr mit etwa 30 Mitarbeitern besetzt. Seine einzige Aufgabe besteht darin, die abgefangenen Nachrichten zu kontrollieren und zu sichten, damit bei Bedarf binnen zehn Minuten eine so genannte kritische Blitzmeldung mit einer Warnung oder wichtigen Informationen an den Präsidenten abgehen kann.

Hinweise, vielleicht sogar Antworten, stecken überall in den Millionen von elektronischen Nachrichten, die von der NSA jede Stunde abgehört werden. Es ist eine gewaltige Aufgabe, sie auszuwerten, zu sichten und an den Präsidenten, das Militär oder die CIA weiterzuleiten, damit diese geeignete Maßnahmen treffen können.

Hayden hatte einen Großteil des Jahres darauf verwendet, sich auf den Irak vorzubereiten. Er wollte nicht unter Zeitdruck geraten. Zu Beginn des Jahres, als der Präsident in einer Rede von der „Achse des Bösen" gesprochen hatte, war er erstmals hellhörig geworden. Als Colonel hatte er im Stab des Nationalen Sicherheitsrats unter Bush senior gearbeitet und an den Präsidentenreden mitgeschrieben. Er wusste, dass solche Reden, von denen Entwürfe zwischen den verschiedenen Behörden zirkulierten, ein Mittel waren, kleine Meinungsverschiedenheiten aus der Welt zu schaffen und Konsens herzustellen. Er hörte sie sich an und las sie aufmerksam. Mit Reden wurde Politik gemacht, und bei einem Mann wie George W. Bush, der sagte, was er dachte, waren sie noch wichtiger. Die Verkündung einer „Achse des Bösen" war ungewöhnlich deutlich, und Hayden hatte daraus gefolgert, dass es wahrscheinlich Krieg geben würde.

Im Kreis seiner Mitarbeiter war er noch weiter gegangen: „In den [über] dreißig Jahren meiner Tätigkeit hat es meines Erachtens in einer solchen Lage immer Krieg gegeben. Wir werden einen Krieg führen."

Am 31. Juli ließ Hayden die NSA einen so genannten Rock Drill durchführen. Dies ist ein alter Army-Ausdruck aus jenen Tagen, als man bei Planspielen noch Steine über eine Karte schob, die militärische Verbände darstellten. Er trommelte alle SIGINT-Produzenten, die Vorgesetzten der eigentlichen Lauscher, zusammen und fragte, wie sie den Irak im Kriegsfall anpacken würden. Es war ein sehr technischer Blick auf den Irak mit vielen Karten, auf denen Lauschobjekte eingetragen waren, und den entsprechenden Abhöreinrichtungen, -methoden und -geräten, von SIGINT-Satelliten bis zu Fernsensoren, die heimlich an den Grenzen oder im Landesinneren in Stellung gebracht werden würden. Hayden erhielt eine Liste mit Lauschobjekten, deren Zahl in die Hunderte ging. Mit anderen Worten: Die NSA wollte nicht nur versuchen, die zivile und militärische Führung des Irak zu belauschen, sondern auch in kleinere Einheiten von Militär, Geheimdienst und Sicherheitskräften eindringen.

Hayden wies die NSA-Mitarbeiter an, die Qualität der elektronisch gesammelten Daten über die verschiedenen Kategorien von Zielen mit den drei Ampelfarben zu bewerten. Grün stand für gut, Gelb für mittelmäßig, Rot für schlecht. Was hatte das US-Militär in den letzten zehn Jahren getan? Es hatte die Operationen „Northern Watch" und „Southern Watch" durchgeführt. Die über Luftoperationen des Irak, seine Flugabwehr und sein Luftwaffenführungssystem gesammelten Daten waren daher „grün". „Gelb", aber eher schmutziggelb, waren die Daten über die Republikanische Garde und die reguläre irakische Armee. Rot waren die Daten über Saddam und die politische Führung. Dasselbe galt für die Spezielle Sicherheitsorganisation und die Spezielle Republikanische Garde.

Das Fazit: Qualität und Quantität von SIGINT aus dem Irak waren nicht der Rede wert.

Bei seiner Anhörung im Kongress hatte Hayden noch gesagt, er habe sich nicht in der Lage gesehen, 200 Millionen Dollar aus dem NSA-Budget auf die Verarbeitung modernster Kommunikationsdaten umzuleiten, da die Überwachung an anderer Stelle darunter gelitten hätte. Nie wieder! In eigener Verantwortung hatte er nun angeordnet, 300 bis 400 Millionen Dollar aus dem NSA-Budget abzuzweigen und „ausschließlich" für Operationen und Ziele im Irak zu verwenden. Darüber hinaus sollten Hunderte von Mitarbeitern Operationen im Irak zugeteilt werden. So weit ging die Macht des NSA-Direktors. In einigen Netzen hatte der Irak eine ganz passable Verschlüsselung. Er benutzte veraltete sowjetische Chiffriermaschinen. Die NSA kannte sie gut und konnte die Codes knacken. Elektronisch gesammelte Nachrichten wurden mit der Zeit nicht besser, wie Hayden wusste. Sie verloren rasch an Wert und wurden schließlich nutzlos. Ihr Wert bestand in ihrer Aktualität, und er wollte dafür sorgen, dass die Soldaten auf dem Schlachtfeld aktuelle Daten bekamen.

Er beschloss, zum ersten Mal die, wie er sie nannte, „nationalen Stahlkammern“ zu öffnen und den Kommandeuren der Bodentruppen die sensibelsten gesammelten Daten zur Verfügung zu stellen. Ein Soldat würde in seinem Humvee auf dem Schlachtfeld über eine streng geheime Satellitenverbindung mit dem globalen SIGINT-System vernetzt sein. Hayden beabsichtigte, das irakische Militär so gründlich zu überwachen, dass der Mann im Humvee besser wusste, wo sich die Iraker in einem bestimmten Augenblick befanden als die Iraker selbst. Er wollte einen geheimen Computer-Chatroom einrichten, über den die NSA-Operatoren, Lauscher und andere Geheimdienstmitarbeiter direkt mit militärischen Einheiten verbunden waren. Sein Codename war „Zircon Chat“. In dem Netzwerk könnten bis zu 2000 Leute in Echtzeit miteinander kommunizieren, so dass eine abgefangene Meldung, etwa von einem irakischen Oberst, dem US-Militär auf dem Schlachtfeld zur Verfügung gestellt werden könnte. Die Information eröffnete die Möglichkeit, die irakische Einheit aufzuspüren oder den Oberst anzugreifen.

Es würde ein Krieg werden, der auf Wissen basierte. Daher waren nachrichtendienstliche Erkenntnisse wichtiger denn je. Hayden war sich darüber im Klaren, dass auf seinen Mitarbeitern eine große Verantwortung lastete.

Hayden blickte pessimistisch in die Zukunft. Er glaubte nicht, dass man die Vereinigten Staaten als freie Gesellschaft in ihrer bisherigen Form würde erhalten können, wenn man die ganze Zeit nur am Strafraum verteidigte. Man musste in die Offensive gehen. Hayden hatte als junger Mann eine katholische Erziehung genossen und befasste sich mit der Kirchenlehre. Nach den Prinzipien seiner Erziehung, insbesondere nach der Lehre vom „gerechten Krieg“, die er von der Lektüre der Schriften des Augustinus und Thomas von Aquins kannte, durften die Vereinigten Staaten einen Militärschlag ausführen, und zwar in Form einer, wie er es nannte, „angemessenen Reaktion auf der Grundlage der zu dem Zeitpunkt verfügbaren Hinweise“. Die Ziele mussten so wichtig sein, dass sie den möglichen Tod Unschuldiger rechtfertigten.

In dieser Hinsicht hatte sich SIGINT nach Haydens Einschätzung verbessert. Noch vor fünfzehn Jahren wäre es vermessen gewesen, auf elektronisch abgefangene Daten zu vertrauen und sie zur Grundlage des Handelns zu machen. Jetzt hatte er Linguisten – die Lauscher mit den Kopfhörern –, die bestimmte Zielpersonen monate- oder sogar jahrelang, in Einzelfällen bis zu fünf Jahre lang überwachten. Die Lauscher gehörten fast zur Familie, erkannten Stimmen auf Anhieb und konnten aus dem Inhalt des Gesprochenen, aus Tonfall und Klang der Stimme, Gefühlsregungen, um nicht zu sagen aus dem Allgemeinbefinden des Sprechers, Schlüsse ziehen. So war es oft das tatsächlich gesprochene Wort in Verbindung mit der begleitenden Analyse, woraus sich der eigentliche Sinn und somit die Absicht erschloss.

Ein Lauscher konnte etwa berichten: „Ich habe Oberst Takriti noch nie so in Panik erlebt … Er ist erleichtert … Das und das geschieht gerade."

Der irakische Dialekt war nur einer von sieben arabischen Dialekten, deshalb schickte er eine große Zahl von Arabisch sprechenden NSA-Mitarbeitern auf vier- bis sechswöchige Schnellkurse.

Hayden hatte noch einmal das NSA-Material über Saddams Massenvernichtungswaffen durchgesehen, die wichtigsten Erkenntnisse, die man über seine Programme und Verschleierungspraktiken im Irak gesammelt hatte. „Eine Menge, aber nur Indizien", so sein Urteil.

Die Daten legten den Schluss nahe, dass Saddam ein geheimes Programm zur Entwicklung und Herstellung von Massenvernichtungswaffen hatte. Aber es gab keine Gewissheit. In der Diskussion über das neueste National Intelligence Estimate zu den Massenvernichtungswaffen des Irak wurde dieser wichtige Punkt übersehen. Das Dossier spiegelte lediglich Einschätzungen und Meinungen wider, brachte aber keine absolute Gewissheit.

Eines Abends, als er mit seiner Frau das Geschirr spülte, fragte sie ihn danach, und er antwortete: „Wäre es eine Tatsache, wäre es keine nachrichtendienstliche Information."

21

POWELL begriff, dass sich der Präsident und er und vielleicht auch der Rest der Welt auf einem Weg befanden, der sich bald in zwei Richtungen gabeln würde. Die eine Richtung würde zu einer neuen UN-Resolution und zu Waffeninspektionen führen, wodurch sich ein Krieg vermeiden lassen würde. Die andere Richtung bedeutete Krieg. Es schien tatsächlich fast so einfach zu sein.

Nach Bushs Rede vor den Vereinten Nationen am 12. September führte Powell Gespräche mit seinen Kollegen aus dem Nationalen Sicherheitsrat. Man diskutierte den Vorschlag, eine Resolution anzustreben, in der nicht nur Waffeninspektionen im Hinblick auf Massenvernichtungswaffen gefordert, sondern auch Saddams Verbindungen zum Terrorismus und seine brutalen Menschenrechtsverletzungen zur Sprache gebracht werden sollten. Klar war, dass nur wenige Länder eine solche Resolution mittragen würden. Der Vorwurf, den Terrorismus zu unterstützen, stand auf wackeligen Beinen und ließ sich kaum beweisen; und dass Saddam ein Diktator oder ein besonders grausamer Despot war, konnte nicht als Hauptbegründung für die Forderung nach einem Regimewechsel herangezogen werden. Dies wäre in der UNO, in der viele Länder sitzen, die von Ein-Partei-Systemen oder Diktatoren beherrscht werden, eher mit Belustigung aufgenommen worden. Allein der Aspekt der Massenvernichtungswaffen hatte „Hand und Fuß", wie Rice sagte, denn mittlerweile waren mindestens ein Dutzend UN-Resolutionen über die irakischen Massenvernichtungswaffen verabschiedet worden, die Saddam alle mehr oder weniger ignoriert hatte.

Daher drehte sich die Diskussion darum, was man in einer neuen Resolution über Waffeninspektionen konkret verlangen könne. Cheney und Rumsfeld setzten sich – zunächst auch erfolgreich – dafür ein, möglichst harte Forderungen aufzustellen. In der schärfsten Fassung wurde die Einrichtung von Flugverbots- oder sogar Fahrverbotszonen entlang der Routen gefordert, die die Waffeninspektoren im Irak zurücklegen würden. Dies wäre weit über die bestehenden

Flugverbotszonen hinausgegangen, die mit den Operationen „Northern“ und „Southern Watch“ durchgesetzt wurden. Darüber hinaus räumte dieser Entwurf den fünf Ständigen Mitgliedern des Weltsicherheitsrats das Recht ein, zusätzlich zu den UN-Teams eigene Inspektoren zu entsenden. Außerdem sollten alle früheren Beschränkungen für die Inspektionen aufgehoben werden, die Saddams Paläste und so genannte sensible Stätten von Überprüfungen ausgenommen hatten.

Sollte ein „materieller Verstoß“ – womit man im Sprachgebrauch der UNO eine ernsthafte Verletzung von Vorschriften bezeichnet – gegen irgendeine Bestimmung dieser neuen Resolution durch den Irak festgestellt werden, würden die USA und andere Staaten automatisch ermächtigt werden, „alle erforderlichen Mittel“ einzusetzen, um diesen Forderungen Geltung zu verschaffen. „Alle erforderlichen Mittel“ ist eine UN-Chiffre für Krieg und wurde auch in jener UN-Resolution verwendet, die den Golfkrieg von 1991 legitimierte. Das alles sollte nun mit einer einzigen Resolution erreicht werden.

Powell bezeichnete dies als „maximalistische“ Herangehensweise. Cheney und Rumsfeld hofften, dass einige der Klauseln Zustimmung finden würden, wenn der Außenminister den Entwurf im Weltsicherheitsrat vorlegte. Powell erschien dieses Papier in seinen düsteren Stunden so kompromisslos, dass er glaubte, es sei entworfen worden mit der Absicht, ihn sicher scheitern zu lassen. Als er den Resolutionsentwurf den übrigen 14 Mitgliedern des Sicherheitsrats vorstellte, sprach sich niemand dafür aus. Nicht einmal die Briten, die Spanier oder die Rumänen, die treuesten Verbündeten der USA. Hätte es eine Abstimmung gegeben – sie wäre wohl 14 zu 1 ausgegangen.

Powell informierte den Nationalen Sicherheitsrat über die Bedenken. Am 23. Oktober brachte er einen neuen Entwurf in Umlauf, den der Präsident abgesegnet hatte. Darin wurde der Auslösemechanismus für Maßnahmen gegen den Irak vorsichtiger formuliert – Verstöße durch den Irak sollten nicht mehr automatisch „alle erforderlichen Mittel“ und damit den Krieg legitimieren. Stattdessen sollte der Sicherheitsrat bei Verstößen über die neue Situation „beraten“ – eine sehr unbestimmte Formulierung.

Um nach den Regeln der Vereinten Nationen eine neue Irak-Resolution zu Stande zu bringen, brauchte Powell die Unterstützung von neun der 15 Mitglieder des Weltsicherheitsrats. Jedes der übrigen vier Ständigen Mitglieder des Sicherheitsrats – Russland, China, Frankreich und Großbritannien – konnte eine Resolution durch sein Veto blockieren. Powell musste diese Staaten zumindest zur Enthaltung bewegen. In solchen Verhandlungen entwickelt sich in der Regel immer ein Land zum Wortführer der Gegenpartei. Da Deutschland nicht im Weltsicherheitsrat vertreten war, wurde Powell schnell klar, dass er es mit Frankreich als Widerpart zu tun bekommen würde. Frankreich, Russland und China unterhielten enge wirtschaftliche Beziehungen zum Irak und hatten sich bereits öffentlich gegen jegliche unilaterale Aktion der USA zum Sturz Saddams ausgesprochen.

Als Powell mit seinen Kontrahenten verhandelte und die Telefondrähte zwischen den Hauptstädten glühten, zeigte es sich, dass der französische Außenminister Dominique de Villepin, ein hoch gewachsener, aristokratisch wirkender Diplomat mit einer poetischen Ader, der eine schwärmerische Napoleon-Biografie verfasst hatte, sich am entschiedensten gegen einen Krieg aussprach. Es hatte den Anschein, als hätten de Villepin und sein Chef, der französische Staatspräsident Jacques Chirac, plötzlich erkannt: Mensch, hier haben wir ein echtes Druckmittel in der Hand. Powell glaubte, dass die Franzosen und die Russen in dieser Frage zusammenarbeiteten, wobei sich Frankreich immer vernehmlicher als Kritiker von Powells Bemühungen artikulierte.

De Villepin beharrte auf einem zweistufigen Prozess. Zuerst solle eine Resolution über die erneute Entsendung von Inspektoren verabschiedet werden. Über Verletzungen oder „materielle Verstöße", die von den Inspektoren aufgedeckt würden, solle der Weltsicherheitsrat diskutieren. Durch eine zweite Resolution könne anschließend die Anwendung von Gewalt autorisiert werden.

Unterdessen erhob Cheney die Forderung, dass in der Resolution eine detaillierte „Deklaration" von Saddam verlangt werden solle. Der Irak solle erschöpfend Auskunft geben über alle Programme zur Entwicklung chemischer, biologischer oder nuklearer Waffen. Dafür solle Saddam nach Cheneys Vorstellungen eine Frist von 30 Tagen eingeräumt werden. Diese Forderung war gewissermaßen als Falle für Saddam gedacht. Würde er den Besitz von Massenvernichtungswaffen bestreiten, könnte diese Lüge anschließend zur Rechtfertigung des Kriegs herangezogen werden. Gäbe Saddam jedoch zu, Massenvernichtungswaffen zu besitzen, würde er eingestehen, dass er in den vergangenen zwölf Jahren gelogen hatte. „Das wäre ein hinreichender Grund", erklärte Cheney, „um festzustellen, dass er abermals gelogen und sich nicht an die Abmachungen gehalten hat. Damit würde ein materieller Verstoß vorliegen, und dann könnte es losgehen."

Rice und die anderen hielten dies für eine hervorragende Idee, und Powell wurde gebeten, diesen Gedanken den Franzosen nahe zu bringen, die sich schließlich damit einverstanden erklärten, dass die Resolution die Forderung nach einer solchen Deklaration enthalten solle. Dennoch beharrte de Villepin darauf, dass eine Kriegsermächtigung erst durch eine zweite Resolution erfolgen dürfe.

Bush und Cheney hielten das für inakzeptabel. Es gäbe nur Verzögerungen, und zudem würde eine zweite Resolution vermutlich noch schwerer durchzusetzen sein als jene, über die sie gerade verhandelten.

Um die Franzosen von ihrer Forderung nach einer zweiten Resolution abzubringen, entschloss sich Powell, ihnen zum Schein entgegenzukommen. Formulierungen und alternative Formulierungen sowie alternative Formulierungen zu diesen alternativen Formulierungen machten die Runde. Nachdem de Villepin sein Einverständnis signalisiert hatte, dass falsche Angaben des Irak in der geforderten Erklärung als materieller Verstoß aufgefasst werden sollten, legte Powell einen Entwurf vor, in dem es hieß, dass eine Weigerung des Irak, „bei der Implementierung dieser Resolution umfassend zu kooperieren, als ein weiterer materieller Verstoß eingestuft" werden müsse. Obwohl darüber dem Weltsicherheitsrat berichtet werden sollte und dieser eine „Bewertung" zu treffen hatte, glaubte Powell, die Franzosen damit in einen Hinterhalt locken zu können. Denn diese Formulierung bedeutete, dass fast alle Vergehen oder Versäumnisse Saddams als materieller Verstoß aufgefasst werden konnten. Und dies würde nach Powells Auffassung ausreichen, um „ernste Konsequenzen" zu rechtfertigen, die neue Bezeichnung für eine Militäraktion.

Die Verhandlungen spitzten sich immer weiter zu, und am Ende stritt man um die Verwendung eines einzigen Wortes. Ungefähr fünf

Tage lang rangen de Villepin und Powell um den Text. Wie sich Teilnehmer dieser Verhandlungen erinnern und auch aus Aufzeichnungen hervorgeht, bestand die französische Position darin, dass falsche Angaben in der Erklärung über die Waffenbestände „und" fehlende Kooperation einen materiellen Verstoß darstellen sollten. Dieses „Und" bedeutete, dass Saddam in zwei Tests durchfallen müsste. In Powells Entwurf hieß es dagegen, dass eine falsche Erklärung „oder" fehlende Kooperation als materieller Verstoß gewertet werden sollte.

„Unser Vorschlag entspricht besser Ihren Zielen", erklärte Powell nicht sonderlich überzeugend de Villepin. „Sehen Sie sich bitte diese beiden Wörter an. Hinsichtlich ihrer Bedeutung sind sie fast identisch, und ich glaube, dass Sie mit unserer Formulierung besser fahren."

De Villepin blieb unnachgiebig.

AM 1. NOVEMBER stellte Powell Bush und Cheney die für die UN-Inspektorenteams vorgesehenen Leiter vor. Auch Rice und Wolfowitz waren anwesend. Es handelte sich um Hans Blix, einen umgänglichen 74-jährigen schwedischen Anwalt und Diplomaten, der eine dunkle Hornbrille trug, die sein großes Gesicht beherrschte, und den 60-jährigen Mohamed El Baradei, den aus Ägypten stammenden Direktor der in Wien ansässigen Internationalen Atomenergie-Organisation (IAEO), die unter anderem für die Überwachung der Nicht-Weiterverbreitung von Atomwaffen zuständig ist. Die Hardliner, auch Wolfowitz, waren der Auffassung, Blix sei zu schwach und werde sich von Saddam herumschubsen lassen.

„Sie müssen verstehen, Mr. Blix", sagte Bush, „dass die Macht der Vereinigten Staaten hinter Ihnen steht. Und ich bin bereit, sie einzusetzen, falls das nötig ist, um die Resolution durchzusetzen." Dann fügte der Präsident hinzu: „Die Entscheidung, ob es zum Krieg kommt, bleibt meine Entscheidung. Kommen Sie nicht auf den Gedanken, dass irgendetwas, das Sie sagen, diese Entscheidung vorwegnehmen könnte."

Blix, der im Jahr 2000 die Leitung der Überwachungs-, Verifikations- und Inspektionskommission der Vereinten Nationen (UNMOVIC) übernommen und zuvor 17 Jahre lang die IAEO geleitet hatte, erklärte, er wolle umfassende Überprüfungen, er kenne die Spielchen, die Saddam treibe, und wolle der Sache diesmal wirklich auf den Grund gehen.

Bush schien einigermaßen zufrieden zu sein, aber Cheney hatte die Sorge, dass Blix, der aus dem traditionell pazifistischen Schweden stammte, für diesen Job nicht hart genug sein werde.

POWELL BEGANN in Kleinigkeiten nachzugeben und strich Formulierungen aus dem Resolutionsentwurf, die er für nicht ausschlaggebend hielt. Er hatte nicht viel Spielraum, denn er sah, dass der Präsident mit dieser Entwicklung nicht sehr glücklich war. Gegenüber Bush und dem Nationalen Sicherheitsrat erklärte Powell: „Das macht keinen Unterschied. Lassen Sie mich nach einer Lösung suchen." Damit wollte er andeuten, dass es ihm gelingen werde, eine Lösung zu finden, wenn man ihm nur freie Hand ließe.

Die Formulierungen in UN-Resolutionen sind häufig so vage, umständlich, langweilig oder sich wiederholend, dass sie jedem Land genügend Interpretationsspielraum bieten. Powell war klar, dass vor allem die Überschrift eine wichtige Rolle spielte: Einvernehmliche Erklärung oder Irak-Resolution. Die tatsächliche Resolution würde wohl nur von wenigen Leuten gelesen oder verstanden werden. Worauf es wirklich ankam, war die Frage, für welches Verhalten sich die einzelnen Länder entscheiden würden, aber das lag noch in weiter Ferne.

Die Hartnäckigkeit der Franzosen überraschte Powell. Selbst an dem Samstag, an dem seine Tochter heiratete, erhielt Powell, 20 Minuten, bevor er sie zum Traualtar geleiten wollte, einen Anruf seines französischen Kollegen de Villepin.

Gelungene Verhandlungen zeichnen sich häufig dadurch aus, dass sich die Auseinandersetzung auf eine Endrunde zuspitzt, in der es nur noch um eine einzelne Frage geht – in diesem Fall um die Wörter „und" versus „oder" –, wobei eine der beiden Seiten schließlich kapituliert. Powell erklärte gegenüber Rice, er halte es für möglich, im UN-Sicherheitsrat die Stimmen von 14 der 15 Mitglieder zu erhalten, vielleicht auch von allen 15, wenn er gegenüber den Franzosen in der Frage des „Und" nachgebe. Die konkrete Formulierung sei nicht so wichtig, meinte er, vielmehr würde Einstimmigkeit oder annähernde Einstimmigkeit die Verabschiedung der Resolution zu einem Sieg machen.

Rice erkundigte sich bei den Chefs der Ministerien und Geheimdienste und beim Präsidenten. Alle beharrten auf dem Wörtchen „oder“, so dass sie lediglich Saddams Stellungnahme zu den Massenvernichtungswaffen benötigten, um in den Krieg ziehen zu können.

Das ist es nicht wert, sagte Rice schließlich. Unabhängig von der Formulierung würden sie im Weltsicherheitsrat ohnehin über Saddams Erklärung zu den Massenvernichtungswaffen diskutieren. „Wir sollten nicht so sehr an Formalien hängen.“

Ursprünglich hatten sie darauf gehofft, innerhalb weniger Wochen eine UN-Resolution zu Stande zu bringen, aber mittlerweile zogen sich die Verhandlungen bereits sieben Wochen hin, und allmählich machten sich Enttäuschung und Erschöpfung breit. Der Präsident und die anderen gaben schließlich ihr Okay, falls Powell seiner Sache sicher sei. Vor allem der Präsident wollte etwas, das wie ein Sieg aussah.

Irgendwann am späten Abend des 6. November oder am Morgen des 7. November erhielt Powell endgültig grünes Licht von Rice. Er rief de Villepin an, der gerade mit Chirac in einem Flugzeug saß.

„Dominique, wir können nun doch ‚und‘ nehmen, aber nur, wenn damit die Sache erledigt ist. Keine weiteren Diskussionen. Die Sache ist entschieden. Und ich brauche eine Bestätigung von Ihnen und Ihrem Präsidenten.“

„Der Präsident sitzt hier neben mir“, erwiderte de Villepin. „Ich frage ihn gleich. Aber ich glaube, so können wir es machen.“

Powell wartete, während sich die beiden berieten. Er hatte den Eindruck, dass sein französischer Kollege so erleichtert geklungen hatte, dass er jede Lösung akzeptiert hätte.

„Ja“, sagte de Villepin schließlich. „Ja.“

„Wunderbar“, erwiderte Powell. „Dann ist es abgemacht.“

Unmittelbar darauf rief er den russischen Außenminister Igor Iwanow an. „Igor, ich habe mich gerade mit Dominique verständigt. Es soll ‚und‘ heißen.“

„Das ist ein großer Durchbruch“, meinte Iwanow. „Wirklich wunderbar! Ich muss auflegen und gleich den Präsidenten informieren.“ Anscheinend lief er sofort zu Putin.

Eine halbe Stunde später rief Iwanow zurück. Putin hatte zugestimmt. „Das ist wunderbar, es ist ein Durchbruch."

Nein, erkannte Powell, das war kein Durchbruch. Durch diesen scheinbaren Kompromiss konnten nur alle ihr Gesicht wahren. Aber, dachte er bei sich, man nimmt, was man kriegen kann.

Am 8. November wurde die Resolution Nummer 1441 des Weltsicherheitsrats den 15 Vertretern seiner Mitgliedstaaten, die um den runden Tisch versammelt waren, zur Abstimmung vorgelegt. Darin hieß es, falls Saddam weiterhin gegen seine Abrüstungsverpflichtungen verstoße, habe er „ernste Konsequenzen" zu erwarten – jene mehrdeutige Formulierung, die Powell an Stelle von „alle erforderlichen Mittel" in den Text aufgenommen hatte.

Alle 15 Hände gingen nach oben. Die größte Überraschung war Syrien. Powell hatte nie damit gerechnet, dass Syrien, das damals als einziges arabisches Land dem Weltsicherheitsrat angehörte, dieser Resolution zustimmen würde. Aber zwischen den Syrern und den Irakern gab es keine brüderliche Verbundenheit mehr, und die Syrer wollten offensichtlich nicht in die Isolation geraten. Dieses Abstimmungsverhalten konnte man als einen wichtigen Hinweis darauf deuten, dass auch die Araber nicht mehr sonderlich gut auf Saddam zu sprechen waren.

„Gut gemacht, gut gemacht", beglückwünschte Bush Powell am Telefon. Im späteren Verlauf dieses Tages erschien Powell an der Seite von Bush im Rosengarten des Weißen Hauses, wo Bush ihn „für seine Führungskraft, seine hervorragende Arbeit und seine Entschlossenheit" lobte.

Armitage war erstaunt über das eindeutige Abstimmungsergebnis – die Einstimmigkeit bei einer eher scharf formulierten Resolution schien darauf hinzuweisen, dass diplomatische Anstrengungen der Bush-Regierung doch ernster genommen wurden, als bisher erkennbar gewesen war.

Powell wusste, dass er einen großen Sieg errungen hatte. Er hatte der Diplomatie wieder zu ihrem Recht verholfen. Nun hatten alle, die strategische Verantwortung trugen – der Präsident, Powell, die CIA und das Militär – mehr Zeit zur Verfügung. Der Außenminister hatte aufmerksam all die Vermutungen, die abschätzigen Bemerkungen und die negativen Berichte über seine diplomatischen Bemühungen verfolgt – fast jeden Tag hieß es irgendwo, Powell habe Fehler begangen, Powell sei am Ende, das Pentagon stelle sich gegen Powell, Cheney sei gegen Powell, die Diplomatie sei in eine Sackgasse geraten.

Dieses eindeutige Ergebnis, davon war Powell überzeugt, würde alle Gerüchte darüber, er stehe kurz vor dem Aus, zumindest für einen Monat zum Verstummen bringen.

Er war der Ansicht, dass er die Franzosen über den Tisch gezogen hatte. Sie hatten sich zwar in der Formulierung durchgesetzt, aber er hatte sie dazu gebracht, für eine Resolution zu stimmen, in der „ernste Konsequenzen" angedroht wurden. Er rechnete nicht mit einer Revanche.

Doch im Hinblick auf sein übergeordnetes Ziel, einen Krieg zu vermeiden, hatte er mit dieser Resolution vielleicht zu viel erreicht.

SPÄTER ERINNERTE SICH Präsident Bush, dass dies eine sehr schwierige Zeit gewesen sei. Er habe sich Sorgen gemacht wegen der „Verhandlungsstrategie. Ich fürchtete, die Franzosen würden die Oberhand gewinnen. Aber am Ende haben wir eine großartige Resolution erhalten, und das war Colins Verdienst".

Und weiter: „Ich war sehr enttäuscht über den Prozess, der zu dieser Resolution führte. Und gleichzeitig lief der Wahlkampf." Die Kongresswahlen zur Mitte der Wahlperiode fanden am 5. November statt. Traditionell verliert die Partei, die den Präsidenten stellt, bei diesen Wahlen Sitze im Repräsentantenhaus wie im Senat und erleidet häufig sogar schwere Einbußen. Aber diesmal gewannen die Republikaner zwei Sitze im Senat hinzu und errangen dadurch in dieser Kammer wieder die Mehrheit. Im Repräsentantenhaus legten sie um sechs Sitze zu. „Wir haben die Wahl gewonnen, und wir haben die Resolution gewonnen", erinnerte sich Bush. Aber er habe ein noch ehrgeizigeres Ziel verfolgt, „hart durchgreifende Inspektionen, von denen sowohl Blair als auch ich erhofften, dass sie das Regime in Schwierigkeiten bringen würden".

22

AM FREITAG, dem 15. November, suchte der Botschafter Saudi-Arabiens, Prinz Bandar Bin Sultan, den Präsidenten im Oval Office auf. Auch Cheney und Rice waren bei dieser Unterredung anwesend. Bandar hatte bereits unter vier amerikanischen Präsidenten als saudischer Botschafter gewirkt. Der 53-jährige Bandar war eine feste Größe in Washington, er verkörperte den Einfluss und den Reichtum der Saudis. Er beharrte darauf, stets direkt mit dem jeweiligen Präsidenten zu verhandeln, und ihn verbindet eine enge Freundschaft mit Bushs Vater. Auch unter Bush junior hatte er direkten Zugang zum Arbeitszimmer des Präsidenten.

In dem als streng vertraulich eingestuften Memo „Irak: Ziele und Strategien", das der Präsident am 29. August abgezeichnet hatte, lautete eine der Zielsetzungen, „Störungen der internationalen Ölmärkte soweit wie möglich zu minimieren". Die Saudis, die über die größten nachgewiesenen Reserven der Welt verfügen, sind die entscheidenden Akteure der Ölmärkte. Sie können die Produktion um mehrere Millionen Barrel pro Tag steigern oder drosseln und dadurch die Preise hochtreiben oder nach unten drücken. Niedrige, stabile Ölpreise sind eine entscheidende Voraussetzung für eine Erholung der US-amerikanischen Wirtschaft, während eine Erhöhung der Ölpreise um fünf oder zehn Dollar pro Barrel verheerende Auswirkungen nach sich ziehen würde.

Den drei Amerikanern im Raum und auch Prinz Bandar war bewusst, welch herausragende Bedeutung die ökonomische Lage bei Präsidentschaftswahlen besitzt. Dadurch wuchs den Saudis eine Schlüsselstellung zu.

Bandar überreichte dem Präsidenten einen persönlichen, handschriftlichen Brief von Kronprinz Abdullah, der in Arabisch abgefasst war, und lieferte dazu die englische Übersetzung.

„Werter Freund George Bush: Es ist schon eine Weile her, dass wir miteinander gesprochen haben. Zunächst möchte ich Sie beglückwünschen zu den Wahlergebnissen, welche die Republikanische Partei unter Ihrer Führung erzielt hat, und ebenso zu Ihren großartigen Anstrengungen, die zur Verabschiedung einer einvernehmlichen Sicherheitsratsresolution geführt haben. Es gibt viele Dinge, über die ich mich gerne persönlich mit Ihnen unterhalten würde. Doch ich habe meinen Botschafter, der sich für eine geraume Zeit nicht in Washington aufhielt, gebeten, über die wichtigsten Fragen mit Ihnen zu sprechen. Ich hoffe, Sie bestrafen ihn genauso wie ich." Bandar war aus gesundheitlichen Gründen mehrere Monate abwesend gewesen. „Nehmen Sie bitte meine besten Wünsche entgegen und übermitteln Sie auch Ihrer reizenden Gemahlin und Ihren Eltern meine freundlichen Grüße."

Gemäß seinem Auftrag erklärte Bandar dann formell: „Seit 1994 stehen wir mit Ihnen auf höchster Regierungsebene in ständigem Kontakt über die Frage, was wegen des Irak und des irakischen Regimes unternommen werden soll. In all dieser Zeit haben wir auf ein ernstes Signal Ihrerseits gewartet, das in der Ausarbeitung eines gemeinsamen Plans der Regierungen zur Beseitigung Saddams hätte bestehen können."

Im Jahr 1994 hatte König Fahd Präsident Clinton vorgeschlagen, Saddam durch eine von den USA und den Saudis gemeinsam durchgeführte verdeckte Operation zu stürzen, und im April 2002 hatte Kronprinz Abdullah Bush angeboten, eine solche gemeinsame Operation mit der CIA mit bis zu einer Milliarde Dollar zu unterstützen. „Bei jedem unserer Treffen sind wir erstaunt darüber, dass sich die Vereinigten Staaten nach unserer Meinung darüber erkundigen, was hinsichtlich Saddam Husseins getan werden könne", fuhr Bandar fort und deutete damit an, dass diese wiederholten Fragen die Saudis dazu veranlassten, „daran zu zweifeln, wie ernst es den Vereinigten Staaten wirklich mit einem Regimewechsel ist".

„Nun möchten wir gern direkt von Ihnen, Mr. President, hören, wie ernst Ihre Absichten in dieser Frage sind, damit wir uns darauf einstellen und unsere Politik darauf abstimmen können, um die richtigen Entscheidungen zu treffen." Zu diesem komplizierten Thema Entscheidungen zu fällen, sei sehr schwierig, räumte Bandar ein, „aber am Ende werden wir die richtige Entscheidung treffen, die auf unserer Freundschaft und unseren gemeinsamen Interessen beruht".

Bandar führte diesen Punkt weiter aus und erklärte: „Wenn es Ihnen ernst ist, werden wir die richtige Entscheidung fällen und die nötige Unterstützung bieten."

„Sagen Sie uns jetzt bitte, was Sie unternehmen wollen", las Bandar vor. „Wenn Sie ernste Absichten haben, werden wir nicht zögern, Ihnen die erforderlichen Mittel und Einrichtungen zur Verfügung zu stellen, die dann von den militärischen Verantwortlichen unserer Länder entsprechend genutzt werden können, um eine militärische Aktion oder einen Feldzug der USA zu unterstützen.

Dadurch wird Saudi-Arabien zu einem der wichtigsten Verbündeten der Vereinigten Staaten werden. Zugleich werden dadurch viele Probleme geschaffen werden, deren Sie sich vermutlich wohl bewusst sind.

Wie Sie wissen, sind wir zuversichtlich, was unsere innenpolitische Situation betrifft. Doch die Lage in der arabischen und der islamischen Welt ist sehr instabil und könnte durchaus zu einer Gefahr für unsere und Ihre Interessen werden.

Um unsere gemeinsamen Interessen zu schützen, halten wir es daher für angebracht, dass Sie uns gegenüber in dieser schwierigen Situation bekräftigen, dass Sie sich ernsthaft bei der Lösung des Konflikts im Nahen Osten engagieren wollen. Wir erwarten ferner, dass Saudi-Arabien auch eine wichtige Rolle übernimmt bei der Schaffung des Regimes, das nach dem Sturz Saddam Husseins nicht nur im Irak, sondern in der gesamten Region entstehen soll."

„Ich danke Ihnen", sagte Bush. „Ich schätze stets die Ansichten des Kronprinzen. Ich betrachte ihn als einen guten Freund. Und ich halte ihn für einen guten Verbündeten, einen großartigen Verbündeten."

„Sollte ich die Entscheidung treffen, militärisch auf die Situation im Irak zu reagieren, wird dies das Ende des gegenwärtigen Regimes bedeuten – nichts weniger." Der Präsident erklärte, er wolle eine neue irakische Regierung einsetzen, in der alle ethnischen und religiösen Gruppen des Landes vertreten sein sollten. „Das Hauptziel besteht nicht in der Rückkehr der Inspektoren in den Irak, sondern darin, sicherzustellen, dass der Irak keine Massenvernichtungswaffen besitzt, die eine Bedrohung für das Königreich und/oder für Israel darstellen könnten." Bush fügte hinzu, sobald er sich bezüglich der militärischen Option klar geworden sei, werde er sich mit dem

Kronprinzen in Verbindung setzen, bevor er seine endgültige Entscheidung bekannt geben werde.

Dann erinnerte Bandar den Präsidenten daran, dass sein Vater und König Fahd gemeinsam zwei historische Schritte unternommen hätten: die Befreiung Kuweits im Golfkrieg von 1991 und die Wiederaufnahme des Friedensprozesses für den Nahen Osten. Doch diese beiden Maßnahmen seien noch nicht abgeschlossen, und der Kronprinz und der Präsident müssten sie zu Ende bringen, indem sie Saddam beseitigten und den Friedensprozess vollendeten.

Bush erwiderte, er habe darüber am Vortag mit seinen Beratern diskutiert und wolle bei dieser Gelegenheit das Bekenntnis seiner Regierung zum Friedensprozess erneuern, unabhängig davon, was der israelische Ministerpräsident oder andere über Amerikas Position oder seine Ansichten verbreiteten. Er erklärte ferner, er stehe weiterhin voll hinter allen Äußerungen, die er im Frühjahr auf seiner Ranch gegenüber dem Kronprinzen gemacht habe. „Richten Sie dem Kronprinzen aus, dass ich ihm mein Wort gebe." Dann kritisierte Bush Jassir Arafat und erklärte, die gegenwärtige Führung der Palästinenser sei nicht hilfreich. Es muss eine andere Führung gefunden werden, sagte er. Eine neue wird sich herausbilden, wenn das palästinensische Volk dazu eine Möglichkeit geboten bekommt. Er kritisierte auch die israelische Regierung. Sharon sei ein „Stier", sagte er, „aber die Alternativen sind noch schlechter als er".

Der Präsident fügte hinzu: „Veränderungen im Irak werden auch die Art und Weise ändern, wie man mit Situationen umgeht, nicht nur im Irak, sondern auch in Iran."

Bandar äußerte Verstimmung darüber, dass einige Mitglieder der US-Regierung, insbesondere aus dem Verteidigungsministerium, Versuche unternommen hätten, Kontakte mit saudischen Oppositionsgruppen zu knüpfen. Der Präsident versprach, sich um diese Angelegenheit zu kümmern.

Cheney erkundigte sich, was nach Ansicht der Saudis öffentlich bekannt gegeben werden solle.

„Wir möchten, dass alles bis auf weiteres vertraulich behandelt wird", antwortete Bandar und erklärte, die Saudis müssten über alle Einzelheiten der militärischen Planungen genau informiert werden. Er erinnerte Cheney daran, dass man ihm, als Cheney Verteidigungsminister und Powell Vorsitzender der Joint Chiefs of Staff gewesen war, vorab die geheimen Pläne für den Golfkrieg gezeigt habe, um zu demonstrieren, dass die USA es ernst meinten mit der Befreiung Kuweits.

Dann bat Bush Bandar um ein Gespräch unter vier Augen, und die beiden unterhielten sich noch eine Viertelstunde lang ohne die anderen.

AM DIENSTAG, dem 2. November, zwei Tage vor Thanksgiving, schickte Franks Rumsfeld die Liste der Mobilization Deployments (MODEPS), der Mobilisierungs- und Aufmarschbefehle der US-Streitkräfte. Franks bezeichnete sie als die „Mutter aller Aufmarschbefehle", denn dahinter verbarg sich eine gigantische Aufgabe. Vor fast genau einem Jahr hatte der Präsident Rumsfeld damit beauftragt, einen Kriegsplan für den Irak zu entwickeln. Dies war nun ein erster Schritt zur konkreten Umsetzung dieser Planung.

Franks bat Rumsfeld, die Verlegung von 300 000 Männern und Frauen anzuordnen. Man würde jedoch nicht sofort alle diese Soldaten brauchen, und viele vielleicht überhaupt nicht. Die Truppen sollten nach und nach bis zum Frühjahr in die Region verlegt werden. Die betreffenden Einheiten sollten so früh wie möglich davon in Kenntnis gesetzt werden. Gegenüber dem Präsidenten erklärte Franks, dies sei erforderlich, wenn er irgendwann im Januar, Februar oder März den Befehl zum Angriff zu erteilen beabsichtige.

Der General hatte die Position der USA in der Region schrittweise durch kleinere Einheiten sowie durch einige Schiffe und Flugzeuge ausgebaut. So standen jetzt beispielsweise in Kuweit zwei Panzerbrigaden der Armee mit mehr als 9000 Soldaten und 150 Panzern. Maximal konnte man in der Region auf 60 000 Militärangehörige zurückgreifen. Aber nur ein kleiner Teil davon waren echte Kampftruppen. Dazu gehörten auch rund 20 000 Marineangehörige, die überwiegend auf Schiffen und den beiden Flugzeugträgern stationiert waren. Bei den restlichen Truppen handelte es sich um verstreute Einheiten mit höchstens 5000 Soldaten, abgesehen von den Armeebrigaden in Kuweit. So umfasste etwa die Fünfte Flotte der Marine in Bahrein 4000 Mann, und die Luftwaffe hatte 5000 Angehörige in

Saudi-Arabien – alles in allem keine Streitmacht, die für eine Invasion ausgereicht hätte.

Franks musste 300 000 Soldaten den Marschbefehl erteilen – diese Truppenstärke brauchte er für die Kampfhandlungen, für die im „Hybrid“-Plan 225 Tage angesetzt worden waren.

Nachdem er kurz bleich geworden war, sagte Rumsfeld: „So geht das nicht.“ Er sah ein riesiges Problem auf sie zukommen und beriet sich gleich mit dem Präsidenten, wodurch er einigen Wirbel verursachte. Durch die Benachrichtigung der verschiedenen militärischen Einheiten, auch wenn deren Verlegung erst in einigen Monaten erfolgen sollte, würde bekannt werden, dass die USA 300 000 Soldaten per Schiff oder Flugzeug in den Nahen Osten verlegen wollten. Dann hätte die Diplomatie ausgespielt.

Bush machte klar, dass Truppenverlegungen seine Optionen nicht einschränken dürften.

Trennen Sie größere Truppenverlegungen oder einen Aufmarsch von dem, was Colin an der diplomatischen Front unternimmt, ordnete Bush an. Der Irak hatte sich mit neuen Waffeninspektionen einverstanden erklärt, die am folgenden Tag beginnen sollten. Bush wurde zwar immer skeptischer, konnte jetzt aber nicht den Anschein erwecken, als würde er diese Mission vorzeitig beenden wollen. Es darf nicht so aussehen, als hätte ich keine andere Wahl mehr als die Invasion, erklärte er.

Im Pentagon ging Rumsfeld gleich an die Arbeit, nachdem diese ziemlich eindeutige Anweisung des Präsidenten eingetroffen war. Das Mobilisierungs- und Aufmarschsystem, das formell als TPFDD (Time-Phased Force and Deployment Data) bezeichnet wurde, war darauf ausgelegt, frühzeitig die betreffenden Einheiten zu benachrichtigen und genügend Schiffe und Flugzeuge bereitzustellen, um diese Truppen ins Kampfgebiet bringen zu können. Wegen der großen Entfernung zum Nahen Osten, dem Umfang der Truppen und der riesigen Mengen an Nachschub, Munition, Nahrungsmitteln und Medikamenten stellte der Transport das Hauptproblem dar.

Doch durch die Benachrichtigungen und die Bereitstellung der Schiffe und Flugzeuge sowie die Verlegung der ersten Einheiten würden die Journalisten und über sie die ganze Welt erfahren, dass der Krieg kurz bevorstünde.

Rumsfeld drängte auf eine andere Verfahrensweise und schlug vor, zwar die Benachrichtigungen herauszugeben, aber nicht die Zahl 300 000 oder eine ähnlich hohe Zahlenangabe zu verwenden. „Haben Sie übrigens mitbekommen", bemerkte er gegenüber Franks und seinem inneren Zirkel in seinem üblichen sarkastischen Ton, „dass die Weihnachtsfeiertage vor der Tür stehen? Wir greifen in das Privatleben von 300 000 Menschen ein, aber niemand scheint sich darüber Gedanken gemacht zu haben."

Rumsfeld kam es vor, als hebe er einen großen Stein hoch und entdecke darunter ein großes Verfahrensproblem, das das gesamte Ministerium betraf und das umgehend beseitigt werden müsse. Was die Aufmarschpläne betraf, schien es nur einen einzigen Schalter zu geben, den man entweder auf „Ein" oder „Aus" stellen konnte. Eine Zwischenlösung war nicht möglich. „Wir müssen es langsam angehen", sagte er, „und so viele Kräfte entsenden, wie nötig sind, um den Druck auf die Diplomatie aufrechtzuerhalten, aber nicht so viele, dass die Diplomatie diskreditiert wird." Er wollte verhindern, dass man ihnen vorhalten könnte: „Nun, Sie haben sich ja schon entschieden." Somit stellte die Diplomatie das größte Problem dar, nicht die Transportfrage.

Franks sagte, der Krieg werde schneller vorbei sein, wenn er die Truppen rasch zusammenziehen könne. „Wenn die Leute sofort verlegt werden", sagte der General, „kann ich Ihnen garantieren, dass ich die Hauptkampfphase verkürzen kann."

Aber so werde es nicht laufen, sagte Rumsfeld. Er schlug vor, den Truppenaufmarsch in Module oder Abschnitte aufzugliedern. Und sogleich machte er sich daran, den gesamten TPFDD-Prozess zu untersuchen, nahm sich die Abläufe im Einzelnen vor und benannte die Abschnitte oder Einheiten, die er verlegt haben wollte. Er begann gewissermaßen den Schalter neu zu konstruieren, baute ihn zu einem Dimmer um, der einen graduellen, weniger auffälligen Truppenaufmarsch ermöglichte.

Nach knapp zwei Wochen wurde schließlich am 6. Dezember der erste große Aufmarschbefehl erlassen. Die Truppenverlegungen sollten langsam vonstatten gehen, und Rumsfeld behielt sich vor, jeden einzelnen Aufmarschbefehl zu genehmigen. Über einen längeren Zeitraum sollten etwa zwei Befehle pro Woche herausgegeben werden. Das bedeutete, dass manchen aktiven und Reserveeinheiten nur knapp eine Woche Zeit bleiben würde bis zu ihrer Mobilisierung oder Verlegung, anstatt wie üblich 30 Tage oder länger. Bei vielen Leuten rief dies Unmut hervor, vor allem bei einigen Armeegenerälen.

Rumsfeld erinnerte sich später: „Es gab durchaus Kritik. Dass der Aufmarschprozess in Abschnitte unterteilt wurde, um die diplomatischen Bemühungen zu unterstützen, haben viele nicht verstanden. Ich wollte nicht ausführlich erklären, warum wir das taten, daher haben wir die Kritik einfach über uns ergehen lassen."

AM MONTAG, dem 2. Dezember, erläuterte Ari Fleischer bei einer Pressekonferenz, weshalb die Regierung überzeugt sei, dass Saddam sich in einer aussichtslosen Lage befinde. „Wenn Saddam Hussein zugibt, dass er Massenvernichtungswaffen besitzt und dass er die UN-Resolutionen verletzt, dann wissen wir, dass er die Welt abermals getäuscht hat." Zuversichtlich fügte er hinzu: „Wir wissen aus Geheimdienstquellen, was Saddam alles besitzt."

Von Saddam innerhalb von 30 Tagen nach Verabschiedung der UN-Resolution eine vollständige Auflistung seiner Waffen zu verlangen, erschien klug und richtig. Saddam stand mit dem Rücken zur Wand. So *schien* es jedenfalls.

Die Waffeninspektionen im Irak hatten Ende November begonnen, als das UN-Team mit seinen weißen Fahrzeugen in den Vororten von Bagdad ausschwärmte. Aber auch bei einer nicht angekündigten eineinhalbstündigen Durchsuchung eines von Saddams Palästen wurde nichts gefunden.

Am 7. Dezember legte der Irak eine 11 807 Seiten umfassende Dokumentation vor, aus der, wie irakische Vertreter behaupteten, eindeutig hervorgehe, dass das Land keine Massenvernichtungswaffen besitze. Cheney schlug im Nationalen Sicherheitsrat vor, der Präsident solle feststellen, dass ein materieller Verstoß vorliege, weil diese Erklärung zweifellos falsch sei und beweise, dass Saddam abermals gelogen habe. Damit existiere ein legitimer Kriegsgrund, sagte er. Weshalb solle man Saddam noch eine weitere Chance geben? Das Fass sei nun endgültig übergelaufen.

Nach Cheneys Auffassung würde der Versuch, über die Vereinten Nationen eine weitere Runde von Waffeninspektionen durchzusetzen, von manchen Beteiligten als eine Möglichkeit betrachtet werden, einen Krieg zu vermeiden. Dazu gehörten seiner Auffassung nach UN-Generalsekretär Kofi Annan, Chefinspektor Blix, eine Reihe möglicher Verbündeter, einige Länder im Weltsicherheitsrat und bestimmte Leute aus dem Außenministerium einschließlich Minister Powell. Sarkastisch fasste Cheney die Haltung dieser Berufsdiplomaten zusammen: „Man packt die Sache in Watte, wie es in den vergangenen zwölf Jahren immer wieder gemacht worden ist, verabschiedet eine neue Resolution und erklärt diese für gut. Dann gehen alle nach Hause, und nichts geschieht."

Doch keines der anderen Mitglieder des Sicherheitsrats, auch nicht Rumsfeld oder Rice, hielt Saddams Erklärung an sich für einen hinreichenden Grund, um die Inspektionen abzubrechen und den Krieg zu beginnen, und der Präsident sah es genauso. Sie würden wohl oder übel die fast 12 000 Seiten durcharbeiten müssen. Die UN-Resolution verlangte eine falsche Deklaration „und" – das Wörtchen, das Powell auf Drängen der Franzosen in die Endfassung des Resolutionsentwurfs aufgenommen hatte – fehlende Kooperation. Oberflächlich betrachtet, schien Saddam aber durchaus zu kooperieren.

Das war genau das, was Cheney befürchtet hatte. Sie würden sich längere Zeit mit den Inspektionen beschäftigen müssen.

23

RUMSFELDS Strategie, den Truppenaufmarsch gewissermaßen „tröpfchenweise“ und in kleinen Verbänden durchzuführen, ging auf. Die Truppenverlegungen weckten zwar Neugier, verursachten aber kein großes Aufsehen. Spuren ins Nichts legen, lautete das operative Prinzip, nach dem sie vollzogen wurden. Mittlerweile war ein vierter Flugzeugträger, die USS „Harry S. Truman“, in die Region beordert worden – dadurch wurde die Schlagkraft der Luftwaffe erhöht, doch diese Maßnahme war nicht so ungewöhnlich, dass sie viel Aufmerksamkeit erregt hätte.

Rumsfeld nutzte wie üblich seine Pressekonferenzen, um vage Andeutungen über seine Absichten zu machen, ohne jedoch seine konkreten Pläne hinauszuposaunen. Er beherrschte es meisterhaft, wahrheitsgemäße Aussagen zu machen, ohne dabei der Wahrheit übermäßig nahe zu kommen. So erzählte er beispielsweise in der ersten Dezemberwoche: „Wir verlegen Truppen in allen Teilen der Welt. Unsere Präsenz im Bereich des Central Command ist heute größer als letzte Woche oder vorletzte Woche oder in der Woche davor.“

Nicht bekannt gegeben wurden Pläne für Truppenverlegungen in Größenordnungen von je 25 000 bis 30 000 Soldaten, die nach Weihnachten beginnen sollten, sowie die erste Einberufung von 20 000 Reservisten.

Unterdessen verstärkte General Franks seine Position stetig durch die Entsendung kleiner Einheiten mit jeweils einigen hundert Soldaten. Anfang Dezember eröffnete er das mittlerweile voll funktionsfähige Hauptquartier in Katar mit rund 600 Leuten, die aus Tampa hierher verlegt worden waren. Aus dem alten Ausrüstungsdepot, von dem er dem Präsidenten bei der Unterrichtung in Crawford vor einem Jahr erzählt hatte, war eine hochtechnisierte Kommandozentrale geworden. Angetan mit seiner Wüsten-Tarnuniform, führte Franks Journalisten durch die Anlage. Er und seine Mitarbeiter erklärten, von hier aus könne er den Waffengang genauso leiten und koordinieren wie von Tampa aus.

In Katar leitete Franks ein Computer-Planspiel, das die Bezeichnung „Internal Look“ erhielt und über das öffentlich informiert wurde. „Das ist keine neue Übung“, erklärte ein hoher Beamter Journalisten in einem Hintergrundgespräch. „‚Internal Look‘ wurde schon 1990, 1996 und 2000 durchgespielt.“ Das Planspiel war aber tatsächlich die erste Probe für eine Invasion des Irak auf der Grundlage von Franks' „Hybrid“-Plan. Mehr als 200 militärische Beobachter und Ausbilder waren aus den USA angereist, um zu prüfen, ob die Kommunikations- und Kommandostrukturen in der Computersimulation einer Invasion reibungslos funktionierten und die Befehle schnell genug an die Empfänger weitergeleitet würden.

Nach der viertägigen Übung wurde Franks klar, dass noch weitere Verbesserungen erforderlich waren, insbesondere was den Angriff von Kuweit aus betraf. Er wollte den Einmarsch beschleunigen, gewissermaßen eine moderne Variante des „Blitzkriegs“ durchführen, um die Iraker zu verwirren und Saddams Kommunikations- und Überwachungseinrichtungen weitgehend lahm zu legen. Die Beobachter und Ausbilder hatten mehrere Probleme in die Übung eingebaut, wie etwa Gegenangriffe, Widerstandsaktionen und Störungen der Kommunikationsverbindungen. Franks zog daraus den Schluss, dass es noch an Flexibilität mangele – an „adaptiver Planung“, wie das die Militärs bezeichnen, die es Kommandeuren auf unteren Ebenen ermöglicht, Signale rasch zu ändern, weil ihre Pläne verschiedene Optionen beinhalten.

Der Vorstoß von Kuweit aus war weder schnell genug noch ausreichend koordiniert, so dass sich Franks entschloss, einen zweiten Computer-Probelauf zu veranstalten, sofern es die Zeit erlaubte.

IN SEINER ROLLE als selbst ernannter Experte für Worst-Case-Szenarien hatte Cheney seit dem 11. September 2001 viel Zeit damit verbracht, die potenzielle Bedrohung der USA und der US-Truppen im Ausland durch biologische Waffen zu analysieren. Ein Vorschlag bestand darin, eine Art „medizinischer NASA“ zu schaffen, eine Regierungseinrichtung vergleichbar der nationalen Raumfahrtbehörde, die forschen und Impfstoffe produzieren konnte. Da Cheney es für außerordentlich wichtig hielt, ein solches Programm auch politisch abzusichern, forderte er, die Regierung solle sich um ein tragfähiges und zukunftssicheres Finanzierungskonzept bemühen, damit der Kongress es nicht später wieder stoppen könne.

Pocken bildeten eine Hauptsorge. Erkenntnisse der Geheimdienste deuteten darauf hin, dass Saddam diese tödlichen Krankheitserreger als Waffen einsetzen könnte. Laut einer Einschätzung im geheimen Bericht der Nachrichtendienste (NIE) vom Oktober betrug die Wahrscheinlichkeit, dass das offensive Biowaffen-Programm des Irak auch Pockenerreger umfasste, etwa 50 Prozent.

In einer großen Kraftanstrengung unter Mitwirkung der Chefs und der Stellvertreter, die sich mehrmals mit dem Präsidenten trafen, bemühte man sich, einen Abwehrplan zu entwickeln. Studien hatten ergeben, dass ein Pockenangriff Tausende, wenn nicht gar Zehntausende von Todesopfern fordern könnte und der Wirtschaft schweren Schaden zufügen würde. Da seit 1972 das Infektionsrisiko stark abgenommen hatte, waren nicht mehr kontinuierlich Impfstoffe produziert worden. Steve Hadley und andere hielten es für durchaus möglich, dass sich der Gegner die Verwundbarkeit der USA auf diesem Gebiet zu Nutze machte und einen Pockenangriff unternähme. Da es kein Impfprogramm mehr gab, wären die Vereinigten Staaten nicht darauf vorbereitet. Ein neues Impfprogramm beschleunigt voranzutreiben, würde nicht allzu viel Geld kosten, und Cheney hielt es für eine moralische Verpflichtung, etwas zu unternehmen. Wenn es zu einem Pockenangriff kommen würde, den man verhindern oder dessen Folgen man hätte abmildern können, und sie hätten entsprechende Maßnahmen nicht ergriffen, wäre dies eine schwere moralische und politische Belastung.

Am 13. Dezember verkündete Präsident Bush in einer siebenminütigen öffentlichen Erklärung, dass die Militärangehörigen sowie wichtige zivile Mitarbeiter in besonders gefährdeten Gebieten eine Pockenimpfung erhalten würden. Als Oberbefehlshaber werde er sich ebenfalls impfen lassen. „Diese Impfungen sind eine reine Vorsichtsmaßnahme und keine Reaktion auf irgendeine akute Gefahr", sagte er.

Bush verschwieg jedoch, dass rund 20 Millionen Dosen Impfstoff als strategische Reserve für die Koalitionspartner in einem Krieg gegen den Irak zurückgehalten werden würden. Cheney hegte die Sorge, dass Saddam, wenn er im Krieg die Aussichtslosigkeit seiner Lage erkannte, Pockenerreger gegen die Zivilbevölkerung in jenen Ländern einsetzen könnte, wo US-Truppen lagen. Wenn die USA ihren Verbündeten nicht glaubhaft versichern könnten, dass sie die Pockengefahr im Griff hätten, würde es schwierig werden, sie bei der Stange zu halten.

Angesichts möglicher gefährlicher Nebenwirkungen der Impfung und schwieriger Haftungsfragen kam Unsicherheit darüber auf, wie breit das Impfprogramm angelegt werden sollte. Viele Gesundheitsexperten waren zudem irritiert über das Argument der Verwundbarkeit der USA, womit die Aktion begründet wurde. Doch allen, auch dem Präsidenten, fiel es schwer, Cheneys Vorschlag abzulehnen. Sollte es jemals zu einem derartigen Anschlag kommen, würde der Vizepräsident wegen seiner prophetischen Gabe gerühmt werden. Cheney konnte Bush auch für seine Forderung gewinnen, sechs Milliarden Dollar für neue Forschungsaktivitäten bereitzustellen, das so genannte Projekt BioShield, in dessen Rahmen Impfstoffe produziert und Behandlungsmöglichkeiten auch gegen andere Biowaffen entwickelt werden sollten.

FÜR DIE BUSH-MANNSCHAFT ergab sich bei den Waffeninspektionen noch ein weiteres Problem. Blix wollte die CIA auf Distanz halten. Der Geheimdienst stellte Blix Informationen über mögliche Lagerstätten von Massenvernichtungswaffen im Irak zur Verfügung, damit die Inspektoren gezielter suchen konnten, wodurch sich die Wahrscheinlichkeit erhöhte, dass sie auch tatsächlich verbotene Kampfstoffe oder Waffen fanden. Doch dies war eine sehr einseitige Angelegenheit. Die CIA wurde nicht darüber in Kenntnis gesetzt, was die Inspektionen ergeben oder nicht ergeben hatten. Blix hatte am Anfang erklärt, er wolle konstruktiv und einvernehmlich, nicht konfrontativ mit den Irakern umgehen. Er wolle keine, wie er es nannte, „wütenden und aggressiven“ Inspektionen. Bagdads Vertreter begleiteten die Inspektoren daher auf Schritt und Tritt.

Somit hätten die US-Geheimdienste kaum etwas davon erfahren, was wirklich vor sich ging. Die CIA spioniert aber seit jeher nicht nur potenzielle Gegner oder feindliche Länder aus, sondern auch befreundete Staaten, um sich über deren wahre Pläne, Fähigkeiten und

Absichten zu informieren. Das Motto des Mafiapaten „Kümmere dich intensiv um deine Freunde, aber noch intensiver um deine Feinde“ gilt auch im Geheimdienstgeschäft. Da aus Freunden irgendwann Feinde werden können und aus Feinden Freunde, bespitzelt man einfach jeden, so weit es geht, auch UN-Mitarbeiter. Daher befassten sich die US-Nachrichtendienste auch mit Blix und den Waffeninspektoren im Irak, denn es erschien für die nationale Sicherheit wichtig, dass die Regierung über die Arbeit der Inspektoren so gut wie möglich Bescheid wusste. Schließlich würde die Kriegsentscheidung von der Art der Durchführung und den Ergebnissen der Inspektionen abhängen.

Wahrscheinlich hätte jeder Präsident, egal ob Republikaner oder Demokrat, solche Überwachungsmaßnahmen gebilligt, obwohl sie sehr heikel und möglicherweise auch riskant sind. UN-Mitarbeiter und Diplomaten auszuspionieren, vor allem solche aus feindlichen Ländern, war seit langem gängige Praxis. Wenn es um die wichtigsten Entscheidungen geht, die ein Präsident zu fällen hat, werden alle notwendigen und rechtlich zulässigen Mittel eingesetzt, um sich Informationen zu beschaffen. Blix und die übrigen Inspektoren waren überdies Ausländer, für die nicht die verfassungsmäßigen Beschränkungen gelten, durch die die meisten US-Bürger vor Bespitzelung geschützt sind.

Die Überwachung ergab, dass Blix nicht über alles berichtete, was er fand, und nicht auch wirklich alles tat, was er zu tun behauptete. Einige Mitglieder des Nationalen Sicherheitsrats hielten Blix für einen Lügner. Zumindest sah es so aus, als würden die Inspektionen nicht mit dem nötigen Nachdruck durchgeführt werden, sich über mehrere Monate hinziehen und letztlich doch nichts bringen.

AM MITTWOCHMORGEN, dem 18. Dezember, traf sich Bush privat mit dem spanischen Ministerpräsidenten José María Aznar, der ein militärisches Vorgehen gegen den Irak befürwortete.

Bush äußerte sich gegenüber Aznar abschätzig über die Waffeninventur des Irak. „Diese Erklärung bedeutet überhaupt nichts, sie ist wertlos, ein Witz, aber wir werden maßvoll darauf reagieren.“ Der Präsident fügte hinzu, er habe persönlich eine eindeutige Haltung zu

Saddam. „An einem bestimmten Punkt werden wir feststellen, dass es reicht, und dann werden wir ihn ausschalten. Er ist ein Lügner und hat nicht die Absicht abzurüsten."

Dann wandte sich Bush dem UN-Prozess zu. Die Aufzeichnungen des Gesprächs mit Aznar zeigen, dass er sich nicht in vollem Umfang der Tatsache bewusst war, dass die Resolution 1441 durchaus Interpretationsspielraum bot. „Wenn die Entscheidung für den Krieg gefallen ist, werden wir wieder in den Sicherheitsrat gehen. Dort werden wir nicht um Erlaubnis bitten, sondern um Unterstützung", sagte Bush. „So war die Vereinbarung mit den Mitgliedern des Weltsicherheitsrats. Der Sicherheitsrat wird kein Vetorecht haben, aber je mehr Länder zustimmen, desto einfacher wird es sein, diplomatische Ziele zu erreichen."

In Wirklichkeit besitzen die fünf Ständigen Mitglieder des Weltsicherheitsrats in allen Fragen ein Vetorecht, und vor allem die Franzosen gingen nicht davon aus, dass sie einer Vereinbarung zugestimmt hatten, wonach die Resolution 1441 zwangsläufig zum Krieg führen werde.

Bush fügte hinzu: „Der Krieg ist für mich das letzte Mittel. Saddam Hussein finanziert mit seinem Geld die Ausbildung von Qaida-Kämpfern und überlässt ihnen chemische Kampfstoffe, er gewährt Terroristen Unterschlupf."

In Bezug auf den Nahen Osten meinte Bush, es sei wichtig, den Friedensprozess weiterzuführen. „Chirac behauptet, Sharon würde mir Scheuklappen aufsetzen", sagte Bush und fügte hinzu: „Toro!" Manchmal bezeichnete er Sharon als „Stier".

Der Dolmetscher unterbrach das Gespräch. „Mr. President, es gibt zwei Bedeutungen des Wortes ‚Toro' im Englischen", sagte er und spielte darauf an, dass es wörtlich übersetzt einen „Stier" bezeichnete, aber auch die Bedeutung von „bull" wie in „bullshit" haben konnte.

Aznar schien zu kapieren, worum es ging.

„Es ist einer der großen Momente der Diplomatie, das Wort ‚Toro' richtig zu übersetzen", bemerkte Bush gegenüber Aznar und dem Dolmetscher.

IM CIA-HAUPTQUARTIER wuchs bei Saul, der in täglichem Kontakt mit den Einsatzkräften stand, auch mit Tim im Irak, die Sorge über die widersprüchlichen Signale, die von der Regierung ausgesandt wurden. Auf der einen Seite waren Tim und die übrigen Einsatzoffiziere weiter damit beschäftigt, Quellen zu erschließen und Unterstützer zu rekrutieren, indem sie ihnen versprachen, dass bald eine Militäraktion erfolgen werde. Auf der anderen Seite strebte der Präsident diplomatische Lösungen über die Vereinten Nationen und die Waffeninspektionen an. Oh, ihr seid ja am Verhandeln, sagten einige Zuträger und ausländische Geheimdienste. Ihr werdet uns abermals im Stich lassen! Jedes Mal, wenn Bush erklärte, Krieg sei für ihn das letzte Mittel, zuckten die Kontaktleute und Zuträger des Geheimdienstes zusammen. Für sie war Krieg das erste Mittel, für einige sogar das einzige, denn sie engagierten sich immer entschiedener für ihre Sache.

Saul schickte regelmäßig Berichte in den siebten Stock, wo Tenet, McLaughlin und die übrigen hochrangigen Leute saßen. „Wir können mit diesen Aktivitäten ungefähr bis Ende Februar weitermachen“, sagte er einmal. „Ab Ende Februar müssen wir uns auf Verluste einstellen, weil das Regime uns auf die Schliche kommen wird.“ Sie würden nicht alles geheim halten können. Saddams Sicherheitsapparat und seine Geheimdienste waren allgegenwärtig, und man wusste, wie unbarmherzig sie mit Verrätern umgingen. Die Informanten und Agenten würden bald auffliegen. Im Februar sei Schluss. „Wenn es danach noch länger so weitergehen sollte“, sagte Saul, „werden Menschen getötet werden.“

Zugleich erklärte er: „Wir können nicht mehr zurück. Wenn wir jetzt einen Rückzieher machen, verlieren wir jegliche Glaubwürdigkeit.“

Auch die beiden paramilitärischen Teams, die Saul in den Irak geschickt hatte, waren verunsichert. Es war für sie in höchstem Maße frustrierend, sozusagen die Speerspitze zu bilden und nicht zu wissen, wann nun der Krieg losgehen würde oder ob es überhaupt dazu käme. Saul wies Tim an, sich mit seinen Leuten für zwei Wochen aus dem Irak zurückzuziehen und sich über Weihnachten zu erholen. Geht nach Hause und kehrt Anfang Januar wieder in die Basis zurück. Im Augenblick sehe es so aus, als würde der Krieg

Mitte Januar beginnen, bestimmt aber im Februar, informierte sie Saul. Also verbrachten Tim und seine Leute die Weihnachtsfeiertage zu Hause.

In Wirklichkeit hatte Saul keine Ahnung, wann der Krieg endlich losgehen würde.

AM SELBEN TAG, an dem sich Bush mit Aznar traf, am 18. Dezember, hatte er auch eine Unterredung mit dem Nationalen Sicherheitsrat. Die CIA wollte das Augenmerk auf die Probleme lenken, die sie mit der Erschließung von Quellen und der Rekrutierung von Agenten im Irak hatte. Tenet überließ daher seinen Platz am Tisch einem seiner leitenden Mitarbeiter für verdeckte Operationen, der den Decknamen „Bob“ trug und die Arbeit von Saul und seinen Einsatzkräften mit den erforderlichen analytischen Arbeiten verzahnte. Bob war während des Afghanistankriegs in Pakistan gewesen. Der kleine, gut gekleidete Mann, der ehrerbietig und intellektuell wirkte, gab einen Lagebericht über das sich entwickelnde Agentennetzwerk im Irak. Sie verfügten mittlerweile über fast ein Dutzend guter Agenten, erklärte Bob, nannte aber keine Einzelheiten. Die Zahl der Agenten und Subagenten wachse stetig, und auch die Qualität ihrer Erkenntnisse verbessere sich. Aber es gebe auch einige Schwierigkeiten.

„Mr. President“, sagte Bob, „wir versuchen, einem unterschiedlichen Publikum gleichzeitig zwei sich widersprechende Botschaften zu vermitteln. Das muss zwangsläufig für Verwirrung sorgen. Wir können nicht das eine Publikum vollständig vom anderen abschotten. Während wir also auf der einen Seite intensive Propaganda betreiben und die Leute, auf deren Kooperation wir absolut angewiesen sind, versuchen davon zu überzeugen, dass ein Krieg unvermeidlich ist, versuchen wir gleichzeitig anderen klar zu machen, dass es der Präsident wirklich ernst meint mit der Diplomatie, den Vereinten Nationen und den Waffeninspektionen.“

„So ist es“, sagte Bush.

Bob führte weiter aus, es gebe Leute im Irak und außerhalb, mit denen sich die CIA in ständigem Dialog befinde. Diese Leute sagten, wir hören eure Erklärungen, wir verstehen sie und werden mit euch auch bis zu einem gewissen Punkt zusammenarbeiten, aber wir werden erst weitermachen, wenn wir vollständig überzeugt sind und wenn es deutlichere Anzeichen gibt. Die Widersprüche in dieser zweigleisigen Politik verursachten also gewisse Probleme.

„Ich weiß, ich habe Sie in eine schwierige Lage gebracht", gestand Bush ein. „Ich weiß, es ist nicht leicht, aber das ist der Kurs, den wir verfolgen. Wir müssen einfach alle diese Dinge gleichzeitig tun."

Während sie am Tisch zuhörte, dachte Rice, dass dies eben ein Merkmal der Zwangsdiplomatie sei – die glaubwürdige Androhung von Gewalt, um diplomatische Ziele zu erreichen. Es gab in der Tat einige Dissonanzen, aber wenn man Zwangsdiplomatie betrieb, musste man mit gewissen Widersprüchen leben.

Dem stellvertretenden CIA-Direktor McLaughlin war bewusst, dass sich der Dienst in einer schwierigen Position befand. Die CIA hatte verdeckte Operationen in die Wege geleitet, um eine Politik zu unterstützen, die noch nicht beschlossen war, und andererseits musste sie ihre Aktionen fortsetzen und weiter Hilfskräfte rekrutieren, als ob schon alles entschieden wäre.

AM ABEND DES 18. DEZEMBER waren meine Frau Elsa Walsh und ich Gast bei einer großen Weihnachtsfeier im Weißen Haus, zu der der Präsident und seine Frau Vertreter der Medien eingeladen hatten. Das Ehepaar Bush nahm sich stundenlang Zeit, um die Gäste zu begrüßen, die sich in einer Reihe aufgestellt hatten, während ein Fotograf Bilder schoss. Als wir nach vorn kamen, bemerkte der Präsident, dass sich mein Buch *Bush at War* sehr gut verkaufe.

„Weit oben auf der Beststellerliste", sagte er und fragte: „Werden Sie ein weiteres Buch schreiben?" Dann streckte er die Arme aus und bedeutete durch seine Körpersprache, dass es genügend Stoff gäbe, der sich in einem weiteren Buch verarbeiten ließe.

„Vielleicht nenne ich es ‚More Bush at War'", sagte ich.

„Hoffentlich nicht", erwiderte Laura Bush und klang dabei fast ein wenig bedrückt.

Ein Jahr später sprach ich den Präsidenten auf den damaligen Kommentar seiner Frau an. „Ja", antwortete er, „das entsprach ihren Ansichten. Laura weiß, was es heißt, die Angehörigen von Gefallenen aufzusuchen. Sie kennt die Trauer und den Kummer, die Menschen übermannen, wenn ihre Liebsten auf dem Schlachtfeld sterben. Wenn sie überhaupt sterben.

Aber besonders, wenn sie auf dem Schlachtfeld ums Leben kommen", fuhr er fort. „Und es besteht ein unmittelbarer Zusammenhang zwischen den Entscheidungen ihres Ehemannes und diesem Tod. Sie weiß das alles, und es ist sehr schwer für sie. Und sie kann auch die Aufregung, den Lärm, den Protest sehr gut verstehen."

„Hat sie Ihnen das so gesagt?", fragte ich.

„Nein, eigentlich nicht. Sie hat es *Ihnen* gesagt. Und indem sie es Ihnen sagte, hat sie es auch mir mitgeteilt", erwiderte er mit starrem Blick. „Laura vertraut meiner Urteilskraft, und wir haben auch schon darüber geredet. Aber natürlich möchte sie nicht in den Krieg ziehen. Und ich im Grunde genommen auch nicht."

AM FOLGENDEN TAG, dem 19. Dezember, unterrichtete General Franks den Präsidenten über die Ergebnisse der Übung „Internal Look" und die neuesten Probleme, die sich bezüglich des Kriegsplans ergeben hatten.

Erläutern Sie mir noch mal die zeitlichen Abläufe, sagte der Präsident. Trotz der Bemühungen der Vereinten Nationen, so schien es Franks, wollte Bush sofort losschlagen, obwohl er sich nicht eindeutig dazu äußerte.

Sie sprachen über weitere Dinge, die möglicherweise schief gehen könnten und die bereits Rumsfeld auf seiner Liste aufgeführt hatte. Was wäre, wenn die Iraker ihre Infrastruktur oder ihre Bewässerungsanlagen oder ihre Kraftwerke zerstörten? Franks erklärte detaillierter, wie er Saddams unterirdische Anlagen und andere gut geschützte Ziele angreifen wollte.

Später fragte Rice Tenet und McLaughlin, wie weit man in der Frage der Massenvernichtungswaffen sei und wie viel man öffentlich bekannt geben könne.

Die im Oktober abgegebene Einschätzung des Dienstes, wonach Saddam über chemische und biologische Waffen verfügte, war nun seit zwei Monaten bekannt; der Kongress hatte sich fast mit einer Dreiviertelmehrheit für einen Krieg ausgesprochen; und der Weltsicherheitsrat, der die Resolution zu den Waffeninspektionen einstimmig verabschiedet hatte, war weiterhin mit den Inspektionen im Irak beschäftigt. Aber dennoch passte irgendetwas noch nicht.

Sogar Paul Wolfowitz hatte unlängst einem Artikel in der *Washington Post* zufolge Zweifel hinsichtlich der Einschätzung von Saddams Massenvernichtungswaffen geäußert. „Das ist wie bei einem Richter, der über Pornografie spricht", hatte Wolfowitz bei einem vertraulichen Treffen von NATO-Botschaftern erklärt. „Ich kann es nicht erklären, aber ich werde Bescheid wissen, wenn ich es sehe."

McLaughlin war in der unangenehmen Lage, dem Präsidenten und der Runde der Chefs diese Sachverhalte darstellen zu müssen. Diesem vorsichtigen Analysten, der über eine mehr als 30-jährige Geheimdiensterfahrung verfügte, war klar, dass sich die beiden Informationsstränge der CIA zu den Massenvernichtungswaffen stark unterschieden. Der erste Strang, dessen Bedeutung man seiner Ansicht nach nicht unterschätzen durfte, bezog sich auf die Ergebnisse der Inspektionen zwischen 1991 (dem Ende des Golfkriegs) und 1998, als Saddam die Inspektoren aus dem Land geworfen hatte. In diesen sieben Jahren hatten sich die Inspektoren frei im Irak bewegen können. Obwohl es nie zugegeben worden war, hatte auch die CIA insgeheim an diesen Inspektionen mitgewirkt, Hinweise und Informationen beigesteuert, war von den Inspektoren umfassend unterrichtet worden und hatte sie bei der Auffindung und Vernichtung von Waffen unterstützt. Die CIA hatte ungeschminkte Informationen erhalten von Leuten, die über Wissen aus erster Hand verfügten. Darüber hinaus hatte die CIA die alte Reagan-Maxime „vertrauen, aber verifizieren" beherzigt und auch die Inspektoren ausspioniert, um sicherzustellen, dass die US-Geheimdienste einen möglichst vollständigen Überblick über die Entwicklung bekamen.

Damals hatten die Inspektoren weit mehr Massenvernichtungswaffen entdeckt, als sie vermutet hatten. Nachdem sich 1995 Hussein Kamil abgesetzt hatte, Saddams Schwiegersohn, der das geheime Waffenentwicklungsprogramm des Regimes geleitet hatte, nahm der Informationsfluss aus dem Irak beträchtlich zu. Darüber hinaus ergab sich aus Dokumenten, dass das Regime Hunderte, wenn nicht Tausende Tonnen von Chemikalien und anderen Rohstoffen importiert hatte, die nach Auskunft irakischer Überläufer für die Produktion von Massenvernichtungswaffen bestimmt waren. Die

Inspektoren hatten im Rahmen ihres Auftrags große Mengen von Massenvernichtungswaffen oder damit zusammenhängende Ausrüstungsgegenstände oder Materialien vernichtet.

Der zweite Informationsstrang bestand aus Material, das seit 1998 gesammelt worden war und das nach Ansicht McLaughlins in hohem Maße auf Schlussfolgerungen und Vermutungen beruhte. Wie er zuvor bereits der Runde der Chefs mitgeteilt hatte, verfügte die CIA über keine Belege von Anthrax oder chemischen Waffen, um derartige Vermutungen zu untermauern.

In der Vorbereitung zu seinem Vortrag vor dem Präsidenten hatte McLaughlin Unmengen von Material überprüft. So war beispielsweise ein Gespräch zwischen zwei Personen mit Verbindungen zu al-Qaida abgehört worden, die sich über den hoch gefährlichen Stoff Rizin unterhielten. Die beiden Männer hatten darüber gesprochen, dass das Gift an einem Esel getestet worden sei, der daraufhin gestorben sei, und waren dann in lautes Gelächter ausgebrochen. Der ausländische Geheimdienst, der diesen Gesprächsmitschnitt zur Verfügung gestellt hatte, hegte die Sorge, diese Informationen könnten öffentlich bekannt werden. Auch gab es die Befürchtung, eine Veröffentlichung könne in der Bevölkerung Angst erzeugen. McLaughlin war nicht sicher, welche Schlüsse man daraus ziehen sollte. Ihm erschien das Ganze ein wenig „eigenartig". Daher entschloss er sich, diese Information bei seiner Präsentation nicht zu verwenden.

Aus einem anderen als hoch geheim eingestuften Agentenbericht ging hervor, dass der Irak versucht habe, sich Landkarten aller 50 US-Bundesstaaten zu beschaffen. Und im Zuge einer weiteren geheimen Operation hatte die CIA einen Iraker ausfindig gemacht, der früher an einem Programm zum Bau von unbemannten Flugkörpern im Irak mitgearbeitet hatte und jetzt in Australien lebte. Diese kleinen, verhältnismäßig billigen Drohnen konnten möglicherweise dazu eingesetzt werden, irgendwo auf der Welt Angriffe mit chemischen oder biologischen Waffen durchzuführen. Wolfowitz verknüpfte alle diese Hinweise, sprach von einem „spektakulären Durchbruch bei der Zerschlagung eines Beschaffungsnetzwerks" und bezeichnete diese Erkenntnisse als „sehr beunruhigend".

Die CIA hatte versucht, den in Australien lebenden Iraker anzuwerben. Doch der Mann war nur unter der Voraussetzung zur Zusammenarbeit bereit, dass 21 Mitglieder seiner weitläufigen Familie an sicheren Orten außerhalb des Irak untergebracht wurden. Als sich der Geheimdienst eingehender mit der Geschichte um die Landkarten befasste, wurde es immer fraglicher, ob diese Karten wirklich zu einem konkreten Zweck oder eher zufällig erworben worden waren. Jedermann konnte sie im kartografischen Fachhandel oder im Internet per Kreditkarte kaufen. Die topografische Software war zudem nicht sonderlich ausgeklügelt. Wahrscheinlich, so glaubte McLaughlin, hatte einfach nur ein Einkäufer im Irak das „Ja"-Kästchen angekreuzt, als ihm diese Software angeboten wurde.

McLaughlin hatte so viele Fragen im Kopf, dass er auch darauf in seinem Vortrag nicht einzugehen beabsichtigte.

Wolfowitz war perplex, als er von all diesen Dingen erfuhr, und sagte: „Sollen wir uns wirklich keine Sorgen machen wegen eines geheimen irakischen Drohnen-Entwicklungsprogramms, durch das Fluggeräte hergestellt werden können, so klein, dass man sie in einem Container unterbringen kann, aber auch groß genug, um damit einen Liter Anthrax über Washington D.C. zu versprühen, nur weil der Mann diese Landkarten vielleicht nicht absichtlich gekauft hat?" Dass der irakische Wissenschaftler eine Zusammenarbeit verweigerte, bevor nicht seine Angehörigen aus dem Irak herausgeschafft waren, bot seiner Ansicht nach eine ideale Chance für den Chefwaffeninspektor Hans Blix. Die UN-Resolution 1441 ermächtigte Blix, jede gewünschte Person zu befragen und „die Ausreise der zu Befragenden und deren Familienangehörigen aus dem Irak zu ermöglichen". Aber Blix hatte offensichtlich nichts unternommen.

AM SAMSTAGMORGEN, dem 21. Dezember, waren Tenet und McLaughlin unterwegs ins Oval Office. Auf dieser Sitzung sollten sie die Beweise für die Massenvernichtungswaffen präsentieren. An ihren Vortrag wurden große Erwartungen geknüpft. Neben dem Präsidenten waren Cheney, Rice und Andy Card anwesend.

Mit viel Tamtam begann McLaughlin seine Schaubilder vorzuführen. Dabei handele es sich lediglich um eine Rohfassung, erklärte er, noch hoch geheim und nicht zur Veröffentlichung bestimmt. Die CIA wolle entscheiden, wie viel davon veröffentlicht werden dürfe, um ihre Quellen zu schützen und ihre Ermittlungsmethoden geheim zu halten, falls es schließlich doch zu keinem Angriff kommen würde.

McLaughlin legte dar, dass es nicht deklarierte Bestandteile chemischer Waffen gebe sowie 3200 Tonnen an Ausgangsmaterial für chemische Waffen. Nicht deklariert seien auch rund 6000 Granaten, die vermutlich noch aus dem Krieg zwischen dem Irak und Iran in den achtziger Jahren stammten.

Dann präsentierte er ein großes Satellitenfoto, das einen Teststand für einen Raketenantrieb zeigte. Dieses Gelände sei eindeutig größer, als es für eine Einrichtung erforderlich sei, auf der die kleinen Triebwerke für die zugelassenen Raketen mit einer Reichweite bis zu 150 Kilometern getestet würden.

Auf einem anderen Foto waren Erdfurchen in einer Einrichtung zu sehen, die bereits als Chemiewaffenfabrik dokumentiert war. Diese Furchen könnten darauf hinweisen, dass man versucht habe, nach einem Transport oder einem Unfall mit Chemikalien Spuren zu verwischen, sagte McLaughlin.

Das nächste Bild zeigte die grafische Darstellung der ovalen Flugbahnen einer Drohne. Die technische Auswertung habe mit „absoluter Sicherheit“ ergeben – ein Ausdruck, den er nur selten gebrauchte –, dass diese Drohne die in der Grafik beschriebenen roten Kreise geflogen sei, was eine Reichweite von bis zu 500 Kilometern bedeute. In seiner vor zwei Wochen vorgelegten Waffendokumentation hatte der Irak erklärt, seine Drohnen besäßen nur eine Reichweite bis zu 80 Kilometern. Die Vereinten Nationen hatten dem Irak 150 Kilometer zugestanden. Diese Drohne sei von der Ladefläche eines Lastwagens gestartet worden und besitze einen Autopiloten. Bei einer Reichweite von 500 Kilometern könne der Irak auch Nachbarländer angreifen.

McLaughlin war klar, dass diese Grafik etwas verwirrend anmutete, aber für Geheimdienstanalysten war sie sehr aufschlussreich, denn die Flugbahn konnte bis auf einen Kilometer genau berechnet werden. Die lange Flugdauer ließ zudem vermuten, dass die Iraker großes Vertrauen in ihr automatisches Lenksystem setzten.

Dies sei eine klare Verletzung der Waffenvorschriften, sagte er. Es stelle sich die Frage, weshalb die Iraker so stark an einer solchen Drohne interessiert seien. Ihre Einsatzmöglichkeiten seien Besorgnis erregend, aber man wisse nicht, was sie damit bezweckten.

Als nächstes legte McLaughlin Berichte von mehreren Agenten und Überläufern vor, in denen von großen Lastwagen die Rede war, die ihrer Aussage nach zu mobilen Biowaffenlaboren umgebaut worden seien und vor den Waffeninspektoren versteckt werden könnten.

Als eindringlichstes Beispiel präsentierte McLaughlin dann die Mitschrift eines abgehörten Funkgesprächs zwischen zwei Kommandeuren der Republikanischen Garde.

„Weglassen", sagte der eine.

„Weglassen", wiederholte der andere.

„Nervengas."

„Nervengas."

„Immer wenn es darum geht."

McLaughlin erklärte, der erste Offizier habe sicherstellen wollen, dass in Funksprüchen jeglicher Hinweis auf „Nervengas" unterblieb. Wenn der Irak kein biologisches Material, keine Biowaffen oder Nervengase besitze, warum unterhielten sich dann diese Offiziere der Republikanischen Garde darüber?

Im Hinblick auf nukleare Waffen wies McLaughlin darauf hin, dass Saddam häufig die wichtigsten Atomwissenschaftler des Irak, die auch „Nuklearmafia" genannt wurden, zu sich einbestelle und in seinen Unterredungen mit ihnen Begriffe gebrauche, die Vorbereitungen zur Wiederaufnahme eines Nuklearwaffenprogramms „implizierten", wie er sagte.

Er legte ein weiteres Abhörprotokoll vor, in dem Offiziere darüber sprachen, dass in der Firma al-Kindi, die als Fabrik für Massenvernichtungswaffen bekannt war, ein bestimmtes umgebautes Fahrzeug versteckt werden sollte, als die Inspektoren auf dem Weg dorthin waren.

Als McLaughlin seine Ausführungen beendet hatte, sah ihn der Präsident fragend an, als wollte er sagen: Ist das alles? Es herrschte einen Augenblick Stille.

„Hübscher Versuch", sagte Bush. „Aber ich glaube nicht, dass das besonders – das ist nichts, womit der Mann auf der Straße etwas anfangen kann oder was ihn besonders überzeugen würde."

Auch Card war nicht gerade überwältigt. Die Präsentation war ein Flop. Unter Marketing-Gesichtspunkten betrachtet, zogen die Beispiele nicht, die Schaubilder waren zu wenig eindringlich, die Fotos nicht packend genug und die Abhörprotokolle alles andere als stichhaltig.

Bush wandte sich an Tenet. „Ständig ist mir von den famosen Geheimdienstinformationen über Massenvernichtungswaffen erzählt worden. Und das ist alles, was ihr habt?"

Tenet stand von der Couch auf und warf die Arme in die Luft. „Das ist eine todsichere Sache."

Bush stieß nach: „George, wie sicher sind Sie sich?"

Der Basketball-Fan Tenet, der sooft es ihm möglich ist, die Heimspiele seiner Universitätsmannschaft Georgetown besucht, warf abermals die Arme in die Luft. „Keine Sorge, es ist ein Slam Dunk, ein Volltreffer."

Es war ungewöhnlich, dass sich Tenet so bestimmt äußerte. Nach McLaughlins Vortrag hatte Card befürchtet, sie hätten keine ausreichenden Beweise, aber Tenets zweimalige Versicherung, dass es sich um eine sichere Sache handele, war gleichermaßen denkwürdig wie beruhigend. Cheney sah keinen Grund, Tenets Aussage in Frage zu stellen. Schließlich war er der Chef der CIA und wusste von allen hier Anwesenden am besten Bescheid. Später erinnerte sich der Präsident, dass McLaughlins Präsentation „einer kritischen Überprüfung wohl nicht standgehalten" hätte, aber Tenets Versicherung sei „sehr wichtig" gewesen.

„Da muss noch viel nachgearbeitet werden", sagte Bush zu Card und Rice. „Holen wir uns ein paar Leute, die schon einmal einen Fall vor Gericht vertreten haben." Er dachte an Anwälte, eventuell auch Strafverfolger. Der Öffentlichkeit müsse etwas mitgeteilt werden.

Mehrmals sagte der Präsident zu Tenet: „Stellen Sie sicher, dass uns das niemand vermasselt."

ROVE BEMERKTE, dass der Präsident im Bilde war über Blix. Der Präsident kannte Roves Einstellung gegenüber den Schweden. Als ranghöchster Amerikaner norwegischer Abstammung im Weißen Haus – und vermutlich auch der einzige dort – war Rove davon überzeugt, dass die Schweden, die 1814 in Norwegen eingefallen waren und das Land bis 1905 beherrscht hatten, historisch schon immer ein doppeltes Spiel getrieben hatten. Er hegte eine tief verwurzelte Abneigung gegen sie, was häufig Anlass zu kleinen Späßen zwischen Rove und dem Präsidenten bot.

Ende Dezember erstattete Rice dem Präsidenten abermals Bericht über die Aktivitäten von Blix. Es ging nicht recht voran. Die Inspektoren durchsuchten Lagerhäuser, die offensichtlich kurz vorher „gesäubert“ worden waren. Außerdem wollten die Inspektoren über die Weihnachtsfeiertage eine Pause einlegen. Die Geheimdienste hatten festgestellt, dass Blix und seine Leute bei den Überprüfungen nicht so zielstrebig und aggressiv vorgingen, wie Bush es gewünscht hatte.

Bush wurde zunehmend wütender über den Inspektionsprozess. Es werde von Tag zu Tag schlimmer, sagte er. Der Versuch, Druck auf Saddam auszuüben, sei fragwürdig. „Ich bin mir nicht sicher, ob das etwas bringt“, sagte er. Sie hatten ein Inspektionssystem aufgebaut, das die Beweislast auf Saddam verlagern sollte. Der Führer des Irak sollte seine Waffenbestände auflisten, ihre Herkunft belegen und nachweisen, dass er abgerüstet hatte. Das stellte die Rechtsvorstellungen der Amerikaner auf den Kopf – der Beschuldigte musste seine Unschuld beweisen. Und die Welt blieb skeptisch. Vielleicht war der Krieg wirklich die einzige Alternative.

„Was denken Sie?“, fragte der Präsident seine Sicherheitsberaterin. „Sollen wir das machen?“ Er meinte: Krieg. Nie zuvor hatte er sie dazu um ihre Meinung gebeten.

„Ja“, antwortete sie. „Weil nicht nur die Glaubwürdigkeit Amerikas auf dem Spiel steht, sondern die Glaubwürdigkeit der ganzen Welt, wenn sich dieser Gangster wieder über das internationale System hinwegsetzen kann.“ Doch so wichtig Glaubwürdigkeit sei, fuhr sie fort, „sollte sie einen niemals dazu veranlassen, etwas zu tun, was man besser nicht tun sollte“. Aber hier gehe es um etwas viel Größeres, fuhr sie fort, um etwas, das schlicht gemacht werden müsse. „Wenn wir zulassen, dass diese Bedrohung aus diesem Teil der Welt weiterhin die internationale Gemeinschaft so in Unruhe versetzt, wird uns das eines Tages einholen. Deshalb sollten wir es machen.“

Bush erwiderte nichts darauf.

EIN JAHR SPÄTER erinnerte sich der Präsident: „Ich war sehr besorgt wegen des Vorgehens, dass wir uns in diesem Prozess verzetteln würden, während Saddam stärker werden würde. Ich hatte die Sorge, die Leute würden sich nicht auf Saddam konzentrieren, nicht auf die Gefahr, die er darstellte, nicht auf seine Täuschungen, sondern auf den Inspektionsvorgang, und dass Saddam dadurch in die Lage versetzt werden könnte, uns abermals auszuspielen ... dass er wieder der Falle entkommen würde. Und noch stärker werden würde. Deshalb gab es in diesem Zusammenhang viele Befürchtungen." Er war entschlossen, mit Saddam abzurechnen und ihn nicht wieder entkommen zu lassen.

„Ich war in ständigem Kontakt mit Condi", erinnerte sich Bush. Er wurde über die jüngsten Inspektionen und über Blix auf dem Laufenden gehalten. „Ich war ständig am Telefon und fragte immer wieder: ‚Was zum Teufel geht dort vor?'"

„Es gab eine Menge Stress", erzählte der Präsident. „Ja, ich fühlte mich wirklich gestresst." Dazu kamen die diversen Weihnachtsfeiern im Weißen Haus. „Meine Kiefernmuskeln waren sehr verspannt. Und das lag nicht nur daran, dass ich immer lächeln und so viele Hände schütteln musste. Es gab sehr viele Spannungen in der Weihnachtszeit."

Abgesehen von Rice, sagte Bush, brauchte er die übrigen Chefs nicht zu fragen, ob er ihrer Meinung nach in den Krieg ziehen solle. Er wusste, was Cheney dachte, und entschloss sich, Powell oder Rumsfeld nicht zu fragen. „Ich konnte mir denken, was sie antworten würden", erinnerte sich der Präsident. „Ich musste sie nicht nach ihrer Meinung zu Saddam Hussein fragen oder danach, wie wir mit Saddam umgehen sollten. Wenn Sie hier sitzen würden, wo ich sitze, würde Ihnen das vermutlich auch klar sein. Ich glaube, wir haben eine Atmosphäre, in der die Leute freimütig sagen, was sie denken."

„Haben Sie Powell nie nach seiner Meinung gefragt? Haben Sie nie gesagt: ‚Würden Sie es machen, wenn Sie an meiner Stelle wären?'", wollte ich wissen.

„Nein", antwortete der Präsident.

Nicht anwesend war bei diesen Unterredungen Karen Hughes, eine von Bushs wichtigsten Beraterinnen und seine langjährige Kommunikationsdirektorin. Hughes, die im Sommer zuvor von ihrem Posten zurückgetreten und nach Texas zurückgekehrt war, wusste vermutlich besser als alle anderen, wie Bush dachte und redete. „Ich habe Karen gefragt“, erinnerte sich der Präsident. „Sie sagte, wenn Sie in den Krieg ziehen wollen, schöpfen Sie zuerst alle Möglichkeiten aus, auf friedliche Weise [einen Regimewechsel] zu erreichen. Und sie hatte Recht. Sie hat meine Gefühle genau erfasst.“

1

Präsident George W. Bush mit General Tommy Franks nach der ersten größeren, streng geheimen Planungssitzung für einen Krieg gegen den Irak am 28. Dezember 2001 in Crawford, Texas. „Wir haben einen Anfang gemacht", sagte Franks hinterher zu einem Mitarbeiter.

2

Außenminister Powell, die Nationale Sicherheitsberaterin Condoleezza Rice und Verteidigungsminister Donald Rumsfeld. Zu den Aufgaben von Rice gehörte es, die Minister zu „lesen" und bei ihren häufigen Streitereien zu schlichten. Rice hatte einen direkteren Zugang zu Bush als jeder andere.

3

4

Lewis „Scooter" Libby, Vizepräsident Cheneys Stabschef, führte in der Administration drei formelle Titel und fungierte gewissermaßen als Verstärker für Cheneys Ziele und Ansichten.

Der stellvertretende Außenminister Richard Armitage sagte der Nationalen Sicherheitsberaterin Rice, das System des Nationalen Sicherheitsrats „funktioniere nicht".

5

Bush bei einer Probe für seine Rede zur Lage der Nation im Januar 2002, in der er den Irak, Iran und Nordkorea zur „Achse des Bösen" erklärte. Karen Hughes, Beraterin des Weißen Hauses, und andere Mitarbeiter hörten zu. Bush rechnete nicht damit, dass die Formulierung einen solch großen Widerhall finden würde.

6

7

Steve Hadley, stellvertretender Nationaler Sicherheitsberater, leitete das Komitee der Stellvertreter und koordinierte die Nachkriegsplanung. Paul Wolfowitz, stellvertretender Verteidigungsminister, war einer der geistigen Väter der gewaltsamen Entmachtung Saddam Husseins.

8

Powell und Armitage warnten im Sommer 2002, als die Kriegsplanung intensiviert wurde, vor den Folgen eines Krieges und einer Besetzung des Irak, bei der die „Porzellanladen-Regel" wirksam werden würde: Du zerbrichst es, dir gehört es. Powell wurde in der Regierung häufig kaltgestellt.

9

Bush sprach mit Rumsfeld regelmäßig unter vier Augen über Pläne, Probleme und Entscheidungen in der Irak-Frage. Über ein Jahr lang änderten sich die Invasionspläne beinahe monatlich.

10

Dan Bartlett (links), Kommunikationsdirektor des Weißen Hauses, Rice und Redenschreiber Michael Gerson prüfen mit Bush im Oval Office den Entwurf für eine Rede zur Lage der Nation. Der Präsident sah oft zwei Dutzend oder mehr Entwürfe durch.

11

Vizepräsident Cheney sagte am 26. August 2002 in einer Rede vor der Versammlung der Veterans of Foreign Wars, es bestehe „nicht der geringste Zweifel“, dass Saddam über Massenvernichtungswaffen verfüge.

12

CIA-Direktor George Tenet (oben) bezeichnete den Fall der irakischen Massenvernichtungswaffen als „todsichere Sache".

Senator Bob Graham, Demokrat aus Florida und Vorsitzender des Geheimdienstausschusses, stimmte gegen die Resolution des Kongresses, die den Präsidenten zur Anwendung von Gewalt im Irak ermächtigte.

13

Rumsfeld und Franks im Kapitol mit dem demokratischen Senator Carl Levin aus Michigan, der ebenfalls gegen die Kriegsresolution stimmte.

14

15

Der britische Premierminister Tony Blair sicherte Präsident Bush im September 2002 Unterstützung im Irak zu. „Ihr Mann hat cojones", sagte Bush nach dem Treffen zu Blairs Mitarbeitern.

Powell und Bush am 8. November 2002 (rechts unten), nachdem der Weltsicherheitsrat einstimmig die Resolution 1441 verabschiedet hatte, die neue Waffeninspektionen im Irak verlangte.

16

17

Der spanische Ministerpräsident José María Aznar, der einen Militäreinsatz befürwortete, versicherte Bush: „Sie können immer einen Schnurrbart neben sich sehen."

18

Cheney, Powell, Bush und Rice in heiterer Runde im Oval Office.

Rumsfeld wurde von Franks während des Afghanistan-Kriegs mit den Worten „Entweder ich bin der Kommandeur oder ich bin es nicht" herausgefordert, doch die beiden rauften sich zusammen und schmiedeten einen kühnen neuen Plan für einen Krieg gegen den Irak.

19

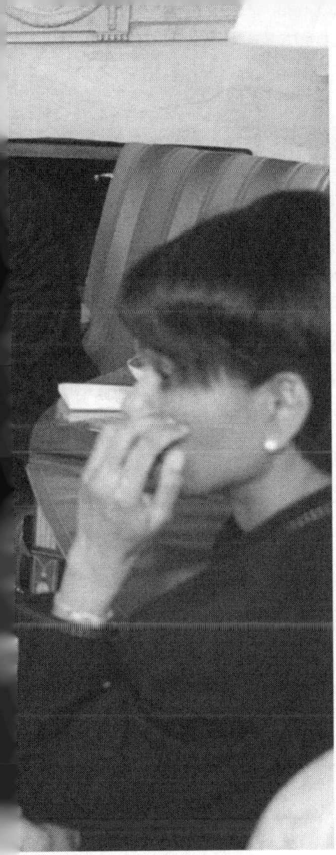

20

Der stellvertretende CIA-Direktor John McLaughlin, ein vorsichtiger Analytiker, konnte Bush mit seiner streng geheimen Präsentation zum Thema irakische Massenvernichtungswaffen im Dezember 2002 im Oval Office nicht überzeugen.

well, die Attrappe einer thrax-Probe in der Hand, trug 1 5. Februar 2003 vor dem ltsicherheitsrat die Kriegs- ınde vor.

21

22

Hans Blix und Mohamed El Baradei, die Chefs der UN-Waffeninspektoren.

Das Kriegskabinett bei einer Sitzung im Lageraum des Weißen Hauses.
Am Tisch von links: George Tenet, Andrew Card, Stabschef des Weißen Hauses, Präsident Bush, Colin Powell, Donald Rumsfeld, General Richard Myers, Vorsitzender der Vereinigten Stabschefs, und Condoleezza Rice. (Cheney ist

nicht anwesend.) An der Wand von links: Frank Miller, Leiter des Büros für Verteidigung und Abrüstung im Nationalen Sicherheitsrat, Steve Hadley, Alberto Gonzales, Rechtsberater des Weißen Hauses, und Scooter Libby.

24

Bush telefoniert am 18. März 2003, dem Tag vor Kriegsbeginn, mit dem russischen Präsidenten Putin, während Rice, Card und Cheney sich beraten.

25

James Pavitt, der Deputy Director for Operations der CIA (links), Tenet und McLaughlin treffen am 18. März 2003 mit vertraulichen Geheimdienstberichten von den „DB/Rockstars" im Weißen Haus ein.

26

Card, Cheney und Rice im Oval Office. Am 19. März 2003 rieten sie alle Bush dazu, den Angriff auf Saddam und die Dora-Farm zu genehmigen.

27

Der saudische Botschafter Prinz Bandar Bin Sultan, der in Washington fast einen Sonderstatus genoss, hatte ungewöhnlich direkten Zugang zu Bush.

22

28

Bush und Cheney treffen sich am 19. März 2003 zu einem Gespräch unter vier Augen. Cheney riet Bush, einen Angriff auf Saddam zu befehlen. Selbst wenn er fehlschlage, so Cheney, „rütteln wir an seinem Käfig".

Am Abend, als der Krieg begann, vor dem Fernsehgerät in Rice' Büro im Westflügel; von links: Ari Fleischer, Pressesekretär des Weißen Hauses, Card, Bartlett, Hughes und Rice.

30

Eine Sitzung des Kriegskabinetts am Samstag, 22. März, einen Tag nach Beginn des Luftkriegs „Shock and Awe", in Camp David. Von links im Uhrzeigersinn: General Pete Pace, stellvertretender Vorsitzender der Vereinigten Stabschefs, General Myers, Vorsitzender der Vereinigten Stabschefs, Außenminister Rumsfeld, Vizepräsident Cheney, der stellvertretende Verteidigungsminister Wolfowitz, Libby, Stabschef des Vizepräsidenten, Card, Stabschef des Weißen Hauses, Präsident Bush, die Nationale Sicherheitsberaterin Rice, CIA-Direktor Tenet und Gonzales, Rechtsberater des Weißen Hauses.

Präsident Bush geht am Morgen des 19. März 2003 allein spazieren, nachdem er den Befehl zum Beginn des Krieges gegeben hat. „Es war für mich sehr emotional", erinnerte er sich. „Ich habe gebetet, während ich umherging."

24

CONDOLEEZZA RICE besuchte über Weihnachten ihre Tante und fuhr dann zum Präsidenten auf seine Ranch in Crawford, wo sie inzwischen, wie es ihr vorkam, einen bedeutenden Teil ihrer Zeit verbrachte. Sie spürte, dass sich etwas veränderte und Bush immer mehr zu der Auffassung gelangte, dass die verschiedenen Druckmittel – die Diplomatie, verdeckte Operationen und Reden – nichts einbrachten. Er äußerte sich nicht direkt darüber, und sie drängte ihn auch nicht, denn sie hatte ihm ja schon empfohlen, den Waffengang zu wagen.

Am Donnerstag oder Freitag nach Neujahr unterhielt sich Rice allein mit dem Präsidenten.

„Der Druck bewirkt nichts", sagte der Präsident zu ihr. Der Versuch, durch scharfe UN-Inspektionen Saddam zu beeindrucken, war fehlgeschlagen. Saddam hatte gelernt, wie er mit Blix umgehen musste. Die internationale Einmütigkeit nach der Resolution im November begann zu schwinden.

Die Medienberichte, in denen lächelnde Iraker die Inspektoren umherführten, die gewünschten Gebäude aufschlossen und ausriefen „Seht her, hier ist doch gar nichts", erbosten Bush, der zur selben Zeit Geheimdienstberichte auf den Tisch bekam, aus denen hervorging, dass die Iraker irgendwelche Sachen umherfuhren und versteckten. Es war nicht klar, welche Dinge genau verschoben wurden, aber es sah sehr danach aus, als würde Saddam wieder zu seinen alten Tricks greifen und die Welt abermals an der Nase herumführen. Bush kam zu der Auffassung, dass die Proteste gegen einen Krieg in vielen Städten Europas und in den Vereinigten Staaten Saddam stärken und zu der Annahme verleiten würden, dass die Amerikaner niemals einmarschieren würden. „Wie kann das passieren?", fragte Bush. „Saddam wird immer stärker."

Blix hatte Rice mitgeteilt: „Ich habe mich keineswegs über Ihren militärischen Druck beschwert. Ich halte das für eine gute Sache." Sie berichtete darüber dem Präsidenten.

„Wie lange, glaubt er, kann ich das noch machen?“, fragte Bush. „Ein Jahr? Das geht nicht. Die Vereinigten Staaten können nicht in dieser Position verharren, während Saddam weiter seine Spielchen mit den Inspektoren treibt.“

„Sie müssen Ihre Drohung wahr machen“, sagte Rice. „Wenn Sie Zwangsdiplomatie betreiben, müssen Sie mit dieser Entscheidung leben.“

Der Präsident war besorgt wegen der Aussage der CIA, dass ihre Informationsquellen und Operationen gefährdet seien, sollte es zu weiteren großen Verzögerungen kommen. Der Truppenaufmarsch war mittlerweile voll angelaufen, wenn auch in kleinen Schritten. Sie konnten diese Truppen nicht ewig dort stationiert lassen. Die Kampfmoral der Soldaten und die logistische Unterstützung ließen sich nicht unbegrenzt auf hohem Niveau halten. Sie hatten nicht endlos Zeit. Bush versuchte, sich Saddams Verhalten zu erklären. „Seine Zuversicht steigt, statt nachzulassen“, sagte er. „Er kann aufs Neue die internationale Gemeinschaft manipulieren. Wir gewinnen nicht.“

„Die Zeit arbeitet nicht für uns“, fuhr er fort. „Wahrscheinlich müssen wir, werden wir den Krieg beginnen müssen.“

Nach Auffassung von Rice hatte sich der Präsident damit für den Krieg entschieden. Er war an einem Punkt angelangt, an dem kein Rückzieher mehr möglich war. Doch es blieben noch viele Fragen: So war unter anderem zu klären, wann und wie man die entscheidende Phase erzwingen solle.

Bush war nun in einem Widerspruch gefangen: Innerlich hatte er sich bereits für den Krieg entschieden, öffentlich aber setzte er die diplomatischen Bemühungen fort. Daraus ergaben sich neue Zwangslagen, Dissonanzen und Absicherungsbedürfnisse.

AUCH ROVE flog über die Weihnachtsfeiertage kurz nach Crawford. Er hatte an dem vertraulichen Plan für Bushs Wahlkampf im Jahr 2004 gearbeitet. Rove widmete sich diesem Projekt schon, seitdem Bush 2000 zum Sieger erklärt worden war. Rove war überzeugt, dass man aus der Geschichte lernen könne, und hatte sich ausführlich damit beschäftigt, wie frühere republikanische Präsidenten ihre

Wiederwahlkampagnen angelegt hatten. Nancy Reagan hatte ihm Zugang zu Reagans Dokumenten gewährt. Rove schickte vertrauenswürdige Mitarbeiter in die Ford Library, um sich darüber zu informieren, was Gerald Ford 1976 gemacht hatte. Bushs Vater öffnete einige Aktenschränke für ihn, und James Baker, der 1992 Wahlkampfmanager von Bush senior gewesen war, überließ ihm seine persönlichen Unterlagen.

In einer PowerPoint-Präsentation stellte Rove Bush die Strategie, die Themen sowie den Zeitplan vor und gab einen allgemeinen Überblick über die Maßnahmen, die für die Wahlkampagne zu treffen sein würden. Die Botschaft für den Präsidenten lautete: Aufpassen, es geht los!

Er fand auch Gelegenheit, allein mit dem Präsidenten zu sprechen. Laura Bush saß auf dem Sofa, las ein Buch und tat so, als würde es sie nicht interessieren, worüber sich die beiden unterhielten. Doch Rove bemerkte, dass sie aufmerksam zuhörte.

Rove klappte seinen Laptop auf und stellte Bush auf dunkelblauem Hintergrund folgendes Schema vor:

PERSÖNLICHES

Starker Führer Mutiges Handeln Große Ideen
Weltfrieden Ein mitfühlenderes Amerika
Kümmert sich um Menschen wie du und ich
Führt ein starkes Team

Auf Seite zwei stand:

WERTE

Mitgefühl Moralische Klarheit Verantwortlichkeit
Chancen Eigeninitiative

Auf Seite drei hieß es:

THEMEN

Vorrangig: Krieg gegen den Terrorismus Heimatschutz
Immer Wirtschaft Untergeordnet: Bildung
Agenda des Mitgefühls Gesundheit Chancen Umwelt

Rove erklärte, er rechne damit, dass die Wahl ähnlich knapp ausgehen werde wie 2000 und dass das Land weiterhin in zwei ähnlich große Lager gespalten sei wie damals.

Da die Voraussetzungen also identisch seien, fragte der Präsident, wann beabsichtige Rove loszulegen?

Rove erwiderte, dass Bushs erster Wahlkampf am 8. März 1999 offiziell eröffnet worden sei und es anschließend einige Probleme gegeben habe, das Wahlkampfbudget zusammenzubekommen, was aber schließlich doch gelungen sei. Praktisch habe der Wahlkampf aber erst im Juni 1999 begonnen. Er erklärte, er halte es für sinnvoll, im Februar oder März dieses Jahres mit dem Spendensammeln anzufangen; als Richtwert nannte er den Betrag von 200 Millionen Dollar. Dafür hatte er bereits einen Plan entworfen. Im Februar, März und April sollten zwischen zwölf und sechzehn Spendensammler tätig werden.

„Wir stehen vor einem Krieg", bemerkte der Präsident knapp, „deshalb werden Sie sich noch etwas gedulden müssen." Er hatte seine Entscheidung getroffen. Das verstand der Präsident unter der Formulierung „Aufpassen, es geht los!" Der Krieg war jetzt die einzige Option. „Bald ist es so weit", sagte er. Der Präsident nannte kein Datum, aber Rove hatte den Eindruck, dass es im Januar oder Februar oder spätestens im März losgehen würde.

„Erinnern Sie sich noch an die Probleme mit dem Wahlkampf Ihres Vaters?", fragte Rove. „Viele Leute haben gesagt, er habe zu spät angefangen."

„Ich weiß", erwiderte Bush. Er war damals selbst dabei gewesen. Aber die Sache war entschieden, und so sollte es laufen. Eine frühzeitige Spendensammlungsaktion war damit vom Tisch. Er konnte nicht mit seinem Wahlkampf beginnen, während er sich auf einen Krieg vorbereitete. Rove würde seine Pläne umstellen müssen. „Ich werde Ihnen mitteilen, wann ich es für angebracht halte, dass Sie loslegen."

Oh, nein, dachte Rove. Aber er wusste, er konnte nichts dagegen tun. Wenn der Krieg kurz bevorstand, würde er Bush nicht dazu bringen können, irgendwelche Spendensammler in Altoona oder anderswo aufzusuchen und sich mit ihnen zu unterhalten.

ZURÜCK IN WASHINGTON, eröffnete der Präsident am 6. Januar gegen 15.30 Uhr eine Sitzung mit seinem gesamten Kabinett, es war insgesamt die fünfzehnte derartige Kabinettssitzung im Verlauf von zwei Jahren. Diese Gruppe würde keine wichtigen Entscheidungen über den Krieg treffen. „Sollten wir nichts gegen ihn in der Hand haben, werde ich keine Truppen hinschicken", erklärte er seinen Ministern. In einer Pressekonferenz gab er sich später etwas versöhnlicher gegenüber Saddam. „Bis jetzt sieht es so aus, als würde er die Forderungen nicht erfüllen. Aber er hat noch etwas Zeit, und wir appellieren an Saddam Hussein, auf das zu hören, was die Welt ihm sagt."

Zwei Tage später traf sich der Präsident mit den Vorsitzenden der Kongressfraktionen beider Parteien. „Manchmal muss man ein wenig Muskeln zeigen, um einer guten Diplomatie zum Durchbruch zu verhelfen", sagte er. „Bevor ich eine Entscheidung treffe, möchte ich meine Gründe dafür dem Kongress und allen amerikanischen Bürgern darlegen."

Später, gegen 17.20 Uhr, hatte er ein zweites Gespräch nur mit den republikanischen Mehrheitsführern, in dem er sich freimütiger äußerte. „Es ist sehr wahrscheinlich, dass ich in einer Ansprache an die Nation den Einsatz von Truppen werde bekannt geben müssen. Es ist klar, dass Saddam Hussein nicht abrüstet. Ich möchte die Sache auf den Weg bringen, bevor das ganze Geschrei losgeht."

Am 9. Januar kam General Franks nach Washington, um den Präsidenten über den neuesten Stand der Kriegsplanungen zu unterrichten. Das Hauptthema war die Türkei, die weiterhin unschlüssig war, ob sie die Stationierung US-amerikanischer Kampftruppen erlauben sollte. Diese Verzögerung bedeutete, dass Franks' Nordfront vom Tisch war.

Darüber hinaus erklärte der General, er mache sich Sorgen wegen nachlassender Unterstützung in Jordanien und Saudi-Arabien. Der jordanische König Abdullah habe sich in der Woche mit den politischen Führern der Türkei, Ägyptens und Syriens getroffen, um darüber zu beraten, wie man den Krieg verhindern könne, obwohl er hinter verschlossenen Türen bereits seine Unterstützung für den Krieg bekundet hatte. Tenet hatte sehr guten Kontakt zum jordanischen König. Die CIA unterstützte den jordanischen Geheimdienst jährlich mit mehreren Millionen Dollar. Doch die Bevölkerung des Landes, zum überwiegenden Teil Palästinenser, stand mit überwältigender Mehrheit auf Seiten Saddams. Jordanien bezog sein Erdöl zum größten Teil aus dem Irak. Außerdem schickte der Irak viele Agenten nach Jordanien. König Abdullah befand sich in einer gefährlichen Lage und hatte nach Tenets Meinung eine schwere Last auf sich genommen, als er sich zur Unterstützung des Krieges bereit erklärt hatte.

Bush fragte Franks: Wenn Saddam morgen angreift oder irgendetwas Provozierendes tut, was genau können wir unternehmen?

Darauf könne man mit einem sofortigen Luftschlag reagieren, erklärte Franks, bei dem die rund 400 Kampfflugzeuge, die in der Region stationiert waren, sowie die 15 000 Mann starken Bodentruppen in Kuweit zum Einsatz kommen könnten.

Hinsichtlich des Entscheidungsprozesses für den „Hybrid"-Plan erklärte Franks, der C-Day sei gekommen, wenn der Präsident die Anweisung zur Verlegung von Truppen gebe. Aber da sie bereits seit geraumer Zeit Truppen verlegten, hätten sie schon einige der wichtigen Meilensteine hinter sich gelassen. Diese Truppenverlegungen könnten jedoch weitergeführt werden, ohne dass der Präsident sogleich Kampfeinsätze anordnen müsse.

„Bis wann spätestens muss ich mich entscheiden?", fragte Bush. „An welchem Punkt gehe ich eine Verpflichtung ein?"

Wenn Sie Special Forces für offensive Kampfeinsätze im Irak absetzen, antwortete Franks. Damit waren jene Operationen gemeint, durch die der Abschuss von Scud-Raketen verhindert und die Ölfelder im Norden und im Süden des Irak geschützt werden sollten.

Franks erklärte, er sei in ungefähr drei Wochen bereit loszuschlagen. „Ich kann ab Anfang Februar anfangen, lieber wäre mir aber Anfang März", sagte er.

AM 10. JANUAR empfingen Bush und Cheney gegen 14.15 Uhr drei irakische Dissidenten zu einem Gespräch im Oval Office. Der Präsident gab sich sehr offen. „Ich glaube an Freiheit und Frieden. Ich halte Saddam für eine Gefahr für Amerika und seine Nachbarn", sagte er. „Er soll abrüsten, aber er tut es nicht. Deshalb werden wir ihn beseitigen. Wir können sein Wesen nicht ändern. Er hat ein Herz aus Stein."

Das kam einer Kriegserklärung schon sehr nahe.

Rend Francke, der Leiter einer Stiftung, die Menschenrechte und Demokratie im Irak fördert, sagte: „Ich glaube, das irakische Volk kann ein demokratisches System aufbauen, wenn man ihm dazu die Möglichkeit gibt."

Der Präsident erklärte seinen Besuchern, er wolle gern etwas über ihre persönlichen Schicksale erfahren.

Hatem Muchlis, der aus Tikrit stammte, erzählte: „Saddam hat meinen Vater umbringen lassen. Meine Familie ist seit den zwanziger Jahren in der irakischen Politik aktiv. Ich bin Arzt. Alle Iraker wollen Saddam Hussein loswerden. Aber sie fürchten sich vor dem, was vielleicht danach kommt. Es geht um die Frage, inwieweit das irakische Volk eingebunden wird. Ich habe die Demokratie in den fünfziger Jahren erlebt. Mein Job besteht darin, Leben zu retten. Ich möchte das Leben von Irakern und Amerikanern retten. Beiden Völkern fühle ich mich verpflichtet."

„Hassen die durchschnittlichen Iraker Israel?", erkundigte sich Bush.

„Nein", antwortete der Arzt. „Sie sind viel zu sehr mit sich selbst beschäftigt und nach innen gewandt."

Der Autor Kanan Makiya, der das Buch *Republic of Fear* geschrieben hatte, den glaubhaftesten Bericht über den sadistischen Charakter des Baath-Regimes und über seinen politischen Aufstieg, erklärte, er untersuche gerade die Kriegsverbrechen des Regimes. „Sie werden etwas Neues schaffen", sagte er. „Sie werden das Image der Vereinigten Staaten in der Region verändern. Im Irak kann sich zweifellos eine Demokratie entwickeln. Destruktives Potenzial kann in konstruktives Potenzial umgewandelt werden. Die Iraker sind technisch sehr versiert. Sie sind gebildet, und ihre Dörfer sind elektrifiziert."

„Wir planen für den schlimmsten Fall", erklärte Bush.

„Die Menschen werden die Soldaten mit Blumen und Süßigkeiten empfangen", meinte ein anderer Teilnehmer des Gesprächs.

„Woher wissen Sie das?", fragte Bush.

Die Besucher antworteten, diese Information stamme aus Quellen im Irak.

In Bezug auf Saddam sagte einer: „Ich glaube, das irakische Volk wird ihn selbst festnehmen und zur Rechenschaft ziehen." Ein anderer Teilnehmer unterstützte diese Aussage und meinte, es sei wahrscheinlich, wenn auch nicht unbedingt sicher, dass sie Saddam zu fassen kriegen würden.

„Was braucht das irakische Volk für die Zukunft?", wollte Bush wissen.

Die Iraker nannten Geld, medizinische Einrichtungen und sofortige humanitäre Hilfe.

„Gibt es Hunger?", fragte Bush.

Nein, aber Unterernährung.

Das Verhältnis zwischen der herrschenden sunnitischen Minderheit und der schiitischen Bevölkerungsmehrheit sei nicht so gespannt und durch Feindschaft gekennzeichnet, wie man außerhalb des Irak vielfach glaube, sagte einer. Saddams Taktik beruhe auf „teilen und herrschen".

„Wie verhält es sich mit den Angehörigen der Elite?", erkundigte sich Bush. „Sind sie gut ausgebildet? Haben viele von ihnen bereits das Land verlassen oder wurden sie verfolgt wie in China?" Dann fuhr er fort: „Nehmen wir an, Saddam Hussein ist weg. Nun gibt es ein Vakuum. Was wird Ihrer Ansicht nach passieren?"

Cheney, der bisher wie üblich geschwiegen hatte, mischte sich ein. „Wir möchten keine großen Schwierigkeiten in der Nachkriegsphase haben."

Es sei wichtig, die richtigen Leute zu finden, um das Machtvakuum auszufüllen, erwiderten die Iraker.

„Wird die Diaspora zurückkehren?", fragte Bush, womit er die Iraker meinte, die im Ausland lebten.

Ja, antwortete einer der Exilanten.

„Die Demokratisierung des Irak wird eher gelingen, wenn Iraker, die bereits unter einer Demokratie gelebt haben und sie kennen, wieder zurückkommen", erklärte der Präsident. „Wie lange wird unser Militär bleiben müssen?"

Zwei bis drei Jahre, schätzte einer.

„Wie begegnen wir dem Eindruck, dass die USA einen politischen Führer einsetzen, dass wir den Irakern unseren Willen aufzwingen?"

Darauf wussten die Besucher keine Antwort.

„Wie erfahren die Menschen im Irak von Ereignissen?", fragte Bush. „Gibt es E-Mail?"

Es gebe die Auslandssendungen der BBC und von Voice of America, antwortete einer der Männer. Die Internet-Server befänden sich im Besitz der Regierung, so dass jeder, der im Internet nach Informationen von Oppositionsgruppen suche, mit dem Tod rechnen müsse.

Einer der Exilanten sagte, sie brauchten einen irakischen Führer, der vergleichbar sei mit Hamid Karsai in Afghanistan, außerdem einen Regierungsrat sowie Zugang zum Internet, Unterhaltungsangebote und Nahrung.

„Wir sind noch zu keinem abschließenden Ergebnis gekommen", erklärte ihnen der Präsident zum Ende der Besprechung. „Ich betrachte Sie und die Diaspora als Partner. Ihre Aufgabe besteht darin, die Menschen zusammenzubringen, die helfen wollen, und ihre Herzen und Seelen zu gewinnen. Mein Job ist es, die Welt zu überzeugen und den Krieg zu gewinnen. Ich bin mir aber nicht sicher, ob es zu meinem Job gehört", den künftigen politischen Führer des Irak zu bestimmen. „Ich bin fest davon überzeugt, dass dies zu Frieden zwischen Israel und den Palästinensern führen wird. Vielleicht können wir schon in einem Jahr auf den Sieg anstoßen und uns über den Übergang zur Freiheit unterhalten."

RUMSFELD WIDERSTREBTE ES, eines Tages in das Oval Office zu gehen und dem Präsidenten eröffnen zu müssen: „Nun, heute ist es so weit. Ab jetzt steht die Glaubwürdigkeit unseres Landes auf dem Spiel, und wir bringen Menschen in Gefahr." Daher hatte er versucht, sich in die Lage des Präsidenten zu versetzen und dafür zu sorgen, dass sich Bush in Worten, in der Körpersprache oder in seiner geistigen Einstellung nicht vorzeitig so weit festlegte, dass er einer Kriegsentscheidung nicht mehr ausweichen könnte. Andererseits glaubte er, dass es einen Zeitpunkt gab, an dem der Präsident nicht mehr den Wunsch verspüren sollte umzukehren und wirklich auch nicht mehr umkehren konnte. Dieser Zeitpunkt würde deutlich vor dem Moment liegen, in dem Bush würde darüber entscheiden müssen, Special Operations Forces in den Irak zu schicken – Franks' „Point of no Return". „Ich versuchte, ihm so früh wie möglich einen

Hinweis darauf zu geben, dass die Sache akut wurde", erinnerte sich Rumsfeld.

„Irgendwann kommt der Augenblick", fügte er hinzu, „in dem wir an ein Nachbarland herantreten und von ihm eine Entscheidung verlangen müssen, durch die es sich einem Risiko aussetzt. Und in diesem Augenblick muss der Präsident sich dessen bewusst sein." Da die Truppenverlegungen nun schneller vonstatten gingen und die CIA immer mehr riskierte, wuchs die Gefahr für die Nachbarländer des Irak – vor allem für Jordanien und Saudi-Arabien.

Rumsfeld erklärte dem Präsidenten: „Der Ruf unseres Landes, unsere Beziehungen und möglicherweise auch das Leben vieler Menschen stehen auf dem Spiel, wenn Sie entscheiden müssen, *nicht* weiterzumachen." Dieser Schaden ließe sich nur begrenzen, sagte er, wenn „es einen sehr klaren Grund dafür gäbe, nicht weiterzumachen, wie etwa eine Kapitulation Saddam Husseins oder sein Gang ins Exil oder dergleichen". Die Option, auf einen Krieg zu verzichten, schwinde von Tag zu Tag, berichtete Rumsfeld. Die wirkliche Schwelle zum Krieg werde überschritten, wenn sich Menschen und Länder in Gefahr begäben, um den Vereinigten Staaten zu helfen. Einige Länder in der Region, die insgeheim die USA unterstützten, würden sich einem noch größeren Risiko aussetzen, sagte er. Dadurch würden weitere Menschenleben in Gefahr geraten. Der Punkt, an dem es kein Zurück mehr gab, würde bald erreicht sein.

Eines Tages Anfang Januar zog der Präsident Rumsfeld beiseite. „Ich fürchte, wir müssen es machen", sagte er. Saddam versuche, mit ihnen Katz und Maus zu spielen. „Ich sehe nicht, wie wir ihn dazu bringen könnten, sich so zu verhalten, wie die UNO es verlangt, und wir müssen davon ausgehen, dass er das nicht tun wird."

Damit war für Rumsfeld eigentlich alles klar. Er bat darum, die wichtigsten ausländischen Partner ins Spiel bringen zu können.

Der Präsident erklärte sich damit einverstanden, fragte jedoch Rumsfeld noch einmal: Wann spätestens muss ich mich entscheiden?

„Wenn Sie Ihrem Volk, Mr. President, in die Augen schauen und ihm mitteilen, es geht los."

25

AUS SEINEN NAHEZU täglichen Gesprächen mit Bush hatte Cheney den Schluss gezogen, dass sich der Präsident nun endgültig entschieden hatte. Der Vizepräsident war überzeugt, dass sich andere Regierungen erst dann klar äußern würden, wenn die Vereinigten Staaten eindeutig Position bezögen. Er war sich mit Rumsfeld darin einig, dass man den Leuten offen sagen musste: Dies oder das wird geschehen. Sie konnten sie nicht in der Luft hängen lassen, nachdem sie die Dinge ins Rollen gebracht hatten. Sie konnten jetzt keinen Rückzieher mehr machen und die Länder in der Region mit diesem schlimmen Diktator allein lassen.

Cheney war der Auffassung, dass der Präsident, nachdem er das Ziel eines Regimewechsels formuliert hatte, mit den Truppenverlegungen begonnen und die Aktionen der CIA abgesegnet hatte, nicht mehr zurück konnte, sofern er nicht enden wollte wie Clinton – große Ankündigungen und wenig dahinter.

Eines der wichtigsten Länder, das informiert und als Partner gewonnen werden musste, war Saudi-Arabien. Dass man auf die Unterstützung Saudi-Arabiens eventuell würde verzichten müssen – eine Möglichkeit, die Franks vor einigen Tagen zur Sprache gebracht hatte –, war sehr beunruhigend. Saudi-Arabien befand sich in der islamischen Welt in einer besonders prekären Lage. Bin Laden und seine Qaida-Bewegung hatten in ihrer Propaganda immer wieder hervorgehoben, dass der saudische König, der in der muslimischen Welt als Hüter der heiligen Moscheen von Mekka und Medina gilt, vor, während und nach dem Golfkrieg von 1991 die Ungläubigen, das heißt das amerikanische Militär, ins Land geholt hatte. Seine fortgesetzte Zusammenarbeit mit den Amerikanern war Wasser auf die Mühlen der islamischen Fundamentalisten. Für die Saudis war es höchst riskant, sich an einem zweiten Golfkrieg gegen Saddam zu beteiligen, vor allem wenn dieser nicht zu dessen Sturz führen sollte.

Cheney wollte den Saudis die Entscheidung der Amerikaner persönlich mitteilen, was in einer anderen historischen Situation schon einmal geschehen war. Vor mehr als einem Dutzend Jahren, am 3. August 1990, kurz nachdem Saddam in Kuweit einmarschiert war und auch Saudi-Arabien bedrohte, hatte Cheney, der im Kabinett von Bushs Vater als Verteidigungsminister tätig war, den saudischen Botschafter Prinz Bandar zu sich in sein Büro ins Pentagon eingeladen. Auch Powell war bei diesem Treffen dabei gewesen, der damalige Vorsitzende der Vereinigten Stabschefs, sowie Paul Wolfowitz, der damals Staatssekretär im Verteidigungsministerium war.

Präsident George Bush senior hatte Cheney beauftragt, Bandar über den US-amerikanischen Kriegsplan zu informieren, der darauf zielte, Saudi-Arabien zu schützen und Saddams Truppen aus Kuweit zu vertreiben. Als die kleine Gruppe an dem runden Tisch im Pentagon-Büro des Verteidigungsministers Platz genommen hatte, erklärte Cheney dem Prinzen, dass die USA es ernst meinten. Er legte geheime Satellitenaufnahmen vor, auf denen man irakische Divisionen erkennen konnte, die nach Saudi-Arabien ausgerichtet waren. Powell fasste den Kriegsplan zusammen, der den Einsatz von mehr als vier Divisionen, drei Flugzeugträgern und zahlreicher Kampfflugzeuge vorsah – eine Streitmacht von anfänglich 100 000 bis 200 000 Soldaten. „Nun, damit stellen Sie zweifellos unter Beweis, dass es Ihnen ernst ist", sagte Bandar. Cheney und Powell baten um die Erlaubnis, die Invasionstruppen durch Saudi-Arabien aufmarschieren lassen zu dürfen, und Bandar versprach, er werde sich bei König Fahd dafür einsetzen.

Nachdem sich Bandar verabschiedet hatte, schlug Wolfowitz vor, die US-Truppen gleich in Alarmbereitschaft zu versetzen.

„Er versucht ein wenig zu vernebeln", sagte Powell und drängte darauf zu warten.

Kurze Zeit später wurden US-Truppen nach Saudi-Arabien verlegt.

DIESMAL LUD CHENEY Bandar in sein Büro im Westflügel des Weißen Hauses ein. Das Treffen, bei dem auch Rumsfeld und General Richard B. Myers, der Vorsitzende der Vereinigten Stabschefs, anwesend waren, fand am Samstag, dem 11. Januar 2003, statt.

Nach Bandars Meinung war Rumsfeld der kompromissloseste, entschlossenste Verteidigungsminister, den die USA bisher gehabt hatten, mehr noch als Cheney. Dies lag nach Bandars Auffassung daran, dass Rumsfeld nichts zu verlieren hatte. Er war inzwischen älter geworden, übte dieses Amt bereits zum zweiten Mal aus und hatte schon sehr viel erreicht. Ihn zeichnete Zuversicht, fast eine übertriebene Zuversicht aus, so dass er für diese Führungsaufgabe prädestiniert schien.

Bei diesem Treffen sollte Bandar überzeugt werden, dass US-Truppen über saudisches Territorium in den Irak geführt werden müssten, weil sonst der Treibstoffnachschub und das Funktionieren der Rettungs- und Kommunikationseinrichtungen nicht zu gewährleisten seien. Von den fünf übrigen Nachbarländern des Irak unterstützten nur Kuweit und Jordanien eine Militäroperation. Die 800 Kilometer lange Grenze zwischen Saudi-Arabien und dem Irak war ein entscheidender Abschnitt. Ohne diesen würde eine große Lücke klaffen zwischen der 240 Kilometer langen irakisch-kuweitischen Grenzlinie und der nur 160 Kilometer langen Grenze zwischen Jordanien und dem Irak.

Myers holte eine große Landkarte heraus, auf der „TOP SECRET NOFORN" stand. NOFORN bedeutete NO FOREIGN – geheimes Material, das kein Ausländer zu Gesicht bekommen durfte.

Myers erklärte, dass der Schlachtplan zu Beginn massive Luftangriffe über mehrere Tage vorsehe, bei denen drei- bis viermal mehr Bomben abgeworfen werden sollten als in den 42 Tagen des Golfkriegs von 1991. Hauptziele sollten die Divisionen der Republikanischen Garde, der Sicherheitsapparat sowie Saddams militärische Befehls- und Leitstellen sein. Daran würde sich ein Bodenvorstoß von Kuweit aus anschließen, und falls die Türkei es erlaubte, sollte im Norden von der 4. Infanteriedivision eine zweite Front eröffnet werden.

Vorgesehen sei darüber hinaus ein massiver Einsatz von Special Forces und paramilitärischen Trupps der CIA, um all jene Orte im Irak zu besetzen, von denen aus Saddam Raketen oder Kampfflugzeuge nach Saudi-Arabien, Jordanien oder Israel aufsteigen lassen konnte.

„Wie Sie wissen, Prinz, haben wir bereits einen Fuß in der Tür", sagte Myers, womit er auf die paramilitärischen Teams der CIA anspielte.

„Ja, ich bin davon unterrichtet worden", erwiderte Bandar.

Die Spezialeinheiten und die Einsatzkräfte des Geheimdienstes sollten an irakische Stammeschefs, geistliche Führer und Vertreter der irakischen Armee Gelder in Höhe von 300 Millionen Dollar verteilen.

Wir haben das strategische Überraschungsmoment eingebüßt, seit wir im UN-Prozess stecken, sagte Myers, und nun geht uns auch noch das taktische Überraschungsmoment verloren. Doch General Franks habe Ideen entwickelt, durch die das Überraschungsmoment größtenteils irrelevant werde.

Die 800 Kilometer lange Grenze zwischen Saudi-Arabien und dem Irak müsse abgedeckt werden. Von dort aus sollten die Spezialeinheiten und die Geheimdienstteams operieren, und von dort sollten andere Schläge erfolgen. Wenn es Alternativen gäbe, sagte Myers, würden sie die Saudis nicht um ihre Mithilfe bitten.

Bandar wusste, dass Saudi-Arabien die Ankunft von US-Truppen weitgehend abschirmen könnte, indem es den Zivilflughafen Al Jawf in der Roten Wüste im Norden des Landes schloss, eine Woche lang Tag und Nacht mit Hubschraubern routinemäßige Grenzkontrollflüge unternahm und sich dann wieder zurückzog. Während dieser Zeit könnten die US-Spezialeinheiten dort eine Basis errichten, die nicht sonderlich auffallen würde.

Während er angestrengt auf die 60 mal 90 Zentimeter große geheime Landkarte starrte, stellte Prinz Bandar, ein ehemaliger Kampfflieger der saudischen Armee, eine Frage zu den Luftoperationen. Dann fragte er, ob er eine Kopie der Karte haben könne, um den Kronprinzen zu unterrichten.

„Das überschreitet meine Kompetenzen", erwiderte Myers.

„Wir geben Ihnen alle Informationen, die Sie brauchen", sagte Rumsfeld. Mit Blick auf die Karte fügte er hinzu: „Ich möchte sie Ihnen ungern geben, aber Sie können sich gern Notizen machen."

„Nein, nein, das ist nicht wichtig. Ich will sie mir nur ansehen", erwiderte Bandar. Er versuchte, sich alles genau einzuprägen – die groß angelegten Bodenvorstöße, die Einsatzorte der Special Forces und der paramilitärischen Teams, die allesamt auf der Karte verzeichnet waren.

Nach Bandars Auffassung dürften sich die Saudis nicht in diesen Konflikt hineinziehen lassen, wenn es sich lediglich um Säbelrasseln handelte, durch das man hoffte, Saddam zum Verlassen des Landes oder zum Nachgeben zu veranlassen. Die Saudis würden als der große Verlierer dastehen, wenn sich Saddam schließlich doch an der Macht halten könnte. Aber wenn Saddams Kopf der Preis war, würden sie mitmachen. Bandar erinnerte sich an einen Ausspruch von Lyndon B. Johnson, der gesagt hatte: „Wünschen Sie niemanden zur Hölle, wenn Sie nicht auch die Absicht haben, ihn dort hinzuschicken."

Rumsfeld schaute Bandar ins Gesicht. „Sie können sich darauf verlassen", sagte er und deutete auf die Karte. „Das ist eine sichere Bank. Das wird passieren."

„Wie groß ist die Wahrscheinlichkeit, dass Saddam überlebt?", fragte Bandar. Er glaubte, dass Saddam entschlossen war, alle hochrangigen Personen umzubringen, die mit dem Golfkrieg von 1991 zu tun gehabt hatten, auch ihn.

Rumsfeld und Myers gaben keine Antwort.

„Saddam wird diesmal wirklich aus dem Verkehr gezogen?", fragte Bandar skeptisch. „Was soll mit ihm geschehen?"

Cheney, der bisher geschwiegen hatte, antwortete: „Prinz Bandar, wenn wir erst einmal losschlagen, ist Saddam futsch."

Als Bandar aufstand, um zu gehen, sagte er zu Cheney: „Das erinnert mich an unser damaliges Treffen: Sie, ich und Colin."

Cheney lachte.

„Aber dieses Mal keine Vernebelung, Mr. Vice President", sagte Bandar in offensichtlicher Anspielung auf Powells damalige Bemerkung, die später kolportiert worden war.

Cheney kicherte abermals.

„Ich bin jetzt sicher, dass ich damit vor Prinz Abdullah treten kann", sagte Bandar, „und ich glaube auch, ich kann ihn überzeugen. Aber ich kann nicht zu ihm gehen und sagen, dass Myers, Rumsfeld und Sie mir das mitgeteilt haben. Ich muss mit einer Botschaft des Präsidenten kommen."

„Die kriegen Sie", erwiderte der Vizepräsident.

Als Bandar ging, hegte er keinen Zweifel, dass die Amerikaner es ernst meinten mit dem Krieg, aber er hatte schon früher vollmundige Versprechungen gehört, denen keine Taten gefolgt waren. Er musste sich absichern – er musste es aus dem Mund des Präsidenten hören.

Im Büro des Vizepräsidenten äußerte Rumsfeld Bedenken wegen Cheneys Bemerkung darüber, dass Saddam „futsch" sein würde. „Meine Güte, was sollte das denn, Dick?"

„Ich wollte bei ihm keinerlei Zweifel darüber aufkommen lassen, was wir zu tun beabsichtigen", erwiderte Cheney. Er wolle, dass

Bandar begriff, dass es ihnen Ernst war, aber natürlich würde er nicht gegenüber jedermann so offen sein. Schließlich kenne er Bandar schon lange.

Im Wagen hielt Bandar einige Details, die er auf der Landkarte gesehen hatte, schriftlich fest. Als er wieder zu Hause war, holte er sich eine große Karte der Region, die er von der CIA erhalten hatte, und begann den Plan Stück für Stück zu rekonstruieren.

AM NÄCHSTEN TAG, dem Sonntag, rief Rice Bandar an und lud ihn für den folgenden Tag, Montag, den 13. Januar, zu einem Treffen mit dem Präsidenten ein. Die Europäer und ihre „Obstruktion" beschäftigten sowohl Bush als auch Bandar. Frankreich, Deutschland und Russland veranstalteten einen Schlagabtausch in den Vereinten Nationen und debattierten über die Bedeutung, die Erwartungen und den Zeitplan der Waffeninspektionen. Alle drei Länder drängten darauf, Blix mehr Zeit zu geben.

„Diese Leute können nicht helfen, aber auch nicht schaden", sagte Bandar zu Bush. Sie versuchten, größer zu erscheinen, als sie in Wirklichkeit seien.

Diese Einschätzung war Musik in Bushs Ohren. Doch der Präsident erklärte auch, einige Mitglieder seiner Regierung warnten davor, dass es im Falle eines Krieges zu einer massiven Reaktion der arabischen oder der islamischen Welt insgesamt kommen könnte, die den amerikanischen Interessen gefährlich werden könnte.

„Mr. President, das wäre der Fall, wenn Sie Saudi-Arabien angreifen und König Fahd gefangen nehmen würden. Aber hier geht es um Saddam Hussein. Niemand wird Saddam Hussein eine Träne nachweinen, sollte er jedoch einen weiteren Angriff der Vereinigten Staaten überstehen, dann wird er überlebensgroß werden. Wenn er überlebt und sich an der Macht halten kann, nachdem Sie Ihre Aktion beendet haben, was immer Sie auch planen, ja, dann werden die Massen auf ihn hören. Wenn er dann sagt, greift die amerikanische Botschaft an, werden sie es tun."

Bandar erinnerte den Präsidenten an die Zeit vor dem Golfkrieg von 1991. „Informieren Sie sich darüber, was damals Ihrem Vater gesagt wurde: Die arabische Welt wird sich erheben vom Atlantik bis zum Golf!“ Nun, dazu sei es damals nicht gekommen, und auch diesmal werde ein solcher Aufstand ausbleiben, sagte er. Ein Problem würde nur entstehen, wenn Saddam politisch überlebte. Die Saudis bräuchten Gewissheit, dass Saddam verschwinden werde.

„Sie sind von Dick, Rummy und General Myers unterrichtet worden?“, fragte der Präsident.

„Ja.“

„Haben Sie noch weitere Fragen an mich?“

Nein, Mr. President.

„Das ist die Botschaft, die ich über Sie dem Kronprinzen übermitteln möchte“, sagte Bush. „Die Botschaft, die Sie mitnehmen, Bandar, kommt von mir.“

„Das ist sehr gut, Mr. President.“

Bandar vermutete, dass Cheney Bush mitgeteilt hatte, er solle genau dies sagen.

„Möchten Sie noch etwas anderes mit mir besprechen?“

Nein, Mr. President.

Jetzt konnte Bandar nach Saudi-Arabien zurückkehren und dem Kronprinzen berichten, was er von Cheney und Rumsfeld erfahren hatte, und zwar so, als habe er es direkt aus dem Mund des Präsidenten gehört. Gleich nach seiner Ankunft wurde Bandar vom Kronprinzen empfangen, legte ihm detailliert die Pläne dar und zeigte ihm die Karte.

Kronprinz Abdullah, der 79-jährige Halbbruder von König Fahd, war der eigentliche Herrscher in Saudi-Arabien. Der schwerkranke Fahd fungierte nur noch nominell als König. Abdullah hatte widersprüchliche Ratschläge und Empfehlungen von seinem Verteidigungs-, seinem Sicherheits- und seinem Außenminister erhalten – ähnlich wie Bush. Er wollte daher persönlich mit Bandar sprechen. Er war besorgt, fast ängstlich und suchte nach dem geringstmöglichen Risiko. Wie hätte der König diese Frage gehandhabt, wie wäre er mit dem jungen amerikanischen Präsidenten umgegangen? Wie war die Stimmung in Amerika? Wie standen die Chancen? Welche Gewissheiten gab es?

Bandar bemühte sich, die Fakten umfassend und wahrheitsgemäß darzustellen.

Anschließend sagte der Kronprinz zu ihm: „Nichts verraten! Bewahren Sie Stillschweigen, bis wir entschieden haben, was wir tun.“

ANDREW CARD glaubte nicht, dass die Kriegsentscheidung unwiderruflich sei, nur weil man sich gegenüber einem Verbündeten wie den Saudis in eindeutiger Weise geäußert hatte. Bush konnte durchaus noch einen Rückzieher machen. Aber das würde natürlich Konsequenzen nach sich ziehen, vermutlich sehr weit reichende Konsequenzen. Doch falls es erforderlich werden sollte und wenn es richtig erschien, würden sie mit diesen Folgen umgehen können und den politischen Preis dafür zahlen können, wie hoch er auch sein mochte. Die Saudis und andere Verbündete waren ja schon früher einmal von den Amerikanern enttäuscht worden. Die Regierung war also nicht festgelegt. Aber Card erhielt keine Chance, seine Meinung dem Präsidenten darzustellen.

WÄHREND BUSH mit Bandar sprach, traf sich Lieutenant General Michael Hayden, der Direktor der NSA, im Friedman Auditorium in der NSA-Zentrale mit Spitzenbeamten seines Dienstes zu einer vertraulichen „Gemeindeversammlung“. Die heikelsten und vertraulichsten Geheimdienstinformationen würden jetzt an die Feldkommandeure hinausgehen, berichtete er ihnen. Er legte ihnen eine so genannte Absichtserklärung des Direktors vor, an der er bereits seit vier Monaten arbeitete. Darin hieß es unter anderem: „Nach einer entsprechenden Anweisung beabsichtige ich, eine auf SIGINT und Information Assurance [Maßnahmen zum Schutz abhörsicherer US-Kommunikationsverbindungen] gestützte Operation in die Wege zu leiten, die einerseits den Zielen der Kampfkommandeure gerecht werden soll, die auf Angst, Schnelligkeit und Schrecken setzen, andererseits aber auch den politischen Entscheidungsträgern umsetzbare und zeitnahe Informationen zur Verfügung stellen soll.“

Schnelligkeit und Beweglichkeit könnten durch eine „dezentralisierte Verbreitung“ erreicht werden, erklärte Hayden, worunter er verstand, dass abgefangene Informationen sofort an das Kampfgebiet weitergeleitet werden sollten. Dies solle über den Zircon-Chatroom erfolgen, in dem geheimdienstliche und militärische Operationen miteinander verzahnt werden sollten. Die „traditionelle Hierarchie“ solle ersetzt werden durch „Austausch“ und Abstimmung innerhalb der NSA sowie zwischen den großen strategischen

Bedrohungseinschätzungen des Dienstes und den taktischen Bewertungen auf dem Gefechtsfeld, mit anderen US-Nachrichtendiensten, mit den Kampftruppen der Verbündeten und mit ausländischen Geheimdiensten.

„Wir werden die Informationen dorthin bringen, wo sie benötigt werden. Ich erwarte, dass die Verantwortlichen auf allen Ebenen alle Hindernisse beseitigen, die einem Informationsaustausch entgegenstehen", womit er eines der Probleme ansprach, das bis zum 11. September die Effektivität der geheimdienstlichen Arbeit beeinträchtigt hatte. Hayden strebte eine Optimierung der organisatorischen Abläufe an, damit die Empfänger der Informationen und die Analysten in die Lage versetzt wurden, „einen nachhaltigen Kampfrhythmus aufrechtzuerhalten".

ZU DEN AUFGABEN von Rice gehörte es auch, wie sie es nannte, „die Gedanken der Minister zu lesen", womit sie Powell und Rumsfeld meinte. Nachdem der Präsident Rumsfeld in die Kriegsentscheidung eingeweiht hatte, hielt sie es für angebracht, jetzt so schnell wie möglich auch Powell zu informieren. Powell hatte ein gutes Verhältnis zu Prinz Bandar, der mittlerweile über die Entscheidung in Kenntnis gesetzt worden war.

„Mr. President", sagte Rice, „wenn Sie zu der Auffassung gelangt sind, dass es gemacht werden soll, sollten Sie Colin herbestellen und es ihm mitteilen." Powell hatte die schwierigste Aufgabe, denn er musste die diplomatische Schiene weiterverfolgen.

So empfing Bush am Montag, dem 13. Januar, Powell im Oval Office. Der Präsident saß in seinem angestammten Sessel vor dem Kamin, der Außenminister hatte in jenem Sessel Platz genommen, der für ausländische Staatsgäste oder hochrangige Mitglieder der US-Regierung reserviert war. Erstmals waren weder Cheney noch Rice dabei.

Bush dankte Powell für seine engagierte Arbeit an der diplomatischen Front. „Die Inspektionen bringen uns nicht weiter", sagte der Präsident und kam damit zum Kern der Sache. Die UN-Inspektoren würden ziellos umhertappen, und Saddam zeige keine wirkliche Bereitschaft, sich den Forderungen zu beugen. „Ich glaube, ich muss das wirklich machen." Er habe sich entschieden, erklärte der Präsident. Die USA müssten in den Krieg ziehen.

„Sind Sie sicher?", fragte Powell.

Ja. Das war der Bush, der von einer Sache überzeugt war. Seine Körpersprache, die angespannten Muskeln, unterstrich seine Worte. Das war der Bush aus den Tagen nach dem 11. September.

„Sie sind sich auch über die Konsequenzen im Klaren", sagte Powell halb fragend. Seit fast einem halben Jahr hatte er immer wieder auf diese Dinge hingewiesen – dass die USA ein Regime stürzen würden, dass sie den Irak würden regieren müssen und dass dies unkalkulierbare Folgewirkungen im Nahen Osten und in der Welt auslösen könnte. Durch die Kriegsvorbereitungen waren nahezu alle anderen außenpolitischen Fragen in den Hintergrund getreten. Wenn der Krieg nun tatsächlich beginnen sollte, würden andere Themen gar keine Rolle mehr spielen.

Ja, das bin ich, erwiderte der Präsident.

„Sie wissen, dass Ihnen dann dieses Land gehört?", sagte Powell in Anspielung auf seine Bemerkungen bei ihrem gemeinsamen Essen am 5. August. Durch eine Invasion würden sie sich alle Hoffnungen, alle Wünsche und alle Probleme des Irak aufladen. Powell war nicht sicher, ob Bush wirklich die volle Tragweite eines solchen Unternehmens erkannt hatte.

Aber ich glaube, dass ich es tun muss, sagte der Präsident.

Gut, erwiderte Powell.

Ich wollte, dass Sie im Bilde sind, sagte der Präsident und stellte damit klar, dass es sich hier nicht um eine Diskussion handelte, sondern dass der Präsident eines seiner Kabinettsmitglieder von seiner Entscheidung in Kenntnis setzte. Die Weggabelung war erreicht, und Bush hatte sich für den Weg des Krieges entschieden.

Powell, der als einziges Mitglied von Bushs innerem Zirkel aktiv die diplomatische Schiene verfolgt hatte, hatte den Eindruck, dass sich der Präsident seiner Unterstützung versichern wollte. In gewisser Weise schien Bush ihn prüfen zu wollen, ob er genügend Mumm hatte, so kam es Powell vor, und nicht, ob er loyal zu ihm stand. Powell konnte sich in dieser Situation nicht davonstehlen. Es wäre ein undenkbarer Treuebruch gegenüber dem Präsidenten gewesen, ein Verstoß gegen Powells soldatischen Ehrenkodex, ein Akt der Illoyalität gegenüber dem amerikanischen Militär und vor allem gegenüber den Hunderttausenden Soldaten, die in den Krieg geschickt werden würden. Schließlich waren es diese jungen Leute, die den Kampf ausfechten würden, sagte sich Powell immer wieder.

Bush hatte lange gebraucht, bis er an diesen Punkt gekommen war. Es waren zwölf Jahre nach dem ersten Golfkrieg vergangen, in denen Saddam seine Spielchen getrieben hatte, ein Jahr Kriegsplanung und vier Monate aufreibender UN-Diplomatie. Der 11. September lag über 15 Monate zurück. Man konnte daher beinahe von einer Geduldsübung sprechen. Für Powell war es nicht leicht gewesen, immer wieder diese Geduld einzufordern. Er hatte sich nahezu täglich darum bemühen müssen. Er hatte sich behaupten müssen gegen den riesigen Sicherheitsapparat, der den Präsidenten umgab, vor allem gegen Cheney, Rumsfeld und die Jungs im Pentagon.

„Sind Sie auf meiner Seite?“, fragte ihn der Präsident nun. „Ich glaube, ich muss das tun, und ich möchte Sie dabeihaben.“

Ein historischer Moment. Der Präsident fragte seinen Außenminister, er flehte ihn fast an, sein höchstrangiges Kabinettsmitglied, jenen Mann, der nach ihm die bekannteste Persönlichkeit der Regierung war. Hier wurde kein Überzeugungsgespräch geführt, es ging schlicht um die Frage: Ja oder Nein, Daumen rauf oder runter?

„Ich werde mein Bestes tun“, antwortete Powell. „Ja, Sir, ich werde Sie unterstützen. Ich bin auf Ihrer Seite, Mr. President.“

„Dann wird es Zeit, dass Sie wieder Ihre Kampfuniform anziehen“, sagte der Präsident zu dem ehemaligen General. Er konnte seine Diplomatenkleidung tragen, das war auch gut so, aber nun hatten sich die Dinge geändert.

„Er wird es machen“, sagte Powell beim Weggehen zu sich selbst. Die Dinge hatten eine Eigendynamik gewonnen. Er hatte begriffen, dass dieser Präsident nicht ein Mensch war, der sich selbst hinterfragte. Er wusste nicht, wann Bush seine Entschlüsse überdachte, wann er die Debatten Revue passieren ließ, die Argumente abwog. Er muss doch in sich gehen, dachte er. Powell machte das ständig. Vielleicht beschäftigt er sich spät nachts damit, dachte Powell. Oder vielleicht doch nicht? War das möglich? Der Präsident klang immer so zuversichtlich.

Powell folgerte aus diesem Gespräch, dass sein Job nun darin bestand, die diplomatischen Aktivitäten fortzusetzen und zu einem Abschluss zu bringen. Die Entscheidung des Präsidenten war klar – der Krieg war nicht mehr zu vermeiden –, aber sie beruhte darauf, dass der Präsident glaubte, die Verhandlungen und Inspektionen der UNO würden im Sande verlaufen. „Vielleicht gibt es doch noch eine Möglichkeit, das zu vermeiden", sagte sich Powell und redete sich ein, er hätte noch etwas Zeit, obwohl Bush bereits den Rubikon überschritten hatte. Powell wusste, dass weitere diplomatische Bemühungen für den Präsidenten zu einem Problem werden könnten, weil sie ihn möglicherweise dazu zwingen könnten, einen Rückzieher zu machen. Powells Überlegungen lauteten folgendermaßen: Sein Ziel bestand nicht darin, die Entscheidung des Präsidenten „auszuhebeln", sondern die diplomatischen Trümpfe auszuspielen, die er noch in der Hand hielt. Nach seiner Auffassung handelte er nicht gegen die Wünsche seines Vorgesetzten, nur gegen dessen instinktive Vermutung, dass die Diplomatie nichts bringen werde.

Diese Unterscheidung zwischen Wünschen und Instinkten war ein schwieriges und gefährliches Spiel. Doch im Laufe aller Diskussionen, Treffen, Besprechungen und in dem ganzen Hin und Her hatte der Präsident Powell niemals gefragt: Würden Sie das machen? Welchen Rat geben Sie mir? Was ist das Entscheidende?

Vielleicht fürchtete der Präsident die Antwort. Und vielleicht fürchtete sich auch Powell davor, diese Antwort zu geben. Dies hätte ihm immerhin die Gelegenheit geboten, seine abweichende Meinung zu bekunden. Aber diese Kernfrage war nie gestellt worden, und Powell wollte nicht darauf drängen. Er wollte nicht eindringen in diese intimste Sphäre eines Präsidenten – in der dieser die Entscheidung über Krieg oder Frieden fällte –, sofern er nicht darum gebeten wurde. Und er war nicht darum gebeten worden.

Powell glaubte, Saddam könne wirksam unter Kontrolle gehalten werden und würde schließlich verschwinden. Unter dem fortgesetzten Druck – auf diplomatischer, wirtschaftlicher, militärischer und geheimdienstlicher Ebene – würde er vielleicht sogar schneller verschwinden. Vielleicht arbeitete die Zeit doch für sie, anders als der Präsident vermutete. Seit der Verabschiedung der UN-Resolution 1441 im vergangenen November war Saddam völlig isoliert und hatte keine Freunde mehr in der internationalen Gemeinschaft. Zu diesem Zeitpunkt war der maximale Druck ausgeübt worden, doch dieser diplomatische Druck begann nachzulassen.

In Gesprächen mit seinen engsten Freunden zeigte sich Powell bisweilen etwas niedergeschlagen. Sein Präsident und das Land trieben auf einen Krieg zu, der seiner Ansicht nach vermeidbar war, wenngleich er deswegen nicht das Weite suchen würde. Er hatte gewusst, es würde „eine lange Patrouille" werden, wie er es nannte, als der Präsident am 12. September 2002 Saddam vor den Vereinten Nationen den Kampf angesagt hatte. An dieser Weggabelung würde er den Präsidenten nicht im Stich lassen. Dies käme allenfalls dann in Frage, wenn er der Überzeugung wäre, dass alle Argumente für den Krieg hundertprozentig falsch seien. Und das war nicht der Fall. Er wünschte sich genauso wie alle anderen, dass der Mistkerl verschwand.

Darüber hinaus stellte sich die Frage, ob dieser Krieg unmoralisch sein würde. Powell wusste auch darauf keine eindeutige Antwort. Klar war, dass der Präsident davon überzeugt war, dass dieser Krieg hundertprozentig richtig und moralisch einwandfrei war.

Man hatte ihn nicht angewiesen, die diplomatischen Bemühungen einzustellen. Noch immer war es möglich, dachte Powell, in den Vereinten Nationen plötzlich ein Kaninchen aus dem Hut zu zaubern. Das würde für Bush zwar eine Erleichterung sein, ihm aber auch Grund zur Verärgerung bieten – eine Erleichterung, weil all die Dinge, vor denen Powell ihn gewarnt hatte, nun nicht eintreten würden, und ein Grund zur Verärgerung, weil der Mistkerl noch immer da war.

Jetzt würde die Diplomatie zu einer Scharade werden – oder Züge des streng formalisierten japanischen Kabuki-Tanzes annehmen, auf den Powell häufig verwies.

Er hatte nicht die Entschlossenheit des Präsidenten unterschätzt, mit der dieser einen Verbleib Saddams an der Macht als Option ausgeschlossen hatte. Aber er hatte wahrscheinlich unterschätzt, wie nützlich er einem Präsidenten und einem Vizepräsidenten sein konnte, die zum Krieg entschlossen waren.

NACH SEINEM GESPRÄCH mit Powell berichtete der Präsident Andy Card darüber. „Ich habe Powell erklärt, dass es so aussieht, als müssten wir es machen, und dass ich es auch tun werde", sagte Bush. „Und er hat darauf erwidert, dass er auf meiner Seite ist."

Card vermutete, dass einige Leute, vor allem Powell, die falsche Hoffnung hegten, es lasse sich doch noch eine diplomatische Lösung finden. Nicht jedoch der Präsident, der sich nun gezwungen sah, auch den anderen mitzuteilen, dass es nun bald losgehen würde.

Andererseits aber – und der Stabschef muss immer auch mögliche Alternativen berücksichtigen, das gehört zu seinem Job – konnte dieses Gespräch Powell vielleicht auch dazu veranlassen, kreativer und energischer nach einer Möglichkeit zu suchen, die zurückführte auf den Weg der Diplomatie.

Zuweilen kam Card der Präsident vor wie ein Zirkusartist, der mit dem einen Fuß auf dem „Diplomatie"-Ross stand und mit dem anderen auf dem „Kriegs"-Ross, die Zügel beider Pferde fest in den Händen, unterwegs auf dem Weg zum Regimewechsel. Beide Pferde trugen Scheuklappen. Nachdem nun klar war, dass die Diplomatie ihn nicht ans Ziel bringen würde, ließ Bush das eine Pferd sausen und stand nur noch auf dem Kriegsross.

Ungefähr ein Jahr später verbrachte ich mit dem Präsidenten fast zehn Minuten damit, sein Gespräch mit Powell Revue passieren zu lassen, um die verschiedenen Erinnerungen zusammenzufügen. Schließlich sagte er: „Anscheinend haben Sie es richtig verstanden." Es sei eine sehr anstrengende Zeit gewesen, sagte er und fügte hinzu: „Es war eine sehr herzliche Unterredung. Ich würde sie als herzlich beschreiben. Ich saß hier", sagte er und pochte leicht auf seinen Sessel im Oval Office, „und er saß dort", wobei er zum Sessel für die hochgestellten Besucher zeigte. „Es war kein langes Gespräch. Ich glaube, aus den Eintragungen wird hervorgehen, dass es relativ kurz war." Der Präsident hatte Recht. Die Protokolle des Weißen Hauses zeigen, dass es zwölf Minuten gedauert hatte. „Es gab schließlich nicht viel zu besprechen: Es sieht so aus, als müssten wir in den Krieg ziehen."

Obwohl er Powell gebeten habe, sich auf seine Seite zu stellen und ihn in einem Krieg zu unterstützen, betonte Präsident Bush jedoch auch unmissverständlich: „Ich benötigte seine Erlaubnis nicht."

26 VOR EINEM TREFFEN mit dem polnischen Staatspräsidenten Aleksander Kwasniewski am Morgen des folgenden Tages, des 14. Januar, wurde Bushs Frustration erneut in der Öffentlichkeit deutlich, als er seine Position in der Frage, wie viel Zeit Saddam noch bleibe, revidierte. Während er vor acht Tagen noch öffentlich erklärt hatte, Saddam „habe noch etwas Zeit", sagte er den Journalisten an diesem Morgen: „Die Zeit läuft ab für Saddam."

Bush wusste, dass er auf dem europäischen Festland keinen verlässlicheren Verbündeten hatte als den populären polnischen Präsidenten, der sich bereit erklärt hatte, Soldaten in den Krieg zu schicken. Das Ehepaar Bush hatte den 47-jährigen Kwasniewski und dessen Frau im Juli vergangenen Jahres zu einem der seltenen State Dinner empfangen.

„Der Antiamerikanismus ist außerordentlich stark", erklärte Kwasniewski bei ihrem privaten Gespräch. Wegen seiner Unterstützung für Bush habe er zu Hause große politische Probleme.

„Der Erfolg wird dazu beitragen, dass sich die öffentliche Meinung ändert", sagte Bush. „Wenn wir Soldaten schicken, bringen wir dem irakischen Volk gleichzeitig auch Nahrungsmittel." Anscheinend glaubte er, dass diese humanitäre Geste die öffentliche Meinung in Polen beeinflussen würde. Er erklärte, es gebe ein Modell, dem ein Land folgen könne, um der Welt zu beweisen, dass es bereit sei, seine nichtkonventionellen Waffen zu beseitigen – Südafrika habe dies sichtbar und entschlossen getan, indem es ausführliche Berichte vorgelegt und seine Produktionsstätten für Inspektionen geöffnet habe. Saddam habe das bisher nicht getan. „Nach meiner Einschätzung müssen wir bald etwas unternehmen, aber wir werden nicht überstürzt handeln", erklärte Bush und fügte hinzu: „Aber die Zeit läuft ab. Lange können wir nicht mehr warten."

„Wir werden gewinnen", erwiderte der polnische Präsident, doch dann klang er eher wie Colin Powell, als er grüblerisch anfügte: „Aber wie sehen die Konsequenzen aus?" Nach einer kurzen Pause fuhr er fort: „Sie benötigen breite internationale Unterstützung. Wir sind auf Ihrer Seite, darüber brauchen Sie sich keine Sorgen zu machen. Aber es besteht das Risiko, dass die Vereinten Nationen an dieser Frage zerbrechen. Wodurch könnte man sie ersetzen?"

Dies waren unangenehme Fragen, denen Bush auswich, indem er erwiderte: „Wir sind überzeugt, dass sich der Islam ebenso wie das Christentum auf eine friedliche und demokratische Weise entwickeln kann."

Für Bush zählte nur, dass Polen auf seiner Seite stand und Truppen schicken würde.

AM FOLGENDEN TAG, dem 15. Januar, traf sich Bush mit den Mitgliedern seines Kriegskabinetts, um sich über Einzelheiten der geplanten Nahrungshilfe und anderer humanitärer Aktionen unterrichten zu lassen. Dies ist die beste humanitäre Hilfsaktion, die jemals geplant worden ist, erklärte Elliott Abrams, der im Nationalen Sicherheitsrat die Abteilung für Angelegenheiten des Nahen Ostens leitete, dem Präsidenten und den übrigen Anwesenden. Der 55-jährige konservative Hardliner Abrams, der während der Reagan-Administration im Außenministerium gearbeitet hatte und sich in der Iran-Contra-Affäre für schuldig bekannt hatte, dem Kongress Informationen vorenthalten zu haben, war eine umstrittene Persönlichkeit, aber sowohl Rice als auch Hadley schätzten ihn wegen seines Arbeitseifers und seines Fleißes. Er hatte während des Afghanistankriegs an der Planung der humanitären Hilfsaktionen mitgearbeitet.

Abrams legte dem Präsidenten dar, dass im Irak bereits Nahrungsmittelknappheit herrschte. Es gebe im Land rund 800 000 Vertriebene im Inland und ungefähr 740 000 Flüchtlinge. Eine wichtige Rolle in der Nahrungsmittelversorgung spiele das „Öl für Nahrungsmittel"-Programm der UNO, das den Verkauf einer begrenzten Menge Erdöls erlaubte, um mit den Erlösen Lebensmittel zu kaufen. Rund 60 Prozent der Iraker seien vollständig von diesem Programm abhängig, weitere zumindest zum Teil. Nach Schätzungen würde durch einen Krieg die Zahl der Flüchtlinge und Vertriebenen um zwei Millionen wachsen. Die USA hätten bereits damit begonnen, Nahrungsmittel, Zelte und Wasser für die Versorgung von einer Million Menschen bereit zu stellen und verschiedene UN-Organisationen sowie Nichtregierungsorganisationen finanziell zu unterstützen, die die Verteilung der Hilfsgüter an eine weitere Million Menschen übernehmen sollten.

Abrams und Robin Cleveland, ein Sicherheitsexperte in Bushs Haushaltsbüro, erklärten dem Präsidenten, dass man bei den Zahlungen an die Nichtregierungsorganisationen behutsam vorgehen müsse – manchmal würden die Hilfsgelder als allgemeine Spenden ausgegeben –, weil viele dieser Gruppen nicht in den Ruf geraten wollten, einen Krieg zu unterstützen. Alle diese Maßnahmen würden bis Ende Februar abgeschlossen sein. Rumsfeld hatte alle Beteiligten gedrängt, ihm möglichst schnell Schätzungen über die Kosten des Wiederaufbaus vorzulegen. Somit würden sie bereits am ersten Tag des Krieges den Antrag für einen Nachtragshaushalt in den Kongress einbringen und mit der Vergabe von Aufträgen beginnen können.

Wie groß die Zahl der Flüchtlinge und Vertriebenen letztlich sein werde, erläuterte Abrams, würde stark davon abhängen, ob es zu Konflikten zwischen den Volksgruppen, zu Gewalt und Vergeltungsmaßnahmen kommen werde und ob sich Befürchtungen wegen eines eventuellen Einsatzes von Massenvernichtungswaffen ausbreiten würden, aber auch von der Dauer und der Intensität der Kampfhandlungen und davon, ob es gelingen werde, die Hilfsgüter zu den Wohnorten der Menschen zu bringen, so dass sie nicht flüchten mussten. Man wolle so schnell wie möglich in jenen Gebieten tätig werden, die unter die Kontrolle der Amerikaner kamen.

Abrams und Cleveland gaben dem Präsidenten einen Überblick über die geplanten Operationen – wo die zivil-militärischen Operationszentren eingerichtet und die Katastrophenhilfsteams stationiert werden sollten, welche Aufgaben die UN-Flüchtlingskommission und das Rote Kreuz übernehmen sollten, wie lange es dauern würde, bis man das „Öl für Nahrungsmittel"-Programm wieder aktivieren könne. Dass dieses Programm fortgeführt werde sollte, stieß auf Unverständnis, doch Abrams erklärte, man müsse zumindest für den Anfang mit den vorhandenen Möglichkeiten weiterarbeiten.

Der Präsident pflichtete ihm bei.

Ein weiterer Kernpunkt war der Schutz der humanitären Infrastruktur im Irak, insbesondere die Frage, wie man sicherstellen könne, dass Krankenhäuser, Wasserwerke und Stromversorgungseinrichtungen nicht versehentlich bombardiert würden. Stabsplaner des Nationalen Sicherheitsrats, des Pentagons und der Agency for International Development (USAID) hätten im November Franks' Central Command aufgesucht, berichtete Abrams, um ihre Erkenntnisse in die militärischen Planungen einzubringen und ihre Liste der nicht anzugreifenden Objekte zu spezifizieren. Bereits Ende 2002 hatten sie den UN-Einrichtungen und den Nichtregierungsorganisationen eine Telefonnummer mitgeteilt und eine Internetseite für sie eingerichtet, unter denen sie Objekte für diese „No-Strike-List" vorschlagen konnten. Diese Liste umfasse mittlerweile Tausende von Objekten, die Franks und sein Stab bei ihrer Zielplanung berücksichtigt hätten.

Dann zeigte Abrams in schneller Folge mehrere Folien, auf denen es um den Wiederaufbau, das Gesundheitswesen, die Schulen, die Wasserversorgung und Abwasserbeseitigung sowie die Stromversorgung ging. Der Irak habe 250 Krankenhäuser, fünf Universitätskliniken und 20 Militärkrankenhäuser. Es gebe 33 000 Krankenhausbetten und 9400 Ärzte, sagte er. Auf einem weiteren Schaubild wurden Umstände aufgelistet, die den Wiederaufbau behindern könnten, wie etwa Kämpfe zwischen verschiedenen ethnischen Gruppen oder die Sprengung von Dämmen durch Saddams Leute.

„Hier ergibt sich eine Gelegenheit, das Image der Vereinigten Staaten zu verändern", sagte der Präsident. „Wir müssen diese humanitären Hilfsaktionen öffentlich gebührend herausstellen. Ich möchte, dass wir unsere Hilfskapazitäten ausbauen. Ich möchte, dass Schiffe mit Nahrungsmitteln und Hilfsgütern fertig beladen bereitstehen, damit wir sehr schnell an Ort und Stelle sein können. Es kann immer noch vieles schief gehen, aber dann soll nicht mangelnde Planung daran schuld sein."

AM ENDE DIESER WOCHE, am Freitag, dem 17. Januar, begab sich der Präsident ins Walter Reed Army Medical Center, um verwundeten Afghanistan-Kämpfern einen Besuch abzustatten. Dies war der engste persönliche Kontakt, den der Präsident mit der hässlichen Realität des Krieges bekommen sollte.

In Begleitung seiner Frau Laura fuhr Bush zu diesem Militärkrankenhaus, das rund acht Kilometer nördlich vom Weißen Haus liegt. Ihre erste Station war ein Zimmer, in dem ein Soldat untergebracht war, der im Rollstuhl saß.

„Danke für Ihren Einsatz und Ihr Opfer“, sagte Bush. „Kommen Sie aus Kalifornien?“ Er ließ sich mit dem Soldaten fotografieren. „Wir wissen Ihren Einsatz zu würdigen, wir sind stolz auf Sie. Gott segne Sie.“

Im nächsten Zimmer lag ein Soldat, der bei der Explosion einer Landmine einen Unterschenkel verloren hatte. Sein Sohn saß auf dem Bett, seine Mutter stand daneben. Auch einige Finger hatten dem Soldaten amputiert werden müssen.

Bush erzählte dem Soldaten, dass einem seiner früheren Mitarbeiter in Texas ein Bein habe abgenommen werden müssen, und dieser Mann sei ein Läufer gewesen, der dann gelernt habe, mit seiner Prothese zu laufen. „Die kann man heute schon sehr gut machen“, fügte Bush hinzu. „Auch Sie werden wieder laufen können.“

Einer der Assistenten des Präsidenten sah am Gesichtsausdruck des Soldaten, dass dieser den Worten des Oberbefehlshabers keinen allzu großen Glauben schenkte.

„Es tut mir Leid, dass Sie verwundet wurden“, sagte der Präsident. „Kämpfen Sie weiter, zeigen Sie, dass Sie führen können.“

„Roger, Mr. President.“

Der Präsident versicherte dem Soldaten, er werde die bestmögliche medizinische Versorgung erhalten, und stellte dann noch einige Fragen. Wann sind Sie hier reingekommen? Wo sind Sie verwundet worden?

„Sie werden wieder da draußen sein, glauben Sie mir“, beharrte Bush. „Sie werden wieder laufen können.“

Der Soldat blickte noch immer ungläubig drein.

„Gott segne Sie“, sagte Laura Bush.

„Danke für Ihren Einsatz“, fügte der Präsident hinzu.

Im nächsten Zimmer lag ein Hispanoamerikaner, dessen Gesicht und Lippen stark entstellt und mit Narben übersät waren. Der Sergeant war beim Unbrauchbarmachen einer Waffe verwundet worden.

„Cómo está?“, fragte Bush auf Spanisch. Wie geht es Ihnen?

Der Sergeant konnte kaum sprechen und war an eine Infusionspumpe angeschlossen. Seine Mutter stand schweigend daneben.

„Wir sind stolz auf Ihren Sohn", sagte Bush zu der Mutter. „Er hat Ihrem Land gedient. Er wird wieder gesund werden. Er ist ein starker Mann." Der Präsident überreichte dem Sergeant einen „Bronze Star". Dann beugte er sich hinab, küsste den Soldaten auf die Stirn und suchte nach etwas, das er drücken konnte. Er bekam den linken Daumen des Mannes zu fassen.

Schließlich brachte der Soldat mühsam einige Worte hervor. „Ich würde gern für Sie aufstehen, Sir."

„Nein, das brauchen Sie nicht", erwiderte der Präsident. „Ich stehe für Sie auf. Ich freue mich darauf, Sie in einem Jahr wiederzusehen. Es wird Ihnen wieder gut gehen."

Der Sergeant stammte aus Houston, wo die Eltern des Präsidenten lebten. Bush wandte sich an die Mutter. „Wenn Sie meine Mutter und meinen Vater sehen, grüßen Sie sie."

Das Walter Reed gilt als ein sehr gutes Krankenhaus und ist berühmt für seine umfassende medizinische Versorgung. Von der Grausamkeit des Schlachtfelds, wo sich die Sanitäter bei ihren Einsätzen häufig danach richten müssen, wer die größten Schmerzen oder die besten Überlebenschancen hat, war hier nichts mehr zu spüren. Das hohe Niveau der medizinischen Versorgung wirkte beruhigend auf das Ehepaar Bush. Ungefähr 40 Minuten später unterhielten sie sich im zweiten Stock der Klinik mit Journalisten.

„Laura und ich haben gerade fünf unglaublich tapfere Soldaten kennen gelernt", sagte Bush, „fünf der besten amerikanischen Staatsbürger, die während ihrer Pflichterfüllung schwer verwundet wurden." Er erzählte den Reportern, wie er sich bei den Soldaten für ihre Dienste bedankt habe – „sie sind edel und stark und gut." Nachdem er erklärt hatte, dass die Soldaten „die bestmögliche Versorgung" erhalten würden, sagte er abschließend: „Ich wünsche Ihnen allen ein schönes Wochenende, und bis nächste Woche." Das Ehepaar Bush reiste ab nach Camp David, während sich an diesem Wochenende in Washington Zehntausende Menschen zur größten Antikriegsdemonstration seit dem Vietnamkrieg versammelten.

Knapp ein Jahr später fragte ich den Präsidenten nach diesem Besuch und nach dem gewählten Zeitpunkt, unmittelbar nach der Kriegsentscheidung.

„Es war meine Pflicht, diese Soldaten zu besuchen", sagte er.

„Wollten Sie sich dabei auch die möglichen Folgen des Krieges vor Augen halten?“

„Nein“, antwortete er fest. „Ich musste hingehen. Nein, überhaupt nicht. Das reicht tiefer. Als Oberbefehlshaber habe ich die Verpflichtung, zu den Soldaten zu gehen, mich für ihre Dienste zu bedanken, ihnen Trost zuzusprechen und dafür zu sorgen, dass sie alles bekommen, was sie brauchen.“ Durch seine persönliche Zuwendung würde ein Signal in der gesamten Klinik ausgesandt werden, das auch die anderen Patienten erreiche.

„Der Besuch erfolgte zu einem sehr interessanten Zeitpunkt in Ihrer Entscheidungsfindung“, bemerkte ich.

„Stimmt“, erwiderte er, „aber ich muss mich nicht durch Schmerz bestärken. Ich meine, ich muss mich nicht daran erinnern, was Schmerz bedeutet. Am 11. September habe ich den Schmerz der ganzen Nation geteilt. Ich bin ein Präsident, der schon viele schmerzhafte Momente erlebt hat. Ich habe mit den Witwen von Afghanistan getrauert ... habe diese Kinder gesehen, die sich noch ein Jahr später nach ihren Müttern oder Vätern sehnten. Ich brauche also keine Lektion über Schmerz und Trauer.“

Dann fügte er hinzu: „Man ruft seine Mitbürger dazu auf, tapfer zu sein. Und man schickt sie in den Krieg. Ich habe die Pflicht, den Menschen so gut ich kann Trost zuzusprechen. Ich kann nicht alle trösten, aber ich kann ausreichend viele trösten, so dass auch die anderen es erfahren.“

Gute zwei Monate lang, seit Ende November, hatte Steve Hadley mit der Runde der Stellvertreter – die sich aus Armitage vom Außenministerium, Wolfowitz vom Pentagon, McLaughlin von der CIA und Libby vom Büro des Vizepräsidenten zusammensetzte – über die Gestaltung des Machtübergangs im Irak nach dem Sturz Saddams und der Beendigung der Hauptkampfhandlungen beraten.

Franks und das Militär sprachen in diesem Zusammenhang von der Phase vier, in der „Stabilisierungsoperationen“ durchgeführt werden würden. Hadley betrachtete die Sache unter einem größeren Blickwinkel. Es ging nicht allein um die Herstellung politischer und allgemeiner Stabilität. Der Präsident wollte eine Demokratie aufbauen.

Daher kam Hadley zu dem Schluss, dass ein umfassender Plan für die Nachkriegsordnung erforderlich sei. Von Stabilität bis zu Demokratie war es ein weiter Weg.

Ungefähr um Neujahr suchte Douglas Feith, Staatssekretär für politische Fragen im Pentagon und einer der wichtigsten Mitarbeiter Rumsfelds, Hadley im Weißen Haus auf. Der 49-jährige Feith, ein Harvard-Absolvent mit einem Jura-Abschluss der Georgetown University, ist ein Schützling von Richard Perle, der unter Reagan im Verteidigungsministerium gearbeitet hatte und jetzt dem Defense Policy Board angehörte, einem Beratungsgremium des Pentagons. Perle war der entschiedenste Fürsprecher eines Krieges gegen den Irak. Feith hat eine hohe, eindringliche Stimme. Er ist wortgewandt, beherrscht die Sprache von Management-Beratern und verwendet häufig kurze, prägnante Formulierungen, die er als „große Gedanken" bezeichnet. Er hält gern Vorträge vor den Mitarbeitern seines Stabs im Pentagon und kehrt dabei sein gutes Verhältnis zu Rumsfeld heraus, den er als ziemlich originellen methodischen und strategischen Denker betrachtet. So empfahl Rumsfeld einmal die „Werkzeugkasten-Herangehensweise" an Probleme und bemerkte dazu: Wenn das einzige Werkzeug, über das man verfüge, ein Hammer sei, dann erscheine einem jedes Problem wie ein Nagel. Daher sei es von entscheidender Bedeutung, so fasste Feith Rumsfelds Gedanken zusammen, Probleme niemals nur mit einem Hammer anzugehen, denn das Leben sei sehr komplex und nicht alle Probleme bestünden aus Nägeln.

Feith war nicht sonderlich beliebt im Militär. Für ihn war Politik anscheinend gleichbedeutend mit Papier. Sein Büro und seine Aktenschränke waren voll mit dicken Ordnern, in denen er offenbar jede „Schneeflocke" archivierte – so nannte man Rumsfelds kurze, knappe Memos –, die er erhalten hatte, sowie alles, was Feith und sein Laden darauf an Reaktionen produziert hatten.

Franks versuchte Feith zu ignorieren, was aber nicht so einfach war. Zu Kollegen bemerkte der General einmal im Hinblick auf Feith: „Ich muss mich fast jeden Tag mit dem größten Vollidioten herumschlagen, der auf Gottes Erdboden herumläuft."

Feith erschien mit Ideen für die Zeit nach Saddam bei Hadley. Er schlug vor, im Verteidigungsministerium eine Planungsgruppe einzurichten, die sich um die Politik im Nachkriegs-Irak kümmern solle. Es sei am besten, erklärte er, diese Gruppe im Pentagon anzusiedeln, weil Franks und das Central Command auch nach dem Krieg eine wichtige Rolle spielen würden. Aber die Planungsgruppe solle von Anfang an dienststellenübergreifend tätig sein. Er würde dafür Leute abstellen, die rund um die Uhr arbeiten könnten. Sie sollten von den Stellvertretern und den Chefs allgemeine politische Richtlinien erhalten und diese dann im Irak umsetzen. Doch die Gruppe solle sich nicht nur mit Planungen beschäftigen, sagte Feith, sie solle auch vor Ort aktiv werden. Um die Effizienz zu steigern, sollten die Mitarbeiter der Gruppe im Irak Quartier beziehen, sobald die militärische Situation es zuließ, und sich dort um die Durchführung der Pläne kümmern.

Feith stellte sein Konzept Rumsfeld vor, der seine Zustimmung gab, und kehrte anschließend ins Weiße Haus zurück, wo er erklärte, dass sein Konzept die volle Rückendeckung von Rumsfeld habe. Alle Nachkriegsplanungen seien bisher verpfuscht worden, behauptete Feith, aber so könne es funktionieren.

Es war eine neue Vorgehensweise, zum einen weil die Planer auch selbst für die Umsetzung ihrer Entwürfe zuständig sein sollten, und zum anderen weil das Außenministerium dem Verteidigungsministerium untergeordnet sein sollte. Das State Department hatte seit fast einem Jahr an einem Projekt mit dem Namen „Future of Iraq" gearbeitet, das Tausende von Seiten mit Berichten und Empfehlungen hervorgebracht hatte und an dem verschiedene Fachleute mitgewirkt hatten, die mit Fragen der Verwaltung, der Erdölförderung, des Justizwesens und der Landwirtschaft des Irak vertraut waren.

Als der Runde der Chefs der Vorschlag unterbreitet wurde, die Verantwortung für die Planung und den Aufbau neuer Strukturen im Irak in der Zeit nach Saddam beim Pentagon anzusiedeln, erschien Powell dieses Vorgehen durchaus logisch. In der unmittelbaren Nachkriegsphase würde allein das Verteidigungsministerium das in die Tausende gehende Personal, das nötige Geld und die erforderlichen Ressourcen bereitstellen können. Das Außenministerium konnte nichts dergleichen aufbieten, wenngleich es über einige sehr renommierte Experten verfügte. Das Pentagon würde in der Rolle des Befreiers, des Eroberers und des Besatzers auftreten. Angesichts der riesigen amerikanischen Armee, die zum Einsatz kommen würde, würde das Pentagon schon allein aus Gründen der Einheitlichkeit der Befehlsstrukturen diesen Job übernehmen müssen, dachte er. Es kam ihm nicht in den Sinn, dass dieses Vorgehen durchaus ungewöhnlich war: Dasselbe Verfahren war nach dem Zweiten Weltkrieg in Deutschland und Japan gewählt worden.

Hadley und dem Stab des Nationalen Sicherheitsrats blieb nur eine Woche Zeit, um für den Präsidenten ein entsprechendes Dokument auszuarbeiten. Es musste alles sehr schnell gehen. Dieses Geheimdokument, die Nationale Sicherheitsdirektive Nr. 24, das die Schaffung des Office of Reconstruction and Humanitarian Assistance (ORHA) im Verteidigungsministerium in die Wege leitete, wurde vom Präsidenten am 20. Januar 2003 unterzeichnet. Darin hieß es, falls es erforderlich werden sollte, mittels einer US-geführten Koalition den Irak militärisch zu befreien, solle dieses neue Amt sowohl die Planung wie auch die Umsetzung sämtlicher Maßnahmen für den Wiederaufbau des Nachkriegs-Irak übernehmen. Dazu gehörten die humanitäre Hilfe, die Verschrottung von Massenvernichtungswaffen, die Bekämpfung und das Verhören von Terroristen, das Beschützen der Bodenschätze und der Infrastruktur, der Wiederaufbau der Wirtschaft und die Wiederherstellung der Versorgung der Zivilbevölkerung mit Nahrungsmitteln, Wasser und Strom sowie der medizinischen Versorgung. Darüber hinaus sollte diese Interimsverwaltung im Irak auch eine neue, ziviler Kontrolle unterstehende Armee aufbauen sowie die übrigen Zweige des Sicherheitsapparats neu konstituieren und den späteren Übergang zu einer von Irakern geführten Verwaltung mitgestalten. Alle Vorbereitungsarbeiten, die bereits vom Außenministerium und anderen Behörden geleistet worden waren, sollten an das ORHA übergeben werden.

Falls es zu Feindseligkeiten käme, sollte das ORHA laut der Direktive des Präsidenten in den Irak verlegt werden und den Kern eines neuen Verwaltungsapparats bilden, der für einen begrenzten Zeitraum bei der Verwaltung des Irak assistieren solle.

Rumsfeld und Feith betrauten den pensionierten Lieutenant General der Armee Jay Garner mit der Leitung des ORHA. Garner hatte nach dem Golfkrieg von 1991 die Hilfe für die Kurden im Nordirak organisiert. Powell und Armitage jedoch kannten ihn kaum.

Powell übersandte dem Pentagon die „Future of Iraq"-Studie und übermittelte ihm die Namen der 75 Arabien-Experten des Außenministeriums, die an der Studie mitgearbeitet hatten oder in die Vorhut aufgenommen werden konnten, die in den Irak geschickt werden sollte. Als Leiter dieser Gruppe wurden Thomas Warrick vorgeschlagen, der die Studie organisatorisch betreut hatte, und Meghan O'Sullivan, eine Spezialistin für Sanktionen, von der Powell sehr viel hielt.

Einige Zeit später erfuhr Powell, dass Rumsfeld Warrick und O'Sullivan aus dem Pentagon geworfen habe.

„Was zum Teufel ist da los?", fragte er Rumsfeld am Telefon.

Rumsfeld antwortete, dass die Planungen für den Nachkriegs-Irak von Personen durchgeführt werden sollten, die sich ganz dieser Sache verpflichtet fühlten und den Wandel aktiv unterstützten, und nicht von Leuten, die Studien verfasst oder Äußerungen getan hätten, die nicht sonderlich hilfreich seien.

Powell vermutete, damit sei gemeint, dass seine Leute Exil-Iraker wie Tschalabi nicht unterstützten. Zwischen Powell und Rumsfeld kam es daraufhin zu einem heftigen Krach, bis Powell schließlich mitgeteilt wurde, dass eine hohe Stelle im Weißen Haus – entweder Bush oder Cheney – entschieden habe, dass O'Sullivan in Garners Team aufgenommen werden solle, nicht aber Warrick.

Powell wunderte sich über die seltsame Wendung, die die Dinge mittlerweile genommen hatten. Er benannte sieben hochrangige Beamte des Außenministeriums, die er Garner zuteilen wollte, aber Feith sagte, er wolle lieber Außenstehende für diesen Job. In privaten Unterhaltungen kritisierte Feith das Außenministerium gelegentlich als zu nachgiebig und sprach vom „Ministerium der Nettigkeit". „Das ist völliger Blödsinn", erwiderte Powell. Also gerieten er und Rumsfeld abermals aneinander. Diesmal dauerte es eine Woche, bis der Konflikt beigelegt werden konnte. Fünf der sieben Personalvorschläge wurden schließlich angenommen. Powell war wütend über dieses törichte, kleinkarierte Verhalten.

Cheney stellte sich eine viel weiter reichende Frage. Entsprechend der Zukunftsvision des Präsidenten, die Cheney sehr kühn fand, sollte nicht nur Saddam beseitigt, sondern sein Regime durch eine Demokratie ersetzt werden. Das war eine gewaltige Aufgabe, und Cheney hatte den Eindruck, dass es im Außenministerium eine Menge Leute gab, den Minister eingeschlossen, die nicht allzu viel hielten von der Absicht des Präsidenten, im Irak eine Demokratie aufzubauen und die gesamte Region zu verändern. Diese Leute hatten eingewendet, das Ziel einer Demokratie sei zu ehrgeizig, zu anspruchsvoll und nicht erreichbar, da es im Irak noch nie eine echte Demokratie gegeben habe.

In den Debatten im Lageraum hatte der Vizepräsident gesagt: „Wir haben eine Verpflichtung, uns um die Schaffung einer Demokratie zu bemühen. Wir können nicht irgendeinen ehemaligen [irakischen] General als Herrscher einsetzen und zu ihm sagen: Okay, Sie sind jetzt der Diktator im Irak. Wir müssen dieses Land grundlegend verändern. Und wir müssen dem irakischen Volk die Chance geben, die fundamentalen Werte kennen zu lernen, an die wir glauben."

AM 20. JANUAR nahm Powell an einer Sitzung des UN-Weltsicherheitsrats teil, bei der es um den Terrorismus gehen sollte. Sowohl Cheney als auch Rumsfeld hatten ihm abgeraten, daran teilzunehmen, aber Powell wollte die Weltorganisation nicht brüskieren. Auf einer Pressekonferenz nach dieser Sitzung erklärte der französische Außenminister de Villepin, dass „nichts, gar nichts" einen Krieg rechtfertige.

Powell wurde so wütend, dass er sich kaum mehr beherrschen konnte. Alle Druckmittel gegen Saddam waren mit der Kriegsdrohung verbunden, und diese Kriegsdrohung hatten die Franzosen nun vom Tisch genommen. Er konnte es nicht fassen, wie man so dumm sein konnte. Durch de Villepin würde die UNO irrelevant werden.

Der Präsident erinnerte sich später: „Als de Villepin redete, wurde mir klar, dass sich Saddam nun noch mehr zu seinen Spielchen ermutigt fühlen würde, weil es Leute gab, die ihm unwissentlich halfen."

Manche glauben, diese Entwicklung sei eine Befreiung für die Vereinigten Staaten und insbesondere für den britischen Premier Tony Blair gewesen. Wenn die Franzosen, die ein Vetorecht besaßen, den Krieg als Option ausschlossen, war der gesamte UN-Prozess zum Scheitern verurteilt. Bush und Blair konnten argumentieren, sie hätten sich ja an die Vereinten Nationen gewandt, doch eine einvernehmliche Lösung sei von den Franzosen hintertrieben worden.

Bei einem Treffen mit Wirtschaftsfachleuten am folgenden Tag, dem 21. Januar, ließ Bush seiner Verärgerung freien Lauf. Er erklärte, Saddam wolle nicht abrüsten, und fügte hinzu: „Ich bin überzeugt davon, dass er im Namen des Friedens abrüsten muss. Und wir werden eine Koalition der willigen Nationen anführen, um ihn zu entwaffnen. Niemand soll sich täuschen, er wird entwaffnet werden."

„Wann?", fragte ein Journalist neugierig. „Wie entscheiden Sie, wann der Augenblick gekommen ist, in dem Sie sich festlegen müssen?"

„Ich werde es Sie wissen lassen, wenn dieser Augenblick gekommen ist", antwortete Bush. Einige Anwesende lachten. Das klang noch nicht unbedingt nach einer Kriegserklärung.

27

IM AUSSENMINISTERIUM ERHIELT Armitage einen Anruf aus der Kommunikationsabteilung im Weißen Haus, in dem ihm mitgeteilt wurde, dass man dort eine 33-seitige Dokumentation mit dem Titel „Apparatus of Lies“ („Lügenapparat“) über Saddam Husseins Propaganda erstellt habe. Man wünsche, dass er sie der Öffentlichkeit vorstelle. Cards Irak-Arbeitsgruppe im Weißen Haus beabsichtige, durch die große Präsentation von Reden und Dokumenten Saddam und der wachsenden internationalen Antikriegsbewegung entgegenzuwirken. In den europäischen, arabischen und asiatischen Hauptstädten waren mittlerweile Millionen Menschen gegen den drohenden Krieg auf die Straßen gegangen.

Armitage las sich die Dokumentation durch und dachte: Was für ein Blödsinn! Sie beinhaltete größtenteils alte Geschichten über Saddams Lügen in der Zeit des Golfkriegs von 1991, und es wurde nicht ersichtlich, weshalb die US-Regierung jetzt, im Jahr 2003, abermals gegen ihn in den Krieg ziehen sollte. Wenn die Vereinigten Staaten jedes Regime, das Lügen verbreitete, mit Krieg überzögen, dann würde es bald nichts anderes mehr geben als Krieg.

Armitage erklärte dem Weißen Haus: „Dieser Text ist völlig unbrauchbar. Ich werde ihn nicht verwenden.“

Sie müssen eine Rede halten, erwiderte ein Mitarbeiter des Weißen Hauses.

Wieso das?

Es sei jetzt so weit, habe man entschieden, man brauche ihn jetzt in der Öffentlichkeitsarbeit, auch Wolfowitz werde eine Rede halten. Schließlich erklärte sich Armitage dazu bereit. „Aber ich mache es nur, wenn ich die Rede nicht zur Überprüfung vorlegen muss“, sagte er. Das Weiße Haus sollte den Redetext nicht vorab zu sehen bekommen; er wollte nicht daran herummäkeln lassen oder dumme Ratschläge entgegennehmen. Es fiel ihm zunehmend schwerer, sich nicht vom Propagandaapparat des Weißen Hauses vereinnahmen zu lassen.

Am 21. Januar sprach Armitage vor dem U. S. Institute of Peace, einer überparteilichen Organisation, die vom Kongress ins Leben gerufen worden war, um Friedensbemühungen zu fördern und finanziell zu unterstützen. Er bemühte sich in seinem Redetext sorgfältig um Ausgewogenheit. „Wir dürfen nicht zulassen, dass der verständliche Widerwillen gegen den Krieg uns zu Wunschdenken verleitet." Er erzählte, dass er vor kurzem in der Marineakademie der Vereinigten Staaten, seiner Alma Mater, eine Ansprache vor 4000 Offiziersanwärtern gehalten habe. „Ich hoffe sehr, dass keiner dieser jungen Männer oder jungen Frauen – oder andere Angehörige unserer Streitkräfte – zum Kämpfen in den Irak geschickt werden muss. Dies zu vermeiden, darauf zielt unser Bemühen im Außenministerium und in der gesamten Regierung." In den nächsten Wochen werde die Entscheidung fallen. „Und ich wünschte, ich könnte Ihnen hier erklären, dass ich optimistisch bin." Dann zählte er alle Waffen im Besitz von Saddam auf, die nicht deklariert worden waren. Beiläufig bemerkte er, dass im hinteren Teil des Raumes eine Dokumentation mit dem Titel „Lügenapparat" bereitliege. „Ich empfehle sie Ihnen zur Lektüre, weil die Vergangenheit den Prolog zur Gegenwart darstellt."

AM FREITAG, dem 24. Januar, stellte Franks die endgültige Fassung seines Kriegsplans, den in Abschnitte von 5, 11, 16 und 125 Tagen untergliederten „Hybrid"-Plan, Rumsfeld und General Myers vor. Das ist also jetzt *der Plan*, sagte er.

Die auf 16 Tage angesetzte erste Phase, in der die Luftbrücke eingerichtet und die Truppen verlegt werden sollten („5" plus „11"), war durch die Ereignisse bereits überholt. Rumsfeld hatte die Erlaubnis zur Einrichtung der Luftbrücke erteilt, und schon seit geraumer Zeit wurden 10 000, 15 000 oder 20 000 Mann starke Truppenkontingente verlegt. Bis Mitte Februar würden sich rund 140 000 US-Soldaten in der Region befinden, 78 000 davon Angehörige von Bodentruppen – des Heeres, der Marineinfanterie und der Special Operations Forces.

Weil Rumsfeld als einziges Mitglied des Planungszirkels regelmäßig mit Bush sprach, hatte er für den Präsidenten Zeitlinien entworfen, mittels deren er auf einem Blatt Papier darzustellen versuchte, was sich an der diplomatischen und militärischen Front ereignen würde. In einer als streng geheim eingestuften Zeitlinie mit Datum vom 29. Januar wurde der 22. Februar als Tag der Entscheidung genannt, als Notification Day oder N-Day, an dem Bush die endgültige Entscheidung über den Krieg fällen sollte. Der C-Day, der Tag, an dem der Truppenaufbau beginnen sollte, folgte kurz darauf. Natürlich hatten die Truppenverlegungen längst begonnen, während sich der Präsident angeblich noch im Entscheidungsprozess befand, und Rumsfeld wusste natürlich auch, dass sich Bush in Wirklichkeit längst entschieden hatte.

DA McLAUGHLINS BERICHT über die Massenvernichtungswaffen sie nicht sonderlich beeindruckt hatte, hatten Bush und Rice die CIA aufgefordert, die wichtigsten Informationen in einem schriftlichen Dokument zusammenzufassen – die „todsichere Sache", von der Tenet gesprochen hatte. Tenet und McLaughlin aber machten deutlich, dass sie keine Rede schreiben wollten für einen politischen Amtsträger oder einen hochrangigen Regierungsvertreter. Das wäre eine Grenzüberschreitung. Sie würden lediglich Redetexte auf die darin erwähnten Fakten überprüfen. Sie wollten auch kein Dokument erstellen, das irgendwelche Marketingelemente enthielt. Das Ergebnis war ein sehr trockener, fast klinischer Bericht mit vielen Fußnoten, in denen die Quellen angegeben wurden. Dieser 40 Seiten umfassende und als streng vertraulich klassifizierte Text wurde am 22. Januar ans Weiße Haus geschickt.

Der Präsident hatte sich entschlossen, das Material erfahrenen Rechtsexperten zu übergeben, die daraus das Beste machen sollten. Steve Hadley (Yale-Juradiplom 1972) und Scooter Libby (Columbia-Juradiplom 1975) wurden dafür ausgewählt. Sie suchten die CIA auf und formulierten eine Reihe von Fragen, die der Dienst schriftlich beantwortete.

Nach Libbys Auffassung hatte die CIA durchaus Beweise dafür vorgelegt, dass Saddam Massenvernichtungswaffen besaß und Verbindungen zu Terroristen unterhielt. Die CIA sammelte bereits seit Jahrzehnten Informationen über die Massenvernichtungswaffen des

Irak. Es gab auch keinen Zweifel über die Einstellung des Geheimdienstes: Im National Intelligence Estimate (NIE) vom Oktober hatte es geheißen, dass Saddam chemische und biologische Waffen besitze, und CIA-Direktor Tenet hatte den Fall als todsichere Sache bezeichnet. Libby glaubte, dass der Dienst, der die schwierige Aufgabe hatte, alle möglichen Informationen zu filtern und auszuwerten, bisweilen potenziell wichtiges Material oder Informationen, die vielleicht nicht eindeutig waren, überging oder übersah, aber dass er zur Vervollständigung des Mosaiks beitragen könne.

In der Presse war ausführlich berichtet worden über das so genannte Office of Special Plans, das Doug Feith in seiner Pentagon-Abteilung eingerichtet hatte. Libby hielt die Aufregung für lächerlich und glaubte, sie werde geschürt von Leuten, die den ganzen Prozess nicht verstanden. Dieses Büro für Spezialplanungen bestand lediglich aus zwei Personen, die alle wichtigen Geheimdienstinformationen auswerteten. Ihnen waren einige Dinge aufgefallen, und Feith hatte diese Erkenntnisse für Libby zusammengefasst. Sie waren weder an den Präsidenten noch an den Vizepräsidenten weitergeleitet worden. Meine Güte, dachte sich Libby, jeden Tag stellt die CIA ein halbes Dutzend oder mehr Themen für den Präsidenten zusammen, die dann im President's Daily Brief (PDB) zusammengefasst werden. Da kann doch ein kleines Papier von Feith oder vom Office of Special Plans die geheimdienstliche Arbeit nicht stören. Ein anderes Märchen war nach Libbys Meinung die Vermutung, dass der irakische Exilpolitiker Ahmed Tschalabi über einen direkten Draht zum Pentagon oder zu Cheney verfüge, über den er seine Informationen übermittele. Alle Mitteilungen von Tschalabi flossen an die CIA. Die Agency konnte sie benutzen, wenn sie sie für brauchbar hielt, oder sie verwerfen.

Am Samstag, dem 25. Januar, trug Libby im Lageraum des Weißen Hauses vor Rice, Hadley, Armitage, Wolfowitz, Dan Bartlett und Michael Gerson einen ausführlichen Bericht vor. Auch Karen Hughes war anwesend, obwohl sie formell bereits aus dem Mitarbeiterstab des Weißen Hauses ausgeschieden war. Karl Rove schaute mehrmals herein und ging zwischendurch wieder.

Gestützt auf einen dicken Stapel Papier, erläuterte Libby die jüngste Fassung der Anklage gegen Saddam Hussein. Im ersten Teil ging er auf Informationen ein, die durch Satellitenaufklärung, abgehörte Gespräche und Agenten gewonnen worden waren und darauf hindeuteten, dass im Irak Täuschungs- und Tarnungsmanöver im Gange waren. Verschiedene Dinge würden im Land hin und her bewegt, versteckt oder eingegraben. Niemand wisse genau, um was es sich handele, aber auf Grund der Orte, die betroffen seien, und der Heimlichkeit, mit der dies vonstatten gehe, müsse man vermuten, dass Massenvernichtungswaffen versteckt werden sollten. Er begann jeden Teil seines Berichts mit eindeutigen Schlussfolgerungen – Saddam besitze chemische und biologische Waffen, produziere und verstecke sie; er unterhalte zahlreiche und enge Kontakte zu Osama Bin Ladens Terrornetzwerk al-Qaida.

Libby verwendete auch das von McLaughlin verworfene Abhörprotokoll mit der Unterhaltung der beiden mutmaßlichen Terroristen, die sich darüber lustig gemacht hatten, dass ein Esel durch einen Versuch mit Rizin umgekommen war. Er erklärte, dass sich Mohammed Atta, der Anführer der Flugzeugentführer vom 11. September, in Prag vermutlich mit einem Offizier des irakischen Geheimdiensts getroffen habe und berichtete, es gebe Belege für mindestens vier Treffen. Die übrigen Anwesenden wussten, dass der CIA lediglich Beweise für zwei Treffen vorlagen und dass unklar war, was Atta in Prag wollte und ob er sich überhaupt mit einem irakischen Geheimdienstler getroffen hatte. Libby redete ungefähr eine Stunde lang.

Armitage war entsetzt über diese, wie es ihm schien, viel zu weitgehenden und übertriebenen Aussagen. Libby zog die schlimmstmöglichen Schlussfolgerungen aus bruchstückhaften Informationen und vagen Anhaltspunkten.

Wolfowitz dagegen, der seit Jahren davon überzeugt war, dass der Irak in terroristische Aktivitäten gegen Amerika verstrickt war, hielt Libbys Darstellung für sehr überzeugend. Er teilte Rumsfelds Auffassung, dass ein Mangel an Beweisen nicht bedeutete, dass etwas nicht existierte. Er war alarmiert über mögliche Verbindungen zwischen dem Irak und al-Qaida. Dass es dafür keine Beweise gab, sei auch nicht anders zu erwarten, denn das Terrornetzwerk habe sich sehr gut abgeschottet, so gut, dass einige ausländische Staatsführer gegenüber Wolfowitz schon die Frage gestellt hätten, ob nicht möglicherweise ehemalige KGB-Offiziere al-Qaida als Ausbilder zur Seite stünden. Einige arabische Führer verdächtigten den israelischen Mossad. Wolfowitz hatte die CIA dazu gedrängt zu untersuchen, ob eventuell frühere Mitarbeiter der ostdeutschen Staatssicherheit etwas mit den Terroristen zu tun hätten. Er hielt es nicht für einen Zufall, dass das Qaida-Netzwerk, das seit dem 11. September weitgehend untätig gewesen war, seine Aktionen wiederaufgenommen hatte, nachdem der Präsident vor der UNO mit einem einseitigen Vorgehen gegen den Irak gedroht hatte. Zu diesen Aktionen gehörten der Bombenanschlag auf einen Nachtclub auf Bali am 12. Oktober, die Ermordung von zwei US-Marines in Kuweit und der Anschlag auf einen französischen Öltanker vor der Küste des Jemen im Verlauf von nur einer Woche.

Die wichtigste Reaktion kam von Karen Hughes. Unter Kommunikationsgesichtspunkten betrachtet, sei der Vortrag ein Fehlschlag, meinte sie. Die klaren Schlussfolgerungen zu Beginn jedes Abschnitts seien zu viel. Der Präsident, sagte sie, wolle es halten wie in der bekannten Fernsehserie *Dragnet:* „Nur die Fakten". Die Leute sollten ihre Schlussfolgerungen selbst ziehen.

Rove hielt Libbys Präsentation für sehr beeindruckend und aussagekräftig – und ebenso für äußerst Besorgnis erregend. Vor allem beunruhigte ihn die Tatsache, dass Saddam über mehrere hundert Millionen Dollar, vielleicht sogar Milliarden, aus illegalen Ölexporten verfügte, die er für den Kauf von Massenvernichtungswaffen einsetzen könnte. Rove hielt dies für ein gefährliches, tödliches Gemisch – erwiesener Besitz von Massenvernichtungswaffen in der Vergangenheit, das Bestreben, sich weitere derartige Waffen zu beschaffen, Wissenschaftler mit entsprechendem Know-how, ein diktatorischer Polizeistaat und eine Menge Geld. Fasziniert registrierte er den Unterschied zwischen Libbys juristischer Herangehensweise und der Einschätzung von Hughes, die das Ganze mit den Augen einer Kommunikationsexpertin sah. Er war auf der Seite von Hughes. Sie hatten es mit einem Kommunikationsproblem zu tun, nicht mit einem juristischen Problem. Auch die besten Anwälte legten zuerst die Tatsachen dar und überließen es dann den Leuten selbst, daraus ihre Folgerungen zu ziehen. Er jedenfalls war überzeugt.

Wer sollte also den Fall in der Öffentlichkeit präsentieren?, überlegten Rice und Hadley. Da der Fall vor den Vereinten Nationen vorgetragen werden musste, kam natürlich Powell, der Chefdiplomat, dafür in Frage. Hadley glaubte, dass es noch weitere Gründe gab, die für Powell sprachen. Um möglichst glaubwürdig zu wirken, wäre es am besten, Besonnenheit zu demonstrieren, und es war allgemein bekannt, dass Powell gegenüber dem Irak eine eher weiche Haltung vertrat. Zum anderen war sich Powell seiner Glaubwürdigkeit und seines Rufes sehr wohl bewusst. Er würde die Informationen sorgfältig prüfen. Und wenn Powell gut vorbereitet war, wirkte er sehr überzeugend.

„Ich möchte, dass Sie es machen", sagte Bush zu seinem Außenminister. „Sie haben die nötige Glaubwürdigkeit dafür." Powell fühlte sich geschmeichelt, dass man ihm eine Aufgabe übertrug, die niemand sonst erfüllen konnte.

Rice und Hughes empfahlen Powell, für den Vortrag vor dem Weltsicherheitsrat drei Tage anzuberaumen – jeweils einen Tag für die Massenvernichtungswaffen, den Terrorismus und die Verletzung der Menschenrechte. Sie stellten sich anscheinend einen ähnlichen dramaturgischen Ablauf vor wie während der Kuba-Krise 1962, als der amerikanische UN-Gesandte Adlai Stevenson Satellitenfotos vorgelegt hatte, die zeigten, dass die Sowjetunion Atomraketen auf Kuba stationiert hatte. In einem der gefährlichsten Momente des Kalten Kriegs hatte Stevenson den sowjetischen UN-Botschafter gefragt, ob er leugnen wolle, dass sein Land dort Raketen aufgestellt habe. „Ja oder nein – warten Sie nicht auf die Übersetzung ... Ich bin bereit, auf die Antwort zu warten, bis die Hölle gefriert."

„Sehen Sie mal", sagte Powell zu den beiden, „ich kann nicht dort hingehen und für drei Tage die Welt anhalten. Adlai Stevenson hatte keine Adlai-Stevenson-Woche. Er hatte einen Adlai-Stevenson-Augenblick. Ich kann das nur einmal machen."

Wie wäre es mit je zwei Stunden pro Tag für jedes der drei Themen?, schlugen Rice und Hughes vor. Sie wollten die Veranstaltung so weit wie möglich in die Länge ziehen und mit möglichst vielen Einzelheiten voll packen, um den Fall in seiner ganzen Tragweite präsentieren zu können.

„Kommt nicht in Frage", erwiderte Powell. „Ich mache es an einem Tag."

Okay, dann werde es vielleicht drei oder vier Stunden dauern.

„Nein“, beharrte Powell. „Man kann diese Leute nicht drei oder vier Stunden lang mit diesem Thema beschäftigen.“ Sie würden einschlafen. In den Vereinten Nationen musste jeder die Gelegenheit zu einer Stellungnahme erhalten. Schließlich erklärten sich Rice und Hadley damit einverstanden, dass Powell selbst entscheiden würde, wie lange sein Vortrag dauern solle und was er darin ansprechen werde.

WÄHREND POWELL seinen Vortrag vorbereitete, erhielt er einen Anruf von Cheney.

Colin, sagte der Vizepräsident, achten Sie besonders auf den Punkt mit dem Terrorismus, den Scooter dargestellt hat. Schauen Sie sich das gut an.

Natürlich, Dick, erwiderte Powell. Er redete den Vizepräsidenten in der Regel mit seinem Vornamen an, wenn sie unter sich waren. Cheney gab ihm keine Anweisung und versuchte auch nicht, ihn zu irgendetwas zu drängen. Er äußerte lediglich die Bitte, einer Sache besonderes Augenmerk zu schenken.

Powell nahm sich diesen Aspekt vor. Vier Treffen von Mohammed Atta in Prag. Das war einfach nur lächerlich. Er verwarf diesen Punkt.

Powell hatte den Eindruck, dass Cheney von einem Fieber gepackt worden war. Der Vizepräsident und Wolfowitz suchten ständig nach Verbindungen zwischen Saddam und dem 11. September. Da hatte sich eine eigenständige kleine Regierung gebildet – Wolfowitz, Libby, Feith und dessen „Gestapo-Büro“, wie Powell es in privaten Gesprächen bezeichnete. Er bemerkte bei Cheney eine traurige Verwandlung. Den kühlen politischen Kopf des ersten Golfkriegs gab es nicht mehr. Cheney war nun beherrscht von einer ungesunden Fixierung. In nahezu jedem Gespräch kam er auf al-Qaida zurück und versuchte das Terrornetzwerk in irgendeiner Weise mit dem Irak in Verbindung zu bringen. Häufig stützte er sich dabei auf zweifelhafte Informationen. Nach Powells Eindruck versuchte Cheney, ungesicherte oder mehrdeutige Erkenntnisse als Tatsachen auszugeben. Dies war die denkbar schlimmste Anschuldigung, die Powell gegen den Vizepräsidenten erheben konnte. Aber so war es. Cheney bezog sich auf irgendein abgehörtes Gespräch und sagte, dies belege, dass irgendetwas geschehen sei. Nein, nein, nein, widersprachen dann Powell und andere, es zeige lediglich, dass zwei Leute miteinander gesprochen hatten und gesagt hatten, dass irgendetwas geschehen *könnte*. Wenn aus einem Gespräch hervorging, dass etwas Bestimmtes passieren könnte, bauschte es Cheney auf und sagte: „Wir wissen, dass das passiert ist.“ Powell dagegen folgerte daraus: Wir wissen es nicht. Niemand wusste es.

Später fragte ich den Präsidenten, ob er gespürt habe, dass Cheney in einem fieberhaften Zustand gewesen sei. „Nein“, antwortete Bush. „Cheney ist ein nüchterner Mensch. Er lässt sich nicht leicht von einem Fieber anstecken. Unter Fieber verstehe ich eine Art von Delirium – er hat sich unter Kontrolle. Wirklich, nein. Ich habe gespürt, dass er von der Sache überzeugt war. Aber Fieber wäre das falsche Wort. Wer immer das behauptet hat, kennt ihn nicht so gut wie ich oder kennt ihn vielleicht auf andere Weise.“

AM MONTAG, dem 27. Januar, erstattete Hans Blix dem Weltsicherheitsrat Bericht über die ersten zwei Monate der Waffeninspektionen.

„Der Irak scheint bis heute die Abrüstungsverpflichtungen, die ihm auferlegt wurden und denen er Folge leisten muss, um das Vertrauen der Welt zu gewinnen und in Frieden zu leben, nicht in vollem Ausmaß zu akzeptieren“, sagte er. Obwohl die Kooperation insgesamt zufriedenstellend sei, erklärte Blix, habe er deutliche Hinweise darauf, dass der Irak mehr Anthrax produziert habe, als angegeben. „Es ist vermutlich noch immer vorhanden.“

Blix hatte auch Fragen bezüglich chemischer Ausgangsstoffe für das Nervengas VX. Als Beispiel für nicht wahrheitsgemäße Angaben führte er an, dass in einem Papier der irakischen Luftwaffe von 13 000 chemischen Bomben die Rede sei, die während des iranisch-irakischen Kriegs von 1980 bis 1988 abgeworfen worden seien, während der Irak gegenüber der UNO erklärt hatte, in diesem Zeitraum seien 19 500 Chemiebomben verbraucht worden. „Es besteht also eine Diskrepanz von 6500 Bomben.“ Er wies jedoch auch deutlich darauf hin, dass Annahmen welcher Art auch immer – schuldig oder nicht schuldig – das Problem nicht lösen würden, sondern dass nur „Beweise und vollständige Transparenz“ helfen könnten.

Mohammed El Baradei, der Leiter der Internationalen Atomenergie-Organisation, erklärte: „Bislang konnten wir keine Beweise dafür finden, dass der Irak sein Nuklearwaffenprogramm seit dessen Beendigung in den neunziger Jahren wieder aufgenommen hätte." Er wies darauf hin, dass er seine Arbeit noch nicht abgeschlossen habe, wagte jedoch die Voraussage: „Wir werden vermutlich in einigen Monaten in der Lage sein, glaubhaft darzulegen, dass der Irak kein Nuklearprogramm betreibt."

Nachdem sie sich das alles angehört hatte, dachte Rice, dass sie vielleicht tatsächlich Saddam allmählich in die Ecke trieben und er bald einknicken würde. Würde es wieder so laufen wie 1995, als sich sein Schwiegersohn abgesetzt hatte und Saddam dann plötzlich zugab, dass er ein Biowaffenprogramm unterhielt? Cheney sagte klar Nein, er glaube nicht einen Augenblick lang daran, dass Saddam nachgeben würde. Darüber hinaus ergaben sich aus der Überwachung von Blix einige Widersprüche. Einige aus der Runde der Chefs meinten, Blix verhalte sich wiederum nicht aufrichtig oder lüge sogar. Die nachrichtendienstlichen Informationen deuteten darauf hin, dass Blix verhindern wolle, dass seine Inspektionen als Kriegsgrund herangezogen werden könnten und dass er fürchte, sein Vortrag vom 27. Januar habe den USA bereits einen Casus Belli geliefert. Daher beabsichtige Blix, in seinem nächsten Bericht einen Rückzieher zu machen.

Rice erklärte dem Präsidenten, sie gehe nicht davon aus, dass Blix absichtlich die Unwahrheit sage. Er stecke einfach nur in einem tiefen Konflikt.

All dies bestärkte Bush nur in seiner Entscheidung für den Krieg. Alle Vorhersagen Cheneys über den UN-Prozess hatten sich bewahrheitet.

UNTERDESSEN hatte ich erfahren, dass Powell der UNO weitere Informationen vorlegen wollte, die einige Aussagen widerlegen sollten, die Blix in seinem Bericht vom 27. Januar gemacht hatte. Obwohl der Bericht von Blix verhältnismäßig kritisch gewesen war, wollte die Regierung noch etwas nachschieben. Ich schrieb einen Artikel für die *Washington Post,* der am 28. Januar unter der Überschrift erschien: „USA wollen Irak-Erkenntnisse veröffentlichen. Durch Beweise, dass Waffen versteckt wurden, soll Unterstützung für den Krieg gestärkt werden." Ich berichtete, einige Vertreter der Regierung glaubten „zwingende" und „eindeutige" Belege dafür zu haben, dass der Irak Waffen verschiebe und verberge, fügte jedoch hinzu: „Andere Quellen behaupteten hingegen, dass die US-Geheimdienste bislang noch kein größeres Versteck ausfindig machen konnten, in dem verbotene Waffen oder Bestandteile für chemische und biologische Waffen in Sicherheit gebracht worden sein sollen. Sie sagten, der US-Regierung fehle noch immer eine ‚rauchende Pistole'."

An diesem Abend nutzte der Präsident das letzte Drittel seiner Ansprache zur Lage der Nation, um eine Breitseite auf Saddam Hussein abzufeuern. Er verwies ausführlich auf die Waffen, die in Saddams früheren Erklärungen nicht angegeben worden waren – 25 000 Liter Anthrax, Material für mehr als 38 000 Liter Botulinumtoxin, „genug, um Millionen Menschen zu ersticken", außerdem das Gas Sarin, das Nervengas VX sowie mobile Biowaffenlabore.

Dann sagte Bush 19 Wörter, die berühmt werden sollten: „Die britische Regierung hat herausgefunden, dass Saddam Hussein vor kurzem versucht hat, größere Mengen Uran in Afrika zu kaufen." Dies war eine seiner harmloseren Beschuldigungen, und er berief sich zutreffend auf die Briten. Aber knapp vier Monate vorher hatten Tenet und die CIA diese Passage aus der Rede des Präsidenten in Cincinnati gestrichen, weil dieser Vorwurf nicht hatte bestätigt werden können und als zweifelhaft galt. Die Rede zur Lage der Nation hatte sich Tenet nicht angesehen, und Hadley hatte die frühere Warnung der CIA vergessen.

Hochrangige Regierungsvertreter beurteilten die nachrichtendienstlichen Erkenntnisse über die Massenvernichtungswaffen des Irak mit Skepsis – darunter Armitage, einige höhere Militärs und sogar der Sprecher der CIA, Bill Harlow, der die Journalisten mehrmals darauf hinwies, dass die CIA zwar überzeugt sei, dass Saddam Massenvernichtungswaffen besitze, bislang aber über keine „rauchende Pistole" verfüge. Diese Skepsis drang jedoch nicht bis zum Präsidenten vor. Die unmissverständlichen Erklärungen der politischen Schwergewichte Tenet, Cheney und Rumsfeld behielten die Oberhand.

28 BEI EINEM PRIVATEN TREFFEN mit dem italienischen Premierminister Silvio Berlusconi am 30. Januar ließ der Präsident sein eingeübtes Dementi verlautbaren, dass noch keine Entscheidung über ein militärisches Vorgehen getroffen worden sei. Doch dann legte er seinen wahren Kurs offen. Der Irak würde entwaffnet und Saddam nicht an der Macht belassen werden. „Wir haben eine tödliche Streitmacht zusammengestellt, und wir werden ihm damit in den Hintern treten. Wir werden jeden Schritt unternehmen, um zivile Opfer zu vermeiden." Bush wurde wieder vorsichtiger. „Sollte dies Truppen erfordern, werde ich mich mit Ihnen in Verbindung setzen. Es wird keine Überraschungen geben." Schließlich gab er dem italienischen Premierminister noch aufmunternde Worte mit: „Das wird sich ändern. Warten Sie es ab, die öffentliche Meinung wird sich ändern. Wir führen die Öffentlichkeit in unseren Ländern. Wir dürfen der Öffentlichkeit nicht hinterherlaufen."

Am Freitag, dem 31. Januar, sollte Bush erneut mit Tony Blair in Camp David zusammentreffen, doch Regen und Schnee hielten sie im Weißen Haus zurück.

Blair sagte zu Bush, dass er auf eine zweite UN-Resolution angewiesen sei. Er hatte das seiner Partei zu Hause versprochen, und er war zuversichtlich, dass Bush und er zusammen die Vereinten Nationen und die internationale Gemeinschaft um sich scharen könnten.

Bush war gegen eine zweite Resolution. Dies war einer der seltenen Fälle, in denen Cheney und Powell einer Meinung waren. Beide hielten nichts von einer neuerlichen Resolution. Für die erste Resolution hatten sie sieben Wochen gebraucht, und dieses Mal würde es weitaus schwieriger werden. Außerdem hielt Powell sie für überflüssig. Seiner Meinung nach würde ein Richter zu dem Urteil gelangen, dass Resolution 1441 ausreiche, um ohne eine zweite Resolution loszuschlagen.

Und es gab noch ein weiteres Problem. Da die erste Resolution mit 15 zu 0 Stimmen angenommen worden war, würde das als Norm gelten – auch wenn es nicht die Norm, sondern eine große Ausnahme war. 1990 hatten die Vereinten Nationen die Resolution zum Golfkrieg mit 12 zu 2 Stimmen angenommen; damals hatten der Jemen und Kuba mit Nein gestimmt und China sich der Stimme enthalten. Sollten sie jetzt bei der zweiten Resolution nicht 15 zu 0 Stimmen erhalten, könnte ihnen das als Schwäche ausgelegt werden.

Aber Blair hatte das stärkere Argument. Er war politisch auf eine zweite Resolution angewiesen. Es war, schlicht und ergreifend, eine absolute politische Notwendigkeit. Blair sagte, er sei auf diesen Gefallen angewiesen. Bitte.

Das war eine Sprache, die Bush verstand. „Wenn es das ist, was Sie brauchen, dann werden wir alles versuchen und Ihnen helfen, sie zu bekommen", sagte er zu Blair. Er wollte nicht allein stehen, und ohne Großbritannien wäre das praktisch der Fall. Der Präsident und seine Administration waren besorgt über die, wie Stephen Hadley sie genannt hatte, „imperiale Option".

Damit hatten sie, was Cheney betraf, wieder ein Problem.

„Blair muss sich mit seinem Parlament, seinem Volk befassen, aber er muss auch die britisch-französischen Beziehungen und den innereuropäischen Kontext berücksichtigen", erinnerte sich Bush später. „Das heißt, er hat eine sehr schwierige Arbeit zu erledigen. In mancher Hinsicht übrigens viel schwieriger als die des amerikanischen Präsidenten. Das war die Zeit, in der die Franzosen langsam, aber sicher zum Thema in Großbritannien wurden."

Bush nannte es „das berühmte Zweite-Resolution-Meeting" und erwähnte, dass Blair „absolut" um Hilfe gebeten habe.

POWELL musste sich entscheiden, was genau er vor den Vereinten Nationen sagen würde. Libby hatte eine Dokumentation des Falls zusammengestellt, die mit 60 Seiten rund doppelt so lang war wie die der CIA und die er als eine Art Speisekarte aus dem Chinarestaurant betrachtete, aus der Powell wählen konnte. Der Text selbst wies keine Fußnoten auf, aber Libby hatte vom Stab des Nationalen Sicherheitsrats und aus Cheneys Büro Aktenordner voller Hintergrundmaterial beigefügt.

Powell hielt einen Großteil der Geheimdienstinformationen für undurchsichtig. Er mochte es, zum Telefonhörer zu greifen oder jemandem direkt gegenüberzusitzen und die Sache mit den Leuten durchzusprechen, die über Fakten oder Informationen aus erster Hand verfügten und Entscheidungen fällen konnten. „Das Biest füttern", wie Armitage häufig zu Leuten im Umfeld der Regierung sagte, womit er meinte, dass er handfeste Informationen oder zuverlässige Nachrichten aus inoffiziellen Kanälen haben wollte, die er an Powell weitergeben konnte. Abhörprotokolle und Satellitenaufnahmen kamen beim „Biest" nicht sonderlich gut an. Das Leben und die Arbeit sind für Powell Kontaktsportarten, und er liebt es, um wen oder was es auch immer gehen mag, die Dinge im wahrsten Sinne des Wortes in die Hand nehmen zu können. Ein Satellitenbild kann man nicht verhören – Hey, was bedeutet dieser Punkt wirklich? Was ist in diesem Lastwagen? – oder die Bedeutung der übersetzten Worte einer abgefangenen Nachricht voll und ganz erfassen.

Je tiefer sich Powell in das Material einarbeitete, umso klarer wurde ihm, dass sie nur äußerst spärliche von menschlichen Quellen stammende Nachrichten über irakische Massenvernichtungswaffen besaßen. Das gab kein gutes Bild ab. Dennoch war er, wie Bush und die anderen Mitglieder des Kriegskabinetts, stark von Saddams Verhalten in der Vergangenheit beeinflusst. Der Diktator hatte in den achtziger Jahren Massenvernichtungswaffen eingesetzt und sie in den neunziger Jahren versteckt, und wenn er jetzt nichts mehr zu verbergen hatte, nun, dann brauchte er das der Welt doch nur zu zeigen. Powell stimmte zu, wenn Cheney sagte: „Warum um alles in der Welt sollte er all diese Jahre die UN-Sanktionen auf sich nehmen und auf schätzungsweise 100 Milliarden Dollar an Öleinnahmen verzichten? Das ergibt doch keinen Sinn!"

Einige CIA-Analysten und David G. Newton, der amerikanische Botschafter im Irak von 1984 bis 1988, hatten davor gewarnt, dem „Syndrom des gesunden Menschenverstands" zum Opfer zu fallen und das, was Amerikaner als rationales Verhalten betrachten, auf Saddam und damit auf jemanden zu projizieren, der sich in der Vergangenheit allem Anschein nach auf das Irrationale spezialisiert hatte. Powell neigte von vornherein zu der Überzeugung, dass Saddam Waffen verberge, und was er von den Geheimdienstleuten zu hören bekam, war, dass die meisten seriösen ausländischen Geheimdienste ebenfalls zu dem Schluss gekommen waren, dass Saddam Massenvernichtungswaffen besitze.

Die Erwartungen der Öffentlichkeit an Powells Präsentation stiegen immer mehr. Die Presse und das Fernsehen wurden von einem Thema beherrscht: Wird Powell einen K.-o.-Schlag austeilen? Was hat er? Welche Geheimnisse werden endlich ans Tageslicht gebracht? Wird Saddam entlarvt? Wird Powell seinen Adlai-Stevenson-Moment bekommen? Wird Saddam einknicken? Oder Powell?

Powell war sich bewusst, dass bei der – inzwischen auf den 5. Februar angesetzten – Sitzung des UN-Sicherheitsrats die Glaubwürdigkeit der Vereinigten Staaten, des Präsidenten und seine eigene auf dem Spiel stünden. An erster Stelle bei seinen Überlegungen stand die Gewissheit, dass die Iraker, sollte er übertreiben oder etwas präsentieren, das auf wackeligen Beinen stand, ihm das am nächsten Tag heimzahlen würden. Er konnte sich keine offene Flanke leisten.

Am Samstag, dem 1. Februar, ging Powell ins CIA-Hauptquartier, wo er den Großteil des Tages damit verbrachte, Geheimdienstinformationen, darunter auch noch nicht analysierte Abhörprotokolle, zu durchforsten. Die Entscheidung, was er nicht gebrauchen konnte, war der einfachere Part. Alles, was nur dürftig belegt war, und das war viel, wanderte in den Müll. Powell blieb bis zum späten Abend. Am nächsten Morgen rief er Armitage an. „Was machen Sie gerade?"

„Ich bin eben vom Trainingsstudio zurückgekommen", sagte Armitage.

„Was machen Sie heute Nachmittag?"

„Ich vermute, den werde ich mit Ihnen verbringen."

Bitte, sagte Powell.

Sie fielen ein zweites Mal bei der CIA ein. Tenet, McLaughlin und andere Analysten und Experten gaben sich die Klinke in die Hand. Das Problem sei, sagte Powell, dass er nichts mehr nachverfolgen könne, weil das ganze Material „drüben im Weißen Haus durch den Fleischwolf gedreht worden war und die Beweisstücke nicht mehr mit den Texten übereinstimmten". Da niemand wusste, auf welche Quellen sich konkrete Aussagen bezogen, musste er ganz von vorn anfangen.

Armitage war skeptisch. Saddam hatte im Krieg gegen Iran im großen Maßstab chemische Waffen eingesetzt. Das bewies, dass er solche Waffen in den achtziger Jahren besessen hatte. Wahrscheinlich hatte er sie immer noch, aber wo waren die felsenfesten Beweise dafür? Und was sie an Geheimdienstinformationen über biologische und nukleare Waffen hatten, erschien auch eher zweifelhaft.

Was war das Beste, was sie hatten? Powell und Armitage gingen eine abgefangene Unterhaltung zwischen zwei hohen Offizieren der Republikanischen Garde durch, die McLaughlin bei seinem Probelauf im Dezember benutzt hatte. Bei dem einen Tag vor Beginn der Inspektionen abgehörten Gespräch teilte ein Oberst einem Brigadegeneral mit, dass er ein umgebautes Fahrzeug der Firma al-Kindi habe, eines Unternehmens, das in der Vergangenheit mit Massenvernichtungswaffen zu tun gehabt hatte. Dann verbesserte sich der Oberst und sagte: „Wir haben alles evakuiert. Wir haben nichts zurückgelassen." Das war eine Andeutung und potenziell belastend, aber worüber er genau sprach, blieb unklar und konnte weder aus dieser abgehörten Nachricht noch aus anderen Geheimdienstinformationen abgeleitet werden. Eine alternative Erklärung war, dass der Oberst und der General nur sichergehen wollten, dass sie den Anordnungen Folge geleistet hatten. Powell beschloss dennoch, die Nachricht zu verwenden, zum einen, weil es um zwei hohe Offiziere ging, zum anderen, weil das Wort „evakuiert" sehr überzeugend klang.

In einer anderen, erst in der vorangegangenen Woche abgefangenen Nachricht aus dem Hauptquartier der Republikanischen Garde gab ein Offizier einem Feldoffizier Anweisungen über den Umgang mit „verbotener Munition". Obwohl auch das bestenfalls eine Andeutung war, beschloss Powell doch, es zu benutzen.

In einer dritten abgefangenen Nachricht, die McLaughlin ebenfalls benutzt hatte, instruierte ein Oberst einen Hauptmann, den Ausdruck „Nervengas" aus den Funkbefehlen zu streichen, was stark darauf hindeutete, dass er Angst hatte, jemand könnte sie abhören. Powell beschloss, auch das zu verwenden, ungeachtet der, wiewohl sehr unwahrscheinlichen, Möglichkeit, dass die Offiziere nur dabei waren, das Befehlshandbuch zu säubern, weil es kein „Nervengas" mehr gab.

CHENEY UND LIBBY blieben an den angeblichen Verbindungen des Irak zu al-Qaida und möglicherweise auch zu den Anschlägen vom 11. September dran. Powell dagegen konnte keinerlei Hinweise auf eine solche Verbindung sehen. Am Ende würde die Sache zum Präsidenten gehen müssen.

Wir brauchen die Sache mit dem Terrorismus nicht zu überdehnen, sagte Tenet in Erinnerung an die Anweisungen des Präsidenten. Sie hatten ziemlich gute Hinweise darauf, dass ein Palästinenser namens Abu Musab al-Sarkawi, der über enge Beziehungen zu al-Qaida verfügte, mit dem vermuteten Giftgaslabor im Nordirak zu tun hatte, wo Tims paramilitärisches CIA-Team operierte.

Sarkawi hatte sich im Frühjahr 2002 in Bagdad ärztlich behandeln lassen, und sie gingen davon aus, dass er dort eine Operationsbasis aufgebaut hatte. Der Mörder Laurence Foleys, eines Mitarbeiters des State Department, der im Herbst in Jordanien umgebracht worden war, hatte nach seiner Festnahme gesagt, dass seine Zelle von Sarkawi Geld und Waffen für den Anschlag erhalten hatte. Das Sarkawi-Netzwerk sei groß und gefährlich.

Es gab allerdings ein Problem. „Ich kann daraus keine Autorität, Führung und Kontrolle ableiten", sagte Tenet unter Bezug auf seine Mindesterwartungen an einen stichhaltigen Beweis. Mit anderen Worten, es gab keine Beweise, dass Saddam oder der irakische Geheimdienst die Sache kontrollierten. Operationale Kontrolle, hatte Libby eingewendet, sei nicht das einzige Kriterium. Die Taliban in Afghanistan übten keine Kontrolle über Bin Laden aus. Das Kriterium des Präsidenten war, ob jemand Terroristen Unterschlupf bietet. Die CIA könne beweisen, dass Saddam Sarkawi aufgenommen und ihm eine Art Zuflucht geboten habe. Sarkawi führe Operationen durch, in einer Art und Weise und an Orten, die Saddams Regime nicht zugelassen hätte, hätte es die Operationen nicht gutgeheißen. Rein technisch betrachtet bot der Irak also Terroristen Unterschlupf. Sie sollten, riet er, an dem Körnchen festhalten, das solide war.

Tenet wusste, dass Cheney von al-Qaida besessen war.

Von Cheney unter Druck gesetzt, stellte sich Bush in dieser Frage schließlich hundertprozentig hinter Tenet.

Powell beschloss, die Sarkawi-Connection in seiner Präsentation darzulegen und arbeitete eine Kompromissformel aus. Sobald er die

Frage der Massenvernichtungswaffen, die rund 75 Prozent seiner Redezeit in Anspruch nehmen würde, abgehandelt hätte, würde er sagen, es gebe Hinweise auf eine „potenziell weitaus unheilvollere" Verbindung zwischen dem Irak und al-Qaida, und würde die gesamten Verbindungen Sarkawis zu über hundert Terroristen auflisten, die in Europa, unter anderem in Frankreich, Großbritannien, Spanien und Italien, festgenommen worden waren.

MEHRERE MONATE LANG hatte Saul versucht, die Genehmigung für die Entsendung eines CIA-Agenten ins Herz des vom Regime kontrollierten Irak zu erhalten. Er hatte einen Freiwilligen, einen amerikanischen Staatsbürger, der nicht wie ein Amerikaner aussah, einen CIA-Agenten, der in einigen der gefährlichsten Gebiete des vergangenen Jahrzehnts viel Erfahrung gesammelt hatte. Die Freigabe für die Mission zu erhalten hatte Monate gedauert.

„Du bist ein verrückter Hurensohn", sagte Saul zu dem Agenten, den er seit Jahren kannte. Sei ihm klar, was ihm blühte, sollte er in Gefangenschaft geraten?

Der Mann wurde in den Irak eingeschleust, von wo er Augenzeugenberichte unter anderem über irakische Luftabwehrstellungen lieferte, von deren Existenz das US-Militär noch nicht einmal etwas gewusst hatte. Darüber hinaus gehörte er mit zu den Ersten, die Berichte über die mit Erdöl gefüllten Gräben um Bagdad herum lieferten, die Saddam in Brand stecken lassen könnte. Die Mission gehörte mit zu den geheimsten Operationen der CIA, und nur der Präsident, Cheney, Rice, Rumsfeld und Franks waren darüber unterrichtet. Saul atmete jeden Tag erleichtert auf, wenn der Bericht des Agenten eintraf. Wäre er gefangen genommen worden, hätten die Iraker viel über die Arbeitsweise der CIA und eine Menge anderer Sachen erfahren können. Insgesamt lieferte der einsame Ranger 130 Geheimdienstberichte ab.

Tim und sein Team hatten in ihrem Basislager Kalachualan in den Bergen im Nordirak ihre Operationen stark ausgeweitet. Da der Krieg allerspätestens Mitte Februar beginnen würde, wollte er alle Agenten bis spätestens 10. Februar an Ort und Stelle haben. Er hatte die beiden Brüder gebeten, einen bestimmten auf ihrer Liste vermerkten Offizier herbeizuschaffen, der angeblich über Zugang zu den Personalakten der Speziellen Sicherheitsorganisation (SSO) verfügte. „Bringt mir diesen Kerl", verlangte Tim. Sie taten wie geheißen und führten den Mann zu Tim. Der Vater der Brüder, der „Papst", war bei der Vernehmung zugegen.

„Was haben Sie für uns?", fragte Tim den Mann, der vor dem „Papst" sehr nervös wirkte und fast schon zitterte.

„Bitte, das hier ist die CIA, und wir möchten, dass du mit ihnen zusammenarbeitest", sagte der „Papst".

Der Monat ist gekommen, sagte Tim. Wir werden das Regime stürzen.

In Ordnung, sagte der Mann von der SSO.

„Können Sie Ihre Identität beweisen?", fragte Tim.

Der SSO-Mann holte eine CD-ROM hervor und reichte sie Tim. „Darauf finden Sie die Personalakten der SSO."

Einer von Tims Einsatzoffizieren schob die CD-ROM in einen tragbaren Computer. Auf der CD-ROM befanden sich 6000 Personalakten – Namen, Vorgeschichten, Aufträge und zahlreiche Fotos. Der Agent fing an, die Bilder zu sichten; eine der Aufnahmen zeigte einen Mann, der sich ihnen als Freiwilliger angedient und behauptet hatte, er würde für das Militär arbeiten. Tatsächlich aber gehörte er, wie sie jetzt sahen, der SSO an und wurde wahrscheinlich als Doppelagent gegen sie eingesetzt. Sie beschlossen, ihn mit Falschinformationen zu füttern.

Tims Informanten waren so einzigartig, so unglaublich wertvoll, dass die CIA ihnen die geheime Abkürzung „DB/Rockstars" verlieh. (DB war das CIA-Kürzel für den Irak.) Tim zahlte den beiden Brüdern inzwischen eine Millionen Dollar monatlich für die „Rockstar"-Geheimdienstarbeit. Da die Brüder das Geld innerhalb von sechs Tagen auszugeben schienen, bot Tim ihnen etliche hunderttausend Dollar mehr an, sollten sie wirklich gute Geheimdienstarbeit leisten.

Die „Rockstars", die praktisch in 100-Dollar-Scheinen schwammen, kauften auf dem Schwarzmarkt Waffen auf, hinter denen auch die PUK her war. Der Papst, seine beiden Söhne und ihre Anhänger waren Gäste der PUK, und Tim leitete ihr Agentennetzwerk ohne Wissen der PUK. Als immer mehr Mitglieder der religiösen Gruppe Militäruniformen trugen und gut bewaffnet waren, wurden die PUK-

Führer zusehends misstrauisch. Wer sind diese ganzen Religionsleute, die hier Armee spielen?, wollte einer der PUK-Funktionäre wissen.

Tim verteilte auch Millionen Dollar an die PUK, zum einen, um sich ihr Wohlwollen zu erkaufen, zum anderen für die Informationen, die sie ihm beschafften, und für die Sicherheit, die sie ihm und seinem Team boten. Eines Tages kam der Führer der PUK, Dschalal Talabani, zu Tim.

„Tim, ich brauche, wenn Sie mir das beschaffen können, Einer und Fünfer und Zehner. In Sulaimaniya kostet inzwischen nämlich alles 100 Dollar." Die 100-Dollar-Scheine hatten eine extreme Inflation ausgelöst. Selbst eine Tasse Kaffee schien 100 Dollar zu kosten, weil niemand Wechselgeld hatte, um herauszugeben.

Tim sagte, er würde sehen, was sich machen ließe. Eine Million Dollar in 100-Dollar-Scheinen wog rund 44 Pfund; in Zehn-Dollar-Scheinen wären das mehrere hundert Pfund, in Ein-Dollar-Scheinen mehrere tausend Pfund.

Die Türken behinderten den Nachschub, und um Geld zu beschaffen, musste Tim oder ein anderes Teammitglied in die Türkei und von dort mit prall gefüllten Rucksäcken den ganzen Weg wieder zurück fahren. Das Team wurde langsam nervös, und das lokale Essen – mit Reis und den Luftröhren und Kehlköpfen von Tieren gefüllte Eingeweide, die zugenäht und dann gekocht wurden – hing ihnen allen zum Hals heraus. Ihr Hauptnahrungsmittel waren Hühnchen und Fladenbrot.

Als Nächstes lieferten die „Rockstars" ein mobiles irakisches Kommunikationsgerät. Das Gerät, das auf dem Weg zur Reparatur von einem „Rockstar"-Agenten gestohlen worden war, hatte dem irakischen Vizepremier Tarik Asis gehört. Es war mit einem Dekodierungssystem ausgerüstet und gehörte zum Kommunikationsnetzwerk der SSO. Tim ließ das Gerät von einem Kurier nach Washington bringen, wo die National Security Agency (NSA) das System entschlüsselte. Bald darauf konnte die NSA einen Teil der SSO-Kommunikation abhören.

Die Brüder rekrutierten darüber hinaus einen zentralen „Rockstar", einen SSO-Offizier, der eine der wichtigsten Telefonzentralen in Bagdad leitete. Der stämmige Mann mit einem prägnanten Schnurrbart war nicht dank seines technischen Wissens, sondern auf Grund seiner extremen Loyalität zu Saddam so weit aufgestiegen. Als sie ihn ins Basislager brachten, war der Papst da, bei dessen Anblick der SSO-Offizier in Ahs und Ohs ausbrach und zu zittern anfing. Er eilte zum „Papst" und küsste seine Füße. Der „Papst" sagte zu ihm, „Du wirst kooperieren!" Kurze Zeit später brachte er einen weiteren Gefolgsmann zu Tim, den Leiter einer wichtigen Kommunikationseinheit der SSO.

Tim erfuhr, dass Kommunikationsleitungen jedes Mal, wenn Saddam seinen Aufenthaltsort wechselte, aktiviert oder angeschlossen wurden – einer der wenigen, für die Zukunft möglicherweise entscheidenden Hinweise auf den Aufenthaltsort eines der weltweit am schwersten auffindbaren Menschen.

Die „Rockstar"-Informationen gewannen eine solche Bedeutung, dass die Gegenspionageexperten im CIA-Hauptquartier den Auftrag erhielten, sie auf alle erdenklichen Arten zu überprüfen. Konkrete Angaben wurden mit abgefangenen Nachrichten und Satelliten- und anderen Luftaufnahmen abgeglichen. Franks und einige andere, die bei CENTCOM ein „Rockstar"-Briefing erhielten, ließen es sich nicht nehmen, die Authentizität der Informationen persönlich auf die Probe zu stellen.

Geben Sie uns die GPS-Koordinaten dieser neuen Luftabwehrstellungen, verlangten sie. Zur Kontrolle schickte das Militär die mit der Überwachung der Flugverbotszonen im Norden und Süden beauftragten Fliegerstaffeln zu den angegebenen Orten, wo sie nach näherer Inspektion die Luftabwehrstellungen ausmachten und bombardierten. Die Quantität und Qualität der von den „Rockstars" gelieferten Informationen stellte alles andere in den Schatten.

Ende Februar umfasste Tims „Rockstar"-Netzwerk im Irak rund 90 Agenten. Anfangs musste jeder „Rockstar" zur Abgabe seiner Berichte herausgeschleust werden. Da die NSA davon ausging, dass die Iraker nicht über die technischen Fähigkeiten zum Abhören von Satellitentelefonen verfügten, kaufte Tim für 700 Dollar das Stück gut 100 Satellitentelefone von Thuraya, einer Satellitentelefongesellschaft mit Sitz in Abu Dhabi.

Tim verteilte die Telefone an 87 „Rockstar"-Agenten, die von Umm Qasr im Süden bis Mossul im Norden operierten. Die Agenten konnten so direkt Verbindung zu einer Telefonzentrale aufnehmen, die mit Tims Einsatzoffizieren und den beiden Brüdern besetzt war.

Talabanis PUK verfügte mittels eines abhörsicheren STU-3-Telefons über eine eigene direkte Verbindung nach Washington und insbesondere zu Wolfowitz. Tim nahm den PUK-Vertretern nicht ein Wort von dem ab, was Wolfowitz ihnen ihren Angaben zufolge mitteilte. Aber er konnte schlecht Wolfowitz anrufen und sagen, Hey Paul, stimmt es, dass Sie denen das und das gesagt haben? Er war Gehaltsklasse 14 mit einem Jahresverdienst von rund 80 000 Dollar; davon nahm er rund 4400 Dollar im Monat oder umgerechnet 150 Dollar am Tag mit nach Hause. Die PUK oder eine andere Gruppe mochte ja über einen guten Draht zu Wolfowitz oder wem auch immer verfügen, aber Tim war der Einzige, der Geld verteilte, und bei Gott, sie konnten es sich nicht erlauben, es sich mit ihm zu verscherzen. Das war sein Trumpf. Er konnte darauf bestehen: Bringt mir mehr davon – nachrichtendienstliche Informationen, oder weniger davon – exzessive private Ausgaben.

Tim wusste, dass seine Geheimdienstquellen an einem sehr dünnen Faden hingen. Sein wichtigster Kontaktmann in der PUK mit Beziehungen zum inneren Zirkel, der Mann, der ihm geholfen hatte, die „Rockstars" zu rekrutieren, war ein Alkoholiker, und Tim hatte ihm inzwischen bereits mehrere hunderttausend Dollar gegeben, damit er sich all den Stoff besorgen konnte, nach dem ihn dürstete. Die „Rockstars" trafen sich nur mit Tim, wenn sein PUK-Mann das genehmigte oder selbst anwesend war. Also musste Tim notgedrungen den Suchtberater geben, und praktisch jeden Sonntagmorgen ging er zu dem Mann und setzte sich für ein paar Stunden zu ihm hin.

Der Mann betete jedes Mal eine ganze Litanei von Beschwerden herunter. „Ich mache das nicht mehr", gehörte zu seinen Standardsprüchen. „Ich hasse Sie." Naturlich fühlte er sich permanent unterbezahlt. „Sie haben keinen Respekt vor mir." Tim musste sich das stundenlang anhören. Der Mann arbeitete hinter dem Rücken und ohne Wissen der PUK, die von seiner Familie fast wie eine heilige Organisation verehrt wurde, und Tim war derjenige, bei dem er seinen ganzen Groll und seine Selbstverachtung, beide durch ein gewaltiges Alkoholproblem verstärkt, ablud.

Tim, der sich ganz auf sein Gefühl und seine Intuition verließ, schenkte dem Mann so viel Beachtung, wie er nur aufbringen konnte. Sollte er aussteigen oder als Mittelsmann auffliegen, wären die „Rockstars“ Geschichte.

Es war ja nicht so, dass Tim mit George Tenet sprach. Er war da draußen allein und wusste, dass alle, mit denen er redete, Saul eingeschlossen, nur einen Teil des Bilds kannten. Wann würde es endlich losgehen? Was zur Hölle ging hier vor sich?

Im CIA-Hauptquartier konnte Saul derweil immer noch nicht ganz fassen, wie viel Erfolg sie hatten. Die NSA hatte einige taktische SIGINT-Ausrüstungen geliefert, die Funk- und andere schwache Kommunikationssignale auffangen konnten, und die „Rockstars“ brachten die Pakete nach Bagdad und platzierten sie an zentralen Stellen. Damit verfügten sie über eine wichtige neue Informationsquelle. Niemand in der CIA hatte das, was Tim und sein Team da im Irak auf die Beine gestellt hatten, für möglich gehalten. Noch nie zuvor hatte die Agency eine erfolgreiche, langfristige grenzüberschreitende Operation im Irak durchgeführt oder Quellen im irakischen Geheimdienst, im Sicherheitsdienst oder der Republikanischen Garde rekrutiert. Wie lange würde man die Operation aufrechterhalten können?

Während in Ankara noch darüber debattiert wurde, ob man den amerikanischen Truppen Stationierungsrechte zum Aufbau einer Nordfront gewähren sollte, machten die Türken, die Tim und das andere Team beschatteten, immer mehr Schwierigkeiten. Sie konnten jederzeit die Grenze dichtmachen, die Teams im Irak isolieren und den Nachschub abschneiden. Sobald die ersten Schüsse fielen, würden die Teams genug Geld für zwei oder drei, vielleicht aber auch noch mehr Monate benötigen. Saul beschloss, Tim und dem anderen Team eine große Lieferung zu schicken – 35 Millionen Dollar in bar, rund eine Tonne in 100-Dollar-Scheinen. Das Geld in den Irak zu schmuggeln – versteckt unter Fertiggerichten und anderen Vorräten – war eine heikle Operation. Sie mussten drei Grenzen überqueren, um die 35 Millionen Dollar in den Nordirak zu bringen.

29 KURZ NACH SIEBEN UHR MORGENS am Mittwoch, dem 5. Februar, einige Stunden vor Powells Präsentation vor den Vereinten Nationen, traf sich Bush mit zwanzig führenden Kongressmitgliedern im Kabinettszimmer des Weißen Hauses.

„Viele von Ihnen haben das zuvor schon gehört", sagte er. „Es unterlag der Geheimhaltung. Es wird der Geheimhaltung unterliegen, bis Powell um 10.30 Uhr vor die Vereinten Nationen tritt. Wir haben noch mehr Informationen, über die wir uns nicht sicher sind." Er verließ den Raum, und Rice fasste kurz zusammen, was Powell sagen würde.

Jane Harman aus Kalifornien, Abgeordnete im Repräsentantenhaus und führende Demokratin im Geheimdienstausschuss des Repräsentantenhauses, sprach von einem „überzeugenden Fall", fragte aber: „Wo liegt die Bedrohung für das Heimatland?"

Rice erwiderte, dass die Bedrohung durch Saddam mit der Zeit zunehmen werde.

Nancy Pelosi aus Kalifornien, die Führerin der Demokraten im Repräsentantenhaus, meldete sich zu Wort. Würde ein neues Regime im Irak Massenvernichtungswaffen entwickeln? Was war mit dem nordkoreanischen Problem? Sie bräuchten, sagte sie, eine konsistente Politik. „Können wir den Schluss ziehen, dass die Bedrohung am wirksamsten eliminiert wird, wenn wir jetzt in den Krieg ziehen? Alles, was Saddam Hussein an spaltbarem Material erhält, bezieht er aus dem Ausland. Wir haben es hier mit einem globalen Problem zu tun, aber wir haben keine globale Lösung."

„Den Irak in den Griff zu bekommen ist kein Allheilmittel", antwortete Rice. Wenn die Vereinten Nationen das irakische Problem nicht mit mehr als einem Dutzend Resolutionen lösen könnten, sagte sie, „ist die Organisation ohnmächtig und werden wir es auf eigene Faust lösen müssen ... Der Irak ist entscheidend dafür, das Vertrauen in den Sicherheitsrat wiederherzustellen."

„Ist Krieg die beste Lösung?", beharrte Pelosi.

Rice stellte klar, dass ein Krieg die aktive Option war. „Wir haben es mit Sanktionen probiert, wir haben es mit begrenzten militärischen Optionen probiert, wir haben es mit Resolutionen probiert. Irgendwann erreicht man den Punkt, an dem der Krieg die einzige Option ist."

Was würden sie nach Saddams Sturz tun, fragte Ike Skelton aus Missouri, der führende Demokrat im Streitkräfteausschuss des Repräsentantenhauses.

„Die Streitkräfte werden von Teams, die humanitäre Hilfe leisten sollen, begleitet", erklärte Rice. „Wir werden die religiöse Gewalt eindämmen ... Wir müssen die Infrastruktur wieder zum Laufen bringen. Wir wollen nicht auf ewig dort bleiben."

„Wie lange werden Sie dort bleiben?", fragte Senator Joseph Biden, der ranghöchste Demokrat im außenpolitischen Ausschuss.

„Das wissen wir nicht", erwiderte Rice. „Das hängt von den Resultaten ab. Wir werden Hilfe von Leuten inner- und außerhalb des Irak erhalten."

Der republikanische Senator John Warner, Vorsitzender des Streitkräfteausschusses, fragte nach den Massenvernichtungswaffen. „Werden die Kameras, wenn der Staub sich gelegt hat, rauchende Pistolen finden?"

„Ich weiß nicht, was genau wir finden werden und in welchem Zeitraum", erwiderte Rice. „Blix sagt, dass er uns nicht sagen kann, dass sie keine haben."

Senator Carl Levin, der führende Demokrat im Streitkräfteausschuss, fiel ihr ins Wort. „Blix sagt auch, dass er uns nicht sagen kann, dass sie welche haben. Ihre Darstellung ist widersprüchlich."

Die Gefahr sei, sagte Rice, dass, sollten die Inspektoren zurückkehren und nichts finden, einige Länder die Aufhebung der Sanktionen fordern würden. „Die Iraker lieben dieses Spiel, sie kennen sich damit aus, sie wissen, wie sie gewinnen. Wir können so weitermachen und eine Spaltung im Sicherheitsrat riskieren. Die Inspektoren können den Irak nicht entwaffnen. Sie können nur die Entwaffnung verifizieren."

„Wenn wir reingehen und keine Waffenlager finden", sagte Biden, „haben wir ein ernstes Glaubwürdigkeitsproblem."

„Ich glaube, dass wir welche finden werden", warf Warner ein.

„Ich möchte Ihnen keine kategorische Antwort geben", meinte Rice vorsichtig, fügte aber hinzu: „Er versteckt einen Haufen. Ich bin ziemlich sicher, dass wir eine ganze Menge finden werden."

Nach dem Treffen sagte Senator Warner zu Steve Hadley: „Sie müssen das machen, und ich werde Sie unterstützen, seien Sie getrost. Aber ich hoffe sehr, dass Sie Massenvernichtungswaffen finden. Wenn Sie nämlich keine finden, werden Sie wohl ein ziemlich großes Problem bekommen."

DIE LETZTEN VIER TAGE waren für Powell extrem schwierig gewesen. Ein Großteil der Geheimdienstberichte, die er gesichtet hatte, waren seiner Meinung nach Spekulationen und Schlussfolgerungen. Die Geheimdienstleute wiederholten laufend, dass Saddam ein paar Dutzend Scud-Raketen besitze. „Das Problem ist, dass bislang niemand diese Scuds gesehen hat", sagte er. Bei der Lektüre stellte er fest, dass die ersten UN-Inspektoren 817 der ursprünglich 819 irakischen Scuds erfasst hatten. Da es aber andere Informationen gab, laut denen einige Scuds im Irak verblieben waren, erklärte er sich bereit, sehr vage von „bis zu ein paar Dutzend Scud-artigen" Raketen zu sprechen.

Nach dem letzten Probelauf in Washington verkündete Tenet, dass sie jeden Satz auf Herz und Nieren geprüft hätten und er überzeugt sei, dass ihre Argumentation absolut wasserdicht sei. Sie hätten die Geheimdienstinformationen nicht weiter als vertretbar ausgelegt. Weder der Präsident noch Powell gingen irgendein Risiko ein, versicherte er.

„Sie werden mich begleiten", sagte Powell. Er wollte, dass Tenet bei den Vereinten Nationen hinter ihm saß, eine für die Anwesenden und die Fernsehkameras sichtbare Bestätigung, so, als würde der CIA-Direktor selbst die Rede halten. Tenet war nicht die einzige Unterstützung, die der Außenminister mit zu den Vereinten Nationen nahm. Powell hatte eine Multimediashow vorbereitet – Tonbänder, Videos und Satellitenaufnahmen, die er auf großen, im Sitzungssaal des Sicherheitsrats montierten Bildschirmen präsentierte. Er hatte sogar einen Teelöffel voll nachgemachter Milzbrandsporen in einem Fläschchen dabei, das er herumgehen ließ.

Millionen Menschen auf der ganzen Welt verfolgten Powells live im Fernsehen übertragene Rede. Im NSA-Hauptquartier saßen und standen Tausende Mitarbeiter in überfüllten Kantinen und Sälen, in denen donnernder Applaus laut wurde, als Powell die drei abgefangenen Nachrichten abspielte und damit, was sehr selten vorkam, ihre streng geheime Arbeit öffentlich präsentierte.

Powell, der eine rote Krawatte zu einem dunklen Anzug trug, begann zurückhaltend. „Ich kann Ihnen nicht alles sagen, was wir wissen, aber was ich Ihnen mitteilen kann, ist – zusammen mit dem, was wir alle über die Jahre hinweg erfahren haben – zutiefst beunruhigend. Was Sie sehen werden, ist eine Anhäufung von Fakten und beunruhigenden Verhaltensmustern."

Powell spielte die abgehörte „Wir haben alles evakuiert"-Nachricht vor. Er hatte beschlossen, das vorbereitete Skript um seine persönliche Interpretation der abgefangenen Nachrichten zu ergänzen, die beträchtlich weiter ging und sie in einem sehr negativen Licht darstellte. Er würde das tun, hatte er den Geheimdienstleuten gesagt, weil er in der Army gelernt hatte, dass die Bedeutung der Dinge in klarem, einfachem Englisch erklärt werden müsse. „Achten Sie darauf, was er sagt. ‚Wir haben alles evakuiert'", wiederholte Powell an diesem Punkt und bot dann seine Interpretation an: „Wir haben es nicht zerstört. Wir haben es nicht zur Inspektion aufgestellt. Wir haben es nicht den Inspektoren übergeben. Wir haben es evakuiert und damit sichergestellt, dass nichts mehr davon da ist, wenn die Inspektoren auftauchen."

Auch Powells Interpretation der abgehörten Nachricht über den Umgang mit „verbotener Munition" war überaus großzügig: „Säubert alle Gebiete, die Schrottplätze, die aufgelassenen Gebiete. Stellt sicher, dass nichts mehr dort ist." Davon war an keiner Stelle der abgefangenen Nachricht die Rede gewesen.

Zur Untermauerung der schwerwiegendsten Anschuldigung zitierte Powell menschliche Quellen. „Wir wissen von Quellen, dass eine Raketenbrigade außerhalb Bagdads Abschussrampen und Sprengköpfe mit biologischen Kampfstoffen auf verschiedene Standorte verteilt hat." Er verwies auf Satellitenaufnahmen und andere Geheimdiensterkenntnisse, die auf massive Aufräumarbeiten in alten Chemie- und Biowaffenanlagen vor Ankunft der UN-Inspektoren hindeuteten.

„Wir wissen nicht, was der Irak bewegt hat“, sagte er, „aber die Inspektoren waren über diese Anlagen bereits informiert, also wusste der Irak, dass sie inspiziert würden. Wir müssen uns fragen: Warum verlagert der Irak plötzlich Gerät dieser Art vor der Inspektion, wenn ihm daran liegt zu zeigen, was er hat beziehungsweise nicht hat?“

Einer von Powells gewichtigsten Vorwürfen basierte auf mehreren menschlichen Quellen, die gemeldet hatten, sie hätten mit eigenen Augen mobile Biowaffenfabriken auf Rädern und in Eisenbahnwaggons gesehen. Powell präsentierte auf dem Monitor detaillierte Skizzen dieser mobilen Labors. Anschließend kam er auf unbemannte Flugkörper zu sprechen. „Wir haben einen der neuesten unbemannten Flugkörper des Irak bei einem Testflug entdeckt, der mit Autopilot in dem hier gezeigten Kreismuster eine Strecke von 500 Kilometern geflogen ist“ – über das Dreifache der von den Vereinten Nationen erlaubten maximalen Reichweite von 150 Kilometern. In einem sehr nachdrücklichen Ton verkündete Powell, dass diese unbemannten Flugkörper eine große potenzielle Gefahr darstellten, unterließ es aber, dafür Belege vorzulegen. „Der Irak könnte mit diesen kleinen Flugkörpern, die eine Spannbreite von nur ein paar Metern haben, seine Nachbarländer mit biologischen Waffen angreifen, oder, wenn sie zuvor transportiert werden, andere Länder einschließlich der Vereinigten Staaten“, behauptete er.

Powell charakterisierte die Verbindung zwischen dem Irak und al-Qaida als „potenziell überaus unheilvoll“ und stellte den Fall Sarkawi und andere Verbindungen vor. „Es gibt Leute, die glauben, Leute, die behaupten, dass diese Kontakte nicht sehr weit reichend sind. Sie sagen, dass Saddam Husseins säkulare Tyrannei und al-Qaidas religiöse Tyrannei nicht zueinander passen. Mich kann dieser Einwand nicht beruhigen“, sagte er und schloss den Satz mit einem spekulativen Zusatz: „Ehrgeiz und Hass reichen aus, den Irak und al-Qaida zusammenzubringen.“

„Wir wissen“, fuhr der Außenminister fort, „dass Saddam Hussein entschlossen ist, seine Massenvernichtungswaffen zu behalten und weitere herzustellen. Sollten wir das Risiko eingehen, dass er eines Tages diese Waffen zu einer Zeit und an einem Ort und in einer von ihm gewählten Weise einsetzt, zu einer Zeit, in der die Welt in einer sehr viel schwächeren Position ist zu reagieren? Die Vereinigten Staaten können und werden dieses Risiko für das amerikanische Volk nicht eingehen."

Die Präsentation des amerikanischen Außenminister vor den Vereinten Nationen dauerte exakt 76 Minuten.

Die öffentliche Darlegung der Geheimdienstquellen, -methoden und -details war wahrscheinlich wichtiger als ihre Substanz, auch wenn Powell über hundert konkrete Punkte auflistete. Der ausschlaggebende Punkt war, dass es Powell war, der den Fall vortrug. Die Mischung aus Understatement, Übertreibung und persönlicher Leidenschaft, mit der er seine Rede vortrug, wirkte im Fernsehen sehr überzeugend.

Die Bush-Kritikerin und angesehene liberale Kolumnistin der *Washington Post*, Mary McGrory, schrieb in ihrer Leitkolumne auf der Meinungsseite der *Post* am nächsten Tag über Powells „J'Accuse"-Rede: „Ich kann nur sagen, dass er mich überzeugt hat, und ich war ebenso schwer zu überzeugen wie Frankreich." Sie hatte, sagte sie, gehofft, Powell würde sich einem Krieg widersetzen, aber „zusammengenommen war die Wirkung atemberaubend. Ich fühlte mich an den Tag vor langer Zeit erinnert, als John Dean, ein Speichellecker Richard Nixons im Weißen Haus, über seinen Chef auspackte und man die Bestürzung auf den Gesichtern der Republikanern sehen konnte, denen klar war, dass damit ein Amtsenthebungsverfahren unausweichlich war. Ich bin", fügte sie hinzu, „noch nicht bereit für den Krieg. Aber Colin Powell hat mich überzeugt, dass ein Krieg das einzige Mittel sein könnte, einem Feind Einhalt zu gebieten, und dass es, wenn wir losschlagen, dafür einen Grund gibt".

Dan Bartlett im Weißen Haus verstand die Bedeutung von Powells Präsentation und nannte sie den „Powell buy-in", „Powells Eintrittskarte".

UNTERDESSEN bearbeitete Prinz Bandar die Franzosen. Auf Geheiß des saudischen Kronprinzen Abdullah flog er nach Paris, wo er mit Präsident Chirac zusammentraf.

Der französische Präsident sprach gegenüber Bandar von einer grundsätzlichen Meinungsverschiedenheit und brachte zwei konkrete Klagen vor. Erstens, Bush und die Amerikaner im Allgemeinen ließen es ihm gegenüber an dem ihm gebührenden Respekt fehlen, und zweitens, sie weigerten sich, ihre Geheimdiensterkenntnisse mit ihm zu teilen.

Bush, über Chiracs Vorwürfe in Kenntnis gesetzt, meinte, er sei gern bereit, Chirac mit Aufmerksamkeit und Respekt zu überhäufen. Tenet fügte hinzu, dass er Informationen vom französischen Geheimdienst erhalte und keinerlei Probleme mit dem gegenwärtigen Leiter des französischen Geheimdienstes habe.

In Kairo traf sich Bandar mit dem ägyptischen Präsidenten Hosni Mubarak, der ihm berichtete, dass die Ägypter über zahlreiche Geheimdienstquellen im Irak verfügten. „Unser Geheimdienst hat bestätigt, dass es mobile Labors für biologische Waffen gibt", erklärte Mubarak, der Bandar zudem von einer höchst interessanten Nachricht erzählte, die er aus dem Irak erhalten hatte. „Ich habe einen Emissär von Saddam empfangen, der sagte, dass es Frauen und Kinder und einige andere Leute gibt, deren Namen uns später mitgeteilt würden, die nach Ägypten kommen möchten. Ob wir ihnen einen Präsidentenpalast zur Verfügung stellen könnten?"

Saddams Emissär hatte weiter gesagt, dass die Iraker riesige Safes hätten, in denen zwei Milliarden Dollar an Bargeld und Goldbarren untergebracht seien, die sie ebenfalls nach Ägypten bringen wollten. Die Frauen und Kinder, hatte Mubarak ihm geantwortet, seien willkommen. „Was Männer oder Funktionäre angeht, müssen Sie einen Deal mit den Amerikanern machen. Andernfalls werde ich die Amerikaner informieren müssen." Mubarak sagte auch, er habe die Bitte, die zwei Milliarden Dollar in Bargeld und Gold nach Ägypten bringen zu dürfen, zurückgewiesen, da ihm ansonsten vorgeworfen werden könnte, das Geld gestohlen zu haben. Senden Sie es als Schecks oder durch eine Schweizer Bank, habe er dem Emissär Saddams empfohlen.

Bandar informierte Rice, dass Chirac seiner Meinung nach zu Hilfe bereit war und möglicherweise sogar einen Krieg unterstützen würde.

„Sind Sie sicher?", fragte Rice zweifelnd.

Bandar sagte, er habe drei Quellen. Mubarak und der libanesische Ministerpräsident Rafik al-Hariri hätten übereinstimmend berichtet, dass Chirac in diese Richtung neigte, und aus seinen eigenen Gesprächen mit dem französischen Präsidenten habe er dieselbe Schlussfolgerung gezogen.

UM 11.35 UHR AM FREITAG, dem 7. Februar, rief Chirac Bush an. „Ich teile Ihre Ansichten nicht, warum wir einen Krieg brauchen", erklärte Chirac. „Krieg ist nicht unvermeidbar. Es gibt alternative Wege, Ziele zu erreichen. Das ist eine Frage der Moral. Ich bin gegen Krieg, es sei denn, er ist unvermeidlich und notwendig."

„Ich fühle mich unserer Beziehung verpflichtet", erwiderte Bush. „Ich fühle mich der persönlichen Beziehung verpflichtet, die wir beide und die unsere Länder zueinander haben. Sie sind ein konsequenter Mensch, ein mitfühlender Mensch. Auch ich lehne den Krieg ab. Es ist meine Verantwortung, die Familien derer zu umarmen, die im Krieg ihr Leben verlieren. Ich betrachte einen bewaffneten Saddam Hussein als eine direkte Bedrohung des amerikanischen Volks. Das könnte erklären, warum wir unterschiedlichen Zeitplänen folgen. Wenn der UN-Sicherheitsrat etwas sagt, ist es wichtig, dass das etwas bedeutet. Ich danke Ihnen für die Geheimdienstinformationen, die Sie uns zur Verfügung gestellt haben."

„Ich begrüße den Vorschlag der Saudis", sagte Chirac. Er bezog sich auf den unlängst von den Saudi-Arabern ins Spiel gebrachten Vorschlag, Saddam ins Exil gehen zu lassen, „weil er darauf abzielt, einen Krieg zu vermeiden".

„Wenn es einen Krieg gibt", fuhr er fort, „dann werden wir zusammen am Wiederaufbau arbeiten." Chirac klang versöhnlich. „Wir alle werden unseren Teil beitragen."

Bush sagte, dass sie Nahrungsmittel für die Bevölkerung einlagerten und dass die Krankenhäuser im Land versorgt werden würden.

„Ich verstehe, dass Ihre Position eine andere ist", sagte Chirac. „Es gibt zwei unterschiedliche moralische Sichtweisen der Welt, und ich respektiere die Ihre."

Nach dem Telefonat fühlte sich Bush, was die Franzosen anging, zuversichtlich. Chirac hatte gesagt, dass es zwei moralische Sichtweisen der Welt gebe und dass er seine, Bushs, respektiere. War es denkbar, dass die Franzosen kein Veto gegen eine neue Resolution des UN-Sicherheitsrats einlegen würden?

AM SELBEN TAG traf sich Mubaraks Sohn Gamal heimlich mit Bush in dessen Privaträumen im Weißen Haus und überbrachte ihm dieselbe Botschaft, die sein Vater Bandar übermittelt hatte. Der proamerikanische Gamal, ein führender Reformer innerhalb der politischen Partei seines Vaters, erklärte, er habe Grund zu der Annahme, dass Saddam nach einer Möglichkeit suche, ins Exil zu gehen. In groben Zügen umriss er Bush Saddams Ansinnen, seinen Familienangehörigen einen sicheren Zufluchtsort in Ägypten zu bieten und zwei Milliarden Dollar in das Land mitnehmen zu dürfen. Eine ganze Reihe von Ländern, darunter Saudi-Arabien, Jordanien und die Türkei, waren an den Exilverhandlungen beteiligt. Wie er, der amerikanische Präsident, darüber denke?

Obwohl Powell, Rumsfeld und Rice erst einen Monat zuvor noch öffentlich erklärt hatten, eine Exillösung für Saddam sei eine Option, sollte sich dadurch ein Krieg vermeiden lassen, wiederholte Bush gegenüber Gamal, dass, sollte Saddam ins Exil gehen, die Vereinigten Staaten keine Garantie für seine Sicherheit übernehmen würden. Auch würde er jene Länder, die erwögen, Saddam Schutz zu gewähren, nicht wohlwollend betrachten. „Wenn sie von mir Zusicherungen erwarten, dass wir nichts unternehmen werden“, sagte Bush, „diese Zusicherungen bekommen sie nicht.“ Er verfolgte eine harte Linie gegen alle Länder, die Terroristen Zuflucht boten, und seiner Definition zufolge war Saddam ein Terrorist. Dann jedoch fügte Bush einen doppeldeutigen Zusatz hinzu, mit dem er fast schon so etwas wie stillschweigende Ermutigung anbot. „Es hat in der Geschichte viele Beispiele von Leuten gegeben, die ins Exil gegangen sind und dadurch einen Krieg vermieden haben, und diese Tatsache ist uns nicht unbekannt.“

Am 10. Februar traf sich der australische Premierminister John Howard zu einer vertraulichen Unterredung mit Bush im Oval Office. „Wir sind immer noch im Getümmel“, sagte Bush, „aber dank Ihrer eindeutigen Entschlossenheit erhalten wir endlich mehr Klarheit. Entweder wird er gehen, oder wir werden ihn uns holen. Es besteht eine kleine realistische Chance, dass er gehen wird.“ Dann, in Anbetracht der Komplikationen, mit denen ein solches Szenario verbunden war, fügte er hinzu: „Das Problem dabei ist, ob er ein Kriegsverbrecher ist und wer ihn aufnehmen wird.“

Frankreich würde sich, meinte Powell, im Sicherheitsrat der Stimme enthalten. „Es ist wirklich schwierig, ein Ja als Antwort zu bekommen, so lange es keinen Kabuki-Tanz gibt", meinte Bush in Anlehnung an einen von Powells Lieblingssprüchen.

Ebenfalls am 10. Februar rief Rice Prinz Bandar an, um ihn darüber zu informieren, dass Chirac eine andere Richtung einschlug. „Ihr Freund im Elysée-Palast hat gerade eben Schröder und Putin zu einem Treffen eingeladen."

Chirac, Schröder und Putin gaben noch am selben Tag eine gemeinsame Erklärung heraus, in der sie nachdrücklich eine Fortführung der Waffeninspektionen forderten. „Nichts heute rechtfertigt einen Krieg", sagte Chirac. „Russland, Deutschland und Frankreich sind entschlossen, dafür zu sorgen, dass alle Möglichkeiten zu einer friedlichen Entwaffnung des Irak ausgeschöpft werden."

So viel zu Chirac – und Putin und Schröder.

EIN TEIL DER DISKUSSION im Nationalen Sicherheitsrat hatte sich auf den Plan konzentriert, Blix' Inspektoren dazu zu bewegen, „die Zone zu fluten", sprich, von Anfang an parallel viele Standortinspektionen durchzuführen, statt sich einen Standort nach dem anderen vorzunehmen oder die Inspektionshäufigkeit erst allmählich zu erhöhen. Wenn sie dann noch irakische Wissenschaftler außerhalb des Landes interviewten, würde das den Druck verstärken und Saddam weiter verunsichern. Auf diese Weise könnte Blix möglicherweise tatsächlich Massenvernichtungswaffen finden oder Saddam zu einer so offenkundigen Behinderung der Inspektoren provozieren, dass dies einen Kriegsgrund darstellen würde.

Neue, sensible Geheimdienstinformationen über Blix deuteten darauf hin, dass sein bevorstehender zweiter Bericht am 14. Februar verschwommen und vage ausfallen würde. Er würde, so meldete eine Quelle, eindeutig „Greenspancsk" klingen, das heißt, er würde eine sorgfältig abgewogene Aktualisierung in der Art des Vorsitzenden der U. S. Federal Reserve Bank, Alan Greenspan, abliefern.

Um 8.55 Uhr am Freitag, dem 14. Februar, begab sich der Präsident hinunter in den Lageraum zu einem Briefing, bei dem es darum ging, wie sie sich verhalten würden, sollte es im Irak einen Staatsstreich geben. Obwohl sie dieses Szenario für praktisch ausgeschlossen hielten, mussten sie darauf vorbereitet sein. Sollte wider

Erwarten irgendein irakischer General Saddam die Macht entreißen, könnten sie es sich nicht leisten, sich kalt erwischen zu lassen. Die Saudis hatten dieses Szenario öffentlich ins Gespräch gebracht. Ein Coup könnte zwar eine gute Nachricht sein, aber es bestand die Gefahr, dass der Irak am Ende unter die Kontrolle eines neuen Diktators geriete – Saddamismus ohne Saddam.

Der Präsident und der Nationale Sicherheitsrat diskutierten über ein formelles „Putschszenario"-Papier und verständigten sich darauf, dass die USA im Falle einen Putsches unverzüglich den neuen Führer auffordern würden, die Macht an eine ordnungsgemäß konstituierte und von der Öffentlichkeit unterstützte irakische Autorität zu übergeben, die von den USA ernannt werden würde. Sichtbare Fortschritte in Richtung auf mehr Demokratie würden unerlässlich sein. Zweitens würden die USA die neue Führung bitten, die Möglichkeit in Betracht zu ziehen, amerikanische Truppen mit dem Auftrag ins Land zu rufen, die Massenvernichtungswaffen zu zerstören und die Beziehungen des gestürzten Regimes zum Terrorismus zu zerschlagen. Sie gelangten schnell zu einem Konsens, dass sie nicht würden warten können, bis man sie einlüde; die USA würden ihre Truppen unverzüglich in Marsch setzen müssen. Das war heikel und provokativ, aber sie hatten sich darauf verständigt, dass ein Putsch, der mit zahlreichen neuen Unwägbarkeiten einherging, die militärische Invasion nicht aufhalten würde.

Irakische Oppositionskräfte planten für Anfang März ein Treffen in dem kurdischen Territorium im Nordirak. Das als bewusste Provokation geplante Treffen würde Saddam Hussein zweifelsohne in Rage versetzen, und es bestand die Möglichkeit, dass er einen Angriff befehlen würde. Saddam hatte unmittelbar südlich der so genannten Grünen Linie, die den von ihm beherrschten Teil des Irak von den kurdisch kontrollierten Gebieten trennte, mehrere Divisionen stationiert. Die Runde war einhellig der Meinung, dass Saddam mit einem direkten Angriff auf die Kurden einen Fehler beginge, der die internationale Opposition gegen ihn verstärken würde.

Der Präsident war skeptisch, gab aber seine Zustimmung zu dem Versuch.

Darüber hinaus zerbrach sich der Nationale Sicherheitsrat den Kopf über eine weitere sehr heikle Möglichkeit. Der Geheimdienst eines an den Irak angrenzenden Landes berichtete, dass seine Regierung plane, einen Emissär zu Saddam zu schicken, vorgeblich, um mit ihm in Verhandlungen zu treten, tatsächlich aber mit dem Auftrag, einen Mordanschlag auf den irakischen Führer zu verüben. Der Nationale Sicherheitsrat entschied, dass er nicht darauf zählen oder auch nur erwarten könne, dass der Plan ausgeführt werde, geschweige denn, dass man ihn direkt unterstützen werde. Aber es wäre großartig, sollte der Anschlag gelingen – mit der Einschränkung, dass man auch mit einer neuen irakischen Führung die Punkte Demokratisierung, Massenvernichtungswaffen und Verbindungen zum Terrorismus würde klären müssen.

BLIX' PRÄSENTATION vor dem UN-Sicherheitsrat später an diesem Morgen war eine gewissenhaft gewogene Liste von Plus- und Minuspunkten. Seine Erkenntnisse standen in scharfem Kontrast zu Powells Präsentation neun Tage zuvor. „Seit unserer Ankunft im Irak haben wir über 400 Inspektionen an über 300 Standorten durchgeführt", berichtete Blix. „Sämtliche Inspektionen wurden ohne Vorankündigung durchgeführt, und in praktisch allen Fällen wurde sofortiger Zugang gewährt." Es gab, fuhr er fort, keine überzeugenden Hinweise, dass die Iraker vorab über die Inspektionen informiert gewesen waren. „Im gesamten Irak wurden Industrieanlagen, Munitionsdepots, Forschungszentren, Universitäten, Präsidentengebäude, mobile Labors, Privathäuser, Raketenproduktionsanlagen, Militärlager und landwirtschaftliche Betriebe inspiziert."

„Insgesamt wurden über 200 chemische und mehr als 100 biologische Proben an verschiedenen Orten genommen", sagte Blix. Sie hatten bislang rund drei Viertel dieser Proben untersucht und keinerlei verbotene Waffen oder Substanzen gefunden.

„Wie viel, wenn überhaupt etwas, ist von den irakischen Massenvernichtungswaffen und den damit zusammenhängenden verbotenen Gegenständen und Programmen noch übrig?", fragte Blix. Vorläufig hatten die Inspektoren „keinerlei derartige Waffen gefunden, abgesehen von einer kleinen Anzahl leerer chemischer Munitionsbehälter, die gemeldet und zerstört hätten werden müssen". Aus den irakischen Unterlagen, sagte er, gehe hervor, dass der Verbleib eines erheblichen Teils noch ungeklärt war. „Ich darf daraus nicht den

Schluss ziehen, dass sie existieren. Allerdings kann diese Möglichkeit auch nicht ausgeschlossen werden."

Viele Länder, merkte Blix an, seien überzeugt, dass der Irak nach wie vor Massenvernichtungswaffen besäße. „Der amerikanische Außenminister hat Material zur Unterstützung dieser Schlussfolgerung vorgelegt. Regierungen verfügen über zahlreiche Informationsquellen, die den Inspektoren nicht zugänglich sind", rügte er milde. „Sie müssen ihre Berichte allein auf Grundlage der Fakten erstellen, die sie selbst gesammelt haben und öffentlich präsentieren können." Er kritisierte Powells Behauptung, der Irak habe einige Standorte vor der Ankunft der Inspektoren gesäubert. Im Falle eines Standorts lagen zwischen den beiden vorgelegten Satellitenaufnahmen mehrere Wochen, sagte Blix, und bei den beobachteten Bewegungen „kann es sich ebenso gut um Routineaktivitäten wie um die Bewegung verbotener Munition in Erwartung einer unmittelbar bevorstehenden Inspektion gehandelt haben." Würde der Irak noch umfassender kooperieren, sagte er, „könnte die Entwaffnung durch Inspektionen nach wie vor in kurzer Zeit abgeschlossen werden".

In Armitages Büro im siebten Stock des Außenministeriums verfolgte Powells Vize zusammen mit seinen Mitarbeitern, die immer wieder kurz hereinschauten, auf einem kleinen Fernsehapparat Powells Erwiderung auf Blix' Aussage vor dem Sicherheitsrat. Der Minister war verärgert, blieb aber größtenteils gelassen, auch wenn er hin und wieder einen sarkastischen Ton anschlug. Er stellte Blix' zentrale Schlussfolgerung – dass eine Entwaffnung durch Inspektionen möglich sei – in Frage. „Das alles sind Tricks, mit denen wir hingehalten werden sollen", sagte Powell. Eine echte, sofortige, aufrichtige und bedingungslose Kooperation mit der UN-Resolution zur Entwaffnung wäre problemlos machbar und leicht erkennbar. „Hierbei handelt es sich nicht um eine Gehirnoperation!", rief er. Zu dem Vorschlag der Franzosen, mehr Inspektoren zu entsenden, meinte Powell bloß: „Mehr Inspektoren – sorry. Das ist nicht die Antwort."

„Gewalt sollte das letzte Mittel sein …, aber es muss ein Mittel sein", erklärte Powell, der in voller Kriegsuniform angetreten war und damit seinen Eintritt in die Front der Befürworter perfekt machte. Saddam könnte mit seinen Waffen, behauptete er, „viele zehntausend Menschen umbringen".

30

DER 15. FEBRUAR wäre ein potenzieller Starttermin für den Krieg gewesen, wären die Inspektionen nach Plan verlaufen und Saddam des Besitzes an Massenvernichtungswaffen überführt worden. Nun jedoch bestand Unklarheit über das Finale. Bushs wichtigste Alliierte – Blair, der australische Premier Howard und der spanische Ministerpräsident Aznar – gerieten zu Hause ernsthaft unter Druck.

„Verlangsamen Sie Ihre Truppenbewegungen", erinnerte Bush sich später, Rumsfeld angewiesen zu haben. Daraufhin erklärten Franks und die Militärs, dass sie sowieso ein bisschen mehr Zeit brauchen könnten, und Bush gewann den Eindruck, als würden sie den Starttermin von sich aus noch ein wenig hinauszögern. Dann schob der Präsident den Termin nochmals weiter hinaus, als er zu Rumsfeld sagte: „Don, wir beschleunigen zu rasch im Verhältnis zur Entwicklung auf der diplomatischen Seite."

Cheney verabscheute den Gedanken an eine zweite Resolution, doch der Präsident war überzeugt, dass sein Vize die dahinter stehende Logik verstand und sich des enormen Drucks bewusst war, der von allen möglichen Seiten auf sie ausgeübt wurde – von verbündeten Politikern wie Blair, vom Militär, von der CIA. Cheney hörte die Telefongespräche oder las die Mitschriften der Telefonate mit den verbündeten Politikern, die innenpolitisch massiv unter Feuer geraten waren und deshalb eine zweite Resolution forderten. „Wir waren besorgt", erinnerte sich Bush, „weil wir nicht genau wussten, wie wir uns einen Weg durch diesen Prozess bahnen konnten."

AM SAMSTAG, dem 22. Februar, empfing Präsident Bush den spanischen Ministerpräsidenten Aznar auf seiner Ranch in Crawford. Bei einer Telefonkonferenz mit Blair und Berlusconi kamen sie überein, eine zweite UN-Resolution einzubringen und darin festzustellen, dass Saddam es „unterlassen" habe, die vorherige Resolution 1441 zu erfüllen.

Der Nationale Sicherheitsrat befasste sich ein weiteres Mal mit der Frage eines möglichen Exils für Saddam und beschloss, die Option offen zu halten, woraufhin Rumsfeld und Rice einmal mehr vor der Öffentlichkeit mit dieser Möglichkeit liebäugelten.

ALS RICE AM 27. FEBRUAR Elie Wiesel, Autor, Auschwitz-Überlebender und Träger des Friedensnobelpreises, im Weißen Haus empfing, kam auch der Präsident in ihr Büro. Rice rückte die Couch so hin, dass der Präsident den Wiesel am nächsten stehenden Stuhl nehmen konnte.

Der Irak sei ein Terrorstaat, sagte Wiesel dem Präsidenten, und sie hätten die moralische Pflicht zu einer Intervention. Hätte der Westen 1938 in Europa interveniert, sagte er, hätten der Zweite Weltkrieg und der Holocaust verhindert werden können. „Es ist eine Frage der Moral. Und wie können wir – im Namen der Moral – nicht intervenieren?"

„Das ist sehr weise von Ihnen", sagte Bush. „Der Killer hört die Proteste angesehener Leute und denkt, sie sind auf seiner Seite. Hätten die Franzosen Druck auf ihn ausgeübt, wäre er verschwunden. Ich habe Ihre Ausführungen zu Auschwitz in Michael Beschloss' Buch gelesen." In *The Conquerors,* das sich auf Roosevelts und Trumans Entscheidungsprozess im Zweiten Weltkrieg konzentriert, zitiert Beschloss Wiesel dahingehend, dass er wünschte, die Alliierten hätten die Konzentrationslager bombardiert, selbst wenn bei dem Angriff die jüdischen Gefangenen ums Leben gekommen wären. „Wir hatten keine Angst mehr vor dem Tod – zumindest nicht vor diesem Tod."

„Wenn wir Saddam Hussein nicht entwaffnen", sagte Bush zu Wiesel, „wird er eine Massenvernichtungswaffe auf Israel richten, und dann wird Israel tun, was es glaubt tun zu müssen, und genau das müssen wir vermeiden." Ein militärischer Schlagabtausch zwischen Israel und dem Irak wäre ein Desaster und würde jede Aussicht auf eine Beteiligung Jordaniens, Saudi-Arabiens oder eines anderen arabischen Landes bei gegen Saddam gerichteten Maßnahmen zunichte machen.

Angesichts solchen Unheils, sagte Wiesel, sei Neutralität unmöglich. Unentschlossenheit stärke und begünstige nur das Übel und den Aggressor, nicht die Opfer. „Ich bin gegen das Schweigen."

In den darauf folgenden Tagen wiederholte Bush immer wieder Wiesels Kommentare. „Das war ein bedeutungsvoller Moment für mich", erinnerte er sich später, „weil es ein Moment der Bestätigung war. Ich sagte mir, wenn Elie Wiesel, der den Schmerz und das Leid und die Agonie der Tyrannei kennt, so empfindet, dann fühlen andere ebenso. Und dann bin ich nicht allein."

FRANKLIN MILLER, Leiter des Büros für Verteidigung und Abrüstung im Nationalen Sicherheitsrat, hatte eine der heikelsten Aufgaben bei der Vorbereitung des Kriegs. Seit August 2002 war er der Vorsitzende einer Gruppe namens Executive Steering Group (ESG), die von Rice und Hadley gegründet worden war, um die Irak-Koordination der einzelnen Behörden zu überwachen. Der ehemalige Marineoffizier Miller, der seit 19 Jahren im Senior Executive Service der Regierung tätig war, der höchsten Karrierestufe für Staatsbeamte, hatte in der Ära Cheney im Verteidigungsministerium an Plänen für einen Atomkrieg gearbeitet.

Miller stellte schon bald und zu seinem nicht geringen Erstaunen fest, dass eine seiner wichtigsten Aufgaben die Koordination der einzelnen Abteilungen des Verteidigungsministeriums war. Das Haushaltsbüro des Pentagons, Feiths Grundsatzabteilung, General Myers' Generalstabsbüro und Franks' CENTCOM-Stab wurden ausnahmslos wie mehr oder weniger unabhängige Fürstentümer betrieben. Nach Millers Geschmack tummelten sich in den oberen und mittleren Rängen des Verteidigungsministeriums zu viele Leute mit großspurigen Ideen, die Konzepte, Papier und Worte liebten, aber alles andere als erfahrene Manager waren. „Mit der Umsetzung der Sachen haben die nichts am Hut", berichtete er an Rice und Hadley.

Miller musste die Vertreter des Haushaltsbüros, des politischen Büros und des Generalstabs im wahrsten Sinne des Wortes in sein Büro im zweiten Stock des ans Weiße Haus angrenzenden Old Executive Office Building einberufen. „Gentlemen, reichen Sie sich die Hand", sagte er, als er sie einander vorstellte. „Nun, können wir uns jetzt an die Arbeit machen?" Die Themen reichten von so profanen Dingen wie der Betonierung neuer Startbahnen bis hin zu hoch sensiblen Fragen wie dem Umgang mit Kriegsgefangenen und Kriegsverbrechen.

Schließlich ging Miller dazu über, wöchentlich drei Treffen einzuberufen. Er zwang die Vertreter der einzelnen Abteilungen praktisch dazu, Diagramme zu erstellen, auf denen sie rot, gelb oder grün unterlegt die Fortschritte und den Status von 21 zentralen Aufgaben markieren mussten. Zu diesen Aufgaben zählten etwa der Schutz der Verbündeten in der Region vor irakischen Raketenangriffen, die Frage, wie sie einen Sieg definierten, die möglichen Folgen eines frühzeitigen irakischen Angriffs mit Massenvernichtungswaffen auf Israel, die Konsequenzen eines Einsatzes von Massenvernichtungswaffen auf dem Kriegsschauplatz, die juristische Grundlage für die Besatzung, die Organisation humanitärer Hilfsaktionen und die Verteilung so knapper Dinge wie beispielsweise Patriot-Raketeneinheiten.

Miller berichtete formell an den Stellvertreterausschuss und legte die organisatorischen und politischen Entscheidungen den Chefs und, wenn erforderlich, auch dem Präsidenten vor. Was er vorfand, war ein solches Chaos, dass er jede Woche ein außerordentliches Treffen mit Card, Rice, Hadley und Libby einberufen musste, um die Probleme darzulegen, die Schuldigen zu benennen und Rumsfeld oder jemand anderen dazu zu bringen, ein Machtwort zu sprechen.

Die Kommunikation zwischen den zivilen und den militärischen Abteilungen im Verteidigungsministerium befindet sich auf einem katastrophalen Niveau, berichtete Miller. Über seine persönlichen Kontakte zu Drei- und Vier-Sterne-Generälen und -admiralen im Pentagon fand er heraus, dass Myers' Generalstabsoffiziere Angst vor Rumsfeld und Feith hatten und generell den Eindruck vermeiden wollten, man würde sich in Franks' Kriegspläne einmischen.

Punkt Nr. 16 auf Millers Liste beispielsweise war der Aufbau einer „Free Iraqi Force", einer aus 5000 irakischen Exilanten bestehenden Freien Irakischen Armee, die Seite an Seite mit den US-Truppen kämpfen sollte. Feith wollte zunächst Späher und später eine Kampfbrigade für den Einsatz im Irak ausbilden. Am 12. September 2002, dem Tag von Bushs Rede vor den Vereinten Nationen, hatten die Vereinigten Stabschefs einen entsprechenden Planungsbefehl herausgegeben, doch bis dann tatsächlich mit der Ausbildung begonnen wurde, hatte es nochmals fünf Monate gedauert. Die Suche nach einem geeigneten Ausbildungsort, die Überprüfung der Iraker, um sicherzugehen, dass sie keine Sympathisanten oder Spione des Regimes waren, und die Beschaffung der Gelder und die Bereitstellung der Transportkapazitäten waren zu einem wahren Alptraum geraten. Das Kommando wurde einem Zwei-Sterne-General übertragen, der schließlich in Ungarn ein geeignetes Ausbildungslager fand. Rund 800 amerikanische Militärangehörige arbeiteten monatelang an dem Programm und gaben mehrere Millionen Dollar aus, aber am Ende wurden – einer der größten und groteskesten Fehlschläge der Vorbereitungsphase – gerade einmal 70 Exil-Iraker ausgebildet.

AM MORGEN des 24. Februar, eines Montags, nahm der Präsident an einem geheimen Briefing des Nationalen Sicherheitsrats teil, das den Titel „Planung für die irakische Erdölinfrastruktur: Zur Entscheidung anstehende Punkte“ trug. Der Präsident und andere hofften, dass die irakische Ölindustrie nach dem Wegfall der UN-Sanktionen die beste Gewähr für die neue Regierung sein würde, das Land zurück in die Weltwirtschaft zu führen.

Pamela Quanrud, eine im Außenministerium angestellte Volkswirtschaftlerin, die dem NSC-Mitarbeiterstab angehörte, unterrichtete den Präsidenten, dass ein Viertel der 16 Milliarden Dollar, die durch das laufende „Oil for Food“-Programm der Vereinten Nationen erwirtschaftet worden waren, auf ein UN-Treuhandkonto gingen, aus dem Reparationsansprüche Kuweits und Saudi-Arabiens aus dem Golfkrieg von 1991 bezahlt wurden. Abzüglich der 15 Prozent, die die Kurden im Nordirak erhielten, blieben den Irakern rund 60 Prozent der Einnahmen. Das „Öl für Nahrungsmittel“-Programm wurde durch ein Geflecht aus UN-Resolutionen reguliert, dass sie, sagte Quanrud, erst noch entwirren müssten.

Der Ausblick im Falle eines Krieges war ungewiss. Quanrud sagte, dass sie mit Kosten in Höhe von sieben bis acht Milliarden Dollar für den Wiederaufbau der Ölindustrie rechnen müssten, sollte Saddam wie schon 1991 die Ölquellen in Brand stecken. Selbst in einem Szenario mit geringen Schäden würden sich die Einnahmen im ersten Jahr auf bestenfalls 12 Milliarden Dollar belaufen, um dann im zweiten Jahr auf vielleicht 22 Milliarden Dollar zu steigen, eine Prognose, die im Hinblick auf die früheren Fördermengen des Irak gerechtfertigt erschien.

Die USA würden nichts tun, was künftige Entscheidungen der irakischen Regierung im Ölbereich vorwegnehmen würde, sagte Quanrud, mit anderen Worten, sie würden keinen Einfluss auf bestehende oder zukünftige Ölverträge oder Abkommen mit der OPEC nehmen. Der Wiederaufbau der Ölwirtschaft solle in drei Phasen ablaufen. Zuerst würde das Militär die Infrastruktur sichern. Dann würden die USA in Zusammenarbeit mit der neuen irakischen Zivilverwaltung eine provisorische Ölbehörde einrichten und die Produktion wieder aufnehmen. Diese Organisation würde einen irakischen Geschäftsführer und einen mit irakischen und internationalen Experten besetzten Beirat erhalten. Nach der Amtseinführung einer neuen Regierung solle das irakische Management schließlich die alleinige Kontrolle übernehmen.

„Werden die großen internationalen Konzerne das Öl annehmen?", fragte der Präsident. „Wer hält das Eigentumsrecht?" Er äußerte sich besorgt über die Reaktion des Weltmarkts auf irakische Exporte, nachdem das Öl jahrelang UN-Sanktionen unterworfen gewesen war.

Der Präsident bekräftigte die Notwendigkeit, im Geschäft erfahrene Iraker und Amerikaner für den Wiederaufbau der irakischen Erdölindustrie zu rekrutieren. „Wir sollten der provisorischen Verwaltung ein irakisches Gesicht geben", empfahl er, und den Irakern so schnell wie möglich die volle Kontrolle überantworten. Die ersten Einnahmen sollten direkt dem irakischen Volk zugute kommen, fügte er hinzu. „Die Schuldentilgung wird ganz unten auf der Liste stehen." Zu den Schuldnern gehörten neben Russland, Frankreich und den USA vor allem Saudi-Arabien und andere Golfanrainerstaaten.

„Ich mache mir Sorgen über die Flexibilität des Ölmarkts", verkündete der Präsident und äußerte sich skeptisch über die Fähigkeit des Weltmarkts, mögliche temporäre Versorgungsschwierigkeiten während eines Kriegs im Nahen Osten zu absorbieren. Die Folgen für die US-Wirtschaft könnten enorm sein, und er erkundigte sich nach den zusätzlichen Produktionskapazitäten der Vereinigten Arabischen Emirate und Saudi-Arabiens. Die Ölpolitik der Saudis könnte ihr Rettungsanker sein. Laut Prinz Bandar hofften die Saudis, die Ölpreise für zehn Monate so fein steuern zu können, dass sie damit die Wirtschaft für 2004 ankurbeln könnten. Der springende Punkt dabei war, wie Bandar wusste, die wirtschaftliche Lage im Vorfeld der Präsidentschaftswahlen, nicht zum Zeitpunkt der Wahl.

POWELL HATTE seit längerem in Frage gestellt, ob es ratsam sei, den Transport der Truppen und des Nachschubs über jeweils einen Seehafen und einen Flughafen in Kuweit abzuwickeln. Sollte Saddam dort mit biologischen oder chemischen Waffen angreifen, könnte er mit einem Schlag durchaus die gesamte Operation und den Nachschub zum Erliegen bringen.

Franks war von Anfang an für die Option einer Nordfront eingetreten, und auch die Briten hatten vorgeschlagen, ihre Truppen durch die Türkei in den Irak zu bringen.

„Was wollen die Briten tun, bei Gallipoli an Land gehen?", höhnte Powell bei einer Sitzung des Nationalen Sicherheitsrats. Er bezog sich damit auf eine türkische Halbinsel, auf der britische und australische Einheiten im Ersten Weltkrieg einen katastrophalen Feldzug gestartet hatten, bei dem 100 000 Soldaten ihr Leben verloren hatten, ein Drama, das der gleichnamige, 1981 gedrehte Film nacherzählte. „Wir haben diesen Film gesehen, und so wird es nicht kommen." Powell hielt den Plan für absurd.

Dennoch verschob sich in der kommenden Zeit der Planungsschwerpunkt auf einen Transit von Teilen der US-Truppen durch die Türkei. Franks sprach schließlich davon, eine Streitmacht von 30 000 bis 80 000 Mann, Hilfs- und Versorgungseinheiten mit eingerechnet, durch die Türkei an die Front zu bringen. Rumsfeld schickte Frachtschiffe mit den Panzern der 4. Infanteriedivision ins Mittelmeer, die später in der Türkei an Land gehen sollten.

Der Transit einer derart großen Streitmacht verlange, dass sie alle bestehenden Abkommen mit den Türken änderten, warnte Powell. „80 000 Soldaten durch die Türkei schleusen? Leute, die haben dort eine neu ins Amt gewählte islamische Regierung, die mit all dem nicht fertig wird." Daraufhin wurde die Zahl auf 40 000 reduziert, dann jedoch wieder auf 62 000 erhöht.

„Ich denke, [die Türken] können mit den Überflügen leben", sagte Powell später dem Nationalen Sicherheitsrat. „Ich glaube, sie können mit dem Umschlag in den Häfen leben und mit den Lufttransporten. Problematisch wird es, wenn wir davon reden, eine Panzerdivision oder eine Panzergrenadierdivison über Land durch ganz Anatolien zu schicken, einen langen, riesigen Zug hinter sich, eine gewaltige Zahl an Fahrzeugen, um damit in ein anderes islamisches Land einzumarschieren. Ich will es versuchen, aber das könnte für die Türken sehr wohl das Quäntchen zu viel sein. Ich glaube nicht, dass sie uns das erlauben, und wir riskieren, alles zu verlieren, wenn wir es versuchen. Ist das wirklich notwendig?"

Rumsfeld und Franks hielten es für unerlässlich.

Am 1. März lehnte das türkische Parlament den Antrag der USA ab, Truppen durch die Türkei transportieren zu dürfen. Franks meinte später, die 4. Infanteriedivision, die vor der Küste auf ihren Schiffen blieb, sei zu einem sehr wirksamen Ablenkungsinstrument umfunktioniert worden. Über CIA-Agenten wurde das Gerücht an Saddams innersten Kreis herangetragen, die Abstimmung im türkischen Parlament sei eine Finte gewesen und die Türkei habe den USA insgeheim erlaubt, ihre Truppen durch die Türkei an die Grenze zu bringen. Dieses Täuschungsmanöver, war Franks überzeugt, war mit dafür verantwortlich, dass Saddam elf reguläre Armeedivisionen und zwei Divisionen der Republikanischen Garde im Norden stehen ließ – Divisionen, die zu spät kommen würden, um noch in den Kampf um Bagdad eingreifen zu können.

Schwachsinn, dachte Powell.

ANFANG MÄRZ versammelte Rumsfeld in seinem Büro einige seiner Spitzenleute um sich – Wolfowitz, Feith, General Myers, der General der Marines Pete Pace, Vizevorsitzender der Vereinigten Stabschefs, und sogar Saul vom CIA, dazu noch sein innerer Zirkel, der aus Larry DiRita, seinem leitenden zivilen Assistenten, und Lieutenant General John Craddock, seinem leitenden militärischen Assistenten, bestand.

Wie lange werde der Krieg dauern, fragte Rumsfeld. Er wollte ihre Schätzung hören. Sie hatten sich jetzt über 15 Monate damit befasst. Wie lange bis zu einem Regimewechsel?

Nun, das werden wir Ihnen nicht sagen, erwiderten mehrere der Anwesenden. Schließlich hatte *er* sie immer wieder ermahnt, keine

Vorhersagen zu treffen oder Fahrpläne aufzustellen. Vorhersagen waren ein Schwerverbrechen. „Guesstimates", wie sie im Militär oft dazu sagten, Daumenpeilungen also, erwiesen sich selten als zutreffend, und dazu kam, dass sie häufig von den Medien später wieder ausgegraben und ihnen unter die Nase gerieben wurden. Sie hatten eine von Rumsfelds heiligen Regeln gelernt. Das wäre fast so schlimm, wie etwas an die Medien durchsickern zu lassen, um Himmels willen. Ungeachtet der Bedeutung dieser wichtigsten aller Fragen machte sich am Tisch einen Moment lang Heiterkeit breit.

Nein, nein, beschwor Rumsfeld sie. Auf diese Frage wollte er Antworten hören. Das hier war ein vertrauliches Treffen. Sie alle hier vertrauten einander, müssten einander vertrauen.

General Myers meinte etwas optimistisch, dass die US-Truppen seiner Ansicht nach drei Wochen bis Bagdad und 30 Tage für den gesamten Feldzug benötigen würden. Später, in einem Interview, sagte Myers, dass er seine Prognose nicht kommentieren wolle, da es sich um Rumsfelds Umfrage handelte. „Er ist hier der Herr der Umfragen", sagte Myers. „Er ist der ‚Gallup'-Mann."

General Pace, der Vizevorsitzende, sagte später, dass dies für Rumsfeld eine ungewöhnliche Frage gewesen sei. Es war „das einzige Mal, dass er mich fragte, was ich wirklich, ehrlich dachte. Wir hatten zahlreiche Informationen, dass viele Divisionen kapitulieren würden. Soweit ich mich erinnern kann, habe ich ihm gesagt, dass es, wenn die Geheimdienstinformationen zutrafen, weniger als einen Monat dauern würde. Trafen sie nicht zu, würden wir zwei bis drei Monate brauchen, je nach dem, auf wie viel Widerstand wir stießen. Aber ich sagte auch, dass man nie weiß, was passieren wird, bis man wirklich anfängt."

Franks sprach von Wochen, nicht Monaten.

Saul meinte drei Wochen. DiRita war konkret, 13 Tage. General Craddock bot 21 Tage, Wolfowitz sieben.

Dann blickten sie alle auf den Minister, auf Mr. Gallup, und warteten auf seine Schätzung. Niemals, nie im Leben!, sagte er. Halten Sie mich für verrückt? Rumsfeld spielte nicht mit, obwohl er die Prognosen der anderen auf ein Stück Papier geschrieben und es in einer Schublade verstaut hatte. Die Schätzungen, die von sieben bis 30 Tage reichten, verrieten viel Optimismus in den Reihen derer, die angeblich am meisten wussten.

Der Präsident sagte später, dass die Schätzungen niemals auf seinem Tisch gelandet seien. „Übrigens, Rumsfeld ist für so etwas zu vorsichtig. Er ist zu klug. Rumsfeld wird nicht ins Oval Office spazieren und sagen, ‚Mr. President, die Sache wird in neun Tagen vorbei sein.‘" Und er vermutete richtig, dass Rumsfeld den anderen gegenüber keine eigene Prognose genannt hatte. „Ich kenne Rumsfeld. Ich kenne ihn gut. Ich bin nicht überrascht." Auch Franks habe ihm keine Prognose gegeben, sagte Bush und fügte hinzu, selbst ebenfalls keine Hochrechnung angestellt zu haben. Er deutete an, dass er „vermutet" hatte, dass es Wochen, nicht Monate dauern würde; allerdings sei er, wie er sagte, „auf das Schlimmste vorbereitet" gewesen.

ER RECHNETE, hatte Franks einigen Mitarbeitern seines Stabs gesagt, mit weniger als tausend Toten auf Seiten der USA und wahrscheinlich sogar nur wenigen hundert. Er habe, sagte Bush, von Franks Zahlen gehört, sei selbst aber über eine andere Sache besorgt gewesen. „Was mir vor allem Sorgen bereitete, war, dass Saddam Massenvernichtungswaffen gegen das eigene Volk einsetzen könnte. Nicht gegen uns. Gegen sein eigenes Volk. Und dass wir in der gesamten Welt für eine humanitäre Katastrophe verantwortlich gemacht würden."

Andererseits gab es keine Pläne, die Verluste der Gegenseite zu zählen. Das war eine der bitteren Erkenntnisse aus Vietnam. Die Vietnam-Veteranen, die jetzt in den oberen Rängen saßen, waren geimpft. Sie hatten ihre Lektion gelernt. General Pace hatte als junger Offizier der Marines im Dschungel von Vietnam gedient.

„Nicht ein einziges Mal haben wir in diesem Gebäude eine Zahl gemeldet", sagte Pace, ein ansonsten sehr abgeklärter Mann, später in seinem Büro im E-Ring des Pentagons über die Opferzahlen auf Feindseite. „Wahrscheinlich, weil Leute wie ich von Vietnam her wussten, was geschieht, wenn man mit dem Zählen anfängt. Man lenkt die Art, wie die Leute denken und wie die Jungs am Boden operieren, in eine völlig falsche Richtung. Wir wollen, dass die Leute vor Ort verstehen, dass wir unseren Job mit möglichst wenig feindlichen

Opfern erledigen möchten, dass wir aber zugleich alles tun, was getan werden muss, um die eigenen Leute zu schützen. Und die Frage nach den Verlustzahlen ... verleitet die Leute, sich auf 3:1, 5:1, 7:1 zu konzentrieren."

Die Erinnerung an die Zeit vor 35 Jahren, als Verteidigungsminister Robert S. McNamara und die Generäle geglaubt hatten, sie könnten den Krieg gewinnen, wenn nur die „kill ratio", die Verlustquote der Nordvietnamesen gegenüber den USA, hoch genug war, schien Pace erschaudern zu lassen. „Unser Ziel lautete nicht, so und so viel Leute zu töten, unser Ziel lautete, ein Regime zu beseitigen. Wenn Sie das schaffen, ohne jemanden zu töten, gewinnen Sie. Wenn Sie 1000 Menschen umbringen und nichts getan haben, das Regime zu ersetzen, verlieren Sie. Die Zahlen zählen also nicht."

Einem Kommandeur diese Frage zu stellen, das allein ist schon ein Fehler. „Wenn die Frage ‚Wie viele haben Sie getötet?' lautet, dann ist die Botschaft, die er hört, oh, ich hätte nicht die Stadt erobern sollen, ich hätte Leute umbringen sollen. Nicht die richtige Antwort."

Dessen ungeachtet sollte Franks später dem Präsidenten und den Chefs vertrauliche Verlustzahlen der Iraker mitteilen.

FEITH ARBEITETE an der Planung der Zeit nach dem Krieg, und wie üblich wurde viel Papier bedruckt und verteilt. Über einen Monat hatte er an einem Dokument mit dem Titel „US- und Koalitionsziele" gearbeitet.

Am 4. März kam Feith zu einem geheimen Briefing des Präsidenten und des Nationalen Sicherheitsrats ins Weiße Haus. Bei der PowerPoint-Präsentation wurden folgende Ziele aufgeführt:

- Die territoriale Integrität des Irak wird bewahrt und die Lebensqualität im Irak erkennbar verbessert.
- Der Irak beginnt für alle sichtbar mit dem Aufbau demokratischer Institutionen und dient als Modell für die Region.
- Die USA und die Koalition behalten sich vor, den globalen Krieg gegen den Terrorismus sowie die Suche nach und die Zerstörung von Massenvernichtungswaffen fortzuführen.
- Internationale Beteiligung für Wiederaufbaumaßnahmen erhalten.
- Die Unterstützung des irakischen Volks erhalten.

- Politische Unterstützung der internationalen Gemeinschaft erhalten, einschließlich der Länder in der Region, vorzugsweise durch eine Resolution des UN-Sicherheitsrats.
- So schnell wie möglich so viele Positionen der Amtsgewalt wie möglich mit Irakern besetzen.
- Diese Ziele nachdrücklich und rasch erfüllen.

EIN ENTSCHEIDENDES PROBLEM LAUTETE, ein Gleichgewicht zwischen der Maximierung der Legitimität mit Hilfe internationaler Institutionen einer- und der Maximierung der Effizienz andererseits herzustellen. Sie mussten entscheiden, welche Beteiligung sie der Baath-Partei in einem Irak nach Saddam zubilligen sollten. Die bestehende Baath-Bürokratie war erfahren und effizient. Er hoffte, sagte Feith, ebenso viel Legitimität durch die Beteiligung der Iraker wie durch die der internationalen Gemeinschaft zu gewinnen.

Feith präsentierte Organisationsdiagramme. Ein Großteil davon war abstrakte politische Wissenschaft, und der Präsident hatte nicht viel dazu zu sagen, abgesehen von dem Hinweis, dass er Informationen dazu sehen wollte, wie sie mit dem Militär und den Geheimdiensten zu verfahren gedachten.

RUMSFELD UND FRANKS trafen sich am Morgen des 5. März, eines Mittwochs, mit dem Präsidenten und dem Nationalen Sicherheitsrat im Lageraum des Weißen Hauses. Auf der ersten Seite des Pakets mit den mehrfarbigen Folien und Briefing-Unterlagen, die ausnahmslos den Aufdruck „Top Secret/Polo Step“ trugen, stand in großen Buchstaben:

ENTWURF ZUR ENTSCHEIDUNGSVORBEREITUNG

Dieser Ausdruck prangte auf den meisten geheimen Dokumenten der Kriegsplanung, da die Juristen des Pentagons der Ansicht waren, mit dieser Formulierung verhindern zu können, dass die Unterlagen dem Kongress zugänglich oder unter dem Freedom of Information Act, dem Gesetz zur Informationsfreiheit, offen gelegt werden müssten. Ihre Überlegung war, dass Dokumente, die lediglich der „Entscheidungsvorbereitung“ dienten, Bestandteil des internen Verhandlungsprozesses waren und damit nicht der Pflicht zur Offenlegung unterlagen, ein juristischer Kunstgriff, der nach Ansicht etlicher altgedienter Regierungsanwälte vor Gericht jedoch wohl kaum Bestand haben würde.

Franks hatte inzwischen insgesamt 208 000 amerikanische Soldaten in der Region stehen, darunter eine Bodenstreitmacht von 137 000 Mann. Sämtliche Einheiten der Marine waren in Position, und auch der Aufbau der Boden- und Luftstreitkräfte schritt wie geplant voran. Für die kommenden zwei Wochen war zwar noch die Verlegung von weiteren 50 000 Mann, fast ausnahmslos Bodentruppen, vorgesehen, doch Franks sagte, er könne jetzt jederzeit in den Krieg ziehen, sollte der Präsident das befehlen. Die Koalitionstruppen, größtenteils Briten, würden rund 44 000 Mann zählen.

Rumsfeld hatte einen, wie er sagte, „fiktiven“ Zeitplan vorliegen, fiktiv deshalb, weil der Präsident noch keinen Starttermin genannt hatte und den einzelnen Ereignissen keine konkreten Zeitangaben zugewiesen waren. Aber der Plan bot einen guten Überblick über den wahrscheinlichen Verlauf der Ereignisse über einen Zeitraum von zwei Wochen. Eine der ersten Maßnahmen würde darin bestehen, auf der kuweitischen Seite der Grenze die weitläufigen Stacheldrahtbarrieren zu durchschneiden, damit die amerikanischen und Koalitionstruppen über die Grenze in den Irak vorrücken könnten. Rumsfeld hielt es für unbedingt ratsam, Saddam öffentlich ein Ultimatum zu stellen und ihm 48 oder 72 Stunden Zeit für einen Rücktritt zu geben. Dieses Ultimatum war in seinem Zeitplan als „Zentralpunkt“ markiert, ein Zeitraum, in dem, abgesehen von Einsätzen der Special Operations Forces, keine größeren Kampfhandlungen vorgesehen waren.

Unterdessen waren mit der Türkei die Verhandlungen über Stationierungsrechte wieder aufgenommen worden, und Franks musste entscheiden, was er mit der 4. Infanteriedivision tun sollte, die auf 27 Schiffen vor der türkischen Küste lag.

Ob sie, wollte der Präsident wissen, auf mögliche Sabotageakte der irakischen Truppen gegen Brücken und Ölfelder vorbereitet seien? Laut Angaben von CIA-Quellen im Irak und ausländischen Geheimdiensten seien sie gesichert, wurde er beruhigt.

„Aber sicher wissen wir es nicht", sagte Rumsfeld, der einmal mehr seiner Skepsis gegenüber den Geheimdiensten Ausdruck verlieh. „Die Leute könnten uns belügen", sagte er. „Ihre Aufrichtigkeit uns gegenüber wird davon abhängen, für wie aufrichtig sie uns halten."

„An einem bestimmten Punkt ändern sich die Dinge, und plötzlich wird aus dem Betrüger der Betrogene", fuhr er in einer Anspielung darauf fort, dass die Geheimdienstleute manche Quellen und Agenten mit falschen Zusicherungen hinhielten und dass der, der andere täuschte oder betrog, riskierte, im Austausch dafür nur Lügen zu ernten. Doch das war ein typischer Rumsfeld-Einwand, der bei mehreren der Anwesenden nur Kopfschütteln auslöste.

Warum nach dem Ablauf des Ultimatums noch zwei Tage bis zum Beginn der Luftangriffe warten?, fragte der Präsident.

Franks sagte, dass sie die zwei Tage brauchten, um die Special Operations Forces über die Grenze in den Irak einzuschleusen und zu ihren Einsatzgebieten zu bringen, wo sie Grenzbeobachtungsposten ausschalten, Scud-Angriffe vereiteln und die Ölfelder sichern sollten.

Wenn ein Exekutivbefehl des Präsidenten in diesen Zeitplan eingebaut würde, inwieweit würde uns das festlegen?, erkundigte sich Rice.

Powell sagte, dass er sich immer noch darum bemühe, eine zweite Resolution zu erhalten.

„Nein, das würde uns nicht festlegen", sagte Rumsfeld. „Wir müssen uns im Hinblick auf die Diplomatie flexibel verhalten." Der Zeitplan könne nach hinten verschoben werden, ihn vorzuverlegen allerdings würde problematisch werden.

Franks sagte, dass sie zum jetzigen Zeitpunkt 24 Ziele mit potenziell hohen Kollateralschäden identifiziert hatten, Ziele also, bei deren Bombardierung die Gefahr von 30 oder mehr zivilen Todesopfern besteht. Sie hätten einen sehr ausgeklügelten Prozess zur Bewertung jedes dieser Ziele entwickelt. Franks verfügte über Satelliten- oder andere Aufnahmen von allen 24 Zielen, sagte aber, dass ihr Wissensstand über einige von ihnen noch zu wünschen übrig ließ.

„Ich wähle keine Ziele aus", sagte Bush. Während des Vietnamkriegs hatte Präsident Johnson viele Stunden damit verbracht, Ziele zu prüfen und freizugeben. „Ich will, dass Sie uns über die Ziele informieren, die Sie Ihrer Ansicht nach treffen müssen, um unseren Sieg zu gewährleisten und unsere Truppen zu schützen."

Franks setzte seine Ausführungen über die Ziele mit hohen Kollateralschäden fort und zeigte eine Aufnahme der Kaserne der Speziellen Republikanischen Garde in Tikrit, Saddams rund 160 Kilometer nördlich von Bagdad gelegene Heimatstadt und Hochburg seiner Anhänger. Der militärische Wert der Kaserne, die bereits im ersten Golfkrieg getroffen worden war, sei hoch, sagte Franks und zeigte die sechs Zielpunkte auf dem Gebäude, auf die sie sechs Bomben oder Raketen programmieren würden. Sie glaubten, waren aber nicht sicher, dass die Kaserne auch als Kommando- und Kontrolleinrichtung genutzt wurde, was bedeutete, dass bei einem Angriff 30 oder mehr Zivilisten ums Leben kommen könnten. Franks stellte auch die anderen Ziele mit potenziell hohen Kollateralschäden kurz vor, empfahl Bush aber, nicht auf die einzelnen Ziele einzugehen, es sei denn, er hätte eine Frage.

„Oh, ich sehe, dass dort eine Schule ist", sagte Bush, als Franks die Aufnahme eines bestimmten Ziels zeigte.

„Deshalb werden wir dieses Ziel auch bei Nacht angreifen", erwiderte Franks. „Nachts werden keine Kinder in der Schule sein." Zum Vergleich zeigte Franks ein Ziel, für das sie einen Angriff bei Tag vorschlugen, da dann die meisten in der Nachbarschaft wohnenden Menschen bei der Arbeit sein würden.

„Sollten wir zu der Überzeugung gelangen, dass es weitere Ziele mit potenziell hohen Kollateralschäden gibt, auf die ein Angriff erforderlich erscheint", sagte Rumsfeld zum Präsidenten gewandt, „behalten wir uns das Recht vor, Sie nochmals aufzusuchen."

Franks wollte genau wissen, in welcher Form sie das irakische Militär öffentlich davor warnen sollten, Massenvernichtungswaffen einzusetzen.

Die Warnung, sagte der Präsident, solle klar und unmissverständlich sein und sowohl in der Region als auch darüber hinaus publik gemacht werden. Er war bereit, eine solche Warnung in seine öffentlichen Verlautbarungen mit aufzunehmen.

Zum Abschluss gingen sie den Terminplan der Briefings für den Präsidenten während des Kriegs durch – wie oft und zu welcher Tageszeit sie zusammenkommen würden. Rumsfeld erklärte sich bereit, den Terminplan gemeinsam mit Card auszuarbeiten.

Nach der Sitzung hatte Card das Gefühl, dass sie gerade dem Vermächtnis von Vietnam ins Gesicht geschaut hatten. Das Militär, das vor Vietnam niemals daran gedacht hätte, einen Präsidenten so detailliert über die Zielauswahl zu informieren, betrachtete das inzwischen als fast obligatorische Strategie, sich den Rücken frei zu halten. Als sie allein waren, brachte Card diesen Punkt vor dem Präsidenten zur Sprache. Die beiden lagen vom Alter her nur ein Jahr auseinander. Card hatte sich nach der High School ins Reserveoffizierprogramm der Navy eingeschrieben, Bush hatte sich nach dem College zum Dienst als Pilot in der Nationalgarde verpflichtet. Weder der Präsident noch Card hatten jemals Neigungen erkennen lassen, die gebatikten T-Shirts der Friedensbewegung zu tragen, gleichzeitig waren sich beide der Falle bewusst, in die Politiker geraten können – und auch schon geraten waren –, die versuchen, sich als Krieger aufzuführen.

Heutzutage, sagte Card zu Bush, gelte im Verteidigungsministerium die Devise, möglichst keine Verantwortung zu übernehmen. Sie wollten einen Politiker, der die Verantwortung für sie übernahm. „Fürs Protokoll", sagte Card lachend, „das war für das Protokoll des Verteidigungsministeriums, damit sie hinterher sagen können, ‚Sie haben es gewusst'."

„Ja", sagte der Präsident. „Ja, ich weiß."

NACH DEM LUNCH an diesem Tag empfing Bush einen persönlichen Gesandten, der von Papst Johannes Paul II. mit dem Auftrag geschickt worden war, sich gegen einen Krieg auszusprechen. Ein Krieg würde zivile Opfer fordern und den Graben zwischen der Welt des Christentums und der des Islam noch weiter aufreißen, warnte der Gesandte, Kardinal Pio Laghi, der als Botschafter des Vatikan in den Vereinigten Staaten gedient hatte und ein alter Freund der Familie Bush war. Es wäre, fuhr er fort, kein gerechter, sondern ein ungesetzlicher Krieg, der nichts zum Besseren wenden könnte.

„Im Gegenteil", erwiderte der Präsident, „er wird die Dinge zum Besseren wenden."

BEI EINER PRESSEKONFERENZ am Abend des nächsten Tages, des 6. März, wiederholte der Präsident seinen Vorwurf, der Irak zeige keinerlei Bereitschaft zur Entwaffnung. „Irakische Kräfte verstecken nach wie vor biologische und chemische Kampfstoffe, um eine Entdeckung durch die Inspektoren zu verhindern", behauptete er. „Wir befinden uns", sagte er, „noch im abschließenden Stadium der Diplomatie und rufen auf zur Abstimmung" bei den Vereinten Nationen über die zweite Resolution. „Es ist an der Zeit, dass die Leute ihre Karten auf den Tisch legen."

Der Präsident lavierte sorgfältig, implizierte, dass es einen Krieg geben würde, sprach es aber nicht aus. Gegen Ende leistete er sich einen Versprecher, der fast schon an einen Pluralis Majestatis denken ließ. „Ich habe", sagte er, „uns noch keine abschließenden Gedanken über eine militärischen Aktion gemacht." Cheney, Powell, Rumsfeld und Rice wussten es besser.

Ohne einen Widerspruch einzugestehen, erklärte der Präsident neun Monate später in einem Interview seine damaligen Gedanken: „Ich erkenne jetzt, dass ein politisches Versagen an diesem Punkt Saddam immens gestärkt hätte. Was bedeutet, dass ich meinen Job nicht gemacht hätte. Tatsächlich erschwerte meine heilige Pflicht meine Aufgabe ungemein. Und deshalb war es eine Zeit der Besorgnis. Keine Zeit der Zweifel. Vor allem war ich mir in meiner Entscheidung, es zu machen, sicher. Es war die Taktik, es war der Weg – es war ebenso verdreht und riskant. Es war, als müssten wir durch sehr schwieriges Gelände navigieren."

Der Präsident geriet zusehends unter Beschuss von Konservativen, die ungehalten waren, weil der Krieg immer noch nicht begonnen hatte. Ken Adelman, der seit mehr als einem Jahr auf einen Krieg drängte, feuerte am 7. März in *USA Today* eine volle Breitseite ab. „Gebt Saddam eine letzte, letzte, letzte, letzte, letzte Chance. Bitte, bitte", höhnte er. Die Regierung Bush habe „einen gewaltigen Fehler begangen und bereits zu lange gewartet ... Wir haben Zeit vertrödelt. Wenn wir noch länger warten, ermutigen wir nur Frankreich, sich als wichtiges Land aufzuführen."

Rove machte seine Runden durch den Kongress. Seine Botschaft: Saddam ist eine Gefahr, holt ihn euch, hört auf, Zeit zu schinden. Eine Gruppe konservativer Abgeordneter im Repräsentantenhaus sagte zu Rove beim Lunch, dass der Präsident zu langsam agiere und ihm die Situation zu entgleiten drohe. Rove hatte regelmäßig Lunch mit William Kristol, dem Herausgeber des konservativen Magazins *The Weekly Standard,* dem Kolumnisten Charles Krauthammer von der *Washington Post* und mehreren anderen aus diesem Zirkel. Ihre Botschaft an Bush: Hör auf mit den Kindereien und schlag endlich los. Rove gab das alles an den Präsidenten weiter, der darauf erwiderte: „Ich lasse mir eher vorwerfen, zu langsam vorzugehen, als zu schnell vorzugehen." Aber der Präsident würde, wie Rove wusste, losschlagen.

Obwohl Bush darauf bestand, die Leitartikel der Zeitungen nicht gelesen zu haben, war er sich doch des heraufziehenden Sturms bewusst. „Ich fing an, mir Sorgen um den Widerspruch zu machen, der im Land laut wurde: ‚Bush handelt nicht. Der Führer, den wir für stark und entschlossen und klarsichtig hielten, hat sich in eine Position manövriert, in der er nicht handeln kann.' Und das war nicht die Linke, die so sprach. Das war die Rechte."

31

„SIEHT WIRKLICH GUT AUS. Die Sache wird laufen“, berichtete Saul einmal mehr an Tim in der Kalachualan-Basis in den Bergen des Nordirak. Tim und sein CIA-Team hatten das Gefühl, isoliert zu sein, verloren in Raum und Zeit. Ja, nein, ja, nein, ja – unter dem Strich ein Vielleicht. Die Kälte und die Ungewissheit nagten an ihnen. Tim hatte 87 „Rockstars“ draußen im Land, von denen einige bereits Berichte über ihre Thuraya-Satellitentelefone ablieferten. Er hatte auf einem schneebedeckten Berg in rund 3000 Meter Höhe ein Kommunikationszentrum eingerichtet, drei Wohnwagen aus den siebziger Jahren und ein paar alte, mit Plastikplanen abgedeckte und mit Seilen befestigte Wellblechschuppen. Sie hatten es auf den Namen „Jonestown“ getauft.

Durch die Planen, die im Wind peitschten und schlugen, drang Wasser nach innen. Die Temperaturen schwankten um den Gefrierpunkt. Jonestown war ein unglaublicher Schrottplatz, das Heulen des Windes und die flatternden Planen glichen dem Toben eines Dämons, der sie vom Berg fegen wollte. Die beiden Brüder hatten zugesagt, jeden Tag nach Jonestown heraufzukommen und die Anrufe der „Rockstars“ anzunehmen, die aus dem ganzen Irak über ihre Thurayas Berichte ablieferten. Es gab Spätaufsteher, die sich um 14 Uhr zum Dienst meldeten und bis 4.30 oder 5 Uhr morgens blieben. Tim hatte drei seiner Einsatzoffiziere und zwei Leute von den Special Forces, die praktisch da oben lebten, zur Absicherung von Jonestown abgestellt. Sie hörten die Berichte mit, die den Brüdern auf Arabisch durchgegeben wurden, und übermittelten sie dann über eine abhörsichere Funkverbindung hinunter in die Basis.

Zu Tims Basis, Pistachio, die knapp fünf Kilometer entfernt in den Vorbergen lag, fuhr man eine Viertelstunde über eine steile, gewundene Straße mit vielen Spitzkehren durch Niemandsland. Sie wurden mit Berichten überschwemmt. „Pistachio, hier ist Jonestown, wir haben neue Informationen …“ Sie fassten die eingehenden Telefonberichte so schnell es ging zu Geheimdienstprotokollen zusammen, die sie dann an das CIA-Hauptquartier übertrugen.

In Jonestown hatten sie einen zwei mal zwei Meter großen Hightech-Bildschirm, auf dem der exakte Ort jedes Anrufers im Irak angezeigt wurde. Die Brüder hatten eine Höllenangst, dass Saddams Sicherheitsdienst über eine vergleichbare Technologie verfügte oder Jonestown irgendwie anpeilen konnte. Tim dagegen war sich ziemlich sicher, dass Bagdad sie nicht aufspüren konnte. Aber er wusste, dass die Iraker durchaus einige der im ganzen Irak verteilt operierenden „Rockstars" erwischen konnten.

Die Brüder und der „Papst" waren sehr nervös. Sie waren überzeugt, dass Saddam sie töten würde, sobald der Krieg ausbrach. Die Kurden von der PUK waren wütend und schikanierten die Mitglieder der Gruppe, verprügelten sogar einige von ihnen, weil sie die ganzen Waffen auf dem Schwarzmarkt aufkauften. Ungeachtet dieser widrigen Umstände erhielten sie von ihren Quellen immer mehr und immer bessere Informationen. Ein Leibwächter von Saddams Sohn Kussei wurde als „Rockstar" rekrutiert und gab telefonisch Berichte durch. Offiziere der Sicherheitsorganisation, die als Kommunikationsspezialisten für die Regimeführung arbeiteten, schlossen sich ihnen an. Manchmal hatte Tim den Eindruck, als würde das irakische Äquivalent der Rotarier für ihn spionieren – pflichtbewusst, aber irgendwie merkwürdig.

Der „Papst" und die Brüder setzten ihre Gefolgsleute massiv unter Druck, brauchbare Informationen, Insiderinformationen, zu liefern. Eine verblüffende Nachricht von einem Möchtegern-„Rockstar": Saddam verfüge über rot und weiß gestrichene U-Boote, die unter der Wasseroberfläche des Tigris patrouillierten. Der Bericht musste aus dem Arabischen übersetzt werden. Bonbonfarbene U-Boote?, fragte Tim. Meinte er U-Boote oder Boote? Mit einer Schiffsschraube? Wovon genau sprach dieser Typ? Es war, wie sich herausstellte, eine Falschmeldung. Tim und die Einsatzoffiziere mussten alles, was hereinkam, filtern.

Eines Tages kam ein Anruf von einem der „Rockstars"; etwas stimmte nicht. Der Mann sprach unter Zwang. Dann meldete sich eine andere Stimme und sagte etwas in der Art von „Wir wussten, dass du von der CIA bist". Dann wurde die Verbindung unterbrochen – und blieb unterbrochen. Einer der „Rockstars" war von Saddams Sicherheitsdienst geschnappt worden. Später wurde der „Rockstar“ im irakischen Fernsehen vorgeführt. Man konnte sehen, dass er geschlagen und gefoltert worden war. „Ich bin erwischt worden. Ich bin ein schlechter Mensch“, sagte er. „Ich bin ein Verräter.“ Ein Mann in Uniform schwenkte ein Thuraya-Telefon vor der Kamera und sagte, dass jeder, der mit einem solchen Gerät erwischt werde, ein toter Mann sei, und dass sie seinen Vater und alle seine Brüder ebenfalls umbringen würden. Damit war ein Thuraya-Telefon ein Todesurteil, und so war es wenig überraschend, dass von diesem Tag an 30 der 87 Thuraya-Telefone, die sie ausgegeben hatten, still blieben.

AM SAMSTAG, dem 8. März, führte Rice ein Gespräch mit Blairs Nationalem Sicherheitsberater David Manning. Blair wurde wegen seiner Unterstützung für Bush und dessen Irak-Politik heftig angegriffen und in der britischen Presse als „Bushs Pudel“ verspottet. Mit der Aussage, seine Position sei die moralisch überlegene, hatte der britische Premierminister die Sache nur noch schlimmer gemacht. In einem Interview mit der Tageszeitung *Guardian* hatte er sich eine Woche zuvor indirekt mit Churchill verglichen. „Eine Mehrheit der anständigen und wohlmeinenden Leute sagte damals, es bestehe keine Notwendigkeit, Hitler entgegenzutreten, und dass die, die das taten, Kriegstreiber seien“, hatte er erklärt. Auf die Frage, warum er Bush mit solcher Hingabe folge, erwiderte er: „Es ist schlimmer, als Sie denken. Ich glaube daran. Ich bin von ganzem Herzen entschlossen, dieses Problem anzupacken, unabhängig von der amerikanischen Position. Wenn die Amerikaner dies nicht täten, würde ich sie bestürmen, es zu tun.“

Manning gab Rice eine Einführung in die britische Politik. Da im Unterhaus 413 Abgeordnete von Blairs Labour Party saßen, verfügte der Premierminister über eine komfortable Mehrheit. Die Tories unterstützen einen Krieg im Irak, doch sollten 150 oder mehr Abgeordnete von Labour ausscheren, könnte das die Tories dazu veranlassen, sich den Abtrünnigen anzuschließen, um Blairs Regierung durch ein Misstrauensvotum zu stürzen.

„Er ist bereit, das Risiko einzugehen, sollte das nötig sein“, berichtete Manning an Rice. Allgemein herrschte die Ansicht vor, dass Blair das Ausscheren eines Ministers überleben würde; sollten es aber zwei Minister sein, könnte eine Abstimmung gefährlich knapp werden.

Am nächsten Tag, am Sonntag, dem 9. März, sprach Rice mit Bush über Blairs Situation.

„Glauben Sie, dass er sein Amt verlieren könnte?“, fragte der Präsident.

„Ja.“

„Würden die Briten das wirklich tun?“

„Erinnern Sie sich an Churchill“, sagte sie und wies ihn darauf hin, dass Churchill nach dem Sieg im Zweiten Weltkrieg abgewählt worden war.

Für Bush war Blair derjenige, der sich am weitesten aus dem Fenster gelehnt hatte, derjenige, der „cojones“ genug hatte, um stark und unerschütterlich zu bleiben. Ein Sturz Blairs würde Bush nicht nur seinen wichtigsten Verbündeten kosten, sondern zudem auch Saddam stärken. Man stelle sich nur die Schlagzeilen vor! Außerdem würde man ihn, Bush, dafür verantwortlich machen. Das wäre ein doppelter Schlag.

Der Präsident war sehr besorgt. Bei einer ihrer regelmäßigen Telefonkonferenzen loteten Blair und er die Möglichkeiten aus und überlegten, welche anderen Länder im Sicherheitsrat sie dazu bewegen könnten, eine zweite Resolution zu unterstützen.

„Wenn sie nicht mit uns stimmen“, sagte Bush, „was ich Ihnen sagen möchte – ich will auf keinen Fall, dass Ihre Regierung stürzt. Wir müssen unter allen Umständen verhindern, dass das passiert. Ich meine das wirklich.“ Lieber, sagte Bush, würde er Blair aus der Koalition ausscheren lassen, und sie würden nach einem anderen Weg einer britischen Beteiligung suchen.

„Ich habe gesagt, ich stehe an Ihrer Seite. Dazu stehe ich“, erwiderte Blair.

Bush sagte, sie könnten über eine andere Rolle der britischen Truppen nachdenken – „eine zweite Welle, zur Friedenssicherung oder etwas in der Art. Ich will eher alleine gehen, als mit anzusehen, wie Ihre Regierung stürzt“.

„Ich verstehe das“, antwortete Blair, „und es ist sehr freundlich von Ihnen, das zu sagen. Aber wie ich schon sagte, ich stehe an Ihrer Seite.“

Bush sagte, dass es ihm wirklich ernst damit sei, dass es für ihn in Ordnung sei, sollte sich Blair entscheiden, auszusteigen. „Darauf können Sie zählen."

„Ich weiß, dass Sie es ernst meinen", sagte Blair, „und ich weiß das zu schätzen. Ich glaube Ihnen das absolut. Danke. Ich weiß das zu schätzen. Es ist sehr freundlich von Ihnen, das zu sagen", wiederholte der Premierminister auf seine sehr britische Art. „Aber ich stehe bis zum Ende an Ihrer Seite."

BEI SEINEN FERNSEHAUFTRITTEN in einer Reihe der Sonntags-Talkshows äußerte sich Powell optimistisch, dass die USA und Großbritannien eine Mehrheit für eine zweite Sicherheitsratsresolution erhalten würden. In *Meet the Press* auf NBC sagte er, sie hätten „eine gute Chance, und ich bin zuversichtlich, dass wir die neun oder zehn Stimmen bekommen könnten, die wir brauchen". Bislang aber hatten nur Spanien und Bulgarien zugesagt, für die Resolution der Briten und Amerikaner zu stimmen, was bedeutete, dass ihnen mindestens noch fünf Stimmen fehlten. Powell war jedoch telefonisch noch im Gespräch mit drei afrikanischen Ländern, auf deren Stimmen er hoffte.

Am nächsten Morgen machten die großen Zeitungen mit widersprüchlichen Schlagzeilen auf. Die *Washington Post* schrieb „Powell optimistisch; Außenminister sieht ‚gute Chancen' für Unterstützung durch UN-Mehrheit", während die *New York Times* verkündete: „Trotz Eildiplomatie keine neun UN-Stimmen für die USA".

BEI DEM REGULÄREN TREFFEN des Nationalen Sicherheitsrates um 8.55 Uhr am Montag, dem 10. März, stellte Frank Miller, im Stab des Sicherheitsrates Leiter für Verteidigungsangelegenheiten, die neuesten Pläne für einen Irak nach Saddam vor. „Diejenigen, die Saddams Irak geleitet haben, können nicht für uns arbeiten oder den zukünftigen freien Irak führen. Trotzdem müssen wir die Funktionsfähigkeit des Staats erhalten", erklärte Miller. Laut Schätzungen der US-Geheimdienste gab es rund 25 000 Spitzenkräfte in der Baath-Partei, die, wie Miller forderte, ausnahmslos von Regierungsposten und anderen mit Macht und Einfluss verbundenen Positionen entfernt werden müssten. Da sie nur knapp über ein Prozent der insgesamt zwei Millionen irakischen Regierungsangestellten ausmachten, würde ihre Entlassung die öffentlichen Institutionen nicht ihrer Führung berauben.

Miller sagte weiter, dass sie die Archive retten und wichtige Kriegsverbrecher festnehmen müssten. Das Gerichts- und das Polizeipersonal gälten als beruflich qualifiziert und könnten von der Übergangsregierung übernommen werden, die die Koalition einsetzen würde. „Die erfolgreiche Einrichtung eine rechtsstaatlichen Ordnung in der unmittelbaren Nachkriegszeit ist von entscheidender Bedeutung für die Sicherstellung der Stabilität, die Aufnahme von Hilfs- und Wiederaufbaumaßnahmen und die rasche Wiederherstellung der irakischen Gesellschaft."

„Wir müssen", sagte der Präsident, „die Menschen im Irak überzeugen, dass wir ihnen vertrauen." Er forderte, einige Ministerien so schnell wie möglich unter irakische Kontrolle zu stellen. „Die Menschen im Irak haben unter Saddam Hussein gelitten", sagte Bush, „und sie werden Vorbehalte gegenüber Irakern hegen, die während Saddams Herrschaft außer Landes waren." Bush lehnte es ab, die neuen Herrscher auszuwählen, und erteilte damit nicht nur dem Plan für eine Machtübernahme Tschalabis eine Absage, sondern auch der frühen Einsetzung einer provisorischen Regierung. „Bis wir mehr wissen, müssen wir uns ganz darauf konzentrieren, die Details auf die Reihe zu bringen", sagte er.

Powell schlug vor, eine separate UN-Resolution einzubringen, die einen juristischen Rahmen für die irakische Interimsregierung setzen würde.

Das könnte helfen, meinte Bush.

Anschließend stellte Finanzminister John Snow in groben Zügen den Plan für die Einführung einer neuen irakischen Währung vor. Zurzeit gab es zwei Währungen im Irak: den Schweizer Dinar im Norden und den Alten Dinar im Süden, wo Saddams Konterfei auf der Vorderseite aller Banknoten prangte. Nach der Machtübernahme, sagte Snow, würden sie dafür sorgen müssen, dass keine neuen Saddam-Dinare mehr gedruckt und die noch vorhandenen Lagerbestände vernichtet würden, um einer Hyperinflation vorzubeugen. Sobald

Saddam gestürzt sei, würden sie die Leute bezahlen müssen, um die Wirtschaft am Laufen zu halten, sagte er.

Snows erste Wahl für eine Übergangswährung bis zur Einführung einer neuen irakischen Währung war der US-Dollar. Im ersten Golfkrieg hatten amerikanische Banken irakische Guthaben in Höhe von nahezu 1,7 Milliarden Dollar eingefroren, und unter dem Patriot Act konnte der Präsident diese Gelder unwiderruflich beschlagnahmen. Sie würden drei Jumbojets benötigen, um das Geld in den Irak zu transportieren.

Auch Bush sprach sich für den US-Dollar als Übergangswährung aus, wollte aber sichergehen, dass die Menschen im Irak und vor allem die Rentner etwas mehr Geld als zuvor bekamen, allerdings nicht so viel mehr, dass das die Wirtschaft verzerren würde. Statt Saddam würden die Iraker auf ihren Geldscheinen also bald die ehemaligen amerikanischen Präsidenten Washington, Jackson, Lincoln und Grant sowie die frühen amerikanischen Helden Hamilton und Franklin sehen.

AN DIESEM NACHMITTAG traf Bush im Oval Office mit Rice, Hadley, Card, Bartlett und Gerson zusammen. Das Schicksal der eingebrachten zweiten UN-Resolution war zwar immer noch ungewiss, aber der Präsident musste sich in irgendeiner Form öffentlich dazu äußern. Wie sollten sie die Reaktion auf eine UN-Abstimmung formulieren? Bush könnte Saddam ein Ultimatum stellen, „aus Dodge [City] zu verschwinden" – ein Lieblingsausdruck der Familie Bush –, oder er könnte einfach den Beginn militärischer Handlungen bekannt geben, da Saddam die erste Resolution, die 1441, nicht erfüllt hatte.

Der Präsident ließ wenig Zweifel daran, dass es auf ein Ultimatum hinauslaufen würde. Er fragte Rice, was bei den Vereinten Nationen los war, und äußerte seine Ungeduld angesichts des sich hinziehenden und ungeordneten Prozesses. Die Briten, die Chilenen und die Spanier hatten eigene Anträge eingebracht. Nach vielem Hin und Her erhielt Gerson den Auftrag, zwei Reden auszuarbeiten: eine, die davon ausging, dass zumindest die Franzosen ein Veto gegen eine zweite Resolution einlegten, und eine, die von einer Bestätigung von Resolution 1441 ausging.

Der eigentliche Grund aber, warum sie der Abstimmung im UN-Sicherheitsrat so nervös entgegenfieberten, war Blairs Schicksal. Bush war mit seinen Gedanken häufig bei Blair. Sollte Blairs Regierung stürzen, dann wäre das, da waren sich alle einig, eine echte Katastrophe.

Beim Pressebriefing des Pentagons am nächsten Tag, dem 11. März, deutete Rumsfeld an, dass die Briten im Kriegsfall eventuell nicht mit dabei wären. „Das ist ein Punkt, zu dem der Präsident sich, wie wir annehmen, in den kommenden Tagen äußern wird“, erklärte Rumsfeld.

„Was zum Teufel ist hier los?“, wollte ein Mitarbeiter der britischen Botschaft in Washington wissen, der unmittelbar nach Rumsfelds Auftritt im Pentagon anrief. Rumsfelds Andeutungen kamen einer Beleidigung gleich. Die britische Armee hatte 45 000 Soldaten in der Region stehen – nahezu die Hälfte der britischen Bodentruppen. Binnen kurzem würde jede britische Nachrichtenorganisation im Pentagon, in der Botschaft und in der Downing Street 10 anrufen und fragen: Was hat das zu bedeuten? Machen die Briten einen Rückzieher?

Rumsfeld bemühte sich in einer persönlichen Mitteilung um Klarstellung und verkündete, er habe „keinerlei Zweifel“, dass die Briten jedem Versuch, den Irak zu entwaffnen, ihre vollste Unterstützung gewähren würden. „Für den Fall, dass eine Entscheidung zum Einsatz von militärischer Gewalt getroffen wird, haben wir jeden Grund zu der Annahme, dass das Vereinigte Königreich einen signifikanten militärischen Beitrag leisten wird.“

Am 11. März verteilte Rice an die Chefs eine als Geheimsache gestempelte „Zusammenfassung der Übereinkünfte“, in der festgehalten wurde, was an diesem Morgen im Nationalen Sicherheitsrat vereinbart worden war. Zweck der Übung war, den Chefs die Möglichkeit zu geben, Änderungen zu verlangen, sollte das Memorandum nicht wiedergeben, was sie ihrer Ansicht nach besprochen hatten. Die Zusammenfassung hielt fest, dass nach der Befreiung möglichst schnell eine Interimsregierung unter Beteiligung von Irakern, Kurden und oppositionellen Exil-Irakern eingerichtet werden sollte. Später sollte, wie das bereits nach dem Afghanistankrieg gemacht worden war, „zur Ausweitung der Basis“ eine Konferenz in

Bagdad einberufen werden, die die Interimsführer benennen und „bei der Einrichtung einer neuen, demokratischen Regierung mitwirken“ sollte. Darüber hinaus fasste das Dokument die Präsidenten-Briefings zu den Themen Währung, Erdöl und Reform der irakischen Bürokratie zusammen.

UM 7.15 UHR AM MITTWOCH, dem 12. März, beugten sich der Präsident und Gerson über zwei Entwürfe – beides Ultimaten. Die dritte Alternative – die schlichte Ankündigung militärischer Aktionen – war noch nicht geschrieben. Bush sagte, dass es wichtig sei, jetzt auch diesen Entwurf vorliegen zu haben.

Card und Rice kamen vorbei und erkundigten sich, wie sie vorankamen.

„Das hier muss ein Ende haben“, sagte Bush. Die Vereinten Nationen machten sich selbst zum Gespött. Vielleicht wäre es ja das Beste, wenn es keine zweite Resolution gäbe. Einfach das militärische Eingreifen an Resolution 1441 anhängen. Vielleicht sollte er Saddam das Ultimatum stellen – in den nächsten ein, zwei Tagen. Rice plädierte dafür, nur ein militärisches Eingreifen und kein Ultimatum anzukündigen. Die Schreiber taten sich schwer mit den Reden für die Ultimaten, die zudem einen potenziellen Widerspruch enthielten: In beiden Entwürfen stand, dass die Vereinten Nationen nicht den Mut besaßen, ihre bisherigen Entschlüsse in die Tat umsetzen, während sie in Wahrheit ja mit Resolution 1441 bereits gehandelt hatten.

Blair sagt, dass er im Parlament immer noch Schwierigkeiten hat, berichtete der Präsident, und dass er ein Misstrauensvotum in Zusammenhang mit der Abstimmung über den Krieg fürchtet. Blair hatte in den fast täglichen Telefongesprächen mit Bush seine tiefe Besorgnis bekannt. „Dennoch“, sagte Bush zu ihnen, „glaube ich nicht, dass er sein Amt verlieren wird.“

Vizepräsident Cheney und Karl Rove hatten den Auftrag erhalten, Kontakt zu den Tories in Großbritannien aufzunehmen und sich bei ihnen für eine Unterstützung Blairs und des Kriegskurses einzusetzen.

BEI DER SITZUNG des Nationalen Sicherheitsrats später am Morgen erläuterte Doug Feith die Pläne, die sie für das irakische Außenministerium, das Militär und die Geheimdienste nach der Invasion ausgearbeitet hatten. Was das Außenministerium betraf, so lautete das Ziel, „das Ministerium von hochrangigen Baath-Führungsmitgliedern und Geheimdienstoffizieren zu säubern." Auch mit den 56 irakischen Botschaften müssten sie sich befassen. Am Besten wäre, sie würden die jeweiligen Gastländer bitten, die Botschafter und alle mutmaßlichen Geheimdienstangehörigen auszuweisen sowie sämtliche irakischen Bankguthaben einzufrieren.

Okay, sagte der Präsident, wer übernimmt das?

Powell sagte, er werde sich darum kümmern.

Der irakische Geheimdienstapparat, fuhr Feith fort, müsse vollständig zerschlagen werden, und zwar auf eine Art und Weise, die für die Iraker und die gesamte Welt transparent sei. Sollten sie die Spezielle Republikanische Garde erhalten? Die Antwort lautete Nein. Die Republikanische Garde? Nein. Die Spezielle Sicherheitsorganisation? Nein.

Als sie auf die reguläre Armee zu sprechen kamen, lautete die Antwort – vielleicht. Feith stellte folgenden Plan vor: Die Streitkräfte verkleinern, die Gesellschaft entmilitarisieren. Aufbau einer entpolitisierten Armee, die der politischen Kontrolle durch eine zivile Autorität unterworfen war, die die ethnische und religiöse Zusammensetzung der irakischen Bevölkerung repräsentierte. Spezielle Milizen wie die Fedajin Saddam müssten aufgelöst und ihre Mitglieder demobilisiert werden.

Die Interimsautorität würde Gefangenenlager für irakische Soldaten einrichten müssen, die sich kompanie- und bataillonsweise, vielleicht sogar in ganzen Brigaden ergeben würden, sagte Feith. Der Plan sah vor, „nicht sofort sämtliche Kräfte zu demobilisieren und auf die Straßen zu entlassen, sondern sie als Arbeitskräfte für den Wiederaufbau einzusetzen". Drei bis fünf reguläre Armeedivisionen würden, schätzte Feith, den Kern einer neuen irakischen Armee bilden.

Womit sie nicht rechneten, wofür sie keinen Plan entwarfen, war die Möglichkeit, dass Hunderttausende von Soldaten einfach heimgehen würden, dass der Arbeitskräftepool, mit dem sie das Land wieder aufbauen wollten, einfach dahinschmelzen würde.

SPÄTER AM SELBEN TAG rief Blair Bush an, um ihn auf den neuesten Stand zu bringen.

„Wenn wir die Stimmen nicht bekommen", sagte Bush, „blasen wir es ab. Es reicht." Er hatte die Schnauze voll von den Resolutionen.

„Würden Sie es noch ein einziges Mal versuchen?", fragte Blair, der sich damit auf die entscheidenden Stimmen des Mexikaners Fox und des Chilenen Lagos bezog.

„Natürlich", sagte Bush. „Das werde ich gerne machen."

Bush rief Fox an. „Vicente, ich bestehe darauf, dass morgen in den Vereinten Nationen eine Abstimmung erfolgt. Können wir auf Ihre Stimme zählen?"

„Welchen Wortlaut hat die Resolution genau?", wollte Fox wissen.

„Vicente, wir haben über diese Frage lange genug debattiert. Die Sicherheit der Vereinigten Staaten steht auf dem Spiel. Ich möchte Ihre Stimme."

Fox sagte, er werde zurückrufen. Später, beim Essen, rief Rice Bush an und informierte ihn, dass sie einen Anruf von Luiz Ernesto Derbez erhalten hatte, dem Außenminister, der nun für die mexikanische Politik zuständig sei. Fox habe sich wegen einer Rückenoperation ins Krankenhaus begeben müssen.

„Interessant", sagte Bush. Er rief den chilenischen Präsidenten Ricardo Lagos an. Da er große Stücke auf Lagos hielt, war er sehr höflich. Keine Drohungen.

„Können wir auf Ihre Stimme zählen?", fragte Bush den 65 Jahre alten sozialistischen Führer.

„Sind Sie sicher, dass dies der richtige Zeitpunkt für eine Abstimmung ist?"

„Es ist an der Zeit, abzustimmen, Ricardo. Wir haben diese Debatte schon zu lange geführt."

„Aber wir machen Fortschritte", erwiderte Lagos.

„Aber nur, weil wir ein paar hunderttausend Soldaten dort unten stehen haben. Wenn diese Truppen nicht dort wären, hätte es noch weniger diplomatische Erfolge gegeben. Und Saddam Hussein müsste sich noch weniger Sorgen machen. Die Fortschritte, die Sie Ihrer Überzeugung nach erzielen, sind illusionär." Bush brachte seine Zwangslage auf den Punkt. „Ich werde unsere Truppen nicht ewig dort stehen lassen. Sie werden entweder reingehen und Saddam aus dem Amt jagen, oder sie werden nach Hause kommen, Ricardo."

Eine ernüchternde Vorstellung. Die Truppen nach Hause zu holen, ohne das Problem Saddam gelöst zu haben, war für Bush sowohl aus praktischen wie auch aus politischen Gründen undenkbar. Er befand sich in einer ähnlichen Situation wie sein Vater im Januar 1991, als die USA 500 000 Soldaten und Soldatinnen im Nahen Osten stehen hatten. „Wir brauchen einen Krieg", hatte Bush senior mehrere Wochen vor dem Beginn des Golfkriegs seinen Beratern gesagt. Einmal mehr hatte sich ein Präsident Bush, dieses Mal mit 200 000 Soldaten im Nahen Osten, in eine Position manövriert, in der er einen Krieg brauchte.

„Ricardo, wie werden Sie abstimmen?", fragte Bush Lagos.

Mit Nein, erwiderte der chilenische Präsident.

„Ich danke Ihnen vielmals", sagte Bush.

Bush rief Blair an und berichtete ihm von seinen Gesprächen mit Fox und Lagos. „Sie müssen diese beiden Unterhaltungen bedenken", sagte Bush. „Das sind keine guten Nachrichten. Es ist vorbei."

32

ALS SICH DER PRÄSIDENT am Morgen des 13. März, eines Donnerstags, mit dem irischen Premierminister Bertie Ahern traf, kamen sie unweigerlich auch auf die Franzosen zu sprechen. „Chirac", sagte Bush zu Ahern, „hat die Sache so weit getrieben, dass es in Amerika zu einem gewaltigen Ausbruch antifranzösischer Ressentiments gekommen ist. Er ist zur Zielscheibe der Possenreißer geworden. Er hat es zu weit getrieben." Das Problem, sagte Bush, sei, dass es hier nicht nur um Saddam Hussein gehe – es gehe auch um die Machtverteilung in Europa. Hätten Deutschland und Frankreich mehr Bereitschaft gezeigt, sich Saddam in den Weg zu stellen, wäre diese Sache auf friedlichem Wege beigelegt worden. Stattdessen hatte Saddam, behauptete Bush, sich von den beiden Politikern ermutigt gefühlt. Sie hatten ihn zu dem Irrglauben verführt, dass er auch dieses Mal wieder mit seiner Blockadepolitik gegenüber den Vereinten Nationen davonkommen würde.

Chirac führe sich, sagte Bush, wie ein Tyrann auf, insbesondere gegenüber den osteuropäischen Ländern. Damit habe er, fuhr Bush fort, eine Gegenreaktion provoziert und mit der dogmatischen Haltung Frankreichs am Ende Tony Blair geholfen.

Später an diesem Tag kam Bush mit seinen Beratern zusammen. Dabei signalisierte er, als Ausdruck seiner Solidarität, aber auch, um die Zeit des Wartens zu überbrücken, großes Interesse an einem Gipfel mit Blair. Dass es Krieg geben würde, stand fest, aber der diplomatische Zirkus war noch nicht beendet. Was konnte er tun? Nur herumsitzen und warten? Es war eine schwierige Zeit, voller Ungewissheit. Aber Blairs Leute hatten Angst, den Premierminister auch nur für acht Stunden außer Landes reisen zu lassen. Sie erinnerten sich nur zu gut daran, wie es Maggie Thatcher 1990 ergangen war, als sie zu einer Konferenz ins Ausland gereist war, nur um bei ihrer Rückkehr als Parteiführerin abgesetzt zu werden. Blair wollte nicht, dass Bush eine Rede hielt oder ein Ultimatum stellte. Er, Blair, musste den richtigen Moment für eine Abstimmung im Unterhaus wählen. Der amerikanische Präsident durfte seine Rede also nicht vor Montag halten. Was immer den Briten dienlich sei, entschied Bush.

UM 10 UHR AM FREITAG, dem 14. März, gab Bush im Rosengarten bekannt, man habe sich auf eine „Roadmap“, einen Fahrplan für den Frieden im Nahen Osten geeinigt. Das war eine weitere Konzession an Blair, der ihn gedrängt hatte, den Friedensplan nicht hinauszuschieben, bis die Irak-Frage gelöst war.

Kurz nach Mittag kündigte Ari Fleischer beim Pressebriefing im Weißen Haus ein Gipfeltreffen Bushs mit Blair und Aznar auf den Azoren „zur Überprüfung der auf ihren Abschluss zustrebenden diplomatischen Verhandlungen“ an.

Später an diesem Tag überreichte Hadley Gerson ein streng geheimes Dokument mit den zentralen Punkten für die Ultimatumsrede. Das Dokument war auf einem Treffen der Chefs ausgearbeitet worden und trug deutlich die Handschrift Rumsfelds, der ein Ultimatum von höchstens 48 Stunden wollte.

PRINZ BANDAR vereinbarte einen Termin mit dem Präsidenten, um ihm eine dringende Nachricht von Kronprinz Abdullah zu überbringen. Der saudische Führer hoffte zwar immer noch, mit einer Lösung in letzter Minute einen Krieg zu verhindern und Saddam in einer verdeckten Operation zu stürzen. Doch die Verzögerung, das ewige Hin und Her der Vereinten Nationen, war in den Augen der Saudis schlimmer als Krieg. Die Bemühungen, Blair zu helfen, schadeten den Freunden Amerikas im Nahen Osten. Der jordanische König Abdullah war außer sich. „Lasst uns losschlagen“, drängte er die Saudis. „Ich halte das nicht mehr aus.“ Die Botschaft des saudischen Kronprinzen war einfach – die offenkundige Unentschlossenheit passte in der Region niemandem ins Konzept. Was war jetzt, Krieg oder kein Krieg?

Als Bandar ins Oval Office trat, waren auch Cheney, Rice und Card anwesend. Card war überrascht über Bandars Erscheinung. Das Gewicht des Botschafters schwankte häufig, und an diesem Tag spannten die Knöpfe an seinem Jackett sichtlich. Er wirkte müde, nervös, angespannt und schwitzte heftig. Ein ziemlich ungewöhnlicher Anblick.

„Was ist los mit Ihnen?“, fragte der Präsident Bandar. Haben Sie keinen Rasierapparat? Irgendetwas, mit dem Sie sich rasieren können? Im Gesicht des Prinzen, der normalerweise einen akkurat getrimmten Bart trug, spross ein ungepflegtes Dickicht.

„Mr. President“, sagte Bandar, „ich habe mir geschworen, mich nicht zu rasieren, bis der Krieg beginnt.“

„Nun, dann werden Sie sich sehr bald wieder rasieren können.“

„Das hoffe ich“, antwortete Bandar. „Allerdings fürchte ich, dass ich aussehen werde wie Bin Laden, bis der Krieg beginnt“, fügte er hinzu und deutete mit seinen Händen einen Bart von einem halben Meter Länge an.

Bush funkelte ihn an. Er mochte es gar nicht, aufgezogen zu werden, und fand die Anspielung alles andere als witzig. Bandar wusste, dass Bush jeden Hinweis auf Unentschlossenheit hasste. „Ich sage Ihnen, Sie werden nicht allzu lange warten müssen“, versicherte der Präsident.

Bandar sagte, er habe gehört, der Beginn des Krieges sei auf den 3. März angesetzt gewesen, aber dann: nichts. Als Nächstes hieß es 10. März, aber wiederum: nichts. Und nun wolle Bush, wie man höre, Saddam ein öffentliches Ultimatum stellen.

„Fangen Sie erst gar nicht an“, warnte der Präsident.

„Kronprinz Abdullah –“

„Hören Sie auf“, schnappte Bush. „Ich weiß es. Ich schlage los. Ich meine es ernst.“

„Mr. President –“

„Ich sage es Ihnen doch! Fangen Sie erst gar nicht damit an. Ich werde losschlagen, Bandar, vertrauen Sie mir einfach.“

„Nun“, sagte Bandar, „dann denke ich, gut …“

„Wie lange, schätzen Sie, wird es nach dem Ultimatum dauern, bis wir in den Krieg ziehen?“, fragte der Präsident.

„Das fragen Sie *mich?*“

„Ja“, sagte der Präsident.

„Sie wissen, wie lange.“

„Sagen Sie mir, was Sie denken.“

„72 Stunden“, antwortete Bandar.

„Falsch!“

Cheney rutschte auf seinem Stuhl hin und her. Es schien, als wolle er Bandar ohne Worte beruhigen, ihm bedeuten: „Entspannen Sie sich, unser Mann macht das schon“. Rice stellte, wie Card, ein Pokergesicht zur Schau.

„In Ordnung“, sagte Bandar.

IM ANSCHLUSS DARAN ging Bandar zu Rumsfeld. Es war das dritte Treffen der beiden Männer, seit die Bemühungen um eine zweite UN-Resolution begonnen hatten. Rumsfeld wirkte nervös. Seine größte Angst war, dass Saddam in letzter Minute ein Angebot machen und um nur ein paar zusätzliche Tage bitten würde, und dass dic Franzosen und Russen dann argumentieren würden, dass das recht und billig sei.

„Mr. Secretary“, sagte Bandar. „Ich fühle mich ebenso ängstlich wie 1991.“ Die Situation erinnerte auf unheimliche Art an den Vorabend des Golfkriegs, als eine einfache Konzession Saddams, beispielsweise das Versprechen, seine Armee aus Kuweit abzuziehen, die Vereinten Nationen und die USA durchaus dazu hätte zwingen können, den Krieg zu verschieben. Obwohl Saddam fast immer die falsche Entscheidung traf und seine Möglichkeiten, den Krieg durch das Spielen der diplomatischen Karte hinauszuzögern, nicht sah oder nicht sehen wollte, sagte Bandar: „Ich mache mir große Sorgen, dass dieses Mal so etwas passiert.“

„Nun, Sie haben heute Morgen den Boss getroffen“, merkte Rumsfeld an. „Was denken Sie?“

„Don, ich denke, dass er Versuchungen ausgesetzt ist“, sagte Bandar. „Aber ich glaube, dass Ihr Mann, mein Mann sich entschlossen hat.“

„Es würde nicht schaden“, sagte Rumsfeld, „wenn Sie das nochmals bekräftigen würden.“

UM 7 UHR AM SAMSTAG, dem 15. März, klingelte Sauls abhörsicheres Telefon in seinem Haus bei Washington. Er war seit mehreren Stunden wach und hatte am Computer gesessen. Der Operationsleiter Irak der CIA schlief schlecht in diesen Tagen.

„Sie haben sie in die Luft gesprengt!", berichtete der Anrufer aus dem CIA-Hauptquartier seinem Boss. „Wir warten noch auf die Bestätigung von der Luftaufklärung."

„Halten Sie mich auf dem Laufenden", sagte Saul.

„Freuen Sie sich noch nicht zu sehr. Wir haben noch keine Bestätigung."

Saul wartete. Um diesen Punkt zu erreichen – beziehungsweise diesen Punkt *vielleicht* zu erreichen –, hatten sie mehrere Monate lang mit Franks und seinem Stab diskutiert und gestritten. Wann könnte die Agency mit Sabotageaktionen im Irak beginnen? Im Dezember noch hatte Franks gefürchtet, mit Sabotageaktionen eine irakische Reaktion zu provozieren, auf die er, Franks, noch nicht vorbereitet war. Er konnte nicht ausschließen, dass Saddam eine Sabotageaktion unabhängig von ihrem Ausmaß als Provokation auffassen und eigene militärische Operationen in einer Phase einleiten würde, in der Franks noch Order hatte, den Diplomaten eine Chance zu lassen. Schließlich jedoch hatten sie grünes Licht bekommen.

Eines der CIA-Teams im Norden hatte den Kurden Sprengstoff beschafft und einen Techniker abgestellt, der sie im Umgang damit ausbildete. Das Ziel war die Bahnlinie von Mossul nach Bagdad, eine knapp 350 Kilometer lange, strategisch wichtige Transportroute. Die Anweisung an die Kurden hatte gelautet, die Bahnlinie zu sprengen und dann die Eisenbahngesellschaft mit folgender Meldung anzurufen: „Wir haben die Bahnlinie in die Luft gesprengt. Lassen Sie keine Züge durch." Das war eindeutig genug und entsprach Bushs dringendem Wunsch, die Zahl der zivilen Opfer möglichst gering zu halten.

Knapp zwei Stunden später, gegen 9 Uhr, rief der Dienst habende Beamte aus dem Hauptquartier wieder an.

„Okay, wir haben das Bildmaterial. Sie haben die Gleise gesprengt." Der Anschlag war knapp 20 Kilometer südlich von Mossul verübt worden.

„Gut."

„Aber sie haben nicht angerufen."

„Verdammt", sagte Saul. „Was heißt das?"

„Nun, ein Zug ist entgleist." Entlang der Gleise lagen überall umgestürzte Tankwaggons, und einige Passagierwaggons waren ebenfalls entgleist.

Saul war mit dabei gewesen, als die CIA in den achtziger Jahren mit Hilfe der Contras versucht hatte, das linksgerichtete Regime der Sandinisten in Nicaragua zu stürzen. Er erinnerte sich noch gut daran, als die Agency nicaraguanische Häfen vermint und damit einen Sturm der Empörung im Kongress ausgelöst hatte. Der Kongress hatte den damaligen CIA-Direktor Bill Casey und weitere Führungskräfte des Dienstes vor sich zitiert und ihnen gehörig die Hölle heiß gemacht. „Nun ja, immerhin ist es Samstag", sagte Saul mehr zu sich selbst. „Da bleibt mir noch der Sonntag, meine Aussage vor dem Kongress am Montagmorgen vorzubereiten. Ich werde garantiert vor den Kongress gerufen." Saul rief den stellvertretenden Operationsleiter Jim Pavitt an, den Chef aller verdeckten und geheimen Aktivitäten der CIA.

„Jim, die erste Operation ist gelaufen."

„Was ist passiert?", fragte Pavitt nach.

„Ein Zug ist entgleist. Überall liegen Tankwaggons herum. Ein verdammt großer Ölfleck. Und Passagierwaggons. Wir wissen nicht, ob es zivile Opfer gegeben hat."

Am anderen Ende der Leitung nur Schweigen, eine unheilvolle Stille, und Saul wartete nur noch darauf, in der nächsten Sekunde von Pavitt zu Hackfleisch verarbeitet zu werden.

„Nun, ich denke, in Kriegszeiten passieren solche Dinge eben. Halten Sie mich auf dem Laufenden", sagte Pavitt.

Saul rief seine Jungs an. „Legt los! Es hat ihn nicht gekümmert. Los!" Die Nachricht verbreitete sich wie ein Lauffeuer: Beginnt mit den Operationen.

Der Zug hatte neben Öl auch Soldaten transportiert, und es hatte Todesopfer gegeben. Die Kurden brüsteten sich mit der Aktion, verteilten in der ganzen Gegend Flugblätter: Erhebt euch! Die Befreiung steht bevor!

Mehrere Dutzend weitere Angriffe wurden unternommen. Dienstfahrzeuge wurden in die Luft gesprengt. Das Hauptquartier der Baath-Partei wurde getroffen. Und das Hauptquartier des Nachrichtendienstes. Vom Norden bis in den Süden wurden Saddam-Standbilder sowie Gemälde und Plakate mit seinem Konterfei verunstaltet. Nachts gab es vor Regierungsgebäuden Drive-by-Shootings. Vor großen Saddam-Statuen bezogen Sicherheitsposten und Beamte des Nachrichtendienstes Aufstellung, die dafür von anderen Aufgaben abgezogen werden mussten. Flugblätter mit dem Aufdruck „Stürzt Saddam“ und „Nieder mit Saddam“ wurden in dem Theater verteilt, in dem die Baath-Partei gegründet worden war.

Auf der Bahnlinie von Bagdad nach Syrien wurde ein zweiter Zug, der Erdöl geladen hatte, mit einer raketengetriebenen Granate beschossen. In Kirkuk, nahe der Grenze zum kurdisch kontrollierten Territorium, marschierten 20 000 Demonstranten vor das lokale Hauptquartier der Baath-Partei und riefen zum Sturz Saddams auf. Im ganzen Land tauchten Saddam-feindliche Schmierereien auf und kam es zu Akten des Vandalismus, ein einziges großes „Fuck you, Saddam“.

Aber ein Problem blieb, wie Saul nur zu genau wusste. Nun, da sie Feuer an die Lunte gelegten hatten, würde der Präsident, Gott bewahre, sich hoffentlich nicht zu einer Kehrtwende entschließen und die ganze Sache abblasen. Die CIA nämlich konnte jetzt nicht mehr zurück.

ZIEL DER SABOTAGEAKTIONEN war nicht, das Regime zu schwächen. Vielmehr sollten die Anschläge es dazu bewegen, den Blick nach Innen zu wenden und zumindest den Eindruck eines Aufstands im Irak erzeugen, den es, wie Saul und alle anderen nur zu gut wussten, gar nicht gab.

An der Nachrichtenbeschaffungsfront hatten sie nach Sauls Ansicht deutlich mehr Fortschritte erzielt. Ihr absoluter Trumpf waren, natürlich, die „Rockstars“. Darüber hinaus hatten sie einige weitere Quellen in den Stammesnetzwerken rekrutiert, insgesamt vielleicht zwei Dutzend, wenn man das „Rockstar“-Netzwerk mitzählte. Dazu kamen noch rund ein Dutzend Quellen im Sicherheitsapparat sowie ein weiteres Dutzend in der Republikanischen Garde sowie der regulären Armee, wiederum die „Rockstars“ mit eingerechnet.

Die CIA hatte Franks einige Informationen zu den Standorten der wenigen dem Irak noch verbliebenen Boden-Boden-Raketen und Flugabwehrstellungen geliefert, die von Satelliten- und Luftaufnahmen bestätigt worden waren. Bei Kriegsbeginn würden diese Stellungen sofort unter Beschuss genommen werden.

Auch in anderen Bereichen hatten sie eine Reihe von guten Quellen rekrutiert. Mehrere auf den Ölfeldern tätige irakische Ingenieure hatten zugesagt, der CIA zu helfen, und waren in der Lage, jederzeit Bericht zu erstatten, sollte Saddam Anstalten treffen, die Ölquellen mit Sprengstoff präparieren zu lassen. Es war geplant, zusammen mit den ersten über die kuweitisch-irakische Grenze vorstoßenden amerikanischen Militäreinheiten ein paramilitärisches Team der CIA ins Land zu schicken, das den Kontakt zu den Ingenieuren halten sollte, um eine Katastrophe auf den Ölfeldern zu verhindern.

Ein anderer „Rockstar" war der Sicherheitschef des irakischen Hafens Umm Qasr. Der Irak ist bis auf eine schmale Bucht am Ende des Persischen Golfs von Land umschlossen. Dort liegt die Hafenstadt Umm Qasr. Seit über drei Monaten hatte der Agent ausführliche Berichte über die Lage von Minenfeldern und die Aufstellung der Sicherheitskräfte geschickt; stimmten die Informationen, würden die US-Marines den Hafen praktisch im Spaziergang einnehmen und besetzen können.

Mehrere hohe Offiziere in wichtigen irakischen Militäreinheiten, die zum Teil bis zu sechs Divisionen umfassten, hatten durchblicken lassen, dass sie sich aus dem Kampf heraushalten und mitsamt ihren Truppen ergeben würden. Entsprechend große Hoffnungen wurden auf eine so genannte Kapitulationsstrategie gesetzt, bei der die übergelaufenen Einheiten nach dem Krieg für Stabilisierungsmaßnahmen im Irak eingesetzt werden sollten.

Eine andere irakische Quelle der CIA in der Golfregion hatte die Namen von irakischen Geheimdienstagenten in einem halben Dutzend Länder geliefert, die zwei bis vier Mann starken Teams angehörten und den Auftrag hatten, nach Kriegsbeginn Terroranschläge auf US-Einrichtungen in diesen Ländern zu verüben. Dank der sehr detaillierten Informationen hatte die CIA die Agenten aufspüren und die Teams zerschlagen können.

Darüber hinaus hatte der Dienst einige nach Sauls Ansicht potenziell sehr wirksame Täuschungsoperationen gegen Saddam inszeniert. Normalerweise setzte die CIA Doppelagenten – Leute, von denen man wusste, dass sie in Wahrheit für die andere Seite arbeiteten – nur ein, um herauszufinden, wie die Agenten der Gegenseite miteinander kommunizierten. „Genug mit diesem Quatsch“, hatte Saul gesagt. Die Doppelagenten, die sie mit Hilfe der auf CD-ROM gebrannten Personalakten der Sicherheitsorganisation identifiziert hatten, waren viel nützlicher, wenn man sie mit falschen Informationen über das Wie und Wann des Krieges fütterte.

Also spielten sie mehreren Doppelagenten Informationen zu, nach denen der Krieg eine Art Neuauflage der Operation „Desert Storm“ mit einem massiven, sich lange hinziehenden Truppenaufmarsch sein würde. In einem anderen Fall wurden mehrere Doppelagenten, die sich freiwillig als Agenten angeboten hatten, nach Grenzübergängen an der irakisch-iranischen Grenze ausgehorcht und intensiv zur Lage in Iran befragt – eine Finte, mit der sie den Eindruck erwecken wollten, dass der Angriff möglicherweise über Iran, einen Erzfeind Saddams, erfolgen würde.

Einer weiteren ausgestreuten Falschinformation zufolge planten die USA, mit zwei Divisionen von Jordanien aus in den Irak vorzustoßen.

Wieder einem anderen Doppelagenten wurden aufwendig gefälschte amerikanische Kriegspläne untergejubelt, nach denen die USA ihren Hauptangriff auf den Saddam International Airport in Bagdad führen würden. Um den erwarteten Angriff zu vereiteln, blockierte die Spezielle Republikanische Garde die Landebahnen mit Panzern und gepanzerten Truppentransportern.

Eines der phantasievollsten Täuschungsmanöver zielte darauf ab, den Eindruck zu erwecken, die Vereinigten Staaten versuchten einen Staatsstreich zu schüren und hätten die mit dem Schutz Saddams betraute Spezielle Republikanische Garde infiltriert. Ein Agent, von dem die CIA wusste, dass er für die Iraker arbeitete, erhielt einen gefährlichen Auftrag. Sie übergaben ihm einen großen Stein und zeigten ihm Kommunikationsgeräte, die in dem Stein versteckt waren. Sie erklärten ihm, dass über den Stein Nachrichten, die ein anderer bezahlter Agent regelmäßig abschickte, über Niedrigenergieimpuls an einen Satelliten weitergeleitet wurden. Er solle, lautete seine Anweisung, den Steinbrocken an einem bestimmten Ort unweit der Kaserne der Speziellen Republikanischen Garde unauffällig deponieren. Die CIA baute ein Geheimversteck in das Auto des Doppelagenten ein und entlohnte ihn mit einer kleinen Summe für seine Dienste. Wie geheißen versteckte der Mann den Stein in der Nähe der Kaserne. Das Übertragungsgerät war zwar schon einmal dekodiert worden, doch die CIA vertraute darauf, dass die Iraker den Kode nicht knacken konnten. Das Gerät war so eingestellt, dass es zu einer Zeit sendete, wenn bei der Speziellen Republikanischen Garde Schichtwechsel war und Hunderte Gardisten durch das Tor strömten. Damit sollte der Verdacht erregt werden, dass einer von ihnen Datenpakete über den Stein an einen Satelliten der Amerikaner übermittelte.

Später stand in einem Bericht eines befreundeten ausländischen Geheimdienstes zu lesen, dass die Kommandeure der Speziellen Republikanischen Garde zum Rapport gerufen und gewarnt worden waren, dass jemand in ihrer Mitte eine Verschwörung gegen Saddam plane. Wer dabei erwischt werde, würde hingerichtet werden. Außerdem war, wie nach dem Krieg gefundene Unterlagen belegten, Saddam über die angebliche CIA-Operation informiert worden, worauf die Iraker eine Fahndung nach dem vermeintlichen Verräter eingeleitet hatten.

Zu anderen verdeckten Operationen gehörten die Bemühungen, Drittländer dazu zu bewegen, irakische Bankkonten im Ausland einzufrieren. Der irakische Geheimdienst bezahlte Rekruten häufig nicht mit Bargeld, sondern bot ihnen einen „Öl für Nahrungsmittel"-Kontrakt an. Die Rekruten konnten mit solchen Kontrakten bis zu einer Million Dollar verdienen, und man versuchte im Libanon, in Jordanien und in der Schweiz Gelder, die aus solchen Geschäften stammten, einzufrieren. In einem Fall wurden rund 650 Millionen Dollar gesperrt.

Weniger erfolgreich dagegen verliefen die Bemühungen, die illegale Beschaffung von Material, das zur Herstellung von Massenvernichtungswaffen geeignet war, zu blockieren, wie das der Präsident in seiner Geheimdienstanweisung vom 16. Februar 2002 angeordnet hatte. Der Plan war, Computer, die der Irak aus dem Ausland bezog, insgeheim so zu programmieren, dass sie in den vermuteten Produktionsanlagen nicht funktionierten. Doch irgendwie landeten die Computer im Bagdader Telefon- und Kommunikationssystem, das daraufhin unmittelbar vor dem Krieg zusammenbrach.

BEI MEINEN INTERVIEWS mit verschiedenen Regierungsmitarbeitern und Quellen während der Vorbereitungsphase des Kriegs erklärten drei Quellen unabhängig voneinander, dass die von den Geheimdiensten zusammengetragenen Informationen zu den irakischen Massenvernichtungswaffen bei weitem nicht so überzeugend seien, wie die CIA und die Regierung behaupteten. Das war beunruhigend, zumal in einer Zeit, in der praktisch jederzeit der Krieg ausbrechen konnte. Ich sprach mit Walter Pincus, einem Kollegen von der *Washington Post*, der viel über die Waffeninspektionen und die Geheimdienstarbeit im Irak geschrieben hatte. Pincus sagte, er habe exakt dasselbe von mehreren seiner Quellen gehört. Daraufhin schrieb ich die folgenden fünf Absätze für einen möglichen Artikel, zog zwei Kopien und trug sie persönlich zu Pincus und dem für Nationale Sicherheit zuständigen Redakteur der *Post:*

„Etliche der entscheidenden Geheimdiensterkenntnisse der USA, die als Grundlage für die Behauptung dienen, dass der Irak über umfangreiche Bestände an Massenvernichtungswaffen verfügt, erscheinen nun, da sie weiter geprüft, einer externen Analyse unterworfen sowie einer Verifikation vor Ort unterzogen werden, zusehends indizienlastig bis zweifelhaft, verlautet aus unterrichteten Kreisen.

Ein ranghohe Quelle in der Bush-Administration, die letzten Monat über die Geheimdiensterkenntnisse informiert wurde, bezeichnete sie als ‚ziemlich dünn' und möglicherweise ausreichend, um einen eine Anklageerhebung rechtfertigenden Anfangsverdacht zu begründen, aber keinesfalls als ausreichend für eine Verurteilung.

Auf Satellitenfotografien und -bildern könne man, sagte ein anderer hochrangiger Mitarbeiter der Regierung, deutlich erkennen, dass die Iraker Material bewegten. ‚Wir haben gesehen, dass sie Dinge vergraben', sagte dieser Beamte, ‚Dinge ausgraben, Tore öffnen und das, was darin war, in Spezialcontainern abtransportieren. Wir haben viel gesehen.'

Auf die Frage, ob die US-Geheimdienste wüssten, was in diesen Spezialcontainern sei, antwortete der Beamte: ‚Nein. Aber auf jeden Fall gehen sie sehr vorsichtig damit um.'

Der Regierungsmitarbeiter sagte, dass die Administration auf keine rauchende Pistole – einen unwiderlegbaren Beweis – angewiesen sei.

‚Der ganze Sinn und Zweck von 1441 und wie die Resolution verfasst wurde, bestand darin, uns diese Beweislast zu ersparen.'"

Außerdem gab ich Pincus die Kopie eines Briefes, den Tenet an Senator John Warner, den Vorsitzenden des Streitkräfteausschusses, geschickt hatte und in dem er schrieb, dass die Geheimdienste den UN-Waffeninspektoren „detaillierte Informationen über alle Standorte mit einem hohen und mäßig hohen militärischen Wert" überreicht hatten, die im Verdacht standen, Verbindungen zu Massenvernichtungswaffen aufzuweisen.

Sowohl Pincus als auch der für Nationale Sicherheitsfragen zuständige Redakteur hielten meinen Entwurf für ein wenig zu aggressiv. Ich stimmte ihnen zu. Die Quellen waren zwar erstklassig, aber sie sprachen nur von einer dürftigen Beweislage, nicht mehr. Keiner von ihnen wagte zu behaupten, dass man nach dem Krieg im Irak keine Massenvernichtungswaffen finden würde. Deshalb wollte Pincus, und das ganz zu Recht, die Unfähigkeit der amerikanischen Geheimdienste ins Visier nehmen, konkrete Informationen über die Menge oder den Standort von Massenvernichtungswaffen im Irak zu besorgen. Er schrieb einen Artikel, der am Sonntag, dem 16. März, auf Seite A17 der *Washington Post* unter der Überschrift „USA ohne konkrete Angaben über verbotene Waffen" abgedruckt wurde. Ich wurde als Mitarbeiter bei dem Artikel genannt.

Selbst jetzt kann ich die Identität der Quellen nicht offen legen. Aber ich hatte das Gefühl, dass meine Informationen nicht ausreichten, die offiziellen Schlussfolgerungen über die angeblichen Massenvernichtungswaffen des Irak glaubhaft in Frage stellen zu können. In Anbetracht der späteren Ereignisse hätte ich, auch am Vorabend des Kriegs, auf eine Story auf der Titelseite drängen und das, was meine Quellen gesagt hatten, mit mehr Nachdruck präsentieren sollen. Mehrere dieser Quellen brachten, wie ich wusste, ihre Bedenken innerhalb ihrer jeweiligen Organisationen zur Sprache. Aber auch sie hatten nicht genug, um die Schlüsse, die man bereits gezogen hatte, glaubhaft in Frage zu stellen. Mir liegen keine Hinweise darauf vor, dass der Präsident von den Zweifeln dieser Quellen wusste.

33

ANDY CARD hatte vorgeschlagen, den Minigipfel von Bush, Blair und Aznar auf den Bermudas abzuhalten. Doch das war zu weit für Blair und lag zu nah an den Vereinigten Staaten. Gegen den Vorschlag aus dem Weißen Haus, dass Bush nach London kommen sollte, verwahrten sich Blairs Berater – ein Besuch des amerikanischen Präsidenten in London zu diesem Zeitpunkt würde auf massive Proteste stoßen. Schließlich hatten sie sich auf die Azoren geeinigt, eine zu Portugal gehörende Inselgruppe im Nordatlantik, die näher an London als an Washington liegt. Der portugiesische Ministerpräsident José Manuel Durão Barroso, ebenfalls ein Unterstützer eines Waffengangs, übernahm die Gastgeberrolle. Am Sonntag, dem 16. März, versammelten sich die vier Führer mit ihren wichtigsten Beratern auf der Insel Terceira zu einer Sitzung hinter verschlossenen Türen.

Bush fing mit einem Überblick zur aktuellen Lage an. „Vielleicht schlägt ja ein Blitz ein", sagte er, „und Chirac stimmt unserer gemeinsam eingebrachten Resolution zu, aber Verhandlungen wird es keine mehr geben." Das würde nur eine Verzögerung von „einer Woche oder zwei Wochen oder drei Wochen" bedeuten. Er machte nochmals deutlich, dass der Kriegsbeginn eine Sache von Tagen, nicht Wochen sei. Sollte es zu einer Verzögerung kommen, dann würde, sagte er, „die öffentliche Meinung sich nicht verbessern, und in einigen Ländern wie Amerika wird sie schlechter werden".

Chirac hatte ein Interview für die CBS-Sendung *60 Minutes* aufgenommen, das an diesem Abend ausgestrahlt werden sollte, und jemand reichte dem britischen Premierminister eine Zusammenfassung der Aussagen Chiracs. Blair berichtete den anderen, dass Chirac dazu aufrufe, den UN-Waffeninspektoren nochmals 30 Tage Zeit zu geben.

Das können wir vergessen, sagte Bush, das ist eine Hinhaltetaktik. Das bestärke ihn nur noch mehr in dem, wovon er bereits überzeugt war: Frankreich war willens, nach jedem noch so dünnen Strohhalm zu greifen, um den Krieg hinauszuzögern. Die anderen Regierungschefs schienen seiner Meinung zu sein.

Die vier sprachen die langwierigen diplomatischen Lösungsversuche durch, die sie einhellig für weitgehend ausgereizt hielten. Sie stimmten darin überein, den Diplomaten noch 24 Stunden Zeit zu geben, auch wenn ein Durchbruch unwahrscheinlich erschien, um dann um 10 Uhr morgens New Yorker Zeit die zweite Resolution offiziell zurückzuziehen.

Es entspann sich eine Diskussion darüber, ob sie die völkerrechtliche Autorität für einen Krieg hätten. Sie gingen Resolution 1441 Punkt für Punkt durch und kamen zu dem Ergebnis, dass die Formulierung „schwerwiegende Konsequenzen" im Falle der Nichterfüllung der Resolution ihnen das Recht zu einem Krieg verlieh, und daran, dass der Irak nicht abgerüstet hatte, könne ja kein Zweifel bestehen.

„Ich werde eine Rede halten", kündigte Bush an. „Ich werde Saddam Hussein ein Ultimatum stellen." Er würde Saddam 48 Stunden Zeit geben, seine Sachen zu packen und zusammen mit seinen Söhnen den Irak zu verlassen. „Das ist, was ich tun werde, okay?" Er fragte nicht. Er stellte fest. „Nur, damit es jeder weiß", fügte er hinzu.

Sie beschäftigten sich mit der Möglichkeit, dass Frankreich, Russland oder ein anderes Mitglied des Weltsicherheitsrats eine Gegenresolution zur Hinauszögerung der „schwerwiegenden Konsequenzen" einbrächte und eine Abstimmung darüber erzwänge. Das würde sie vor ein ernsthaftes Problem stellen. Alles, was sie dagegen tun könnten, wäre, sich ans Telefon zu hängen und die Unentschlossenen zu bearbeiten, sie zum Widerstand gegen eine Gegenresolution und, wenn nötig, auf ein Nein bei einer Abstimmung einzuschwören.

„Sollte ein anderes Land versuchen, eine neue Resolution allein zu dem Zweck einzubringen, uns hinzuhalten", erklärte ein sichtlich aufgewühlter Blair, „dann wären wir gezwungen, dies auf der diplomatischen Ebene als einen feindlichen Akt zu betrachten."

Das brachte sie zurück zu den Franzosen. „Ich würde nur zu gern gegen einen Antrag von ihnen Veto einlegen", sagte Bush, „wirklich nur zu gern."

Die diplomatischen Planungen waren abgeschlossen. „Wissen Sie", sagte der Präsident, „wir werden, wir müssen die Planungen für den Irak nach einem Krieg fortsetzen, und wir alle sind uns über die fünf grundlegenden Prinzipien einig. Die territoriale Integrität muss bewahrt bleiben. Wir brauchen sofortige – wir müssen mit der humanitären Hilfe bereit sein, damit wir sofort dort hineingehen können, um einer möglichen Nahrungsmittel- oder Flüchtlingskrise dort zuvorzukommen." Die Vereinten Nationen würden ihr „Öl für Nahrungsmittel"-Programm weiterführen. „Über die Hälfte der Iraker werden darüber mit Nahrung versorgt, und auf Grund der bisherigen Verkäufe im Rahmen des ‚Öl für Nahrungsmittel'-Programms verwalten die Vereinten Nationen große Reichtümer als Treuhänder für das irakische Volk. Die Vereinten Nationen müssen sich darauf vorbereiten, aktiv zu werden und mit diesem Geld den Menschen im Irak zu helfen.

Wir müssen einen internationalen Konsens für den Irak schmieden, für einen neuen Irak, der im Frieden lebt mit seinen Nachbarn, und wir werden nach dem Krieg zu den Vereinten Nationen gehen und eine weitere Resolution beantragen. Die UNO kann in vielen Bereichen helfen, aber sie sollte das Land nicht führen." Er stellte klar, dass die Koalition die Kontrolle übernehmen würde. Im Anschluss arbeiteten sie die gemeinsamen Erklärung aus, die später an diesem Tag veröffentlicht werden würde.

„GERSON, versuchen Sie, sich davonzustehlen?", fragte der Präsident seinen Chefredenschreiber, als der das Meeting verließ. Genau das war Gersons Absicht gewesen. Er hatte den Präsidenten zu der Konferenz auf der knapp rund 7000 Kilometer entfernten Azoreninsel begleitet, um mit ihm weiter an der streng geheimen und noch nicht abgeschlossenen Ultimatumsrede zu arbeiten.

„Haben Sie eine Kopie der Rede?", wollte Rice von Gerson wissen. Ja, hatte er, aber auf der Kopie waren seine Anmerkungen, Änderungen und andere Notizen.

„Schon in Ordnung", meinte sie. „Ich nehme sie trotzdem." Sie nahm den Entwurf und reichte ihn an Blair weiter. Gerson machte große Augen. Das Dokument war geheimer als geheim und legte den endgültigen Zeitplan für den Krieg fest. Gleichzeitig aber war ihm auch klar, dass jedes Wort von Bushs Rede einen gewaltigen Einfluss auf die britische Politik haben könnte, und das möglicherweise sofort, da Blair im britischen Unterhaus ein Misstrauensvotum drohte. Gerson sah, dass Blairs Kommunikations- und Strategieberater Alastair Campbell die Kopie der Rede las und sich Notizen machte.

UM 17.30 UHR traten Bush und die anderen Regierungschefs im Ballsaal des Gemeinschaftszentrums auf dem US-Luftwaffenstützpunkt Lajes zu einer Pressekonferenz an.

Der portugiesische Ministerpräsident begrüßte die versammelten Reporter und gab mit seinen Eröffnungsworten den Rahmen für die Botschaft vor: „Dieses Treffen war die letzte Möglichkeit für eine politische Lösung", sagte er zu den Reportern, „auch wenn die Chancen eins zu einer Million stehen."

Bush ergriff das Wort. „Wir haben uns darauf geeinigt, dass morgen ein Moment der Wahrheit für die Welt ist", sagte er und bezeichnete „die Logik" von Resolution 1441 als „unausweichlich: Das irakische Regime wird sich selbst entwaffnen, oder das irakische Regime wird mit Gewalt entwaffnet." In einem Vorgriff, so als sei der Krieg bereits Gewissheit und Saddam Geschichte, sagte er: „Wir werden so schnell wie möglich die Einrichtung einer irakischen Interimsautorität vorantreiben", um dann noch schnell hinzuzufügen, „sollte der Einsatz militärischer Gewalt erforderlich sein".

Als Blair an der Reihe war, formulierte er den Sachverhalt etwas anders: „Der entscheidende Punkt [ist] unsere Verantwortung, dem Willen der Vereinten Nationen Geltung zu verschaffen, wie er in Resolution 1441 vom November letzten Jahres niedergelegt ist."

Die Koalition hatte sich als Vollzugsorgan des UN-Sicherheitsrats eingesetzt, und ihre Führer hatten praktisch den Vereinten Nationen mitsamt dem Entscheidungsprozess im Sicherheitsrat ein Ultimatum gestellt. Der Vorgang unterstrich die Problematik eines Präventivkriegs und deutete das Paradox einer mit Zwang operierenden Diplomatie an. Das fiel auch den Reportern auf, und einer fragte: „Ziehen wir demnach nicht in den Krieg?"

Dies sei, antwortete Bush, allein Saddams Entscheidung.

Ein anderer Reporter traf, mitten in einer verzweigten und mehrteiligen Frage, folgende Aussage: „Es gibt keinen möglichen Lösungsweg durch die Vereinten Nationen, da eine Mehrheit kriegerische Handlungen nicht unterstützt." Niemand widersprach ihm.

Ob es nun zu einer Abstimmung über eine zweite Resolution kommen würde?

„Ich war derjenige, der sagte, sie sollten abstimmen", sagte Bush. „Frankreich hat seine Karten auf den Tisch gelegt ... Paris hat angekündigt, gegen jede Entscheidung ein Veto einzulegen, mit der Saddam zur Erfüllung gezwungen wird. Die Karten sind gespielt worden, und wir werden nach dem morgigen Tag eben eine Bewertung vornehmen müssen, um zu bestimmen, was diese Karten bedeuten." Bush sagte, dass er bereit sei, über die Bedeutung der Vereinten Nationen zu sprechen. „Im Irak nach Saddam werden die Vereinten Nationen definitiv eine Rolle spielen müssen. Und auf diese Weise könnten sie wieder auf ihre Beine, ihre Beine der Verantwortung kommen."

Vor der Öffentlichkeit wiederholte er nicht, was er zuvor in vertraulicher Runde zu den anderen Führern gesagt hatte, nämlich dass die Vereinten Nationen „das Land nicht führen sollten".

SCHLIESSLICH GABEN DIE BRITEN Gerson seine Kopie der Rede zurück. Sie wünschten, dass der Präsident seine Ansprache etwas konditionaler formuliere. Er solle doch bitte den Begriff oder Gedanken „*falls* es zu einem Krieg kommt" öfter in die Rede einfügen. Ein Funken Hoffnung auf eine friedliche Lösung müsse gewahrt werden. Gerson hatte keine Probleme mit den Änderungsvorschlägen der Briten, entsprachen sie doch der Stimmung, in der er sich zu diesem Zeitpunkt befand. Der bevorstehende Konflikt hatte bei Gerson einen gewissen inneren Aufruhr ausgelöst.

Als tief religiöser Christ war sich Gerson bewusst, dass gerade Fastenzeit war, die 40 Tage währende Zeit der Buße und des Gebets in Vorbereitung auf das Osterfest. Sein Sohn und er hatten beschlossen, in der Fastenzeit auf Süßigkeiten zu verzichten. Er fastete zwei Tage und betete, dass irgendetwas passieren würde, was den Krieg noch aufhalten würde.

Blair musste frühzeitig abreisen, um sich um die heimische Politik und die Rebellen in seiner Partei zu kümmern. Auf Card machte Blair den Eindruck eines sowohl von Entschlossenheit wie auch Angst erfüllten Menschen. Es war keine selbstsichere Entschlossenheit, vielmehr eine, wie Card das empfand, nervöse Festigkeit. Nach Rice' Auffassung stand es immer noch auf des Messers Schneide, ob die Briten mitziehen würden. Beim Anblick der abreisenden Briten sagte sie: „Gott, ich hoffe, das war nicht das letzte Mal, dass wir sie gesehen haben."

AN BORD DER AIR FORCE ONE waren sich Bush und Rice einig, dass es jetzt nur noch darum gehe, die Politik der Vereinten Nationen zu managen und den Stöpsel nicht zu ziehen, bevor Blair seine Abstimmung im Unterhaus gehabt hätte. Hughes und Bartlett gesellten sich zu ihnen, und gemeinsam gingen sie die Rede Satz für Satz durch. Mit ihren rund 30 Absätzen würde die Rede etwa 15 Minuten dauern. Die britische Änderungsvorschläge waren annehmbar. Gerson setzte sich an einen der Computer im Flugzeug und fügte die Änderungen sorgfältig ein.

Die Ansprache erwähnte die seit zwölf Jahren andauernden diplomatischen Bemühungen und wies die Schuld an ihrem Scheitern Saddam zu. „Unser guter Glaube wurde nicht erwidert", sollte Bush sagen und darauf hinweisen, dass die Vereinigten Staaten „eine friedliche Lösung dieser Angelegenheit" bevorzugten.

„Sollten wir einen militärischen Feldzug beginnen müssen ..."

„Sollte Saddam Hussein es auf eine Konfrontation ankommen lassen, kann das amerikanische Volk wissen, dass jede Maßnahme zur Vermeidung eines Kriegs ergriffen worden ist", hieß es nun weiter in der Rede. „Sollte Saddam Hussein versuchen, an der Macht festzuhalten ..."

Andererseits handelte es sich um eine Kriegsrede, die einen sehr unnachgiebigen Ton anschlug und die Gefahr eines Atomangriffs drastisch vor Augen führte. „Das irakische Regime besitzt und versteckt weiterhin einige der tödlichsten Waffen, die je ersonnen wurden." Terroristen mit „Atomwaffen, in deren Besitz sie mit Hilfe des Irak gelangt sind", könnten „Tausende oder Hunderttausende unschuldiger Menschen in unserem oder jedem anderen Land töten".

Die Rede rief auch den 11. September in Erinnerung. In den nächsten fünf Jahren, hieß es, würde die Bedrohung durch Saddam um ein Vielfaches wachsen. „Wir ziehen es vor, dieser Bedrohung jetzt, da sie auftritt, zu begegnen, bevor sie plötzlich an unserem Himmel und in unseren Städten auftaucht."

Die Rede spielte zudem auf Bushs Reden nach dem 11. September an, namentlich auf seine Aussage, dass manche glauben mochten, dies sei ein Zeitalter des Terrors, doch er, Bush, werde es durch sein Handeln in ein Zeitalter der Freiheit verwandeln. Gerson wusste nur zu gut, dass dies das durchgängige Thema des Präsidenten seit dem

11. September war: Die Vereinigten Staaten würden bestimmen, was passierte, und sich nicht durch die Entscheidungen anderer kontrollieren lassen. Die Rede enthielt auch einen Seitenhieb auf die Franzosen: „Jene Regierungen beurteilen die Gefahr genau wie wir, teilen aber nicht unsere Entschlossenheit, sie zu beseitigen."

Als Gerson mit seinen Korrekturen fertig war, setzte er sich zu dem Präsidenten und den anderen, die sich zehn Minuten zuvor hingesetzt hatten, um sich den Film *Conspiracy Theory* (deutscher Titel: *Fletchers Visionen*) mit Mel Gibson anzusehen. Bush fasste die Handlung laut zusammen und machte sich bis zum Ende des Films über seine ziemlich vorhersehbare Handlung lustig.

Hinterher drückte Bush Gerson noch ein paar stilistische Korrekturen seines Entwurfs in die Hand.

Stunden später, um 19.42 Uhr, die Air Force One befand sich noch immer über dem Atlantik, rief Bush den australischen Premierminister John Howard an, den Schlüsselalliierten, der nicht an dem Gipfel teilgenommen hatte. Australien hatte sich bereit erklärt, 2000 Soldaten in den Irak zu entsenden.

„Wir werden bis morgen warten", informierte Bush Howard. Powell würde die ganze Nacht hindurch Telefonate führen. „Colin wird sozusagen die Temperatur der Alliierten nehmen, der arabischen Länder in den Vereinten Nationen, und dann werden wir sehen, wo wir stehen. Wenn alles beim Alten bleibt, werden wir die Resolution zurückziehen. Ich werde morgen Abend eine Rede halten. Wir werden Saddam ein Ultimatum stellen."

Ob die Rede eine Kriegserklärung sein werde?

„Nein, eine Ultimatumsrede."

Howard, der besorgt war über die mögliche Reaktion in der australischen Öffentlichkeit, sagte, dass er ein letztes offizielles Wort von Bush brauche, bevor der Krieg beginne. „Ansonsten würde es für das australische Volk so aussehen, als hätte Bush den Krieg begonnen, ohne auch nur seine wichtigsten Verbündeten darüber zu informieren."

„Nein, keine Sorge", erwiderte Bush, „das ist nicht der letzte Anruf, den Sie von mir erhalten werden."

34

UM SIEBEN UHR MORGENS am nächsten Tag, dem 17. März, rief Rice von Washington aus den Nationalen Sicherheitsberater der indischen Regierung an. Der indische Premierminister Atal Bihari Vajpayee hatte zwei Tage zuvor in einem Brief an Bush angeboten, ein Gipfeltreffen für die fünf ständigen Mitglieder des Weltsicherheitsrats – Russland, Frankreich, China, Großbritannien und die Vereinigten Staaten – abzuhalten, um ihnen Gelegenheit zu geben, sich über ihre Differenzen auszusprechen. Da die Vereinigten Staaten Delhi wegen der gefährlichen Zusammenstöße zwischen Indien und Pakistan und der Tatsache, dass beide Länder Atomwaffen besitzen, wiederholt zu Verhandlungen gedrängt hatten, mussten sie große Sorgfalt darauf verwenden, wie sie ihre Ablehnung von Vajpayees Angebot formulierten.

„Großartige Idee", antwortete Rice höflich, „aber wir halten das zurzeit für wenig sinnvoll." Vielen Dank für Ihre Bemühung und Ihre Hilfe. „Wir schätzen die Anstrengungen des Premierministers, aber mindestens ein Land hat seine Position bereits klar gemacht." Frankreich war entschlossen, ein Veto einzulegen. „Aus diesem Grund vermögen wir den Nutzen eines solchen Treffens nicht zu erkennen."

Der Präsident war darauf konzentriert, eine Gegenresolution in den Vereinten Nationen zu verhindern. Eine solche Resolution könnte Sand ins Getriebe bringen und die Legitimität von Resolution 1441 untergraben. In einem Telefonat mit Aznar bat Bush den spanischen Ministerpräsidenten, mit dem chilenischen Präsidenten Lagos zu sprechen. Er selbst hatte es in der Woche zuvor nicht vermocht, Lagos für eine zweite Resolution zu gewinnen, aber Aznar hatte mehr Einfluss. „Können Sie Lagos anrufen und drängen, nicht noch in letzter Minute irgendein Manöver zu versuchen?", bat der Präsident den Spanier. Es galt jetzt, die Pattsituation im Sicherheitsrat zu bewahren.

Aznar versprach, Lagos anzurufen, hatte aber noch einen eigenen Wunsch auf dem Herzen. „Sehen Sie, es würde mir wirklich enorm helfen, wenn Sie Juan Carlos anrufen könnten. Sprechen Sie einfach ein wenig mit ihm." König Juan Carlos hat als nominelles spanisches Staatsoberhaupt zwar überwiegend Repräsentationsaufgaben, zugleich ist er aber sehr beliebt im Volk und muss der Nominierung des spanischen Ministerpräsidenten zustimmen. Aznar wollte eine Verstimmung des Königs vermeiden.

„Großartige Idee", sagte Bush.

In einem 15-minütigen Telefongespräch koordinierten Bush und Blair ihre Bemühungen zur Verhinderung einer Gegenresolution. Sie kamen überein, dass sie die Gespräche mit den Russen auf mehreren Ebenen führen müssten.

Die Aussichten für die anstehende Wahl im Unterhaus, sagte Blair, hätten sich verbessert, aber er stehe nach wie vor unter heftigem Beschuss. „Ich glaube, ich kann gewinnen", sagte Blair. „Aber ich mache mir Sorgen darum, mit wie vielen Stimmen Vorsprung ich gewinne. Ich will mich nicht auf Tory-Stimmen stützen müssen. Ich will in meiner eigenen Partei einen überzeugenden Sieg. Ich weiß, dass ich nicht alle gewinnen kann, aber ich will nicht, dass die Tories sagen können, ohne uns hättest du verloren, und ich bearbeite die Labour Party hart, um sicherzustellen, dass ich eine sehr solide Mehrheit der Labour-Stimmen bekomme."

Um 8.55 Uhr traf sich Bush mit dem Nationalen Sicherheitsrat. Powell berichtete, dass sich gegenüber dem Vortag nichts verändert hatte. Die Franzosen blieben hart.

Der Präsident unterrichte Franks, dass er den „Operation Plan 1003 V", wie der Plan inzwischen genannt wurde, möglicherweise innerhalb von 72 Stunden ausführen müsse. „Ich werde Ihnen den Befehl zum Losschlagen noch nicht geben, aber Sie müssen bereit sein", ordnete Bush an. „Bringen Sie alles, was Sie noch zu Ende bringen müssen, jetzt zu Ende."

DER PRÄSIDENT rief Ari Fleischer herein. Gehen Sie um 9.45 Uhr hinaus, und geben Sie bekannt, dass unsere Alliierten heute Morgen nochmals konferiert und wir die Resolution zurückgezogen haben, instruierte er seinen Pressesekretär. Es würde in den Vereinten Nationen keine Abstimmung über eine zweite Resolution geben.

Punkt 9.45 Uhr erschien Fleischer im Presseraum und sagte: „Die Vereinten Nationen haben versäumt, die eigenen Forderungen nach einer Entwaffnung des Irak durchzusetzen. Infolgedessen hat sich das diplomatische Fenster jetzt geschlossen. Der Präsident wird heute Abend um 20 Uhr zur Nation sprechen. Er wird sagen, dass Saddam Hussein, will er einen militärischen Konflikt vermeiden, das Land verlassen muss."

Die Hälfte der anwesenden Reporter rannte aus dem Raum, um die Meldung durchzugeben. In den über zwei Jahren, die Fleischer nun Pressesekretär des Weißen Hauses war, hatte er niemals etwas Vergleichbares erlebt. „Ob es wohl noch andere Möglichkeiten gibt", fragte er sich im Stillen, „mir die Meute so schnell vom Hals zu schaffen?" Die Stampede beschränkte sich größtenteils auf den hinteren Teil des Raums. Da die Leute von den Agenturen und Fernsehsendern in den vorderen Reihen wussten, dass ihre Nachrichtenorganisationen zugeschaltet waren und die Meldung hinausschicken oder senden würden, konnten sie bleiben und versuchen, noch etwas mehr aus Fleischer herauszuholen.

Anschließend beglich Bush seine Schuld bei Aznar und sprach vier Minuten mit dem spanischen König. „Eure Majestät, ich sage Ihnen, was passieren wird. Wir werden die Resolution zurückziehen, und ich werde zum amerikanischen Volk sprechen." Der König bedankte sich herzlich für den Anruf.

Um 11 Uhr rief der Präsident den bulgarischen Ministerpräsidenten Simeon Sakskoburggotski an. Obwohl der Bulgare der Koalition Überflugrechte eingeräumt und zugesagt hatte, ein Team mit mehreren Dutzend Chemie- und Biowaffen-Abwehrexperten in die Region zu entsenden, hatte er Bedenken dagegen geäußert, Bulgarien auf einer öffentlichen Liste der Koalitionsmitglieder aufzuführen.

„Wie soll ich das verstehen?", fragte Bush. „Sie schicken Leute in den Irak, jeder wird wissen, dass Sie dort sind, aber Sie wollen nicht auf der Liste stehen?"

Der Ministerpräsident äußerte sein Unbehagen.

Rice schaltete sich ein. Sie musste etwas klarstellen. „Sie wollen damit aber nicht sagen, dass Sie Ihre Leute nicht schicken, richtig?"

„Oh nein, nein, natürlich schicken wir sie."

Mehr wollte Bush gar nicht. Es kam ihm darauf an, so viele Länder in der Koalition zu haben wie möglich, egal, wie geringfügig ihr Beitrag auch ausfallen mochte. Was die öffentliche Liste der Koalitionsmitglieder anging, sagte er: „Das ist in Ordnung. Tun Sie, was immer Sie für das Beste halten."

Anschließend telefonierte Rice mit dem russischen Verteidigungsminister Sergej Iwanow, um ihm mitzuteilen, dass die Diplomatie versagt habe und sie Saddam 48 Stunden geben würden. „Wir wollen hoffen, dass Sie keine neue Resolution einbringen", drängte sie sanft und erkundigte sich nach Gerüchten, denen zufolge der russische Außenminister Igor Iwanow sich dafür einsetze, die nächste Sitzung des Sicherheitsrats auf der Ministerebene stattfinden zu lassen. Rice war besorgt, dass er auf diese Weise einen Auftritt Powells erzwingen wollte, damit sie Bush und ihn nochmals attackieren könnten, oder aber dass Powell der einzige abwesende Außenminister sein würde. „Bitte, schicken Sie Igor nicht zu den Vereinten Nationen", betonte sie.

„Ich kann zwar nicht versprechen, dass er nicht gehen wird", erwiderte Iwanow, „aber ich verspreche Ihnen, dass er, sollte er gehen, keine große politische Show daraus machen wird. Er wird es nicht als Gelegenheit nutzen, die Vereinigten Staaten anzugreifen oder bloßzustellen."

Rice sagte, ihr lägen Berichte vor, denen zufolge die Iraker Nachtsichtgläser und GPS-Geräte von den Russen gekauft hätten.

„Machen Sie sich keine Sorgen", beschwichtigte sie der Russe, „wir werden uns darum kümmern. Auf keinen Fall würden wir den Irakern solche Geräte verkaufen." Die ehemalige Sowjetunion hatte den Irak mit derlei Ausrüstung beliefert, merkte er an. „Es könnte sich um alte Geräte handeln. Vielleicht haben Sie die Signale falsch interpretiert", erklärte er, bevor er das Thema wechselte und Rice fragte, ob sie nicht zu einem Besuch nach Russland kommen wolle.

Danach rief Rice UN-Generalsekretär Kofi Annan an. „Falls es einen Krieg gibt, werden die Vereinten Nationen in der Nachkriegszeit eine vitale Rolle spielen müssen", sagte sie. Das Wort „vital" war eines, auf dem die Briten bestanden hatten, das aber nicht genauer definiert war. „Wir werden mit Ihnen zusammen daran arbeiten", sagte sie, und verzichtete auch im Falle des „daran" auf eine nähere Definition.

Ihr nächster Anruf galt Putins Stabschef Alexander Woloschin.

„Bitte, schicken Sie Iwanow nicht zu den Vereinten Nationen, bitte versuchen Sie nicht, die Sitzung des Sicherheitsrats zu einem Treffen der Außenminister aufzuwerten", sagte sie und fügte eine Warnung hinzu. „Wenn Sie das tun, wird Powell nicht kommen. Wir sehen nicht, was das bezwecken sollte."

Woloschin druckste herum und wich aus. „Wir würden uns sehr freuen, Sie in Moskau empfangen zu dürfen."

An diesem Morgen absolvierte Bush den ersten von zwei kompletten Teleprompter-Durchläufen der gesamten Rede. Die erste Hälfte verlief ohne Probleme, doch als er zu den entscheidenden Sätzen kam – „Saddam Hussein und seine Söhne müssen den Irak innerhalb von 48 Stunden verlassen. Sollten sie sich weigern, wird dies einen militärischen Konflikt nach sich ziehen, dessen Beginn wir bestimmen werden" –, stockte ihm die Stimme.

Gerson wusste, dass einer der Gründe, warum sie Reden übten, darin bestand, dem Präsidenten Gelegenheit zu geben, die Emotionen zu erfahren, die die Worte beim ersten lauten Aussprechen in ihm auslösten. Beim zweiten Durchlauf kannte er sie bereits und konnte sich darauf vorbereiten, und beim dritten Mal dann konnte er sie kontrollieren. Ihm selbst lief es immer noch kalt den Rücken herunter, wenn er die Worte hörte, obwohl er sie geschrieben und bei den Probeläufen mehrfach gehört hatte.

Um 14 Uhr rief Bush den australischen Premierminister Howard an und ging mit ihm den Text der Rede an diesem Abend durch.

„George", sagte Howard, „wenn es dazu kommt, gelobe ich Ihnen, dass australische Truppen kämpfen werden, sollte das nötig sein."

Bush rief den israelischen Ministerpräsidenten Ariel Scharon an. „Ariel, ich habe Ihnen im Oval Office gesagt, dass ich Ihnen 72 Stun den vorher Bescheid geben werde. Ich tue das hiermit."

„Wir haben verstanden", sagte Sharon und dankte dem Präsidenten. Der Anruf hatte rund drei Minuten gedauert.

Um 16.45 Uhr trug Bush in der Cross Hall, dem mit rotem Teppich ausgelegten Flur im Erdgeschoss des Weißen Hauses, wo er drei Stunden später vor die Fernsehkameras treten würde, ein zweites Mal die vollständige Rede vor. Als Gerson hinterher auf das Podium kam, rollte Bush das Manuskript zusammen und versetzte seinem Redenschreiber einen spielerischen Schlag auf den Kopf. Wie häufig bei solchen Gelegenheiten war Bush locker, einen Augenblick lang beinahe schon überdreht.

DER PRÄSIDENT hatte versprochen, den Kongress auf dem Laufenden zu halten, und er hatte für diesen Abend zwei Treffen mit den Kongressführern vereinbart. Rice und einige andere, darunter Cheney und Fleischer, unterrichteten ihn bei einer Vorbesprechung im Oval Office, wer genau anwesend sein würde. Das war normale Routine, und es musste nicht viel gesagt werden. Sie alle waren sich der außergewöhnlichen Bedeutung dessen bewusst, was gerade geschah. „Der schwierigste Teil“, sagte Bush zu ihnen, „war, die Entscheidung zu fällen, dass wir möglicherweise Gewalt einsetzen müssen.“ Diese Entscheidung war sechs Monate zuvor getroffen worden, als er am 12. September 2002 die Vereinten Nationen herausgefordert und erklärt hatte, dass die Vereinten Nationen das Problem Saddam Hussein lösen müssten, oder er würde das tun. „Die heutige Entscheidung, sie einzusetzen, war nicht der schwierigste Teil.“

Bush begrüßte die Führer des Senats und des Repräsentantenhauses im Roosevelt Room – den Sprecher des Hauses Dennis Hastert, die Führerin der Demokraten im Repräsentantenhaus Nancy Pelosi und den Führer der Demokraten im Senat Tom Daschle. Der Mehrheitsführer im Senat, der Republikaner Bill Frist, verspätete sich.

„Wir sind zu dem Schluss gelangt, dass wir auf Grund der Franzosen keine Chance hatten“, erklärte Bush im Hinblick auf die zweite Resolution. „Wir alle waren der Meinung, dass es an der Zeit sei weiterzugehen. Wir haben in den Vereinten Nationen alles getan, was wir tun konnten.“ Er setzte ihnen seine Rede auseinander, das 48-Stunden-Ultimatum. „Wir werden ihn von der Macht entfernen, so wie es das Gesetz von 1998, für das einige von Ihnen vielleicht sogar gestimmt haben, vorsieht“, sagte er und fügte hinzu, dass Saddam das Angebot möglicherweise ja annehmen und den Irak verlassen würde.

„Bitte, sagen Sie uns, dass aus Geheimdienstberichten hervorgeht, er werde das tun“, warf Pelosi ein.

Nein, sagte Bush. „Wir haben jede Menge Geheimdienstinformationen, die Ihnen sagen werden, dass er nicht im Traum daran denkt."

Gegen 18.15 Uhr holte Bush die Vorsitzenden der Geheimdienst- und außenpolitischen Ausschüsse zu dem Treffen hinzu. „Die irakischen Generäle sind Kriegsverbrecher", verkündete er und leitete damit zu einem bedeutenden Kurswechsel über. „Selbst wenn Saddam Hussein geht, werden wir einmarschieren. Auf diese Weise können wir ethnische Säuberungsaktionen verhindern. Wir werden auf friedlichem Wege hineingehen, und es wird eine Liste mit Ländern geben, die alle mit uns fest in dieser Koalition stehen." Sie würden in den Irak einmarschieren, um die Massenvernichtungswaffen zu zerstören und die Führung der Baath-Partei unschädlich zu machen.

„Die Türkei wird sich uns früher oder später anschließen. Erdogan wird lernen", fuhr Bush fort, Recep Tayyip Erdogan war der neu gewählte türkische Ministerpräsident. „Wir werden auch ohne die Türkei gewinnen. Es wäre von Vorteil, die Türkei dabei zu haben. Die Frage ist, wie wir dafür sorgen können, dass sie nicht in den Nordirak einmarschieren."

Um 18.26 Uhr zog sich Bush zurück. Er musste sich auf seinen Auftritt vorbereiten. Cheney und Rice blieben, um Fragen zu beantworten.

Bush veranstaltete eine kurze Telefonkonferenz mit dem Minister für Heimatschutz Tom Ridge, Powell, Tenet, FBI-Direktor Robert Mueller, Justizminister John Ashcroft und mehreren anderen, bei der es um den Schutz vor Terroranschlägen im Inland ging. Sie einigten sich, in Erwartung von Gegenangriffen auf die USA im Falle eines Kriegs die nationale Terrorwarnstufe um eine Stufe auf Orange/Hoch zu erhöhen.

Unterdessen fragte im Roosevelt Room Senator Warner, ob die Diplomatie mit ihren Mitteln am Ende sei und ob irgendjemand daran glaube, dass Saddam den Irak freiwillig verlassen würde.

„Die Chancen stehen schlecht", antwortete Cheney. Er merkte an, dass die 4. Infanteriedivision hilfreich gewesen wäre, wäre sie schon vor Wochen vor Ort gewesen und hätten die Türken ihr erlaubt, auf ihrem Territorium aufzumarschieren. Immerhin aber hatte ihre Präsenz im Mittelmeer geholfen, die Iraker im Norden festzunageln, sagte er und wiederholte damit Franks Behauptung.

Senator Joseph Biden, der ranghöchste Demokrat im außenpolitischen Ausschuss, erkundigte sich nach der zukünftigen Rolle der Vereinten Nationen.

„Ich glaube, wir werden als Befreier begrüßt", sagte Cheney und wich damit der Frage aus. „Aber es gibt Rechnungen, die beglichen werden müssen. Es ist eine harte Gegend. Wir werden für Sicherheit sorgen."

Sie planten, sagte Rice, eine irakische Interimsbehörde als Regierungsmacht einzusetzen. „Wir wollen die Verwaltung des Irak in die Hände der Iraker übergeben, und zwar so schnell wie möglich."

Cheney informierte seine Zuhörer, dass er persönlich mit den türkischen Führern gesprochen hatte. „Ich habe ihnen unmissverständlich zu verstehen gegeben, dass wir sie nicht im Irak sehen wollen", sagte er. „Ich glaube, sie werden sich benehmen. Wir müssen aber auch ein Auge auf die Kurden haben." Selbst Freunde könnten gefährlich sein.

„Israel hat keine Rolle gespielt und gehört nicht der Koalition an", erläuterte Cheney, „aber wir arbeiten eng mit ihnen zusammen, was die Frage einer Reaktion auf einen Angriff angeht."

Der republikanische Senator Pat Roberts aus Kansas, der Vorsitzende des Geheimdienstausschusses im Senat, meinte, dass 48 Stunden eine lange Zeit seien.

„Zu solchen Dingen kann ich mich jetzt noch nicht äußern", erwiderte Cheney. Der Heimatschutz sei wichtig, sagte er, und fügte hinzu, dass während des ersten Golfkriegs, in seiner Zeit als Verteidigungsminister, Saddam und sein Geheimdienst versucht hatten, Anschläge in den USA zu verüben. Allerdings hätten sie sich dabei so jämmerlich angestellt, dass es schon fast komisch gewesen sei.

„Wir erwarten keine Schwierigkeiten mit Iran", sagte Rice.

Dann verlas der demokratische Senator Robert Byrd aus West Virginia vorbereitete Notizen, die im Wesentlichen Bush und seine Irak-Pläne kritisierten. „Ich stehe felsenfest hinter unserem Militär. Ich werde die Mittelbewilligung für unsere Truppen unterstützen. Die Menschen müssen über die Kosten und die Wiederaufbaupläne informiert werden, aber es gibt noch eine Reihe unbeantworteter Fragen. Ich gebe keinen Blankoscheck für grandiose Pläne." Er warnte vor einer schleichenden Ausweitung der Mission und vor den

Bedrohungen zu Hause, bevor er am Ende den Präsidenten und den Vizepräsidenten scharf dafür tadelte, dem Kongress nicht ausreichend Beachtung zu schenken.

LANGE VOR 20 UHR fand sich Bush im an die Cross Hall angrenzenden Roten Zimmer ein. Bush war sauer. Ein Fernsehteam hatte ihn hinter dem Weißen Haus beim Spielen mit seinen beiden Hunden Barney und Spot gefilmt; er hatte einfach nur kurz einmal ausspannen wollen und den Hunden Stöckchen zugeworfen. Der Sender hatte die Aufnahmen den ganzen Tag über immer wieder gezeigt.

„Ist das keine Regelverletzung?“, wollte der Präsident von Bartlett und Fleischer wissen. Ja, das war es. Die Medien, die ungewöhnlich viel Freiraum um das Weiße Haus genossen, waren eigentlich davon ausgeschlossen, im Garten hinter dem Gebäude zu filmen. Der Zutritt zu dem Areal war, so lautete die Vereinbarung, strikt verboten. Die endlose Wiederholung der Aufnahmen drückte auf Bushs Stimmung: Der Präsident, der mit seinen Hunden spielt, und das ausgerechnet an diesem so entscheidenden Tag. Das war eine Botschaft, die er auf keinen Fall verbreiten wollte.

Gerson hörte von der Seite her der Unterhaltung zu. Er hielt die Sache für harmlos. Das war, was die Amerikaner eben machten, mit ihren Hunden spielen und spazieren gehen. Aber er sagte nichts.

„Gerson“, sagte Bush, der sich ablenken wollte, „Sie sind so ruhig.“ Er ging hinüber zu seinem Redenschreiber. „Sind Sie nervös?“

„Ja, das bin ich“, sagte Gerson.

Bush erzählte ihm eine Geschichte aus dem Jahr 1988, von der ersten im Fernsehen ausgestrahlten Wahlkampfdebatte seines Vaters mit dem demokratischen Präsidentschaftskandidaten, dem Gouverneur von Massachusetts, Michael Dukakis. Einer meiner Brüder und ich waren extrem nervös und konnten einfach nicht zusehen, sagte er. Also gingen wir ins Kino, weil die Debatte und alles, was davon abhing, zu viel war für uns. Aber der Film konnte uns nicht wirklich ablenken, fuhr er fort, und dauernd gingen wir hinaus in die Lobby, um anzurufen und zu fragen, wie die Debatte lief. Schließlich verließen wir das Kino und gingen nach Hause, und als Dad anrief und fragte, wie er gewesen war, sagten wir beide, oh, einfach phantastisch!

„Eine Minute", rief jemand, und der Präsident wandte sich ab, um sich innerlich zu sammeln.

Gerson wusste, dass es die Rede war, die zählte. Das war die schwere Aufgabe. Die Ankündigung des Militäreinsatzes, die man für die nächsten Tage erwartete, würde dagegen seltsam abfallen.

„Liebe Mitbürger", setzte der Präsident um 20.01 Uhr an, „die Ereignisse im Irak nähern sich der Stunde der Entscheidung." Bush stellte zu Beginn eine leichte Unbeholfenheit zur Schau, wie sie für diesen Präsidenten nicht ungewöhnlich ist. Aber seine Worte und der Schauplatz verstärkten den Moment. Die Nation hatte sich an diese abendlichen Vorstellungen gewöhnt, hatte sich ganz offensichtlich sogar an ihn als ihren Präsidenten gewöhnt. Gerson fand, dass die Rede einer von Bushs besseren Kameraauftritten gewesen war.

Tom Shales, der Fernsehkritiker der *Washington Post*, schrieb später, Bush habe in der 15-minütigen Rede eine „begräbnishafte Feierlichkeit und Aura bekümmerter Trauer" ausgestrahlt und „nicht eine Spur Wagemut" erkennen lassen.

DER 18. MÄRZ, ein Dienstag, begann für Bush gewissermaßen mit diplomatischem Händchenhalten. Um 7.48 Uhr rief er den neuen chinesischen Präsidenten Hu Jintao an, um ihm zu seinem Amtsantritt zu gratulieren und ihm zu versichern, dass die Situation im Irak keine negativen Auswirkungen auf die chinesisch-amerikanischen Beziehungen haben würde. Gleichzeitig bedankte er sich bei Hu für die Bemühungen Chinas, eine friedliche Lösung im Streit mit Nordkorea zu vermitteln.

Später sprach der Präsident mit Putin und beschrieb ihm die antifranzösische Stimmung, die Frankreich mit seinem Vorgehen in den USA provoziert habe. „Es gibt nichts, was ich dagegen tun könnte. Die amerikanischen Bürger sind wütend, und zwar zu Recht. Ich danke Ihnen, dass Sie in Russland keine Stimmung gegen Amerika gemacht oder persönlich Politiker angegriffen haben, deren Standpunkt Sie nicht teilen. Es hilft mir im Hinblick auf die amerikanische öffentliche Meinung gegenüber Russland und trägt zum Fortbestand unserer guten Beziehungen bei."

Putin, der selbst genug Schwierigkeiten am Hals hatte, gab ihm zu verstehen: Keine Sorge, ich werde nichts in der Art tun. Sollte sein Außenminister Igor Iwanow vor den Vereinten Nationen auftreten, dann nur, um über die Waffeninspektionen zu reden, sagte Putin. „Iwanow wird nicht versuchen, Propagandapunkte zu machen."

Sie waren sich einig, dass die Vereinten Nationen im Irak nach Saddam eine Rolle spielen sollten, und Putin drängte Bush zu einer Zusage zu dem Gipfel, der in Putins Heimatstadt St. Petersburg anlässlich der 300-Jahr-Feier der Stadt stattfinden würde.

„Ich hoffe sehr, kommen zu können", antwortete Bush zurückhaltend.

BEI DER MORGENDLICHEN BESPRECHUNG der leitenden Mitarbeiter des Weißen Hauses wurden zwei Ankündigungen verlesen: Die öffentlichen Führungen durch das Weiße Haus würden ausgesetzt und es würde medizinischer Beistand für gestresste Mitarbeiter bereitgestellt werden.

Im Oval Office rechnete Etatdirektor Mitch Daniels dem Präsidenten vor, dass sie vom Kongress rund 73,3 Milliarden Dollar an zusätzlichen Finanzmitteln für den Krieg und den Ausbau des Heimatschutzes benötigten.

„Wir brauchen eine Strategie, um das Budget schlank zu halten", sagte Bush, „um zu verhindern, dass die Leute ihre Lieblingsprojekte daran anhängen."

Rice sprach mit ihrem Amtskollegen in Kanada, der sagte, tut mir Leid, wir können uns daran nicht beteiligen, aber versprach, dass sich die kanadische Regierung in ihrer öffentlichen Rhetorik zurückhalten werde – gerade genug eben, um die kanadische Öffentlichkeit zufrieden zu stellen, ohne dabei jedoch provokativ oder gar kämpferisch zu klingen.

Dies war der Tag der Entscheidung für Tony Blair. Die einstündige Rede, die er im Unterhaus hielt, wurde selbst von manchen seiner größten Kritiker als einer seiner besten und leidenschaftlichsten Auftritte bezeichnet.

„In diesem Dilemma kann keine Entscheidung perfekt, kein Grund vollkommen sein", sagte Blair. „Aber von dieser Entscheidung hängt das Schicksal von vielen Dingen ab."

Um 13.30 Uhr rief Bush Blair an und sagte: „Phantastische Rede."

„Ich weiß jetzt, dass ich die Stimmen für die Annahme des Beschlusses beisammen habe", sagte Blair. „Die Stimmeneintreiber der Fraktion haben die ganze Nacht durchgearbeitet. Die Frage ist nur noch, mit welcher Mehrheit, aber ich bin zuversichtlich."

Sie sprachen über die Notwendigkeit, Russland, Frankreich und Deutschland einen Weg zurück in die Koalition zu zeigen.

IM NORDIRAK kündigte eine vertraute Ansage – „Pistazie, hier ist Jonestown!" – einen neuen Bericht von einem der wichtigsten „Rockstar"-Agenten an, einem Offizier der Speziellen Sicherheitsorganisation (SSO), der für einen Teil des Kommunikationssystems verantwortlich war, das Saddam nutzte, wenn er zwischen seinen Palästen und anderen Orten unterwegs war.

Der Agent hatte herausgefunden, dass Saddams System ein bestimmtes Kabelbündel nutzte und die Statusanzeige mit einem Piepton den momentanen Aufenthaltsort des irakischen Diktators anzeigte. Doch bis sein Aufenthaltsort ans CIA-Hauptquartier übermittelt war, war die Information üblicherweise eine Dreiviertel- bis eine Stunde alt und Saddam längst woanders. Dass die Informationen des Agenten zuverlässig waren, wurde mehrfach am darauf folgenden Tag durch Satellitenaufnahmen bestätigt, auf denen die Bewegungen von Sicherheitsfahrzeugen zu erkennen waren.

Als Tenet diese Berichte in die Hand bekam, wurde ihm klar, dass sie sich langsam dem Punkt näherten, an dem sie so etwas wie Echtzeitinformationen über Saddams Aufenthaltsort in Händen hielten – ein seit langem angestrebtes Ziel, das bislang aber als unerreichbar gegolten hatte.

Der Chefagent hatte einen „Rockstar"-Unteragenten namens Rokan rekrutiert, der Sicherheitschef der Dora-Farm war, eines am südlichen Stadtrand von Bagdad am Tigris gelegenen Komplexes, der von Saddams Frau benutzt wurde. Das Codewort der SSO für die Anlage lautete Umidza, also „Schlachthof" beziehungsweise „Haus des Schlachtens". Am 18. März meldete Rokan an seinen „Rockstar"-Hauptagenten, dass Saddam im „Schlachthof" war. Tim bat um mehr Details und Verifikation. Wie sich zeigte, hatte Rokan ein Thuraya-

Telefon und konnte auf dem Videodisplay in Jonestown geortet werden. In der Tat war Rokan, genau wie er gesagt hatte, auf der Farm.

Als Rokan sagte, er müsse die Verbindung jetzt unterbrechen, fing der Diensthabende in Jonestown an zu brüllen. „Du wirst am Telefon bleiben!“ Die Unterhaltung verlief nicht gerade zivilisiert. Ein andermal sagte einer der Brüder zu Rokan: „Unter Androhung der Todesstrafe, du musst dich alle zwei Stunden auf diesem Telefon melden.“ Die Brüder sahen sich gerne als allmächtig, und wenn einer der „Rockstars“ nicht anrief oder an sein Telefon ging, nahmen sie das als einen schwerwiegenden persönlichen Affront. Sie wollten vor Tim und der CIA keine Schwäche zeigen.

Tim zog eine Zwischenbilanz. Was er hatte, war mehr als viel versprechend – die bestätigte Quelle aus der Sicherheitsorganisation, dessen Partner Rokan und der Hinweis auf die Dora-Farm.

In einem Bericht an Saul gab Tim durch, dass die Möglichkeit bestehe, dass Saddam oder seine Familie auf der Dora-Farm sei oder sich auf dem Weg dahin befinde. Auf jeden Fall hatten sie dort definitiv Kommunikations- und andere Aktivitäten, die auf einen hochrangigen Besuch hindeuteten. Endlich wusste Tim mit Gewissheit, dass der Krieg unmittelbar bevorstand, denn Jim Pavitt, der Leiter des geheimen Zweigs der CIA, hatte in einer Mitteilung an alle Außenstellen geschrieben: „Abgesehen von einer sehr unwahrscheinlichen und außergewöhnlichen Wendung der Dinge, wird unsere Nation in allernächster Zukunft zu einer gefährlichen Mission mit dem Ziel aufbrechen, den Irak zu entwaffnen und Saddam Hussein von der Macht zu entfernen.“

UM 16 UHR begab sich Tenet zu einem Gespräch mit dem Präsidenten und Rice ins Weiße Haus. Er hatte Bush regelmäßig über die „Rockstars“ und die Fortschritte der CIA bei der Lokalisierung von Saddams Aufenthaltsort unterrichtet. Nun sprachen, berichtete er, mehrere „Rockstars“ ausführlich und übereinstimmend von der Möglichkeit, dass Saddam oder seine Familie auf der Dora-Farm sei oder dort bald eintreffen würde. Das sei mehr als verlockend, so Tenet, zumal die „Rockstars“ immer neue Informationen lieferten, die man auf anderem Wege bestätigen konnte.

BUSH HATTE NIEMALS ZUVOR eine Debatte oder Abstimmung in einem ausländischen Parlament mit so viel Aufmerksamkeit verfolgt wie die, die an diesem Tag im britischen Unterhaus stattfand. „Liegt die Stimmenauszählung schon vor?“, fragte er mehrmals an diesem Tag. Schließlich, um 17.15 Uhr – 22.15 Uhr Londoner Zeit – schritt das britische Unterhaus zur Abstimmung. Blair gewann mit 396 zu 217 Stimmen. Zwar hatte ein volles Drittel seiner Partei gegen ihn gestimmt, aber die Tories hatten für den Krieg votiert. Die anschließende Abstimmung über eine von der Regierung eingebrachte Resolution erbrachte eine noch größere Mehrheit, da weniger Labour-Abgeordnete mit Nein gestimmt hatten. Ganz offensichtlich hatten Blair und Co. es verstanden, die Gefahr einer möglichen Niederlage so wirksam für ihre Sache einzusetzen, dass der Sieg noch überzeugender ausfiel.

Um 18.15 Uhr kam der ehemalige Außenminister Henry Kissinger, inzwischen 79 Jahre alt und seit 25 Jahren nicht mehr im Amt, zu einem 15-minütigen Gespräch mit Rice ins Weiße Haus. Kissinger, der sich zufällig in der Stadt aufhielt, wiederholte seine Ansicht, dass desto mehr Menschen die Entschlossenheit der Regierung, in den Krieg zu ziehen, in Frage stellen würden, je länger sich das Warten hinzog. Ihr könnt nicht den Hahn so laut spannen, wie ihr das getan habt, und dann den Abzug nicht betätigen, warnte er. Rice stimmte ihm zu.

PRINZ BANDAR FÜHLTE SICH ins Abseits gestellt. Dass ihn niemand vorab über das Ultimatum am Vorabend informiert hatte, war überaus beunruhigend. Bandar kannte Bush seit jeher als einen offenen Mann, der klipp und klar sagte, was er dachte – schwarz oder weiß, liebe dich oder hasse dich, gut oder böse. Bushs Äußerungen bei der privaten Unterredung am vorigen Freitag waren beruhigend gewesen – „Ich schlage los ... Ich meine es ernst ... Vertrauen Sie mir ...“ –, aber beileibe nicht definitiv. Bandar war stolz darauf, von ganz oben klare Nachrichten zu erhalten. Er hatte zu viele Leute, darunter auch amerikanische Präsidenten, aus Gründen eine Kehrtwende vollziehen sehen, die im Voraus nicht berücksichtigt worden oder bekannt gewesen waren. Nichts passierte, bis es passierte, und selbst dann hatte Bandar oft seine Zweifel. Er fragte bei Rice an, ob er Bush sehen könne. Kurz vor 19 Uhr ging er zum Präsidenten hinein und blieb elf Minuten.

„Mr. President, ich hoffe nur, dass Sie es sich nicht anders überlegt haben“, sagte Bandar zu Bush, „nun, da Sie das Ultimatum ausgesprochen haben.“

„Bandar, sehen Sie her“, sagte Bush. „Ich kann Ihnen nicht viel sagen, aber ich verspreche Ihnen, Sie werden der Erste sein, der es erfährt“ – die erste ausländische Regierung. „Seien Sie unbesorgt. Glauben Sie einfach an mich, vertrauen Sie mir.“

Bandar wirkte fast verzweifelt. „Natürlich, ich vertraue Ihnen, aber um Himmels willen, jetzt ist es für uns alle zu spät, noch einen Rückzieher zu machen!“

35

AM DIENSTAG, dem 19. März, um 7.40 Uhr, begann Bush seinen Arbeitstag mit einem 20-minütigen Telefongespräch über eine abhörsichere Leitung mit Blair. Beide waren gut gelaunt. Bush gratulierte Blair zu der Abstimmung.

„Sie haben nicht nur gewonnen, sondern die öffentliche Meinung ist auch dank Ihrer Führung umgeschwenkt", sagte Bush und verlieh seiner tiefen Überzeugung Ausdruck, dass Menschen und Nationen im, wie er es zuvor schon ausgedrückt hatte, „Windschatten" von Führern folgten, die klar Stellung bezogen und ihre Ziele nannten. „Deshalb ist die Abstimmung so ausgegangen, wie sie ausgegangen ist. Es liegt daran, ob jemand bereit ist zu führen."

Bush und Blair erörterten indirekt die Möglichkeit, dass sich am Kriegsplan noch etwas ändern könnte. Sogar am Sicherheitstelefon bedienten sie sich einer Codesprache.

„Wie ich von meinen Geheimdienstleuten erfahren habe", sagte der Präsident, „hat jemand vor Ort, einer unserer Leute, gesehen, wie man einem Mann, der Saddam kritisiert hatte, die Zunge herausschnitt und ihn in aller Öffentlichkeit verbluten ließ."

„Mein Gott", erwiderte Blair, „das ist ja schrecklich."

Beim Geheimdienst-Briefing am Morgen hatte Tenet zu Bush gesagt, dass er später vielleicht eine richtig gute Nachricht habe, mehr hatte er aber nicht verraten wollen. Der Präsident würde heute den Befehl zum Krieg geben, da wolle er keine Erwartungen wecken. Es war untypisch für Tenet, dass er sich so bedeckt hielt, aber Bush wusste, dass die „Rockstars" immer näher an Saddam herankamen.

Card bemerkte, dass Tenet aufgeregt war, ja fast vor Temperament sprühte. Tenet war eigentlich stets motiviert, aber das war ungewöhnlich, wie Card fand. Sehr ungewöhnlich.

Bush und Card sprachen noch eine Weile über Blairs klaren Sieg im Parlament. In gewisser Weise spiegelte er die Abstimmungen in Senat und Repräsentantenhaus wider, die Bush mit überwältigender Mehrheit die Vollmacht zum Krieg erteilt hatten.

In Gedanken war der Präsident jedoch schon eine Treppe tiefer im Lageraum, wo er Franks und der Truppe den Befehl zum Losschlagen geben sollte.

Kurz darauf kam Bush im Lageraum mit dem Nationalen Sicherheitsrat zusammen. Er fragte: „Will noch jemand etwas sagen, eine Empfehlung aussprechen oder einen Gedanken äußern?"

Keiner wollte.

Dann wurde eine sichere Videoverbindung zu Franks und neun seiner Kommandeure hergestellt. Wahrscheinlich zum ersten Mal sprach ein Präsident am Vorabend eines Kriegs direkt mit seinen Kommandeuren im Feld.

Franks, der sich auf dem Luftwaffenstützpunkt Prince Sultan in Saudi-Arabien befand, erklärte, er werde jetzt jeden einzelnen Kommandeur dem Präsidenten Bericht erstatten lassen.

„Haben Sie alles, was Sie brauchen?", fragte Bush den ersten, Lieutenant General T. Michael „Buzz" Moseley, den Befehlshaber der Air Force, der die Lufteinsätze von Saudi-Arabien aus leitete. „Können Sie siegen?"

„Mein Kommando- und Kontrollsystem ist bereit", sagte Moseley. „Ich habe die Regeln der Kriegführung erhalten und verteilt. Ich habe keine Fragen. Ich bin bereit." Er vermied es tunlichst, einen klaren Sieg zu versprechen. „Ich habe alles, was wir brauchen, um zu siegen."

„Ich bin bereit", sagte auch Lieutenant General David D. McKiernan, Befehlshaber der Army-Bodentruppen. „Wir rücken in die Angriffspositionen vor. Unsere Logistik ist bereit. Wir haben alles, was wir zum Sieg brauchen."

Vice Admiral Timothy J. Keating sagte, er habe 90 Schiffe der U.S. Navy und 59 Schiffe der Koalition. „Alles klar."

Bush stellte die Frage jedem seiner Kommandeure. Die Antworten waren alle positiv und fielen immer kürzer aus.

„Die Regeln der Kriegführung sind bekannt, die Kommando- und Kontrollsysteme bereit", sagte Franks. „Die Truppe ist bereit loszuschlagen, Mr. President."

In einer kurzen vorbereiteten Ansprache sagte der Präsident: „Um des Weltfriedens willen und zum Nutzen und für die Freiheit des irakischen Volks gebe ich hiermit den Befehl zur Ausführung der

Operation ‚Iraqi Freedom'. Möge Gott mit unseren Soldaten sein." Für die nächsten 48 Stunden sah der Plan heimliche Operationen vor, und diese unsichtbare Komponente sollte etwa um diese Zeit – 9 Uhr Ostküstenzeit, 17 Uhr irakische Zeit – in eine neue Phase übergehen, wenn die ersten Special-Operations-Gruppen von Jordanien aus die Grenze überschreiten und in den Westen des Irak vorstoßen würden, um Scud-Raketen aufzuspüren und auszuschalten.

„Gott segne Amerika", erwiderte Franks.

„Wir sind zum Losschlagen bereit", sagte der Präsident. „Lasst uns gewinnen." Er hob die Hand zum militärischen Gruß, stand dann abrupt auf und wandte sich ab, bevor die anderen sich erheben konnten. Tränen standen in seinen Augen und in den Augen einiger anderer.

Der Präsident eilte aus dem Raum und kehrte ins Oval Office zurück, nur begleitet von Card, der wie eine Klette an ihm hing.

„Sie sind bereit", sagte er zu seinem Stabschef, „und das war gerade der Vollzug."

Er trat durch eine Tür des Oval Office ins Freie und ging allein spazieren.

Bush erinnerte sich später an diesen Augenblick. „Es war für mich sehr emotional. Ich bin herumgegangen und habe gebetet. Ich habe gebetet, dass unseren Soldaten nichts passiert, dass der Allmächtige sie beschützt, dass es möglichst wenig Verluste an Menschenleben gibt." Er habe für alle gebetet, die für ihr Land würden in den Krieg ziehen müssen. „Zu Beginn dieser Phase habe ich um die Kraft gebetet, den Willen des Herrn zu erfüllen ... Ich will ganz bestimmt nicht unter Berufung auf Gott einen Krieg rechtfertigen. Damit Sie das richtig verstehen. Trotzdem will ich ein möglichst guter Botschafter seines Willens sein, und dafür bete ich. Und dann bete ich natürlich für mich persönlich um Kraft und Vergebung."

Nach dem Spaziergang führte der Präsident auf dem abhörsicheren Telefon eine Reihe von Gesprächen mit Staatschefs der Koalitionsländer. Im Wesentlichen sagte er: „Wir schlagen los!"

Karl Rove, Dan Bartlett und Ari Fleischer kamen als Nächste ins Oval Office. Card wollte sicherstellen, dass diejenigen, die Bescheid wussten, gegenüber den anderen in der Regierung Stillschweigen bewahrten. Nichts sollte nach draußen dringen, aber bei denen, die im Bilde waren, stieg der Adrenalinspiegel. Er sah es Bush an und merkte es an sich selbst. Rove blieb noch da, und der Präsident teilte ihm mit, dass er den Befehl zum Krieg gegeben hatte.

„PISTAZIE, PISTAZIE, hier ist Jonestown." Der Anruf erreichte Tim auf seinem Stützpunkt im nordirakischen Kalachualan. Jonestown hatte von dem „Rockstar", der als Fernmelder für die Spezielle Sicherheitsorganisation arbeitete, soeben einen Bericht erhalten, der die Informationen über die Dora-Farm ergänzte. Der Agent hatte über sein Thuraya-Satellitentelefon angerufen und mitgeteilt, er habe gerade von einem anderen „Rockstar", der auf die Farm gegangen sei und bei der Kommunikation helfe, die Nachricht erhalten, dass ihm ein wichtiges Detail aufgefallen sei. Die Farm werde mit Lebensmitteln beliefert. Es sehe nach einem Familientreffen aus. Tim informierte Saul im CIA-Hauptquartier.

Saul leitete „Rockstar"-Informationen selten weiter, denn sie waren für die militärische Planung, die seines Erachtens im Wesentlichen abgeschlossen war, nicht wichtig. Er befürchtete, eine zu starke Verbreitung könne das wertvolle Netz gefährden. Irgendwann nach 10.15 Uhr sah er sich die neuesten Luftaufnahmen von Bagdad an. Und siehe da, unter den Palmen auf der Dora-Farm standen 36 Sicherheitsfahrzeuge! Das waren verdammt viele, nicht nur für ein, zwei Personen. Die Farm wurde von Saddams Frau Sajida genutzt, und Saul wusste, dass auch Saddam schon dort gewesen war.

BUSH TRAF SICH gegen 10.30 Uhr mit Minister Ridge und dem New Yorker Bürgermeister Michael Bloomberg.

„Wir stehen am Rande des Kriegs", sagte der Präsident, „und weil New York ein potenzielles Hauptziel ist, müssen wir es unbedingt besuchen." Er lobte die Sicherheitsvorkehrungen der Stadt, riet dem Bürgermeister aber, sich auf die potenziellen Schwerpunktziele der Terroristen zu konzentrieren: „Richten Sie Ihr Augenmerk auf Tunnel, Brücken und die jüdische Gemeinde."

Um 11.30 Uhr Washingtoner Zeit drang ein zweiter Kommandotrupp der Special Forces in den Irak vor, diesmal von Saudi-Arabien aus.

Um 13.05 Uhr sprach der Präsident im Roosevelt Room mit Spitzenberatern über Energiefragen. Unter anderem nahmen Cheney, Powell, Rice und Card an der Sitzung teil. Die Fragen kreisten vor allem um die internationale Ölversorgung. Drohten weitere Turbulenzen auf dem Markt? Das von politischen Unruhen erschütterte Venezuela hatte die Förderung bereits drastisch gedrosselt. Sollte der Präsident auf die strategischen Ölreserven zurückgreifen?

Bob McNally, Energieexperte aus dem Stab des Weißen Hauses, berichtete, dass der Rohölpreis für ein Barrel bereits von 37 Dollar auf 31 Dollar gefallen sei. Das war eine gute Nachricht. Ein rapider Preisanstieg würde die Kosten für Unternehmen und Konsumenten generell in die Höhe treiben.

Die Saudis hatten versprochen, den Rohölmarkt zu stabilisieren, indem sie die Förderleistung erhöhten und Rohöl in Tanker pumpten, die in der Karibik bereitlagen oder dorthin unterwegs waren.

Auf dem Weltmarkt, sagte McNally, herrsche ein Überangebot an Rohöl von 1,5 bis 1,9 Millionen Barrel pro Tag. Dieses dramatische Überangebot drücke den Preis.

Energieminister Spence Abraham sagte, die Saudis würden ausbleibende Öllieferungen aus dem Irak 30 Tage lang durch eine Steigerung der Tagesförderung auf 10,5 Millionen Barrel ausgleichen – eine ungewöhnliche Zusicherung. Im Dezember hatten die Saudis nur 8 Millionen Barrel täglich gefördert, und im Februar etwas weniger als 9 Millionen.

Handelsminister Don Evans sagte, dass etwa zwei Drittel der irakischen Ölfelder dicht beieinander lägen und dass aus nachrichtendienstlichen Quellen nicht klar hervorgehe, wie viele mit Sprengsätzen versehen seien.

Der Präsident wartete mit Sachkenntnissen auf, die er bei seiner früheren Tätigkeit im Ölgeschäft erworben hatte. Wenn die Sprengkörper oben an den Quellen angebracht worden seien, so erklärte er, werde sich das Feuer relativ leicht löschen lassen, doch wenn tief unten in den Rohren eine Explosion ausgelöst werde, könne es eine Ewigkeit dauern, bis die Brände gelöscht seien. „Wenn sie ihre Ölfelder sprengen, dauert es über einen Monat. Wenn sie es richtig machen, dauert es Jahre."

IRGENDWANN NACH 12.30 UHR – 20.30 Uhr im Irak – erhielt Tim einen „Rockstar"-Bericht, in dem es hieß, Rokan habe Saddam gesehen. Saddam habe das „Schlachthaus" gegen 20 Uhr verlassen, um zu einer Sitzung zu fahren, werde aber zurückkommen und mit Kussei und Udai auf der Dora-Farm übernachten. Es sei hundertprozentig sicher, dass Saddam zurückkomme. Tim war klar, dass „sicher" unter den gegebenen Umständen „vielleicht" bedeutete, doch er musste die Meldung weiterleiten. Er fühlte sich dazu verpflichtet, da es um die eine Person ging, auf die sie es abgesehen hatten. Er schickte einen Bericht an Saul: Nach Auskunft ihres Hauptagenten sei Saddam von Rokan gesehen worden und werde zum Übernachten auf die Farm zurückkommen. Das sei nur eine Einschätzung, aber Tim erklärte, es sei zu 99 Prozent sicher. Nichts ist hundertprozentig sicher. Die ganze Situation war unübersichtlich, aber ein aus zwei Sätzen bestehender Bericht ließ keinen Raum für feine Unterschiede.

UM 13 UHR drangen mindestens 31 Teams der Special Operations Forces von Westen und Norden in den Irak ein.

„Sie sind an Ort und Stelle, sie sind drin", raunte Card dem Präsidenten zu.

„Na hoffentlich", erwiderte Bush. Es war fast zu ruhig. Er und Card waren sehr gespannt, ob Al-Dschasira, CNN oder ein anderer Nachrichtensender Wind davon bekommen hatte, dass etwas im Gang war.

Um 13.45 rief Bush Aznar an. Das Gespräch dauerte 20 Minuten.

„Wir müssen eine Art Codesprache benutzen", sagte Bush auf der sicheren Leitung. „Es tut sich was. Sie werden vielleicht nicht viel mitbekommen, aber das Tempo ändert sich."

Kurz nach 14 Uhr war noch immer nichts an die Öffentlichkeit gedrungen.

Card fragte im Lageraum nach.

„Die Polen sind drin", berichtete er dem Präsidenten. „Sie haben die Plattform eingenommen." Ein Kommando polnischer Spezialkräfte war früh aufgebrochen und hatte eines der Schlüsselziele besetzt – eine Ölplattform im Süden.

Bush sprach kurz mit dem polnischen Präsidenten Kwasniewski.

„Die Aussies sind drin", meldete Card. Ein australisches Kommando war in den Westen eingedrungen.

Um 15.06 Uhr sprach Bush mit dem dänischen Ministerpräsidenten Anders Rasmussen. Rasmussen sagte, das Parlament werde eine Resolution verabschieden, die es Dänemark ermögliche, ein U-Boot und ein Geleitschiff in den Krieg zu schicken.

„Ich werde heute Abend nicht sprechen", sagte der Präsident, „aber Sie wissen, dass ich Sie auf dem Laufenden halte."

TENET, McLAUGHLIN, SAUL und mehrere andere CIA-Mitarbeiter waren mit Tims Bericht und Satellitenfotos ins Pentagon hinübergeeilt.

Rumsfeld hatte die „Rockstar"-Berichte verfolgt und fand, dass man sie dem Präsidenten zeigen solle. Es sei unwahrscheinlich, dass die Gruppe ein doppeltes Spiel treibe; Menschen setzten ihr Leben aufs Spiel. Aber wie bei den meisten Geheimdienstberichten blieben Zweifel. Rumsfeld sprach mit Franks. Die Dora-Farm sei ein gutes Ziel, sagte Franks, und so bat ihn der Minister, alles für einen Angriff vorzubereiten.

Um 15.15 Uhr rief Rumsfeld Card an. „Eine neue Lage ist eingetreten. Ich würde gern rüberkommen und darüber reden."

Card leitete Rumsfelds Bitte an Bush weiter, und der rief Rice an. „Don Rumsfeld hat eben angerufen", berichtete Bush. „Er will mit George Tenet hierher kommen. Er sagt, es gehe um irgendetwas Wichtiges, über das sie reden wollen, und er kommt rüber. Kommen Sie runter."

Tenet rief Steve Hadley an. „Ich bin auf dem Weg", sagte der CIA-Direktor geheimnisvoll. „Am Telefon sage ich kein Wort. Das tue ich mit Don im Beisein des Präsidenten. Vorher kein Wort."

Rumsfeld, McLaughlin, Tenet, Saul und zwei weitere CIA-Leute trafen im Oval Office ein und gingen ins Speisezimmer des Präsidenten.

„Wir haben zwei Jungs dicht an Saddam", sagte Tenet. Er informierte sie kurz über den Sicherheitsbeauftragten Rokan auf der Dora-Farm und dann über die anderen „Rockstars", die dort als Fernmelder aushalfen. Tenet zeigte Satellitenfotos, auf denen das Farm-Grundstück nahe Bagdad an einer Biegung des Tigris zu erkennen war. Zur Farm gehörten mehrere Häuser. „Saddam und die beiden Jungs sind dort gewesen und kommen möglicherweise wieder, wenn sie nicht schon dort sind." Die CIA stehe mit beiden Quellen in direkter Verbindung.

Bush erkundigte sich nach den Quellen. Wer waren sie? Wie zuverlässig waren sie?

Saul erklärte, der SSO-Fernmeldeoffizier, der mit den Quellen auf der Dora-Farm zusammenarbeite, sei eine Schlüsselfigur im „Rockstar"-Netzwerk. Die Kontakte dieses Mannes und die Leute, die er für das Netz angeworben habe, hätten sich als sehr gut erwiesen. Von allen irakischen Quellen, die für sie arbeiteten, halte man ihn für eine der besseren und zuverlässigeren. Er sei einer der ersten „Rockstars" gewesen, die zum Stützpunkt in Kalachualan gekommen seien. Man arbeite seit Monaten mit ihm zusammen, und viele Berichte von ihm seien bestätigt worden, insbesondere durch SIGINT, die technische Aufklärung.

„Ausgezeichnet", sagte der Präsident. „Das hört sich gut an."

„Nun ja", fuhr Saul fort, „hundertprozentige Gewissheit haben wir nie, aber die Organisation hat sich als vertrauenswürdig erwiesen." Im Augenblick hätten sie von einer Quelle, Rokan, erfahren, dass Saddam da draußen sei oder wiederkommen werde. „Jetzt im Moment", sagte Saul, „75-prozentiger Sicherheit."

Ein Enthauptungsschlag gegen das Regime schien jetzt im Bereich des Möglichen. Sie überlegten, welche Folgen es haben könnte, wenn sie Saddam und seine Söhne ausschalteten. Wer würde im Irak das Ruder an sich reißen? Jeder war daran gewöhnt, von höchster Stelle Befehle entgegenzunehmen. Im günstigsten Fall zerschlügen sie das Regime, und der Krieg erübrigte sich. Das war unwahrscheinlich, aber durchaus möglich.

Was für Waffen würden Sie einsetzen, fragte der Präsident.

Marschflugkörper vom Typ Tomahawk, antwortete General Myers, der mittlerweile zu der Gruppe gestoßen war. Er schlug einen gebündelten Schlag mit 15 bis 17 Raketen vor.

Bush hatte Bedenken. Er fragte: Wer ist in welchem Haus? Wo würde Saddam sich aufhalten? Haben die Söhne Kinder? Wo ist seine Frau? Ist Saddam bei seiner Frau? Sind wir sicher, dass er dort nicht nur sämtliche Kinder untergebracht hat?

IM NORDIRAK zog Tim einen Blazer über seine lange Unterwäsche und schlüpfte in seine dreckigen Stiefel. Es war das Ritual, mit dem er den Kurden seinen Respekt erwies. Egal wie schmutzig es war, die Brüder oben in Jonestown würden in Jackett und Krawatte dasitzen. Er sprang in seinen Cherokee und fuhr die tückischen drei Meilen von der Pistazie nach Jonestown hinauf. Er wollte zur Stelle sein, wenn die Berichte der „Rockstars" hereinkamen. Die Straße war verschneit, und er hatte Angst, sich mit dem Jeep zu überschlagen, aber er kam wohlbehalten auf dem Gipfel an. In Jonestown ging es hektisch zu, die Brüder brüllten. „Legen Sie nicht auf! Bleiben Sie am Apparat! Legen Sie nicht auf!" Klick. Tim hielt es für richtig, seinerseits die Brüder anzuschreien.

„Das Schicksal Ihres Landes hängt von Ihnen ab", brüllte er, „und ich werde Ihnen alles wegnehmen. Wenn Sie mich jetzt hängen lassen, können Sie sich den Sitz in der Regierung abschminken."

Die Hauptquelle gab telefonisch durch, was ihr die beiden Quellen auf der Dora-Farm meldeten: Udai und Kussei seien ganz sicher auf der Farm, und Saddam werde zwischen 2.30 und 3 Uhr irakischer Zeit zurückerwartet. Die Quellen vor Ort beschrieben die Gebäude. Auf dem Grundstück gebe es auch einen „manzul". „Manzul" ließ sich mit „Zufluchtsort" oder „Bunker" übersetzen. Tim entschied sich für Bunker. Der Bericht lieferte Einzelheiten über den „Bunker" – Entfernung von den Hauptgebäuden und seine Dicke, soundso viel Meter Beton unter soundso viel Metern Erdreich. Tim schickte in aller Eile eine Blitzmeldung mit den wichtigsten Informationen ans CIA-Hauptquartier.

Der Präsident hatte weitere Fragen. „Wird das Tommys Plan über den Haufen werfen?" Immerhin hatten sie über ein Jahr lang an dem Plan gearbeitet. Was wären die Folgen? Ginge das Überraschungsmoment verloren? Die Special Operations Forces, die bereits im Land waren, sollten im Geheimen operieren. Würde man ihre Entdeckung riskieren? „Fragen Sie Tommy", wies er Rumsfeld an.

General Myers erreichte Franks schließlich.

„Was halten Sie von einem Angriff auf diese Dora-Farm?", fragte Myers.

Franks hatte die zeitsensiblen Ziele sorgfältig im Auge behalten und wusste seit dem Vorabend, dass die CIA Saddam auf den Fersen war, der sich möglicherweise auf der Dora-Farm aufhielt. Alles sah nach einem Ziel für Tomahawk-Marschflugkörper aus, und so hatte Franks der Navy befohlen, einige Raketen auf dieses Ziel zu programmieren. „Lassen Sie die Jungs die Nacht durcharbeiten", hatte er gesagt und sie dann später wissen lassen, dass man sie nicht abfeuern werde. Die Frist von 48 Stunden, die der Präsident Saddam und seinen Söhnen gewährt hatte, um das Land zu verlassen, war noch nicht verstrichen. Franks war strikt dagegen, vor Ablauf des Ultimatums einen Schuss abzufeuern, und hatte sich Rumsfeld gegenüber auch in diesem Sinn geäußert. Es war eine Art Gnadenfrist. Er hielt es moralisch nicht für vertretbar, auf jemanden zu schießen, der möglicherweise noch durch die Hintertür verschwinden würde, so unwahrscheinlich das auch war.

Können Sie es in zwei Stunden tun? fragte Myers als nächstes.

Franks bejahte. Die Tomahawks seien einsatzbereit.

IRGENDWANN NACH 16 UHR – im Irak bereits nach Mitternacht – traf der neueste „Rockstar"-Bericht im Lageraum ein und wurde umgehend ins Oval Office gebracht.

„Sie sagen, dass sie jetzt dicht an ihm dran sind! Beide Söhne sind da", sagte Tenet. Ihre Frauen seien dabei. Und die Familien. Saddam werde zwischen 2.30 Uhr und 3 Uhr zurückerwartet – in weniger als zwei Stunden. Einer der „Rockstars" sei zu dem Bunker rausgegangen, eingestiegen und habe die Maße geschätzt.

„Können Sie mir zeigen, wo der Bunker ist?", fragte Hadley Saul. Saul war sich nicht sicher. Sie nahmen die Luftaufnahmen zur Hand, und Hadley versuchte sich an einer Skizze. Wenig später zeichnete McLaughlin einen etwas besseren Lageplan.

Powell war der einzige Chef, der fehlte, und um 15.15 Uhr sagte der Präsident zu Rice: „Sie sollten Colin anrufen."

Sie erreichte Powell im Außenministerium. „Colin, kommen Sie ins Weiße Haus!", sagte sie schroff, ohne ihm eine Erklärung zu geben. Minuten später war er da und wurde kurz ins Bild gesetzt. Zunächst versuchte er, sich herauszuhalten, denn es war in erster Linie eine militärische Angelegenheit. Bald jedoch wog er das Für und Wider ab – Kollateralschäden, der Schlag gegen Saddam könnte misslingen.

Schließlich sagte er: „Wenn wir die Chance zu einem Enthauptungsschlag bekommen, lohnt es sich allemal."

Rumsfeld sprach sich nachdrücklich für einen Angriff aus, und Cheney pflichtete ihm bei, wirkte allerdings zurückhaltend.

Bush überbrückte die Zeit mit Fragen. Irgendwann wollte er wissen: Waren sie sich wirklich sicher, dass das, was sie sahen, tatsächlich das war, was sie zu sehen glaubten?

„Besser wird's nicht", sagte Tenet. „Hundertprozentige Gewissheit kann ich Ihnen nicht geben, besser wird's nicht."

Bush sorgte sich um die Frauen und Kinder. Es könnte eine Milchpulverfabrik sein, sagte er in Erinnerung an einen Vorfall im Golfkrieg 1991, als die Iraker behauptet hatten, eine vermeintliche Biowaffen-Fabrik, die bombardiert worden war, habe in Wahrheit Babynahrung produziert. „Sie würden toten Frauen und Kinder heraustragen, und auf den ersten Bildern wäre eine verheerende Zahl von zivilen Opfern zu sehen." Könne der Irak so etwas propagandistisch ausschlachten, wollte er wissen. Es könnte Saddam Sympathien einbringen. Tote Säuglinge, Kinder und Frauen, das wäre ein Alptraum. Ein denkbar schlechter Auftakt.

Rumsfeld und Myers entgegneten, es sei wahrscheinlich egal, was beim ersten Angriff getroffen werde. Der irakische Propaganda-Apparat würde so oder so behaupten, dass die Vereinigten Staaten viele Frauen und Kinder getötet hätten. Notfalls würden die Iraker Frauen und Kinder exekutieren und die Sache den Vereinigten Staaten in die Schuhe schieben.

Das war in der Tat die Kehrseite. Doch die anderen – Cheney, Rumsfeld, Tenet und selbst Powell – schienen sehr angetan von der Aussicht, den Krieg zu beenden, noch ehe er richtig begonnen hatte.

Myers sprach ein ernstes Problem an. Wenn es auf dem Grundstück der Farm tatsächlich einen Bunker gab, wie sie jetzt vermuteten, würden ihn die Marschflugkörper nicht knacken. Man benötige bunkerbrechende 2000-Pfund-Bomben, um so tief zu kommen. Myers wurde losgeschickt, um mit Franks zu sprechen.

EINE ZEIT LANG wog die Gruppe die Nachteile ab. Sie hatten versprochen, Israel zu verteidigen, und die Schutzmaßnahmen für Israel waren noch nicht abgeschlossen. Mit welchen Folgen war noch zu rechnen? Angenommen, die Iraker benutzten einen Angriff als Vorwand, die Ölquellen in Brand zu stecken? Angenommen, sie feuerten Scud-Raketen auf Israel oder Saudi-Arabien ab? Ein früher Angriff könnte weit reichende Konsequenzen haben. Laut Plan sollte der Luftkrieg in zwei Tagen beginnen.

Gegen 17.40 Uhr plädierte Cheney für eine Pause und bestellte Libby zu sich. Der Vizepräsident erklärte ihm, was sie hereinbekommen hatten. „Anscheinend sind die Informationen ziemlich gut", sagte er, „aber wie immer bei Geheimdienstinformationen könnte alles eine abgekartete Sache sein. Nur haben wir für eine gründliche Prüfung nicht genug Zeit."

Libby begleitete Cheney zurück ins Oval Office.

Bush ging im Raum herum und fragte: Was würden Sie tun?

„Ich würde es tun, Mr. President", antwortete Card. Eine solche Gelegenheit dürfe man sich nicht entgehen lassen. Auch Rumsfeld war entschieden dafür.

Powell fand, dass sie verdammt viele konkrete Informationen hatten, die anscheinend auch stimmten, auch wenn er sich leicht verwundert fragte, wie die CIA-Quellen am anderen Ende der Satelliten-Telefone so viel in Erfahrung gebracht hatten.

„Wenn wir die Chance zu einem Enthauptungsschlag bekommen, lohnt es sich", empfahl er wieder.

Rice und Hadley stellten weitere Fragen zu den Quellen, befürworteten aber beide einen Angriff.

MYERS KONTAKTIERTE FRANKS über ein abhörsicheres Telefon. Ob er einen Stealth-Kampfbomber für einen Angriff mit zwei EGBU-27-Bomben, so genannten Bunkerbrechern, bestücken könne?

„Ausgeschlossen ", antwortete Franks. „Die F-117 sind nicht einsatzbereit." Die F-117A Nighthawk, der einsitzige Stealth-Kampfjet, war bei voller Bewaffnung normalerweise mit zwei dieser Bomben bestückt.

Franks zog weitere Erkundigungen ein. Die Air Force hatte die Geheimdienstberichte verfolgt und in der Nacht eine F-117 startklar gemacht. Die Air-Force-Staffel in Katar hatte just an diesem Tag erfahren, dass man zwei Bomben gefahrlos gleichzeitig abwerfen konnte, obwohl das noch nie versucht worden war.

Franks fragte, welche Chancen eine einzelne F-117 habe, durchzukommen und ihre beiden Bomben auszuklinken. Auch wenn die F-117 wegen ihrer Tarnkappentechnologie für das Radar nur schwer zu erkennen war, so würde sie den Einsatz doch fliegen müssen, bevor man die irakische Fliegerabwehr, so schwach sie auch sein mochte, ausgeschaltet habe. Und ohne Geleitschutz. Die Air Force antwortete, die Erfolgschancen lägen bei 50 Prozent, mehr könne man nicht sagen.

Machen Sie zwei Bomber fertig, befahl Franks in der Hoffnung, die Chancen dadurch zu verbessern.

Die Luftwaffenstaffel in Katar war in der Lage, eine zweite F-117 zu bewaffnen.

Franks unterrichtete das Oval Office, dass es möglich sei, doch er brauche bis spätestens 19.15 Uhr eine Entscheidung, damit die beiden F-117 den irakischen Luftraum vor Tagesanbruch wieder verlassen könnten.

RUMSFELD, MYERS und CIA-Leute stürmten immer wieder aus dem Oval Office und eilten zu den sicheren Telefonen im Westflügel. Card fürchtete, sie könnten die Gelegenheit ungenutzt verstreichen lassen. Hatten sie die Berichte richtig verstanden? War es wirklich nötig, die Bewaffnung zu ändern? Myers versuchte herauszufinden, wie lange die beiden F-117 brauchen würden. Wie viel Zeit war für die Montierung der Bomben erforderlich, wie viel für den Start und dann für den Flug von Doha nach Bagdad und wieder zurück. Wie viele Tankflugzeuge benötigten sie, um die Maschinen unterwegs aufzutanken?

„Wo steht die Sonne?“, fragte jemand. Wann würde im Irak die Sonne aufgehen?

Eine weitere Frage tauchte auf. Angenommen, es würde grünes Licht geben, sollte der Präsident dann am Abend die eigentlich erst für Freitag geplante Fernsehansprache halten, in der er den Beginn des Kriegs verkünden wollte?

„Hören Sie“, sagte Cheney, „die Operation ist bereits angelaufen. Wir haben nicht bekannt gegeben, dass die Special Forces drin sind.

Wir haben nicht bekannt gegeben, dass die Polen die Plattform eingenommen haben. Wir haben nicht bekannt gegeben, dass die Australier zu dem Staudamm vorstoßen. Wir müssen es auch noch nicht bekannt geben. Man gibt es erst bekannt, wenn man dazu bereit ist, es bekannt zu geben."

Rumsfeld schien halbwegs überzeugt. „Wenn es einer tun sollte, dann vielleicht ich", sagte er, fügte dann aber, auf den Präsidenten zeigend, hinzu: „Oder vielleicht Sie."

Powell erinnerte an den CNN-Effekt. Der Angriff würde *sofort* bemerkt werden. Reporter, die im Hotel Rashid in Bagdad wohnten, seien möglicherweise nahe genug dran, um etwas zu sehen oder zu hören. Dutzende Marschflugkörper und bunkerbrechende Bomben. Die Presse könne es kaum erwarten, den Beginn des Krieges zu melden. Überall würden Flakfeuer und Leuchtspurgeschosse zu sehen sein. Der Einsatz würde den Beginn des Kriegs markieren.

„Wenn Menschenleben in Gefahr sind", sagte der Präsident, „muss ich es bekannt geben."

Cheney erinnerte ihn daran, dass bereits Menschenleben in Gefahr seien und dass man es dennoch nicht bekannt gegeben habe.

Soll ich bis morgen früh warten? fragte der Präsident. Dann hätte Franks noch zwölf Stunden bis zur Bekanntgabe.

Bush bestellte Karen Hughes und Dan Bartlett ins Oval Office. Er bat Saul, die Geheimdiensterkenntnisse noch einmal zusammenzufassen.

Danach sagte der Präsident, dass er den Befehl zum Angriff wahrscheinlich geben werde. „Wie sollen wir es machen?", fragte er Hughes und Bartlett.

„Soll ich im Fernsehen sprechen?" Sollte er die Öffentlichkeit vorher, zeitgleich oder hinterher informieren? Sollte es der Verteidigungsminister tun? Alle sahen Hughes an. Sie wussten, wie sehr Bush ihr vertraute.

„Nein, Sie müssen es tun, Mr. President", sagte sie. „Das amerikanische Volk darf es nicht erst aus der Presse erfahren oder von sonst jemandem. Die Menschen müssen es von Ihnen erfahren. Und Sie müssen ihnen sagen, was passiert und warum." Sollten Zivilisten oder Frauen und Kinder getroffen werden, müsse der Präsident den anderen voraus sein. Und dann ließ sie ihren Standardspruch folgen: „Wir dürfen nicht hinterherhinken."

Bartlett stimmte ihr zu, aber Cheney hatte noch Bedenken. Was würde das für Israel, die Türkei und Saudi-Arabien bedeuten? Haben wir alle Maßnahmen zur Verteidigung Israels getroffen? Wir haben versprochen, Israel zu schützen. Tommy hat entsprechende Maßnahmen geplant, aber der Plan war noch nicht vollständig umgesetzt.

Powell konnte nicht verstehen, dass sie einen Krieg beginnen wollten, ohne sich mit einer Erklärung des Präsidenten an die Öffentlichkeit zu wenden.

„Ich habe den Menschen versprochen, sie zu unterrichten, wenn der Krieg beginnt", sagte Bush. „Und wenn Menschenleben – der Krieg beginnt heute Nacht, Menschenleben werden in Gefahr sein, ich muss dem amerikanischen Volk sagen, dass ich die amerikanischen Streitkräfte in den Krieg geschickt habe."

Cheney wirkte unzufrieden.

„Sie müssen es von mir erfahren", sagte Bush. „Ich werde es tun." Das sei der Auftakt zum Krieg. „Machen wir uns nichts vor."

Gegen 18 Uhr rief Card Gerson an. „Ist sie fertig?", fragte Card. Es gab nur noch eine einzige Rede zu halten.

„In fünf Minuten kann ich sie fertig haben", antwortete Gerson.

„Ich möchte Sie um 18.30 Uhr mit mehreren Kopien der Rede vor dem Oval Office sehen."

Gerson ging hinunter und setzte sich in einen der beiden Sessel vor dem Oval Office.

Wenig später tauchte Card auf. „Wir sind gleich bei Ihnen. Einen Moment noch." Er ließ sich die Kopien der Rede geben und verschwand wieder.

Gerson wartete. Offensichtlich war etwas im Gange, aber er hatte keine Ahnung, was. Ständig kam Tenet oder einer seiner Leute heraus und eilte zu den abhörsicheren Telefonen.

Im Oval Office drehte der Präsident wieder seine Runde, fragte alle Chefs, ob sie einverstanden seien, drückte jeden Einzelnen fast an die Wand. Alle waren einverstanden.

Bush wandte sich an Saul. „Und was meinen Sie?"

Saul schwirrte der Kopf. Er war nie in eine solche Diskussion einbezogen, geschweige denn nach seiner Meinung gefragt worden. Er machte sich Sorgen um die F-117-Piloten. Auf Grund seiner Berichte sollten jetzt Amerikaner ihr Leben riskieren. Die Maschinen sollten ohne elektronische Gegenmaßnahmen, ohne Geleitschutz und ohne vorherige Ausschaltung der irakischen Luftverteidigung starten. „Ich muss mich dafür entschuldigen, dass wir Sie vor diese sehr schwierige Entscheidung stellen müssen", sagte Saul zum Präsidenten. „Es tut mir wirklich Leid, dass Sie das entscheiden müssen."

„Nicht doch", erwiderte Bush. „Das ist meine Aufgabe. Ich werde die Entscheidung treffen."

„Nun, Sir", sagte Saul, „dann würde ich sagen, losschlagen."

DER PRÄSIDENT schickte alle bis auf Cheney aus dem Oval Office.

Was meinen Sie, Dick?

„So gute Informationen über Saddams Aufenthaltsort hatten wir noch nie", antwortete Cheney. „Wenn wir ihn kriegen, werden Leben geschont, und der Krieg fällt kürzer aus. Und selbst wenn wir ihn nicht kriegen, rütteln wir mächtig an seinem Käfig und bringen vielleicht seine Befehlskette durcheinander. Das allein wäre den Versuch wert." Dann kam er auf den Punkt. „Ich glaube, wir sollten es darauf ankommen lassen."

Die anderen kamen zurück. Um 19.12 Uhr sagte der Präsident: „Dann mal los." Franks' Frist lief in drei Minuten ab.

Powell nahm schweigend zur Kenntnis, dass keine endgültige Entscheidung gefallen war, bis der Präsident sich allein mit Cheney beraten hatte.

Myers ging ans abhörsichere Telefon und informierte Franks.

RUMSFELD KAM HERAUS und sagte zu Gerson: „Ich habe gerade Ihre Rede verhunzt."

Der Präsident rief von innen: „Gerson, kommen Sie rein." Hughes und Bartlett standen bei ihm.

„Wir sind hinter ihnen her", erklärte Bush.

„Ich verstehe nicht", sagte Gerson.

„Die Informationen sind gut", erwiderte Bush und erklärte ihm, dass die Chance bestehe, Saddam und seine Söhne zu erwischen. „Hoffentlich haben wir Recht", fügte er mit belegter Stimme hinzu.

Rumsfelds „Verhunzung" der Rede war simpel. Der Präsident sollte sagen, dies sei die „Anfangsphase“ der militärischen Operationen, und im zweiten Absatz sollte er von den „ersten Stufen“ eines Feldzugs sprechen.

„Ich möchte, dass Sie in die Privaträume herüberkommen, wenn Sie fertig sind“, sagte Bush zu Gerson und Hughes und gab Anweisung, die vorgeschlagenen Änderungen vorzunehmen.

Die beiden gingen in Gersons Büro im ersten Stock hinauf und nahmen innerhalb von wenigen Minuten die Änderungen vor. Gerson war froh, dass sie wieder eine Zeile einfügen konnten, die aus der Ultimatum-Rede vom Montag gestrichen worden war. In Bezug auf Saddam und seine vermeintlichen Massenvernichtungswaffen hieß es dort nun: „Wir werden uns dieser Bedrohung jetzt mit unserer Armee, Luftwaffe, Marine, Küstenwache und Marineinfanterie stellen, so dass wir es später nicht mit einer Armee von Feuerwehrleuten und Polizei und Ärzten in den Straßen unserer Städte tun müssen.“ Gerson fand, dass man es nicht plastischer sagen könne. Es ging darum, einen zweiten 11. September zu vermeiden, und das kam deutlich zum Ausdruck.

Sicherheitshalber las Rumsfeld Franks den vollen Wortlaut der Rede über eine abhörsichere Verbindung vor. Franks hatte keine Einwände oder Verbesserungsvorschläge.

Rice rief um 19.30 Uhr Benjamin Netanyahu, den israelischen Finanzminister, in einer anderen Angelegenheit an. Er sagte, er wisse bereits von dem Krieg und wünsche, dass er schnell und „unblutig“ zu Ende gehe.

Anschließend klingelte sie Manning, den britischen Sicherheitsberater, aus dem Bett.

„David, es gibt eine kleine Änderung in unserem Plan. Ich fürchte, Sie müssen den Premierminister wecken und informieren.“

BUSH GING in seine Privaträume. Card setzte sich mit ihm ins Gelbe Zimmer. Fühlen Sie sich wohl? fragte der Stabschef. Sind Sie bereit, die Rede zu halten? Er wollte die beiden Dinge trennen – die Entscheidung, Saddam zu jagen, und die Rede.

Ja, sagte der Präsident, er sei zu beidem bereit. Obwohl er im Kriegskabinett alle gefragt hatte, einschließlich Card, ob sie es tun würden, und jeder mit Ja geantwortet hatte, fragte er wieder: „Würden Sie es tun?"

„Ja", antwortete Card, „es ist die richtige Entscheidung. Unbedingt. Nutzen Sie die Gelegenheit."

Wie lange sind die F-117 schon in der Luft?, fragte der Präsident. Wann sind sie dort?

Aus dem nächsten Bericht ging hervor, dass sie sich in irakischem Luftraum befanden. Weitere vorläufige Berichte würde es nicht geben, denn über dem Irak musste Funkstille herrschen.

HUGHES, BARTLETT und Gerson gingen hinüber in die Privaträume. Unsicher, ob der Präsident mit ihnen sprechen oder nur die Rede in Empfang nehmen wollte, baten sie den Diener, sich zu erkundigen. Falls der Präsident beim Essen sei, wollten sie nicht stören. Der Diener kam bald zurück und geleitete sie nach oben in den Treaty Room, Bushs Privatbüro. Der Präsident wirkte in sich gekehrt und etwas blass. Zum ersten Mal hatte Gerson den Eindruck, dass ihn das alles ein wenig belastete. Der Präsident nahm die Rede und begann, laut zu lesen.

„Liebe Landsleute, zu dieser Stunde befinden sich amerikanische und verbündete Streitkräfte in der Anfangsphase der militärischen Operationen zur Entwaffnung des Irak, um seine Bevölkerung zu befreien und die Welt vor einer ernsten Gefahr zu schützen."

Er las die zehn Absätze und äußerte seine Zufriedenheit. Er hatte keine Änderungsvorschläge. Er brachte sie zum Aufzug.

Leise, wie um sich selbst zu beruhigen, sagte Bush wieder: „Die Informationen sind gut."

RICE RIEF Prinz Bandar an. „Kann ich Sie um 19.45 Uhr sehen?"

„Condi", erwiderte Bandar, „wir dürfen uns nicht mehr so spät treffen. Wir kommen noch ins Gerede."

Normalerweise war jede Verabredung nach 18.30 Uhr eine Art Codewort, das bedeutete, dass Bandar den Präsidenten sehen würde. Und 19.45 Uhr war wirklich spät. Etwa eine Stunde später ging Bush gewöhnlich zu Bett. Bandar hatte an diesem Abend in einem kleinen arabischen Restaurant in Georgetown für seine Familie und ein paar Freunde einen Tisch reserviert. Er bat seine Frau vorauszufahren. Als er die Eingangshalle des Westflügels betrat, bemerkte er einen Fotografen. Merkwürdig. Als er schließlich um 20.28 Uhr hineingeführt wurde, kam Rice in ihr Vorzimmer und begrüßte ihn. Ein Blitzlicht zuckte auf.

Bandar erschrak. „Ich hoffe, er arbeitet für Sie", sagte er.

„Ja, ja, keine Sorge."

Als sie Platz nahmen, knipste der Fotograf erneut, und dann ein drittes Mal, als sie saßen.

„Der Präsident hat ...", begann Rice.

„... Sie gebeten", fiel ihr Bandar ins Wort, „mir zu sagen, dass Sie den Krieg beginnen."

Es lag auf der Hand – das Ultimatum lief ab, der Fotograf. „Seit zwei Jahren treffen wir uns in diesem Büro, und ich habe hier drin noch nie einen Fotografen gesehen. Um ein Abschiedsfoto kann es nicht gehen. Ich scheide nicht aus dem Amt. Sie scheiden nicht aus dem Amt. Haben Sie andere Ausländer außer mir informiert?"

Nein, antwortete Rice, doch die Israelis wüssten es bereits.

„Dann ist das für mich ein besonderes Foto", sagte Bandar. „Offiziell bin ich der erste Ausländer, der es erfährt."

Gegen 21 Uhr werde der Teufel los sein, sagte Rice. „Und Ihr Freund, der Präsident, hat darauf bestanden, dass Sie sofort informiert werden."

„Sagen Sie ihm, dass ich das nächste Mal, wenn ich ihn sehe ...", begann Bandar, aber nach rund zwanzig Jahren in Washington war er argwöhnisch. „... dass ich das nächste Mal, wenn ich ihn sehe – *wenn* der Krieg tatsächlich begonnen hat –, rasiert sein werde." Beide lachten.

Doch die Ungezwungenheit hielt nicht lange an. Bandar glaubte zu spüren, dass etwas in der Luft lag. Rice, offen und freundlich wie immer, sah ihn an, als wollte sie sagen: Halten Sie die Luft an, es geht los, niemand weiß, was in etwa 45 Minuten geschehen wird, wie die Welt sich verändern wird, zum Guten oder zum Schlechten.

„Wo ist der Präsident im Moment?", fragte Bandar.

„Er isst gerade mit der First Lady zu Abend, und danach, so hat er beschlossen, will er allein sein."

„Sagen Sie ihm, wir werden ihn in unsere Gebete einschließen und mit unseren Herzen bei ihm sein", sagte Bandar. „Möge Gott uns allen beistehen."

Um 20.29 Uhr klingelte Rice' Telefon.

„Ja, Mr. President", sagte sie. „Nein, ich habe ihm gesagt ... Er ist hier ... Ja, er ist bei mir. Ich habe es ihm mitgeteilt. Nun, er hat gesagt, dass er für Sie betet."

„Er lässt Ihnen danken", richtete sie nach dem Gespräch aus. „Beten Sie weiter für ihn."

Bandar, der stolz ist auf seinen guten Kontakt zum amerikanischen Präsidenten, überlegte. Hätte Bush ihn zu sich gebeten oder am Telefon mit ihm geplaudert, hätte die Situation nicht so ernst sein können, wie er glaubte. War Bush die volle Tragweite bewusst geworden? Es spielte keine Rolle, wer wem was antat. Bush trug die Verantwortung, ob es nun ein Massaker, eine Niederlage, eine Demütigung oder einen glänzenden Sieg gab. Nur wer die Entscheidung traf, wusste, wie einem dabei zumute war. Und so entschuldigte sich Bandar und ging. Der kurze Weg vom Westflügel zu seinem Wagen draußen kam ihm meilenweit vor. Ein kalter Wind blies ihm ins Gesicht. Plötzlich begann er zu schwitzen, und ein leichter Schauder überkam ihn.

Diesmal war es ganz anders als im Golfkrieg 1991. Diesmal sagten sie Saddam, dass sie es auf seinen Kopf abgesehen hatten. Es war ein Kampf auf Leben und Tod, und deshalb ging Bandar davon aus, dass innerhalb der nächsten Stunde chemische, biologische oder sonstige Waffen fliegen würden – in Richtung Israel, Jordanien, Saudi-Arabien, überallhin. Saddam würde sie mit Sicherheit einsetzen. Er spürte ein beklemmendes Gefühl in der Brust. Er war sehr froh, dass es diesem Dreckskerl endlich an den Kragen ging, und doch hatte er das Gefühl, dass sie an einem Wendepunkt der Geschichte standen. Niemand konnte sich vorstellen oder voraussehen, was geschehen würde.

Er stieg in seinen Wagen und sagte zu seinem Chauffeur, er solle ihn nach Hause fahren. Er rief daheim an und gab die Anweisung: „Wer schon im Restaurant ist, soll wieder nach Haus kommen. Wer zu Hause ist, soll dort bleiben. Wer unterwegs ist, soll umkehren, daheim anrufen und sich dort mit mir treffen."

Für den Fall, dass er frühzeitig etwas erfuhr, hatte er mit Kronprinz Abdullah eine verschlüsselte Botschaft vereinbart. Das Codewort war Roda, der Name einer Oase bei Riad.

„Für heute Nacht ist in Roda heftiger Regen vorausgesagt", meldete Bandar über sein Autotelefon nach Saudi-Arabien.

„Oh, ich verstehe", sagte der Kronprinz. „Ich verstehe. Sind Sie sicher?"

„Absolut sicher", erwiderte er und fügte hinzu, die Amerikaner könnten mit ihren Satelliten und so weiter das Wetter sehr genau vorhersagen.

„Sagen Sie mir es noch einmal."

Bandar wiederholte es.

Der Kronprinz holte tief Luft. „Möge Gott entscheiden, was gut für uns alle ist." Dann fragte er laut: „Wissen Sie, wann das Unwetter losbrechen wird?"

„Hoheit", antwortete Bandar unter Gefährdung der operativen Sicherheit, falls irgendeine ausländische Botschaft oder sonst jemand mit den entsprechenden Möglichkeiten mithörte, „ich weiß es nicht, aber schalten Sie den Fernseher ein."

„ES WAR EIN SEHR LANGER TAG", erinnerte sich der Präsident später. „Ich ging nach oben, und ich konnte nicht schlafen. Denn ich hatte ja noch etwa anderthalb Stunden." Er wollte die Fernsehansprache nicht halten, solange die Bomber noch im Zielgebiet waren. „Ich versuchte, ein Nickerchen zu machen." Wieder rief er Rice an.

Nichts Neues.

Er versuchte vergebens, zu schlafen, zu lesen oder sich sonst irgendwie zu beschäftigen, und so rief er erneut Rice an.

„Mr. President, wir haben soeben einen Bericht von einer Person vor Ort erhalten. Ein Konvoi ist auf das Grundstück gefahren."

„Sind Kinder in dem Konvoi?", fragte Bush. Schlagartig wurde ihm klar, dass es jetzt kein Zurück mehr gab. Die Bomber machten den Anfang, unmittelbar gefolgt von den 36 Marschflugkörpern. Sie hatten die Zahl der Raketen verdoppelt. Die Tomahawk-Marschflugkörper, die über eine Stunde zuvor in Richtung Dora-Farm abgefeuert worden waren, hatten keinen Selbstzerstörungsmechanismus. Sie würden auf jeden Fall einschlagen, egal was dort war.

„Nein“, antwortete Rice, „er sagt, es sieht so aus, als ob der Konvoi Saddam Hussein bringe.“

Etwa eine Stunde später kam der Präsident ins Oval Office herunter und machte eine Leseprobe. Erleichtert stellte Gerson fest, dass seine Miene wieder Entschlossenheit ausdrückte. Er wirkte nicht mehr bedrückt. Die Verwandlung war ziemlich erstaunlich. Nach der Leseprobe ging Bush in sein Arbeitszimmer neben dem Oval Office.

FLEISCHER DREHTE DÄUMCHEN. Er wusste, dass die ungewöhnlich lange Sitzung etwas zu bedeuten hatte, zumal die Chefs herumliefen und sogar ein paar ihm nicht vertraute Gesichter hier waren. Er hatte noch nie so viele Telefone im Lageraum gesehen. Deshalb wollte er lieber noch warten. Normalerweise packte er so spät am Abend zusammen und teilte den Journalisten mit, dass es nichts Neues mehr geben würde.

Schließlich führte ihn Card in sein Eckbüro.

Heute Nacht geht es los, sagte Card. Das ist die Anfangsphase. Wir haben eine einmalige Chance, ein Ziel zu treffen, und haben einen Tarnkappenbomber losgeschickt.

„Haben wir noch mehr im Einsatz?“

„Ich habe Ihnen alles gesagt, was Sie wissen müssen“, antwortete Card. Der Angriff werde südlich von Bagdad erfolgen. Bald würden irakische Flakbatterien das Feuer eröffnen.

Rice, Card, Bartlett und Fleischer umlagerten den Fernseher in Rice’ Büro. Um 21.30 Uhr wurde aus Bagdad Fliegeralarm gemeldet. Wenig später Geschützfeuer der Flugabwehr.

„Gehen Sie raus“, sagte Rice zu Fleischer.

Um 21.45 Uhr stand Fleischer am Rednerpult. „Die ersten Stufen der Entwaffnung des irakischen Regimes haben begonnen. Der Präsident wird um 22.15 Uhr zur Nation sprechen.“

MYERS BERICHTETE HADLEY, die beiden F-117-Piloten hätten ihre Bomben erfolgreich abgeworfen, befänden sich aber noch über feindlichem Gebiet. Hadley ging ins Arbeitszimmer neben dem Oval Office, in dem der Präsident gerade geschminkt wurde, und überbrachte Bush und Rice die Nachricht.

„Beten wir für die Piloten“, sagte Bush.

Um 22.16 Uhr erschien Bush im Fernsehen, das Wappen des amerikanischen Präsidenten und Familienfotos im Hintergrund. Er verkündete, dass die „ersten Stufen“ des Feldzugs gegen Saddam begonnen hätten, ohne Einzelheiten zu nennen. „Mehr als 35 Länder gewähren entscheidende Unterstützung“, sagte er. „Ein Krieg im harten Terrain eines Landes von der Größe Kaliforniens könnte länger und schwieriger sein, als einige voraussagen.“ Er sprach von einer „ernsten Gefahr“ und „gefährlichen Zeiten“.

„Unsere Truppen werden nach Hause zurückkehren, sobald sie ihre Arbeit erledigt haben“, sagte er. „Dies wird kein halbherziger Feldzug.“

Hinterher fragte er Rice, wie die Rede gewesen sei. Es sei eine der besseren gewesen, antwortete sie.

Gegen 23 Uhr rief Hadley Myers an, der berichtete, dass die Piloten den feindlichen Luftraum verlassen hätten und im Landeanflug seien. Rice rief den Präsidenten an.

„Die Piloten sind außer Gefahr“, sagte sie.

„Gott sei Dank.“

VOR 8 UHR ORTSZEIT im Nordirak, Mitternacht in Washington, leitete Tim einen Bericht weiter, den er vom führenden „Rockstar“ erhalten hatte. Danach hätten sich Saddam und seine beiden Söhne auf der Farm befunden, als die Bomben und Raketen eingeschlagen hätten, doch über ihr Schicksal sei nichts bekannt. Er werde sich erst wieder melden, wenn sie einigermaßen sicher seien, dass sie Saddam erwischt hätten. Gegen Mittag – kurz vor Tagesanbruch in Washington – schickte er eine weitere Nachricht. Wieder müsse er weitergeben, was die „Rockstars“ berichteten, doch er könne keine Gewähr dafür übernehmen. Er erhalte nur Informationsfetzen von „Rockstars“, die vom Schauplatz des Geschehens flüchteten. Rokan, ihre Quelle, sei durch einen Marschflugkörper umgekommen. Einer von Saddams Söhnen, welcher, sei unklar, sei aus dem Haus gerannt, habe

„Wir sind verraten worden“ gebrüllt und einem anderen „Rockstar“ ins Knie geschossen. Der zweite Sohn sei blutüberströmt und verstört aus den Trümmern aufgetaucht, doch es sei unklar, ob es sein eigenes Blut oder das eines anderen gewesen sei. Saddam, so ein anderer „Rockstar“ und Augenzeuge, sei verletzt worden und habe aus den Trümmern befreit werden müssen. Er sei blau und grau gewesen. Man habe ihn mit Sauerstoff beatmet, auf eine Tragbahre gelegt und in einen Krankenwagen geschoben. Es habe aber eine halbe Stunde gedauert, bis der Wagen losgefahren sei und die Farm über eine Brücke verlassen habe.

Gegen 4.30 Uhr morgens rief Tenet im Lageraum an und sagte zum Dienst habenden Offizier: „Sagen Sie dem Präsidenten, wir haben den Scheißkerl.“

Sie weckten den Präsidenten aber nicht. Und als Bush am Dienstag, dem 20. März, gegen 6.30 Uhr ins Oval Office kam, waren sie sich ihrer Sache nicht mehr so sicher. Es sah so aus, als hätte Saddam überlebt.

Um 11 Uhr rief der Präsident Blair an. „Danke für Ihr Verständnis, dass die Pläne geändert wurden“, sagte er. „Ich finde, wenn das Militär mit einer Option kommt und sie dringend empfiehlt, dann stellt sich jeder auf den Plan ein. Und genau das ist geschehen.“

Blair war überschwänglich. Er hatte sein Land gegen alle Widerstände in den Krieg geführt, und im Moment sah es sehr gut aus. „Ich denke, dass die Entscheidungen, die in den nächsten Wochen getroffen werden, für den Rest der Welt in den kommenden Jahren maßgebend sein werden“, sagte er. „Als Hauptakteure haben wir die Chance, auf die Fragen, die diskutiert werden, entscheidenden Einfluss zu nehmen. Wir beide werden über ein enormes Kapital verfügen, und viele Leute werden auf unserer Seite stehen.“

Epilog

AM 20. MÄRZ, dem ersten Kriegstag, berichtete General Franks, dass Special Forces Teile des großen Wüstengebiets im Westen, ein Viertel des irakischen Staatsgebiets, unter ihre Kontrolle gebracht hätten – was es ihnen ermöglichte, den Abschuss von Scud-Raketen zu verhindern. Außerdem waren die Ölfelder im Süden besetzt. Insgesamt befanden sich 241 516 US-Soldaten in der Region, dazu kamen 41 000 aus Großbritannien, 2000 aus Australien und 200 aus Polen. Die Bodentruppen, amerikanische und verbündete, zählten 183 000 Soldaten, von denen die meisten in Bälde von Kuweit aus in den Irak vorstoßen und dann die 400 Kilometer nach Bagdad zurücklegen sollten.

Im Verlauf der 16-monatigen Kriegsplanung hatte Franks die Phase der Luftoperationen, die der Invasion am Boden vorausgehen sollte, immer weiter verkürzt. Laut „Hybrid"-Plan sollte der Invasion ursprünglich ein 16-tägiges Bombardement vorausgehen, gemäß der traditionellen Doktrin, dass die überlegenen amerikanischen Luftstreitkräfte vor einem Feldzug am Boden möglichst viele feindliche Truppen schwächen und vernichten sollten. Franks hatte diese Phase des reinen Luftkriegs auf fünf Tage verkürzt, dann in seinem aktuellen Plan auf lediglich neun Stunden „Shock and Awe" (Schock und Schrecken) zusammengestrichen. Die massiven Bombardements und Raketenangriffe sollten am Freitag, dem 21. März, um 13 Uhr Washingtoner Zeit beginnen, ehe um 22 Uhr Freitagnacht die Hauptinvasion am Boden erfolgen sollte.

Dies war möglich, weil Franks über die Position aller irakischen taktischen Aufstellungen gut informiert war. Satelliten- und andere Luftaufnahmen, abgefangene Nachrichten und nachrichtendienstliche Informationen aus CIA-Quellen wie den „Rockstars" zeigten, dass Saddam seine Truppen nicht positioniert hatte, um einen Angriff am Boden abzuwehren. Unglaublich, aber wahr: Franks hatte erkannt, dass trotz der umfangreichen Berichterstattung über den Truppenaufmarsch ein taktischer Überraschungscoup immer noch möglich war.

Noch zwei andere Faktoren waren mit im Spiel. Franks hatte erfahren, dass Saddam einige Haubitzen und Panzer in die Ölfelder verlegt hatte. Die Sicherung dieser Ölfelder durch die USA war ein strategisches Muss. Zweitens hatte der Präsident mit dem Angriff auf die Dora-Farm den sichtbaren Teil des Kriegs begonnen.

So schlug Franks jetzt eine noch radikalere Änderung vor – die Vorverlegung des Bodenkriegs um 24 Stunden, so dass er noch vor dem Luftkrieg beginnen würde. Er war bereit, den Bodenangriff am Donnerstag um 22 Uhr, wenn im Irak der Tag anbräche, einzuleiten. „In einer Art plötzlichen Eingebung hatte ich meine Bodentruppen in einen 24-Stunden-Alarm versetzt, damit sie in der Lage waren, als erste loszuschlagen", sagte er. Der Luftkrieg sollte am Freitag um 13 Uhr beginnen, also nach Einbruch der Dunkelheit in Bagdad.

Rumsfeld war einverstanden. Er hatte ohnehin auf eine simultane Aktion von Infanterie und Luftwaffe gedrängt. Der Präsident wurde informiert, befand jedoch, dies sei eine taktische Frage, über die nicht er, sondern Rumsfeld und Franks zu entscheiden hätten.

Wolfowitz war begeistert. Er erhoffte sich davon eine Korrektur des Eindrucks, die amerikanische Kriegführung im Nahen Osten bestehe darin, mit massiven Bombardierungen aus der Luft den Bodentruppen den Weg zu ebnen und dabei die unvermeidlichen Kollateralschäden in Kauf zu nehmen. Weshalb mit einem hässlichen Luftkrieg beginnen, so seine Überlegung, wenn man einen strategischen Erfolg erzielen könnte.

Um 17 Uhr am Donnerstag suchten Cheney und Libby Bush in seinen Privaträumen auf. Rice und Card waren bei ihm. Ein begeisterter Rumsfeld erläuterte den Plan kurz über die Freisprechanlage. Cheney sagte, es sei wichtig, dass die Vereinigten Staaten jetzt Stärke demonstrierten, und erinnerte an eine frühere Diskussion, die er und Libby darüber geführt hatten, wie wichtig ein entscheidender Sieg sei. Der Erste Weltkrieg, sagte er, habe mit einem Waffenstillstand geendet, und einige Deutsche hätten das Gefühl gehabt, sie seien nicht besiegt worden. In diesem Krieg dürfe man nicht den geringsten Zweifel am Sieg aufkommen lassen.

AM FREITAG, dem 21. März, 6 Uhr irakischer Zeit, überschritt die 1. Division der Marines von Kuweit aus die irakische Grenze, wenig später folgte die 3. Infanterie-Division der Army. Die Truppen drangen fast hundert Kilometer auf irakisches Gebiet vor. Der Widerstand war gering. Die ersten Verluste waren vier amerikanische und acht britische Soldaten, die bei einem Hubschrauberabsturz ums Leben kamen.

Der Präsident hatte an diesem Tag keine wichtigen Entscheidungen zu treffen, und so brachte er die meiste Zeit damit zu, Berichte entgegenzunehmen und mit Regierungschefs der Koalition zu sprechen. „Ich würde sagen", teilte er Blair mit, „dass wir gut 40 Prozent des Landes und 85 Prozent der Ölfelder haben, und das ist eine unglaubliche Leistung für einen Tag." In einem Gespräch mit Aznar schilderte Bush, wie er in einer Videokonferenz mit Franks und den Kommandeuren zwei Tage zuvor den Befehl zum Krieg gegeben hatte.

„Man fühlt sich nie so einsam wie in einem solchen Augenblick", sagte Aznar. „Sie wissen, dass viele von uns auf Ihrer Seite sind."

„Das weiß ich", sagte Bush.

„Jedes Mal, wenn Sie sich hinsetzen, denken Sie daran, dass wir auf Ihrer Seite sind. Sie können immer einen Schnurrbart neben sich sehen", sagte der schnurrbärtige spanische Ministerpräsident.

AM SAMSTAG, dem 22. März, brachte Franks den Präsidenten und das Kriegskabinett in Camp David per Videokonferenz auf den neuesten Stand. Die Vorhut der 3. Infanterie-Division, so meldete er, sei 240 Kilometer tief in den Irak vorgestoßen. Später berichtete der Präsident Blair in einem Telefongespräch: „Die Körpersprache Tommys und aller Kommandeure wirkt sehr optimistisch. Sie sind zufrieden mit den Fortschritten, zufrieden, weil wir nicht mit Massenvernichtungswaffen beschossen worden sind, und wir sehen uns um und werden das Zeug finden." Einige irakische Soldaten seien übergelaufen, aber Massenkapitulationen seien bislang ausgeblieben. Die USA würden keine Kriegsgefangenen machen. „Tausende ziehen einfach die Uniform aus und gehen nach Hause."

„Ja", sagte Blair, „sie lösen sich einfach in Luft auf."

„Lösen sich einfach in Luft auf", echote Bush.

IN SEINEM WEITLÄUFIGEN HIGHTECH-HAUPTQUARTIER in Doha, Katar, verfolgte Franks den Vormarsch auf dem Schlachtfeld auf einem großen Plasmaschirm, auf dem die Bewegungen der rot gefärbten feindlichen Truppen und seiner blau gefärbten Truppen in Echtzeit visuell dargestellt wurden. Unterschiedliche blaue Symbole standen für größere, mittlere und kleine Koalitionsverbände. Einige Tage nach Kriegsbeginn, als seine Bodentruppen auf Bagdad vorrückten, schienen alle diese blauen Symbole plötzlich zu einem großen blauen Klecks zu verschmelzen, der auf eine massive Konzentration schließen ließ. In Franks' Augen ein ideales Ziel für einen irakischen Angriff mit biologischen oder chemischen Waffen.

„Scheiße, da bahnt sich eine Katastrophe an", tobte Franks. „Das muss in Ordnung gebracht werden, sonst löse ich alle ab!"

Ein Angriff mit Massenvernichtungswaffen wäre ein, um mit Franks zu sprechen, „strategischer Störfall" gewesen und hätte den Vorstoß nach Bagdad jäh zum Erliegen gebracht. „Wir müssen diese Scheißformation so schnell wie möglich auflösen, wir bieten dem Feind genau zum falschen Zeitpunkt ein willkommenes Ziel." Ein einziger Hubschrauber der schwachen irakischen Luftwaffe mit einer Gallone chemischer oder biologischer Kampfstoffe wäre in der Lage gewesen, sie aufzuhalten. „Ich möchte, dass jedes Flugzeug und jeder Hubschrauber am Boden unverzüglich zerstört wird!", befahl er. Er beruhigte sich bald, als er erkannte, dass die blauen Truppen nicht so dicht massiert waren, wie es auf dem Plasmaschirm den Anschein gehabt hatte.

AM MONTAGMORGEN, dem 24. März, erhielt Bush einen Anruf von Putin. „Das wird für Sie unheimlich schwierig", sagte der russische Präsident. „Ich fühle mit Ihnen."

„Wieso?", fragte Bush.

„Weil es enormes menschliches Leid geben wird", sagte Putin.

„Nein", erwiderte Bush, „wir haben einen guten Plan. Trotzdem danke für Ihre Anteilnahme."

Im weiteren Verlauf des Gesprächs begriff Bush. Putin, der einen blutigen Krieg gegen tschetschenische Rebellen führte, wollte seiner Sorge Ausdruck verleihen, dass ein hoher persönlicher Tribut von ihm gefordert werden könnte.

„Danke für den Anruf", sagte Bush schließlich. „Das ist sehr freundlich von Ihnen."

Später erinnerte er sich: „Der Anruf war ehrlich gemeint. Nichts von wegen, ich hab's dir ja gleich gesagt. Es war ein freundschaftlicher Anruf. Und ich wusste es zu schätzen." Und er fügte hinzu: „Es war übrigens der einzige Anruf dieser Art."

Rice fand den Anruf befremdlich, und einen oder zwei Tage später gab sie Bush den Artikel eines russischen Ex-Generals, der Bagdad besucht und geschrieben hatte, Bush werde den Krieg selbstverständlich gewinnen, aber nur, wenn er Bagdad großflächig bombardiere.

Der Präsident erinnerte sich später, dass ihn das betrübte. Noch immer wurde nicht verstanden, dass die Vereinigten Staaten eine Art der Kriegführung entwickelt hatten, bei der Zivilisten so weit wie möglich verschont und Kollateralschäden so weit wie möglich vermieden wurden und die sich gegen die Führer und ihre militärische und politische Machtbasis richtete. Vernichtungskriege, Flächenbombardements und die Bom-bardierung von Städten mit Brandbomben, so glaubte er, sollten der Vergangenheit angehören.

IM VERLAUF der nächsten Woche stießen amerikanische und britische Truppen auf den Widerstand irregulärer Milizen wie den von Saddams Sohn Udai befehligten Fedajin Saddam. Auch schlechtes Wetter und Sandstürme bremsten den Vormarsch. Die Äußerungen einiger Generäle, darunter auch Lieutenant General William S. Wallace, Kommandeur des 5. Armeekorps, ließen vermuten, dass der Krieg länger dauern würde, vielleicht sogar Monate. Für Bush und sein Team brach eine schwierige Phase an. Die Armee blieb stecken, Dutzende Amerikaner fielen, einige gerieten in Gefangenschaft und die Berichterstattung wurde negativ.

Bei einem Treffen mit einer Veteranengruppe im Roosevelt Room am Freitag, dem 28. März, sagte der Präsident: „Ich schenke der Presse keine Beachtung. Es sieht so aus – ich weiß auch nicht, wie es aussieht. Ich bekomme meine Informationen von Tommy Franks." Und er fügte hinzu: „Wichtig ist, dass wir Frieden herstellen. Ich erwarte nicht, dass ein Thomas Jefferson dabei herauskommt, aber ich glaube, dass die Menschen frei sein werden."

Tags darauf kam Bush bei einer Sitzung des Nationalen Sicherheitsrats auf diese Themen zurück: „Jetzt zählt nur eins: der Sieg. Es wird eine Menge über die Welt nach Saddam spekuliert. Unsere Aufgabe ist es, zum amerikanischen Volk zu sprechen und ihm zu sagen, wie stolz wir auf unsere Soldaten sind, der Welt zu sagen, dass wir unseren Auftrag erfüllen werden, unseren europäischen Verbündeten für ihre Hilfe zu danken, dem irakischen Volk zu sagen, dass wir kommen und das ganze Land befreien werden." Und er fügte hinzu: „Gebt nichts auf das Genörgel und die Besserwisserei. Steht drüber, seid zuversichtlich, denkt an eure Anhängerschaft."

„Wir dürfen uns von der Presse nicht dazu nötigen lassen, jede Entwicklung auf dem Schlachtfeld zu kommentieren", sagte Powell. „Konzentrieren wir uns weiter auf das Gesamtbild."

„Hier geht es nicht um einen Zeitplan", wiederholte Bush. „Es geht um den Sieg."

AM DIENSTAG, dem 2. April, berichtete Rumsfeld dem Sicherheitsrat: „Wir haben 116 000 Mann im Irak, 310 000 am Kriegsschauplatz." Etwa 55 Prozent der Bombenangriffe an diesem Tag richteten sich gegen drei wichtige Divisionen der Republikanischen Garde, der Saddam-treuen Hauptstreitmacht. Die Hälfte der vorrätigen Tomahawk-Marschflugkörper sei verschossen. Die Vorhut der 3. Infanterie-Division stehe 15 Kilometer vor Bagdad, und US-Luftlandetruppen hätten im Nordirak eine zweite kleine Front eröffnet. Das CENTCOM berichtete dem Präsidenten, zwei Divisionen der Republikanischen Garde seien mittlerweile außer Gefecht gesetzt.

Bush sprach wieder mit Aznar. „Wir verlieren einen Teil des Kriegs", sagte er, „und das ist die Propaganda." Das irakische Staatsfernsehen sende weiter mit Hilfe mobiler Vans, aber man werde sie finden und zerstören. Der Präsident, für die Staatschefs der Welt mittlerweile zu einer Art Animateur geworden, der sie bei Laune hielt, berichtete Aznar von einem Gespräch, das er unlängst mit Franks geführt hatte. „Ich sagte, Tommy, haben Sie alles, was Sie brauchen? Und er sagte, ja, Mr. President. Und ich sagte, Tommy, wie fühlen Sie sich? Und er sagte, wir sind auf dem Weg zum Sieg. Ich kenne Tommy sehr gut. Wir stammen aus derselben Gegend in Texas. Ich weiß, wann er mir die Wahrheit sagt und wann er mir texanischen Bullshit erzählt, und in diesem Fall hat er die Wahrheit gesagt."

Bush erzählte dem australischen Premier John Howard, nach einer Woche schlechter Presse gehe es wieder aufwärts. „Ich glaube, jeder ist dieser Tage wieder beschwingter. Bei dieser Operation gibt es eine Art Sinuskurve. Wir hatten eine Anfangseuphorie und dann eine Phase der Ungewissheit und jetzt wieder eine Arbeitsphase. Das ist ein voraussehbares Muster, aber jetzt sind wir wieder oben auf. Die psychologische Situation im Irak würde ich folgendermaßen beschreiben: Saddam hat die Finger um den Hals des irakischen Volks gelegt, und er hat nur noch zwei Finger, und die reißen wir weg."

Er fuhr fort: „In jeder meiner Reden erinnere ich an die Gräueltaten des Regimes, nur um klar zu machen, dass sie wie Terroristen handelten. Die Juristen finden, wir sollten das nicht sagen, weil es einen Beiklang hat." Er solle Leute nicht vorverurteilen, die als Kriegsverbrecher angeklagt werden könnten. „Ich kann doch wohl noch sagen, dass sie etwas Ähnliches machen wie Terroristen", sagte er und fügte hinzu: „Juristen sind schrecklich."

AM DIENSTAGMORGEN, dem 9. April, brachte Franks den Präsidenten und den Nationalen Sicherheitsrat über eine gesicherte Videoleitung auf den neuesten Stand. „Hatte eine gute Woche. Die Truppe ist bei der Sache, die Moral gut, die Bevölkerung bemerkenswert." Stadt für Stadt schilderte er die aktuelle Lage: Im Süden seien alle Feindverbände vernichtet. In Basra gebe es vereinzelt Feuer von Heckenschützen. In Nassirija träten lokale Führer in Erscheinung. In der Zentralregion habe man 90 Prozent des Kriegsgeräts der irakischen Streitkräfte zerstört. Die reguläre Armee im Norden sei gestellt und stark angeschlagen und verfüge nur noch über 50 bis 60 Prozent ihrer Stärke.

Auffallend war, was er nicht erwähnte – es war keine Rede von der „Festung Bagdad", von etwaigen Flüchtlingsdramen, von Angriffen mit chemischen oder biologischen Waffen.

Irgendwann sagte Franks: „Die Zahl der irakischen Verluste wird auf 30 000 geschätzt."

Rumsfeld hatte zu verhindern versucht, dass Zahlen genannt wurden. Später erinnerte er sich: „Ich weiß noch, wie ich dazwischenredete und sagte, dass der Mann die Zahl wahrscheinlich gar nicht kenne und dass es meines Erachtens nicht hilfreich sei, wenn die Leute mit dieser Zahl im Kopf aus dem Raum gingen."

„Mit anderen Worten", kommentierte der Präsident später in einem Interview, „wir hatten sie nur beim Einmarsch niedergemetzelt." Er habe gefragt, ob es Zivilisten oder Soldaten gewesen seien, und man habe ihm geantwortet, Soldaten. Ich wies ihn darauf hin, dass einige Generäle die Zahl der gefallenen irakischen Soldaten auf 60 000 schätzten, dass aber niemand etwas Genaues wisse, da man die Leichen nicht gefunden habe. „Genau danach habe ich gefragt", sagte Bush. „Wo sind die Leichen? Und man hat mir geantwortet: Die uniformierten Divisionen begraben ihre Toten sofort. Ich glaube, bei den Muslimen ist das so üblich."

Am Ende des Briefings sprach Bush über die Zeit nach Saddam. Da Saddam das Land 20 bis 30 Jahre lang heruntergewirtschaftet habe, werde der Wiederaufbau einige Zeit in Anspruch nehmen. Man dürfe den Wiederaufbau nicht gleich von Anfang an mit einer amerikanischen oder westeuropäischen Stadt vergleichen. „Wir haben noch eine Menge Arbeit vor uns. Lassen Sie sich von den Jubelfeiern nicht täuschen."

Dieser Tag, der 9. April, markierte das symbolische Ende der Saddam-Herrschaft. Seine Regierung brach zusammen, als die U. S. Army die Ufer des Tigris besetzte und Marines ins Zentrum Bagdads vordrangen und einer Gruppe von Irakern mit einem Bergepanzer, einer Kette und einem Flaschenzug dabei halfen, eine sechs Meter hohe Saddam-Statue umzureißen. Der Vorgang, der sich lange hinzog, wurde weltweit live im Fernsehen übertragen. Der Präsident sah sich die Bilder zwischen den Sitzungen an. Er fand die Menschenmenge ziemlich klein. Aber überall in der Stadt strömten Tausende auf die Straßen und feierten. Im Vorfeld hatten einige davon gesprochen, dass man sie mit Süßigkeiten und Blumen empfangen werde. Das schien sich jetzt zu bewahrheiten.

Um 11.27 Uhr sprach Bush mit Aznar. „Die Strategie zahlt sich aus", sagte der Präsident, „aber Sie werden nicht erleben, dass wir hier Siegestänze aufführen oder so etwas, denn ein Drittel des Landes im Norden – Mossul, Kirkuk und Tikrit – ist noch in Feindeshand. Wir haben in Bagdad noch Arbeit, wir müssen die Führungsriege finden." Zwei Tage zuvor hatte man ein Restaurant bombardiert, in dem man Saddam und seine Söhne vermutet hatte, obwohl es keinen Beweis dafür gab, das einer von ihnen den Angriff in der ersten Nacht überlebt hatte. „Ich persönlich glaube, dass wir Saddam Hussein zweimal getötet haben. Den echten haben wir, glaube ich, am ersten Tag getötet, und gestern haben wir den falschen getötet." Zum Thema Massenvernichtungswaffen sagte der Präsident: „Es gibt dort eine Menge Tunnel und Höhlen. Wir müssen in dieser Hinsicht die Erwartungen dämpfen. Es wird eine Weile dauern, die Trümmer auszubuddeln und die Stelle zu finden, wo sie das Zeug lagern."

Tags darauf, am 10. April, brachte die *Washington Post* einen Artikel von Ken Adelman mit der Überschrift „Spaziergang, die Zweite", in dem er recht unverhohlen seine hämische Freude über den, wie es schien, schnellen Sieg zum Ausdruck brachte. Er erinnerte die Leser daran, dass er 14 Monate zuvor geschrieben hatte, der Krieg werde ein „Spaziergang", und schalt diejenigen, die ein Desaster prophezeit hatten. „Der erste Preis unter den vielen Schwarzsehern" gebühre Brent Scowcroft, schrieb Adelman. Er selbst sei deshalb so zuversichtlich gewesen, weil er dreimal mit Rumsfeld zusammengearbeitet habe und „Dick Cheney und Paul Wolfowitz seit vielen Jahren" kenne.

Cheney rief Adelman an, der mit seiner Frau Carol in Paris weilte. Ein glänzender Artikel, lobte der Vizepräsident, er habe sie niedergemacht. Er sagte, er und Lynne würden am Sonntag, dem 13. April, ein Abendessen im kleinen Kreis geben, um zu reden und zu feiern. Die einzigen anderen Gäste seien Libby und Wolfowitz. Adelman begriff, dass Cheney sich auf diese Weise bedanken wollte, und so kehrte er mit seiner Frau einen Tag früher als geplant aus Paris zurück, um an dem Dinner teilzunehmen.

Als Adelman am Sonntagabend das Haus des Vizepräsidenten betrat, war er so glücklich, dass er in Tränen ausbrach. Er kannte Cheney seit 30 Jahren, aber jetzt umarmte er ihn zum ersten Mal. In den letzten Tagen hatte es Berichte über Massengräber und jede Menge schockierende Beweise für Folterungen unter Saddams Regime gegeben, so dass sie das Gefühl hatten, Teil eines übergeordneten Guten zu sein und ein 25-Millionen-Volk befreit zu haben.

„Wir sind unter uns. Ganz zwanglos, lasst uns einfach reden“, sagte Cheney, als sie zum Essen Platz nahmen.

Wolfowitz blickte noch einmal auf den Golfkrieg von 1991 zurück und ließ sich darüber aus, dass man den Irakern nie und nimmer hätte erlauben dürfen, nach dem Waffenstillstand weiter Helikopter zu fliegen. Mit ihrer Hilfe habe Saddam Aufstände niedergeschlagen.

Cheney sagte, damals habe er nicht erkannt, wie traumatisch diese Zeit für die Iraker gewesen sei. Besonders die Schiiten hätten sich von den Vereinigten Staaten im Stich gelassen gefühlt. Auf Grund dieser Erfahrung hätten die Iraker befürchtet, dass auch dieser Krieg Saddams Herrschaft nicht beenden würde.

„Hört auf!“, unterbrach Adelman. „Reden wir lieber über *diesen* Golfkrieg. Es ist so schön zu feiern.“ Er sagte, er sei nur ein außenstehender Ratgeber, der den Druck in der öffentlichen Diskussion verstärkt habe. „Für mich ist es einfach, einen Artikel zu schreiben und zu sagen, tut dies oder jenes. Für Paul ist es viel schwerer, eine Empfehlung auszusprechen. Paul und Scooter, ihr seid interne Berater, der Präsident hört euch zu. Dick, dein Rat ist der wichtigste, sozusagen der Cadillac. Für dich ist es noch viel schwieriger, eine Empfehlung auszusprechen. Aber alles, was wir sagen, ist letztlich nur eine Empfehlung. Entscheiden muss der Präsident. Und es hat mich fast umgehauen, wie entschlossen er ist.“ Der Krieg sei klasse gewesen. „Und deshalb möchte ich jetzt einen Toast ausbringen, auch wenn es vielleicht kitschig klingt. Auf den Präsidenten der Vereinigten Staaten.“

Alle erhoben die Gläser. Genau! Richtig!

Adelman sagte, er habe sich, als die Unterstützung mit der Zeit zu schwinden schien, furchtbare Sorgen gemacht, dass es nicht zum Krieg kommen würde.

Nach dem 11. September, sagte Cheney, habe der Präsident die Zeichen der Zeit erkannt. Zuerst habe er Afghanisten angreifen müssen, die logische Konsequenz der Anschläge, aber nach Afghanistan – „bald danach“ – habe der Präsident erkannt, dass nun der Irak drankommen müsse. Cheney sagte, nach dem 11. September sei er zuversichtlich gewesen, dass es gut ausgehen wurde.

Trotzdem sei es ein mutiger Schritt gewesen, erwiderte Adelman. Als John F. Kennedy mit hauchdünner Mehrheit gewählt worden sei, habe er allen in seiner Administration gesagt, dass die großen Themen wie die Bürgerrechte bis zu einer zweiten Amtszeit würden warten müssen. Bei Bush sei es genau umgekehrt.

Ja, sagte Cheney. Und es habe in den ersten Minuten der Präsidentschaft begonnen, als Bush die Parole ausgegeben habe, Volldampf voraus. Wenn Wahlen vor der Tür stünden, bestehe die Neigung, sich zurückzuhalten und das zu tun, was die *New York Times* und andere Experten vorschlügen und prognostizierten. „Dieser Mann ist ganz anders", sagte Cheney. „Er hat einfach beschlossen, das möchte ich tun, und ich werde es tun. Er ist sehr zielstrebig und lässt sich nicht beirren."

„Ihr drei seid jetzt mal still", sagte Lynne Cheney, auf ihren Ehemann, Wolfowitz und Adelman deutend. „Wir wollen hören, was Scooter denkt."

Libby lächelte und sagte nur, er finde das, was geschehen sei, einfach „wunderbar".

Es sei wirklich eine unglaubliche Leistung, pflichteten ihm alle bei, insbesondere in Anbetracht des Widerstands gegen den Krieg. Wie etwa von Brent Scowcroft, der Autorität im außenpolitischen Establishment, der sich lautstark auf die andere Seite geschlagen hatte und allgemein als Sprachrohr des Präsidentenvaters galt. Oder von Jim Baker, der auf eine größere internationale Koalition bestanden hatte. Oder Lawrence Eagleburger, dem Außenminister im letzten halben Jahr der Regierungszeit von Bush senior, der im Fernsehen unablässig erklärt hatte, dass ein Krieg nur dann gerechtfertigt sei, wenn man beweisen könne, dass Saddam die Absicht habe, Amerika anzugreifen. Eagleburger hatte Cheney „Großspurigkeit" vorgeworfen.

Powells Name fiel, und am Tisch wurde gekichert.

Cheney und Wolfowitz meinten, Powell schiele ständig nach seinen Umfragewerten und prahle mit seiner Popularität. Wochen zuvor hatte Powell in einem Interview mit National Public Radio gesagt: „Wenn Sie sich eine neuere Gallup-Umfrage ansehen, werden Sie feststellen, dass das amerikanische Volk mit meiner Arbeit als Außenminister recht zufrieden ist."

Er ist mit Sicherheit gern beliebt, befand Cheney.

Powell bringe Glaubwürdigkeit, entgegnete Wolfowitz. Und seine Präsentation der Geheimdiensterkenntnisse über Massenvernichtungswaffen im Weltsicherheitsrat sei wichtig gewesen. Seit er begriffen habe, was der Präsident wolle, sei er ein gutes und loyales Mitglied des Teams.

Cheney schüttelte den Kopf. Nein, Powell sei ein Problem. „Colin hatte immer schwere Vorbehalte gegen das, was wir tun wollten."

Sie kamen auf Rumsfeld, den abwesenden Freund, zu sprechen. Die beiden Cheneys erzählten ein paar reizende Anekdoten aus den späten sechziger Jahren, als sie sich mit Rumsfeld angefreundet hatten.

Adelman erinnerte daran, was er als Redenschreiber Rumsfelds in dessen erster Amtszeit als Verteidigungsminister durchgemacht hatte. „Einmal arbeitete ich an einer Rede, der zwölften Version oder so, und bekam sie mit seinen Verbesserungen zurück – in seiner Sauklaue – Druckschrift, er kann kaum schreiben. Ich sah sie mir an und sagte: ‚Don, Sie können ändern, was ich geschrieben habe, und Sie können ändern, was Sie selbst geschrieben haben, aber zum Donnerwetter, das hier ist ein Zitat des großen Perikles. Sie können doch nicht Perikles verbessern.' Don nahm das Manuskript und kritzelte noch mehr darauf herum. Ich sah es mir an. Er hatte das korrigierte Zitat des großen Athener Generals stehen lassen und eingefügt: ‚Wie Perikles gesagt hätte.'"

Cheney erzählte von einem Lunch mit dem Präsidenten. „Demokratie im Nahen Osten ist ihm einfach enorm wichtig. Das treibt ihn an."

„Ich hätte da ein Frage", sagte Adelman, „bevor das hier vollends zu einem Fest der Liebe wird. Es hat mich nur gewundert, dass wir keine Massenvernichtungswaffen gefunden haben." Immerhin durchkämmten mehrere hunderttausend Soldaten und andere das Land.

„Wir werden sie schon finden", sagte Wolfowitz.

„Es sind ja erst vier Tage", sagte Cheney. „Wir finden sie."

PRÄSIDENT BUSH handelte gegen seinen eigenen Rat, keine Freudentänze aufzuführen und sich durch die Feiern nicht blenden zu lassen. Am 1. Mai schlüpfte der ehemalige Jet-Pilot der Nationalgarde in Texas in eine Fliegermontur und landete auf dem Flugzeugträger

USS „Abraham Lincoln“, der bei San Diego dicht vor der Küste lag. In einer Rede an die Nation verkündete er auf dem Flugdeck: „Die Kampfhandlungen im Irak sind weitgehend beendet.“ Auch wenn er damit im Prinzip Recht hatte und warnend darauf hinwies, dass „uns im Irak eine schwierige Arbeit bevorsteht“, handelte es sich doch ohne jeden Zweifel um eine Siegesrede. Hinter ihm hing ein großes Transparent mit der Aufschrift: „Auftrag ausgeführt.“

Redenschreiber Gerson hatte alle rhetorischen Register gezogen. „Der Tyrann ist gefallen, und der Irak ist frei“, sagte der Präsident auf dem sonnenüberfluteten Deck. Er sprach von einer „noblen Sache“ und einem „großen moralischen Fortschritt“, den er in eine Reihe stellte mit der Normandie und Iwo Jima, den „Vier Freiheiten“ von Franklin Roosevelt, der Truman-Doktrin, Reagans Herausforderung an das Reich des Bösen und seinem eigenen Krieg gegen den Terror, der am 11. September begonnen hatte. „In den Bildern fallender Statuen sind wir Zeugen eines neuen Zeitalters geworden.“ Der Krieg gegen den Terror werde nicht endlos dauern. „Wir haben bereits gesehen, dass das Blatt sich gewendet hat.“

Im Mai 2003 wurde General Garner durch L. Paul „Jerry“ Bremer III. abgelöst, dem Chef der US-Zivilverwaltung. Bremer sollte den Wiederaufbau im Irak und den späteren Übergang zur Demokratie beaufsichtigen.

Bushs Team blieb wenig Zeit für das Gefühl der Leere, das sich nach dem Sieg oft einstellt. Der Krieg war zwar in vieler Hinsicht ein erstaunlicher militärischer Erfolg, doch die Nachkriegszeit stand im Zeichen anhaltender Gewalt und Unsicherheit.

Franks war der Erste, der zurücktrat. Einige seiner Generäle und andere glaubten, er habe die Operationen zur Herstellung der Stabilität vermasselt. Das Amt für Wiederaufbau und humanitäre Hilfe, anfänglich von Jay Garner geleitet, wurde Franks nicht unterstellt, sondern erhielt einen gleichberechtigten Status. Ungeachtet seiner Truppen und seiner Erfahrung bekam Franks nicht die Oberaufsicht. Und er verlangte sie auch nicht. „Ich habe einen Krieg zu führen“, sagte er viele Male. Er habe, so glaubte er, Rumsfeld, Wolfowitz und General Myers wegen der Nachkriegspläne nach Kräften bedrängt und darauf hingewiesen, dass man es nicht bei Lippenbekenntnissen belassen könne. Er habe gesagt, dass die entscheidenden Operationen auf dem Schlachtfeld sehr schnell gehen würden und dass man sich auf die Zeit danach konzentrieren müsse. Aber Rumsfeld und die anderen hätten sich auf den Krieg konzentriert.

Im Mai, nach dem Ende der Hauptkampfhandlungen, war Franks erschöpft und nahm Urlaub. Rumsfeld wollte ihn zum Stabschef der Army machen, aber das wäre nur eine nominelle Beförderung gewesen. Der Oberkommandierende im Feld ist der King, und Franks wollte kein „Title X Motherfucker" werden. Er verließ das Central Command im Juli und nahm im August seinen Abschied von der Army. Freunden erzählte er, in den ersten Monaten nach seinem Abschied habe er mit Reden eine Million Dollar verdient, und er habe eine Millionenvertrag für seine Memoiren unterschrieben. Er habe den Verlegern gesagt, dass er an Rumsfeld, seinem Freund und Kameraden, keine Kritik üben werde. Keinesfalls werde er seinem Förderer zu nahe treten. Er werde ein ernstes Buch schreiben, keine Enthüllungs- und Klatschgeschichte.

POWELL WURDE in den Folgemonaten häufig in die Defensive gedrängt. Gegen Vorwürfe, er hätte sich vehementer gegen den Krieg aussprechen sollen, verteidigte er sich mit dem Argument, er habe sein Bestes gegeben. Er habe niemanden getäuscht, sagte er zu Mitarbeitern. Im August und September habe er den Präsidenten erfolgreich dazu überredet, zweigleisig zu fahren – mit einem Kriegsplan und mit einem diplomatischen Vorstoß bei den Vereinten Nationen. Doch der Präsident habe nur so lange zweigleisig fahren können, bis sich die Gleise trennten, und eines habe in den Krieg geführt. „Er ist der Präsident", sagte er zu Mitarbeitern. „Er hat die Entscheidung getroffen, und daher war es meine Pflicht, ihm auf dem anderen Gleis zu folgen."

In den annähernd 16 Monaten, in denen die Kriegspläne reiften, hatte Powell den Eindruck, dass Rumsfeld, das Pentagon und Franks immer weniger an die Zeit nach dem Krieg dachten, je leichter der Krieg zu werden versprach. Anscheinend hielten sie den Irak für ein Sektglas, das man nur anzutippen brauchte, und schon fiel es um. Doch er hatte sich als Bierkrug entpuppt. Und jetzt gehörte der Bierkrug ihnen.

Bei einer Irak-Visite im Herbst 2003 besuchte Powell Massengräber und sprach mit Opfern von Folter und Unterdrückung. Er war froh, dass Saddam und sein ganzes korruptes Regime weg waren. Es war ein Segen. Sicherlich war die Entscheidung, diesen Krieg zu führen, nicht völlig falsch gewesen. Die Geschichte hatte noch kein endgültiges Urteil gefällt.

Armitage wurde immer ungeduldiger. In seinen Augen funktionierte der außenpolitische Apparat, den Rice koordinieren sollte, überhaupt nicht. Das war Powell und ihm entgegengekommen, solange sie den Krieg hatten hinausschieben können. Doch letztlich waren sie gescheitert. Ende 2003 sagte er jedes Mal, wenn der Präsident eine Rede hielt und wenn es ein Problem mit dem Weißen Haus gab, vor allem in Bezug auf den Nahen Osten, zu Powell: „Sagen Sie diesen Leuten doch, sie sollen ihren Scheiß allein machen."

Doch Powell machte unverdrossen weiter.

Monate nach dem Krieg sprach Rice Armitage auf seine allzu offenkundige Unzufriedenheit an. Das System des Nationalen Sicherheitsrats funktioniere nicht, sagte er ihr unverblümt, und das Komitee der Stellvertreter komme seinen Aufgaben nicht nach. Koordination, Diskussion und Konfliktbeilegung ließen zu wünschen übrig. Sie brauche Kämpferqualitäten und Stehvermögen eines Boxers, um als starke Sicherheitsberaterin für Disziplin zu sorgen.

Rice entgegnete, sie habe es mit richtigen Schwergewichtlern zu tun, wie Armitage sehr wohl wisse. Cheney, Powell und Rumsfeld seien keine scheuen Rehe, und der Präsident lege Wert darauf, dass jeder seine Meinung sage.

Anfang Oktober übertrug der Präsident Rice neue Befugnisse und Zuständigkeiten bei der Koordinierung der gewaltigen Aufgabe, den Irak zu stabilisieren und wieder aufzubauen.

Am 12. Oktober 2003 brachte die *Washington Post* auf der ersten Seite einen langen Artikel mit der Überschrift: „Rice schafft es nicht, Risse zu kitten, sagen Beamte. Rivalitäten im Kabinett erschweren ihre Aufgabe." Der Artikel stammte von Glenn Kessler und Peter Slevin, den beiden für das Außenministerium zuständigen Journalisten des Blatts, und gab exakt Armitages Kritik wieder, auch wenn keine gegenwärtigen Beamten der Administration zitiert wurden, auch nicht Armitage.

Rice beschwerte sich bei Powell, doch der nahm seinen Stellvertreter in Schutz: „Meinetwegen machen Sie Rich dafür verantwortlich. Aber Rich hatte den Mut, Sie direkt darauf anzusprechen, deshalb glaube ich nicht, dass er der Informant ist." Armitages Kritik spiegele einen in Washington und im außenpolitischen Establishment vorherrschenden Eindruck wider. „Wir ziehen nicht an einem Strang, und wir packen die Dinge nicht richtig an. Und ob es Ihnen gefällt oder nicht, diese Ansicht bekommt man überall in der Stadt zu hören. Und so Leid es mir tut, es liegt am Sicherheitsrat, dass es nicht funktioniert." Powell hatte den Eindruck, dass Rice mehr daran interessiert war, einen Schuldigen für die Indiskretion zu finden, als das zur Debatte stehende Problem zu lösen.

CHENEY BLIEB FÜR POWELL ein rotes Tuch. Bei Sitzungen der Chefs verfeinerte Cheney in Powells Augen seine Technik, mit seiner Meinung hinterm Berg zu halten, indem er behauptete, er habe keine Meinung oder könne sie binnen 30 Minuten ändern. Schließlich entschlüsselte Powell dieses Verhalten. Er kam zu dem Schluss, dass er nur genau zuhören müsse, denn Cheneys Dementis bezogen sich im Allgemeinen auf Positionen, von denen er keinesfalls abrücken wollte.

Das Verhältnis wurde so gespannt, dass Powell und Cheney sich außer Stande sahen, zusammen Essen zu gehen oder über ihre Meinungsunterschiede zu sprechen, und es auch nicht taten. Niemals.

Powell stimmte es nachdenklich, wie Bush und die Administration nun, da sie mit den Folgen ihrer Irak-Politik leben mussten, ihre Entscheidungen verteidigten. Niemand aus dem Weißen Haus konnte sich offenbar dazu durchringen, auf einer realistischen Beurteilung zu bestehen. Es gab keine Karen Hughes, die zu Bush gehen und sagen konnte: Geben Sie Acht, Sie stecken in Schwierigkeiten. Powell hielt es für die schwierigste Aufgabe überhaupt, noch einmal zum Ausgangspunkt zurückzukehren und das eigene Urteil in Frage zu stellen, und nichts deutete darauf hin, dass dies geschehen würde. Und so schwamm er weiter gegen den Strom.

RUMSFELD WAR der Gesamtmanager gewesen, der unerbittliche Fragensteller, der Militärtechnokrat, der dem Präsidenten den Angriffsplan geliefert hatte. Cheney bezeichnete Rumsfelds Managementstil als „bis über beide Ohren in Arbeit stecken". Powell hatte Cheney öfter in fieberhafter Erregung erlebt, Rumsfeld nie. Hätte Bush sich gegen den Krieg entschieden, davon war Powell überzeugt, hätten Cheney, Wolfowitz und Feith verzweifelt die Hände gerungen und wären wahrscheinlich ausgerastet. Nicht aber Rumsfeld.

Auch Franks kannte Rumsfelds Elan, doch er bemerkte an ihm auch eine Distanziertheit, als sei er manchmal gar nicht im Raum und sehe durch ein Fenster herein.

Als ich Rumsfeld im Herbst 2003 interviewte, fragte ich ihn, ob er den Krieg gewollt habe.

„Du liebe Güte, nein", antwortete er. „Kein vernünftiger Mensch will einen Konflikt."

Haben Sie zu dem Krieg geraten?

Er hielt inne. „Das ist eine interessante Frage. Natürlich steht außer Frage, dass ich mit dem Vorgehen des Präsidenten und seiner Entscheidung einverstanden war. Aber ob er mich irgendwann offiziell gefragt hat: ‚Sind Sie der Meinung, dass wir einen Krieg beginnen sollten?', weiß ich nicht mehr."

Der Präsident sagte später, er habe Rumsfeld nicht gefragt.

Allerdings, so Rumsfeld, habe ihm der Präsident andere wichtige Fragen gestellt, für die er aus seiner Sicht als Minister zuständig war. „Ich weiß noch, wie er mich fragte, ob ich Vertrauen in General Franks habe. Ob ich Vertrauen in den Kriegsplan habe. Und ob ich Vertrauen in diese oder jene Informationen habe." Alle diese Fragen richteten sich an den Militärexperten Rumsfeld. „Er musste darauf vertrauen können, dass diese Behörde, die ja sein Instrument ist – das Instrument des Landes –, alle diese Dinge sorgfältig geprüft hatte." Und dann habe der Präsident entscheiden müssen, wem er die lange Leine lassen wollte und wem nicht. „Er hat dabei hervorragende Führungsqualitäten bewiesen." Er habe sich nicht in Details eingemischt. „Dieser Präsident hat viel von den Qualitäten, die Ronald Reagan zeigte, wenn er weit hinaus zum Horizont blickte und da draußen einen Fahne aufpflanzte und dann darauf zeigte."

Da es eine schwierige Entscheidung ist, einen Präventivkrieg zu führen, fragte ich, ob der Präsident jemals mit ihm über diese schwere Bürde gesprochen habe.

„Nein“, antwortete Rumsfeld.

„Gab es niemals ein …?“

„Nein. Er verkraftet die Belastung sehr gut.“ Der Präsident sorge sich wegen seiner Entscheidungen nicht zu Tode, denn er habe sich im Vorfeld die nötige Zeit genommen, um zu prüfen und zu entscheiden, was er wolle und warum. Wer das nicht tue, „hat bei seinen Entscheidungen tendenziell ein ungutes Gefühl und fällt leicht um – fällt leicht um und ändert seine Meinung, macht sich Sorgen und leidet Qualen. Er macht sich vorher Sorgen und investiert, nicht hinterher.“

TIM, DER CHEF des CIA-Stützpunkts im Nordirak, begriff, dass für ihn der Traum eines jeden Einsatzoffiziers wahr geworden war. Er war da draußen ganz auf sich allein gestellt gewesen – ohne State Department, ohne Militär, ohne alles. Nur er und das Geld.

Am 24. März 2003, fünf Tage nach Kriegsbeginn, reiste Tim hinunter zur Dora-Farm. Die Farm war geplündert worden. Er fühlte sich an die Überreste eines Flohmarkts erinnert. Immer noch karrten Leute Sachen fort. Krater ließen keinen Zweifel daran, dass die Farm bombardiert worden war. Er suchte das Gelände ab, doch er fand keinen Bunker. Nicht die kleinste Spur. Er fand nur ein unterirdisches Lebensmittellager, das an das Haupthaus angebaut war. Vielleicht hatte sein „Rockstar“-Agent den gemeint. Es war verwirrend und rätselhaft. Was es möglich, dass „manzul“ weder Zufluchtsort noch Bunker bedeutete, sondern Vorratskammer?

Tim machte einige „Rockstar“-Agenten ausfindig, die ihm in jener Nacht berichtet hatten. Zwei sagten, ihre Frauen seien von Saddams Agenten abgeholt und gefoltert worden. Sie hätten ihnen die Fingernägel herausgerissen. Ein Dritter behauptete, man habe sein Haus dem Erdboden gleichgemacht. Es gab Hinweise, die diese Behauptungen stützten, doch Tim war sich nicht sicher.

Bald darauf wurde Tim ins CIA-Hauptquartier zurückbeordert, um sich anderen geheimen Aufgaben zu widmen. Saul und andere

Vorgesetzte baten ihn und die Mitglieder des Teams um einen Bericht über die Ereignisse des 19. März und der Nacht zum 20. März 2003. Sie wollten ein übersichtliches, tadelloses Paket. Je länger Tim in seinem Gedächtnis und in den wenigen Unterlagen kramte, desto deutlicher kam ihm zu Bewusstsein, dass vieles unklar war. Alle hatten unter Stress gestanden. Die „Rockstars“ vor Ort hatten ihn nicht enttäuschen wollen und offensichtlich Angst davor gehabt, festgenommen und umgebracht zu werden.

Tim unternahm eine Reihe von Versuchen, das Geschehene so zu Papier zu bringen, dass es einen Sinn ergab. Er probierte eine Version. Wie viel wusste er? 40 Prozent? 62 Prozent? Oder 83 Prozent? Wie viel von der Wahrheit kannte er? Wie viel lag im Dunkeln? Was hatte nicht der Wahrheit entsprochen? Er unternahm noch mehrere Anläufe. Es gab nicht nur Schwarz oder Weiß, und mit Sicherheit basierte nicht alles auf Fakten. Kam er der Wahrheit näher, oder entfernte er sich von ihr? Er brachte nie eine endgültige Version zu Stande. Die wichtigste Frage blieb unbeantwortet: Waren Saddam und sein Tross in jener Nacht dort gewesen?

AM 2. OKTOBER 2003 legte David Kay, der von Tenet ausgewählte Waffenexperte und Chef der 1400 US-Waffeninspektoren im Irak, der Öffentlichkeit nach dreimonatiger Arbeit einen ersten Bericht über die Suche nach Massenvernichtungswaffen vor. Man komme „bemerkenswert gut voran“, erklärte er, allerdings werde die Arbeit durch die gezielte Zerstörung von Computer-Festplatten und die Vernichtung von Akten erschwert. Er legte Beweise vor, die überzeugend belegten, dass der Irak in einer Weise gegen die UN-Resolutionen verstoßen hatte, über die man sich vor dem Krieg nicht im Klaren gewesen war. Für Schlagzeilen sorgte indes seine Feststellung: „Wir haben noch keine Waffenlager gefunden.“

RICE NEIGTE IMMER STÄRKER zu der Ansicht, dass nur langfristige Resultate zählten. Sie hielt es für wichtig, geduldig auf greifbare Ergebnisse im Irak zu warten, nicht nur in der Waffenfrage, sondern auch in Hinblick auf eine politische Lösung. Und die konnte noch länger auf sich warten lassen. Sie fand etwas Trost in der Tatsache, dass der Präsident standhaft blieb und langfristig dachte. Bei einem Japan-Besuch im Oktober 2003 hatte Bush zu Ministerpräsident Junichiro Koizumi gesagt: „Hätten wir es 1945 nicht hingekriegt und nicht beim Aufbau eines demokratischen, wohlhabenden Japan geholfen, könnte unser Gespräch – zwischen einem japanischen Ministerpräsidenten und einem Präsidenten der Vereinigten Staaten – niemals stattfinden. Eines Tages werden sich ein Präsident des Irak und ein Präsident der Vereinigten Staaten zusammensetzen und versuchen, ein Problem zu lösen, und sie werden sagen, dass sie froh sind, dass *wir* einen demokratischen und wohlhabenden Irak geschaffen haben."

DIE GEWALT und die Aufstände im Irak gingen weiter, und Hunderte US-Soldaten und Iraker wurden getötet.

Mein erstes Interview mit Präsident Bush für dieses Buch fand am Dienstag, dem 10. Dezember 2003, im Büro des Präsidenten im Weißen Haus statt und dauerte über anderthalb Stunden. Das zweite, das ich am folgenden Nachmittag im Oval Office führte, dauerte über zwei Stunden. Rice und Bartlett wohnten den Interviews bei.

Ich hatte ein 21-seitiges Papier eingereicht. Darin waren chronologisch bestimmte Sitzungen, Entscheidungen oder Wendepunkte aufgelistet, nach denen ich fragen wollte. Der Präsident sagte, er sei nicht dazu gekommen, vor unserem Gespräch noch einmal seine Akten zu konsultieren. Im Mittelpunkt meiner Fragen stand die Entscheidung für den Krieg, und seine ausführlichen Antworten und seine Erinnerungen an bestimmte Ereignisse und Wendepunkte sind auf den vorangegangenen Seiten wiedergegeben worden. Die allgemeineren Fragen und Antworten habe ich für hier aufgespart.

Wir sprachen einige Zeit über Vizepräsident Cheney. Der Präsident sagte, er finde nicht, dass der Vizepräsident übertrieben auf al-Qaida oder den Irak fixiert sei. „Er will nicht als Held oder als Schurke gesehen werden. Er will als loyaler Vizepräsident gesehen werden. Und das ist er auch. Sie wissen, dass er eine eigene Sicht der Dinge hat. Die Leute legen Wert auf seine Meinung, denn Dick ist nicht unbedingt ein Mensch, der viel redet. Aber wenn er den Mund aufmacht, hat man den Eindruck, dass er ein nachdenklicher Mensch ist."

Ich sagte, Cheney habe sich zu einer Art Howard Hughes entwickelt. Er sei von der Bildfläche verschwunden, agiere hinter den Kulissen und beantworte keine Fragen mehr.

„Genau das habe ich auch zu ihm gesagt", sagte Bush. Er habe Cheney geraten, rauszugehen und mehr Interviews zu geben. Wenn man schweige, bestehe „die Gefahr, dass man entweder viel mächtiger erscheint, als man ist, oder viel schwächer. Und keines von beiden stimmt".

Detaillierte Fragen seien ihm „ein Graus" und „jagten ihm eine Heidenangst ein", sagte der Präsident und fügte hinzu, die Umsicht des Vizepräsidenten sei bewundernswert. „Dafür liebe ich Cheney." Und später: „Cheney hat eine Mordsangst" davor, dass ein falscher Eindruck entstehen könnte, wenn etwas aus dem Zusammenhang gerissen oder aufgebauscht werde. „Cheney will nicht zwischen spitze Ellbogen geraten."

„Ich kenne Cheney gut", fuhr er fort. „Und er ist, nebenbei bemerkt, ein sehr guter Vizepräsident. Er möchte unauffällig bleiben, und das soll er auch. Auf der anderen Seite war er wie ein Fels in der Brandung. Ich meine, er hat unerschütterlich an der Überzeugung festgehalten, dass Saddam für Amerika eine Bedrohung war und dass wir uns um ihn kümmern mussten."

„Er weiß", fügte er hinzu, „dass dieses Buch vor einer Wahl herauskommt, und er ist einfach wieder ... um ehrlich zu sein, er macht sich Sorgen."

Wir kamen auf das Thema Zweifel zu sprechen. Ich zitierte Tony Blair, der unlängst auf dem Labour-Parteitag gesagt hatte: „Ich nehme es niemandem übel, wenn er nicht meiner Meinung ist." Blair sagte außerdem, er habe von Menschen, die im Krieg Söhne verloren hätten, Briefe erhalten, in denen sie schrieben, dass sie ihn für das, was er getan habe, hassten. Ich zitierte Blair: „Und glauben Sie niemandem, der behauptet, ihm kämen keine Zweifel, wenn er solche Briefe erhält."

„Ach", erwiderte Präsident Bush. „Ich habe keine Zweifel gehabt."

„Ist das wahr?", fragte ich. „Überhaupt keine?"

„Nein. Und das kann ich den Menschen deutlich machen." Jenen, die Söhne oder Töchter verloren hätten. „Ich hoffe, ich kann das in demütiger Form deutlich machen."

Ich fragte in diesem Zusammenhang nach seinem Vater. „Er ist der einzige noch lebende Mensch, der dieses Amt innehatte und die Entscheidung treffen musste, in den Krieg zu ziehen. Und es wäre nicht glaubhaft, wenn Sie sagen würden, dass Sie ihn nie gefragt haben: Was gehört dazu, damit ich es richtig mache? Oder was glaubst du, womit muss ich rechnen?"

„Wenn es nicht glaubhaft wäre", antwortete Bush, „ist es wohl besser, ich denke mir eine Antwort aus."

„Nein, nein", sagte ich. „Ich frage so unverblümt und direkt, weil …"

„Schon gut", entgegnete der Präsident. „Das sollen Sie auch. Sehen Sie, natürlich rede ich mit ihm. Ich kann mich nicht erinnern, dass er jemals zu mir gesagt hätte, ‚Tu das nicht' oder ‚Tu das'. Ich kann mich nicht erinnern, dass ich mir jemals gesagt hätte, vielleicht kann er dir bei der Entscheidung helfen. Denn Sie müssen verstehen, diese Entscheidung kam nicht urplötzlich wie die Bedrohung Kuweits. Und los geht's. Das ist Teil einer größeren Aufgabe, die mit dem 11. September 2001 begonnen hat. Das ist Teil einer großen und anderen Form von Krieg. Er ist wie eine Front."

„Haben Sie ihn gefragt: ‚Dad, wie packe ich es richtig an? Was muss ich bedenken?'"

„Ich glaube nicht", antwortete er.

„Haben Sie mit ihm darüber gesprochen?"

„Ich glaube schon – bestimmt sogar. Ich versuche, mich zu erinnern. Es ist eine unglaubliche Geschichte, dass ein Vater und ein Sohn auf demselben Schauplatz einen Krieg führen. Das gab's noch nie. Oder doch? Nein. Die Adams-Boys natürlich." Der Sohn von John Adams, dem zweiten Präsidenten, war John Quincy Adams, der sechste Präsident. „John Q. zog nie wieder in den Krieg. Aber dies hier ist ein anderer Krieg. Verstehen Sie, es ist ein anderer Krieg.

Ich versuche nicht auszuweichen. Ich erinnere mich nicht. Ich könnte ihn fragen, ob er sich an etwas erinnert. Aber wie wollen Sie einen Menschen fragen: Wie fühlt man sich, wenn man jemanden losschickt, und er verliert sein Leben? Vergessen Sie nicht, ich habe es vorher schon einmal getan, in Afghanistan.

Die Gespräche drehen sich mehr um taktische Fragen. Wie gehen wir vor, was machen wir mit den Briten? Er verfolgt jetzt die Nachrichten. Und deshalb informiere ich ihn über das, was ich erlebe. Wissen Sie, er ist nicht der Vater, den ich um Kraft bitte. Da gibt es einen höheren Vater, an den ich mich wende."

Der Präsident räumte ein, dass es ein einmaliger Moment in der Geschichte wäre. „Aber ich verheimliche nichts. Ich kann mich einfach nicht an einen besonderen Augenblick erinnern. Ich glaube schon, dass es passiert ist, dass er gesagt hat: ‚He, Sohn, das muss dich unglaublich belasten. Ich will nur, dass du weißt, dass wir dich lieben und in Gedanken bei dir sind.'" Ohne Zweifel habe sein Vater versucht, ihm den Rücken zu stärken. „Aber weniger von wegen, ‚So musst du dir den Kerl vornehmen', eher in der Art: ‚Ich habe dasselbe durchgemacht wie du, und ich weiß, was los ist, und deshalb liebe ich dich.' Das würde der Wahrheit näher kommen."

Ich erwähnte, dass einer meiner Chefs von der *Washington Post* eine kritische Frage bezüglich der Massenvernichtungswaffen vorgeschlagen habe. „Ist der Präsident vom Geheimdienst getäuscht worden ..."

„Nein", sagte der Präsident.

„... oder hat er das Land getäuscht?"

„Nein", sagte er. „Die Antwort ist ein klares Nein."

„Was ist passiert?"

„Was meinen Sie damit, was ist passiert?"

Hinsichtlich der Massenvernichtungswaffen und Tenets „todsicheren" Beweisen.

Die große Zahl von Verstößen gegen UN-Resolutionen, von denen David Kay im Oktober 2003 berichtet habe, hätten einen materiellen Verstoß dargestellt, sagte der Präsident, und einen Kriegsgrund geliefert, wenn sie schon vor dem Krieg bekannt gewesen wären. „Aber ich glaube, es ist noch zu früh, um die ganze Geschichte voll zu verstehen." Die nachrichtendienstlichen Erkenntnisse seien für die Vereinten Nationen überzeugend genug gewesen, um mehrere Resolutionen zu verabschieden, und „überzeugend genug" für den ehemaligen Präsidenten Clinton, um 1998 650 Bomber- oder Raketeneinsätze gegen den Irak zu befehlen.

„Aber wir haben keine Massenvernichtungswaffen gefunden", sagte ich.

„Wir haben Waffenprogramme gefunden“, erwiderte Bush. „Die hätten wieder aufgelegt werden können.“

„Hätten, da stimme ich Ihnen zu“, sagte ich.

Eine richtige Waffe sei sehr schnell gebaut, erwiderte er. „Und deshalb, in Anbetracht dieser Tatsache, selbst wenn das alles ist, was man hat, muss man doch etwas gegen Saddam Hussein unternehmen. Das ist meine Antwort.“

Ich sagte, nach dem 11. September sei er die „Stimme des Realismus“ gewesen, weil er nach dem verheerenden Anschlag offen ausgesprochen habe, dass dem Land ein langwieriger und schwieriger Krieg bevorstehe. Doch auf meinen Reisen hätte ich von vielen Leuten, darunter auch Anhängern von ihm, gehört, er sei nicht mehr die „Stimme des Realismus“, weil er nicht ausspreche und zugebe, dass die Waffen noch nicht gefunden worden seien.

„Ich möchte nicht, dass die Leute sagen, ‚Aha, wir haben es doch gleich gesagt‘. Die Leute sollen wissen, dass ein Prozess im Gang ist.“ Ihn selbst habe noch niemand zu einem solchen Eingeständnis aufgefordert. „Aber Sie verkehren in anderen Kreisen als ich. In viel elitäreren.“

„Es sind viele Leute aus der Wirtschaft darunter“, sagte ich.

„Realismus“, erwiderte der Präsident, „ist die Fähigkeit, den Charakter Saddam Husseins zu verstehen, seinen Werdegang, die potenzielle Gefahr, die er für Amerika darstellt.“

Ich sagte, ich wolle nur auf die schlichte Tatsache hinweisen, dass keine Massenvernichtungswaffen gefunden worden seien. „Wir haben keine blubbernden Schaumbäder entdeckt.“

Er kicherte.

„Nach dem Lagebericht der letzten sechs bis sieben Monate“, sagte ich, „haben wir keine Waffen gefunden. Das ist alles.“

„Stimmt“, räumte er ein, setzte aber hinzu, man habe genug gefunden. „Wer möchte, dass der Präsident hingeht und das öffentlich erklärt, will damit auch sagen, wir hätten es nicht tun sollen. Aber wir mussten es tun, daran besteht für mich nicht der geringste Zweifel. Nicht nur für uns, sondern auch für die irakischen Bürger.“ Kays erster Bericht habe hinreichend bestätigt, wie gefährlich Saddam gewesen sei. „Wahrscheinlich höre ich mich urplötzlich so an, als müsste ich mich rechtfertigen“, fügte er kühl hinzu. Aber Saddam sei kein „Waisenknabe“, nur weil man „das blubbernde Fass“ nicht gefunden habe.

Ich sagte, ich hätte diese Fragen, weil ich in dem Buch auf den aktuellen Stand bei der Suche nach Massenvernichtungswaffen eingehen wolle.

„Wieso müssen Sie in dem Buch überhaupt darauf eingehen?“, fragte er. „Wieso ist das denn relevant?“

Weil ich über die Nachkriegszeit berichten müsse, antwortete ich. Dies sei eine Schlüsselfrage.

Der Präsident erwiderte, sein Eingeständnis, dass man bislang keine Massenvernichtungswaffen gefunden habe, dürfe auf keinen Fall vor dem Erscheinen des Buchs in der *Washington Post* veröffentlicht werden. „Mit anderen Worten, ich will keine Schlagzeile lesen wie ‚Bush sagt, keine Waffen‘.“

Ich versprach es ihm, doch keine zwei Monate später, am 8. Februar 2004, gab er es in der NBC-Sendung *Meet the Press* in aller Öffentlichkeit praktisch zu. „Ich habe erwartet“, sagte er, „dass es dort Waffenlager gibt.“ Und: „Wir dachten, sie hätten Waffen.“

Ob er den Eindruck habe, dass man unterschätzt habe, wie lange man für die Stabilisierung und Befriedung des Irak nach dem Krieg brauche?

„Nein“, antwortete er. „Ich glaube, ich war darauf gefasst, dass sich die Sache ziemlich lange hinziehen könnte.“ Viel Positives sei zu verbuchen. Man habe die irakischen Ölfelder erfolgreich geschützt, eine Hungersnot vermieden und eine neue Währung eingeführt, was allein schon „eine beeindruckende Leistung“ sei. „Die größten Probleme, mit denen wir gerechnet hatten, sind gar nicht eingetreten.“

Die Gewalt, so sagte er, beschränke sich hauptsächlich auf fünf bis zehn Prozent des Landes. „Es ist gefährlich, weil es dort immer noch genug Gangster und Mörder gibt, die einen umbringen können … Aber es ist immer noch schwierig. Es gibt immer noch Tote.“ Dennoch blicke er optimistisch in die Zukunft. „Es ist nur eine Frage der Zeit. Es hängt davon ab, wie die Gesellschaft sich entwickelt. Wie die Souveränitätsfrage gelöst wird“ – wann dem irakischen Volk die Macht übergeben werde. Mit der Befreiung „verändert sich die Mentalität“. Bald würden Iraker „in vorderster Linie der Polizei stehen“ und zusammen mit irakischen Soldaten die Mörder verfolgen.

Es sei bedauerlich, dass über einige positive Entwicklungen im Irak in den amerikanischen Medien gar nicht berichtet werde.

„Wichtig ist, dass eine freie Gesellschaft entsteht, in der die Menschen erkennen, dass es ihnen besser geht. Und in der sie ihr Trauma verarbeiten, damit sie die Gunst der Stunde nutzen können." Zusammenfassend sagte er am Ende unseres ersten Interviews über den Krieg und seine Folgen: „Das ist die Geschichte des 21. Jahrhunderts."

Dann kam er auf seinen kurzen Informationsbesuch im Irak zwei Wochen zuvor zu sprechen. „Als ich an Thanksgiving hinflog, wollte ich mich bei den Soldaten bedanken, aber ich bin auch hin, um dem irakischen Volk zu sagen: Nutzt die Gunst der Stunde, es ist euer Land." Voraussetzung für einen erfolgreichen Übergang zur Selbstverwaltung seien Minderheitsrechte für nicht schiitische Gruppen und Stämme und „die klare Übereinkunft, dass nicht Rache und Eifersucht den Alltag beherrschen dürfen".

Die bisherigen Ereignisse hätten deutlich gezeigt, dass der von ihm, Rumsfeld, Franks und den anderen Militärs entwickelte Kriegsplan sich ausschließlich gegen Saddam, die Führung der Baath-Partei, den inneren Machtzirkel und ihre Herrschaftsinstrumente gerichtet habe. Der Krieg sei präzise gegen sie und diesen Apparat geführt worden – Militär, Sicherheitsdienst, Geheimpolizei. Die Durchschnitts-Iraker seien so weit wie möglich verschont worden. Es sei ein Plan von historischer Bedeutung, der „anderen Staatschefs die Möglichkeit gibt, das Leben unschuldiger Bürger zu schonen, wenn sie das Gefühl haben, dass sie einen Krieg führen müssen".

Hauptsächlich um dies zu sagen, so der Präsident, habe er sich zu einem ausführlichen Interview über den Krieg bereit erklärt und Rumsfeld und andere in der Administration gebeten, meine Fragen zu beantworten. „Aber das Neue daran, die große Neuigkeit ist meines Erachtens nicht, wie George W. seine Entscheidungen trifft", sagte er. „Für mich ist die wichtige Botschaft, dass Amerika gezeigt hat, wie man einen Krieg anders führen und gewinnen kann und wie man den Frieden auf lange Sicht leichter sichern kann. Darin liegt aus meiner Sicht die historische Bedeutung dieses Buchs."

Der Präsident erinnerte mich daran, dass er hinten in seinem Privatbüro einen Ziegelstein aufbewahre. Der Stein stammte aus dem Lager des Taliban-Führers Mullah Omar und war von jener Einheit der US-Spezialkräfte mitgebracht worden, die nach dem 11. September den ersten amerikanischen Angriff auf Afghanistan durchgeführt hatte. Er erinnere ihn daran, sagte er, dass amerikanische Soldaten sterben würden, wenn er einen direkten Bodenangriff befehle. So etwas sei kein klinisch sauberer Krieg mit Marschflugkörpern, bei dem Angehörige der US-Streitkräfte geschützt seien. „Wenn Sie von U-Booten aus Tomahawks abfeuern, bringen Sie niemanden in Gefahr", sagte er.

„Ein Präsident muss sich auf Verluste einstellen. Die sind unvermeidlich bei einer Strategie, die darauf ausgerichtet ist, den Krieg zu gewinnen. Und ich meine damit, dass es Tote geben wird, besonders wenn Sie die Absicht haben, ein ganzes Volk zu befreien. Dann wird es Tote geben." Er habe gewusst, dass es unter den annähernd 200 000 US-Soldaten im Irak „Verluste geben würde. Und dieser Ziegelstein erinnert mich daran".

Zwei Tage später, am 13. Dezember, fasste das US-Militär Saddam Hussein. Er wurde, unrasiert und sichtlich verstört, aus einem Erdloch auf einem Bauernhof bei Tikrit gezogen. Am nächsten Tag, einem Sonntag, sprach der Präsident zur Nation. „Die Gefangennahme dieses Mannes war entscheidend für den Aufstieg eines freien Irak", sagte Bush. „Sie markiert das Ende des Wegs für ihn und alle, die in seinem Namen andere tyrannisiert und getötet haben." Und er fügte hinzu: „Ein dunkles und leidvolles Kapitel ist geschlossen", warnte aber: „Die Gefangennahme von Saddam Hussein bedeutet nicht das Ende der Gewalt im Irak."

DIE ERFOLGLOSE SUCHE nach Massenvernichtungswaffen und die anhaltende Gewalt und Instabilität im Irak – die Tatsache, dass der Krieg in Wahrheit noch nicht vorüber war –, gaben selbst den überzeugtesten Mitstreitern zu denken, und keinem mehr als Wolfowitz, der viele Jahre lang lautstark die Entmachtung Saddams gefordert hatte.

Wolfowitz fragte sich immer öfter, ob sich der Krieg gelohnt hatte. Die Frage stellte sich ihm besonders schmerzlich beim Begräbnis von Army Lieutenant Colonel Chad Buehring, der im Stockwerk direkt unter Wolfowitz getötet wurde, als sein Hotel in Bagdad Ende 2003 beschossen wurde, und bei seinen Abstechern in Militärhospitale, wo er mindestens ein Dutzend Mal verwundete Soldaten besuchte. Er wollte damit seine Dankbarkeit für ihren Mut und ihre Opferbereitschaft zum Ausdruck bringen. Die Geschichten dieser Gefallenen oder Verwundeten zeigten, dass die wahren Kosten des Krieges unverhältnismäßig stiegen.

Doch obwohl die anhaltende Gewalt ihn bedrückte, hielt Wolfowitz an dem Glauben fest, dass der Krieg gerechtfertigt gewesen sei und sich gelohnt habe und dass die Entscheidung ein mutiger Schritt des Präsidenten gewesen sei. Seit dem 11. September war er davon überzeugt, dass das Übel des Terrorismus nicht mehr kontrollierbar war. Man musste seine weltumspannenden Netzwerke und seine staatlichen Förderer bekämpfen. Saddams Regime hatte den Sturz längst verdient, doch nach dem 11. September war seine Entmachtung so wichtig, dass man das Leben von Amerikanern dafür aufs Spiel setzen musste.

Nach dem Ende der Hauptkampfhandlungen besuchte Wolfowitz den Irak dreimal innerhalb von neun Monaten. Die Unverdrossenheit und das Sendungsbewusstsein der Soldaten raubten ihm fast den Atem. Ein Colonel sagte zu seinen Männern, was sie getan hätten, sei mit dem zu vergleichen, was ihre Großväter in Deutschland oder Japan und ihre Väter in Korea vollbracht hätten. Die Baath-Partei war für Wolfowitz eine naziähnliche Organisation aus Gangstern und Sadisten. Mit Saddams Entmachtung wurde nicht nur eine Bedrohung der Vereinigten Staaten beseitigt, sondern auch der Weg in eine bessere Zukunft geebnet.

Aus militärischer Sicht war der Krieg in seinen Augen glänzend verlaufen. Die Zahl der amerikanischen Verluste war niedriger, als man zu hoffen gewagt hatte, und Israel war verschont geblieben. Der Einsatz von Massenvernichtungswaffen war ebenso ausgeblieben wie die Zerstörung irakischer Ölfelder, eine Intervention der Türkei oder Irans oder ein größerer ethnischer Konflikt zwischen Kurden, Türken und Arabern im Norden. Nur der größte Optimist hätte das vor dem Krieg vorausgesagt.

Für den Irak und den Nahen Osten war in seinen Augen viel Positives erreicht worden, auch wenn es einige Zeit dauern würde, bis die Wunden verheilt wären. Die Vereinigten Staaten müssten gemäßigte Muslime und die begabten Menschen im Irak beim Aufbau freiheitlicher Institutionen unterstützen. Entgegen allen Prognosen hatte die Demokratie in Ostasien Schule gemacht, und die Welt hatte erlebt, was in den letzten 15 Jahren in Osteuropa geschehen war. Daher war Wolfowitz zuversichtlich, dass man diesen Krieg in 10 bis 20 Jahren als eine wichtige Etappe auf dem Weg zu Freiheit und Demokratie und zum Sieg über den Terrorismus ansehen würde, von dem die Amerikaner profitierten.

SENATOR BOB GRAHAM, der Demokrat aus Florida, der sich 2003 kurzzeitig um die demokratische Nominierung für die Präsidentschaftswahl bemüht hatte, hielt den Krieg im Irak für einen der schwersten Fehler der amerikanischen Außenpolitik seit dem Zweiten Weltkrieg. Es war für ihn so, als wären die Vereinigten Staaten 1941 gegen Mussolinis Italien und nicht gegen Hitler-Deutschland in den Krieg gezogen. Graham sah in al-Qaida und in der extremistischen, von Iran unterstützten Hisbollah gewissermaßen die Nazis des Terrorismus. Beide stellten eine größere Bedrohung dar als der Irak. Beide seien in der Lage und auch willens, die USA anzugreifen, und beide seien heimlich im Land präsent.

Der Irakkrieg hätte insbesondere von al-Qaida abgelenkt, die sich, wie er glaubte, erholt habe und nun noch gefährlicher sei. Daher seien die Vereinigten Staaten jetzt noch gefährdeter als vor dem Krieg.

Was die Massenvernichtungswaffen anging, so glaubte Graham, dass die CIA schlechte Informationen verwendet und die Administration, einschließlich des Präsidenten, diese Informationen anschließend manipuliert und aufgebauscht habe. Seines Erachtens hätte Tenet zurücktreten oder gefeuert werden müssen, und es überraschte ihn, dass Bush keine sofortigen Maßnahmen zur Reform der CIA eingeleitet hatte. Der Präsident hätte sich hinstellen und die Verantwortung für die Fehler übernehmen müssen. Er hoffte, dass die Amerikaner bei der Wahl 2004 seine Ansicht teilen und Bush abwählen würden.

ANFANG 2004 war Cheney zuversichtlich, dass der Irakkrieg als eine entscheidende Wende in die Geschichte eingehen würde. Unbeirrt hielt er an seiner Analyse des Terrorismus und seinen Behauptungen über Saddam fest. Die große Gefahr für das Land sei eine Qaida, deren Mitglieder nicht nur mit Teppichmessern und Flugtickets bewaffnet seien, sondern mit einer Atomwaffe mitten in einer amerikanischen Großstadt auftauchten. Der Administration war vorgeworfen worden, sie habe die Hinweise auf Anschläge vor dem 11. September nicht erkannt oder verknüpft. Daher könne sie es sich einfach nicht leisten, die Hinweise nach dem 11. September zu ignorieren. So einfach war das.

Cheney glaubte, dass kein halbwegs vernünftiger Mensch in der Position von Präsident Bush die Geheimdienstberichte über Verbindungen zwischen dem Irak und al-Qaida und die nachrichtendienstlichen Hinweise auf Massenvernichtungswaffen hätte ignorieren können. Cheney hielt das National Intelligence Estimate 2002 immer noch für sehr gut.

In seinen Augen hatte Bush es im Großen und Ganzen verstanden, sich auf das Wesentliche und Wichtige zu konzentrieren und seine Zeit darauf zu verwenden. Der Präsident habe keine Zeit für Lappalien verschwendet. In den annähernd 16 Monaten bis zum Krieg habe er sich ganz auf die militärische Planung konzentriert. Cheney hatte beobachtet, wie die Fragen des Präsidenten im Pentagon und im Militär Wellen schlugen. Einmal sagte er zu einem Mitarbeiter: „Die wissen, dass sie schwierige Fragen von dem Mann werden beantworten müssen."

Nach Cheneys Überzeugung glaubte Bush nach wie vor fest daran, dass im Irak, wenn man den Menschen Freiheit und Demokratie brächte, ein Wandel einsetzen würde, der in den kommenden Jahren den Nahen Osten verändern würde. Dies hatte einen moralischen Aspekt. Nach Victor Davis Hanson, einem von Cheneys bevorzugten Militärhistorikern, können Staatschefs und Nationen „durch Untätigkeit zu Komplizen des Bösen" werden. Präsident Bush hatte etwas getan. Und was er getan hatte, war in Cheneys Augen viel bedeutender und schwieriger als das, was er in den anderen Administrationen, in denen er gedient hatte – unter Ford und Bush senior –, aus nächster Nähe miterlebt hatte.

Es wurde viel über die Folgen gesprochen und scharfe Kritik an den Nachkriegsplänen geübt. Cheney glaubte, dass es darauf letztlich nicht ankam. Für die Geschichte war das nur Wortgeklingel, solange sie erfolgreiche Arbeit leisteten. Nur Resultate zählten. Seines Erachtens würde die Geschichte günstig über Bush urteilen, auch wenn er zugeben musste, dass das letzte Wort noch nicht gesprochen war.

KARL ROVE hatte Cheney ins Herz geschlossen. Nahezu alle Präsidenten hatten es mit Vizepräsidenten zu tun gehabt, die sich, ob berechtigt oder nicht, Hoffnungen auf eine politische Zukunft machten. Selbst Bush senior, der superloyale Vizepräsident, rückte mehrmals öffentlich von Reagan ab, wenn er es politisch als notwendig erachtete, so etwa als die Reagan-Administration mit Panamas Präsidenten Manuel Noriega verhandelte und Bush sich von dem Gekungel mit dem zwielichtigen Machthaber distanzierte.

Doch Cheney hatte klar gemacht, dass er keine Ambitionen auf das Präsidentenamt hegte, und Rove begriff, dass es ein seltener Luxus war, einen Vize zu haben, der dem Präsidenten nicht im Nacken saß. Cheney legte anscheinend keinen Wert darauf, sich für den Fall, dass etwas schief ging, abzusichern – ein erstaunliches Phänomen in der Politik. Sein Rat war, soweit Rove erkennen konnte, nicht von politischem Eigennutz gefärbt. Cheney setzte sich beim Präsidenten nicht immer durch, obwohl seine profunden Kenntnisse häufig ihresgleichen suchten. Er hatte ein Gespür für Washington, auch wenn er in Roves Augen nicht immer richtig lag. Cheney ließ sich von seinen persönlichen Vorlieben und Ansichten leiten. Von al-Qaida war er geradezu besessen, wie Rove bemerkte. Auch Rove sprach von einem „richtigen Fieber“ und war in diesem Punkt mit Powell einer Meinung.

Cheney hielt sich nach wie vor ungern am selben Ort wie der Präsident auf, weil er befürchtete, dass al-Qaida die Regierung mit einem Schlag enthaupten könnte. Deshalb zog er sich immer wieder an einen unbekannten Ort zurück oder glänzte durch Abwesenheit. Rove hatte mit dem Präsidenten mehrfach über Zeitungsartikel gesprochen, in denen es hieß, dass in Wahrheit Cheney hinter den Kulissen die Fäden ziehe. Einige PR-Leute aus dem Weißen Haus machten sich deswegen Sorgen. Bush lachte darüber. Sie hatten beide erlebt, wie respektvoll Cheney war. „Ja, Mr. President", oder „Nein, Mr. President". Nicht anders verhielt sich Cheney, wenn er mit dem Präsidenten allein war.

Wenn der Präsident nicht da war, sprach Cheney von ihm häufig als „dem Mann" und sagte „Der Mann will das" oder „Der Mann denkt jenes". Cheney konnte sich energisch und beharrlich für eine Sache einsetzen, doch die Entscheidung traf der Präsident. Der deutlichste Beweis dafür war Cheneys heftiger Protest, als man sich im Zusammenhang mit den Waffeninspektionen um neue UN-Resolutionen bemühen wollte. Der Präsident hatte gegen seinen Rat gehandelt, und Cheney hatte klein beigegeben.

Rove argumentierte, dass die Gerüchte, Cheney habe das Sagen, günstig für sie seien. Erstens sei jeder, der das glaube, ohnehin längst für sie verloren. Zweitens wollte er die Gerüchte am Leben halten und im Wahlkampf ausnutzen. Er war nämlich davon überzeugt, dass der Durchschnittsbürger die Geschichte nicht glauben würde. 67 Prozent bescheinigten Bush Führungsstärke, und darunter war auch ein Drittel, das mit seiner Regierungsarbeit unzufrieden war. Ein starker Präsident machte vor seinem Vize keinen Kotau, und Bush wirkte in der Öffentlichkeit nicht duckmäuserisch.

Anfang Februar 2004 erkannte Rove, dass der Irak nachteilige Folgen haben könnte. Die Gewalt im Land hielt an. Die US-Streitkräfte hatten über 100 000 Soldaten dort stationiert und würden noch geraume Zeit ebenso viele oder noch mehr benötigen. Zu viele amerikanischen Soldaten starben, und eine politische Lösung war nicht in Sicht. Die Machtübergabe an die Iraker schien in Gefahr. Noch immer hatte man keine Massenvernichtungswaffen gefunden. Dieser Umstand und das öffentliche Eingeständnis Bushs und Tenets, dass die nachrichtendienstlichen Informationen möglicherweise falsch gewesen seien, könnten sich als schwere Rückschläge erweisen.

Zuvor hatte Rove erklärt, bei dem Gedanken, dass die Demokraten 2004 den ehemaligen Gouverneur von Vermont, Howard Dean, ins Rennen um die Präsidentschaft schicken würden, laufe ihm schon jetzt das Wasser im Mund zusammen. Doch Dean war auf der Strecke geblieben. Senator John Kerry, Demokrat aus Massachusetts, hatte 12 der ersten 14 demokratischen Vorwahlen gewonnen, und es sah ganz danach aus, als sei ihm die Nominierung nicht mehr zu nehmen. Im politischen Geschäft kommt es darauf an, Rückschläge wegzustecken, flexibel und optimistisch zu bleiben. Und so gab Rove eine neue Parole aus.

„Die gute Nachricht für uns ist, dass Dean nicht nominiert wird", sagte er jetzt in seinem Büro im ersten Stock im Westflügel zu einem Mitarbeiter. Deans bedingungsloser Widerstand gegen den Irakkrieg hätte bei einer Kraftprobe mit Bush ein schlagendes Argument sein können. „Eine von Deans Stärken war, dass er sagen konnte, ich gehöre nicht zu dem Haufen da unten." Aber Kerry gehörte sehr wohl zu dem „Haufen" in Washington, und er hatte für die Kriegsresolution gestimmt. Rove zog seinen fünf Zentimeter dicken Schnellhefter hervor, auf dem „Bring es herbei" stand. Er enthielt Material über Kerrys 19-jährige Amtszeit im Senat. Am relevantesten waren die Seiten 9 bis 20 in dem Teil über den Irak.

Wie die Akte zeigte, hatte Kerry mit Stellungnahmen nicht gegeizt. Mit dem Impetus eines Schauspielers, der sich mit seiner Rolle identifizierte, verlas Rove einige Kostproben aus Kerrys Reden.

„Der Irak hat ein chemisches Waffenpotenzial entwickelt", hatte Kerry im Oktober 1990 laut Kongressprotokoll gesagt. Und im Januar 1991 hatte er erklärt, Saddam habe auf die Entwicklung von Massenvernichtungswaffen „hingearbeitet" oder „hatte dazu alle Fähigkeiten" (was natürlich stimmte, wie UN-Waffeninspektoren nach dem Golfkrieg 1991 festgestellt hatten). Im Jahr 1998 sagte Kerry als Mitglied des Geheimdienstausschusses, dass Saddam „ein Programm zum Bau von Massenvernichtungswaffen verfolgt", und im Oktober 2002: „Ich bin bereit, Saddam Hussein zur Rechenschaft zu ziehen und seine Massenvernichtungswaffen zu zerstören." Und: „Die Bedrohung durch Saddam Hussein mit Massenvernichtungswaffen ist real … Er hat weiterhin solche Waffen gebaut."

Roves Augenbrauen hüpften beim Lesen. „Hier mein persönlicher Favorit", sagte er und verlas, was Kerry am 19. März 2003, dem ersten Kriegstag, gesagt hatte: „Ich halte Saddam Husseins Massenvernichtungswaffen für eine Bedrohung, und deshalb habe ich dafür gestimmt, ihn zur Rechenschaft zu ziehen und dafür zu sorgen, dass er von uns entwaffnet wird."

„Oh ja!", rief Rove. Und er hatte es im National Public Radio gesagt! Er hatte alles auf Band. Als Mitglied des Geheimdienstausschusses hatte er behauptet, Saddam habe das Zeug. Und das Argument in Bushs Wahlkampf würde folgendermaßen lauten: „Sie lesen dieselben Geheimdienstberichte wie der Präsident und kommen zu demselben Schluss, und jetzt beschuldigen Sie ihn, er habe das amerikanische Volk getäuscht, was soll das? Wollen Sie sagen, Sie seien betrogen worden?"

Natürlich entging Rove nicht, dass Kerry einen Rückzieher machte, als die Stimmung nach dem Krieg kippte, und behauptete, er habe nicht für den Krieg gestimmt, sondern dem Präsidenten lediglich die Vollmacht erteilt, mit Krieg zu drohen. Und im August 2003 hatte Kerry in der Sendung *Meet the Press* noch deutlicher gesagt, dass die Resolution, „die wir im Kongress verabschiedet haben, den Präsidenten nicht dazu ermächtigt hat, einen Regimewechsel herbeizuführen, wir haben ihn nur in Bezug auf die relevanten Resolutionen der Vereinten Nationen ermächtigt". Na ja, Rove und der Rest des Landes wussten, dass sie mit der Resolution dem Präsidenten eindeutig die Genehmigung erteilt hatten, im Irak Gewalt anzuwenden.

Rove frohlockte. „Wir haben es auf Band!", sagte er, „wir haben es nachgeprüft. Ihr veröffentlicht es, genauer gesagt, ihr nehmt das Filmmaterial, wo er solche Sachen sagt, und dann den Wortwechsel mit Chris Matthews, wo er sagt, ‚Ich bin gegen den Krieg', und die Leute sagen: ‚Was für ein Heuchler!'"

Es war klar, dass Kerry kontern würde. Und er tat es mit dem Argument, dass Bush die Vereinten Nationen nicht lange genug unter Druck gesetzt habe. Er habe keine legitime weltweite Koalition geschmiedet und nicht für die Nachkriegszeit geplant, weil er zu versessen darauf gewesen sei, einen Krieg zu beginnen, als Saddam isoliert und schwach gewesen sei.

Dennoch war Rove davon uberzeugt, dass sie Kerry am Wickel hatten: Er hatte dem Präsidenten mit seiner Stimme grünes Licht für den Krieg gegeben und dann einen Rückzieher gemacht, weil ihm die Folgen missfielen oder weil er eine politische Chance witterte.

Wie auch immer, jedenfalls war Rove offenbar davon überzeugt, dass sie den Präsidenten in einem Wahlkampf mit Kerry gegen Angriffe wegen des Irakkriegs wappnen konnten. Es blieb abzuwarten, aber Rove wollte es auf jeden Fall versuchen.

Powell und Armitage machten sich immer noch Sorgen wegen des Einflusses von Exilführer Ahmed Tschalabi, dem Vorsitzenden des Irakischen Nationalkongresses. Obwohl der Präsident erklärt hatte, dass er nicht das Zünglein an der Waage spielen und bei der Auswahl der neuen Führung helfen werde, hatte Tschalabi als Mitglied des Regierungsrats den Eindruck erweckt, dass er Bushs Unterstützung habe. Bei Bushs Rede zur Lage der Nation am 20. Januar 2004 hatte er zwar neben Laura Bush gesessen, doch hinterher hatte Bush verlauten lassen, er sei über die Sitzordnung nicht glücklich gewesen. Bisweilen hatte Powell das Gefühl, dass Tschalabi ihr größtes Problem im Irak sei. Nach Berichten, die Armitage aus dem Irak bekam, hielten die meisten Iraker Tschalabi für einen Dummkopf. Und obwohl es andere in der Administration bestritten: Armitage glaubte, dass Tschalabi übertriebene Berichte über Massenvernichtungswaffen geliefert hatte, die vor dem Krieg den Weg zu Bush und Cheney gefunden hatten. Seiner Auffassung nach sollten CIA und Kongress Tschalabis Rolle bei dem Geheimdienstfiasko unter die Lupe nehmen.

Für Armitage hatte Loyalität ihre Grenzen. Powell und er hatten bei jeder sich bietenden Gelegenheit versucht, den schlechten Eindruck der Außenpolitik zu mildern und dem Unilateralismus und der Arroganz der Regierung Bush die Spitze zu nehmen. Allerdings glaubte Armitage nicht, dass Powell oder er dafür Dank ernten würden.

Ein frisch ernannter Staatssekretär, der für eine konservative Denkfabrik in Washington gearbeitet hatte, war an seinem ersten Arbeitstag zu Armitage gekommen. „Ich glaube“, sagte der Neue, „dass ich mit meinen Verbindungen in der Lage bin, das Verhältnis zwischen Außenministerium und Pentagon zu reparieren und eine Brücke zu schlagen.“

„Sie gehören zu uns“, sagte Armitage und wusch dem armen Kerl den Kopf. „Eine Brücke schlagen? Einen Scheiß werden Sie tun. Ich kenne die Arschlöcher sei 30 Jahren. Einen Scheiß werden Sie tun.“ Drei Wochen später schaute der Neue wieder bei Armitage vorbei.

„Und, wie kommen wir voran?“

„Prima, Sir.“

„Es ist schwieriger, als Sie gedacht haben, stimmt's?“

„Ich hatte ja keine Ahnung“, erwiderte der Neue. Dann ließ er sich im Einzelnen darüber aus, wie „die Arschlöcher“ im Verteidigungsministerium versucht hätten, die Bemühungen bei den Vereinten Nationen zu hintertreiben.

Ein guter Freund aus dem Kongress sagte zu Armitage, dass er und Powell in der Tat gescheitert seien. Sie hätten Cheney und Rumsfeld ermöglicht, ihren Willen durchzusetzen, weil sie ihnen als Deckmantel gedient und den Anschein von Besonnenheit erweckt hätten. Armitage konnte seinem Freund aus dem Kongress nicht widersprechen. Wenn er in Augenblicken der Niedergeschlagenheit auf seine drei Jahre im Außenministerium zurückblickte, war das einzige Positive seine persönliche Beziehung zu Powell, mit dem er versucht hatte, Probleme auf diplomatischem Weg zu lösen, nicht mit Krieg.

Nach Armitages Auffassung hatte der Irakkrieg zwei bedenkliche Langzeitfolgen. Zwar war er davon überzeugt, dass es ihnen gelingen würde, die Aufstände niederzuschlagen und am Ende zu siegen, doch das US-Militär würde zehn Jahre oder länger dafür büßen. Insbesondere die Army wurde zu stark beansprucht. Genau genommen führten sie drei Kriege – immer noch den in Afghanistan, den im Irak und den ständigen globalen Krieg gegen den Terror. In seinen Augen war das mit einer Armee, die noch dieselbe Stärke hatte wie in Friedenszeiten unter Präsident Clinton, weder vernünftig noch möglich. Doch die Bush-Administration versuchte es.

Das zweite Problem war politischer Natur. Armitage rechnete nicht damit, dass in den verbleibenden acht Monaten bis zur Präsidentschaftswahl im Irak oder anderswo noch etwas geschah, das den Eindruck, Bush stecke in der Klemme, korrigieren könnte. Ende 2003 hatten Armitages republikanische Freunde im Senat noch gehofft, sie könnten zwei oder drei Sitze dazugewinnen. Jetzt trieb sie die Sorge um, dass der Senat und sogar das Weiße Haus an die Demokraten fallen könnten.

AM DIENSTAG, dem 24. Januar 2004, erklärte der unlängst als Chef der Irak-Inspektionsgruppe zurückgetretene David Kay vor dem Streitkräfteausschuss des Senats: „Wir haben fast alle daneben gelegen, und ich schließe mich selbst natürlich mit ein.“ 85 Prozent der Arbeit seien getan, und er rechne nicht damit, dass man im Irak noch

Massenvernichtungswaffen finden werde. „Eine unabhängige Untersuchung wird erforderlich sein", sagte er, um der Geheimdienstpanne im Zusammenhang mit den Massenvernichtungswaffen auf den Grund zu gehen. Es sei „wichtig, Fehler zuzugeben" und der Kongress und die Öffentlichkeit könnten nur dann wieder das notwendige Vertrauen in Geheimdienstinformationen haben, die dem Präsidenten und Spitzenbeamten zugingen, wenn es zu einer solchen Untersuchung komme.

Demokraten wie Republikaner verlangten immer vehementer eine unabhängige Untersuchung. Zunächst lehnte Bush ab, dann jedoch erkannten er, Cheney, Rice und andere im Weißen Haus die Notwendigkeit – und die damit verbundene Chance. Also beschlossen sie, die Initiative zu ergreifen, und schlugen eine unabhängige überparteiliche Kommission vor, die vom Präsidenten berufen werden sollte. Daran waren zwei Bedingungen geknüpft. Erstens, die Kommission sollte die Verbreitung von Massenvernichtungswaffen und die Geheimdienstpannen in einem breiteren Rahmen betrachten und neben dem Irak auch Iran, Nordkorea und Libyen mit einbeziehen. Zweitens, die Kommission sollte ihren Bericht erst einige Zeit nach den Präsidentschaftswahlen vorlegen.

Cheney rief einige Mitglieder der Geheimdienstausschüsse von Senat und Repräsentantenhaus an. Als Hauptargument führte er ins Feld, eine Untersuchung in Wahlkampfzeiten wäre eine Posse und würde Geheimdienstfragen zum Gegenstand parteipolitischer Kontroversen machen. Das Weiße Haus war der Gegenseite, wie von Karen Hughes so häufig gefordert, einen Schritt voraus und bestimmte durch rasches Handeln die Schlagzeilen: „Bush für nochmalige Prüfung der Irak-Informationen, sagen Beamte", meldete die *Washington Post* am Sonntag, dem 1. Februar. Der Journalist schrieb: „Bushs Sinneswandel ist der Versuch, in einer potenziell gefährlichen Frage, die seine Hoffnungen auf die Wiederwahl zu verdüstern droht, die Flucht nach vorn anzutreten."

Am Montag, dem 2. Februar, fragte ein Reporter den Präsidenten nach einer Kabinettssitzung: „Finden Sie nicht, das Land hat Anspruch darauf, dass die Geheimdienstpanne im Irak noch vor der Wahl geklärt wird, damit die Wähler im Besitz dieser Information sind, wenn sie einen neuen Präsidenten wählen?"

„Zuerst einmal möchte ich alle Fakten kennen", sagte Bush und fügte hinzu, dass noch nicht alle vorlägen. Die Frage beantwortete er nicht.

POWELL WAR ÜBERRASCHT, dass Kay nicht leise abgetreten war. Zuvor hatte ihn Tenet wissen lassen, dass Kay an Bord bleiben und weiter als hochrangiger Berater für die CIA arbeiten werde. Und nun hatte Kay das sinkende Schiff verlassen. Powell las gründlich Kays Aussage vor dem Streitkräfteausschuss. Seine Ausführungen ließen keinen Zweifel daran, dass Saddam die Absicht und auch die Fähigkeit gehabt hatte, Massenvernichtungswaffen zu produzieren. Doch das Fehlen chemischer und biologischer Waffenarsenale war ein großes Problem, das sich nicht so einfach abtun ließ.

Vielleicht lag es an seinem alten Soldatenverstand, aber wenn sich die Informationen, auf die er eine Entscheidung gestützt hatte, änderten, würde er doch zumindest zugeben müssen, dass er die Entscheidung noch einmal überdacht hätte, wenn ihm die neuen Fakten zur Verfügung gestanden hätten. Nun, da Kay klipp und klar sagte, dass sie in Bezug auf die Waffenlager „völlig falsch" gelegen hätten, musste sich die Administration der neuen Sachlage stellen. Einer der Hauptgründe für den Krieg erschien nun in einem ganz anderen Licht.

Nach einer Kabinettssitzung traf sich Powell, einen mit vielen Anmerkungen versehenen Ausdruck von Kays Aussage unterm Arm, am 2. Februar mit Redakteuren der *Washington Post* zu einem Interview. Ich war nicht anwesend.

Powell verteidigte Bushs Entscheidung zum Krieg mit den Worten: „Es war der richtige Schritt."

Wenn Tenet vor dem Beginn des Krieges gesagt hätte, was Dr. Kay jetzt gesagt hat, fragte einer der Journalisten, nämlich dass es keine Waffenarsenale gebe, hätte er dann noch zum Einmarsch geraten?

„Ich weiß es nicht", antwortete Powell, „denn ein solches Arsenal wäre ja der endgültige Beweis gewesen und hätte die Gefahr und Bedrohung für die Region und die Welt noch realer und akuter gemacht." Und: „Das Fehlen eines Arsenals verändert das politische Kalkül. Es verändert die Antwort, die man bekommt."

Die Antwort des Ministers lieferte den Aufmacher für die *Post* am nächsten Tag: „Powell sagt, neue Informationen hätten die Entscheidung über Krieg beeinflusst."

Powell wusste, dass man im Weißen Hause jedes Mal den Atem anhielt, wenn er mit Journalisten sprach, und dass Rice sehr früh am Morgen die Presse las. Sie regte sich über jede Äußerung auf, die nicht auf der Linie des Präsidenten lag. Rice hatte bereits mit dem Präsidenten über Powells Interview gesprochen, als sie ihn an diesem Morgen anrief.

Der Präsident und sie seien „sauer", sagte sie zum Außenminister. Powell habe „den Demokraten in die Hände gearbeitet". Der Präsident habe öffentlich die Position vertreten, dass die Frage der Massenvernichtungswaffen noch in der Schwebe sei und dass er zunächst die Fakten kennen wolle. Und jetzt vertrete Powell eine neue Linie. Wieder einmal habe er weltweit für Schlagzeilen gesorgt.

Auch wenn Rice ihm nur eine Nachricht des Präsidenten übermittelte, ließ sich Powell nicht gern von jemandem herunterputzen, der 17 Jahre jünger war und denselben Posten bekleidete, den er 15 Jahre zuvor innegehabt hatte. „Sehen Sie sich doch an, was ich sonst noch gesagt habe", entgegnete er. „Das war gut." Aber wenn er in einer Frage, die bei der Entscheidung für den Krieg ausschlaggebend gewesen sei, mit völlig neuen Fakten konfrontiert werde, könne er doch nicht abstreiten, dass er zumindest noch einmal darüber nachgedacht hätte.

Rice und er wussten, dass er dem Präsidenten nie eine grundsätzliche Empfehlung gegeben hatte, denn er war nie gefragt worden. Im Interview mit der *Post* war dieser Punkt nicht angesprochen worden.

Rice' Botschaft war klar: Tanzen Sie nicht aus der Reihe!

Als Powell sich an diesem Morgen um 10.45 Uhr vom State Department ins Weiße Haus zu einem Treffen mit dem Präsidenten und UN-Generalsekretär Kofi Annan begab, wurde er von Journalisten nach seinen Äußerungen in der *Post* gefragt.

Er wiederholte sie nicht. Er erklärte, dass Saddam die Absicht und nach wie vor das Potenzial gehabt habe, Massenvernichtungswaffen zu entwickeln. „Mit einem Wort: Der Präsident hat die richtige Entscheidung getroffen", sagte Powell und fügte noch dreimal hinzu, dass die Entscheidung des Präsidenten „richtig" gewesen sei. Gefolgt von der bemerkenswerten Aussage, an der Entscheidung hätte sich selbst dann nichts geändert, wenn ihnen vor dem Krieg „andere Informationen" – vermutlich so etwas wie Kays Einschätzung – vorgelegen hätten. „Wir haben alle dafür gestimmt und würden es wahrscheinlich unter anderen Umständen wieder tun."

Aus Bushs Verhalten, seinem Führungsstil und allem, was Powell über ihn gelernt hatte, waren ihm mehrere Dinge klar geworden. Der Präsident hatte nicht die Absicht, jemanden über Bord zu werfen, auch nicht ihn und nicht Tenet. Aber er gab auch klar zu verstehen, dass niemand das Schiff verlassen dürfe. Kays Präzedenzfall hatte diese Gefahr vor Augen geführt.

Der Präsident hielt eisern daran fest, dass der Sturz Saddams absolut richtig gewesen sei. Das Kriegskabinett hatte alles abgesegnet. Sie waren ein Team. Die allgemeinere Botschaft war klar: Schließt die Reihen.

ES HATTE LANGE GEDAUERT, bis Tenet das ganze Ausmaß seines Problems erkannte. Einen Monat nach dem Ende der Hauptkampfhandlungen stimmte es ihn keineswegs bedenklich, dass man noch keine Massenvernichtungswaffen gefunden hatte. Man würde mit Sicherheit welche finden, sagte er sich, und wenn es Monate dauern sollte. Als man im September 2003, also nach fast sechs Monaten, noch immer nicht fündig geworden war, behauptete er, dass es zehn Jahre dauern könne. Die Informationen seines Geheimdienstes seien gut gewesen, und selbst wenn er die Chance hätte, würde er ihre Einschätzungen nicht korrigieren. Im November ließ er verlauten, dass sich die Frage der Massenvernichtungswaffen möglicherweise nie ganz klären lasse. Die Plünderungen und die Aktenvernichtung im Irak seien so beträchtlich gewesen, dass der Irak vom 18. März, dem Tag vor Kriegsbeginn, nicht mehr existiere.

Der Streit um die Massenvernichtungswaffen schwelte zehn Monate unter der Oberfläche, bis Kay schließlich zurücktrat und erklärte, dass alle falsch gelegen hätten. Das brachte Tenet in die Klemme. Er und die CIA waren stolz auf ihre nüchternen Analysen und Einschätzungen. Die Latte lag sehr hoch, und Fehleinschätzungen waren nicht akzeptabel. Tenet hatte im privaten Kreis herbe Kritik an Presseartikeln geübt, die Ende 2001 fälschlicherweise prophezeit hätten, der Afghanistankrieg ende möglicherweise in einem Chaos. Wenn die Medien irrten, hatte er gesagt, „hat das nie irgendwelche Konsequenzen". Würde aber der CIA-Direktor eine ähnlich falsche Information liefern, müsste der Präsident ihn „rausschmeißen".

Aber in der CIA wurde wegen der vermeintlichen Fehleinschätzung niemand gefeuert oder zur Verantwortung gezogen, und immerhin war Tenet derjenige gewesen, der Bush versichert hatte, dass die Informationen über die Massenvernichtungswaffen „todsicher" seien.

Die CIA prüfte mittlerweile eingehend alle nachrichtendienstlichen Informationen, um herauszufinden, was schief gelaufen war. Sie wendete sogar Reverse-Engineering-Methoden an, indem sie von der offensichtlichen Tatsache ausging, dass es keine Massenvernichtungswaffen gab, und dann festzustellen versuchte, welche Geheimdienstinformationen falsch gewesen oder falsch interpretiert worden waren.

Tenet teilte die Ansicht seines Stellvertreters, John McLaughlin, dass man um der Klarheit willen das Risiko von Fehleinschätzungen in Kauf nehmen müsse. Er ging sogar noch weiter. Seines Erachtens habe die CIA die „Pflicht", wie er es ausdrückt, Warnungen auszusprechen und auf mögliche Gefahren hinzuweisen. Möglicherweise bestand die Neigung, Gefahren zu übertreiben, seit die Ermittlungen nach dem 11. September ergeben hatten, dass man die Hinweise auf al-Qaida nicht erkannt und verknüpft hatte. Niemand, und schon gar nicht Tenet, wollte sich vorwerfen lassen, er habe eine mögliche Bedrohung unterschätzt.

„Ich bin kein Narr", sagte Tenet zu Mitarbeitern, um schon im nächsten Atemzug zu erklären, dass das Ausbleiben von Waffenfunden „merkwürdig" sei. Er wusste, dass ihn das den Kopf kosten könnte. Die Geheimdienstausschüsse von Senat und Repräsentantenhaus ermittelten, und ihre Vorsitzenden hatten öffentlich äußerst kritische Berichte angekündigt.

Tenet beschloss, sich zur Wehr zu setzen. Am 5. Februar 2004, exakt ein Jahr nach Powells Präsentation der Geheimdienstbeweise im Weltsicherheitsrat, hielt er an der Georgetown University einen seiner seltenen öffentlichen Vorträge.

„Wir haben bei weitem noch nicht 85 Prozent der Arbeit getan", sagte er zur Suche nach Massenvernichtungswaffen und widersprach damit Kays öffentlicher Erklärung. „Alles, was ich heute sage, hat zwangsläufig nur vorläufigen Charakter. Warum? Weil wir mehr Zeit und mehr Informationen brauchen." Man habe festgestellt, dass der Irak die notwendigen Forschungs- und Entwicklungskapazitäten und auch die Absicht gehabt habe, chemische und biologische Waffen zu produzieren. Erst nach der Hälfte der Rede räumte er ein, dass man bislang noch keine biologischen oder chemischen Waffen gefunden habe.

Die CIA unterziehe alles einer gründlichen Prüfung, um ihre Leistungsfähigkeit zu verbessern, sagte Tenet, und dabei habe sie entdeckt, dass eine ihrer Quellen Informationen „gefälscht" habe. CIA-Spione, so betonte er, hätten die Hinweise geliefert, die zur Festnahme einiger Topleute von al-Qaida geführt hätten, darunter Chalid Scheich Mohammeds, des Drahtziehers der Anschläge vom 11. September, und sie hätten maßgeblich zur Aufdeckung des Atomschmugglerrings um Abdul Qadir Khan beigetragen, den Vater der pakistanischen Atombombe, der Libyen, Iran und Nordkorea bei ihren Nuklearprogrammen unterstützt hatte. Solange die Ermittlungen und Untersuchungen noch im Gang seien, müsse man vorsichtig sein, warnte er. „Wir können es uns nicht leisten, dass ein Klima entsteht, in dem Analytiker sich scheuen, zum Telefon zu greifen, oder Einschätzungen zurückhalten, weil sie fürchten, dass sie sich irren könnten."

In einem gewissen Sinn verlangte Tenet, dass Fehleinschätzungen ohne oder ohne größere Konsequenzen blieben. Angesichts der Ereignisse nach dem 11. September und der anhaltenden Bedrohung durch al-Qaida neigte man bei der CIA dazu, auf jeden Fall zu warnen, koste es, was es wolle. Jahrelang hatte sie Mühe gehabt, bei Politikern und Öffentlichkeit überhaupt Gehör zu finden. Natürlich war es eine Sache, zu Unrecht vor einem Angriff auf die Vereinigten Staaten zu warnen. Tenet und alle CIA-Oberen waren davon überzeugt, dass al-Qaida wieder zuschlagen würde. So sagte James Pavitt, der Leiter der Operationsplanung bei der CIA, Anfang 2004 zu Mitarbeitern: „Es wird uns trotzdem wieder treffen. Wir werden trotzdem wieder Opfer irgendeines verheerenden Anschlags. Daran besteht kein Zweifel." Doch er fügte hinzu: „Wenn fünf Jahre, sechs und sieben Jahre ins Land gehen, und es ist nichts passiert, bin ich absolut zufrieden und kann gut damit leben, dass ich mich geirrt habe." Aber mit der Fehleinschätzung, Saddam besitze biologische und chemische Waffen – die ja den Kriegsgrund geliefert hatte –, konnte schwerlich jemand zufrieden sein oder gut leben.

Während Tenet immer wieder das Geheimdienstmaterial durchsah, räumte er Mitarbeitern gegenüber ein, dass die CIA und er in dem National Intelligence Estimate und anderen Dossiers deutlich zum Ausdruck hätten bringen müssen, dass die Beweise nicht hieb- und stichfest seien und dass eine „rauchende Pistole" fehle.

„VERDAMMT!", fluchte Powell in sich hinein, als er Tenets Rede las. Der CIA-Direktor sagte, dass die Aluminiumröhren, von denen er zuvor so selbstsicher behauptet hatte, sie seien für den Bau von Zentrifugen zur Uran-Anreicherung bestimmt, möglicherweise nur für normale Artilleriegranaten gedacht gewesen seien. Powell erinnerte sich, dass er vor seiner Präsentation im Weltsicherheitsrat im Jahr zuvor diesen Punkt in Frage gestellt hatte. John McLaughlin hatte sich daraufhin lang und breit über die Dicke der Röhrenwände und Drehzahlen ausgelassen und behauptet, die Röhren könnten nur für Zentrifugen bestimmt sein. Jetzt erklärte Tenet: „Wir müssen zusätzliche Informationen sammeln und weitere Quellen befragen." Und er räumte ein, dass seine Behörde Saddams Fortschritte bei der Entwicklung von Atomwaffen „möglicherweise überschätzt" habe. Powell fühlte sich hintergangen.

Tenet rückte auch von früheren Behauptungen über angebliche fahrbare Biowaffen-Labore ab. Die CIA, so erinnerte sich Powell, hatte sich dabei auf fünf menschliche Quellen berufen. Jetzt erklärte Tenet, in dieser Frage bestehe keine Einigkeit: „Und ich muss Ihnen sagen, dass wir bei einigen Behauptungen von Informanten über die mobile Produktion von Biowaffen auf Widersprüche gestoßen sind."

Powell fluchte abermals. Er wusste sehr gut, dass Tenet dem Präsidenten in seiner „nassforschen New Yorker Art", wie Powell es einmal ausdrückte, versichert hatte, die Massenvernichtungswaffen-Frage sei eine „todsichere Sache".

Der Präsident war der sichtbarste Beweise dafür, dass sie darauf hereingefallen waren. Er, Powell, war der zweitsichtbarste, und er war sich darüber im Klaren, dass er entbehrlich war. Er wusste, dass Tenet ein schlechtes Gewissen hatte und als Direktor zuallererst an seine CIA dachte. Aber darin lag das eigentliche Problem. Powell stellte fest, dass er mittlerweile alles in Zweifel zog, was die CIA ihm erzählte oder berichtete.

Powell teilte nicht Armitages Ansicht, dass sie beide den harten Kurs von Cheney und Rumsfeld erst ermöglicht hätten. Rückblickend gelangte er zu dem Ergebnis, dass das State Department alles in allem gute Arbeit geleistet hatte. Nur wurden einige seiner Erfolge wie die verbesserten Beziehungen zu Russland und China nicht gebührend honoriert.

Wenn ihm jemand Schuldgefühle wegen des Kriegs einreden wollte, entgegnete er stets, er habe alles in seiner Macht Stehende getan. Im August 2002 habe er verzweifelt versucht, dem Präsidenten alle Schwierigkeiten eines Kriegs vor Augen zu führen – die möglichen Folgen und Kehrseiten. Zu der Zeit habe er den Eindruck gehabt, der Präsident sei nicht umfassend informiert. Er habe den Präsidenten gewarnt. Es sei die Entscheidung des Präsidenten gewesen, nicht seine. Jetzt hätten die Vereinigten Staaten den Irak. Bush hätte ihn. Aber Powell war der Ansicht, dass er seine Arbeit getan hatte.

NACH TENETS REDE hatte der Präsident eine einzige Botschaft für seinen Geheimdienstchef. „Sie haben großartige Arbeit geleistet", bescheinigte er Tenet am Telefon.

Für Rice waren die Vorbereitungen auf den Krieg hart gewesen, und das mussten sie ihres Erachtens auch sein. Die Zeit nach dem Krieg war beunruhigend, insbesondere die erfolglose Suche nach Massenvernichtungswaffen.

Ihr war klar, dass Geheimdienstinformationen keine Fakten sind. Im Stab des Nationalen Sicherheitsrats unter Bush senior hatte sie bereits Russland observiert, daher wusste sie aus langjähriger Erfahrung, dass man auf nachrichtendienstliche Erkenntnisse angewiesen war, wenn man nichts wusste. Auch wenn die CIA-Berichte über die irakischen Massenvernichtungswaffen zu den klarsten gehörten, die sie je zu Gesicht bekommen hatte, ließen sich Geheimdienstinformationen nur bedingt zur Grundlage politischen Handelns machen. Sie sind keine gesicherten Erkenntnisse, sondern spiegeln Möglichkeiten und Mutmaßungen wider. Einmal hatte sie persönlich mit einem Ressortleiter der Aufklärungsabteilung der CIA über die vermeintlichen irakischen Massenvernichtungswaffen gesprochen und irgendwann gefragt, ob die Behauptungen auf Fakten oder Einschätzungen beruhten.

„Auf Einschätzungen“, hatte der Beamte geantwortet.

Als Nationale Sicherheitsberaterin wagte sie es nicht, auf das National Intelligence Estimate der CIA Einfluss zu nehmen, doch in Anbetracht ihrer Nähe zu Bush und des Vertrauens, das sie bei ihm genoss, muss man sagen: Wenn jemand den Präsidenten hätte dazu bewegen können, seine kategorischen Behauptungen zum Thema Massenvernichtungswaffen zu mäßigen, dann Rice.

Doch Cheney hatte dieses Thema am 26. August 2002 mit Beschlag belegt, als er erklärte, es bestehe „kein Zweifel“, dass der Irak Massenvernichtungswaffen besitze. Und der Präsident hatte wenig später mit ähnlich definitiven Äußerungen nachgezogen, noch bevor die CIA im Oktober ihr Dossier vorlegte.

Im Jahr 2004, als die Kontroverse um die Massenvernichtungswaffen sich zuspitzte, drückte der Präsident Rice gegenüber seine Besorgnis aus. Alle Probleme der CIA an die große Glocke zu hängen könne zwei nachteilige Folgen haben, die er vermeiden wollte. Erstens, die Kontroverse würde zu einer Untersuchung durch den Kongress führen wie 1975 und 1976, als die Senatskommissionen von Church und Pike aufgedeckt hatten, dass die CIA amerikanische Bürger bespitzelte, mit Psychodrogen experimentierte und Mordkomplotte gegen ausländische Politiker schmiedete. Er wolle keine neue Hexenjagd, denn wie die Geschichte solcher Untersuchungen gezeigt habe, demoralisierten sie die Mitarbeiter und machten die CIA für lange Zeit risikoscheu. Zweitens wollte Bush nicht, dass einem künftigen Präsidenten die Arbeit erschwert wurde, wenn eine andere Bedrohung Präventivmaßnahmen erforderlich machte.

Am Freitag, dem 6. Februar, erschien der Präsident um 13.30 Uhr im Presseraum und gab bekannt, was schon altbekannt war. Er kündigte die Einsetzung einer neunköpfigen Kommission an, die Amerikas Geheimdienstarbeit und nachrichtendienstliche Informationen über die weltweite Verbreitung von Massenvernichtungswaffen untersuchen sollte. Sie sollte klären, weshalb sich manche Einschätzungen der Geheimdienste aus der Vorkriegszeit über die irakischen Waffenarsenale nicht bestätigt hatten. Bush lobte die Mitarbeiter der Geheimdienste als „engagierte Profis, die eine schwierige und komplexe Aufgabe haben. Amerikas Feinde arbeiten im Verborgenen. Sie sind skrupellos und einfallsreich. Und bei der Aufdeckung und Bekämpfung ihrer Aktivitäten muss unser Land jedes zur Verfügung stehende Mittel und jeden Vorteil nutzen".

Dann fügte der Präsident hinzu: „Die Mitglieder der Kommission werden am 31. März 2005 ihren Bericht vorlegen."

EIN THEMA, das in all den Stunden, die ich den Präsidenten interviewte, und in den Hunderten von Stunden, die ich andere, die ihm nahe stehen oder an den Entscheidungen rund um den Irakkrieg beteiligt waren, immer wieder zur Sprache kam, war Bushs Überzeugung, die richtige Entscheidung getroffen zu haben.

Bei meinem zweiten Interview am 11. Dezember 2003 erzählte mir der Präsident, er habe einmal zu Rice gesagt: „‚Ich bin bereit, meine Präsidentschaft aufs Spiel zu setzen, um zu tun, was ich für richtig halte.' Ich wollte handeln. Und es konnte mich die Präsidentschaft kosten, das war mir völlig klar. Doch ich war so fest davon überzeugt, dass es der richtige Schritt war, dass ich dazu bereit war."

Ich hätte gehört, sagte ich, dass er einmal bei einer Sitzung im Vorfeld des Krieges gesagt habe: „Ich würde gern zwei Amtszeiten als Präsident ableisten, aber wenn es nur eine wird, soll es mir auch recht sein."

„Das stimmt", antwortete der Präsident. „So sehe ich das. Völlig richtig." Er fügte hinzu, dass vor Ort oder in der Endphase der Vorbereitungszeit etwas hätte schief gehen oder dass sie durch endlose Waffeninspektionen hätten gebremst werden können.

„Und wenn Sie diese Entscheidung die Wahl kostet?", fragte ich.

„Die Präsidentschaft – so ist das nun mal", sagte Bush. „Damit könnte ich absolut leben."

An jenem Tag standen wir nach zwei Stunden im Oval Office auf und gingen nach draußen. Es wurde bereits dunkel. Bei der bevorstehenden Präsidentschaftswahl würde möglicherweise das erste Urteil über den Krieg gefällt werden, aber bestimmt nicht das letzte. Wie wohl die Geschichte einmal über den Irakkrieg urteilen würde, fragte ich.

Das sei in absehbarer Zeit unmöglich zu sagen, antwortete der Präsident. Seiner Meinung nach werde es etwa zehn Jahre dauern, bis man die Folgen und die wahre Bedeutung des Kriegs verstehen könne.

Wahrscheinlich werde es ein Auf und Ab geben, sagte ich und erinnerte ihn an Karl Roves Ansicht, dass Geschichte immer an den Ergebnissen gemessen werde.

Bush lächelte. „Die Geschichte“, sagte er achselzuckend, nahm die Hände aus den Hosentaschen und breitete die Arme aus – Geschichte, das ist so weit weg, schien er damit zu sagen. „Wir werden es nicht erfahren. Wir werden dann allesamt tot sein.“

Dank

Simon & Schuster und *The Washington Post* haben mich wieder einmal rückhaltlos unterstützt und mir die nötige Zeit und ein ungewöhnliches Maß an Freiheiten für die Arbeit an diesem Buch eingeräumt.

Alice Mayhew, meine Lektorin bei Simon & Schuster, die mich in den letzten 32 Jahren bei zwölf Büchern betreut hat, widmete dem Projekt wieder ihre volle Aufmerksamkeit und sorgte mit ihren unübertroffenen Fähigkeiten dafür, dass wir möglichst schnell publizieren konnten, sobald die Geschichte stand. Unter Termindruck ist Alice eine Naturgewalt, besticht durch Ideen und Fragen und lektoriert gleichermaßen großzügig wie pingelig.

Leonard Downie jr., Chefredakteur der *Washington Post,* und Steve Colle, leitender Redakteur der Zeitung, gewähren mir die Freiheit, mich langfristigen Buchprojekten zu widmen. Don Graham, der Chief Executive Officer der *Post,* und Bo Jones, der Verleger, gehören zu den besten Managern im Medienbereich. Sie verstehen, wie wichtig es im Journalismus ist, dass man versucht, einer Geschichte auf den Grund zu gehen.

Bill Hamilton, der stellvertretende Verlagsdirektor der *Post* und einer der Besten im Zeitungsgeschäft überhaupt, half mehrere Wochen lang bei der Bearbeitung der Buchauszüge für die *Post.* Ein besonderer Dank für seine aufmerksame Anleitung.

Ein Buch hat den Vorteil, dass man auf alles zurückgreifen kann, was vorausgegangen ist. Dieses Buch basiert auf meinen Recherchen, aber natürlich habe ich auch Material verwendet, auf das mich Quellen hingewiesen haben, und Informationen, die zuvor in irgendeiner Form in anderen Publikationen oder Medienberichten veröffentlicht worden sind. Ich schulde allen großen Dank, die über die Zeit vor dem Irakkrieg, seinen Verlauf und seine Folgen geschrieben und berichtet haben. Sie haben im Großen und Ganzen großartige Arbeit geleistet. Die vielen hundert Kriegsberichterstatter, die in militärische Einheiten eingebettet waren, verdienen besondere Erwähnung. Mehr als ein Dutzend verloren ihr Leben, darunter auch Michael Kelly und David Bloom.

Meine Kollegen von der *Post* haben mir sehr geholfen, nicht nur durch ihre hervorragende tägliche Berichterstattung, sondern auch mit vielen Ideen und Anregungen. Zu diesen Reportern gehören Walter Pincus, Dana Priest, Thomas E. Ricks, Karen DeYoung, Mike Allen, Dana Milbank, Vernon Loeb, Bradley Graham, Glenn Kessler, Peter Slevin und Barton Gellman. Liz Spayd und Michael Abramowitz, die Leiter des innenpolitischen Ressorts, waren stets zuvorkommend und hilfsbereit.

Viele wichtige Hintergrundinformationen und Einblicke verdanke ich auch der außenpolitischen Redaktion der *Washington Post.* Zu dieser Gruppe bemerkenswerter Journalisten, kompetent geleitet von Phil Bennett und David Hoffman, gehören Anthony Shadid, Rajiv Chandrasekaran, Rich Atkinson und zahlreiche andere.

Olwen Price hat viele Interviews in Schriftform gebracht, und dies häufig unter extremem Zeitdruck. Ihr gilt unsere aufrichtiger Dank.

Joe Elbert und seine Fotoredaktion bei der *Post*, nach wie vor die beste, lieferten viele der Bilder zu diesem Buch.

Bei Simon & Schuster setzten Carolyn K. Reidy, die Präsidentin, und David Rosenthal, der Verleger, alle Hebel in Bewegung, damit dieses Buch so schnell in die Regale der Buchhändler gelangen konnte, wie im Verlagswesen des 21. Jahrhunderts nur irgend möglich. Dank an Roger Labrie für viele Hilfestellungen. Ich danke auch Jack Romanos, Elisa Rivlin, Victoria Meyer, Ailee Boyle, Jackie Seow, Linda Dingler, Mara Lurie und John Wahler.

Mark Malseed und ich danken Fred Chase, der 2002 schon *Bush at War* korrigierte, dafür, dass er wieder aus Texas kam, mit seinem scharfen Auge das Manuskript las und korrigierte und uns zahllose wichtige Anregungen gab.

Der Kern dieses Buchs stammt aus über 75 Quellen. Die meisten gaben mir die Erlaubnis zur Veröffentlichung ihrer Auskünfte, solange ihre Anonymität gewahrt bleibt. Allen namentlich Ungenannten und Genannten gilt meine Dankbarkeit. Viele opferten Stunden, manche ein Dutzend oder mehr, um mit mir über das Thema zu sprechen.

Eine unschätzbare Hilfe waren mir auch die Berichte und Analysen in *The New York Times, The Wall Street Journal, Newsweek, Time,*

U. S. News & World Report, in der *Los Angeles Times,* im *National Journal,* von Associated Press und anderen Nachrichtenagenturen. Die Website der gemeinnützigen Gruppe GlobalSecurity.org ist eine unverzichtbare Quelle bei den Themen Militär, Geheimdienst und nationale Sicherheit.

Robert B. Barnett, mein Agent und Anwalt, gab mir wieder verlässlichen und klugen Rat als Rechtsbeistand und Freund. Da er auch prominente Demokraten wie den früheren Präsidenten Bill Clinton und Senatorin Hillary Clinton sowie prominente Republikaner wie Karen Hughes und den ehemaligen Senator Bob Dole vertritt, bekam er das Buch erst zu sehen, als es gedruckt vorlag.

Mein Dank geht auch an Rosa Criollo, Norma Gianelloni und Jackie Crowe.

Meine beiden Töchter Tali, die als Journalistin für *The San Franciso Bay Guardian* arbeitet, und Diana, die in die erste Klasse geht, haben es geduldig ertragen, dass mich die Recherchen für dieses Buch und seine Niederschrift so lange in Anspruch genommen haben.

Elsa Walsh, meine Frau und beste Freundin, hat mich bei diesem Buch, dem neunten in 15 Ehejahren, ein weiteres Mal mit klugem Rat unterstützt. Die intensive Arbeit an zeitgeschichtlichen Büchern, bei der man fast täglich von der Aktualität überholt wird, stellt für das Familienleben eine außergewöhnliche Belastung dar. Elsa hat sich mit erstaunlicher Nachsicht daran gewöhnt und meint es nur halb im Scherz, wenn sie sagt, im vergangenen Jahr habe sich das Leben „die ganze Zeit nur um den Irak" gedreht. Dafür, für vieles andere mehr und das gute Leben, das sie unserer Familie ermöglicht hat, soll ihr dieses Buch gewidmet sein.

Register

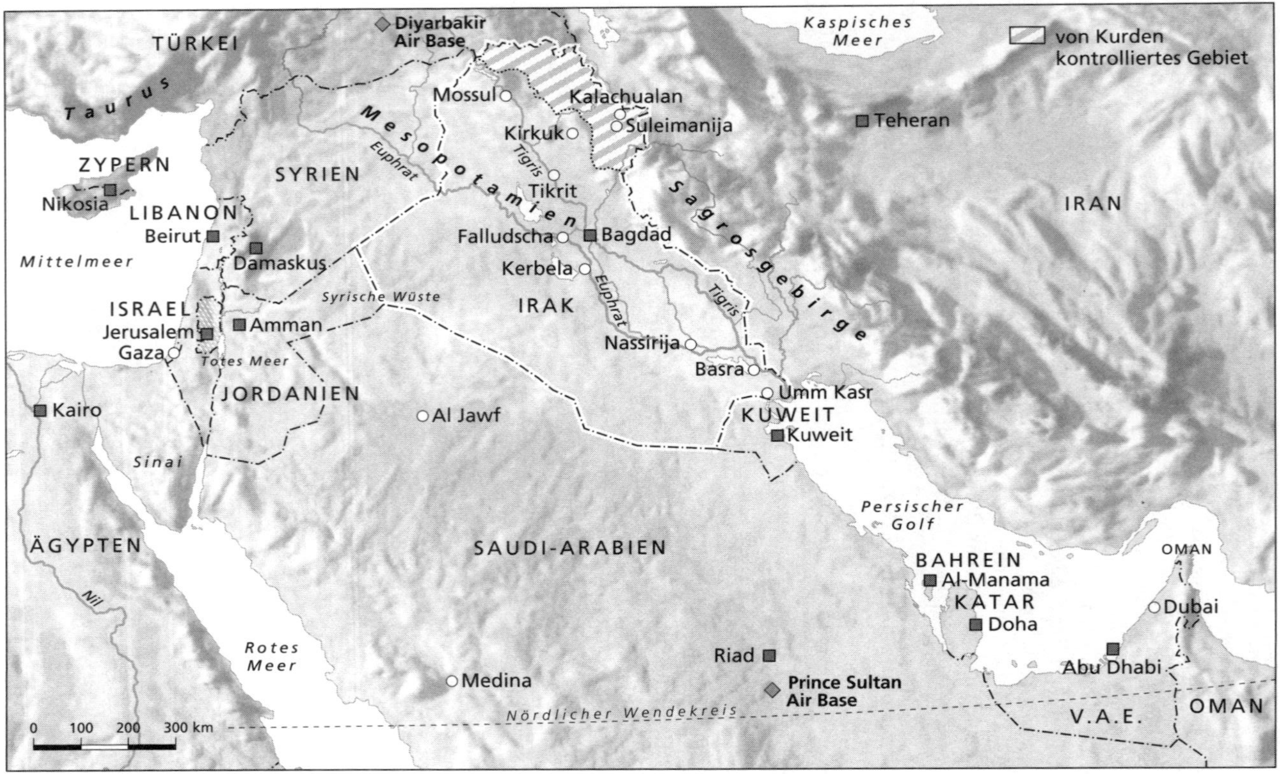
von Kurden kontrolliertes Gebiet
TÜRKEI
Diyarbakir Air Base
Kaspisches Meer
Taurus
Mossul
Kalachualan
Suleimanija
Teheran
Kirkuk
Mesopotamien
Euphrat
Tigris
ZYPERN
SYRIEN
Tikrit
Sagrosgebirge
IRAN
Nikosia
LIBANON
Beirut
Falludscha
Bagdad
Damaskus
Mittelmeer
Kerbela
Syrische Wüste
IRAK
ISRAEL
Jerusalem
Amman
Nassirija
Gaza
Totes Meer
Basra
Umm Kasr
JORDANIEN
KUWEIT
Kairo
Al Jawf
Kuweit
Sinai
Persischer Golf
ÄGYPTEN
SAUDI-ARABIEN
BAHREIN
OMAN
Al-Manama
KATAR
Dubai
Nil
Doha
Rotes Meer
Riad
Abu Dhabi
Medina
Prince Sultan Air Base
Nördlicher Wendekreis
V.A.E.
OMAN
0 100 200 300 km